破产法文库

总主编 王欣新

论坛系列

王欣新　郑志斌　主编

BANKRUPTCY
LAW
FORUM

破产法论坛

第二十一辑

王欣新　郑志斌　主编

法律出版社
LAW PRESS·CHINA
北京

图书在版编目(CIP)数据

破产法论坛. 第二十一辑 / 王欣新，郑志斌主编. -- 北京 : 法律出版社，2022
(破产法文库 / 王欣新总主编)
ISBN 978-7-5197-7124-9

Ⅰ. ①破… Ⅱ. ①王… ②郑… Ⅲ. ①破产法-中国-文集 Ⅳ. ①D922.291.924-53

中国版本图书馆 CIP 数据核字(2022)第 173624 号

破产法论坛(第二十一辑)
POCHANFA LUNTAN (DI-ERSHIYI JI)

王欣新
郑志斌 主编

策划编辑 沈小英
责任编辑 沈小英 黄 筝 刘雪莲
装帧设计 臧晓飞

出版发行 法律出版社
编辑统筹 法治与经济出版分社
责任校对 晁明慧
责任印制 吕亚莉
经　　销 新华书店

开本 710 毫米×1000 毫米 1/16
印张 43.25 **字数** 767 千
版本 2022 年 11 月第 1 版
印次 2022 年 11 月第 1 次印刷
印刷 固安华明印业有限公司

地址:北京市丰台区莲花池西里 7 号(100073)
网址:www.lawpress.com.cn
投稿邮箱:info@lawpress.com.cn
举报盗版邮箱:jbwq@lawpress.com.cn
销售电话:010-83938349
客服电话:010-83938350
咨询电话:010-63939796

书号:ISBN 978-7-5197-7124-9
定价:260.00 元
凡购买本社图书,如有印装错误,我社负责退换。电话:010-83938349

《破产法文库》编审委员会

总　序

现代破产法融清算退出与挽救更生程序于一体，是警醒正常市场主体"向死而生"之法，是帮助困境企业"涅槃重生"之法，是促使失败企业"规范退出"之法。破产法律制度是市场经济法律体系不可或缺的重要组成部分，甚至被称为市场经济之"宪法"。市场经济社会的基本法则乃公平竞争、优胜劣汰。故，凡市场经济之法治国家，无不将破产法视为其法律体系不可或缺之重要组成部分，并将其作为评价一国市场经济地位和营商环境水准的重要标志。

中国自改革开放以来，高度重视营商环境建设。1986年12月2日第六届全国人民代表大会常务委员会审议通过了《中华人民共和国企业破产法（试行）》，于1988年11月1日起施行。2006年8月27日第十届全国人民代表大会常务委员会第二十三次会议审议通过了《中华人民共和国企业破产法》，自2007年6月1日起施行，《中华人民共和国企业破产法（试行）》同时废止。2013年11月《中共中央关于全面深化改革若干重大问题的决定》指出："健全优胜劣汰市场化退出机制，完善企业破产制度。"2014年10月《中共中央关于全面推进依法治国若干重大问题的决定》指出："社会主义市场经济本质上是法治经济。使市场在资源配置中起决定性作用和更好发挥政府作用，必须以保护产权、维护契约、统一市场、平等交换、公平竞争、有效监管为基本导向,完善社会主义市场经济法律制度。”2018 年 9 月第十三届全国人大常委会立法规划发布,《中华人民共和国企业破产法》的修订纳入立法规划,属于“需要抓紧工作、条件成熟时提请审议”的项目。2018 年 11 月中央全面深化改革委员会第五次会议审议通过了《加快完善市场主体退出制度改革方案》,将加快以破产法为核心的市场主体退出制度建立健全的步伐,以更好地服务供给侧结构性改革和营商环境优化建设。

我国破产法的历史虽然短暂,但也已走过了 30 余个春秋,《中华人民共和国企业破产法》及其司法解释构成了较为完整的破产法制度体系,全国各地各级法院组建了约 100 家破产审判庭,北京、上海、深圳三地更是在最高人民法院的批准下组建了破产法庭,破产审判的法治化、专业化建设取得了长足的进步,破产案件数量逐渐上升,破产法的理念、文化与制度规则也得到了更广泛的传播和认可。

破产法律制度的建立健全和破产审判的法治化、常态化推进,是市场经济可持续发展、营商环境优化建设的重要保障,市场经济之发展亦注定离不开破产法学研究之繁荣。中国人民大学破产法研究中心和北京市破产法学会自成立以来,始终坚持学术为本、理论联系实际和以问题为导向的研究理念,不遗余力地创办“中国破产法论坛”及其专题研讨会等权威交流平台,多年来持续编辑出版《破产法论坛》等图书,凝聚了中国破产法理论与实务界之顶尖研究力量,致力于破产法治事业之发展与进步,赢得了全体“破人”之赞誉与支持。

为进一步整合中国破产法理论界与实务界之研究力量,经与浙江省高级人民法院民四庭庭长章恒筑法官、中国人民大学破产法研究中心副主任郑志斌律师、中国人民大学破产法研究中心副主任兼秘书长徐阳光教授、法律出版社法治与经济出版分社社长沈小英编审反复商议,中国人民大学破产法研究中心、北京市破产法学会决定联合法律出版社创办“破产法文库”,面向国内外同仁开放。

“破产法文库”设置 5 个子系列,其中,学术系列希冀广纳中国学界高水准之破产法专著;译著系列拟推介域外之经典破产法文献与法典;论坛文集系列继续推出“中国破产法论坛”及其专题研讨会之优秀论文;实务系列侧重出版破产法实务经验总结之佳作;茶座系列则旨在分享破产法实施中的趣闻轶事以及破产法同仁办理破产案件的心得体会。

从历史上看,中国缺乏破产法文化传统与理论实务研究积淀。“破产法为一重要之法律，然学者研究之者，远不如研究民刑之法之夥；良以向者适用较少，兴趣遂减。”民国法学家吴传颐先生数十年前之感慨，仍让今人有现实之叹。而今，破产法的社会调整作用日益得到人们的认可与重视，破产法的研究也日益深入。破产法是一个综合性的法学领域，破产法治建设是我们共同的事业追求。但愿“破产法文库”之创办能够团结更多法学同仁来关注和研究破产法理论与实践之重点难点问题，并将自己高水平的研究成果纳入文库中出版，共同推动中国破产法学术之繁荣、立法之完善与司法之进步。

是为序！

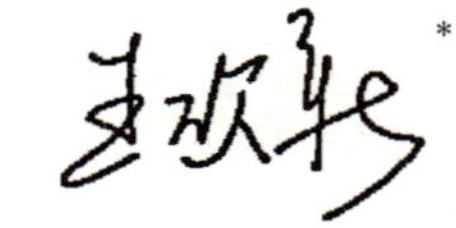
*

2016 年 7 月 16 日撰写

2019 年 2 月 26 日修订

---

* 中国人民大学法学院教授、博士研究生导师，中国人民大学破产法研究中心主任，北京市破产法学会名誉会长。

序　言

2020年10月24日～25日，第十一届中国破产法论坛在北京友谊宾馆成功举办，本届论坛由中国人民大学法学院、中国人民大学破产法研究中心、中国国际贸易促进委员会法律事务部、北京破产法庭、北京市破产法学会共同主办，最高人民法院民事审判第二庭庭长林文学应邀出席开幕式并发表主旨演讲。中国破产法论坛组委会主任王欣新教授，中国人民大学法学院副院长程雷教授，中国国际贸易促进委员会法律事务部副部长郑伟，北京市第一中级人民法院党组成员、副院长单国钧，时任北京市高级人民法院党组成员、副院长靳学军，北京市法学会党组书记、专职副会长萧有茂等领导出席开幕式并致辞。中国破产法论坛组委会秘书长徐阳光教授主持论坛开幕式，北京破产法庭庭长郑伟华主持论坛闭幕式。来自全国各地的近500位专家学者围绕“营商环境优化建设中的破产法律制度改革与完善”论坛主题及其“破产审判府院联动与营商环境”“管理人制度与信息化建设”“债务人财产与债权保障”“重整程序与困境拯救”“个人破产立法问题”“合并破产与跨境破产”等6个具体议题进行了为期一天半的深入研讨，其中既包括开幕式、主旨演讲、大会主题演讲、闭幕式等常规研讨环节，也包括独具创意的“对话交流”“开放式交流”“青年论坛”等交流环节。

本届论坛加强对破产法律问题的研究,对实现中央提出的“六稳”工作目标,落实“六保”工作任务及优化营商环境具有十分重要的意义。中国人民大学法学院、中国人民大学破产法研究中心、中国国际贸易促进委员会法律事务部、北京破产法庭、北京市破产法学会5家主办单位举办中国破产法论坛,体现出了新时代的情怀与担当。最高人民法院、北京市高级人民法院、北京市第一中级人民法院等单位一如既往地支持论坛的举办,北京市金杜律师事务所、北京大成律师事务所、北京市中伦律师事务所、北京市康达律师事务所、浙江京衡律师事务所、江苏新天伦律师事务所、山东华信清算重组集团有限公司等北京市破产法学会团体会员单位长期协办论坛,让我们深为感动。

本届论坛组委会共收到参会论文500余篇,经初步遴选后共有417篇文章收入内部印刷的会议论文集。以论文投稿为基础,采用定向邀请的方式,确定参会嘉宾名单,尽量平衡各单位的参会需求。为了弥补这一遗憾,论坛组委会秘书处在会后整理了大部分嘉宾的发言稿并在“中国破产法论坛”微信公众号推送,扩大传播范围和影响力。

中国破产法论坛与破产法文库是两个相得益彰的学术品牌。中国人民大学破产法研究中心和北京市破产法学会在本届论坛上发布了4本文库新书:《美国破产法精要》(徐阳光、武诗敏译)、《“市场化破产”的法治内蕴》(陆晓燕著)、《破产法论坛(第十八辑)》(王欣新、郑志斌主编)、《破产法茶座(第四卷)》(徐阳光、张婷主编)。本届论坛优秀论文的遴选出版,则成了破产法文库“论坛文集”系列的《破产法论坛(第二十一辑)》。

论坛组委会在本书的编辑过程中,遵守了以下几个惯例:第一,在论坛举办之后,我们间隔了一年时间再启动编辑出版工作,以便为作者在报纸、期刊和网络媒体发表论文提供周期。一如既往,我们鼓励并乐于见到作者在会后积极向报纸、期刊等媒体投稿发表论文,论坛组委会秘书处也通过与《法律适用》《人民司法》《中国审判》《月旦财经法杂志》《山西大学学报》等期刊策划破产法专题的方式,遴选会议文集并推荐发表。第二,所有在报纸、期刊以及网络媒体发表的论文原则上都不再收入本书出版,但书末会附上已发表的会议论文清单,方便读者查阅。第三,所有论文的遴选严格遵守学术标准,并遵循每位作者本人的出版意愿,提出修改意见并给作者较为宽裕的修改时间。最终,我们遴选出60余篇文章结集出版,分为“府院联动机制与市场化破产”“管理人履职与价值最大化”

“破产债权与债权人会议”“重整制度与困境拯救”“破产法的适用范围”“破产法与相关法律的衔接”等6大部分。同时，我们也将本届论坛的全程文字速录稿一并收入本书，以飨读者。

本书的出版得到了中国人民大学破产法研究中心副主任兼秘书长、北京市破产法学会会长徐阳光教授及其团队成员范志勇博士等的支持，特别感谢法律出版社法治与经济分社社长、编审沈小英老师及其团队成员在编辑出版过程中的辛勤付出。感谢所有作者和读者朋友的理解、支持和包容。我们将继续秉持学术固本和公益开放包容的理念，用心举办好每一届论坛和每一次专题研讨会，出版好每一部文库著作，与大家一道携手助推中国破产法治事业的进步。

2022年5月8日

目　录

一、府院联动机制与市场化破产

二、管理人履职与价值最大化

三、破产债权与债权人会议

四、重整制度与困境拯救

五、破产法的适用范围

六、破产法与相关法律的衔接

一、府院联动机制与市场化破产

破产审判中府院联动机制的构建

陈卫国 *　方飞潮 **　叶希希 ***　贾约瑞 ****

府院联动机制是弥补破产配套制度供给不足、解决企业破产衍生社会问题的有效机制,也是企业破产法市场化、法治化实施的现实要求。自 2012 年以来,温州法院在当地党委、政府的大力支持下先试先行,积极探索破产制度改革,创新建立破产审判府院联动机制,相关经验得到了理论界和实务界的一致认可,被称为"温州经验"。在实践中,如何对解决破产衍生社会问题提供有效支持和服务,如何有效弥补破产配套法律缺失导致的制度供给不足,是温州法院健全府院联动机制建设继续探索的方向。

一、思考:破产审判府院联动机制的价值分析

2018 年,最高人民法院发布的《全国法院破产审判工作会议纪要》提出了破产审判的总体要求,其中第 3 点

* 温州市中级人民法院党组成员、副院长。

** 温州市中级人民法院温州破产法庭庭长。

*** 温州市中级人民法院宣教处处长。

**** 温州市中级人民法院温州破产法庭法官助理。

指出"进一步完善破产重整企业识别、政府与法院协调、案件信息沟通、合法有序的利益衡平四项破产审判工作机制"。2019年,国家发改委、最高人民法院等13家部门联合发布的《加快完善市场主体退出制度改革方案》,提出了完善各类退出方式的制度建设任务以及相关的权益保障机制和配套政策,并强调"加强司法与行政协调配合",具体包括两个方面:一是完善司法与行政协调机制;二是明确政府部门破产行政管理职能。可见,政府与法院的联动协调已成为破产审判实践必不可缺的要素以及共识。目前,我国有关企业破产法市场化实施的各种配套法律与社会制度尚未建立完善,立法与制度的供给不足,[①]促使我们要更加重视府院联动机制在现阶段的作用与价值。

(一)有效衔接司法权与行政权,化解破产衍生社会问题

破产审判是市场经济发展中市场成熟、经济健康、制度完善的重要标志和必然要求,被称作"法治大厦上的明珠"。破产审判不是一个单一的事实认定和法律适用问题,而是一项系统化、多元化的工程,涉及领域及利益主体更为广泛,法律关系更加复杂。[②] 破产程序的特殊性,决定了它具有多部门法交叉糅合,开庭与开会相结合、办案与办事相结合、裁判与谈判相结合、审判与执行相结合、法律实施和政策考量相结合、满足正常的诉求和处理非正常的信访相结合。相比纯粹依赖司法程序的其他审判领域,破产审判更加需要引入行政力量推动程序落实。破产审判中必然遇到破产衍生社会问题,包括财产接管、职工安置、资产处置、税收处理、金融协调、信用修复、企业注销、破产费用保障等问题的协调处置,涉及破产程序的各个环节,往往也是破产案件推进的难点和障碍。破产衍生社会问题仅凭法院的司法裁判难以统筹解决,需要行政权和司法权的有效衔接,保障司法权的有序顺畅运行。行政力量的适当介入,合理调控了各种社会资源的配置,最终节约了司法成本、提升了司法效率,符合法经

---

① 参见王欣新:《府院联动机制与破产案件审理》,载《人民法院报》2018年2月7日,第7版。

② 参见由绪斌、刘源:《既不"缺位",又不"越位"——市场化背景下行政权介入破产审判问题研究》,中国破产法论坛·破产法市场化实施的配套法律制度专题研讨会论文,2018年4月12日于温州。

济学的理念。[①]

(二)促进办理破产便利化,优化法治化营商环境

近年来,我国深入推进供给侧结构性改革,高度重视优化营商环境工作。世界银行营商环境评估报告显示,“办理破产”是我国在全球经济体营商环境指标中的薄弱环节。[②] 在这样的大环境下,各级党委、政府高度重视破产工作,破产审判府院联动机制的建设已经有了新的出发点和新的土壤。府院联动机制完全切中促进办理破产便利化的需求,通过加强与职能部门的沟通协调、出台相应的配套制度,降低办理破产的制度性成本,提高企业重整成功率,切实解决当前企业破产中的痛点难点问题,提升破产程序的整体效益,从而破除各类要素的流动壁垒,促进正向激励和优胜劣汰,进一步优化法治化营商环境。

(三)助推破产审判体系和审判能力现代化

国家治理体系和治理能力现代化的概念内涵丰富,其中审判体系和审判能力现代化是其重要组成部分,是为经济社会发展提供有力司法服务和保障的必然要求。[③] 破产法在我国的发展适用时间较短,无论是审判体制机制还是司法能力,都存在进一步完善的空间。破产审判工作与经济社会的发展紧密相关,建立府院联动机制,用好司法审判阵地,共同研究经济社会发展中的一些重大问题,精准把握经济社会发展全局,发挥市场机制和法律机制在市场配置过程中的主导性作用和决定性地位。在府院联动的过程中,行政工作的重点和导向也引导司法工作的改革方向。司法与行政良性互动,有利于加快推进破产审判体系和审判能力现代化,推动破产司法制度更加成熟定型,提升法治促进治理体系和治理能力现代化的效能。

---

① 参见瑞安市人民法院课题组:《论破产审判中“府院联动”机制的构建——以瑞安法院破产审判经验为样本》,中国破产法论坛·破产法市场化实施的配套法律制度专题研讨会论文,2018 年 4 月 12 日于温州。

② 参见罗培新:《世界银行营商环境评估:方法·规则·案例》,译林出版社 2020 年版,第 472 页。

③ 参见《最高人民法院关于人民法院贯彻落实党的十九届四中全会精神推进审判体系和审判能力现代化的意见》(法发〔2020〕9 号)。

二、透视:我国破产审判府院联动机制的发展现状

(一)府院联动机制的发展概况

自2016年5月最高人民法院下发通知①要求建立"府院破产工作统一协调机制"以来,部分省市人民法院和地方政府以联合发布文件、成立工作领导小组、召开联席会议等形式,对于构建府院联动机制进行了有益尝试,并在2019年前后获得了更为广泛的发展。据不完全统计,②浙、苏、京、沪、陕、渝等6个地区建立了省级府院联动机制。浙江、江苏的大部分地级市,以及广东深圳、佛山、惠州和福建泉州、广西柳州等地建立了市级府院联动机制。

下面对有代表性的地区进行具体说明:

1. 浙江省的建设情况

2016年,浙江省高级人民法院(以下简称浙江高院)推动省政府出台《关于成立省级"僵尸企业"处置府院联动机制的通知》(浙并购办〔2016〕8号)等文件,在全国范围内率先在省级层面实质运作破产审判府院联动机制,明确各地级市、县(县级市、区)政府要主动与法院建立府院联动机制。2017年,浙江高院继续推动出台《关于加快"僵尸企业"处置的若干意见》,从强化机制、减轻税费、财政支持等方面提出更为细化的要求。2019年,浙江高院提交《关于优化省级破产审判府院联动机制推动浙江破产企业处置工作继续走在全国前列的报告》,提出优化省级破产审判府院联席会议制度等建议。2019年8月31日,浙江10余家单位联合制定《浙江省优化营商环境办理破产便利化行动方案》。截至2019年年底,全省11个地区、76个县(县级市或区)设立了破产专项资金,总计额度1.28亿元。③

2. 江苏省的建设情况

2019年6月2日,江苏省人民政府办公厅出台《关于建立企业破产处置协调

① 《最高人民法院关于依法开展破产案件审理积极稳妥推进破产企业救治和清算工作的通知》(法〔2016〕169号)。

② 数据统计至2020年7月。

③ 参见浙江省高级人民法院:《浙江法院2019年破产审判工作报告暨十大典型案例》,载微信公众号"浙江天平"2020年3月18日,http://mp.weixin.qq.com/s/t0gtsXRZha_g3cDELU-vgw。

联动机制的通知》(苏政传发〔2019〕115号),建立由省政府分管领导担任总召集人的省级企业破产处置协调联动机制,府院联动机制建设取得突破。文件对企业破产处置工作中民生保障、税收申报、资产处置、金融协调、信用修复、打击逃废债、变更注销、费用保障等问题的职责分工进行了详细的规定,通过建立定期会议制度以保障府院联动中需要协调解决的各类问题。南京、南通、宿迁等地政府陆续出台规范性文件,建立企业破产处置府院协调联动机制,推动制度落地见效。南通等地中级人民法院与市税务局建立协调联动机制,统筹解决破产涉税突出问题。宿迁、镇江两地建立市县两级统筹的破产专项经费保障制度。

3. 重庆市、上海市、北京市的建设情况

2016年4月,重庆市建立由常务副市长担任总召集人的市级企业破产处置工作联席会议机制。2019年2月,重庆市高级人民法院(以下简称重庆高院)发布《关于进一步做好"僵尸企业"及去产能企业债务处置工作的通知》,截至2019年年底各区县的覆盖率超过92%,实现常态化的府院协调机制。重庆高院并与财政局出台企业破产费用援助资金使用办法,与税务局出台涉税问题处理实施意见,与人民银行出台破产重整企业信用重塑会商纪要,与市场监管局出台关于企业注销的会商纪要等。

2018年9月,上海市高级人民法院(以下简称上海高院)与市发改委等近20家政府部门会签了《关于构建常态化府院破产统一协调机制的实施意见(试行)》的框架性文件,标志着上海市企业破产工作协调机制在市级层面初步形成。[①] 上海高院先后与市财政局就破产工作经费保障问题,与市场监管局就破产企业办理注销登记问题,与市人力社保局就企业破产欠薪保障金垫付和追偿问题,与人民银行上海总部就破产企业账户资金查控、重整融资、信用修复问题等形成工作机制。

2019年10月28日,北京市高级人民法院(以下简称北京高院)、北京市民政局等13家政府部门共同出台了《关于建立企业破产工作府院联动统一协调机制的实施意见》(京高法发〔2019〕698号),建立制度化沟通协调机制、重点领域和企业敏感案(事)件信息共享机制和跨部门联合调研机制。2020年,北京高院出

---

① 参见俞巍:《破产法治建设一次令人瞩目的地方立法实践》,载微信公众号"上海破产法庭"2020年5月28日,http://mp.weixin.qq.com/s/CH4YEl1WSVpANDexFSMEhg。

台《破产费用援助资金使用办法(试行)》,北京市税务局出台《关于进一步推进破产便利化营商环境的公告》。

(二)府院联动机制的特点和问题

1. 全国各地发展不平衡,部分地区层级不高

破产审判府院联动机制虽然在近两年有了快速的发展,但是从全国范围来说,建立破产审判府院联动机制的地区所占比例仍然偏低且呈相对集中的状态,主要集中在6个已经建立省级府院联动机制的省份,其他省份只有个别市或县建立了相应层级府院联动机制。已经建立省级府院联动机制的地区,也是处于不同的发展阶段。浙江省的机制建设最早也最完善,其中温州地区是最早开展机制建设的城市,浙江省的省级府院联动机制在吸收了温州经验的基础上进一步发展,目前处在健全和完善的阶段。江苏省的府院联动机制则处于全面建设的阶段,虽然其省级平台在2019年才正式建立,但是在有浙江经验可借鉴的情况下,其推广的速度很快,配套制度建设开始时间虽晚但较为完备。短时间内下辖的11个市都紧接着建立起府院联动机制。北京市和上海市的府院联动机制也是在2019年左右发展起来的,主要是高院牵头与相关职能部门共同构建,配套机制建设主要在市级层面进行。重庆市的府院联席会议制度发展较早,相关的配套制度建设基本都已跟上,但府院联动机制的规范化速度不快,直到2019年才正式建立。

2. 机制常态化比例较低,运行规范化程度不高

除了前述概况中涉及的地区,全国很多地方的法院与政府尚未就企业破产工作建立起常态化对接机制,尚处于个案、个事、个别部门“单打独斗”的状态,存在“一案一组”“一案一议”的情形。通常在大型企业的破产案件中,政府与法院成立联合工作组,在税收、土地等方面制定一定政策。这些临时性的府院联动措施、协调机制不健全,协调事项连贯性差,不具有规范性,不能可复制地普遍适用。

3. 政府行政职能优势未充分发挥,政策匹配不足

政府具备特有的公共服务职能、独特的资源配置优势和极强的沟通协调能力,但由于2007年企业破产法实施后发生的立法变化,政府在破产事务处理中的定位停留在“对法院审理破产案件的支持和配合”①。且政府与法院的工作机

---

① 黄贤华:《破产管理人对府院协调机制的弥合作用》,载《中国注册会计师》2020年第3期。

制之间也存在功能不够协调，导致法定职责不够清晰，协调事项不够到位，难以形成合力，如法院在处理职工或者购房户、职工群体救济安置等事件中往往“孤军奋战”，又如破产财产尤其是不动产因手续、审批等原因存在瑕疵，在处置过户过程中涉及土地、房产等多个行政部门，程序上受限较多，手续办理较为困难。

三、梳理：破产审判府院联动机制的温州经验

温州的破产审判工作最大的特点是“党委坚强领导，府院联动推进”。法院在地方党委与政府的大力支持下，在众多复杂疑难案件的审理中，探索制度创新的最优路径，逐步完善形成了现有的一套相对可行的制度。现将具体做法介绍如下。

（一）全方位构建府院联动格局

早在2013年，府院联动机制就开始运行，推动温州市两级财政设立破产援助专项资金，解决无产可破案件的破产费用问题。2014年，温州市政府召开第一次企业破产处置工作联席会议，会上成立了由市长担任组长，常务副市长和法院院长任副组长，10余个职能部门的负责人为成员的企业破产处置工作领导小组，正式搭建了高规格的府院联动平台，持续开展常态化、制度化的联络协调工作，温州法院依托府院联动平台有针对性地解决了一系列破产审判难题。截至2020年10月，全市11个基层人民法院均已成立企业破产处置工作领导小组，温州做法也被吸收进2016年浙江省省级府院联动机制创建的相关文件中。温州的府院联动机制向上为省级层面提供实践样本，向下为县级层面提供制度保障和处理依据，3个层级的联动均获得充分发展，一方面，部分化解了地方政策因区域受限的尴尬；另一方面，也推动了制度落地，避免基层落实效果弱化。

（二）实现府院联动机制常态化、规范化运作

2014年以来，温州破产处置联席会议每年定期召开，共出台了6份专题府院联席会议纪要，有针对性地解决了重整企业信用修复、破产企业涉税、工商登记注销、政府参与预重整、探索个人债务集中清理、建立公职管理人制度等一系列问题。温州法院还分别与税务部门、市市场监督管理局、人民银行温州市中心支

行、市财政局单独出台专题纪要,着力解决破产企业注销难、逃废债行为规制难、无产可破案件管理人报酬解决难等问题,实现了“一个合作机制,多问题联动解决”,多年来困扰破产审判的配套机制难题得到基本解决。2019 年 12 月,根据市委市政府、省高院部署,温州市中级人民法院(以下简称温州中院)与改革办、发改委、金融办、公安检察、财税社保等 16 家单位联合发文,出台《温州市优化营商环境办理破产便利化行动方案》,从加强部门合作、创新工作机制多个方面明确工作任务、牵头单位、时间节点等内容,进一步深化府院联动机制。上述诸多会议纪要的内容都是在出现破产个案问题时,法院跟相关部门反复沟通、协调、论证后形成的,是立足个案的解决机制的基础上形成类案的纪要规定,从而在温州地区范围内得以可复制地普遍适用,实现府院联动机制的常态化和规范化。

(三)优化政府公共服务提供和政策协调

政府部门在资产处置、涉众维稳、金融协调方面所具有强大的公共服务职能和沟通协调能力,对破产事务特别是破产重整相关事务的处理起到重要助力作用。以预重整为例,温州中院 2018 年 12 月推动温州市政府出台《企业金融风险处置工作府院联席会议纪要》,创新构建了以政府为主导、府院良性互动为特点的温州预重整模式,在强调当事人自治和重整市场化实施的基础上,通过有效引进行政资源来弥补司法资源的不足,提前处理企业挽救中的维稳、涉税、金融债权人表决等可能阻碍重整进程的疑难问题。在吉尔达鞋业预重整案中,属地政府、金融办在小微园建设、厂房土地分割处置、引进投资人、协调银行争取支持方面做了大量的协调工作,最终促成吉尔达鞋业预重整成功。[①] 在山农公司预重整案中,经过处置办和法院的多次牵头组织各方协调会,促使农行总行首开先例,在民营企业预重整阶段对在重整计划草案投同意票,使该案得以顺利转入重整程序,仅用时 40 天就裁定批准了重整方案。

(四)在现有法律框架内探索最优路径

新破产法在大幅度地削减了行政机关对破产案件所造成的影响的前提下,

① 参见潘光林、方飞潮、叶飞:《预重整制度的价值分析及温州实践——以温州吉尔达鞋业有限公司预重整案为视角》,载《法律适用》2019 年第 12 期。

并未明确规定解决破产衍生问题的专门机构及行使职责。具体到操作层面，司法和行政的理念分歧导致了沟通协调的现实困境。对此，温州法院积极发挥破产法官的主动性，在现有法律框架内探索最优路径，推动各种制度的突破和创新，实现制度缝隙之间的弥合。以涉税问题中解决破产企业非正常户状态下的开票难题为例，实践中大部分破产企业因存在各种违法违规行为被税务机关认定为非正常户，在破产财产被处置后买受人要求开具发票时存在障碍，经过反复跟税务部门进行沟通、协调，温州专门出台《企业金融风险处置工作府院联席会议纪要三（破产涉税等）》，对破产企业非正常户转换成正常户的具体操作流程进行了规范，主要有3点：一是申请恢复正常户；二是违法违章处理；三是非正常户解除。其中违法违章处理包括缴纳税务行政处罚罚金。但根据2002年《最高人民法院关于审理企业破产案件若干问题的规定》第61条之规定，破产企业向税务机关缴纳罚款缺乏法律依据。但是依据现有税收制度和征税系统，如不进行违章处理，非正常户状态就无法解除，开票流程就无法启动。因此经权衡考量，最终形成纪要内容，即由破产管理人依法接受处罚并缴纳税务行政处罚罚金。这个处置方案和流程设计，既是在地方无权改变现有税收征税系统的情况下的一种权宜之计，也是法院与税务机关的务实之举。在这样的税务司法合作机制下，温州法院与温州税务部门的探索在全国最早实现突破，通过先后出台3个税费协作的会议纪要，探索解决了包括建立破产重整纳税评价机制、创新企业所得税退税机制、明确税收债权的清偿顺位等一系列涉税难题。

（五）推动破产配套制度完善与创新

“徒法不足以自行，孤法不足以收良效。”企业破产法的有效实施受制于诸多因素，其中，与企业破产法实施相关的配套法律制度的完善程度，将对企业破产法的有效实施起到决定性影响。企业破产法实施相关的配套法律制度包括个人破产相关法律制度、出资人权益调整制度、破产重整税收制度、重整企业信用修复制度等。温州法院着眼于府院联动中的“空白地带”，积极推动破产配套制度完善与创新，从而有效化解破产实务的痛点难点问题。2019年以来，温州法院在个人破产制度领域进行了有益探索和积极创新，通过府院联动机制的运行和出台相关专题会议纪要，开展个人债务集中清理试点工作。2020年，温州法院针对个人债务集中清理过程中存在的管理人取酬难、失权期间监管难等问题，率全国之先创设公职管理人制度,明确公职管理人的定位、资格身份、工作职责、保障机制等信息,探索推动破产审判权与破产事务管理权的适度分离。当地通过在温州市司法局增挂公职管理人工作处牌子,开展实体化运作,充分发挥司法行政机关在个人债务集中清理中的行政事务管理职能,合理运用政府公共法律服务资源,以低成本方案解决破产管理人履职问题。最高人民法院的个人破产立法建议稿和近期发布的研究学者提出的立法建议稿,都设计了公职管理人制度,成为个人破产的重要配套制度,但在实务中尚未得到探索检验。温州的公职管理人制度探索作为创新做法,为后续个人破产制度的构建提供重要实践经验。

四、展望:完善府院联动机制的建议

府院联动机制的建设是动态发展的,在各地政府与法院的重视下,从1.0版的个案协调到2.0版的府院联动,府院联动机制建设的内容从以往法院与政府的"一案一议""一事一议"逐渐过渡到府院就整体破产配套机制签署"一揽子"文件的做法。府院联动机制发展的3.0版本,即未来的发展方向和落脚点应当是立法建制、依法行政,从而在破产审判事务中明确法院和政府各自的定位与职能,实现法律服务和公共服务的有效提供。

(一)提升府院联动机制层级和机制保障

由于缺少顶层设计,府院联动机制的推进和相关政策的落地存在一些障碍和困难。为此,提升府院联动机制层级,推动机制纵深建设是府院联动的重要机制保障。在前期已经建立府院联动机制的基础上,继续深化,明确省级层面、地市级层面以及县级层面的府院联动机制不同的分工和侧重点。省级层面主要侧重于将地市级层面、县级层面已经探索,相对稳定成熟的一些政策、做法进行总结、提升、推广,并且强化监督、落实;地市级层面和县级层面的府院联动机制主要侧重于按照省级联席会议出台的规定进行具体案件处理中的常态化、制度化的联络,确保"僵尸企业"处置、破产审判顺利推进,并进行创新性的探索实践。此外,建议设立企业破产处置工作常设机构,常设机构可分别设在省政府和省高院,以便在碰到具体破产疑难问题需要协调解决时,可以与对接部门联系后,再由对接部门根据案件情况确定协调负责人,着手解决问题。

(二)探索设立破产行政管理机构

破产配套法律缺失带来制度供给不足、专门性破产行政管理机构缺失,是导致我国企业破产法的市场化、法治化实施效果不佳的一大原因。温州法院通过府院联动探索制度创新,形成了现有的一套相对可行的制度,但由于专门性破产行政管理机构的缺失,其协调过程尚存在不稳定性,文件落地执行时也会因为相关机构人员的理解认识不同,存在需要反复沟通的情形。破产行政事务的相关职责应当由专门的行政管理机构履行,包括对管理人的管理、对援助资金的管理、与职能部门的协调、破产事务咨询和援助服务等。我国可以由国务院设置破产管理局,并在省级人民政府设置分支机构,其核心职能是对破产程序进行全面综合管理,实现破产审判权与行政事务管理权的分离。

五、结　　语

"破产法可以无政府的影子,但破产法的实施必须有政府的陪伴。"①府院联动机制作为处理破产事务的一项基本经验,已成为学术界和实务界的共识。从温州法院的实践经验可知府院联动机制的常态化、规范化源于政府的重视支持,落实在司法主体处理每一个个案中的努力协调和推动突破中。法治的过程是立法、行政、司法等方面的协同运作,还包括整个社会以非正式的制度和非制度方式参与的运行。破产程序边界之外的事务正是政府职能之内的职责,政府部门不仅应继续转变观念、明确定位,科学划分、合理整合政府和法院的职能,落实府院联动机制的制度成果,还要在其权限范围内主动承担起推动立法建制的责任,实现依法行政,最终实现企业破产法的市场化、法治化。

① 参见徐根才:《论破产程序下的司法权与行政权的协调》,中国破产法论坛·破产法市场化实施的配套法律制度专题研讨会论文,2018 年 4 月 12 日于温州。

破产“府院联动”机制运行实证分析

镇江市中级人民法院课题组*

破产审判工作着重解决市场经济主体退出问题，但企业破产过程中产生的市场经济主体管理、经济资源重新配置、职工民生权益保障等事项，属于政府经济社会管理职责范畴。因此，政府与法院联动解决企业破产处置的需求被相继提出，并得到较为广泛的认同与接受。①鉴于企业破产“府院联动”工作现处于由自主实践向制度化转变的探索阶段，镇江市中级人民法院成立课题组，针对该机制的实体化运行进行专题调研，期望能够进一步厘清政府、法院在该机制中的职能定位、工作模式，总结探讨可复制推广的经验，以期更好地推动破产审判工作开展。

---

* 课题组主持人：汤小夫，镇江市中级人民法院院长。课题组成员：柳建安，镇江市中级人民法院审判委员会专职委员；朱卫芳，镇江市中级人民法院民二庭庭长；季晖，镇江市中级人民法院民二庭员额法官；汤雨婷，镇江市中级人民法院研究室法官助理。

① 2016年10月，浙江省高级人民法院推动浙江省政府先后出台《关于处置“僵尸企业”的指导意见》等文件，2019年6月，江苏省政府出台《关于建立企业破产处置协调联动机制的通知》，在省级层面实质运作破产审判“府院联动”机制。在地市级层面，温州市中级人民法院、绍兴市中级人民法院、广州市中级人民法院等积极开展政府和法院协调联动处置破产企业工作，探索有益的“府院联动”措施。

一、镇江法院争取政府支持化解破产难题的实践探索

近年来，镇江两级法院积极寻求、争取政府支持，有效解决了企业破产过程中遇到的资产处置和民生保障方面的诸多难题。

（一）资产处置类难题

近年来，政府协助处置的资产以土地、厂房、设备、在建工程等打包资产为主，主要协助方式和途径如下：

1. 通过招商平台推介。政府在推介破产财产时，通常将相关资产纳入政府招商平台，按照政府招商工作的相关流程处置、变价资产，包括公布买受人条件、提供咨询、承诺帮扶政策优惠等。政府招商平台推介破产资产，将有助于扩大可能的资产买受人范围，同时明确适格的潜在资产买受人。比如，镇江科比斯化工有限公司原系化工园区内企业，政府召集发改、环保、安监等部门针对待处置地块的投资强度、环保标准、安全要求等准入条件统一制定了项目落户承诺政策，最终使该破产企业资产以溢价84.6%的价格拍卖。

2. 提高破产资产价值。破产财产价值最大化是破产财产处置的最重要目标，关系能否筹集到化解矛盾的最低限度资金和能否最大限度地提高清偿比例。政府在这方面发挥作用的空间巨大：一是增加破产财产稀缺性。镇江经济开发区管委会针对招商工作出台相关政策，要求控制新增用地项目审批、优先推介存量项目，促使招商部门主动对接法院，共同建立破产财产处置清单定期通报机制。二是实现破产财产保值。丹阳市江南工业炉有限公司的行业前景较好，因管理混乱导致破产。丹阳市政府推动将该公司的核心设备有偿剥离，召集技术骨干成立新公司，将回笼货款纳入破产财产。三是实现破产财产增值。在镇江汇丰房地产公司破产重整过程中，镇江市政府协调教育部门在附近设立名校的分校，推进重整进程。

3. 实施特殊资产处置。政府在处置工业企业破产财产过程中，特别是处置具有特殊性的厂房、设备、生产原料方面，具有无可替代的作用。一是协调推介同类企业购买。比如在扬中龙源港机破产案中，政府联系造船企业购买因破产而

闲置的船坞和造船专用设备,上述资产很快投入重新使用。二是合规处置危险化学品和放射性物质。此类财产的保管、运输和处置需要符合危化品管理规定,专业要求严格、费用高昂。政府协调环保部门、安监部门全程介入,确保安全处置。在镇江韦岗铁矿破产案中,政府相关部门积极协助破产管理人研究确定处置方案、联系专业公司,先期处置了大批原料和半成品,保证了其他财产的成功拍卖。三是净化"毒地"。一些化工企业在投入生产运营后,其占用的土地被严重污染,再行处置需要先行"净化"而产生高额费用,甚至可能高于破产财产的变价收入,亟须政府把"毒地"净化工作纳入地方污染源治理任务统筹解决。

4. 降低资产处置成本。镇江经济开发区法院在处理金河纸业破产案时,破产资产处置变价约为6000万元,其中土地增值税按照四级累进税率计算将超过3000万元。政府经与税务部门协调,最终确定按照特殊减免政策征收税费。"东郡华庭"房产项目因破产而被整体拍卖时,经政府协调,税务部门同意对土地增值税采取简易征收方式,即按5%税率征收。丹阳市人民法院在处理哈特工具制造有限公司破产案件过程中,税务部门经协调后同意返还地方税收,用以解决职工债权问题,提高清偿比例,并在此案后形成惯例做法:企业破产处置中涉及不动产过户的,对属于地方税收的部分予以返还。相关税费退还至法院后,由法院用于解决职工安置或提高债权清偿比例等问题。

(二)民生保障类难题

近5年来,全市法院积极争取党委政府支持,主动与党委、政府共同构建破产案件社会稳定风险评估预警机制,对超出法院职权范围的待解决民生问题,积极与政府及相关部门共同研究方案,联合开展化解工作。

1. 补缴社会保险费用。破产企业长期拖欠职工社会保险费用,几乎是所有破产案件都需要面对的共性问题,同时也是影响职工基本生活保障的重要问题。全市法院把补缴破产企业职工的社会保险费用列为破产审判必须解决的首要问题,积极与政府合作通过以下方式为破产企业职工补缴各类社会保险费用。一是先行续接、事后补足。在镇江市丹徒工具厂、镇江苏南机械厂等破产案中,法院积极与劳动保障部门协调,对欠缴社会保险费用的破产企业职工暂不要求补缴,先行为其办理转移和续接手续,待破产财产处置后优先补缴社会保险费用。二是政府担保、借款垫付。在丹阳圆通汽车零部件有限公司破产过程中,政府为破产管理人向某行业协会融资提供担保,用筹集的资金先行垫付社会保险费用,帮助职工及时转移、续接社会保险关系。

2. 妥善安置分流职工。近5年来,全市法院在破产案件审理过程中,与政府相互配合共妥善安置职工2万余人。主要措施如下:一是组织召开专项招聘会。在镇江韦岗铁矿等国有企业破产过程中,政府通过组织破产企业职工招聘会、提供社会用工岗位等方式,帮助近千名职工实现了再就业。二是推介同类企业分流吸纳。扬中市中级人民法院在处理破产案件过程中,鉴于辖区内产业同质化明显的情况,积极与政府合作,推介同类企业分流吸纳破产企业职工,既缓解了破产企业职工再就业压力,亦帮助正常生产企业解决了熟练工紧缺的问题。三是提供信息鼓励灵活就业。部分基层政府组织在处置破产企业的过程中,帮助破产企业职工组建工作团队,通过行业协会、当地企业为其提供加工承揽、服务外包机会,从而实现灵活就业。

3. 满足具体民生诉求。破产企业的类型存在工业企业、商业企业和房产企业的类型,各类破产企业的经营项目和经营状况各不相同,由此产生内容各异的民生保障需求。对此,全市法院与政府部门因案施策,有效解决下列民生问题:一是优先保障兑现职工债权。近5年以来,全市法院和政府紧密配合,在法律许可范围内全力筹措、兑付资金,成功清偿职工债权1.8亿元。二是全面保障购房人权益。在东郡华庭破产案中,政府对新开发商在项目竣工验收、规划调整等方面给予全方位支持,保证购房人及时收房、办证、入住。三是积极盘活闲置资产。在深国投置业破产案的债权人中,有超过300户的购置产权式商铺的小业主,区政府牵头招商并组织属地街道及时成立物业管理会,促进商铺正常经营,使广大小业主在产权得到确认的同时,能够获得投资收益。

二、现有企业破产“府院联动”机制的运行状况

全市法院在寻求政府支持解决破产难题的过程中,逐步与政府建立起相对固定的沟通渠道和相对稳定的协调机制。现已构建的“府院联动”机制明确了政府在企业破产处置中的主导地位,但是未能从根本上改变法院作为寻求支持方的地位,主要存在以下问题与困难。

1.“府院联动”的效率受运行模式制约。经“府院联动”机制研究讨论问题

的未决事项占比较高。联席会议对相关单位能够形成一致意见的报请解决事项,可采取会议纪要形式加以明确后供各方执行;对相关单位不能形成的报请解决事项,将留待条件具备后再另行审议。在府院协同开展破产企业处置的具体过程中,法院报请解决事项得到实际解决的部分,约占40%,相当部分的报请解决事项处于暂时搁置状态。"府院联动"机制下的问题能否得到实质性解决,取决于成员单位的态度,联动机制的功能主要限于提供沟通交流平台、明确待解决事项,并不能对提请解决事项构成硬性要求或刚性约束。

2."府院联动"的质量受职责范围影响。目前"府院联动"机制的运行,以法院请求政府及相关部门协调配合为主,除了对当地经济社会有重大影响的破产项目外,政府主动介入破产处置工作的情形不多见。政府对报请解决事项的配合积极性呈现"三高三低"特征:一是处置优质资源积极性较高,处理历史遗留问题积极性低。二是处置国企破产配合程度强,处置民企破产配合程度低。三是处置职责明确事项配合程度强、处置职责混乱事项配合程度低。推进实施市场化破产程序,离不开破产制度的法治化。政府在企业破产处置协调工作中,并未完全做好"打通最后一公里"的配套工作。① 针对处于债务困境与破产程序中非常态企业的管理处置措施,涉及许多属于相关部门职责之外的工作。这导致相关职能部门对于通过"府院联动"机制协调而产生的报请事项配合积极性不高。例如,税费承担评估问题,由于涉税业务专业性强,破产管理人一般需要聘请税务师开展纳税评估,评估费用高、周期长且标准不统一、缺乏权威性,税收承担争议较多。如果税务机关直接进行税费承担评估,则能有效解决此类问题。

3."府院联动"的效果受条线管理限制。突出表现在税收征管和金融协调两个方面。在税收征管方面,税收征管法和企业破产法均未就破产涉税问题作专门规定。对减免破产企业欠税问题,政府只能从地方税收提留部分予以考虑解决,此时政府将不得不面对地方财力是否能够承受相应支出的权衡。此外,破产企业开票难,也是一个长期困扰破产财产处置的难题。当破产企业逾期不履行

① 参见陆晓燕:《市场化破产的路径研究——兼议国家建构型法治现代化进程中的法治社会建设》,载《现代经济探讨》2018年第9期。

纳税义务被认定为非正常户后，处置破产财产时将无法开具发票。[①] 这将严重影响潜在买受人的买受意愿，但政府受税收垂直管理限制对此无能为力。在金融协调方面，《贷款通则》规定，未经国务院批准，贷款人不得豁免贷款。有不良贷款的破产企业，其绝大部分有效资产通常都已抵押给银行，此时要求政府协调银行放弃部分抵押财产变价的优先受偿权用于化解社会矛盾，可以说是勉为其难。所以，江苏省政府关于建立企业破产协调处置联动机制的通知，也只是将金融协调、信用修复的范围限定于帮助有挽救价值的债务企业摆脱债务困境，并不涉及其他情形。

三、完善“府院联动”机制推动破产工作的建议措施

当前企业破产“府院联动”机制运行实践中存在的效率、质量和效果问题，很大程度上是因政府履职的回应性有限和不确定性突出所造成的。为此，有必要努力构建政府破产管理部门、法院和破产管理人 3 方主体并行的企业破产联动机制，从根本上保障机制运行的高效顺畅。

（一）设立政府专门破产管理机构

1. 政府专门破产管理机构设立的必要性。在企业破产处置工作已经有政府负责人牵头和联席会议制度保障的情况下，设立政府专门破产管理机构仍然具有较强的必要性。首先，有利于进一步明确政府履职的主体性。现行相关文件明确规定，企业破产联动机制的召集人为政府经济工作分管领导，这已经表明政府是这项工作的履职主体。但是实践中，往往是法院或破产管理人为推动企业破产进程，将有关处置事项报请政府召集相关职能部门协调解决。这种工作流程使相关职能部门误认为其完成相关事项是在协助法院办理破产案件。政府专门破产管理机构直接就相关处置事项联系协调政府职能部门，可以有效消除这种认识误区，促进处置事项更加名正言顺地落实完成。其次，可以更好地增强政

---

① 《税务登记管理办法》第 38 条规定：已办理税务登记的纳税人未按照规定的期限申报纳税，在税务机关责令其限期改正后，逾期不改正的，税务机关应当派员实地检查，查无下落并且无法强制其履行纳税义务的，由检查人员制作非正常户认定书，存入纳税人档案，税务机关暂停其税务登记证件、发票领购簿和发票的使用。

府履职的统筹性。破产企业处置工作与深化供给侧结构性改革、优化产业结构调整升级、保障经济高质量发展密切相关,是后者工作的有机组成部分。政府专门破产管理部门充分履职,有利于将相关破产处置事项纳入政府经济管理整体计划统筹协调,更好地保证破产处置与经济发展的双赢效果。最后,可以持续地提高政府履职的专业性。由于破产处置工作是专业性较强的工作,并且政府经济工作的分管领导及联系人员经常会作调整,这可能造成政府负责破产处置工作的人员因不懂业务而不敢作为的尴尬局面。政府专门破产管理机构设立后,可以从增强工作专业性的角度,提高破产处置工作的实效。

2. 政府专门破产管理机构的基本职能。主要包括以下几类非司法程序性质的破产处置事项:一是建立破产企业风险预警机制,定期汇总金融监管,人社及税务部门监测企业欠贷、欠薪、欠缴社保费用,对外担保风险情况,及时发现经营异常企业并采取措施,避免弃企逃债、转移隐匿资产等情况出现。二是对出现经营危机的国有企业和国有控股参股企业,分析研判资产状况、生产经营、技术工艺和行业前景等因素,审查评估其是否具有拯救价值,确定是由政府进行直接拯救,还是进入破产重整或者破产清算程序。三是在债权人申请破产到法院作出受理裁定期间,对可能破产的企业核查其经营管理状况和财务危机情况,评估民生保障和社会稳定风险,对存在的重大风险作出预警提示,研究制定处置预案。四是对具有破产重整拯救价值的企业,组织开展重整人招募、重整方案制定、金融协调和信用修复等工作。五是对进入破产清算程序的企业,组织实施破产企业接管、职工安置分流、环境污染治理和破产财产处置等工作。六是对接政府职能部门和法院协调联动处置企业破产事务,对破产管理人进行行业管理和业务指导,视情成立综合性的不良资产处置平台和破产企业环境整治专项基金。

3. 政府专门破产管理机构的设立模式。在党政机关和国家机构改革刚刚完成,以及企业破产量并非巨大的背景下,设置独立的破产管理部门既不现实也无必要。政府专门破产管理机构的设立方式,可以考虑在国资、发改、工信等具有经济管理职能的部门中设立具有编制的内设机构。当然也可以考虑借鉴金融办的模式,在政府中设立破产管理办公室,直接以政府名义对外沟通协调企业破产处置事宜。无论采用哪种模式,新设机构中的人员应当是具有法律、财务、经济和审计等知识的专业人员,且能保证专职性和相对稳定性。

(二)发挥破产管理人作用的方式

“府院联动”顾名思义是政府和法院的协调联动,所以现行破产处置“府院联动”机制没有把破产管理人列为主体,而是将其列为被保障履职的对象和受监督管理的对象。其实,在以往政府法院联合处置破产企业的过程中,一直活跃着破产管理人的身影,且这种状况在以后也不会改变,因为他们不可或缺。明确界定破产管理人在企业破产联动处置中的作用及方式,对于完善优化“府院联动”机制也具有重要作用。课题组初步认为,破产管理人可以通过以下方式介入企业破产联动处置机制并发挥独有作用。

一是担任“府院联动”专家辅助人。原则上,破产管理人在协调处置涉经济管理破产事务时,担任政府专门破产管理机构的专家辅助人,为其制作涉及提请协调处置事项的基本情况、相关数据、协调需求和建议方案等文件,并参与相关事项的沟通协调,提供必要的说明和答复。此外,破产管理人在协调处置涉及司法程序破产事务时,担任法院的专家辅助人,参加相关事项的沟通协调。在法院对陷入经营危机的企业作出破产受理裁定前,入册的潜在破产管理人可以有偿或无偿接受政府或法院的委托,就相关企业的拯救、重整、破产方案评估和民生保障、社会稳定风险提示事宜,在完成尽职调查的基础上提出法律意见。同时,由破产管理人担任政府破产工作的专家辅助人,将有助于加强管理人履职身份认可,推动政府切实保障管理人依法履职。

二是参与破产管理人监督管理。现行“府院联动”机制文件①明确:司法机关、民政部门和法院负有加强破产管理人协会行业管理和培育的职责。职能部门在组织实施相关工作过程中,有必要邀请经验丰富、水平较高的入册破产管理人开展人才培育、业务指导和管理措施制定工作。破产管理人开展的具体业务工作,因专业性较强尤其需要加强事中监管。对此,可以尝试建立破产监管人制度加以解决。在破产管理人出现过分迟延、争议较大等情形下,法院可以再行聘请指定其他入册破产管理人作为破产监管人,对破产管理人的实际履职情况进行复核、评估,确定其是否存在履职不当,并对发现的履职不当、履职不能问题及

---

① 参见2019年6月江苏省政府办公厅印发《关于建立企业破产处置协调联动机制的通知》,2019年7月镇江市政府办公室印发《关于建立企业破产处置协调联动机制的通知》。

时加以纠正和弥补。法院根据监管结果情况,扣除一定比例的破产管理费用于支付破产监管人费用。进一步完善管理人履职评价机制,还需要对担任管理人的中介机构和个人进行个案评价、年度履职评价,完善考核、奖惩、退出制度,实现准入、退出动态管理。

三是承担联席会议办公室事务。“府院联动”办公室是“府院联动”机制下设的办事机构,负责起草企业破产处置情况报告、筹备召开联席会议、督促落实联席会议决定、汇总相关信息和其他日常运转事务。随着“府院联动”机制的完善,以后可能还需要承担制定职能清单、横向协调备案管理和建立处置方案库等项工作。上述绝大多数事务,可以通过服务外包方式交由入册破产管理人具体承担,由“府院联动”办公室专职做好审核把关、提交讨论和公开发布等项工作。这将有效保证“府院联动”办公室集中精力做好破产处置的协调联动和组织管理,深入推进“府院联动”的实体化运行。

(三)补充建立“府院联动”配套制度

现已初步建成的企业破产“府院联动”机制,以一年一次的联席会议制度为基础,辅之以联合调研、提案和召开专题会议等制度。“府院联动”机制在这种制度框架下,运行周期势必较长,解决的实际问题也相当有限。基于压缩运行周期、增加解决问题数量的目标,我们建议在现有“府院联动”机制制度框架下,补充建立以下配套制度:

1.“府院联动”职责清单制度。现已出台的省市级建立企业破产处置协调联动机制的文件,都明确了成员单位在协调联动机制中的职责。各成员单位有必要就其承担的职责,围绕职责明细、履职流程、法律政策依据、可能的变通措施等事项,制定明确的职责清单,为事项办理提请方确定协调内容和协调要求,提供公开透明的工作指引。比如,镇江市政府相关文件规定:市人社局、民政局、财政局和税务局负责协调解决破产企业职工社会保险关系转移接续、社会保险欠费缴费等问题。这几个职能部门对于解决职工社保问题,分别负有哪些具体职责、如何办理、法律政策依据等事项,都有必要制定职责清单。各成员单位制定的职责清单每年视情更新,定期送交“府院联动”办公室备案汇总,报请联席会议审议后,以会议纪要形式下发执行。

2.“府院联动”横向协调制度。现“府院联动”机制的协调工作按三角形路径开展,即破产处置事项提请解决方向联席会议或党政领导提出协调申请,再由后者召集协助解决方与提请解决方进行协调。这种协调模式的优势在于协调权威有保证,缺点在于协调周期较长。在政府专门破产管理机构设立和“府院联动”职责清单制度建立后,原有的纵向协调模式可以调整为两个层面的横向协调模式。第一个层面为,政府破产管理机构和法院的双方协调;第二个层面为,政府破产管理机构和法院分别与协助成员单位的双方协调或多方共同协调。“府院联动”横向协调机制的建立,可由联席会议通过概括性授权的方式实现,从而继续保证协调工作的权威性,在实践操作中除可以降低事前协调成本外,还可以保证及时充分的事中协调,从根本上提高破产处置事项的办理效率。

3.“府院联动”措施类推制度。相同辖市区内在前的破产处置事项办理方案,对在后办理相同破产处置事项时同样适用。该项制度的实施,需要由“府院联动”办公室及时将在前的破产处置事项办理方案进行归纳整理,并以工作简报、案例汇编或会议纪要等形式建立公开的处置方案库。由于企业破产“府院联动”机制本质上是一种工作协调机制,存在许多“特事特办”情形,所以该项制度执行应当保留两方面的弹性空间:一方面,在前办理的破产处置事项如属于“特事特办”情形,则相关处理措施不予纳入处置方案库;另一方面,在后办理的破产处置事项如需要“特事特办”,可以在协助办理方充分说明理由后,不再参照在前处置方案办理。不过,例外不能否定通常,这项制度对于推动企业破产处置工作法治化、常态化运行具有巨大的价值。

优化营商环境语境下破产案件府院联动的再思考

——以推动社会治理现代化为视角

孙静波*

随着中国经济全球融入度的提升和经济发展进入新常态,我国已将优化营商环境和推动高质量发展作为执政工作的重要预设效果。① 作为营商环境重要考评指标的破产审理,其重要性也日益凸显。在经济发展日趋复杂多变的背景下,在破产案件的处理过程中,仅靠法院单打独斗已难以充分发挥破产法的应有效用。完善府院联动机制,有助于补齐法院破产审判的"短板",将破产审判与基层社会治理相互融合,打造共建共治共享的社会治理格局,服务和保障区域经济发展。

一、破产案件中府院联动的客观需求

破产案件属小众型案件,以笔者所在法院为例,2018年新收各类案件40,013件,其中破产案件仅为5件(含

* 北京市房山区人民法院民一庭副庭长。

① 参见钱锦宇、刘学涛:《营商环境优化和高质量发展视角下的政府机构改革:功能定位及路径分析》,载《西北大学学报(哲学社会科学版)》2019年第3期。

破申字号),2019 年新收案件 43,045 件,破产案件虽上升至 40 件(含破申字号),但占比仍仅为 0.1%。其虽体量较小,但复杂指数高,并呈以下趋势。

(一)破产审理影响基层社会治理

破产案件影响社会秩序稳定。破产案件不仅要裁判法律层面的纠纷,亦要解决案涉经济发展、社会保障等问题,故必然牵涉破产企业相关主体的利益。如破产职工的安置、房地产企业破产时购房业主的保护、上市公司破产时小额股东的权益调整等。一旦处理不慎,可能导致个体切身利益因未能得到有效保护而演变为过激事件。例如,某房企破产,部分购房业主担心已付款房屋被拍卖,购房款亦只能作为普通债权获得低额清偿,故到涉案楼盘举横幅维权。这些纠纷和压力体现在单个破产案件中由法院集中面对,法院显然难以独力承受。

破产案件影响地区经济发展。破产案件一定程度上也是地区经济发展的“晴雨表”。例如,2015 年江浙地区部分纺织服装企业因资金断链、库存积压而先后破产。[①] 这反映出当地纺织服装行业已面临发展“瓶颈”,只有尽快调整发展策略,升级生产工艺,才可能转危为安。而在落后企业退出市场的同时,各种经济资源也经由破产程序得以重新配置。[②] 此外,企业破产不仅影响自身命运,由此产生的阵痛亦会传导至其所在产业链的上下游企业。例如,某共享单车企业破产,为其供货的自行车厂商也随之破产;某方便面企业破产,为其提供原料的面粉厂也因此陷入危机。可见,破产案件已超越案件本身的属性而具有了较大的社会敏感度,这使其审理相较普通案件更为困难,法律之外的不可预见因素和审理成本也因此增加。[③] 如破产案件审理质效低下,势必放缓各类生产要素的流动和市场主体的退出速度,进而波及营商环境的优化。

(二)府院联动助推基层社会治理

优化营商环境亦包含政府机构的改革和完善。而政府本就负有社会管理和

---

① 参见冉冉:《江浙纺织服装企业“倒闭潮”? 创新让中国制造实力犹存》,载中新网,http://www.chinanews.com.cn/mcj/2015/09-11/7519415.shtml。

② 参见杨春平:《论经济转型条件下破产法律制度的有效适用》,载《法制与经济》2017 年第 4 期。

③ 参见杨春平:《论经济转型条件下破产法律制度的有效适用》,载《法制与经济》2017 年第 4 期。

促进经济发展的职能。职工安置等破产案件衍生问题也与政府职责密切相关。如处理不慎,固然将使案件审理受阻,辖区社会治理亦会受到负面影响,因此政府责无旁贷。同时,参与涉案问题的化解工作也是政府重新审视日常执法是否存在疏漏的有效契机。

府院联动有助于将各自作用发挥至极致。案件审理除解决涉案纠纷外还可对其他社会成员形成辐射作用,引导社会秩序的自我修复。但在没有外力催化的情况下,这种影响相对缓慢、浅显。而府院联合后则可将这种影响发挥至极致,并完善前者的执法行为。这是因为法院多专注个案审理及个体权益的调整,政府则侧重于公共事务管理和群体利益的平衡。当二者在破产个案中结合时将发生“1 +1 >2”的叠加效用,甚至可突破案件本身,引导案外经济体修正发展方向、预控破产风险,进而推动社会经济生活健康发展,实现多赢。

综上,破产案件千头万绪,应在增加司法供给的同时引入政府部门,合力推动矛盾化解。

二、破产案件中府院联动的现状分析

(一)政府缺乏参与积极性

近年来作为社会治理主导力量的政府大多处于破产案件之外。但是有3种情形除外:一是个案引发特定社会事件引起政府关注;二是个案本就是政府主导启动,并由政府自然关注;三是在破产重整中因战略投资人的出现,政府为带动区域其他产业发展而参与破产程序。而同时法院的声音亦难以传达到社会治理中,并且在破产审理中举步维艰,由此呈现破产审理与社会治理相互分离、各行其是的态势。究其原因可能在于:

一方面,随着国企政策性破产步入尾声,近年来进入破产阶段的多为民企。故在没有明确承担纾解国企破产改制等特定任务,且没有相应政绩考评要求的背景下,政府参与破产案件的积极性大幅下降。加之该项工作烦琐棘手,处理不慎极易将当事人的负面情绪转移到本部门身上,故政府多会引导当事人“找法院依法维权”。

另一方面,破产案件跨度长、任务难。破产案件随时面临各种问题和变数,仅破产财产的查明就可能耗时日久。在此过程中,衍生问题层出不穷且交错复杂。

（二）不当参与影响合法性

个别政府部门基于不同的角度可能会对破产审理提出异议。如在某国有改制企业破产时，个别部门希望不要确认特定职工债权，避免潜在的其他同类债权人一并主张债权，增加安置难度；某知名企业欲购置某项破产资产，个别部门为了以此为契机吸引该知名企业投资其他产业，而倾向于让破产企业选择相对快捷简单的破产清算程序，导致忽视了该企业具有的重整价值。

出现这一问题系因为法院裁判主要秉持以事实为依据、以法律为准绳的原则，而政府执政则需要综合考量执政效果、管理成本、个体与群体利益的平衡等因素，故二者难免存在碰撞。

（三）协商机制欠缺规范性

目前府院联动多是对个案具体问题进行协调，缺乏长效对接机制和规范操作模式，由此达成的共识和经验亦难以在类案中参照适用。即使在个案中，也仍是法院就具体问题与不同部门逐一协调，因此拉长了办案周期。尤其是同一问题涉及多部门时更会增加会商成本。

综上，亟须提升府院联动的规范性、高效性、常态性。

三、破产案件中府院联动的完善路径

府院联动本质上是在社会治理中法院司法裁判与政府执政管理有机结合，共同发挥作用。故可从以下方面推进。

（一）联动的基本原则

第一，全程遵循法律法规原则。习近平总书记指出，“法治是最好的营商环境”。因此，在府院联动过程中，各方均应严格依法履行职责，妥善处理法律与政策的协调适用、法律暂无规定时对特定事务的合理解决等不同问题，从而正确把握党的方针政策与公正司法的关系，充分运用市场思维和法治方式解决涉案问题。①

第二,案件审理法院主导原则。相关部门应在职权范围内协助解决特定问题,不能干扰法院依法裁判,避免审判受掣肘。因此,既要确保找到整合府院力量的切入点,也要确定各自履责的合理边界,让专业人士解决专业问题,确保政府机构既不缺位,也不越位。

第三,问题分类归口处理原则。破产案件千头万绪,府院联动应按照性质和紧急性将问题分流至对口部门进行专业化处理,合理区分各自的职责定位,实现部门职责的各自归位,②同时厘清责任环节,加快问题在部门间的周转速度,减少流程损耗,避免相互推诿或迟延处理。

第四,制度落实确保稳定原则。将"一事一议"的会商模式升级为制度性联动模式,确定各方职责及对接路径,避免因领导更替或部门撤并出现中断,确保府院联动的相对稳定性和前后统一性。

(二)联动的启动阶段

应将这一机制依据个案特点向前和向后适度延伸。

一是关联诉讼审结后。当同一企业因债务纠纷短期内频繁应诉,多意味着其经营状态不正常。此时法院可对其是否面临债务危机进行预判,并适时与政府沟通,向涉诉企业或其所在行业提出预警,引导相关经营体合理安排生产、调整经营策略、制订债务处理计划,避免陷入破产困境。

二是破产案件受理前。对并无破产预兆的企业,在当事人提交破产申请直至法院裁定受理之前,法院可与政府及时沟通,对可能面临的职工安置、资产处置等问题制定预案,并对具备重整价值的负债企业启动预重整程序,将挽救工作全面前移。对生产链完整,只是面临融资难题的企业,亦可利用政府的平台优势协助企业通过破产和解化解债务危机。

三是破产案件审理中。这一阶段的府院联动应最为密切,具体做法将在后文展开论述。

---

① 参见最高人民法院第二巡回法庭课题组、郑学林等:《全面振兴东北经济的司法服务和保障》,载《人民司法》2017年第31期。

② 参见最高人民法院第二巡回法庭课题组、郑学林等:《全面振兴东北经济的司法服务和保障》,载《人民司法》2017年第31期。

四是破产案件审结后。通过总结个案中的合作得失,完善联动机制,并分析个案破产原因,对其他经济体形成警示作用。

(三)联动的基础架构

一是确定联动枢纽。为避免政出多门,可以由基层政法委作为中间枢纽,组织各方架构联动网络。从而依靠党委政府强大的协调和资源配置能力妥善解决破产案件中诸多问题。①

二是架构联动网络。应根据破产审判各环节的特点将联动网络适当扩充至公安、财政、工商、税务、社保、发改委、金融监管、建委、国资委等多部门,根据亟待解决的涉案问题逐一引入相应部门,借助联席会议等平台将定期联络与机动合作相结合,层层架构联动网络。并根据个案需求划分成权益保障组、重整策划组、维稳组等不同工作组多管齐下。

三是签订联动协议。府院联动并非不同部门间职能资源的简单叠加或联动名义下的各行其是,而是可在部门间签署专项框架子协议,明确基础合作框架下各自的协作义务,包括职责分工、具体协助庭室、协助方式、经费保障、技术支持、统筹协调等,以该协议为指导开展相关工作。还可以此为基础将个案合作中形成的处理方案固定化,用于今后同类问题的参照解决,减少逐案逐议、单线协调的合作成本。

(四)联动的具体任务

把控案件舆论导向。政府部门应协助法院掌握舆论主导权,统一对外披露口径和舆论危机应对模式,做好突发事件的预测和应对预案,合理有效地披露涉案信息,及时厘清当事人及公众的质疑,回应公众知情权,避免因不实信息的以讹传讹影响破产进程;同时对已形成舆论的热点问题更要妥善应对、充分释明,避免激化矛盾。并且政府部门应利用各自的信息平台公布破产企业信息,让潜在投资人了解破产企业运营价值,解决不同当事人信息不对称的问题,进而吸引

---

① 参见最高人民法院第二巡回法庭课题组、郑学林等:《全面振兴东北经济的司法服务和保障》,载《人民司法》2017年第31期。

更多投资人参与破产重整,为企业重整以及资产价值最大化变现提供保障。①

安抚特殊债权人。特殊债权人主要包括两类:一类是其本人及其家庭成员的基本生存利益可能会因案件审理受到难以预估的影响的债权人,如破产企业职工、借资炒股的小额股东等。另一类是所持债权金额不高,但因人数众多而极易抱团、对相关事项表决结果具有一定影响的债权人,如服务型企业破产中预缴费购买服务卡的客户等。这两类当事人极易成为破产审理中潜在的不稳定因素。因此有必要做好安抚疏导工作。例如,对欠缺必要破产费用的案件,由相关部门垫付启动资金确保案件推进;在无产可破案件中,合理安排企业职工的再就业培训、社保迁移等工作。②

破除具体流程障碍。府院联动的最大意义在于依托政府资源优势和职能特点及时解决阻滞破产进程的障碍。例如,对哄抢、偷盗破产财产的债权人需要公安机关协助防控;对存在产权瑕疵的破产资产需要住建委等相关部门配合处置;对存在相互担保、连环担保或非法集资关系的企业尤其是关联企业破产,还应采取有效措施避免引发区域性风险等。③

精准识别帮扶"生病企业"。法院与政府部门在加强信息共享的同时,可适度开展联合调研,从各自专业角度出发对濒临破产的企业特征进行归纳梳理,对已涉及多起诉讼的特定企业是否面临破产风险进行量化评估,根据风险指数高低,科学识别潜在破产企业,以此为基础,在尊重企业经营自主性和市场经济规律的前提下,对"生病企业"发出预警信息,提供破产风险评估,并进行精准帮扶。如适度提前介入企业的债务处理,为其引入专业的资本运作团队合理配置企业生产要素,④帮助危困企业尤其是涉及国计民生的大型企业、知名企业合理利用重整、和解等不同手段摆脱债务危机,促进相关产业自我修复、主动升级,提升市场竞争力和抗风险能力。对确实已无挽救可能的企业,亦要引导其尽快启动破

① 参见杜万华:《当前破产审判工作必须重点把握的十个问题》,载《人民法院报》2018年4月4日,第5版。

② 参见高琪:《浅议供给侧改革背景下"僵尸企业"破产法处置》,载《法制与社会》2017年第28期。

③ 参见杜万华:《当前破产审判工作必要重点把握的十个问题》,载《人民法院报》2018年4月4日,第5版。

④ 参见朱跃:《政府引导、市场化运作,加快处置僵尸企业》,载《中国经济周刊》2016年第15期。

产程序清理债务，释放沉淀资源，避免资产进一步贬值，债务持续增加。

预控破产风险蔓延。一家企业的破产对于与之处于同一领域的其他企业往往具有警示意义。因此，政府和法院可从各自的专业视角对破产案件进行切割，深入剖析影响该企业生死存亡的关键性事件，以此提示其他同行业企业吸取前车之鉴，科学安排生产计划，审慎调整发展方向，妥善处理积压库存，合理安排债务偿付，从而消除破产诱因，避免重蹈覆辙。同时，政府和法院通过制定科学且具有可操作性的风险监管指标，建立风险预警机制和风险提示机制，帮助辖区企业在发展中有效识别风险、规避风险和应对风险，提高自主防范和化解经营风险的能力，避免风险的累积，①从而有效防止破产风险在区域经济发展中蔓延。

调整区域经济布局。如果说帮助特定企业预防破产是从微观层面降低企业破产率，那么以府院联动为基础，将破产案件中发现的问题、经验、线索、预兆等信息用于指导地区经济发展方向和策略的调整、决策，则是从宏观上逆向推动了区域经济的良性发展。如从个案中归纳出特定行业发展"瓶颈"，通过行业协会发出警示；对区域经济重新进行产业布局，通过税收、用地、人力资源等政策优惠引导资金的流向。从而减轻破产案件对当地经济发展的震荡，防止破产风险在区域经济发展中蔓延。

数据分析反哺决策。无论是对个体的提示还是对整体的引导，其基础都源于对破产审理中相关数据信息的梳理分析。一方面，法院可从自身专业角度入手，通过对破产案件及其关联诉讼进行大数据分析，从中提炼出引发破产的相关信息和企业发展关键节点；并进行共性分析，如对破产企业的性质、类型、存续时间、投资规模、主营业务、经营模式、所在行业的整体发展趋势等进行由点到面的纵深比对，从中揭示出企业破产的共性成因和特定历史背景下的相关诱因；并通过破产案件剖析当地经济整体发展中存在的缺陷和"短板"，预测辖区经济的发展态势及需要注意的问题、可以利用的优势，反馈至基层人民政府；再由专业部门跟进分析，进而以此为依据引导特定产业或企业自行淘汰落后产能，增加产品创新意识，升级专业技术，实现社会生产要素的释放和优化调配，避免被动陷入破产困境。另一方面，对在破产审理中发现的社会治理在政策方针、制度建设方

---

① 参见刘开坛：《论金融机构破产中的政府干预边界——以商业银行破产机制为例》，载《中国律师》2009 年第 11 期。

面不合时宜甚至缺失的环节,要与作为社会治理主体的政府部门进行联合调研,形成白皮书,促使相关部门予以逐一修正,以消除社会治理中的行政积弊,使相关制度更符合当地经济社会发展的需求,为社会治理提供更有效的制度供给,降低破产审判中个案协调的比例。如社保滞纳金的单独序列计算和减免、重整企业的信用修复、破产财产中违章建筑的处置变现、破产企业违章车辆的扣分处理和过户等。

四、结　　语

优化营商环境既是提升国家和地区软实力的重要推动力,又是实现高质量发展的必要条件;法治化既是优化营商环境和高质量发展的内在需求,也是推动国家治理体系和治理能力现代化的重要举措。[①] 企业经由优胜劣汰依法退出市场亦是良好营商环境的必然体现。而在破产案件中,实现府院各部门之间的多向沟通、联动融合,以市场化为导向促进各项资源的最优化配置,有助于实现破产财产的价值最大化,推动更加法治化、智能化、专业化的社会治理格局的形成。

---

① 参见钱锦宇、刘学涛:《营商环境优化和高质量发展视角下的政府机构改革:功能定位及路径分析》,载《西北大学学报(哲学社会科学版)》2019 年第 3 期。

论重整融资中的府院联动

孙　建*

府院联动是我国在企业破产法尚不完备的情况下，为应对破产社会外部性问题或破产衍生社会问题而采取的特色做法。从概念上来说，府院联动具体指的是在坚守司法权力程序引导的前提下，由行政权力配套解决破产衍生的社会问题，协调破产程序与外部环境之间隔离、缺失、矛盾的生态关系，保障《企业破产法》的市场化实施，依法为实施市场化破产程序创造条件。[①] 府院联动实质上是在司法和行政之间架起一座桥梁，共同完成市场主体救治和退出任务。我国30年来的破产审判实践证明，离开了政府相关部门的配合和支持，各类破产案件的推进都步履艰难，效果不佳；凡是需要政府大力支持和配合的案件，无论是破产清算、司法重整还是司法和解，都取得了明显的法律效果和社会效果。特别是近几年来全国各地法院的司法重整的重大成绩，无一例外地都是在党委和政府的支持配合下取得的。[②]

---

* 南京江北新区人民法院法官。

① 参见陆晓燕：《市场化破产的法治内蕴》，南京师范大学博士学位论文，第117页。

② 参见杜万华：《提高破产审判质量和效率应当建立的几个重要工作机制、制度和措施》，载微信公众号"中国破产法论坛"2020年1月17日，http://mp.weixin.qq.com/s/rvzulqgFdFkW_MwexWDO_w。

一、府院联动的基础

(一)市场的缺陷

市场失灵理论及公共利益管制理论是政府介入重整融资的正当性原理。市场失灵理论认为,完全竞争的市场结构是资源配置的最佳方式。但在现实经济中,完全竞争市场结构只是一种理论上的假设,由于垄断、外部性、信息不完全的情况存在,以及在公共物品领域,市场作为配置资源的一种手段,不能实现资源配置效率的最大化,由此出现了市场失灵。当市场"看不见之手"失灵时,为了实现资源配置效率的最大化,就必须借助于政府"看得见之手"的干预。

破产是任何一个以市场经济为基础的社会必然会出现的现象,既是市场优胜劣汰的结果,也是市场失灵的体现。作为市场调节法,企业破产法本身具有政府干预的特征。就重整融资而言,发达的自由商品流通市场和资本市场是理想化的融资渠道。但是在实践中,市场机制有时不能反映财产本身的价值,而资本市场也不能及时提供重整企业所需的资金。在这种情况下,政府可以基于市场的不完备问题而介入重整程序,通过直接注资、协调金融机构贷款等方式在企业融资方面发挥替代补充作用。

在企业重整以及重整融资活动中,政府和法院应当在明确职责分工的基础上建立起联动机制。法院负责破产案件审理,依法保护债权人、债务人、债务人股东、新投资人、企业职工等各方利益。政府负责解决企业重整所产生的社会稳定、职工安置等突出问题,同时在企业面临融资困境时,通过市场化、法治化的方式予以及时的援助。两者不同的社会职能、不同的调整对象、不同的工作必须作出严格的划分,法院、政府一定要各司其职,相互配合,一起解决因企业破产而引发的各种社会问题。①

(二)政府的职责

维护社会整体利益是政府的职责,也是政府介入重整程序和融资的正当性基础之一。一方面,政府介入重整程序具有重要的经济价值。维持公司的持续

① 参见王欣新:《府院联动机制与破产案件审理》,载《人民法院报》2018年2月7日,第7版。

经营价值有利于社会整体价值的提升,避免由于公司清算所产生的财产与人员二次整合需要消耗高昂的成本。同时,一个企业如果出现问题进入破产清算程序,可能会涉及上下游企业,对整个行业链条产生巨大破坏力。从这个角度来看,政府介入企业重整程序,对陷入困境的企业给予及时的援助,具有十分重要的意义。

另一方面,政府介入重整程序关系社会稳定。重整制度较之破产清算制度具有拯救企业和预防破产的重要功能。这种功能契合了政府防止社会动荡的政策导向。对于一些面临困境的大型企业,特别是涉及金融、能源、国防等领域的公司,如果对其简单地采取破产清算而不加以干预,很有可能引发不稳定因素。从这个角度来说,政府介入重整程序,不仅具有经济价值,还具有社会价值。

(三)破产的外部性

企业破产法是一部社会外部性极强的实践性法律。企业在破产程序中除要解决债务清偿、财产分配、企业挽救等企业破产法问题外,还会产生一系列需要政府履行职责解决的与破产相关的社会衍生问题,如职工的救济安置、重整企业信用修复、涉破产的税费缴纳与工商注销登记问题等,需要进行大量的社会协调工作。①

企业破产法和破产审判的外部性特征,决定了法院审理重整案件离不开党委及政府的支持和相关配套制度的完善。在重整程序中,无论重整最终成功与否,都需要注入资金增强流动性,维持企业继续营业。困境企业对资金的需求不仅体现在资金的规模上,也体现在获取资金的时机上。实践证明,重整企业获得融资的及时性与拯救的成功率呈正相关关系。当重整企业出现信用融资困难、发行股份受阻、资产处置周期长等问题时,需要政府在资金注入上提供有力支持。政府可以通过政府补助、政府担保、过桥贷款、协调银行贷款、设立引导基金或者利用政府平台和政府资源寻找战略投资者等方式解决重整企业融资难题,促进困境企业成功重整。同时,政府即使不直接提供资金支持,也可以通过出台优惠政策、共享资源平台、提前介入庭外重组等方式,参与重整投资人的招募和谈判过程,为重整企业招募合适的投资人提供帮助。

---

① 参见王欣新:《府院联动机制与破产案件审理》,载《人民法院报》2018年2月7日,第7版。

二、府院联动的边界

在现代经济模式下,企业破产法不再单纯是企业退出市场的法律制度,它已经变成具有重要政策目标的社会制度,政府在破产程序中的职责显得越发重要,但其法律性质、具体范围、职责边界等尚不明确,需要予以厘清。

(一)理论基础:政府失灵

政府失灵也称政府失效,指的是在政府为弥补市场失灵而对经济、社会生活进行干预的过程中,由于政府行为自身的局限性和其他客观因素的制约而产生的新的缺陷,进而无法使社会资源配置效率达到最佳的情景。在政府失灵理论的基础上,"政府管制俘虏理论"进一步认为,被管制企业可能具有特殊影响力,会利用管制者的自利动机进行寻租,从而"俘虏"管制者,并参与垄断利润的分享,使政府管制日益沦为企业追求垄断利益的手段。①

排除政府的不当干预,将国家意志介入重整案件的程度限制在合理范围内,是企业破产法追求的重要目标之一。政府行为虽然有着一定的政策导向,但是政策本身不具有法律规范的规范性和确定性,而且这些政策所体现的政策导向还有可能与法律规范相冲突。因此在府院联动的过程中,政府既有维护社会公共利益的职责,也会作为利益主体直接参与重整中的利益博弈。

(二)厘清界限:理顺法院与政府的职责范围

企业破产法是以市场经济为基础的法律,市场经济又是法治化的经济。因此,只有坚持企业破产法作为市场经济商事法的司法地位,坚持企业破产法市场化和法治化的实施,才能厘清法院和政府的职责范围。

1. 坚持法院的主导地位

在2007年《企业破产法》出台前的政策性破产阶段,法院和法官的角色处于

---

① 参见王俊豪:《政府管制经济学导论——基本理论及其在政府管制实践中的应用》,商务印书馆2001年版,第62~64页。

较被动的地位。[①] 只有进入市场化破产阶段,法院在重整程序和府院联动实践中才逐步回归到主导地位,重整程序才逐渐成为在法院主持和监督下债务人、债权人、投资人等各方主体进行协商的平台。具体到重整融资活动中,法院的主导地位主要体现在:一是融资方案的监督者。法院的监督主要体现在违法监督和形式监督。法院的职能主要是要求谈判过程中的信息充分披露,保障当事人得到充分的、平等的谈判机会,确保谈判的过程符合法律规定,对违法谈判规则的行为进行惩罚等。而对融资方案涉及的商业判断,法院既没有能力介入,也没有必要介入。二是重大事项的把关者。在一些特殊情况下,人民法院依法决定企业的重大事项。比如,在第一次债权人会议召开之前,管理人因紧急情况需要处置债务人的重大资产的,应当向法院报告,由法院作出是否批准的决定。再如,在重整必要性和可行性审查过程中,法院将融资作为重整可行性审查的重要内容,对没有重整希望的企业不予受理。三是法律效力的赋予者。包含融资方案在内的重整计划,无论是由债权人会议表决通过,还是经过法院强制裁定,都需要经过法院的批准而被赋予法律效力。

2. 发挥政府的配合作用

市场化破产意味着政府介入应当以法治化、规范化的方式进行。政府在重整程序中应当充分尊重和保障司法权的主导地位,其职能主要是创造良好的社会环境,解决融资困难,而对破产重整中的法律问题,政府不应过多介入,在重整融资活动中,政府的职责和作用主要体现在按照市场化和法治化的要求,综合运用财政拨款、设立引导基金、政府担保、协调贷款、税收优惠、政策支持等方式为重整企业融资提供保障和支持。在我国的司法实践中,政府对重整企业融资常见的支持方式有:调整土地规划吸引战略投资者,安排国有企业作为重整企业投资人,说服金融债权人不降贷、不断贷和不压贷或在清偿上作出让步,协调金融机构提供新的贷款,协调证券监督管理部门为企业融资创造条件,协调税收部门给予税收优惠等。值得注意的是,虽然在重整程序中政府居于从属配合地位,但是在庭外重组程序中,可以由政府主导,法院配合,而进入重整程序后,主导权应当转向法院。

---

① 参见汪明华:《安徽省人民法院适用〈企业破产法〉一年情况述评》,载王欣新、尹正友主编:《破产法论坛》第3辑,法律出版社2009年版,第334页。

三、重整融资中府院联动机制的完善

(一)府院联动应坚持市场化的原则

重整企业融资原则上应当是市场行为,政府不应干预。但是当一些具有重整价值的企业遇到资金困境时,政府又要通过符合市场经济规律的方式,而不是行政化的方式予以干预。

一是融资对象的选择要体现市场化。政府在选择对哪些产业和企业进行援助时,要符合市场化的要求,选择具有重整价值并且能够换取巨大的社会价值的对象。比如,对关系国计民生的大型企业进行援助;又如,为防止系统性金融风险而对进入重整程序的金融机构进行接管和注资。对没有重整价值的企业,则不能进行“输血式”的救助,而应当按照“当清则清”的原则,让这些企业有序退出市场。

二是融资的时机、程度要体现市场化。选择援助对象后,政府还应当按照市场化的方式选择恰当的时机,同时把握好政府干预的程度和方式。在参与时机上,政府越早参与越好,把困境企业对经济造成的不良影响降到最低限度。在参与程度上,既要关注整个产业再生,又要落实到具体企业重建;既要重视困境企业处置前的债务问题,又要重视困境企业再生后的持续经营问题。

三是政府参与方式要体现市场化。一方面,遵循市场竞争规则。政府作为投资人时,与其他债权人拥有平等的参与权和监督权,而不具有特殊的权力。特别是重整期间公司经营权的实施应建立在商业判断的基础上。另一方面,尊重市场的基础配置资源作用。无论是投资人的招募还是重整企业财产的处置,都应当在公开透明的市场竞争中进行,而不宜不当附加破产投资条件,不当限制破产投资人范围,乃至直接指定破产投资人选,直接实施人财物力资源调配。

四是政府退出机制要体现市场化。在重整融资中,政府及时提供援助,甚至临时持有公司股份,对公司成功重整及各方利益保护具有积极作用。但政府的干预应当是有时限的,不宜长久介入公司的市场经营,防止对重整的过度干预。

(二)府院联动应遵循法治化原则

法治化意味着政府任何形式的调控政策和规制措施必须具备充分的法

治基础。[①] 推动府院联动的法治化，重点要做好以下几个方面：

一是理顺法院和政府的关系。早在2015年，中央经济工作会议公报就提出了府院联动应当坚持的宗旨包括"依法为实施市场化破产程序创造条件"。在重整融资中，司法权应当居于主导地位，法院的职责是专注于重整案件的审理；行政权应当居于配合地位，政府的职责是综合运用市场化的方式对企业进行援助，协助解决重整企业的融资难题。

二是政府要依法及时披露对企业的干预行为。在克莱斯勒公司重整案件中，美国政府派出工作小组参与克莱斯勒公司谈判，根据"问题资产救助计划"提供注资安排，为市场机构提供明确的预期。同时，政府介入破产重整的行为还必须符合法律正当性的基本要求。

三是依法保障各类主体的权益。政府介入企业重整的过程中，容易在保护一些主体利益的同时，损害其他主体的合法权益。政府在参与企业重整和重整融资的过程中，更加应当关注、保护和平衡各方主体利益，其介入公司经营的手段不能随便滥用，不能违反企业破产法的规定，借融资方的优势地位损害其他利害关系人的利益，甚至将对债务人企业的保护和地方利益的维护演变为地方保护主义。

四是严格遵守企业破产法的法律程序。遵循法定程序是府院联动的基本要求。

（三）府院联动应体现专门化要求

设立专门机构对困境企业进行援助是各国通行的做法。早在1974年法国政府就已依国会决议通过一部法令成立了"产业结构整顿部际委员会"，在非司法程序介入的前提下，委员会通过对申请企业的研究分析，经司法管理人同意，以与银行及债权人协商和适当资助的方式，帮助拥有员工400人以上的较大规模私营企业摆脱无力偿债的困境；对较小规模即拥有员工少于400人的私营企业，则由各大区、省的政府代表进行协调和帮助；对国有企业，则由政府各有关部门负责解决其财务困境问题。[②]

---

① 吴文平等：《政府干预经济行为法治化之探究》，载《吉首大学学报（社会科学版）》2014年第4期。

② 参见王卫国：《法国治理企业困境的立法和实践》，载《外国法译评》1996年第4期。

鉴于重整融资涉及政府、银行、债务人、企业股东、新投资人等多方主体的博弈,我国可以成立由政府部门、专家学者、金融管理人才等组成的专门的第三方机构,一方面,中立、公正、高效地平衡各方利益;另一方面,对社会资源进行有效整合,帮助企业获得融资、改善经营、获得再生,提高企业重整的有效性、战略性和经济性。

(四)府院联动应实现制度化效果

当前,重整融资中的府院联动还停留在个案协调和文件出台阶段。虽然从个案的协调上升到以出台文件为特征的机制建立,体现了政府和法院试图"一揽子"解决企业破产法市场化实施中出现的突出问题的政策取向,也解决了企业破产法市场化实施中遇到的诸多衍生问题,但是也要看到府院联动仍然存在制度化和法律化的缺陷。

我国应构建全方面、多层次的制度体系和法律体系,从立法和制度层面加大对重整企业的资金援助力度。多层次的法律和制度体系应围绕破产法展开,以国家立法为基本指引,以部门规章为有力支撑,以地方制度为实施细则,架构起符合本地社会经济发展实际,具备操作性和执行力的实施机制。在立法层面,需要重点关注的是将产业政策法与财政法有机结合起来,同步出台或者修改产业政策法和财政法。这是因为通过政府财政支持企业重整,首先要符合预算法的规定,将财产支出依法纳入财政预算。同时,为防止权力的滥用,我国可以根据经济发展现状和需求制定时效法,其性质为拯救困境企业、复苏经济的产业再生或支援法律制度。[①]

总之,我国在推进府院联动的过程中,应当明确政府和法院的职责边界,充分发挥政府在解决破产衍生问题的职能,实现中央经济工作会议公报提出的"为实施市场化破产创造条件"的要求。特别是在重整企业融资活动中,政府应当遵循市场化、法治化、专门化、制度化的原则,坚持积极引导、战略规划、适当干预、及时退出的工作要求,从完善法律、配套政策、设立机构等方面构建全方位、多层次的法律制度框架体系,切实解决重整企业的融资困难,为深化供给侧结构性改革、优化营商环境提供有力支持。

---

① 参见丁燕:《企业重整融资方式创新之探究》,载《人民法治》2017年第11期。

激励债务人寻求破产保护的修法路径

龙西安[*]　龙　洋[**]

世界各国的破产大多数由债务人申请，个人破产尤其如此。我国《中华人民共和国企业破产法》（以下简称《企业破产法》）实施以来，发生破产的民营企业主动申请破产的少之又少。修改破产法需要着力解决债务人寻求破产保护激励不够的问题。

一、绝大部分发生破产原因的企业没有寻求破产保护

周强院长在《中华人民共和国第十三届全国人民代表大会第五次会议最高人民法院工作报告》中指出，2021年"审结破产案件1.3万件，涉及债权2.3万亿元"，"审结破产重整案件732件，盘活资产1.5万亿元，让745家困境企业再获新生，35万余名员工稳住就业"。那么每年已经进入司法程序、不能清偿到期债务，实际已经破产的企业和个人有多少呢？以下两个数据能间接说明。

一是执行案件中确无财产可供执行的"执行不能"案件。周强院长在2018年10月24日向全国人大常委

* 中国农业银行广东省分行法律事务部经理、公司律师。

** 广东东方昆仑律师事务所律师。

会报告的《最高人民法院关于人民法院解决“执行难”工作情况的报告》中提到,“近年来执行案件每年都在600万件左右”,“在进入执行程序的案件中……约有43%属于确无财产可供执行的‘执行不能’案件”。2021年全国法院受理执行案件949.3万件,执结864.2万件,执行到位金额1.94万亿元。经换算,每年有超过250万件到400万件执行案件的被执行人完全丧失履行能力、经核查确无财产可供执行。这些案件一开始就应该进入破产程序。

二是失信被执行人。根据《最高人民法院关于公布失信被执行人名单信息的若干规定》,被执行人未履行生效法律文书并具有相应情形的,将纳入失信被执行人名单,期限一般为2年。没有自动履行的生效裁判文书进入执行程序后,法院将通过网络查控系统查询被执行人全国范围内的不动产、存款等财产,查询两次以上未发现被执行人有可供执行财产,且申请执行人或者其他人未提供有效财产线索的,不再将被执行人纳入失信被执行人名单。数据显示,自2013年以来,我国共新增失信被执行人1712.71万人次。2019年新增最多,数量接近300万。2020年新增249.84万,2021年新增134.12万,目前我国现有失信被执行人592.51万。这些失信被执行人大多是无财产可供执行案件的被执行人。

无论是“执行不能”案件的被执行人,还是被列入失信名单的被执行人,相当部分都是因为生产经营活动相关的商事债务陷入困境的企业和个人。每年有数百万没有能力清偿生产经营活动相关的债务、实际已经破产的债务人进入司法程序,但即使到强制执行阶段,也没有通过“执转破”进入破产程序。相比之下,破产案件只有1万多件。在《企业破产法》出台已经十多年,法院内外、全国上下都创造各种条件力推破产程序的情况下,仍然有90%以上应该运用破产程序的案件选择了其他的司法程序。其中一部分是在《企业破产法》适用范围内,但相关债权人或债务人没有意愿提起破产申请,还有一部分是涉及非法人的商事主体如个体工商户等,但《企业破产法》没有规定相应的适用规则①。这些都是破产法修改亟须解决的问题。

① 依据相关法律法规,合伙企业、民办学校、农民专业合作社、个人独资企业可参照适用破产清算程序,但不能参照适用破产和解与破产重整程序。

二、债务人申请企业破产担心加重责任和义务

对执行不能、实际已经破产的企业来说,债务人有两个选择:一是被列为失信被执行人,受各种限制,发现有财产随时被执行;二是申请"执转破",经破产程序后债务随企业主体一起消灭。过去5年,执行的力度越来越大,破产的环境越来越宽松,但很少有债务人选择后者。回到这些诉讼、执行程序开始之前,债务人对自身不能清偿债务,破产原因已经发生的事实是清楚的,完全可以申请破产来避免各种追债措施的困扰,但也鲜少有债务人选择这样做。无疑,目前我国的破产法律和司法实践环境下,债务人对申请破产保护的担忧更多一些。

(一)企业破产后的个人连带责任

《中华人民共和国合伙企业法》(以下简称《合伙企业法》)第92条明确规定,合伙企业依法被宣告破产的,普通合伙人对合伙企业债务仍应承担无限连带责任。个人独资企业解散,由投资人自行清算或者由债权人申请人民法院指定清算人进行清算。个人独资企业解散后,原投资人对个人独资企业存续期间的债务仍应承担偿还责任。不少有限责任性质的企业法人在融资时,由控股股东、实际控制人、高管提供个人连带责任担保。还有的民间借贷机构将资金直接出借给企业股东或实际控制人,再由企业提供担保,资金实际用于企业经营活动。企业债务把出资人(股东)、高管甚至他们的家人都捆绑在了一起。企业破产,这些连带责任人仍然无法从债务中解脱。所以,在民营企业主看来,企业破产是企业没了,欠债还在。

世界各国破产法的破产免债是针对自然人而言的。个人破产后还要保留他和家庭生产生活必需的财产,这是豁免;破产后未能清偿的债务一笔勾销,以后的收入不用还债,这是免责。非自然人破产是主体在破产清算后未清偿的债务随主体一并消灭,并没有被豁免保留的财产。企业在被追债时还是个"挡箭牌"。企业破产了,就直接追债到个人来了。在承担个人连带责任的企业主看来,企业破产不是免债,反而可能加重他们个人的责任。

(二)破产撤销权衍生新的债务和责任

《企业破产法》第31条、第32条规定了6种可撤销行为,第33条规定了2种

无效行为,相应行为撤销后的权益,财产管理人有权追回。第 35 条规定出资人出资不到位的要补缴,第 36 条规定董监高多拿的收入等要追回,第 40 条规定了 3 种禁止破产后抵销的债权。在之后的司法解释中又进行了补充。整个第四章"债务人的财产"都致力于为债权人多找回财产,相应就要对债务人的经营管理者在破产前的财产处分行为进行审视,查找问题。正常经营中的财产处分行为,在破产程序中它的不正当性可能被极度放大。比如,为获得继续经营必需的现金流而转让资产,可能被认定为明显不合理的价格进行交易的欺诈行为。为取得必要的供应链或销售渠道而进行的对外投资,可能被认定为逃避债务而隐匿、转移财产的无效行为。这些可撤销行为的相对人可能就是破产企业控股股东、高管的关系人,撤销成立将直接减损他们的利益。相对人即使是普通的交易对手,在交易被撤销后也可能基于某种协议向破产企业控股股东、高管追偿。因此,破产撤销权在为债权人追回更多可清偿财产的同时,也可能使债务人的股东、高管增加债务,减损利益。

与破产撤销权对债务人有类似影响的还有公司人格混同的认定。当可撤销行为、无效行为的相对人是债务人的股东或兄弟公司时,行为主体的复杂性实际已演变为公司人格混同问题。认定公司人格混同行为的范围更广,时间也不受法定可撤销期间限制。除了财务资金上的混同,业务、员工、住所等方面的混同也可以认定公司人格混同。本来认定公司人格混同是关联企业实质合并破产的一个重要基础,但债权人、管理人更关注破产企业财产被其他关联企业和股东个人的占用和追回。而破产企业占用其他关联企业和股东个人财产的相关债权,只是作为普通债权参与分配。对债权人有利的就积极去做,不利的就不做,因而中间就可能减损债务人利益。

(三)破产的声誉损失和污名化

破产的声誉损失包括债务人的财产损失和负面评价。破产程序一旦启动就很难逆转。即便债务人想通过破产的自动中止制度暂时从各式各样的追债讨债中脱身,经过谈判削减债务,实现破产和解或重整,但如果得不到债权人认可,最终都要走向破产清算,企业的品牌、资质、市场渠道等无形资产都要归零。即便破产和解或重整成功,破产程序的时间成本也会让企业付出沉重的代价。破产给企业主带来的负面评价更是其难以承受之重。我国一直有"欠债还钱,父债子还"的传统,破产使这个人一切归零,变成不再有任何信誉的代名词,失去在商场立足的空间。企业破产还可以说只是个人一项事业的失败,而个人破产就可能是整个人生的失败。个人破产后能否走向重生,远不止他的债务包袱是否卸下,更在于社会能否宽容失败,让他的信用重生。可以预见,即使不改变社会对破产人的严重负面评价,个人破产法出台后陷入困境的债务人也难有积极性申请破产保护。

三、激励债务人寻求破产保护的选择

债务人如果申请破产比被诉讼执行有更好的结果,因为企业在破产清算后能免除部分责任,破产和解后能削减部分债务并继续营业,破产重整后企业可以继续生存下来,不需要财产被执行完以后还要继续被追债,债务人自然有动力申请破产。[①] 解决当事人申请破产动力不足的问题,应重点从债务人方面入手。

(一)在财产清查基础上部分豁免个人连带责任

在破产实务中,承担个人连带责任的企业股东,如果积极配合清查、处置企业和个人家庭财产,最终普通债权人受偿率提高,债权人大多同意不再追究个人连带责任并保留其家庭必要财产。当下,对企业破产未能清偿的债务,各个债权人也可以另行起诉负有连带责任的个人,但这样必然造成诉讼成本高,占用司法资源多,不利于全体债权人集体公平清偿。无疑,前者的效率更高,社会破坏性更小,大部分普通债权人的受偿率更高,债务人的利益也能得到更好的保护。法律应该回应大多数人的理性抉择。修改《企业破产法》,应该继续鼓励破产企业的债务人与债权人达成和解以免除个人连带责任,并规定承担连带责任的自然人配合清查、处置其财产供破产企业清偿的,法院可以裁定部分或全部免除其个人连带责任。国家发改委等13个部门联合发布的《加快完善市场主体退出制度改革方案》,强调要“分步推进建立自然人破产制度”,重点解决企业破产产生的自然人连带责任担保债务问题,明确自然人对因担保等原因而承担与生产经营活动相关的负债可依法合理免责。通过修改《企业破产法》解决破产企业的个人

---

① 如果进入破产程序后债权人的受偿率普遍提高,甚至重整成功企业可以继续,员工不用失业,就更是皆大欢喜。

连带责任问题，是实现这一目标更为快捷有效的路径，也为今后出台和实施个人破产法做好准备。①

破产中的财产清查与执行程序中的财产调查相类似，但破产程序是全部债权人的集体行动，还有管理人发挥重要作用。在执行程序中只有申请执行人认为被执行人有逃避债务行为的，才可以申请法院委托审计机构对其进行审计；而在破产程序一开始管理人就接管债务人的财产并进行调查、审计。在破产程序中，因企业经营不规范导致债务人财产被不当转移或者处置的，管理人应当通过行使撤销权、依法追回财产、主张损害赔偿等途径维护债权人合法权益，追究相关人员的民事责任。企业法定代表人、出资人、实际控制人等有恶意侵占、挪用、隐匿企业财产，或者隐匿、故意销毁依法应当保存的会计凭证、会计账簿、财务会计报告等违法行为，涉嫌犯罪的，人民法院应当根据管理人的提请或者依职权及时移送有关机关依法处理。这样的力度显然是单个债权人分别申请的执行措施难以达到的。在破产程序中，债务人经过更为严格的财产清查和处理，对于在企业破产后仍要承担连带责任的企业主，应该予以免责或部分免责，而不是使其比失信被执行人受到更多限制。

包括个人独资企业、合伙企业在内的非法人组织，与以其全部财产独立承担民事责任的企业法人不同的是，非法人组织的财产不足以清偿债务的，其出资人或者设立人承担无限责任。但法律另有规定的，依照其规定。解决了企业破产后的个人连带责任问题，也就为非法人组织适用《企业破产法》打开了一扇门。企业法人对其全部财产进行破产清算或重整，非法人组织连同其出资人或者设立人以其财产不能清偿债务的，一并进行破产清算或重整。涉及自然人的，个人财产在保留生产生活必需的自由财产后一并用于清偿生产经营所欠的债务。若成熟，《企业破产法》还可以将适用范围扩展到个体工商户和农村承包经营户，解决全部商自然人破产的法律适用问题。② 该法可以专列章节规定非法人组织、个

---

① 金融机构特别是民间借贷要求企业股东和管理团队及其配偶子女提供连带责任担保，违背了公司有限责任制度设立的初衷，抑制了投资人对外投资的主动性。豁免个人连带责任就是要限制、约束债权人要求股东和管理团队及其配偶子女提供连带责任保证的“过度增信”行为。

② 根据工信部的数据显示，截至2018年年底，我国中小企业数量达到3000多万家，个体工商户超过7000万户，贡献了全国50%以上的税收、60%以上的GDP、70%以上的技术创新成果和80%以上的劳动力就业机会，在我国的国民经济体系中具有极为重要的作用，它们中的大部分不能适用破产法，然而《企业破产法》连半部商破产法都谈不上。

体工商户和农村承包经营户的破产程序。

(二)建立更加平衡的破产撤销权制度

个人连带责任是破产企业主已经约定或法律明确需要承担的义务。而破产程序中包括撤销权在内的一系列追回破产财产的法律规定,让破产企业主可能要承担预期之外的义务和责任,甚至承担逃废债务、行贿他人的刑事责任,这是他们更为担心的。破产撤销权制度需要考虑我国民营企业发展的历史背景,要把民营企业管理不规范,因为"铺摊子""上规模"造成的关联交易频繁、财产混同与恶意的逃废债行为区分开来。不能把主要因为经营管理不善、负债过高不堪重负造成的破产统统归结为企业主转移财产把企业掏空了。破产撤销权制度需要更加注重平衡债权人与债务人的利益和回应相关关切。

1. 总括处理对关系人的财产转让和债务履行。破产撤销更加关注债务人把财产转移给关系人的欺诈行为。关系人包括债务人的董事、监事、高管、控股股东、实际控制人,以及他们控制的企业等。一些对关系人的财产转让或债务履行行为,孤立来看确实符合可撤销行为的要件,但如果在一个更大的范围内联系起来看,可能就是一系列关联交易中的个案。在破产实务中,通常都是把债务人和这些关联企业一定时期之间的交易一并进行清查,所构成的系列交易尚有未结清债权债务的,允许相互抵销,抵销后的余额按照一般债权债务处理。破产企业和关联企业构成人格混同,或者关联企业是破产企业的主要债务人,关联企业也不能清偿全部债务的,可以将关联企业纳入合并破产。这些得到社会认可的破产处理方式,可以在企业破产法修改时通过立法固定下来。

2. 严格拟制欺诈的可撤销行为构成要件。拟制欺诈行为不过是可以视为欺诈但却难以明确认定的行为。债务人向关系人之外的相对人低价转让财产,如果没有与被转让人串通合谋,虽然客观上可能损害债权人的利益,但很难解释债务人为什么要这么做,不能简单地归类或视为欺诈行为。这类可撤销行为应该同时具备不合理对价、事实破产(破产原因已经发生)、相对人知情的构成要件。相对人知道债务人已经资不抵债或者明显缺乏清偿能力不能清偿到期债务,这时与债务人以不合理对价交易,才是损害债权人利益的可撤销行为。明确相对人知情的构成要件,既是维护交易安全的需要,也是为了避免行使撤销权给债务人及其实际控制人等主体增加新的义务和责任。不合理对价需要有严格的界定,对虽然在可撤销时间范围内但在破产原因发生之前的交易,也不宜行使撤销权。

3. 规定受影响的债权人知情应采取行动的情形。对一些可撤销的行为,比如债务人为财产设定担保义务或者解除债权的第三方担保,受影响的债权人知道或者应该知道债务人的这些行为将损害到他们的债权。债权人在合理时间内没有采取行动维护自身利益的,破产程序中不应再行使相应的撤销权。行使撤销权的一个目的就是防止债务人向特定主体秘密转让财产或为其在财产上设定担保权,而债权人误以为债务人仍然享有这些财产权利从而与其进行交易。如果债权人已经知情就不再是债务人的秘密行为,不采取行动就是认可了债务人的行为,债务人不再构成欺诈,因而也不再具备可撤销的要件。这样也有利于促进债权人发现问题并及时采取行动,比进入破产程序后再行使撤销权能更好地维护债权人的利益。

(三)稳定预期,鼓励债务人及时申请破产重整

基于信息不对称,债权人往往很难及时掌握债务人临近破产的信息。即便了解到债务人已经接近资不抵债,也是倾向于单独行动争取抢得先机。只有债务人清楚自己的状况,刚发生破产原因时也有意愿申请破产重整以摆脱困境保住企业。但一旦申请,重整不成,就要走向破产清算。因此,债务人申请破产重整特别需要稳定的预期,需要能够看到重整成功的希望。

1. 债务人申请破产重整即适用自动中止以保全重整的财产基础。《企业破产法》第 10 条明确,债权人提出破产申请的,法院应当自异议期满之日起 10 日内裁定是否受理,有特殊情况的可以延长 15 日。司法实践中债务人申请的同样进行相应的审查,不少还要进行听证,实际从提出破产申请到法院作出受理破产申请裁定的时间更长,有的甚至超过 1 年。这中间有一个空档期。而《企业破产法》第 16 条规定个别清偿无效,第 19 条规定财产保全措施解除、执行中止,第 20 条规定正在进行的民事诉讼或者仲裁中止,第 75 条规定担保债权暂停行使,都建立在法院受理破产申请裁定的基础上。《最高人民法院关于适用〈中华人民共和国企业破产法〉若干问题的规定(二)》(以下简称《企业破产法司法解释(二)》)第 15 条进一步明确,债务人经诉讼、仲裁、执行程序对债权人的清偿不支持撤销。债权人为了赶在法院受理破产申请之前获得受偿,会加大申请执行力

度。从申请破产到法院受理裁定的空档期就成了债权人申请执行的加速期。等到进入重整期,债务人可能已经被执行并瓜分成为空壳,重整的基础已不复存在。正因为存在这些不确定性,债务人即便有重整成功的信心,也不敢提出申请破产重整。

2. 明确重整期间债务人自行管理财产和营业事务为一般原则。2019 年《全国法院民商事审判工作会议纪要》明确了法院批准债务人自行管理需同时具备的 4 项条件。由于债务人申请前是否存在隐匿、转移财产等严重损害债权人利益的行为需要在破产程序启动后查明,为让债务人申请破产重整能够取得自行管理的稳定预期,鼓励债务人及时主动提起破产重整申请,避免错失重整时机,可以不再将其作为批准的前置条件,而是作为对债务人自行管理行为进行监督的,管理人事后可以申请法院作出终止债务人自行管理决定的情形。但如果债务人明显存在欺诈等行为的,法院则不予批准。

3. 预重整与重整程序有效衔接减少重整的时间成本。重整的时间越长,不可控因素就越多,重整成功的概率就可能降低。债务人在申请破产之前与债权人就重整计划的基本条件进行谈判,在此基础上再提出破产申请,并同时提交拟议的重整计划。预重整期间债务人和部分债权人达成的协议与重整计划草案内容一致的,视为有关债权人对该重整计划草案表决同意,这样可以大大节省破产重整程序耗费的时间。在申请破产之前进行预重整谈判,也有利于谈判各方在更客观的环境中评估企业的价值,减少对企业商誉损失的担忧,但预重整不享有自动中止的特权。为了防止预重整期间个别债权人对债务人采取强制执行手段,法院经债务人或其他债权人申请可以裁定暂时中止。破产法独特的集体清偿机制,客观上有一损俱损的风险。如果个别债权人想在预重整期间抢先执行受偿,即使法院没有裁定暂时中止,其他债权人和债务人也可以立即申请破产以阻断个别债权人的执行行为,只是这样就会打乱既定的计划。

破产法中的“信任”制度理论研究

任国征*

为畅通市场主体退出渠道，降低市场主体退出成本，激发市场主体竞争活力，完善优胜劣汰的市场机制，推动经济高质量发展，经国务院同意，2019 年 6 月 22 日，国家发展改革委、最高人民法院、工业和信息化部、民政部、司法部、财政部、人力资源和社会保障部、人民银行、国资委、税务总局、市场监管总局、银保监会、证监会联合印发《加快完善市场主体退出制度改革方案》（发改财金〔2019〕1104 号，以下简称《市场主体退出改革方案》）。《市场主体退出改革方案》要求建立健全破产退出渠道，在进一步完善企业破产法的基础上，研究建立非营利法人、非法人组织、个体工商户、自然人等市场主体的企业破产法，为我国的企业破产法有望从顶层设计到修订完善提供了良好的理论基础。与此同时，国家出台《优化营商环境条例》等改革文件和法律规定，《中华人民共和国企业破产法》修改和个人破产立法，成为理论界与实务界广泛关注的热点问题，企业破产法治建设面临前所未有的机遇与挑战。在企业破产法理论构建中，信任理论对推进可持续发展与企业破产法完善具有方向引领和基础

* 中央财经大学绿色金融国际研究院研究员，健康金融实验室（数据库）主任。

支撑的作用。因为市场经济作为信用经济,其对“信用”或“信任”的设定是“完全理性主义”,而实际上,“信任”作为一种预防不确定的先设条件并非“完全理性”,而是“不完全”的。基于以上理论设定,笔者提出以下假设:正是由于经济运行过程中企业破产法的“信任不完全性”催生了制度建构的必要性,而企业破产法中制度作为防备不确定的后设条件,自身也呈现“不完全性”特征,企业破产法中制度的不完全性或有限理性,导致了“权力寻租”的发生。因此,企业破产法中信任与“权力寻租”之间并非完全对立的关系,而是有着复杂的逻辑演化路径。

一、企业破产法中信任理论的文献解析

信任具有悠久的思想文化传统,作为一种背景性因素而存在。[①] 直到20世纪50年代,信任才受到学界的重视,它反映了两大背景:“一是学者们在学理上越来越想搞清楚它的含义和运行机制是什么;二是社会生活自身的变化开始使信任问题不再被视为理所当然。”根本性的问题则是“缘自人类自身追求的现代化生活”[②],“不确定性”是现代化生活的常态。

(一)信任理论的文献概述

社会学家西美尔在其1900年出版的《货币哲学》中指出:“离开了人们之间的一般性信任,社会自身将变成一盘散沙,因为几乎很少有什么关系能够建立在对他人确切的认知之上。如果信任不能像理性证据或个人经验那样强或更强,则很少有什么关系能够持续下来。”[③]20世纪50年代以来,“信任”被视为一种心理现象而首先受到心理学家的重视,信任心理学的开创者是美国的多伊奇

---

① 郭慧云考察了“信任”的思想史传统,指出西方的“约”“践约”“承诺”“信仰”和东方的“诚”与“信”等是现代“信任”的源流,在西方,古罗马的商业活动孕育了“立约”“守约”等观念,中世纪基督教的“信仰”观蕴含着一种“托付性”,近代的社会契约论使“信任”具有与正义同等的地位,此外,近代苏格兰学派,斯宾诺莎、凯恩斯等人从心灵、情感层面拓展了“信任”的内涵。在中国,“诚”的观念源于对神灵的敬畏和信任,它首先是“人己原则”。在古代中国,“诚”和“信”承载了人伦、宇宙秩序、个体本性和价值,更多强调人的“内在修为”,是一种内求性。但在孕育现代“信任”的萌芽思想中,中国的“诚”“信”观呈现出整体性,而在西方则具有鲜明的个体性。(参见郭慧云:《论信任》,浙江大学2013年博士学位论文)

② 翟学伟:《信任的本质及其文化》,载《社会》2014年第1期。

③ [德]西美尔:《货币哲学》,陈戎女译,华夏出版社2002年版,第178~179页。

(Deutsch),他从解决“冲突”问题入手,通过“囚徒困境”实验得出信任是对环境刺激的反应。此外,信任是一个人对未来的可信期待,当期待落空后,将给当事者带来严重的负面心理影响。此后,心理学家罗特(J. Rotter)、赖兹曼(L. Wrightsman)、霍斯莫尔(Hosmer)等人借助心理学测量,循着人际信任理路探究信任,并得出结论:“信任就是个人人格特质的表现,是一种经过社会学习逐渐形成的相对稳定的人格特点。”①社会心理学家刘易斯(Lewis)、雅格特(Weigert)等人则把理性、情感视为信任心理学的两个重要维度。

在经济学的视域中,信任起初被视为一种规避风险的理性计算。比如经济学家阿罗(K. Arrow)、赫希(F. Hirsch)、科尔曼(Coleman)、威廉姆森(Williamson)等人认为,信任被视为一种稀有的社会资本,能够帮助人们规避交易过程中的违规、违约等行为,在这种理论视野下的信任应该被视为一种“前设条件”或“事前效率”。但随着经济学理论的继续发展,古典经济学的“理性人”假设逐渐受到质疑,学者们发现人们在日常生活中不但存在着理性的算计,而且还存在很多非理性的行为,②由此推导出“文化因素”对经济生活存在着重要的影响,此结论的结果是使信任的理性研究延伸到政治学、伦理学、文化学等学科,代表人物是福山(Fukuyama)。福山将信任的本质归结为“源于人性基础之上的社会资本”,“人们自发组织社群并进行各种互惠合作的天性和争取被认可的本性是形成信任的主要源泉和基础”③,因此,“福山的信任概念,是和传统、习俗、伦理道德、文化交织在一起的,是介于理性与非理性、全知与无知之间,它与经济学理性选择理论所认为的‘信任是一种理性’是很不一样的”。④ 由福山开创的信任研究打破了以往单一学科的研究视角,通过采取综合多学科视角,从而开创了信任研究的交叉学科先河,其最新发展则是组织信任的研究。

对于信任的研究,除涉及以上心理学、社会学、经济学等学科外,还涉及政治

---

① 岳瑨、田海平:《信任研究的学术理路——对信任研究的若干路径的考查》,载《南京社会科学》2004年第6期。

② 最著名的是由美国哈佛大学教授梅奥主持进行的“霍桑实验”,实验结果证实:人不是完全理性人,人是社会人,在社会中,除正式组织外,还存在大量的非正式组织,工人的产出效能受到自身心理满足度的很大影响。

③ 郑小鸣:《信任:基于人性的社会资本——福山信任观述评》,载《求索》2005年第7期。

④ 岳瑨、田海平:《信任研究的学术理路——对信任研究的若干路径的考查》,载《南京社会科学》2004年第6期。

学、哲学、文化学①等学科。综观来看,现代信任研究呈现流派众多、异彩纷呈的现象,而且在不同的时期,其理论预设、理论重心、理论创见也各有不同,比如:(1)在概念方面,由早期心理学的单向性人际信任到社会学双向性特殊信任与一般信任;社会信任与系统信任及其人际信任和制度信任;再到经济学的计算信任、制度信任和个人信任。(2)在研究层次方面,研究重点从心理学微观个体的心理认知及行为,转变为社会学及经济学的宏观社会关系。(3)在信任的来源和基础方面,从个人特质到社会环境(制度文化等非经济因素)再到理性计算的认识轨迹。(4)在人性的假设方面,存在经济学的“理性”和其他社会科学的“非理性”之争。②

(二)企业破产法中的信任理论

自20世纪80年代,我国围绕信任文化、信任状况、信任建构等研究取得了丰硕的成果。我国信任研究早期局限于“诚信”研究,直到20世纪90年代后,“信任”才受到众多学者的关注,尤其是郑也夫、彭泗清、高兆明、张康之等学者将研究重心集中于“信任”。我国信任研究重心包括以下内容。

1.企业破产法中信任的理论渊源

马克斯·韦伯认为,中国人的信任建立在血缘共同体基础上,是一种难以普遍化的特殊信任,其包含两个方面的含义:“第一,在中国社会,家族亲属关系或准亲属关系所构成的网络是一种封闭性的网络;第二,由这种封闭性网络所建立的特殊信任是无法普遍化的。”③韦伯所论阐述了特殊信任与普遍信任的区别,但韦伯对中国信任文化的界定是否确当则是存在争议的,陈伟平认为,中国网络式信任的维持依赖于两个因素:差序格局结构和拟亲化过程。④ 而翟学伟则认为,

---

① 比如,波兰学者皮奥特·斯托姆卡在《信任、不信任与民主制的悖论》中指出:“当信任倾向成为社会中普遍性的文化现象时,我就称其为信任文化。‘信任文化’概念描绘了这样一种状况,即撇开对(被信任者)可信度的理性计算与个体的心理倾向不谈,个体出于文化上的鼓励而给予社会、政府、组织机构以及其他公民以信任。”(参见皮奥特·斯托姆卡:《信任、不信任与民主制的悖论》,闫健译,载《经济社会体制比较》2007年第5期)

② 参见汪戎、顾江洪:《信任及其经济意义:研究现状与趋势》,载《思想战线》2011年第6期。

③ 陈伟平:《市场社会中社会参与的路径问题　关系信任还是普遍信任》,载《社会》2012年第2期。

④ 参见陈伟平:《市场社会中社会参与的路径问题　关系信任还是普遍信任》,载《社会》2012年第2期。

"中国人的信任特点不在于是特殊信任还是普遍信任,而在于是借助于网络化的方式制约,还是制度化的方式制约"。① 周怡认为,传统中国是"家本位—关系信任"。② 高玉林、杨洲认为,"中国社会信任呈现为桩式和圈式结构,西方社会信任表现为网式结构"③。

2. 企业破产法中信任的危机

改革开放以来,中国企业破产法中的社会信任状况越来越受到社会的关注。④ 徐贲认为,目前的信任匮乏是由于信任处在一种正在转化、有待充分形成的时期。

3. 企业破产法中信任理论建设

除以上3个受到学者关注较多的领域以外,中国学者还致力于提出具有中国特色的信任理论,建构企业破产法中的信任模型,比如:张康之认为对应于农业社会、工业社会和后工业社会3个历史阶段,不存在习俗型信任、契约型信任和合作型信任等3种信任类型。⑤ 周怡把我国企业破产法中信任模式演变概括为家本位—关系信任、国本位—机构信任、社会本位—制度信任3类模式。⑥

综合来看,我国企业破产法中的信任研究逐渐由理论引介与阐释发展为紧扣中国经济、社会发展实际,通过调查、走访、问卷等行为方式研究中国社会信任现状,从而具有很强的现实针对性。

---

① 翟学伟:《信任的本质及其文化》,载《社会》2014年第1期。

② 周怡:《信任模式与市场经济秩序——制度主义的解释路径》,载《社会科学》2013年第6期。

③ 高玉林、杨洲:《中西社会信任结构之比较》,载《河北学刊》2006年第4期。

④ 马得勇通过对世界76个国家和地区信任度的比较,在76个国家和地区中,曾经受儒家文化影响较深的几个国家的信任度分别为:中国为53.6%,日本为38.8%,韩国为33.1%,越南为38.7%。中国的社会信任度并不算低,处于同一文化圈的日本、韩国等国家在世界范围内来看也处于较高水平。另据爱德曼公司于2015年2月发布的2015年度全球信任度调查报告显示,中国的整体信任度处于全球"最受信任"的范围,排名第4,有75%的中国受调查者对本国的NGO、企业、媒体和政府表示了信任。因此,中国社会是否呈现"信任危机",或者老百姓的信任观感与调查结果的反差背后根源是什么,为何东亚儒家文化圈信任度较高等都是有待进一步发掘的问题。参见马得勇:《信任、信任的起源与信任的变迁》,载《开放时代》2008年第4期。

⑤ 参见张康之:《论信任的衰落与重建》,载《湖南社会科学》2008年第1期。

⑥ 参见周怡:《信任模式与市场经济秩序——制度主义的解释路径》,载《社会科学》2013年第6期。

二、企业破产法中信任的制度解析

企业破产法中信任的来源存在两种理论:其一,以理性计算为基础的理性主义框架,也即把信任视为人们理性选择中的规避风险的机制;其二,文化主义框架,也即把信任视为文化传统塑造出来的心理、习俗与模式。不论是理性主义模式或者文化主义模式,都对信任有一个前提预设,也即信任的完全性,比如:相信人的完全理性、确信文化对人的行事方式的全方位影响等。实际上,古典经济学“完全理性”的假设已经在各个方面受到挑战,比如,对“有限理性”“不完全契约”“不完全合同”的讨论等。本文认为,企业破产法中的信任在现实生活中也具有“不完全性”,这里的核心问题在于阐明何谓“不完全”。本文从“不完全契约”或“不完全合同”的讨论中概括出“不完全”的含义,然后阐述企业破产法中不完全信任与“权力寻租”的相互关系。

(一)企业破产法中信任的“不完全”契约

企业破产法中“不完全契约”是基于“完全契约”(委托—代理)实践的不可能性而提出来的,奥利弗·哈特(Oliver Hart)和其合作者合写的两篇论文奠定了不完全契约的基础。[①] 契约不完全一般有两种理解:一种是责任、义务的不完全或不明确,另一种是无法充分缔结状态依赖的合同。[②] 第一代不完全契约或合同主要是GHM(Grossman、Hart、Moore)模型,契约双方当事人不可能在事前完全预见到未来的或然状况,或者难以向第三方证实这些或然状况,因此事前签署的契约是不完全的。黄凯南认为第一代不完全契约将“不完全性”视为“外生的”。[③] 聂辉华认为,第一代不完全契约理论的缺陷在于理论基础不坚实,过于依

---

① See Grossman, Sanford, and Oliver Hart, *The Costs and Benefits of Ownership: A Theory of Vertical and Lateral Integration*, Journal of Political Economy (1986). Hart, Oliver and John Moore, *Property Rights and Nature of the Firm*, Journal of Political Economy (1990).

② 参见蒋士成、费方域:《从事前效率问题到事后效率问题——不完全合同理论的几类经典模型比较》,载《经济研究》2008年第8期。

③ 参见黄凯南:《不完全合同理论的新视角——基于演化经济学的分析》,载《经济研究》2012年第2期。

赖专用性投资,难以解释授权问题。①

契约的不完全性一般源于两个方面的原因:其一,签约人的理性认知程度;其二,外部环境的可控性。黄凯南认为契约的不完全性根源于“知识不完全性”或“认知有限”。② 艾伦·施瓦茨(Allen Schwartz)认为契约不完全性有5个方面原因:语言的限制、疏忽、解决契约纠纷的高成本、不对称信息引起的弱的或强的不可缔约、喜欢合作的倾向。③ 威廉姆森(Williamson)认为契约的不完全性主要是由于不确定性和人的有限理性。④ 梯若尔则将契约不完全性归结于3个方面的成本问题:预见成本、缔约成本、证实成本。⑤ 人的认知有限性和外部世界的不确定性使完全契约的达成只存在理论上的可能性,不完全契约的提出使完全契约的事后监督研究发展至对事前权利的机制设计和制度安排。不完全契约研究提供了一种制度安排,使人们对契约或合同的认识更加深刻。

通过以上对“不完全契约”的简单回顾,可以发现,“不完全”是对认知有限性、外部不确定性所导致结果的一种状况描述,它区别于“理性人”与“经济人”的完美理性假设,使契约的理论描述更加契合现实生活状态,也使由侧重于事后监督的体制机制建设推衍至侧重事前缔约或事前效率的研究。本文意图不在于探讨不完全契约的理论价值及现实效应,而是期望通过对不完全契约的研究概括出“不完全”的具体意指,同时探究其现实价值和理论不足。

(二)不完全信任与寻租的制度解析

企业破产法中信任的不完全性,也即主体的有限理性、环境不可预知性、过程的长期性的存在,使信任效能的发挥会呈现出软约束、短期等特征,因此,需要相应的规约机制与信任相配套,这也就是“制度”。何谓制度?诺思认为,制度提供了人类相互关联影响的框架,从而构成一个社会;更确切地讲,构成了一种经济秩序的合作与竞争关系。制度是个人与资本存量、物品与劳动产出及收入分

---

① 参见聂辉华:《不完全契约理论的转变》,载《教学与研究》2011年第1期。

② 参见聂辉华:《不完全契约理论的转变》,载《教学与研究》2011年第1期。

③ 参见[美]科斯等著,[瑞典]拉斯·沃因、汉斯·韦坎德编:《契约经济学》,李风圣主译,经济科学出版社1999年版,第96~134页。

④ 参见陈赤平:《论契约的不完全性及其经济影响》,载《教学与研究》2005年第7期。

⑤ 参见杨瑞龙、聂辉华:《不完全契约理论:一个综述》,载《经济研究》2006年第2期。

配之间的过滤器。[1] 如前所论,信任与制度之间是一种复杂的关系。作为规范社会中个人和集体行为的规则框架,企业破产法中的制度调整的是对利益的分配,制度效力的发挥,一方面,依赖于民众的认可与服从,这也可以被称为制度信任,也即制度的合法性来源;另一方面,依赖于强力的保障,在现实生活中,以公共权力的形式表现出来。制度作为人为构造出来的一套规则框架,它既承载了人们对社会价值的看法,同时也是维持社会秩序的有效手段,但制度从来不是完美无缺的,制度的设计与实施都有赖于人的理性认知,而人的理性认知能力是具有有限性的,因此,制度也具有一定的不完全性。

经过以上对企业破产法中信任、制度、寻租的逻辑推衍之后,我们可以简略地勾画出三者的关系,见图1。

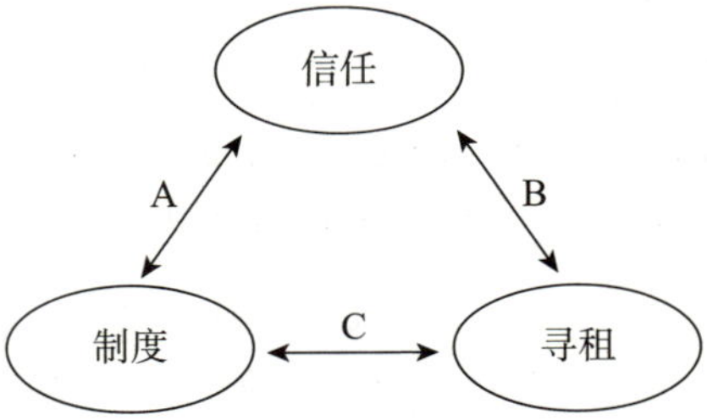

图1 信任、制度、寻租逻辑关系

由此可见企业破产法中信任、制度、寻租三者之间形成了3对关系,这3对关系中信任与制度的关系以A代表,信任与寻租的关系以B代表,制度与寻租的关系以C代表,下面本文将提出三者关系的假设:

(1)信任与制度(A):

(A1)信任是制度构建的先在社会条件,信任度影响制度实施的效能。

(A2)制度差异决定一个社会的信任类型、信任水平。

(2)信任与寻租(B):

(B1)信任与寻租的关系是复杂的。不同的信任对寻租起着不同的作用。

(B2)寻租抑制了普遍信任,助长了特殊信任。

---

① See North D. ,*Structure and change in economic history*, NEWHA-VEN:Yale University Press, 1983, p.202.

(3)制度与寻租(C):

(C1)制度可能助长寻租,也会抑制寻租。

(C2)寻租可能是制度的产物,也会成为制度的合法性基础。

通过以上对A、B、C 3种关系的简单阐释,我们可以发现企业破产法中制度、信任、寻租三者之间并不是简单的决定与被决定关系,而是一种相互影响的复杂关系。

三、企业破产法中的契约模式与社会模式

企业破产法中不论是作为理性计算的"信任",还是作为制度文化主义的"信任","信任"在本质上都体现出一种"关系式"的存在,而"信任"正体现出对"关系"的"预期回报性"与"依赖性"。此外,企业破产法中"信任"研究具有两个向度:未来与当下,[①]它是时间意义上的考察。当前的企业破产法中的信任研究往往侧重于空间意义上的区分。而忽略了时间意义上的区分。实际上,空间意义上的区分只是把信任研究停留在一个暂时的时间节点上,便于考察当前的社会信任状况,然后探讨它的来龙去脉及社会影响。而"信任"作为一种关系式的存在,它往往表达的是一种对未来的期待与回报预期,因此,从时间维度研究信任才更能呈现其社会意义。

(一)企业破产法中的契约模式

这一模式把企业破产法中的信任视同为一种类型的契约,本文目的不在于探究信任的契约形态,而是阐述信任与契约一样也具有"不完全性"。如前所论,由于内外两方面的原因,契约具有不完全性,而与契约具有同质性的"信任"同时也存在"完全性"的理论假设与"不完全性"的现实样态。信任的不完全性是对介于不信任和信任的光谱中间地带的描述,它体现出信任的以下特征:其一,信任达成的多次性。信任的达成实质是人际关系的博弈过程,正如不完全契约引发人们的思考,契约的达成是多次博弈的过程,因此,信任的达成也不是一次性

---

① 陈健把以信任为主体的社会资本区分为水平型和垂直型两种,而其水平型与垂直型主要是空间意义上的排列,本文的分类侧重于时间意义。参见陈健:《社会资本结构分析》,载《经济研究》2007年第11期。

的,而是呈现多次性、复杂性。其二,信任主体的有限理性。基于人们认知的有限性,才形成了信任的必要性,即信任是对不可预知未来的一种补救或保障措施。其三,信任的外部环境性。文化学、社会学都强调外部环境(传统文化、既有制度、习俗、惯例等)对信任形成的重要意义。

综合来看,企业破产法中的信任是一个复杂的社会现象,它既具有内在的心理因素,同时又体现相应的外部性。从预防不确定性、预期保障方面来看,它与合同、契约具有相同的功效,但信任毕竟不是契约,并且信任很多时候又发挥着契约的先在条件功能,因此,从契约的不完全性去推导信任的不完全性,不代表信任是契约的一种或契约是信任的一种。当前对信任的研究已经突破早期局限于某一学科的特征,而发展出交叉学科研究的趋势,此外,信任研究的具体化也成为一个热点问题。信任理论所呈现的理想性、完备性,其价值在于理论预设与模型建构。将信任从理论回归到现实社会,必须从完全性回归到不完全性,只有从信任的不完全性出发,才能把信任研究落到实处。

(二)企业破产法中的社会模式

不同的信任所起到的社会效果各有不同,也即在国家利益、地方利益、集体利益、个人利益并不完全一致的背景下,企业破产法中的信任在增加社会公共利益方面存在偏颇性。我国传统至现代的信任结构变迁如表1所示。

表1　我国社会信任关系变迁

<table>
<tr><th></th><th>传统</th><th>新中国成立后</th><th>改革开放至今</th></tr>
<tr><td>经济体制</td><td>简单物质生活时代</td><td>再分配经济时代</td><td>市场经济时代</td></tr>
<tr><td>信任模式</td><td>家本位—关系信任</td><td>国本位—机构信任</td><td>社会本位—制度信任模式的缺失</td></tr>
<tr><td rowspan="2">市场秩序</td><td rowspan="2">礼俗的格局秩序</td><td rowspan="2">再支配权力的统治秩序</td><td>(初期)扩展了的关系市场经济秩序</td></tr>
<tr><td>(深化期)将由关系秩序向法制市场经济秩序过渡</td></tr>
</table>

我国传统信任结构一直是家本位的关系式信任,“改革以来,中国社会出现的‘扩展了的关系市场经济秩序’说到底是传统‘家本位—关系信任’与‘国本

位—再分配权力关系’的延续及其叠加效应,是制度信任空缺所导播的市场秩序的替代品”;“深埋在中国人心灵深处的特殊主义取向的家本位—关系信任模式、国本位—机构依附信任模式,作为一种本土的文化结构力量抵制和挤压了顺应市场经济发展的、富有普遍主义价值取向的社会本位—制度信任模式”①。

四、结　　语

本文从不完全性这一视角说明企业破产法中信任、制度、寻租三者关系的建构,对分析转型期中国社会的一些社会现象具有一定的阐释力。如何破解转型期中国社会企业破产法中存在的信任危机、制度不完备、寻租腐败等问题?突破点何在?众多学者将突破点确定为“制度建设”②,但问题在于:企业破产法中有没有完美的制度?事实上,每种制度都存在创租可能性,因此思考的重点,一方面应该是如何减少无益的“租”,另一方面应该是如何激发有益的“租”。企业破产法中信任、制度、寻租三者之间不是简单的决定与被决定关系,而是一个复杂的、多元的博弈过程。现代社会的健康发展离不开高水平的信任,高效的制度和相机性寻租③,但三者之间的具体关系仍有待进一步厘清。本文只是从企业破产法中信任“不完全”这一视角提出了假说,其中仍有许多问题有待进一步的发展与完善。

---

① 周怡:《信任模式与市场经济秩序——制度主义的解释路径》,载《社会科学》2013 年第 6 期。

② 比如,里·贝尔辛格等人认为,从君主制到民主制的转变使寻租发生了由兴转衰的变化。刘岩认为寻租活动产生的主要根源在于制度缺陷,即从计划经济向市场经济转化过程中的制度缺陷。参见刘岩:《寻租理论与政府行为的分析》,载《生产力研究》2004 年第 9 期。

③ 青木昌彦在《政府在东亚经济发展中的作用》中指出政府必须限制非生产性寻租,允许相机性寻租。相机性租金是政府增进市场作用的有机组成部分。

从“摊帐”到“破产”

——我国近代破产制度的转型

张国杰[*]

“债务人负债过巨，以所有财产摊还，俗谓之摊帐。”[①]“摊帐”是清末民初流行于湖北各地的民间习惯，是债务人在无法偿还其所负之债务时，清点其所有财产，邀请各债权人到场，公议摊还的做法。“摊帐”习俗类似于法律上的破产，由于传统律典中并无直接规范摊帐关系的律文，学界对其关注甚少。我国最早的破产法始于清末修订的《大清破产律》，目前学界对近代破产法之研究已有较多成果，如学者刘俊从《大清破产律》施行过程中官商博弈的角度讲述商人破产理念的转变。[②] 学者王小梅通过分析1935年《中华民国破产法》(以下简称1935年民国《破产法》)的制定和实施过程，指出1935年民国《破产法》在一定程度上注意了破产制度与本土文化的融合，使破产制度得以在当时的经济生活中发挥出较好的效益。[③]

---

* 山西财经大学硕士研究生。

① 《民事习惯调查报告录》(下册)，中国政法大学出版社2000年版，第646页。

② 参见刘俊:《论清末〈破产律〉施行过程中的官商博弈》，载《哈尔滨师范大学社会科学学报》2018年第6期。

③ 参见王小梅:《法律移植与本土文化的融合——1930年代南京国民政府〈破产法〉考察》，载《河北学刊》2007年第3期。

上述成果为了解近代破产法的演变提供了一定帮助,但仍有继续拓展的空间,如清末修律以来如何以移植之破产对固有“摊帐”之习惯进行改造、“摊帐”之习惯与近代个人破产的异同等问题的研究尚付阙如。本文力图在前人研究基础上,对上述系列问题进行探索。

一、“摊帐”:清末民初的破产习惯

《民事习惯调查报告录》较为详细地记载了清末民初湖北各地民间的“摊帐”习惯,主要包括“摊帐”的原因、“摊帐”发起之主体、“摊帐”财产之管理与清算、“摊帐”财产中“自由财产”的范围等。这些“破产”习惯在观念和制度上粗略地呈现出清末民初民间“破产”的历史概貌。笔者仅从“摊帐”财产之管理与清算方面进行研究,以期为我国未来个人破产立法疑难问题之解决提供思路。

(一)“摊帐”财产之管理

“摊帐”之财产管理分为债务人管理,即“摊帐”开始之后,债务人自主管理其财产,如郧县、汉阳县、京山县等;债权人管理,即“摊帐”财产由债权人公共管理,如竹溪县、谷城县等;官府管理,即请求官厅委人保管“摊帐”财产,如麻城县。

郧县、汉阳、京山、五峰、兴山等县“摊帐”财产归债务人自管,其清算亦仍由债务人自主开展。[①] 首先,民事习惯的形成由特定的经济社会所决定,允许由债务人管理其“摊帐”之财产,正是因为在小农经济的背景下,受交通和信息条件的限制,交易主体局限于特定的区域内,即所谓的“熟人社会”。在“熟人社会”里,交易主体之间一般均具有熟悉的人身关系,[②]基于彼此的了解与互相信任,允许由债务人管理其财产。其次,由债务人管理其财产更符合各方利益,债权人基于对债务人的充分信任而交由债务人管理财产,债务人为了保障最大限度地清偿所欠债务,进而维护其在特定区域内的良好声誉与信用形象,必然会妥善管理自己的财产。最后,债务人熟悉自己的财务状况,对自己财务的管理具有他人无法替代的与优势。由债务人管理其“摊帐”之财产,提出切实可行的债务清偿计划,

---

① 《民事习惯调查报告录》(下册),中国政法大学出版社2000年版,第647页。

② 张鹏:《个人信用信息的收集、利用与保护——论我国个人征信体系法律制度的建立和完善》,中国政法大学出版社2012年版,第2页。

有利于尽早解决债务问题，避免各方陷入长时间的争执。因此，由债务人管理其“摊帐”之财产有利于节约成本，提高效率，达到各方利益的平衡。但值得注意的是，此种情形必须是在一个信用环境良好的“熟人社会”中方有成功之可能。

在潜江县，财产由各债权人公议价目变卖，或共同管理，其清算亦归各债权人作主。① 就债权人管理“摊帐”财产而言，此举有利于其债权的尽快实现，最大限度地保障债权人的利益。首先，债务人的财产由债权人共同管理，债权人为了使自己的债权得到最大程度的清偿，在综合考量之下，对债务人的财产价值和预期的收益进行全面评估，以此尽可能保证债务人的财产能够保值甚至增值。其次，将债务人的财产置于各债权人共同管理之下，可以起到对债务人的监督作用，防止债务人作出随意挥霍其财产或就个别债务进行清偿等损害全体债权人利益的行为。最后，由债权人共同管理债务人的财产，为债权人提供了一个较为“缓和宽容”的追债方式，与固有法中“以刑逼债”的理念不同，②由债权人管理“摊帐”财产可以避免传统惩治打压的催债方式带给双方长时间的僵持消耗与折磨。

“麻城则债务人自请摊帐后，其财产恒请求官厅委人保管，清算亦请求官厅委人清算。”③“摊帐”涉及多方利益，亦存有较多不确定之因素，在无法对债务人享有充分信任之时，如何保障“摊帐”公平顺利进行则成为必须解决的难题。麻城之所以要求官府负责保管“摊帐”财产，主要是基于对“摊帐”财产监督的考虑，在无法取得对债务人充分信任时，为了保障“摊帐”的顺利进行，同时为了减少由债权人管理“摊帐”财产时不断产生的争议，节约各债权人时间成本之损耗，将“摊帐”财产交由官府保管，可以起到合理监管的作用，既可做到对“摊帐”财产的妥善保管，又可使“摊帐”财产公平摊还于各债权人。

（二）“摊帐”财产之清算

“摊帐”财产的清算可分为单方清算，即由债权人或债务人一方单独负责清算，如京山县等；双方清算，即由债权人与债务人双方共同清算，如竹溪县等；三

---

① 《民事习惯调查报告录》（下册），中国政法大学出版社2000年版，第660页。

② 蔡晓荣：《从负债应偿到破产免责：破产债务清偿责任衍进的中国法律史叙事》，载《法学家》2013年第6期。

③ 《民事习惯调查报告录》（下册），中国政法大学出版社2000年版，第647页。

方清算,即双方邀请调停人共同清算,如谷城县等。

由债权人或债务人一方单独清算,其所保护的利益各有侧重。就债权人负责清算来讲,虽尽可能地使各债权人利益得到保障,但各债权人共同清算时,皆希望自己获得最大利益,往往难以达成最终协议,易使清算陷入无止境的争议,致使成本增加。在由债务人负责清算的情形下,自然侧重对债务人利益的保护,由于债务人掌握其"摊帐"财产的决定权,债权人无法左右其如何摊还财产,相对传统惩处型催债,既可使债务人获得一定的喘息之机,亦可使其保有基本尊严,维护其在"熟人社会"中的信用形象。但此举自然不利于债权人债权之保障,因为完全由债务人负责清算,容易给债务人隐匿或损失财产的机会。

就"摊帐"财产清算而言,以双方清算方式最多。债务人往往鲜有一个债权人,而各个债权人为了能使自己的债务尽可能获得清偿,必然争执不断。为减少债权人搜集债务人信息、查明债务人财产等时间的耗费,减少重复无序的盲目追债,使债权人利益能在债务人的合作配合下得以实现,便允许债务人加入清算之中,以期厘清事实,进而保证"摊帐"的快速进行。同时,允许债务人进入清算程序中,有利于理清债务人自己的财产情况,可以避免债务人私下清偿个别债务进而损害全体债权人利益,保证"摊帐"的公平进行。

晚清时,世人认为:"世之有绅衿也。固身为一乡之望,而百姓所宜矜式,所赖保护者也。"①绅衿作为清代地方社会控制的中坚力量,其职责覆盖于广泛的领域,起到管理普通民众,维护地方社会秩序稳定的作用。② "摊帐"作为自然经济下"熟人社会"中一种解决债务纠纷的方式,必然少不了绅衿在其中斡旋调停,因此,不少县出现债权人与债务人双方共同邀请有威望的中间人进入清算,以保证"摊帐"的公正进行,进而保证"摊帐"结果得以使各方信服。

综上所述,"摊帐"作为民间相沿已久的习惯,具有较为固定的内容和操作程序。京山五县及潜江将管理与清算之权交由债务人或债权人任何一方,均有失于偏重,无法兼顾双方利益,此与现代破产法保护债权人与债务人并重的立法理念不符。而竹溪、麻城两县之习惯可以兼顾债权人与债务人双方的利益,较符合现代企业破产法之立法理念。

---

① 《绅衿论》,载《申报》1872 年 5 月 1 日。

② 丁芮:《绅士在乡村中的社会控制作用——以清末湖南地区为中心的考察》,载《南方论丛》2013 年第 2 期。

二、“摊帐”习惯与近代个人破产立法

(一)《大清破产律》中的个人破产

清末民初是中国法律史上重要的转型期,以德日民法为蓝本制定的《大清破产律》将相似的破产制度引入国内,但是该律并未排除中国固有的传统民间习惯。

首先,破产财产的管理与清算正是《大清破产律》本土化的亮点之一。商会作为晚清社会经济生活的重要组成部分,其在整个社会中所占有的位置是不容忽视的。《大清破产律》以地方官为主管,商会辅之,且商会为破产管理人与清算人,反映了在清末商事立法中,商会占有着举足轻重的地位。例如,第4条①、第49条②等,都反映了《大清破产律》赋予商会以对破产财产的管理权。清代末期,中国封建经济遭到了西方资本主义经济的猛烈冲击,一些商人从中国社会传统的宗族和地缘关系出发,为提高自己在行业中的地位而结成商会,这些地方商会随着不同地方经济和商事的发展,规模逐渐扩大,而商会中的头目往往都是当地非常富裕或社会经济地位很高的大贾,因此其权威性毋庸置疑。《大清破产律》把这一现实反映到一部商事法律中确有其独到之处。③

其次,《大清破产律》的另一大特色是为了继续发挥清末绅衿在地方社会控制的作用,进而保证地方社会秩序的稳定。《大清破产律》规定由商会选出一名董事来处理破产事务,④此制度亦是破产管理人制度的初次引入。从第9条可以看出,该董事和破产者应当是属于同一行业,且该董事应该为人公正,财产丰殷,必须是公开遴选产生,这保证了这个董事是一名非常公正有底的商人,使各方债主对其有信任感。这获得了日本学者的称赞:“观清国立案者,能注意于此,不模

① 《大清破产律》第4条规定:“宣告破产后除该商必需之衣服家具外所有财产货物由地方官先行查封交由商会代管。”

② 《大清破产律》第49条规定:“凡商人吞没资财诡称亏折有心倒骗者经债主控告或商会查知报由地方官应先将现存财产货物查封交商会代管一面缉提该商关押审办将倒骗情形出示布告。”

③ 参见章珩:《综论大清1906年〈破产律〉》,中国政法大学2009年硕士学位论文,第12页。

④ 《大清破产律》第9条规定:“宣告破产后,五日内,商会应于该商同业中遴选公正殷实者一人任董事之责,清理破产一切事务。”

仿外国之条章,除时弊而置重实际之运用,可谓极当之处置矣。"[①]董事从破产程序开始直至结束都扮演着极为重要的角色,履行一般意义上清算组的职责,所以说在《大清破产律》中董事与商会扮演的角色和地位都是相当的重要,这完全符合中国传统社会的习惯,可以说从某种程度上彰显出这部法律的本土化特色。

(二)1935年民国《破产法》中的个人破产

1933年,民国政府命令民法委员会起草破产法,搜集多国破产法律,在采纳各国法典优点的基础上,1935年民国《破产法》最终完成。1935年民国《破产法》采一般破产主义,将商人和非商人纳入破产主体中。

在破产财产的管理与清算方面,1935年民国《破产法》完全运用了"破产管理人"概念。在破产程序中,债务人财产由破产管理人负责管理与清算;在和解程序中,债务人则自行管理其财产,但受监督人之监督,和解协议在债权人会议通过后,须由法院裁定认可方才有效。

1935年民国《破产法》依旧重视商会与中间人的功能,将商会和解与法院和解并列,突出商会的重要作用;要求"指定推事一人为监督人",商会可推举监督辅助人等。与《大清破产律》赋予商会及中间调停人无限之权利不同,1935年民国《破产法》更加强调法院对破产程序的主导。首先,商会和解仅适用商人,而法院和解则适用于商人与非商人;其次,推事人的选任亦由法院决定,法院可选任监督辅助人。强调法院对破产的主导,使"破产作为公权力对私权利的干预"之理念,在1935年民国《破产法》中得以展现。

三、"摊帐"习惯与近代个人破产之比较

与近代个人破产制度相比,"摊帐"习惯的形成自有其深厚的社会基础和伦常观念作为支撑。具体言之,"摊帐"习惯与个人破产制度的差异体现为以下3点。

---

① 参见[日]加藤正次:《读大清新破产法》,王凤翘译,载法政学交通社:《法政学交通社杂志》第5号(1907年)。

（一）目的指向不同

个人破产制度是为了通过法律手段使诚实而不幸的创业者获得“重生”，为市场带来新的活力。而在以宗法伦常和家族制度为社会基础的清末，各类社会关系和制度的安排始终表现出对地方社会秩序稳定的维护。就“摊帐”习惯的社会意义而言，其并不具有近代破产理念中鼓励市场主体投资创业之目标，其最终目的在于平衡债权人与债务人之间的债务矛盾，进而减少恶性催债事件的发生，避免无穷尽的债务催讨引发的社会不稳定问题。

（二）信用内容不同

“摊帐”与个人破产均强调信用的重要基础，个人信用是个人破产制度的标尺，可以事先判断债务人是否可信，事后保护债权人合法利益。清末传统社会中的信用，主要是以伦理纲常为主要内容的信用，对一个人信用优劣的评价侧重于其对道德义务的遵守与否，是一种无限的责任意识。而近代个人破产制度所要求的信用，更强调对个人经济行为的评价，此种信用局限于契约或承诺所明确的责任，这种责任是有限的，有着清晰的边界。①

（三）规则刚性不同

作为“公权力对私权利的干预”的个人破产制度是特殊的债务清理制度，其特殊性表现为，相对于以任意性规范为主的普通民商事制度，个人破产制度多以强制性规范为主。个人破产的启动、破产财产的管理与清算等程序均依赖由强制性规范所构建起来的框架，当事人的意思自治仅限于此框架之内。而清末民初的“摊帐”习惯实为一种无公权力干预的债务纠纷的解决机制，是我国自然经济下的一种社会自治方式，其灵活性更强，对社会主体的意思自治并无过多限制。

四、对我国个人破产立法的展望

在当代中国，新的法律、新的思想观念已开始更大强度地改变传统的社会结

① 参见欧阳润平：《伦理信用与经济信用的关系》，载《湖湘论坛》1999 年第 3 期。

构。在未来个人破产立法中,如何在吸收传统的基础上制定符合实际的个人破产法,已成为不可回避的问题。对"摊帐"习惯的澄清,目的在于研究该习惯是否对当下我国个人破产制度的确立有借鉴意义。

第一,就和解制度而言,其立法模式主要有和解前置和和解选择两种模式。民国《破产法》采和解选择模式,和解选择赋予了当事人十分灵活的选择权,尊重当事人的意思自治,笔者认为此种模式较适合我国国情。

第二,就法庭内债务清理程序而言,清算与重整二元双轨制已成为主流趋势。① 其个人破产程序包括债务人清偿其非豁免财产后便获得即时免责的清偿程序和债务人申请还款计划的重整程序。我国清末民初的民间习惯法中,除类似今日个人破产中债务清偿程序的"摊帐"习惯之外,亦不乏与还款计划相似的重整程序,即广泛流行于江苏、湖北、广西等地的"兴隆票"习惯,②即"债务人将来如有偿还资力即兴偿还"。"习惯法生自民间,出于习惯,于乡民利益交往中显现,在很大程度上为实用理性所支配"③。既然清算与重整程序在我国均有一定的适用性,因此,我国未来个人破产法的制定,亦可考虑采清算与重整的二元双轨制体例。

第三,就"摊帐"习惯中债务人财产的管理而言,债权人基于传统的伦理信用,放心大胆地允许债务人自己管理其财产,此习惯类似今天企业破产重整中的债务人自行管理制度。今日之中国社会信用体系建设已较为完善,互联网技术亦推动个人征信业的快速发展,能否在个人破产中允许债务人自行管理其财产,是一个非常值得探讨的问题。

第四,就最终的财产清算而言,"摊帐"习惯首先多为债权人与债务人双方共同清算的方式,其次为官府或第三人中间调停的三方清算方式。笔者认为,未来我国个人破产法亦可允许债务人与债权人双方在第三方机构的调停或帮助下达成最终的债务清偿方案,法院则居主导地位,负责整个程序的监督。

---

① 参见刘静:《试论当代个人破产程序的结构性变迁》,载《西南民族大学学报(人文社会科学版)》2011 年第 4 期。

② 参见《民事习惯调查报告录》(下册),中国政法大学出版社 2000 年版,第 666 页。

③ 梁治平:《清代习惯法:社会与国家》,中国政法大学出版社 1996 年版,第 36 页。

五、结　语

由“摊帐”到个人破产的转型，是近代法律史上的一个微观问题。“摊帐”习惯以对道德义务的遵守为基础，不存在清晰的权利界定和逻辑体系，更多地表现为一种民间习惯。个人破产则以对个人经济信用的评价为本位，有着确切的概念内涵和制度体系，权利与义务之间有着明确的界限。近代立法者注意到“摊帐”习惯与个人破产之间存在质的不同，审时度势，在慎重考察中国固有民事习惯基础上，权衡折中，从而制定了符合中国社会伦理的个人破产制度。清末民初，我国各地有很多类似“摊帐”的民事习惯，如安徽广德的“倒号”习惯、内蒙古赤峰一带的“抬货”习惯、[1]保定的“报股归账”习惯[2]等。这些中国固有之民事习惯在我国理论研究方面处于阙如状态，期待学界能对此进行更为深入的研究，以期我国固有之民事习惯可以在我国未来的个人破产法中有所表现。

---

① 参见沈旭亮：《我国近代破产习惯研究(1840年—1937年)》，中国政法大学2012年硕士学位论文，第18页。

② 参见《民事习惯调查报告录》(下册)，中国政法大学出版社2000年版，第431页。

二、管理人履职与价值最大化

法经济学与破产选任制度和薪酬制度的完善

刘　霞　郭霏霏　黄泽平*

一、交易成本与破产管理人制度的构建

在经济学中，效益是指投入与产出之比，经济学研究的核心目的就在于减少成本、提高产出，以实现效益最大化。在19世纪60年代，“效益”这一概念被引入法学领域，用以分析和评价法律制度，产生了巨大的影响，并由此产生了一个新的学术领域——法经济学。法经济学派认为，人们构建经济法律制度的动因是节约交易成本，依照科斯定理，如果交易成本为零，无论初始权利归属于谁，在各主体之间的权利交换过程中，都能实现资源的最佳配置，产生最高的效益，而上述结果与法律制度无关；当交易成本为正时，不同的法律制度则会带来不同的资源配置，节约的成本不同，效益亦不同。

由于现实社会中的交易成本必然为正，立法者不断追求着制定“能使交易成本影响化最小的法律”①的目标，以提高法律制度的效益，当然，受法律规范约束的各

---

* 作者均为江西求正沃德律师事务所破产团队专职律师。

① 冯玉军：《法律的交易成本分析》，载《法制与社会发展》2001年第6期。

方主体作为理性经济人时,其对节约交易成本的追求也倒逼立法者制定能够平衡各方交易成本的法律。破产管理人制度在这一方面尤为明显,当债务人陷入破产境地时,债权人与债务人、债权人与债权人之间的利益冲突陷入难以调和的境地,冲突各方彼此之间自行进行谈判、达成协议、履行协议将会耗费巨大的成本。如若这些成本过高,企业破产法将被理性的市场主体束之高阁,成为纸面上的法律;若立法者通过法律制度的安排,引入中立的第三方机构进入破产程序担任管理人,在免受各方主体之间利益冲突影响且具备必要职权的状态下,管理人能够以更少的成本实现公平清理债权债务的目标。

从法经济学视角观察现行法律制度关于破产相关主体的权利范围、权利分配,以及各主体之间的权利能否在法律的框架下按照市场规律进行变动的情况,可以看到目前我国的破产管理人制度带来的一些不必要的交易成本,影响了企业破产法的实施,我国破产管理人制度仍有优化空间。

二、我国破产管理人选任制度的优化

(一)管理人选任制度面临的问题

以《最高人民法院关于审理企业破产案件指定管理人的规定》(以下简称《指定管理人的规定》)为核心,我国建立起了破产管理人选任制度,担任破产管理人作为一种特殊的权利,各省高院和中院依照上述司法解释的授权成为这种权利的分配者,该种选任制度显现了如下几个问题。

1. 名册内的管理人良莠不齐,产生负外部效应

在2007年前后,大部分的省、市级人民法院编制了辖区内的破产管理人名册,只有进入破产管理人名册的中介机构或个人才有资格接受人民法院的指定,担任破产案件的管理人。在其后的近10年间,大部分的省、市级人民法院没有对破产管理人名册进行更新。随着近几年破产案件爆发式增长,中介机构拒绝接受人民法院的指定,或者接受人民法院的指定担任管理人的中介机构对处理破产事务的能力和经验严重不足等问题逐渐被暴露。

以北京市为例,北京市高级人民法院在2007年编制并公布了《管理人名册》,到2018年北京市高级人民法院重新编制管理人名册时,名册内的中介机构申请停止接受法院指定其担任破产案件管理人的安排的比例接近管理人总

数的40%。[①] 而在接受人民法院指定,担任破产管理人的中介机构或个人中,部分管理人缺乏基本的破产法律知识,甚至多次出现因不了解债权人会议应提前15日履行通知义务的规定,而导致债权人会议无法按期召开的情形。[②]

上述现象表明,依赖人民法院通过管理人名册分配担任破产管理人的安排,不能完全适应中介机构人才流动和破产案件增长的现实情况。一些实际不具备破产专业技能的中介机构,仅因被编入了管理人名册即取得担任管理人的权利,由此产生的负外部效益,使法院、债务人、债权人为其承担了不必要的成本。

2. 管理人名册固化

与上述管理人队伍良莠不齐问题相对应,部分具备处理破产事务才能和经验的人员,因故流动至管理人名册之外的社会中介机构,其虽有意愿、有能力担任管理人的人员参与破产事务,却不被法律许可。在专业管理人相对紧缺的当下,这无疑是一种资源的浪费。各地法院在最近几年纷纷着手重新编制破产管理人名册,正是为了解决该问题以满足破产审判对专业管理人的需要。

但从法经济学的角度来看,重新编制管理人名册的行为实质上是人民法院对"初始权利"的重新分配,只是治标不治本。若不能就上述现象发生的原因作出针对性的制度安排,还是继续沿袭原来的破产管理人制度,可以预见,各省、市级人民法院在不远的将来又需要耗费宝贵的司法资源重新编制破产管理人名册。

3. 加重法官负担

依照《指定管理人的规定》,每一个高级人民法院或中级人民法院都需要将其宝贵的司法资源投入编制破产管理人名册这一行政工作中。以江西省第二次编制破产管理人名册为例,该次编制工作由江西省高级人民法院在明确具体评审办法后发起,全省范围内的中级人民法院均需要抽调审判委员会委员、民商事审判庭负责破产审判的成员与司法技术人员组成专门的评审委员会,负责管理人评审工作。

但更新后的破产管理人名册出台后不久,又不断出现下级法院及律师事务

① 北京市第一中级人民法院清算与破产审判庭课题组等:《关于健全完善管理人制度的调研报告》,载《人民司法》2019年第16期。

② 北京市第一中级人民法院清算与破产审判庭课题组等:《关于健全完善管理人制度的调研报告》,载《人民司法》2019年第16期。

所、资产管理公司等中介机构向江西高级人民法院提议重新编制破产管理人名册的情况。在法官“人少案多”的现实情况下,将法官安排于其不擅长的领域工作,不仅加重了他们的负担,亦无法充分高效发挥法官们的能力,保证管理人名册编制的科学性和合理性。

(二)管理人选任制度的优化路径

1. 利用好破产管理人协会等现有资源,探索建立破产管理人职业资格考试制度

我国探索破产管理人职业资格考试制度时,可以充分利用好现有的制度资源、技术资源,顺应各方主体的改革预期进行破产管理人职业资格考试制度的搭建,避免产生过高的制度变迁成本。例如,我国正在逐步搭建的破产管理人协会制度,就与破产管理人职业资格考试制度具有高度的适应性。截至 2019 年 12 月 30 日,我国共成立了 59 家破产管理人协会,我国破产管理人协会已经覆盖了主要的省市。[①] 我国已经初步具备了探索建立破产管理人职业资格考试制度的组织条件,后期可逐步将组织考试、编制管理人名册的职权划分给破产管理人协会。

当然,由破产管理人协会组织破产管理人职业资格考试,并不意味着由破产管理人协会负责破产管理人职业资格考试的所有事项。职业资格的本质是一项特别许可,只有国家公权力机关依照法律的授权方能授予。因此破产管理人职业资格考试的具体内容,包括参考条件、考试方式、考试范围等,应当由全国性的破产管理人协会在广泛征求各地意见后,会同主管单位、司法行政机关及其他有关单位确定,最终管理人资格确认、除名的权力都应当掌握在行业协会的主管单位手上。

2. 健全破产管理人协会监督、管理机制

如将组织考试、编制管理人名册的职权划分给破产管理人协会,还需要健全破产管理人协会的监督管理机制。就自我管理、自我约束而言,我国还需要由一个单位牵头各个地方的破产管理人协会,可以择机成立一个全国性的破产管理人协会,统一全国破产管理人协会活动的基本规则并对地方协会进行监督、

---

① 付军、熊慧:《全国各地破产管理人协会一览表》,载微信公众号“破产法实务”2019 年 12 月 30 日,https://mp.weixin.qq.com/s/WQXht2gvSkHDdebHuWJRSQ。

管理。

同时,破产管理人协会还需要确定主管单位对其进行外部管理和监督。部分学者和实务工作者主张确定司法部为破产管理人协会的主管单位,履行对破产管理人协会的监督和管理职责,其核心理由在于司法部承担着司法行政管理职责,而且具备管理行业协会的经验。但破产并不仅涉及法律职业者,破产管理人可能是会计师事务所,甚至是金融、税务专业人员组成的破产清算事务所,由律师事务所主管单位司法部主管破产管理人协会并不完全契合破产管理人的行业状况。而所有的破产事务最终都将集中于人民法院,当下人民法院亦实际控制着管理人的任职资格、履职指定、履职监督,甚至违规处罚的权力,由人民法院对破产管理人协会履行监督和管理职责更为适宜。

3. 探索设立破产管理人名册动态调整机制

按照科斯的理论,法律制度要使交易成本的影响最小化,其中重要的一点就是保障权利变动的自由,避免法律变动和法律规避行为产生新的成本,因此法律应当允许权利遵循市场规律进行变动。具体到破产管理人选任制度,应当允许担任破产管理人的权利遵循市场规律发生变动,以适应破产专业服务市场的变化。

而通过破产管理人职业资格考试,可以排除机构的影响而直接锁定破产专业人才,并进一步衍生出破产管理人名册的动态调整机制。破产管理人名册的动态调整机制至少可以包含三方面的动态调整:管理人名册的进入、退出和管理人级别的升降。当不在册的中介机构具备了一定数量的破产从业人员,可以通过向协会申请编入管理人名册的方式,进入破产管理人名册或升级成为破产管理人,当在册的中介机构放弃从事破产业务或其从业人员流失后,可以申请退出管理人名册或由破产管理人协会降级。

三、我国破产管理人薪酬制度的优化

在市场经济下,受法律制度规制的主体在作出经济行为时,会在效益最大化的目标下,比较作出特定行为时需要承担的成本和将获得的收益,选择为或不为一定行为,这就是古典经济学中的“理性经理人”假设。运用这一假设对破产管理人制度涉及的各方主体的行为进行分析,考察各方主体对破产管理人制度的认可、遵守程度或进行法律规避的原因,也能从侧面看到现行破产管理人制度的完善方向。

(一)我国破产管理人薪酬制度面临的现实问题

依照《最高人民法院关于审理企业破产案件确定管理人报酬的规定》(以下简称《管理人报酬规定》),破产管理人的报酬是债务人最终清偿财产价值总额的一定比例,这一比例由人民法院根据案件的复杂程度、事务的多少、管理人的勤勉程度等因素确定。问题在于,上述因素与债务人最终清偿财产的价值总额并无关联,这就导致在实务中出现一些债权债务关系复杂、事务众多但债务人最终清偿财产价值总额有限的破产案件时,管理人能够取得的报酬有限。因此,《管理人报酬规定》规定的报酬比例不能完全反映管理人的工作量和质量与其报酬的关系。

在我国的司法实践中,甚至有 3 种情况会出现管理人无报酬或报酬过低的现象。第一种情况是债务人的财产不足以支付破产费用,即所谓的无产可破案件。尽管管理人可以根据《管理人报酬规定》第 12 条尽早提请人民法院终结破产程序,但对企业、债权人乃至社会而言,即使是在无产可破的情况下,继续进行破产程序仍然具有十分重要的意义。在破产监管人国际协会的一份报告中指出,破产程序提供了一次绝无仅有的良机,以检验破产公司是否存在欺诈或者有违管理职责的情况,作奸犯科者应被绳之以法。[①] 在我国,企业经营过程中的不规范行为特别是欺诈行为较为严重,在企业退出市场的最后关口,这些问题更需要被破产管理人在破产程序中发现、提出并通过法律途径予以解决。

第二种情况是债务人财产能够支付破产费用,但债务人剩余财产过少,可供债权人清偿的数额过低。但破产审判实践充分表明,债务人财产数额少,并不必然意味着管理人工作量小。我国大量的中小型企业存在规范性差、管理混乱、财务资料不全的问题,一旦债务人的部分人员不配合破产工作,情况就更为复杂;一些老旧企业设备陈旧,可变现资产少,但往往积累了大量的矛盾和历史遗留问题,破产工作的开展面临很大的困难。在这些企业的破产案件中,破产管理人的工作量大,且其受制于债务人对债权人的清偿数额这一计算报酬的基数过低的

---

① 参见王欣新:《论破产管理人制度完善的若干问题》,载《法治研究》2010 年第 9 期。

情况,报酬极低,无法维持正常的管理工作。①

第三种情况是债务人的主要资产在进入破产程序前均已被设置了有效的抵押权,导致债务人最终用于清偿债务的财产总额过低,影响管理人的报酬。我国的银行在向企业发放贷款时通常都要求债务人提供担保,其他类型的债权人在可能的情况下也会要求债务人提供包括动产浮动抵押在内的物权担保以保障其债权安全,故相当一部分企业在进入破产程序时,所有的有效财产之上均设有物权担保。

(二)我国破产管理人薪酬制度思考

在当前的破产服务市场,由社会中介机构或个人担任破产管理人的比重越来越高,清算组担任管理人的比重则越来越低,浙江、深圳甚至全面停止使用政府清算组管理人模式,②这是国家倡导市场化破产的应然之义、应有之果。可以预见,将来由清算组担任破产管理人的情况将越来越少,或者即使由清算组担任破产管理人,清算组仍然会聘用社会中介机构的人员进入清算组协助处理清算事务。基于此,可以假设绝大部分的管理人都是一个理性经济人,会在追求利润的驱使下考虑其投入的成本与产生的收益之比,选择为或不为一定的行为。

1.部分中介机构需要承担的机会成本将导致中介机构减少投入

西方经济学在解释企业的经营成本时,使用的"机会成本"概念可以用以分析管理人的经营成本。保罗·萨缪尔森和威廉·诺德豪斯合著的《微观经济学》一书,提出机会成本是"错过了最有价值的物品或劳务的价值"以及"失去的选择",③即经济主体选择生产一种产品或提供一种劳务时,会丧失通过提供另一产品或劳务赚取利润的选择。中介机构或个人选择从事破产事务时,就面临机会成本的损失。并且由于中介机构或个人担任管理人时提供的主要是智力劳动,"机会成本"更是中介机构或个人决定是否进入以及停留在破产服务领域需要考虑的主要因素。

对大部分会计师事务所、律师事务所等社会中介机构而言,破产业务是一项

① 参见张磊、陆晓燕:《论破产管理人报酬基金制度之构建》,载《法律适用》2013年第5期。

② 参见王欣新:《管理人制度的发展与创新》,载《人民司法》2017年第19期。

③ [美]保罗·萨缪尔森、威廉·诺德豪斯:《微观经济学》(第18版),萧琛主译,人民邮电出版社2008年版,第208~209页。

具备一定专业壁垒的新业务,在无业绩支撑的情况下难以取得承办具有丰厚报酬案件的机会。这意味从事破产业务的中介机构要在相当长的一段时间内放弃从事其他业务,而是进行深度学习并承办无显著经济效益的案件,承受机会成本的付出。从前文提到的部分管理人专业知识和职业技能极度匮乏的情况来看,这种机会成本是中介机构不愿承担的,以致影响破产程序的正常进行。

2. 激励机制的过于粗放不利于指引管理人提高其工作效益

现行破产管理人薪酬制度主张以债务人最终清偿债权人的财产价值总额的一定比例作为管理人的报酬,背后的逻辑在于,管理人作为经济组织,会在效益的指引下尽可能地扩大债务人的财产价值总额。但这种粗放式的规范笼统地将管理人在破产案件中的工作效益量化为债务人最终清偿债权人的财产价值总额,不能充分地评价管理人在破产案件处理过程中的效益。例如,管理人转让不易变现的机械设备,使其账面价值转为货币;又如,管理人在企业的重整过程中压缩了重整期限、留债期限,这些成果对债务人最终清偿债权人的财产价值总额可能并无影响,但产生的正外部性作用有利于破产财产的分配或债权清偿,属于对债权人有利而管理人不能获得任何收益的行为。

(三)破产管理人薪酬制度的完善建议

市场经济是一种竞争性经济,任职破产管理人的社会中介机构和个人,其本质仅是市场主体中的一员,在竞争环境下追求着自身效益的最大化,以经济效益激励或鞭策管理人忠实勤勉地履行职责是推动破产工作开展的较好的手段之一。基于该认识,我国可以采取下列方式针对性地解决目前破产管理人薪酬制度存在的不完善之处。

1. 设立管理人报酬基金

针对管理人无报酬或报酬过低的情况,各地可以探索设立管理人报酬基金,由该基金对于报酬过低的管理人进行补助,保障管理人的基本效益需求。其实早在2010年,王欣新教授即针对“无产可破”案件提出以交叉补贴为主、政府财政拨款补贴为辅的形式,尽快设立无产可破案件费用基金,以解决破产费用和管理人报酬的支付来源问题,①这一设想至今仍具有重大指导意义。且该设想已经

① 参见王欣新:《论破产管理人制度完善的若干问题》,载《法治研究》2010年第9期。

在实践中得到了运用，目前广东、浙江、江苏部分地区即通过管理人交叉补贴和政府财政拨款补贴结合的形式设立管理人报酬基金，但是财政拨款的做法有赖于政府部门的支持，在部分地区尚不具备实施的条件。

各地可以由省人民法院或市人民法院通过新设的府院联动机制，以省、市为单位争取政府部门的支持；若尚不能取得政府部门的支持，仍需通过破产管理人协会对管理人报酬进行削峰填谷式的调节，在部分管理人报酬丰厚的案件中提取一定比例的报酬纳入管理人报酬基金，实现对管理人报酬不足时的补偿。

需要注意的是，人民法院因无法律授权，不宜强令管理人提取一定的报酬纳入管理人报酬基金。破产管理人协会作为破产管理人行业的自律性组织，可以通过协会章程、公约的方式，对管理人报酬基金的提取、运作、支取进行约定，由破产管理人协会的会员大会赋予其效力。在这一过程中，主管的人民法院可以参与进来，指导和监督管理人报酬基金的提取、运作、支取。

2. 根据管理人的工作效益确定管理人报酬

参考法国将管理人报酬划分为一般报酬和浮动报酬的做法，我国亦可以依据不同的标准确定不同的比例来提取管理人报酬，破产管理人只有合格地完成相应类别的工作，才能获得报酬，且获得报酬的高低与其工作效益紧密相连。

在一般报酬部分，我国可以现行《管理人报酬规定》为基础，适当调减管理人报酬占债务人最终清偿的财产价值总额的比例，留出一定的空间适用浮动性管理人报酬的计算方法。浮动性报酬中的持续经营债务人企业的报酬，可以根据破产管理人在企业破产过程中持续改善破产企业的情况，按比例从债务人的营业额中提取。转让财产有关的报酬则可以根据标的额、变现财产种类的性质，依一定的百分比计算，标的额越大或财产变现难度越小，则该比例越小。与企业资本金增长部分有关的报酬则只能出现在重整或和解程序中，如果破产管理人在管理经营债务人企业的过程中，促使企业的资本金或运营资金增加，则管理人的工作增加了债权人的利益，应给付其一定的报酬作为奖励，但管理人应在相应的增资实际出资到位后才能获得此类报酬。

管理人接管债务人资料的障碍排除和制度完善

王　琛*

管理人接管债务人资料是《中华人民共和国企业破产法》(以下简称《企业破产法》)确定的法定职责,是管理人履职的第一项内容,也是维护债权人利益必要条件,对破产程序的顺利进行至关重要。然而,在司法实践中常有债务人及其人员因各种主客观原因,不配合管理人接管,致使破产案件在"开局"阶段即陷入"僵局",主要原因在于管理人接管工作障碍排除机制的缺位。管理人接管债务人资料的障碍问题并非个案问题,且已经进入我国最高审判机关的视野,最高人民法院在 2019 年《全国法院民商事审判工作会议纪要》《关于推进破产案件依法高效审理的意见》中都作出了相应的规制,相应的理论研究也应积极跟进。

如何进行管理人接管债务人资料制度的正向构建,排除管理人履职障碍,相较债权审查、债权人会议、重整计划草案、破产财产分配方案等问题,似乎是件"小事情",但却是完善破产法律制度所面临的"大问题"。本文首先分析管理人接管债务人资料在法律规定上的问题

* 辽宁同方律师事务所高级合伙人。

和司法实践中的障碍，论证债务人资料及其所载明的“信息”是管理工作的基础，在此基础上为管理人接管债务人资料的障碍排除和制度完善提供参考建议，以求对制度的完善和相关问题的解决有所裨益。

一、问题的提出

在破产程序中，债务人信息是管理人开展管理工作的基础，从信息论角度看，管理过程的实质是信息处理过程。我国法律也遵照这一规律，《企业破产法》第25条规定的管理人职责中，第一项就确定了管理人“接管债务人的财产、印章和账簿、文书等资料”，管理人的职责基本围绕“获得信息—分析信息—处理信息—输出信息”的路径展开。在破产程序中，债权人、投资人等利害关系主体之间的博弈，在一定意义上就表现为对债务人信息的抓取，从而为自己的利益取得更多的信息支持。信息是债权人决策的基础和完成投资交易的前提，信息越充分，则交易成本越低、交易效率越高，反之则交易成本上升、交易效率下降。信息是“市场化”破产程序运行的基础，接管人接管债务人资料遇到的障碍乃是对这一基础的侵蚀，必须建立相应的制度对这一基础予以保护。

制度影响人类选择是通过影响信息和资源的可获得性，并通过塑造动力以及建立社会交易的基本规则而实现的。制度创新通过开展更有效率的组织经济活动而对发展作出贡献，而这些途径通常导致经济基础性的调整。① 在市场化和法治化的破产程序中，管理人的接管制度就是让管理人依法获得债务人的信息资源，从而为管理人履职和行使管理权提供信息基础。破产制度特别是重整制度，自发端以来与产业紧密相连，与传统法律本身反而比较疏远，“实际上，公司重整的历史就是一部十九世纪铁路公司经营的失败史”②。破产程序有序解决“债务人在饥饿状态下”的财产分配问题，与企业的经营管理、兼并重组关系密切。传统破产法律制度沿袭民商法的概念体系，关注债权和物权等法学领域的概念，如优先权、撤销权、取回权、连带债权、合同解除等。至于有关对债务人的

---

① 参见［美］V. 奥斯特罗姆等编：《制度分析与发展的反思》，王诚等译，商务印书馆1992年版，第2页。

② ［美］小戴维·A. 斯基尔：《债务的世界：美国破产法史》，赵炳昊译，中国法制出版社2010年版，第56页。

“管理”领域,尚未能够进化出相应的法学概念框架和法律制度体系,破产法理论整体上有重视债务人法律上的财产和债务等“硬件”、忽视企业管理过程中的“软件”的嫌疑,而对债务人的“管理”领域是一个跨越法学、管理学、会计学、经济学、信息学的多学科综合领域。

破产程序是债权人利益保护的最后一道防线,在破产程序中,债务人直接责任人员的沉默和不作为,拒绝配合管理人的接管,管理人却无法援引民事诉讼程序中的“缺席判决”制度解决,这是破产程序区别于一般诉讼程序的显著特点。由此,必须重新审视破产程序中的管理人接管障碍排除问题。接管债务人资料是管理人履职的起点,是管理人其他履职行为的前提,其不仅关乎程序正义,而且更关乎实体正义。

二、管理人接管债务人资料障碍的原因剖析

管理人接管债务人资料的障碍是立法者在制度设计中难以预料,但是在破产法实践中却经常遇到的问题。该等障碍的存在,既有企业破产法文化发展阶段的客观因素,也有利害关系主体自身利益诉求的主观因素,还由于不同发展阶段各种制度之间的协同性不足和相互之间存在张力所致,各种主客观因素还相互交叉影响,笔者在此试作剖析。

(一)实际控制人基于利益预期不配合

常规的企业控制权争夺出现在股权并购市场的新老股东之间,破产程序中的企业控制权争夺则发生在原实际控制人和管理人之间。前者是公司法上的争夺,基于收购和反收购的措施多样性;后者是破产法上的争夺,利益诉求与前者有很大的不同。在破产程序中特别是债务人被动进入破产程序的情形下,管理人实际上将行使董事会和管理层的部分职权,此时债务人的实际控制人将面临企业控制权的丧失,一方面,是进入破产程序企业接受管理人的接管;另一方面,其他关联企业、关联债权还将面临合并破产、劣后普通债权获得清偿等风险。为了争取主动地位,实践中常出现债务人及其工作人员故意拖延上交或隐藏重要资料,通过信息隔离让管理人的履职无从下手,从而有利于债务人一方争取自身利益。

（二）隐藏企业经营中的违法行为

我国部分企业在经营过程中存在不规范行为，在原始积累、注册资本、融资借贷、资金管理、知识产权、人格混同等方面可能存有诸多违法违规的行为，这些行为都可能将在破产程序中被重新调查和审计，接受法律的评价和矫正。这对一些债务人特别是“野蛮生长”的债务人企业而言，一旦全部问题暴露于阳光下，将产生系列连锁反应甚至引发刑事法律责任。债务人的实际控制人及管理层出于自保的考量，会向管理人隐藏重要材料，故意给管理人和审计机构设置障碍，拖延上交和隐藏重要资料，通过信息壁垒造成管理“真空”，让管理人的履职无从下手。

（三）债务人“直接责任人员”的范围不明确

我国《企业破产法》第127条第2款规定：“债务人违反本法规定，拒不向管理人移交财产、印章和账簿、文书等资料的，或者伪造、销毁有关财产证据材料而使财产状况不明的，人民法院可以对直接责任人员依法处以罚款。”立法采取了“直接责任人员”的概念，但这一概念具体范围并不清晰。一般在破产案件中，债务人的工作人员大多都是把“企业”而不是自己理解为责任主体，态度上消极，管理人得“哄”着才能让工作人员配合工作，有的工作人员还以欠薪欠保或者其他理由，只接受实际控制人和原上级的指令，使本该属于全体债权人“公共物品”的信息沦为“私人物品”。实践中，债务人的直接责任人员还可能是实际控制人的老乡、同学、司机、亲戚、特殊利益关系主体等“亲信”和“嫡系”群体。

（四）新劳动关系的制约

曾任职债务人关键岗位的有关人员从债务人企业离职并与新的用人单位确定劳动关系后，即受到新签劳动合同的约束，这与他配合管理人办理接管手续形成了人身支配上的直接冲突。此时，已经离职的债务人关键岗位的有关人员，将受到新单位的劳动关系和破产程序中配合管理人接管工作的双重法律约束，但《企业破产法》或者有关劳动合同的立法并未对这一冲突的义务进行调和，这给管理人接管债务人资料增添了障碍。破产实践中，债务人关键岗位的人员以新工作忙为理由，拒绝配合管理人的接管和调查工作的情况时有发生。

(五)政府和社会公共职能机构有待进一步协同

政府的相关职能部门如不动产、社保、发改、市场、税务、海关、环保、科技、规划等不能积极配合管理人为接管债务人资料而开展的调查工作,如欠缴职工社保、土地使用权出让合同、房地产企业的开发手续、科技项目、年检信息、报税资料、发票申领以及基于电子政务调取的各类资料,导致管理人调取资料时往往不能得到很好协助。

管理人履职过程中还需要与具有社会公共职能的机构进行对接,如调取债务人账号流水(银行)、调取债务人证券账户(券商)、图纸方案(设计院)、以债务人名义在媒体发布公告(报社)、调取水电气用量等信息、重新刻制债务人印章(刻章公司)、调查债务人公证债权文书(公证处),该等机构时有不配合管理人工作的行为,致使管理人不得不申请法院出具调查令,徒增制度的运行成本和降低破产程序的运行效率。

三、接管障碍排除:以管理人信息权力为中心

管理人接管债务人资料,最终是为了全面掌握债务人的财产和债务信息。市场化破产必须依靠信息的指引,管理人在破产程序中将债务人的信息编辑为法律语言描述的版本。市场的交易过程是一个信息的非对称博弈过程,从这个意义上来看,管理人接管债务人资料是债务人“市场化”破产程序的起点。信息是市场微观结构的5个关键部分之一,①提高破产程序运行效率的关键问题在于管理人如何提高信息的充分性、准确性和对称性。

(一)信息的权力视角

信息是管理系统的基本构成要素和有机联系的介质,管理的过程就是信息

① 市场微观结构由5个关键部分组成:技术、规则、信息、市场参与者和金融工具。市场组织者的主要作用是将上述5个部分合理地组织起来发挥最大的效用。市场通常采用流动性、波动性、交易成本和透明度4个指标反映市场质量或者市场效率。参见李平、曾勇、唐小我:《市场微观结构理论综述》,载《管理科学学报》2003年第5期。

的获取、加工和利用信息进行决策的过程。[①] 信息是一种含金量很高的经济社会资源;行使权力的重要目的之一就是掌握某种信息资源。权力的象征正在从“拥有雄厚的资本”转向“拥有丰富的信息”,信息成为权力,尤其是在信息扩散之前。[②] 信息权力的广泛性几乎遍及社会生活的方方面面,把精英与大众联系在一起,把个人割裂的、孤立的经验领域与外部世界结合起来,发挥着重要的社会整合作用。[③]

信息权力可以分为信息索取权和信息控制权。正常经营企业实质上是由一系列的契约组成,契约控制权与信息控制权一起构成实际控制权,[④]在债务人进入破产程序之前,债务人基于契约得以成立和存续运营,实际控制人和出资人基于剩余财产分配请求权[⑤]而取得企业的信息索取权和信息控制权,在权利外观上集中体现为股东知情权和表决权。在债务人进入破产程序之后,针对债务人的原有控制权体系被瓦解和重构,管理人代表全体债权人接管对债务人企业的控制权。管理人接管债务人资料,实际上是管理人取得信息权力,代表债权人取得债务人的实际控制权。

(二)接管障碍将直接侵害债权人利益

科斯的企业契约理论对企业外部经营和内部管理都具有强大的解释能力,[⑥]有学者也对破产重整制度进行了契约分析,认为“重整中公司实质上就由一系列

---

① 参见杨善林、刘业政编著:《管理信息学》,高等教育出版社2003年版,第1页。

② 参见[美]约瑟夫·S.奈:《硬权力与软权力》,门洪华译,北京大学出版社2005年版,第105页。

③ 参见王冬梅:《信息权力:形塑社会秩序的重要力量》,载《天津社会科学》2010年第4期。

④ 参见黎文靖:《基于契约过程的会计稳健性研究——信息权力视角的另一解释》,经济科学出版社2008年版,第130页。

⑤ 剩余财产分配请求权,是指在公司已经进入清算程序时,清偿公司债务后存在剩余财产,股东就该剩余财产所享有的请求分配的财产性权利。参见黄斌:《剩余财产分配请求权之实务探析》,载“北大法宝学堂律师学院”,http://lawyeredu.pkulaw.cn/index.php?m=content&c=index&a=show&catid=10&id=1142,2020年7月5日最后访问。《最高人民法院关于适用〈中华人民共和国公司法〉若干问题的规定(三)》将剩余财产分配请求权明确为股东权利,第16条:“股东未履行或者未全面履行出资义务或者抽逃出资,公司根据公司章程或者股东会决议对其利润分配请求权、新股优先认购权、剩余财产分配请求权等股东权利作出相应的合理限制,该股东请求认定该限制无效的,人民法院不予支持。”

⑥ 参见[美]奥利弗·E.威廉姆森、西德尼·G.温特编:《企业的性质》,姚海鑫等译,商务印书馆2010年版,第37页。

企业组成的契约束”①。循着契约理论进行分析,当企业进入破产程序,法律上的契约控制权应当转移到管理人和债权人名下。在破产程序中,实际控制人和出资人已经在法律上丧失债务人的“契约控制权”,但他们通过“信息控制权”仍能产生很大的影响力,而在缺乏信息的情形下,管理人将无法真正履行管理职责。

破产程序中,债权人优先于债务人的出资人获得清偿,滥用控制权的关联方债权人对债务人不享有别除权或者优先权,其债权分配顺序次于其他普通债权人,这些关乎债权人重大利益的管理工作,无一不是依靠管理人作为专业人士(律师和会计师)对基础信息的专业判断。可见,拒绝配合管理人的接管、对管理人屏蔽信息等接管障碍的存在,将直接侵害债权人的权益。

(三)管理人接管障碍排除制度的构建

1. 对管理人部分职权赋予准司法权

关于管理人主体有“公机构说”“私机构说”“信托说”等学说主张,②在制度构造上可以避开争论较大的管理人“性质”问题,直接调整管理人的“行为”,即将《企业破产法》第25条及其他有关职责适用公法行为(准司法权行为)和私法行为的两分架构,其中接管债务人资料、调查和管理债务人财产、调查职工债权等职权,可以纳入管理人的准司法权行为;决定债务人内部管理事务,管理债务人财产,行使撤销权、取回权、抵销权等职权,可以纳入管理人的私法行为。有学者认为,如债务人怠于或者拒绝交出资料,管理人可以直接依据破产受理裁定请求法院强制执行,在比较法上,日本和德国均有相应的立法例。③

2. 对接管职责义务主体范围做扩大化解释

对管理人接管债务人资料的履职行为的义务主体范围应该进行扩大解释,且应直接指向具体的自然人,这样才能将义务压实,打通信息障碍。在破产程序中,债务人的实际控制人、法定代表人、董事、高级管理人员、财务负责人,以及技术、工程、行政、法务、助理等重要岗位和职能的人员,有的甚至在债务人并无任职,如实际控制人的亲戚、老乡等,均应纳入负有配合管理人行使信息权力的对

---

① 王佐发:《公司重整制度的契约分析》,中国政法大学出版社2013年版,第6页。

② 参见许德风:《破产法论:解释与功能比较的视角》,北京大学出版社2015年版,第257~260页。

③ 参见王欣新主编:《破产法原理与案例教程》,中国人民大学出版社2010年版,第83页。

象范围。该等人员除在岗和离守人员以外,还应扩大到包括离职人员,因为他们所拥有的信息关系破产程序的法律秩序,关乎债权人重大利息,所以他们不能一走了之。即使债务人欠薪欠保,也不能混淆劳动法上的义务和商法上的义务,更不能将二者相互抵消。

如果说破产程序是民事诉讼的特别程序,那么可以通过改造民事诉讼的证人制度,将上述人员纳入破产程序的特别证人制度予以调整。《中华人民共和国民事诉讼法》(以下简称《民事诉讼法》)第75条第1款规定:“凡是知道案件情况的单位和个人,都有义务出庭作证。有关单位的负责人应当支持证人作证。”由此我国可以参考民事诉讼中的证人制度,对债务人的有关人员赋予证人的义务,从而将接管义务主体从债务人“穿透”到前述的系列自然人。

3. 政府和社会对管理人信息权力的协同支持

政府各有关部门对管理人的信息权力应提供协同支持,包括工商、税务、海关、社保、项目、规划、城建、车辆、户籍、消防、不动产登记、人民银行、商标专利等行政部门应该为管理人调查债务人信息提供便利,避免管理人频繁申请人民法院开具调查令,徒增各方及社会成本。以立法明确金融机构等企事业单位应当配合管理人行使信息权力的履职工作,为管理人查询债务人银行流水、证券股票、票据信息、印鉴更换、人员变更提供便利,为管理人代替债务人出席股东(大)会和行使股东知情权等提供方便。可以参考《中华人民共和国证券法》(以下简称《证券法》)第175条第2款“国务院证券监督管理机构依法履行职责,进行监督检查或者调查时,有关部门应当予以配合”的规定,确立各有关部门在破产法领域配合管理人工作的义务,以管理人的调查间接实现接管效果。

4. 修改关联法律为劳动者提供便利

社会制度要解决的核心问题是激励问题,即如何使个人对自己的行为负责。如果每个人都对自己的行为承担完全的责任,社会就可以实现帕累托最优状态。[①] 如前文所述,如果参考民事诉讼中的证人制度,将债务人的义务主体赋予证人的义务,但我国《民事诉讼法》第72条第1款“有关单位的负责人应当支持证人作证”的规定比较含糊和笼统,其他的法律特别是劳动法缺少配套规定。雇用劳动者顺序在后的用人单位享有了劳动者在此前用人单位形成的经验,也应

---

① 张维迎:《产权、政府与信誉》,生活·读书·新知三联书店2001年版,第63页。

保障劳动者履行其本人所可能负担的协助义务。由此,雇用劳动者顺序在后的用人单位应该就是法条所确定的"有关单位",对职工和有关人员需要配合雇用劳动者顺序在前的用人单位的破产工作,负有容忍义务。《中华人民共和国劳动合同法》(以下简称《劳动合同法》)应将这一情形纳入默示的劳动合同条款,以保障管理人及时、全面地掌握债务人信息,以在整体上维护市场经济秩序。

5. 借助不作为侵权制度救济信息权

"伴随社会经济水平的提高,人民对个人权益保护及社会生活安全越发重视,不再满足于被动等待他人消极的不侵权行为,更多期望由他人的积极行为获益。"①特殊关系的典型就是家庭成员之间、雇主和雇员、商业营业者与顾客等主体之间的关系。就破产程序中债务人的实际控制人、法定代表人、从事重要岗位和职能的有关人员的"作为义务",可以理解为基于同为债务人工作的"特殊关系"引起,也可以理解为基于事先的雇佣、委派、选举等"在先行为"产生。这也是在波斯纳说的"在可以花费自己微不足道的成本"的情况下救助他人,②并借助侵权责任法的预防功能及惩戒功能,保护好管理人的信息权。

6. 借鉴资本市场对处罚种类进行多元化设置

建议参考我国资本市场多年积累形成的有益做法,并借鉴我国行政处罚等法律制度,构建种类多元、层级递进、操作衔接的处罚方式和处罚体系,以排除管理人接管债务人资料的障碍。参考资本市场监管函的方式,人民法院给债务人相关人员出具要求配合管理人接管的督促函;参考《证券法》第 11 章"法律责任"的有关规定,构建破产法领域针对拒不配合人员的警告、罚款等处罚规定;施行针对债务人及其人员的"双责任主体制";对持续违法且构成妨碍破产审判秩序的,涉嫌构成拒不执行判决、裁定罪和妨碍司法罪的,依法追究刑事法律责任。

四、结　　语

管理人接管债务人资料是破产程序中管理人工作的起点,各地人民法院和管理人协会出具的有关规范和工作指引中,也对管理人接管债务人资料重点着

① 陈玥泊:《不作为侵权责任研究》,吉林大学 2014 年硕士学位论文,第 6 页。

② 蔡唱:《不作为侵权行为研究》,法律出版社 2009 年版,第 105 页。

墨,如《深圳市中级人民法院破产案件管理人工作规范》第 14 条、第 16 条、第 17 条对接管范围、强制措施及发现债务人的有关人员隐匿或者故意销毁资料及时向公安机关报案等问题进行了规定;河北省企业破产管理人协会专门制定了《财产调查与管理工作指引(2019 版)》。目前,我国保障破产管理人接管债务人资料的制度尚不完善,管理人的信息权力仍未上升到应有的地位,接管制度过度依赖民事诉讼法,尚未发展出破产法自身的“权利(权力)—义务—责任”体系。

如果说真正的法律存在于法官的判决中,[①]那么真正的破产法就存在于管理人的履职的过程中。首先,如果不能实现对债务人资料的顺利接管,管理人就无法有效履职,破产制度也就无法通过影响信息和资源的可获得性,进而建立规则和塑造动力,公平清理债权债务,维护社会主义市场经济秩序。其次,应当将保障管理人信息权的义务落实到债务人的实际控制人、法定代表人、关键岗位人员等具体主体,形成债务人和债务人的有关人员双主体的责任并行结构。最后,未来我国《企业破产法》的具体制度设计应以保障管理人的信息权力为中心,在管理人接管的准司法权定位、接管责任主体扩张、政府社会联动、与《劳动合同法》的相互衔接等方面做好制度安排,以追究侵权责任作为民事救济方式,以司法处罚和刑事追责作为保障措施,解决目前管理人职责缺乏义务和责任体系支撑的问题,全面构建破产程序中的接管障碍排除机制。

① 参见[美]本杰明·卡多佐:《司法过程的性质》,苏力译,商务印书馆 1998 年版,第 75 页。

论破产企业的合同义务终止原则

王德辉*

破产程序一经开始，债权人对破产企业享有的所有债权均视为到期，债权人不得在破产程序外向债务人主张个别清偿。① 破产企业的原合同义务转化为公平清偿义务，原合同义务终止，本文称为破产企业的合同义务终止原则。对破产企业负担金钱债务的合同，合同义务终止原则已获得普遍的接受，但是，对破产企业所负担的非金钱债务，实践中却存在许多争议。本文以房地产开发企业破产时的商品房买卖合同以及出租人破产时的不动产租赁合同为例，探讨破产企业合同义务终止原则在债务人负担非金钱债务的合同中的适用。

一、破产企业合同义务终止原则的基本内容

破产企业在破产申请受理前成立的合同依其履行程度的不同，可以分为三类：第一类是债务人已完全履行而

---

* 中国政法大学法学博士，廊坊师范学院法律系教师，河北若石律师事务所破产重组业务团队成员。

① 参见李永军：《我国〈企业破产法〉上破产程序开始的效力及其反思》，载《法学杂志》2011 年第 2 期。

对方当事人尚未履行或未履行完毕的合同(以下简称债务人已经履行完毕的合同);第二类是对方当事人已完全履行而债务人尚未履行或未履行完毕的合同(以下简称对方当事人已经履行完毕的合同);第三类是债务人和对方当事人均未履行完毕的合同,也称"待履行合同"(以下简称双方均未履行完毕的合同)。对第一类合同,因破产企业已完全履行合同义务,故不再涉及破产企业合同义务的终止问题;对方未履行的合同义务构成破产企业的资产,由管理人依法清收。所谓破产企业合同义务终止原则,针对的是第二类和第三类合同,具体而言,包括以下几方面。

第一,对于第二类合同——"对方当事人已经履行完毕的合同",债务人进入破产程序后,其合同义务自动转化为公平清偿义务,对方当事人依法申报债权并参与破产财产的分配。笔者认为可称之为破产企业合同义务的法定终止。

第二,对于第三类合同——"双方均未履行完毕的合同",当债务人进入破产程序后,合同相对方需要确定是否仍然需要继续履行合同义务,否则,当合同相对方向管理人申报债权时,就会产生其是否会因未履行合同义务而承担违约责任或减损其债权的问题。因此,《中华人民共和国企业破产法》(以下简称《企业破产法》)第18条规定,管理人有权决定解除或继续履行该类合同。并且,管理人未在法定期间内通过积极行为通知或答复对方继续履行合同的,视为解除合同,由此可见,对双方均未履行完毕的合同,解除合同是原则,继续履行是例外。因此,将《企业破产法》第18条称为"管理人的继续履行合同权"的规定更为准确。笔者认为可将之称为破产企业合同义务的解除终止的规定。

第三,对于第三类合同——"双方均未履行完毕的合同",如果管理人选择继续履行并提供担保,对方当事人不能拒绝继续履行合同。需要注意的是:首先,管理人选择继续履行合同应基于破产财产最大化和有利于全体债权人利益的原则;其次,破产企业应仅就对方当事人继续履行部分(进入破产程序时,对方当事人尚未履行部分的合同义务)支付对价,不应包括对方当事人已履行部分应获得但尚未获得的合同对价,否则就会构成个别清偿。换言之,自法院受理破产案件时起,双方均未履行完毕的合同分为两部分:一是双方已经履行的权利义务部分;二是双方尚未履行的权利义务部分。这两部分内容应该进行明确的区分和切割。申言之,对已经履行的部分,如果对方当事人已履行的义务超过了债务人已履行的义务,对该超出部分,应由对方当事人依法申报债权,对方当事人不得因其已履行部分尚未得到全部对价而拒绝继续履行剩余合同义务,也不能因管理人未对已履行部分的清偿提供担保而拒绝继续履行剩余合同义务。例如,房地产开发企业破产时遗留的在建楼盘由于涉及复杂的工程施工备案手续,管理人接管后,续建施工通常都是由原施工企业继续完成的,在这种案件中,管理人仅需就续建部分筹集建设资金,尚未支付的、已完工部分的工程款则应当作为破产债权由施工单位依法申报。

二、债务人合同义务终止原则在商品房买卖合同中的适用

在商品房买卖合同中,作为房地产开发企业的债务人对购房人承担的主要合同义务是交付房屋及办理不动产权属登记,属于非金钱债务。

(一)关于房屋交付的合同义务

房地产开发企业进入破产程序后,关于购房人的权利,根据《最高人民法院关于建设工程价款优先受偿权问题的批复》(已失效)以及《最高人民法院针对山东省高级人民法院就处置济南彩石山庄房屋买卖合同纠纷案请示的答复》,在相关房屋已经建成的情况下,消费性购房人的房屋交付请求权具有一定的优先性。但是,由于在表现形式上,管理人向消费性购房人交付房屋的行为与继续履行合同的行为具有相似的外观,因此容易被误认为是继续履行合同的行为。事实上,根据债务人合同义务终止原则,房地产开发企业进入破产程序后,其交房的合同义务已经终止,因此,这是对破产财产的分配,而不是继续履行合同,不能因为消费性购房人得到了全额清偿就将其界定为对商品房买卖合同的继续履行。

首先,继续履行合同与破产财产分配在结果上虽然相似,但仍然是有区别的。如果是继续履行合同,则合同约定的所有条款都应得到完整的履行,但事实上,购房人所能得到的仅是房屋交付而已,对债务人所应承担的违约责任,购房人则只能将其作为普通债权申报,不能获得完全清偿,这与履行合同的法律效果是不同的。

其次,结合房屋未建成情况下的规定来看,法律只规定了优先返还购房款,而没有要求继续履行购房合同,进一步说明这是破产财产分配而不是继续履行

合同。在此需要说明的是,在破产财产分配这个前提下,尽管房屋尚未建成,但也并非绝对不能向购房人交付房屋。在满足下列条件的情况下,可以实物(房屋)分配的形式向购房人交付房屋:第一,补足受偿房屋价值与已交购房款数额之间的差额;第二,根据《企业破产法》第 114 条规定,如以房屋这种非货币方式进行分配,应当有债权人会议的决议。

(二)关于办理不动产权属登记的合同义务

房地产开发企业破产后无法继续为业主办理不动产权属登记通常有两个原因:一是在开发过程中存在违规情形;二是企业无力支付办理权属登记的费用。实践中,该问题经常导致房地产企业的破产案件推进困难。对此,首先,我们应当明确,债务人进入破产清算程序后,其法定义务是公平清偿债权债务,破产企业原先所负的任何合同义务都有可能不能在破产程序中完全实现,且均不能因此成为阻碍终结破产程序的正当理由。其次,就破产遗留问题建立相关配套制度是一国企业破产法的重要组成部分,也是一国破产制度发展水平的重要衡量因素。例如,对办理不动产权属登记这种涉及政府管理的社会问题,有观点认为应当由政府妥善处理。具体而言,在开发商因破产、注销等原因已不复存在的情况下,应在对事实核实清楚的基础上,允许购房业主单方提出不动产登记申请,只要建筑质量符合安全要求和居住条件,均应直接办理登记。不能让老百姓为开发商的前期违法行为“买单”。①

三、债务人合同义务终止原则在不动产租赁合同中的适用

与其他合同一样,出租人进入破产程序时租赁合同的履行状态无非也是两种情形:一是承租人已经预付了全部租金;二是承租人已经预付了部分租金。关于出租人破产后租赁合同的处理问题,学界和实务界目前尚未有一致的观点,司法实践中产生的争议也较大。

---

① 参见张富刚:《以出让方式取得国有建设用地上的房屋已全部出售,但一直未办理房屋所有权证,现业主申请办理不动产权证书时,开发商不予配合或找不到的登记机构应如何办理?》,载张富刚主编:《不动产登记疑难问题精解》,法律出版社 2017 年版,第 167 页。

(一)出租人出租义务的终止

对于承租人已经预付了全部租金的情形,实践中出现了以下两种做法:一种做法认为,由于承租人已经支付了全部租金,所以租赁合同不再属于双方均未履行完毕的合同,因此不能依据《企业破产法》第 18 条的规定解除,故出租人进入破产程序后仍然需要继续履行租赁合同。另一种做法则是通过对租赁合同的特点进行解释而扩大适用《企业破产法》第 18 条的规定。例如,湖南省高级人民法院在(2017)湘民再 461 号民事判决书中认为:“由于租赁合同具有继续性的重要特点,交纳租金只是承租人的主要合同义务而非全部合同义务,承租人尚有保管租赁物、返还租赁物的义务以及通知等附随义务等等,因此在租期届满承租人返还租赁物之前,承租人始终处于履行租赁合同过程中,因此,租赁合同只要在租赁期内,承租人与出租人的义务即均未履行完毕,管理人就有权单方解除该租赁合同。”

笔者认为,关于双方均未履行完毕的合同的界定,应是指双方的主要合同义务未履行完毕,而不包括附随合同义务。[①] 如果按照上述判决书中的观点,施工方的保修义务算不算未履行完毕的附随义务?购房人的收房义务算不算未履行完毕的附随义务?银行的资金监管义务算不算未履行完毕的附随义务?若如此类推,恐怕很多合同都可以被认为是双方均未履行完毕的合同。事实上,上述两种做法都没有意识到债务人合同义务终止原则的适用。根据债务人合同义务终止原则,对承租人已经预付了全部合同租金的情形,出租人进入破产程序后,其在租赁合同中的租赁义务自动终止,承租人依法申报债权,不涉及《企业破产法》第 18 条的适用问题。上述 461 号判决支持这样的结果,却由于没有意识到债务人合同义务终止原则而找了一个蹩脚的理由。

另外,即便是在承租人预付了部分租金的情形下,只要管理人没有决定继续履行合同,租赁合同当然也应当适用解除终止。实践中,有观点认为租赁合同具有特殊性,因而主张管理人无权依据《企业破产法》第 18 条的规定解除租赁合同。事实上,对于承租人已经交付了全部租金的情形,该观点也同样主张出租人

---

① 有学者将待履行合同的履行状态界定为双方当事人均就合同给付义务存在未履行完毕的情形。参见王欣新、乔博娟:《论破产程序中未到期不动产租赁合同的处理方式》,载《法学杂志》2015 年第 3 期,合同给付义务不包括合同的附随义务。

的出租义务不能终止，即必须继续履行租赁合同。主张该观点的理由主要有：第一，租赁权具有“买卖不破租赁”的物权效力，破产法不应当、事实上也不可能自行创设责任或权利。[①] 第二，由于管理人滥用解除权，这将使承租人的权益遭受严重不公平的损失。第三，解除租赁合同与各国立法限制出租人的解除权、强化对承租人利益保护的国际惯例背道而驰。[②] 笔者认为，上述理由并不成立。原因如下：

第一，所谓“买卖不破租赁”，是指不能仅因房屋买卖而解除房屋上原已存在的租赁合同，并没有限制因其他原因解除租赁合同。《中华人民共和国民法典》第557条第6项规定，合同的权利义务可因法律规定的其他情形而终止，而出租人破产构成租赁合同解除的法定原因。正如湖南省高级人民法院（2017）湘民再461号民事判决书中表述的那样，虽然合同法对合同的解除明确规定必须满足一定条件，但《企业破产法》第18条赋予了破产管理人单方解除合同的特别权利，这也是《企业破产法》作为特别法的特殊性。另外，租赁权本质上是债权。即便是主张租赁权具有一定的物权效力，主张限制管理人解除租赁合同的观点，也都认可租赁权本质上是债权。[③] 因此，在对承租人权益的处理上，应当遵从债权处置的基本原则，包括债务人合同义务的终止原则。

第二，在破产法与其他法律的关系问题上，所谓“破产法不应当、事实上也不可能自行创设责任或权利”的观点并不准确，破产法规定的管理人的撤销权等权责都是对其他法律已经创设的责任或权利的变更。破产法之所以能够创设新的责任或权利，是因为源于破产法的公平清偿原则，实现公平清偿是破产法的基本价值追求，它有别于其他法律的价值目标。

第三，上述观点混淆了出租人与管理人的性质，没有区分正常情况下出租人解除租赁合同与破产情况下管理人解除租赁合同的区别。这首先体现在追求的法律价值不同。出租人解除合同为的是谋取私利，因此各国立法限制出租人的解除权，强化对承租人利益的保护。但是，管理人解除合同为的是全体债权人的

---

① 参见许德风：《破产法基本原则再认识》，载《法学》2009年第8期。

② 参见王欣新、乔博娟：《论破产程序中未到期不动产租赁合同的处理方式》，载《法学杂志》2015年第3期。

③ 参见王欣新、乔博娟：《论破产程序中未到期不动产租赁合同的处理方式》，载《法学杂志》2015年第3期。

利益,其价值追求是《企业破产法》规定的公平清偿。其次体现在预收租金对租赁物处置价值的影响上。正常情况下的房屋买卖中,出卖人可以将预收的租金转付给买受人或作出其他相应补偿,不会损害任何一方的利益;但是在出租人破产情况下,破产前预收的租金会直接影响租赁物的处置价值和处置难度,因此,如果否定债务人合同义务终止原则,就会损害全体债权人的利益。

第四,管理人是否会滥用合同解除权是操作层面的问题。我们需要做的是规范管理人的行为,而不能以此作为否定法律原则的理由,正如不能因为担心法官腐败而剥夺法官的审判权一样。实践中,也并非只有通过解除合同才能实现破产财产价值的最大化和债权人权益的最大化。比如,对一些商业地产,在不考虑预付租金的情况下,地产内的租户甚至是作为较大价值的无形资产存在的,保留这些租赁合同不仅不会贬损破产财产的价值,反而会使破产财产增值,处置过程也会更容易推进。

(二)管理人决定继续履行租赁合同时的预付租金债权

前文已述及,即便管理人选择了继续履行合同,也不是对原合同的完全履行。法院受理破产申请后,管理人决定继续履行合同的,破产企业所支付的对价仅限于对方当事人继续履行的合同义务部分,不包括对方当事人对于在受理破产申请前已履行部分的应获得但尚未获得的合同对价。据此,对一个租期 20 年的租赁合同而言,如果承租人已经预付了 15 年的租金,出租人在第 7 年时破产,租赁合同构成尚未履行完毕的合同。此时,管理人可以决定继续履行租赁合同。但是,当出租人进入破产程序时,承租人尚未履行的合同义务是交付最后 5 年的租金,在承租人支付该 5 年租金的情况下,出租人的对价也只是该 5 年租金对应的 5 年的出租义务,不包括承租人在受理破产申请前多交付的 8 年租金对应的出租义务。换言之,无论承租人多预付了多少租金,多预付的租金都将作为破产债权处理;是否继续履行租赁合同,指的是进入破产程序之后,双方重新计算租期并互付对价。

笔者认为,上述推理过程及结果符合公平原则。例如,对一个租期 20 年的租赁合同,出租人在第 7 年时破产,如果承租人已经预付了 20 年的租金,租赁合同构成一方已经履行完毕的合同,根据债务人合同义务的法定终止原则,承租人只能将剩余 13 年的预付租金作为破产债权予以申报。与此不同,如果承租人仅预付了15年的租金，则租赁合同构成尚未履行完毕的合同，管理人可以决定继续履行。此时，如果承租人仅支付剩余5年的租金就可以继续使用房屋13年，这样的结果对已经预付了20年租金的承租人而言，显然是不公平的。另外，这样的结果构成了对承租人的个别清偿，这一行为没有法律依据，对其他债权人也是不公平的。

需要说明的是，考虑法律确实赋予了租赁权一定的物权效力，笔者的上述观点并不排斥立法对预付租金债权作出区别于普通债权的优先清偿规定。

四、结　　语

企业进入破产程序后，根据《企业破产法》公平清偿原则，债务人的原合同义务终止并转化为公平清偿义务。根据合同义务的标的不同，债务人的合同义务可以分为金钱债务和非金钱债务。债务人负非金钱债务的合同种类多样，情况复杂，法律可以对非金钱债权人作出区别于金钱债权人的特殊保护，但是，这些区别对待应当在破产财产分配层面上，而不应是在合同是否继续履行上来探讨。关于债务人非金钱债务的清偿，笔者认为：

第一，根据非金钱债务是否可以以货币形式表示并补偿，可以将非金钱债务分为可货币化非金钱债务和不可货币化非金钱债务。例如，房地产开发企业为购房人办理不动产登记的义务属于不可货币化的非金钱债务，出租人的出租义务属于可货币化的非金钱债务。一些非金钱债务尽管也可以货币化，如房地产开发企业向消费性购房人的交房义务，但是，由于法律对是否将其货币化设定了条件，即只有在房屋未建成情况下才将其货币化，因此在房屋建成情况下则无行使破产取回权需将其货币化。管理人需要列出债务人的所有债务，并将能够货币化且法律未作出例外规定的债务货币化。

第二，根据是否涉及履行费用，不可货币化的非金钱债务还可以进一步分为涉费用非金钱债务和无费用非金钱债务。无费用金钱债务包括为员工办理保险关系转接的义务、地役权义务等，债务人履行这些义务并不需要任何花费，也不会减少破产财产，在破产程序终结前，管理人应该代表企业为相关人员提供便利；但是，还有一些非金钱债务的履行则需要支出费用，从而减少破产财产，如办理不动产登记时涉及的测绘、验收、缴税等许多支出，当破产财产不足以支付时，应在国家层面建立破产遗留问题的相关配套制度,或由受益人承担这部分支出。

第三,要正确理解《企业破产法》第114条的规定:"破产财产的分配应当以货币分配方式进行。但是,债权人会议另有决议的除外。"并非所有以非货币方式进行的破产财产分配都需要取得债权人会议决议,如果法律已经直接规定了非货币的破产财产分配方式,则无须为此再去取得债权人会议决议。例如,破产的房地产开发企业在房屋建成情况下向消费性购房人交付房屋虽然属于非货币分配方式,但无须取得债权人会议决议,因为这是由法律直接作出的规定。同理,法律也可以直接规定某些其他非金钱债权以非货币分配方式受偿,并规定其受偿顺序。

破产取回权制度对确权文书权利人的特殊处理

——以无法取回为视角

李　慧*

根据我国《中华人民共和国企业破产法》(以下简称《企业破产法》)第38条、《最高人民法院关于适用〈中华人民共和国企业破产法〉若干问题的规定(二)》(以下简称《企业破产法司法解释二》)第26条的规定,权利人行使破产取回权有可能通过非诉程序解决,也有可能是通过诉讼程序解决。但无论采取哪种方式,权利人都应该提供其对标的物享有物权权利的证明予以佐证。当事人通过提起确权之诉取得的具有确认权利内容的法律文书,无疑是非常有力的权利证明,但确权文书仅为对某一事实的认定,并不具有直接给付的法律效果,因此,在破产程序中,权利人取得了确权文书并不意味着他们就一定能够通过行使破产取回权成功取回标的物。本文对权利人取得确权文书却无法顺利取回财产的现象进行研究,对其产生的根本原因进行分析,并结合常见现实障碍,为权利人提出合理救济的建议。

---

* 佛山市中级人民法院审判员。

一、根本原因:破产取回权制度的法律属性

破产取回权是指财产真实权利人在债务人进入破产程序后,不依破产程序而直接通过管理人,取回本不属于债务人但由管理人接管的财产的权利。取回权是基于民事法律关系而产生的,其中最典型的是所有权,当然质押权、留置权、占有返还请求权等特殊物权也能成为取回权的基础权利。① 所以,大多数观点认为取回权是民法上物的返还请求权在破产法上的具体表现。②

权利人能否通过行使破产取回权实现取回标的物的目的,主要看权利人是否满足以下条件:

1. 权利人必须在债务人被法院裁定进入破产程序后,破产程序终结之前提出行使破产取回权。如果权利人取得了确权文书,却在破产程序终结之后才主张取回标的物,自然不可能达到取回标的物的目的。值得一提的是,虽然《企业破产法司法解释二》第26条有将在破产财产变价方案或者重整计划提交债权人会议表决之前作为行使取回权期限的规定,但在破产财产变价方案或者重整计划提交债权人会议表决后提出破产取回特定财产请求的,并不会因为超过期限而丧失取回权,只是权利人可能会因其怠于行使权利承担相应的不利后果,如标的物灭失无法取回、承担相关增加费用等。

2. 破产管理人必须已经通过概括接管了本不属于债务人但由债务人占有的特定的财产,即破产取回权标的物。这里实际上有三个层次的要求:一是债务人对标的物不享有所有权,但占有该财产,这是权利人取回权成立的根本原因;二是标的物客观存在,且由管理人实际接管,这是权利人取回权成立的物质基础;三是标的物是特定化财产,这是权利人取回权成立的权利保障。大部分持有确权文书却不能顺利取回标的物的情况大多集中在缺乏满足该条件的具体要求上,后文将详细论述。

3. 主张取回权的权利人应当在债务人被裁定进入破产程序前,已经依据实体法取得破产取回权标的物的所有权或其他物权。权利人在债务人进入破产程

① 参见付瑶:《破产取回权的基础权利探析》,载《法制博览》2016年第4期。

② 参见董雪:《论破产取回权》,黑龙江大学2014年硕士学位论文,第11页。

序前依据实体法取得标的物的所有权或其他物权权利是其行使破产取回权的权利基础,也是区分其是否在债务人进入破产程序后基于全体债权人利益而成就共益债务的重要指标。

4. 主张取回权的权利人必须向破产管理人提出取回的请求。权利人不需要通过申报债权、参与破产财产分配等破产受偿程序行使权利,但他们必须向破产管理人主张取回特定财产。即使权利人想要通过提起破产取回权纠纷诉讼的方式取回标的物,也应当首先向破产管理人主张取回,在破产管理人提出异议后,权利人才能在受理破产案件的法院提起破产取回权诉讼。

二、具体体现:实现破产取回权的现实障碍

(一)案例引入

1. 案例检索

一审:佛山市高明区人民法院(2016)粤 0608 民初 4043 号;二审:佛山市中级人民法院(2019)粤 06 民终 3951 号。

2. 基本案情

卡文迪公司委托吉利公司生产其旗下品牌的陶瓷,并签订《委托加工合同》等协议,约定陶瓷产品砖侧喷有"产地:广东佛山、产品型号、生产日期时间"字样的产品均属卡文迪公司所有。吉利公司厂房内不仅存放有委托加工的产品,也存放着其生产的其他产品,同时还存放着利德丰公司、新中陶公司、金多宝公司、大黄蜂公司的类似产品。2015 年 8 月 28 日,执行法院因吉利公司与案外人的债权债务关系依法查封了吉利公司厂房内的所有成品、半成品、机械设备。2015 年 8 月 31 日,卡文迪公司作为异议人以其与吉利公司存在加工承揽关系而取得存放在吉利公司仓库内部分成品、半成品、铁架等物的所有权为由,向该院提出执行异议。该院审查后,作出(2015)佛明法民一执外异字第 9 号执行裁定书,确认存放于吉利公司厂房内印有"卡文迪""博高""骏洋""信陶"的成品砖 16,975 箱(58,767 片)、半成品砖 62,370 箱(198,918 片)等财产属于卡文迪公司所有。上述裁定作出后,卡文迪公司先后从吉利公司处取回若干数量的成品砖、半成品砖、纸箱、铁架、包装袋等财产。之后,吉利公司被裁定进入破产清算程序。二审期间,法院组织各方当事人到吉利公司进行现场查看,该司已处于空置无人状

态,公司内没有任何物品存放。该司厂房及所在土地使用权已经通过拍卖方式转让给了更合镇政府。

另查明,吉利公司、利德丰公司、新中陶公司、金多宝公司、大黄蜂公司曾与高明农商行签订《最高额质押担保合同》,约定将存放在吉利公司仓库内的包含涉案标的物在内的全部瓷砖产品质押给高明农商行以担保借款的偿还。佛山中级人民法院(2015)佛中法民二初字第187号民事调解书、广东省高院(2016)粤民申7337号民事裁定书均确认高明农商行对前述质押物在最高额3225万元的范围内,就确定债权数额享有优先受偿权。执行法院遂根据高明农商行的申请通过司法拍卖网络平台对存放在吉利公司仓库内的质押物进行公开拍卖,竞买人王某以16,004,840.60元的最高价竞得涉案财物,并已完成交付。

3. 裁判观点

本案属于取回权纠纷。一审法院认为,执行法院已生效的裁定书已确认本案讼争的存放于吉利公司的涉案标的物的权属人为卡文迪公司,卡文迪公司有权取回上述物品,遂判决吉利公司应将法院解除查封的属于卡文迪公司的财产交付给卡文迪公司。二审法院认为,生效法律文书认定卡文迪公司对涉案标的物享有所有权,如果涉案标的物存在且由吉利公司占有,卡文迪公司有权向吉利公司行使取回权,取回涉案标的物,但现因吉利公司处于空置状态,并没有任何物品存放,卡文迪公司行使取回权的前提条件已不存在,故法院对其诉讼请求不应支持。对涉案标的物灭失造成的损失,卡文迪公司可另行通过法律途径解决。

(二)案例评析及延伸

持有确权文书却不能顺利取回标的物,通常是出现了标的物客观上无法取回的情况,具体有以下几类。

1. 标的物损毁、灭失

实现破产取回权的前提是管理人占有了原本不属于债务人的财产,但如果标的物已经损毁灭失、不复存在,又没有代偿物或代偿金,那么即使权利人取得了确权文书,客观上也无法实现取回标的物的目的,只能依据侵权法律关系另行寻求救济。前案中,卡文迪公司虽然取得确权文书,但在其提起取回权诉讼的时候,吉利公司厂房内已经没有任何的财产,因此卡文迪公司主张取回财产缺乏物质基础。

2. 第三人善意取得

当第三人通过善意的受让行为支付了对价、完成了交付，就成了善意第三人，应当受到善意取得制度的保护。换言之，善意取得制度是对财产真实权利人的权利限制。破产取回权的基础是权利人对财产的物上请求权，并不会因为债务人进入破产程序而有所变化，所以当第三人符合善意取得条件时，主张破产取回权的权利人会因为权利受到限制而无法取回相关财产。前案中，王某通过司法拍卖方式竞得相关财产是善意的，并且全额支付了对价、完成交付，满足善意取得的构成要件，因此，即使卡文迪公司能够证明标的物包含在王某竞得的财产中，其也不可能依据确权文书的内容直接取回相应财产。

3. 通过添附形成新的财产

添附是指民事主体通过混合、附合或加工方式把不同所有人的财产或劳动成果合并在一起，从而形成另一种新形态财产的民事制度。① 虽然前案并不存在对添附物处理的问题，但涉及加工承揽法律关系中最容易出现添附的情形。由于添附物往往难以分割，因此在该物的归属问题上一般遵循利益较大方享有添附物，并对利益受到侵害的一方进行补偿的原则。如果债务人为利益较大方取得标的物所有权，那么主张取回权的权利人自然无法取回标的物，而只能就补偿金向管理人申报债权。

4. 货币未特定化

货币作为一种具有高度替代属性的物，是民法上的特殊动产，根据"占有即所有"原则常常都会推定占有人为其所有权人，②因此，只有在货币被特定化的情况下，才存在取回的可能。前案也不存在取回货币的问题，但实务中主张货币取回的案件不在少数。值得注意的是，为了保障经济秩序的有序进行，货币特定化的确定只能由法律规定，当事人之间自行约定的条款并不能成为货币特定化的依据。

---

① 参见陈华彬：《我国民法典物权编添附规则立法研究》，载《法学杂志》2019 年第 9 期。

② 参见朱伟方：《试论破产程序中特定化货币的一般取回权——以建设工程履约保证金为例》，载《法制与社会》2019 年第 19 期。

三、救济途径:代偿取回权与赔偿请求权的运用

(一)行使代偿取回权

根据《企业破产法司法解释二》第29条、第32条的规定,取回权标的物变价提存或因取回权标的物损毁、灭失获得保险金、赔偿金、代偿物等特定代偿性财产的,权利人有权取回前述提存款或特定代偿性财产。由于取回权标的物变价款以及因取回权标的物损毁、灭失而获得的代偿性财产本质上都是取回权标的物的转化形式,本身延续了标的物的物权性质,因此,在其能够通过特定化区分破产财产的情况下,其具有优先效力,权利人能够通过行使代偿取回权予以取回。受我国破产立法的制约,权利人行使代偿取回权必须满足以下条件:一是产生代偿性财产的原取回权标的物"属于不易保管的财产或者不及时变现价值将严重贬损的财产"或已经毁损、灭失;二是代偿性财产应当能与债务人(破产)财产相区分。

(二)行使损害赔偿权

1. 通过申报债权行使损害赔偿请求权

权利人就取回权标的物因遭受债务人(破产人)的侵权行为而无法取回,造成损失的,权利人可以请求作为侵权人的债务人承担损害赔偿责任。物权损害赔偿责任范围的确定以全面赔偿为原则,最大限度地补偿受害人所受的财产损失,但若权利人和债务人(破产人)在标的物无法取回的结果上存在混合过错情形,可以考虑酌情减轻债务人(破产人)的赔偿责任。虽然权利人基于损害赔偿请求权而申报的债权,与取回权标的物有着千丝万缕的关系,但由于损害赔偿请求权本质上属于普通债权,不具有优先属性,所以权利人需要在破产程序中与其他债权人平等地等待破产财产分配,除非这一债权被认定为共益费用。

2. 向破产管理人主张赔偿责任

破产管理人违反勤勉尽责、忠实执行职务,给债权人、债务人或者第三人造成损失的,依法应当承担赔偿责任。如果破产管理人在履职过程中,因故意或重大过失导致权利人无法取回其财产对其造成损失,权利人的相应损失应当作为共益债务,从债务人(破产)财产中随时清偿,不足部分损失应由管理人承担履行

不当造成损失的赔偿责任。[①] 权利人向破产管理人主张赔偿责任亦应当满足一定条件：一是原取回权标的物不能取回的原因（包括损毁、灭失、转让、添附等）发生在债务人进入破产程序之后；二是原取回权标的物不能取回（包括损毁、灭失、转让、添附等）是破产管理人故意或重大过失造成的；三是债务人（破产）财产不能满足权利人的损害赔偿请求。

① 《最高人民法院关于适用〈中华人民共和国企业破产法〉若干问题的规定（二）》第33条规定："管理人或者相关人员在执行职务过程中，因故意或者重大过失不当转让他人财产或者造成他人财产毁损、灭失，导致他人损害产生的债务作为共益债务，由债务人财产随时清偿不足弥补损失，权利人向管理人或者相关人员主张承担补充赔偿责任的，人民法院应予支持。上述债务作为共益债务由债务人财产随时清偿后，债权人以管理人或者相关人员执行职务不当导致债务人财产减少给其造成损失为由提起诉讼，主张管理人或者相关人员承担相应赔偿责任的，人民法院应予支持。"

破产财产网络拍卖评估制度的运行困境与起拍价规则完善

王　璇*

《2015 年中央经济工作会议公报》强调:“要依法为实施市场化破产程序创造条件。”破产财产网络拍卖是市场化破产配套机制建设的集中体现,也是实现债务人财产价值最大化的重要途径。现有法律未对破产财产网络拍卖作专门规定,《最高人民法院关于人民法院网络司法拍卖若干问题的规定》(以下简称《网络司法拍卖规定》)、《最高人民法院关于人民法院确定财产处置参考价若干问题的规定》(以下简称《财产处置参考价规定》)是否适用于破产财产网络拍卖?在网络拍卖大趋势下,评估程序是否仍具有独立制度价值?破产财产网络拍卖对于评估拍卖制度的改革又有何启示?笔者试予探讨上述问题。

一、以评估方式确定破产财产网络拍卖起拍价的运行问题

(一)现实适用问题:评估目的与实际效用的偏差

资产评估,是指评估机构及其评估专业人员根据委

* 广州市花都区人民法院审判员。

托对不动产、动产、无形资产、企业价值、资产损失或者其他经济权益进行评定、估算,并出具评估报告的专业服务行为。① 根据《网络司法拍卖规定》,网络司法拍卖由人民法院参照评估价或市价确定起拍价,故"评估价""市价"为网络拍卖的常设条目。如表1所示,为了解、评估在破产财产网络拍卖的运用情况,笔者以阿里司法拍卖平台中的破产资产拍卖记录为统计对象,从"已结束"(含成交、流拍)拍卖状态中分别截取"房产""土地""机动车""机械设备""股权""无形资产"6类资产各500条拍卖信息进行统计。为保证统计数据的客观性,避免默认排序对成交价、围观人数等作出甄选或算法推荐,统计均按最新发布顺序排列,统计时间为2020年5月24日。

1. 数据展示

表1 破产资产拍卖价格数据统计

类别	拍卖记录数(条)	涉及标的数(个)	标的评估数(个)	标的评估占比(%)	有评估标的成交情况		无评估标的成交情况		评估价和成交价偏差情况				
					成交数(个)	成交率(%)	成交数(个)	成交率(%)	成交价高于评估价数(个)	成交价等于评估价数(个)	成交价低于评估价数(个)	平均溢价率(%)	平均折价率(%)
房产	500	488	334	68.4	102	30.5	61	39.6	6	2	94	14.4	31.4
土地	500	316	285	90.2	115	40.4	9	29	33	13	69	21.7	30.5
机动车	500	379	323	85.2	232	71.8	38	67.9	132	11	89	103.9	31.1
机械设备	500	176	159	90.3	45	28.3	9	52.9	21	1	23	114.1	44.5

① 《中华人民共和国资产评估法》第1条规定。

续表

类别	拍卖记录数(条)	涉及标的数(个)	标的评估数(个)	标的评估占比(%)	有评估标的成交情况		无评估标的成交情况		评估价和成交价偏差情况				
					成交数(个)	成交率(%)	成交数(个)	成交率(%)	成交价高于评估价数(个)	成交价等于评估价数(个)	成交价低于评估价数(个)	平均溢价率(%)	平均折价率(%)
股权	500	135	54	40	4	7.4	17	21	1	0	3	350.4	28.6
无形资产	500	426	99	23.2	35	35.4	254	75	10	5	20	168.7	42.8
合计	3000	1920	1254	65.3	533	42.5	388	47.6	203	32	298	129.9	81.9

2. 数据分析

笔者通过对上述数据进行分析,得出如下结论:

(1)资产评估普遍运用于破产财产网络拍卖起拍价的确定。在此次统计中6类资产参与评估的平均比例为65.3%,机械设备和土地的评估比例高达90%以上。

(2)成交率与评估比例不成正比。在此次统计中,以评估方式确定起拍价的财产的平均成交率为42.5%,非评估方式确定起拍价的财产的平均成交率为47.6%,这说明是否以评估确定起拍价与标的成交概率之间的关系不明显。

(3)评估价偏离资产市场真实价格的比例高。对于估价准确性的研究源自20世纪80年代的英国,Singer & Friedlander有限公司对John D. Wood有限公司1977年的案例首次出现“正确的评估值”和“错误边际”的概念,即评判估价在多大程度上偏离资产真实价格的依据。该案认为10% ~15%的偏差属于可接受水平的范围。①

① 参见马小琪、李汉铃:《国外资产评估准确性研究综述》,载《哈尔滨工业大学学报(社会科学版)》2004年第2期。

按照错误边际的概念，以 C 代表错误边际，A 代表评估价，B 代表成交价，则 $C = |B/A - 1|$。经计算，在上文 533 例成交记录涉及的拍卖标的中，C 在 0% ~ 15% 区间的有 131 个，占 24.6%，在 15% ~ 30% 区间的有 109 个，在 30% 以上的有 293 个。以错误边际在 15% 之内为可接受的合理范围标准，已成交的 533 个标的物的错误边际在可接受范围的仅占 24.6%；若将未成交的标的物纳入考察范围，则错误边际在合理值范围之内的比例将更少。

（二）法律适用问题：普遍运用与规定不明的冲突

资产评估虽被普遍运用于确定破产财产网络拍卖的起拍价，但现有法律未对此进行规定。同时学界及实务界对于破产财产网络拍卖的定性存在争议，有观点认为破产程序中的委托评估、拍卖等财产处置行为是一种私法行为，与网络司法拍卖属于不同的法域；[①]有观点则认为破产财产网络拍卖属于司法强制措施的应有范围，是司法拍卖的社会化典范。[②]

笔者认为，破产财产网络拍卖与网络司法拍卖既有联系又有区别。一方面，破产财产网络拍卖从最开始由法院执行部门利用执行拍卖平台操作，发展为管理人利用法拍平台自主拍卖，可以说破产财产网络拍卖在网络司法拍卖中孕育而生。另一方面，人民法院通过互联网拍卖平台处置被执行人财产，本质上仍是国家强制执行权的运用，属于公法行为；破产财产网络拍卖由管理人根据债权人会议的意志实施，人民法院仅作为拍卖监督或指导单位，与网络司法拍卖存在本质区别。虽然学界及实务界对破产网络拍卖的定性存在争议，但普遍认为在起拍价设定、拍卖次数、降价幅度等方面，破产财产网络拍卖应当适用与网络司法拍卖不同的规则。

关于起拍价的设定，根据《网络司法拍卖规定》第 10 条，起拍价由人民法院参照评估价确定；未作评估的，参照市价确定，并征询当事人意见，起拍价不得低于评估价或者市价的 70%。《财产处置参考价规定》规定可采取当事人议价、定向询价、网络询价、委托评估等方式确定财产处置参考价。上述规定均是网络司法拍卖的适用规则，但其是否适用于破产财产网络拍卖，现有法律未予明确，从

---

① 参见章恒筑、王雄飞：《论完善执行程序与破产程序衔接协调机制的若干问题——基于浙江法院的实践展开》，载《法律适用》2017 年第 11 期。

② 参见肖建国、黄忠顺：《中国网络司法拍卖发展报告》，法律出版社 2018 年版，第 127 页。

而导致管理人在确定处置价时无所适从。例如,有管理人反映,根据《财产处置参考价规定》第10条,采取网络询价方式确定参考价的,人民法院应当同时向名单库中的全部司法网络询价平台发出网络询价委托书,但实践中部分询价平台仅接受法院的询价委托,不接受其他单位或个人(包括管理人)的询价委托。

随着破产财产处置的市场化、法治化要求,北京、重庆、广州等地法院出台了破产程序中财产网络拍卖处置的规定,但法院的相关规定毕竟属于地方司法性文件,效力层级较低,无法普遍适用。

二、以评估方式确定破产财产网络拍卖起拍价的价值思考

实践中,普遍以评估方式确定破产财产网络起拍价的原因有:第一,由于法律规定不明确,管理人和债权人在确定财产处置价时对于非评估方式的适用意识不足;第二,管理人和债权人习惯性认为有资质的鉴定机构出具的评估结论比其他估价方式更精准;第三,国有资产处置必须依法进行评估,并且在"僵尸企业"案件的破产财产处置中评估占比较大。对此,笔者认为,事物的存在必然有其原因,但存在并不意味着合理。

(一)必要性思考

1. 拍卖方式变革对评估制度价值的冲击

在传统司法拍卖活动中,评估的价值体现在三方面:一是受地域和时间限制,竞价机制不充分,评估具有确定保留价、防止财产被贱卖的作用;二是信息公开不透明,委托评估可有效防止拍卖活动暗箱操作的现象;三是拍卖价格关乎各方权益,评估是有利于落实程序公正的要求。在政策性破产时期,评估还能实现防止国有资产流失和打击债务人逃废债务的目的。①

在信息化时代,网络拍卖的蓬勃发展动摇了评估在拍卖活动中的价值。首先,网络拍卖打破了传统拍卖在时间和空间上的限制,便捷、公开的交易特点吸

---

① 《最高人民法院关于人民法院在审理企业破产和改制案件中切实防止债务人逃废债务的紧急通知》(法〔2001〕105号)第5条:"……所拍卖的破产财产价格,应当以评估确定的价格为依据,按照国家有关规定确定底价,一次拍卖不成的,应当降低底价继续拍卖,仍无法成交的,可经债权人会议讨论通过或者人民法院裁定,以实物作价抵还债务。"

引了广泛的参与者,通过充分竞价可以最大限度地发现拍品的市场价值。其次,网络拍卖全程公开透明,并接受社会监督,可以有效去除拍卖活动中权力寻租空间,彻底斩断利益链条。[①] 从经济学角度看,市场越透明、竞争越充分,交易成本越低。因此,就破产财产处置而言,提高程序的透明性与公开性才是最重要的。[②]

2. 债权人自治原则对事先评估机制的检视

网络司法拍卖属于公法行为,其实施应当严格遵循法律规定。与网络司法拍卖不同,债权人自治是破产法的基本原则,全体债权人通过债权人会议行使权利,债权人会议享有对债务人重大财产的处置权。破产财产拍卖虽由管理人具体实施,但管理人应服从债权人会议的意志并接受监督。在破产财产的处置过程中,除法律另有规定外,债权人会议应当有权决定财产处置的具体内容,包括是否采用网络拍卖方式、拟选择的拍卖平台、起拍价等。综上,笔者认为,评估在破产财产网络拍卖中适用的前提应仅限于债权人会议的决议和法律的特别规定。

债权人会议对破产财产享有处置权,但在实践中,该权利的实施效果并不理想。一方面的原因是债权人在意识到其在清算程序中能够获得的破产财产将所获无几时,就失去了对破产程序的兴趣与动力,不愿再在程序上耗费时间、精力;另一方面的原因则是部分管理人在制作财产变价方案时,对债权人自治原则理解不深,未充分考虑各债权人的要求,如有的债权人想采用议价方式或参照市价确定起拍价,但变价方案供选择的只有委托评估和网络询价两种方式;有的债权人想采取无底价拍卖方式,但方案仍参照网络司法拍卖的流程设定两次流拍则变卖的规则。由此可见,通过制度设计提高债权人参与程序的积极性,对保障债权人会议财产处置权的行使尤为重要。

3. 破产财产变现追求对保留价拍卖的挑战

我国破产法实行货币分配原则,除非债权人会议另有决议,非货币财产应当变现为货币形态进行分配。可知,变现是破产财产处置和分配的前提。

---

① 最高人民法院审判委员会专职委员刘贵祥在最高人民法院执行局2017年12月16日举办的"全国法院基本解决执行难理论与实务经验交流会"上的开幕词指出:"实践证明,网络司法拍卖是实现各方当事人利益最大化的重要机制,既能加快财产处置效率,又能有效去除权力寻租空间、彻底斩断利益链条。"

② 参见[美]杰伊·劳伦斯·韦斯特布鲁克等:《商事破产——全球视野下的比较分析》,王之洲译,中国政法大学出版社2018年版,第74页。

拍卖保留价,通常是指拍卖标的的成交价应达到的最低价格。《网络司法拍卖规定》第10条规定,网络司法拍卖应当确定保留价,保留价即起拍价。在破产财产网络拍卖中,评估的主要目的之一是确定拍卖起拍价(保留价),但在实践中,由于破产财产的流拍率普遍较高,经过3次以上流拍才成交的标的比比皆是。经历多轮流拍降价后的财产价值早已偏离了最初的保留价,多轮流拍所耗费的时间和金钱成本又可能使财产错过最佳处置时机,再次降低了财产价值。由此可见,在破产清算程序中,试图通过评估确定起拍价(保留价)的做法并不现实。

(二)合理性思考

1.破产财产拍卖评估价与成交价差异原因分析

评估的原理在于通过有限事实和假设条件,对评估的资产模拟市场交易条件进行估价。这是评估的逻辑基础,同时也是评估价与市场真实价格存在差异的根源。在市场交易中,商品的交换价值体现为成交价,只有当评估价与成交价一致时,评估的模拟价格才是被证实的商品真实价格。而评估毕竟是对真实市场交易的模拟,因此面对瞬息万变的市场,评估结论具有滞后性。

评估价与成交价之间的差异分为成交价低于评估价、成交价高于评估价两种情形。经分析,破产财产成交价低于评估价的主要原因在于破产财产的特殊性,一是在清算程序中,债务企业已资不抵债,其资产属于不良资产,本身价值就不高;有的资产不是市场流通的通用资产,专用性强,竞价不充分,也难以拍出高价。例如,本文统计的6类资产中流拍率较高的股权、机械设备即属于这类情形。二是管理人作为破产财产名义上的处置方,并无动力进行商品营销,同时,其出于处置效率的考虑,对公告时间、配合买方尽职调查等环节也往往压缩简化,导致潜在买方与破产资产管理人之间存在信息不对称的情况,以致流拍率高。

破产财产成交价高于评估价的主要原因有两方面:一是竞买者"理性行事"假设的背离。① 从统计数据看,成交价高于评估价数量最多的资产是机动车,因机动车属于通用资产,价格相对较低,参拍门槛低,往往吸引了更多普通购买者

① 参见孟潭:《不良资产网络司法拍卖成交价分析》,载《中国资产评估》2019年第9期。

参与拍卖。低价使竞买者出价比较随意，参拍人数众多则进一步压缩了竞买者理性出价的空间，导致成交价往往较高。二是某些资产对于特殊投资者具有一定的价值，如股权、无形资产。股权虽然流拍率最高，但在成交记录中的溢价率也是最高的，原因在于某些债务企业的对外投资股权对于特定人存在价值，如控股权；无形资产（如商标）也常常能拍出高价，其对某些人的特殊投资价值也是显而易见的。

通过对破产财产网络拍卖成交价和评估价差异原因的分析可知，影响资产价格的因素十分复杂，以评估价为标准来为资产的拍卖确定保留价缺乏合理性。

2. 评估收费定价机制对网络拍卖的消极影响

根据《资产评估收费管理办法》的规定，评估收费是按照资产金额采用差额定率累计收费，即评估资产的价格越高，收费越高，故评估机构常存在高估财产价值以多收取费用的倾向。为规范评估收费，一些地方法院采取了一系列改革措施，如要求评估费采用拍卖成交价与评估价中较低的一方作为结算依据；[①]拍卖物未成交的，不收取评估费等。[②] 而评估机构为避免因流拍导致无钱可收，出现低估财产价值以确保拍卖成交的倾向。不合理的评估收费定价机制导致评估价的精准度偏低，对拍卖评估的适用造成了消极影响，故笔者认为，拍卖评估改革的方向应当从完善评估定价机制转变为避免不必要的评估，并应当尽量以议价、询价等方式确定财产处置价。

3. 评估成本与债权回收率的矛盾

回收率是世界银行营商环境评估办理破产的二级指标，指担保债权人通过重整、清算或债权追回程序收回的美分在1美元中的占比。从回收率的概念和计算公式来看，收回债权的成本和时间是影响回收率的重要因素，优化营商环境主要围绕减少环节、缩短时间、降低成本进行，而评估用时和成本就是提高回收率需要着力压缩的重点。

在破产清算程序中，大多数管理人出于执业风险考虑，仍倾向于申请法院摇号选定评估机构。从用时看，委托评估程序从申请、摇号、委托、勘查现场到出具

① 参见《重庆市高级人民法院关于进一步规范民事执行中评估、拍卖工作的规定（试行）》（渝高法〔2013〕285号）第6条。

② 参见《江苏省高级人民法院关于人民法院执行程序中司法评估、拍卖有关问题的规定（试行）》（苏高法〔2015〕4号）第8条。

评估报告,环节众多,复杂耗时;从费用看,评估收费由市场定价,评估费用属于破产费用,从债务人财产中清偿,高昂的评估收费大大增加了债权人追回债权的成本,降低了回收率。

三、破产财产网络拍卖起拍价规则之完善

(一)立法规定破产财产网络拍卖起拍价规则

在破产财产网络拍卖中,一般由管理人提出处置参考价供债权人会议参考以确定起拍价。因现行法律并无针对破产财产网络拍卖的专门规定,导致管理人在确定财产处置参考价时无所适从。基于破产财产网络拍卖与网络司法拍卖之间的差异,我国有必要就破产财产的网络拍卖规则作出专门规定,明确破产财产处置参考价的确定方式,充分发挥债权人意思自治的作用。

(二)废除以评估方式确定破产资产网络拍卖起拍价的做法

从第二部分的分析可知,一个充分竞争的市场并无必要采取评估方式确定起拍价。笔者认为,除非债权人会议决议或法律、行政法规规定必须委托评估,否则应当废除以评估确定破产财产网络拍卖起拍价的做法。在废除这一做法后,参考价可以采取以下方式确定:

1. 债权人会议议价

采取议价方式确定参考价的,应当召开债权人会议进行表决,议价结果不损害他人合法权益的,应当作为参考价。债权人会议也可以授权管理人自行确定起拍价。

2. 定向询价

债务人财产有计税基准价、政府定价或者政府指导价的,管理人可向财产所在地的有关机构进行定向询价。

3. 网络询价

债务人财产具备网络询价条件的,管理人可以通过司法网络询价平台进行网络询价。

4. 管理人估价

无法通过以上方式确定参考价,或者委托评估费用过高的,管理人可以根据

市场交易价格、财务数据等进行估价。

通过上述方式均无法确定财产处置价,或法律、行政法规规定必须评估或者经债权人会议决议同意评估的,管理人可委托评估机构进行评估。

(三)探索无底价拍卖在破产财产网络拍卖中的运用

无底价拍卖的实施逻辑在于:一项资产的价格不是"评估"出来的,而是由市场决定的;通过充分竞价,让买卖双方在市场博弈中找到共识价格,这是拍卖的本质,也是资产价格形成的最优方式。① 在充分竞争的市场中,既然起拍价(保留价)不具有合理性和必然存在的意义,就应当将竞价完全交给市场来决定。实践中,一些网络购物平台有过无底价拍卖的尝试,不但商品的最终成交率和成交价不低,而且因为围观和参与人数众多,拍出了高溢价率商品。破产资产中的商标等无形资产,也曾有以 1 元的象征性价格起拍,拍出上万元价格的记录。因此,破产财产网络拍卖完全有实行无底价拍卖的可行性,并且通过无底价拍卖的运用,可以更好地发挥市场在破产资产处置中的作用。

(四)充分发挥大数据对于破产财产价值发现的作用

在网络拍卖过程中,拍卖平台沉淀了海量的数据,这些数据对于发现破产财产的价值具有重要作用,如大数据询价系统,单个竞买人的出价反映了竞买人对其自身可付出代价和支付成本的考量,而多个竞买人的竞价形成了市场的价格。② 网拍平台系统通过调取、筛选、排重、过滤等技术手段得到有效的成交数据,利用这些数据作为询价的底层数据和分析数据,并搜集相同或类似拍品的拍卖历史成交记录作为参考数据,给出专业的建议起拍价和成交概率预估结果。③ 询价的准确性一方面,取决于参考数据库的丰富程度;另一方面,取决于对各数据之间差异项的分析,如分析房产的楼层、朝向、户型、装修情况等对房产价格的影响,从而得出更符合市场的价格。通过智能算法完善大数据询价系统功能,以

---

① 参见郭瑞:《商事思维模式下司法拍卖之变革》,载《法律适用》2015 年第 10 期。

② 参见姜天萃:《"大数据"在破产财产网络拍卖中的应用与展望》,载徐阳光、张婷主编:《破产法茶座》第 3 卷,法律出版社 2019 年版,第 167 页。

③ 京东拍卖:《给力!京东大数据询价系统助力,赋能提升房产评估效率》,载微信公众号"京东拍卖"2018 年 9 月 17 日,https://mp.weixin.qq.com/s/HDUIHbvxPOEosgqxAWwpZQ。

网络询价替代委托评估,不仅可以降低财产处置成本,更能充分发现破产财产的价值。

(五)完善国有资产处置的询价机制

随着"僵尸企业"出清工作的推进,各地的破产案件数量大幅攀升,国有资产的处置效率成为影响破产审判质效的重要方面。根据《最高人民法院关于审理企业破产案件若干问题的规定》和《中华人民共和国企业国有资产法》的相关规定,国有资产在处置前必须进行资产评估。国有资产评估不仅判断交易价格是否公允,更是衡量是否存在国有资产流失的重要指标。① 在现行法律规定下,对于国有资产评估制度如何更好地扬长避短,一些地方进行了探索,如浙江产权交易所创建"公开询价 + 公平竞价"模式,黑龙江产权交易所向意向人定向询价,即以公开或定向询价的方式对资产的评估价进行修正,以期拍卖出更加公允合理的价格,取得了较好的效果。实践中破产资产池②的创设,广州市中级人民法院上线的智融平台,以供需信息互换匹配的方式进一步发现国有资产的价值。在市场化破产的推动下,国有资产的处置规则也并非一成不变,在确定财产处置参考价方面,应当充分体现市场化的发展要求,以公开、透明、充分的竞争市场环境提高国有资产处置的效率,降低处置成本。

---

① 参见郭克军、汶静:《浅议国有资产评估管理制度体系及法律适用》,载微信公众号"中伦视界",2017 年 2 月 27 日,https://mp. weixin. qq. com/s/yHjHvUwlS2s06MuCmqQD3w。

② 如《镇江市人民政府办公室关于创设"破产资产池"推动资源优化利用的实施意见》,提出创设"破产资产总池""优质破产资产池",充分利用政府招商引资平台,加快推动破产资产变现或重整。

三、破产债权与债权人会议

债权审核之中国人民银行同期贷款利率的理解与适用

陈联书[*]　瞿嫦娥[**]

在破产程序中，现实的此岸是利益冲突，理想的彼岸是利益与共，各方当事人之间的债务清偿存在矛盾，需要通过管理人的行为达到各方利益均衡，实现公平与效率的价值平衡，优化资源配置，最终实现保障债权人合法权益、挽救债务人企业、兼顾社会利益的多重目标。① 毫不夸张地讲，破产法就是一部管理人行为法。②

实际上，管理人的报酬与各方利益波动都不相关，也即管理人报酬不受其影响。③ 所以管理人在履行职责时，应坚持勤勉尽职，忠实执行职务。"参照银行同类贷款利率"是指依照判决书主文所述"按照中国人民银行同期贷款利率的四倍计算……"（现已修改为"按照一年期全国银行间同业拆借利率的X倍计算……"）

根据《中华人民共和国企业破产法》（以下简称《企

---

* 广东金轮律师事务所律师。

** 广东商达律师事务所律师。

① 参见郭旭：《我国破产重整法律制度中的利益均衡研究》，上海师范大学2017年硕士学位论文。

② 参见叶军：《破产管理人制度理论和实务研究》，中国商务出版社2005年版，第1页。

③ 参见黄锡生：《破产管理人的法律地位及其职业化研究——以破产法律制度的目标价值为基础》，载《浙江学刊》2004年第5期。

业破产法》)对破产债权清偿顺序的规定,普通债权在职工债权和社保债权之后,所以普通债权人的权益最难得到保障。实践中,由于债权转让的时间跨度可能较长,法律法规对债权审核工作的指引不够具体完备,司法裁判中也未形成统一的裁判规则,再加上清偿顺序的限制,债权人和管理人会站在不同的立场上计算债权总额。一方面,债权人基于主观心理,会尽量多申报债权数额,让管理人裁减;另一方面,在目前产能过剩的经济状况下,企业顺利破产退出是市场经济健康发展的题中应有之义,①管理人必须从公平保障债权人的整体利益出发,制定最合适的审核规则。在以往的学术观点下,一旦出现法律与现实衔接的摩擦,或者处理棘手问题时,人们通常想到颁行司法解释或者出台新规定,长此以往,必然导致司法规范冗杂。怎么破解这个困局?怎么弥补漏洞?笔者将从以下几个方面来解答上述问题。

一、关于日利率的适用

2005 年 9 月 21 日起施行的《中国人民银行关于人民币存贷款计结息问题的通知》(以下简称《计结息通知》)规定,"日利率 = 年利率(%) ÷ 360(天)"。2017 年起施行的《人民法院办理执行案件规范》(以下简称《执行案件规范》)规定,"日利率按同期贷款基准利率的年利率除以 365 天计算"。依照特别法优于一般法、新法优于旧法、法不溯及既往的原则,笔者认为,关于日利率的计算规则,2006 年 9 月 21 日前,金融机构可参照《计结息通知》用 360 天,也可以用 365 天;2006 年 9 月 21 日至 2017 年,金融机构采用 360 天,非金融机构仍采用 365 天;自 2017 年起应全部适用 365 天。当债权债务跨越这 3 个期间时,笔者认为在债权金额较大,误差较大的情况下,应分段计算;在债权金额较小,误差较小时,也可统一适用 365 天的规则。

二、"同期""同类"的适用

据《当代汉语词典》的解释,同类,是指同一种类,即相同类型的债权应采用

① 参见郭玮奇:《我国破产法中破产原因设计的反思与改进》,载《法制与社会》2017 年第 8 期。

同一种计算方法来认定债权金额。同期,是指同一个时期,同在一期,即欠款发生时的利息计算基准应与同一个时期央行公告的基准利率相对应。

关于债权审核中的“同期贷款利率”的认定,深圳市律师协会于 2014 年 10 月 8 日发布《深圳市律师协会律师担任破产案件管理人债权申报及审查业务指导标准》(以下简称《深圳债权审查标准》)规定,“申报债权包含利息的……利率约定不明的,按人民银行同期的一年期贷款利率计息”,即按照深圳律协的标准,“同期”适用的是一年期贷款基准利率。

根据《执行案件规范》,“同期贷款基准利率”的适用,根据未履行期间的长短确定同档贷款基准利率,且根据同期贷款基准利率的变化分段计算,即逾期 1 年,按照 1 年期贷款基准利率计算;逾期超过 5 年则按照 5 年期基准利率计算。

根据上位法优先、新法优先的原则,笔者认为 2014 年 10 月 8 日以前可以参照适用《深圳债权审查标准》,也可以参照适用《执行案件规范》;而 2014 年 10 月 8 日至 2016 年年底,可以参照适用《深圳债权审查标准》;自 2017 年 1 月 1 日起应开始适用《执行案件规范》。

三、关于基准利率

判决书中的“贷款基准利率”一般指的是“中国人民银行贷款基准利率”。为何要使用“贷款基准利率”呢?原因是贷款基准利率相当于“利率定价协调机制”,有利于维持适度利差,保证利率市场化平稳过渡;①有利于避免银行体系受到过大冲击,维护金融体系稳定。基准利率在司法实践中也是许多法律文书执行的基础。

我国从 1991 年 4 月 21 日起按照不同期限设定不同档次的贷款基准利率,2014 年 11 月 22 日起,期限档次简并为 1 年以内(含 1 年)、1 ~ 5 年(含 5 年)和 5 年以上 3 个档次。由于诉讼时效最长期间为 20 年,②结合央行的政策分析不难看出,不同时期的基准利率不尽相同,在债务人持续逾期的情况下,适用不同的利率对债权金额的计算产生一定的差距,如若债权计算基数大,则会扩大此间的

① 参见盛松成:《利率市场化改革步骤》,载《中国经济报告》2013 年第 2 期。

② 原《民法总则》第 188 条第 2 款规定:“……但是自权利受到损害之日起超过二十年的,人民法院不予保护……”

差距。笔者将在介绍完现行利率适用后综合讨论具体利息计算的适用。

四、现行阶段的利率适用

我国利率市场化改革始于1996年。2019年8月20日,改革后的贷款市场报价利率“全国银行间同业拆借中心公布的贷款市场报价利率”(Loan Prime Rate,LPR)新鲜出炉。① 随着2019年《全国法院民商事审判工作会议纪要》(以下简称《九民纪要》)的发布,该纪要第三部分中“关于借款合同”的相关规定明确,自2019年8月20日起中国人民银行同期贷款基准利率这一标准正式退出历史舞台,取而代之的是LPR这一新标准。

现实中,债权债务关系跨越几年、十几年甚至几十年的情况比比皆是,当期限跨越新旧法的更新迭代时,笔者认为,中国人民银行发布的同期同类贷款利率和全国银行间同业拆借中心公布的贷款市场报价利率应当分阶段计算利息。假如破产企业的债务自2000年1月1日起逾期,至2019年8月19日破产申请被受理,在不考虑溯及力、诉讼时效中断、债务人回款和惩罚性赔偿金的情况下,笔者通过翻阅文献案例等资料,整理出以下计算方式:

(1)固定利率计算利息。“同期”以开始逾期时的利率,计算至破产受理之日,即使时间超过5年,不管此后期间利率变化如何,也继续沿用第一次达到5年时的利率。如若本金基数数额大,则会相应扩大由利率差距带来的不公平。倘若不同的债权人在不同年份与债务人发生普通债权债务关系,仅因年份不同而导致债权金额的巨大差异,无疑会引发众多债权人的不满,笔者已在实务中摒弃该计算方式。

(2)分段式计算利息,利息的起算时间仍以未履行之日起算。从利息起算时间之日至破产申请受理之日的期间,利息的具体数额根据法律法规规定的利率变化而变化。《执行案件规范》明确规定了分段计息的方式,虽然该法2017年才开始施行,但笔者认为这样的利率计算方法比较合理,此前的债权计算方法可以参照适用。

(3)在分段式计算利息的基础上,加上总利率上限。在债权审核工作中,管

---

① 参见吴辉:《十问房贷利率新政》,载《理财》2019年第10期。

理人和债权人对债权利率是否应该设定上限产生分歧。因为现行法律并没有对金融机构的债务的利率上限进行规定,但民间借贷利率的上限由来已久,金融机构的利率上限能否参照适用民间借贷的规定需先从“金融机构”与“民间借贷”双轨制架构背景道来。

五、我国利率市场化进程中的“金融机构”与“民间借贷”双轨制架构背景

“金融借贷”和“民间借贷”双轨规制架构,即金融借款的利率规制主要由央行为代表的行政机关(事前)确定,对民间借贷的利率规制则主要由以最高人民法院为代表的司法机关(事后)规范,两轨并行,但利率规则并不一定互通。

在借贷市场,违约风险和潜在损失越大,资金供给价格越高。① 需求大于供给时会出现“信贷配给”现象。理论上有两种类型的信贷配给:一种是贷款者(资金需求方)不能满足贷款申请,另一种是贷款者满足客观申请条件,但因为资金方的主观原因导致贷款者即使愿意支付高利率的利息也得不到贷款,此时资金供给方享有相当大的主动权。

与国企、央企、上市企业的天然优势相比,广大中小企业在信贷配给约束以及高违约风险现实的环境中,融资需求难以得到满足。于是,银行以外的多层次信贷渠道以及各种非正规金融形式,即民间借贷应运而生,并且民间借贷的利率普遍高于金融机构的利率。当借贷利润高于生产经营利润时,贷款公司可能将资金投放到资本市场,形成以贷养贷、以贷养借的局面,造成较严重的高利贷化倾向,以及增多的纠纷、非法吸收公众存款、集资诈骗甚至暴力催收等问题。② 从国家立法层面对借贷利率设置上限,是为了满足保证国家对资金价格进行有效的引导、降低融资成本、使资金流向实体产业的需要。③ 接下来笔者将列举双轨制架构下最高人民法院与中国人民银行对利率上限的规定,再归纳总结二者的规定对司法裁判的影响。

---

① 参见谭海鸣:《利率市场化、分层定价及商业银行的应对之策》,载《债券》2019 年第 9 期。

② 参见李晏、何姗姗:《我国民间借贷法律规制路径探析》,载《河北金融》2018 年第 12 期。

③ 参见黄韬:《“金融抑制”与中国金融法治的逻辑》,法律出版社 2012 年版,第 6 页。

六、最高人民法院与中国人民银行关于利率上限之争在历年法律法规中的体现

我国国民经济长期发展的主线,是实现企业、产业和国民收入三个层次经济发展方式的转变。在发展方式转变的过程中,金融体系的健全居于核心位置,而利率市场化是金融体系改革中的重要一环,目的是使市场利率能够充分反映资金的供求关系。

在利率市场化的背景下,中国人民银行采取开放的态度,逐步放开金融利率管制,而最高人民法院则采取相对保守的金融管制立场,对利率上限进行越来越严的规定。两者的态度和立场在法律法规的发展进程中可见一斑。

1991 年最高人民法院在《关于人民法院审理借贷案件的若干意见》(已失效,以下简称 1991 年《民间借贷意见》)中规定:“民间借贷的利率可以适当高于银行的利率……最高不得超过银行同类贷款利率的四倍(包含利率本数)。”“四倍利率”由此执行 20 多年,直至 2015 年《最高人民法院关于审理民间借贷案件适用法律若干问题的规定》(以下简称 2015 年《民间借贷规定》)中“两线三区”的规定(2020 年已修改)将其取代。

中国人民银行在 1996 年发布的《关于严肃金融纪律,严禁非法提高利率的公告》(以下简称《严禁公告》)明确,一方面,明确金融机构对流动资金贷款利率可以采取浮动利率;另一方面,也明确不得超过浮动上限,也就是不得突破利率上限,但上限范围可随环境而变动。1999 年的《人民币利率管理规定》明确,贷款期限内不能按期支付的利息,按合同利率按季计收复利,贷款逾期后改按罚息利率计收复利。2003 年的《关于人民币贷款利率有关问题的通知》(以下简称《利率通知》)规定,“罚息利率由万分之二点一,改为加收 30% ~50%……不能按时支付的利息,按罚息利率计收复利”。2003 年的《关于扩大金融机构贷款利率浮动区间有关问题的通知》(以下简称《浮动通知》),对利率浮动的区间进行了扩大。2004 年的《中国人民银行关于调整金融机构存、贷款利率的通知》(以下简称《利率通知 1》)对金融机构(城乡信用社除外)贷款利率不再设上限,进一步推进了金融利率市场化。

国务院于 2013 年下发《关于金融支持经济结构调整和转型升级的指导意

见》,明确提出要“稳定推进利率市场化改革,更大程度发挥市场在资金配置中的基础性作用,促进企业根据自身条件选择融资渠道、优化融资结构”。与之呼应,中国人民银行于7月19日发布了非常重要的《关于进一步推进利率市场化改革的通知》(以下简称《利率通知2》),规定“全面放开金融机构贷款利率管制”“取消一系列上限下限的限制,赋予金融机构议价权,让其自主确定贷款利率上限”。这被视为中国加快利率市场化步伐最强烈的信号,然而,笔者需要在此指出,在利率市场化改革进程中,推进存款利率市场化是利率市场化的关键,①而非放开贷款利率市场化。

与中国人民银行越来越开放的利率政策相反,最高人民法院不仅重申民间借贷利率上限,还提出越来越低的利率上限限定。2011年的《最高人民法院关于依法妥善审理民间借贷纠纷案件促进经济发展维护社会稳定的通知》(以下简称《民间借贷通知》)就对民间借贷的利率上限进行了重申。2015年《民间借贷规定》作出了“两线三区”的规定,即支持未超年利率24%的支付利息请求,不支持超过年利率36%的支付利息请求。2017年8月《关于进一步加强金融审判工作的若干意见》(已被修改,以下简称《金融意见》)以成文的规则方式高调介入金融机构利率的规定,且与中国人民银行的立场不一致。《金融意见》规定:“金融借款合同的借款人以贷款人同时主张的利息、复利、罚息、违约金和其他费用过高,显著背离实际损失为由,请求对总计超过年利率24%的部分予以调减的,应予支持……”此规定意味着之前的“双轨”机制在《金融意见》实施之后开始被打破,两个并行的“轨道”产生“碰撞”,在审判实务中引起的争议也非常大。2017年12月,互联网金融风险专项整治工作领导小组办公室、P2P网络借贷风险专项整治工作领导小组办公室又发布《关于规范整顿“现金贷”业务的通知》,对金融机构的利率上限规定又进行重申。

出于对最高人民法院介入金融机构利率的回应,2018年4月,中国银保监会、公安部、国家市场监督管理总局、中国人民银行联合发布《关于规范民间借贷行为维护经济金融秩序有关事项的通知》规定,民间借贷发生纠纷,应当按照2015年《民间借贷规定》处理。中国人民银行开始与最高人民法院立场一致,然而此做法又与利率市场化的进程相悖。

---

① 参见刘义圣:《中国利率市场化改革论纲》,北京大学出版社2002年版,第88页。

随着《九民纪要》的出台,最高人民法院的态度开始发生转变,专门提到要“区别对待金融借贷与民间借贷,并适用不同规则与利率标准”。这是否意味着碰撞过的双轨还是要并列行进呢?中国人民银行与最高人民法院在立法规定上的立场变化,导致最高人民法院与各地法院在裁判规则适用上的不同。

七、对比最高人民法院与各地法院对金融借贷利率上限的审理

在司法实践中的金融借款纠纷中,在请求法院确定保护利率上限时,有部分当事人会有意或无意地引用民间借贷规则为自己辩护,使法院主动或被动审查是否能适用民间借贷规则。笔者通过在 Alpha 法律智能操作系统中以“金融借款纠纷”为关键词,以最高人民法院、高级人民法院为检索条件,整理了各法院在审理过程中的对民间借贷利率相关规定的适用情况:

(1)直接适用民间借贷利率规则。(2015)民申字第 3538 号、(2016)最高人民法院民终 267 号、(2018)最高人民法院民再 66 号均直接适用。

(2)参照适用民间借贷利率规则。(2017)最高人民法院民终 927 号、(2015)皖民二终字第 00903 号参照适用该规则。

(3)适用《金融意见》的相关规定,将金融借款利率上限定为年利率 24%。(2018)晋民终 532 号适用该规定。

(4)适用《利率通知 2》的相关规定,认为金融借款利率无上限。最高人民法院(2013)民二终字第 124 号、(2016)最高人民法院民终 707 号、(2018)最高人民法院民再 54 号均适用该规定。

由此可以得知,最高人民法院与部分高级人民法院在司法实践中存在冲突,笔者无法通过已有审判案例得知金融借款利率上限规则适用的司法标准。

笔者接下来分析浙江、广东、四川对利率上限审理裁判的相关案例。一是该 3 省为我国金融较发达的省份;二是案件数量较多,且案件数量分布较具有代表性。其中,广东和四川的裁判结果由内部高度不统一逐渐演变为统一,代表受《金融意见》影响较大的省份;浙江省则代表《金融意见》出台前后裁判都较为统一的省份;3 省内部及相互之间在裁判方式上都存在一定冲突,代表了全国各省份在相关案件审判上的现实状况,如表 1 所示。

表1 3省关于金融借款利率有无上限的裁判结果分布

单位:%

省份	浙江省				广东省				四川省			
阶段	二	三	四	五	二	三	四	五	二	三	四	五
有上限	100	100	95.68	99.28	—	45.59	69.41	97.49	0	92	89.85	96.75
无上限	0	0	4.32	0.72	—	54.41	30.59	2.51	100	8	10.15	3.25

通过归纳总结,可以看出各省整体上在裁判中更加倾向于对利率上限进行限制,笔者认为破产债权审核也应该适用该利率上限的规定,即破产债权利息总和不应超过民间借贷的利率上限。首先,中国人民银行放开金融机构贷款利率管制,旨在通过市场竞争提高金融机构的经营能力和服务水平,促进金融资源的优化配置,绝非放任金融机构牟取高利,但实践中,金融机构的利率经年累月之下超过民间借贷利率的情况屡屡发生。其次,金融机构与民间借贷行为中的自然人、法人和其他组织同为平等的民事主体,其从事借款等民事活动亦应当遵循公平原则,不得损害社会公共利益,扰乱社会经济秩序。① 再次,金融机构的贷款违约风险低于民间借贷,收益亦不应高于民间借贷。最后,商业银行作为经监管部门批准设立、担负经济调节职责的金融企业,亦不应当收取过高利息。②

最高人民法院也支持该观点,认为:"就金融在市场经济中的定位而论,金融应为实体经济服务,促进资金这一生产要素在各产业和企业间良性流动,并分享实体经济发展中创造的价值。如果金融服务分享的剩余价值过高,会阻碍实体经济的发展,有悖于金融服务的根本。"③

八、利率上限的结构构成

2015 年《民间借贷规定》规定借贷双方可以约定逾期利率、违约金或者其他费用,出借人可以选择主张逾期利息、违约金或者其他费用,也可以一并主张,但总计不能超过利率上限。笔者认为"其他费用"包含在借贷过程中产生的服务

① 参见肖枫:《银行,受民间借贷利率限制?》,载"壹零财经"2020 年 5 月 13 日,http://www.01caijing.com/blog/335294.htm;jsessionid%3D36D6DFB2DED10A9E7E795FDDF8D26B47。

② 参见上海市第一中级人民法院民事判决书,(2016)沪 01 民终 11384 号。

③ 最高人民法院民事判决书,(2017)最高法民终 927 号。

费、咨询费、中介费、管理费等费用,但不应包括为实现债权所必需的费用,如律师费。

调整利息总量是解决利率上限最简便的方式。例如,在最高人民法院(2018)最高法民再66号民事判决书中认为,双方约定的月息2.6分及逾期还款违约金每日4万元中超过年利率24%的部分,一并予以调整。广东省更倾向于“调整利息构成”思路,即对不同种类的利息费用进行单独调整。并且其根据《最高人民法院关于适用〈中华人民共和国合同法〉若干问题的解释(二)》(已失效)的规定,仅对违约金进行调减,或通过对复利、罚息等费用不予支持进而使利息总量自然下降。如东莞市中级人民法院在(2013)东中法民二终字第981号民事判决书中认为“……逾期罚息是对借款人逾期归还贷款本金而给广发行东城支行造成的损失的补偿,如对逾期罚息再计收复利,无异于对借款人实施双重惩罚……不应再加收复利”。

由于《金融意见》和《九民纪要》均未完全限制“调减”的具体幅度和方式,因此在实践中,法官享有一定的自由裁量权。笔者认为,可以先调整整体利息,再调整单独利息,且应将利息总量控制在民间借贷利率的范围之内。

九、结论与建议

笔者认为,管理人在债权审核中关于“中国人民银行同期贷款利率”的适用,同期、利率应当根据各个时期的规定分段计算,而债权利息总和不应超过民间借贷利率的上限。

对破产债权利息上限进行限定,不能简单地以释放司法资源管控的方式来达到这个目的,市场经济本身就要求参与者拥有一定的抵抗风险能力。违约金、逾期利息等各种费用,是在借款人实际违约后才产生的,是借贷双方意思自治的结果,只要不违反法律强制性规定,司法干预应保持一定的节制;[①]如果强行通过司法予以调减,则很有可能牺牲法律对违约者的惩戒性以及金融机构作为债权人的利益。因此在债权人对管理人的债权审查结论提出异议时,法院也应当根据债权债务人的实际情况灵活运用债权审核规则。

---

① 参见张娜娜:《金融担保业务相关利息及违约金的裁量》,载《人民司法》2015年第10期。

论破产程序终结后的债权申报

——以破产法效率追求和债权人利益保护平衡为视角

张静怡*

一、现状：破产程序终结后债权申报及处理

笔者在破产案件的审理中发现，破产程序终结后还有债权申报的情形并不少见，而管理人或人民法院对此时申报的债权是否应该认可，以及是否应当裁定确认，实践中的观点和做法各异，主要有以下三种：第一种观点认为，在其他债权人无异议的情形下，应当允许债权申报。新申报的债权经管理人核查、债权人会议通过的，人民法院应该裁定确认。第二种观点认为，破产程序的不可逆性，决定了债权人如果错过救济的节点，就不应该再得到破产法的保护。因此，破产程序终结后法院不应接受新的债权申报。第三种观点认为，应分情况确定，如果系债权人因自身原因未在法律规定期限内申报债权，法院应考察其是否存在恶意，无恶意的则尊重债权人会议意见；如果发现补充申报存在恶意，则不再接受其申报的债权。

---

* 广州市中级人民法院破产法庭法官。

二、价值分析:破产程序终结后债权申报的法律问题

(一)破产法关于公平与效率价值的追求

《中华人民共和国企业破产法》(以下简称《企业破产法》)第48条第1款规定,债权人应当在人民法院确定的债权申报期限内向管理人申报债权。第56条规定,在人民法院确定的债权申报期限内,债权人未申报债权的,可以在破产财产最后分配前补充申报;但是,此前已进行的分配,不再对其补充分配。为审查和确认补充申报债权的费用,由补充申报人承担。债权人未依照本法规定申报债权的,不得依照本法规定的程序行使权利。目前我国的破产法允许逾期补充申报债权,强化了破产法的公平性,但是也在相当程度上牺牲了破产法的效率追求。依照《企业破产法》第123条的规定,债权人可以在法定期限内对发现的其他可供分配财产进行追加分配。从该规定我们可以看出,追加分配的前提是已有了确定的分配方案,而在已确定的分配方案中,未申报债权者并不在参与分配之列。因此,在破产程序终结后,立法只有一条关于债权人和财产分配的规定,就是关于前述债权人追加分配。立法如此规定自有其道理,因补充申报的债权必须经过债权审查确认程序确认后债权人才有权参与分配,而在破产清算程序终结后,所有的破产机构如管理人、债权人会议等均已解散,债务人企业也已注销,不可能再启动对补充申报的债权审查确认程序;并且为个别债权人补充申报债权而重新启动破产程序的实际消耗成本巨大,只是为补充申报的极个别债权人的利益,显然会造成利益失衡。所以,从破产法的行文逻辑看,未在破产清算程序中补充申报债权的债权人,在程序终结后无资格参与追加分配。

(二)破产法对债权申报的原则

无论是债权申报期限还是债权申报的范围,企业破产法规定得都相当宽松,旨在让权利人在破产程序中积极申报,总括处理债权债务。虽然在财产最后分配前,债权人均可申报债权,但对逾期申报债权,我国企业破产法持允许但不鼓励的态度,具体处理原则是:债权人逾期申报债权的,其在破产程序中的实体权利不灭失,仅产生承担补充申报增加的费用和丧失部分程序性权利的法律后果。“依照本法规定申报债权”应视为在破产程序终结前均可申报债权的情况。“依

照本法规定的程序行使权利”应当包括可以获得破产分配的权利，但是债权人要承担额外成本并丧失相应的企业破产法权利。可见，在各方充满了较大的利益冲突、仅债权人之间都不可能利益一致的破产程序中，企业破产法要最大限度地保护债权人利益，必须以维护债权人整体利益最大化为原则，而不能为维护个别未按期申报的债权人的利益，损害企业破产法的效率性和可预期性，最终影响债权人的整体利益，长此以往也会破坏破产法在实践中的运行生命力。

三、概念厘清：程序终结后债权申报相关的重要概念

（一）自然债权与破产债权

破产债权是破产程序启动前成立的，经依法申报确认，并从破产财产中获得清偿的可强制执行的财产请求权。破产债权系特定性质的债权，在破产程序启动后依法演化而来，[①]经债权人主动申报，并经过债权审查、确认程序后，才成立破产债权。自然债权若要成为破产债权，必须经依法申报并取得确认，才能在债务人宣告破产后成为破产债权，相关债权人才享有受偿权利。因此，破产债权与自然债权的不同在于，破产债权的行使必须受破产法程序的约束，不能任意得到受偿。但未按期限申报的债权，其实体受偿权利并不消灭。[②]“不按破产法规定申报债权，虽然其实体权利不消灭，但是其丧失了通过破产法进行行使程序权利和获得分配的权利。”[③]

（二）债权申报与债权确认

人民法院作出受理破产的裁定，标志破产程序启动，和债务人相关的所有的债权债务关系都只能在破产程序中清理。债权人欲实现自己的债权，须在破产案件受理后，及时向管理人申报债权；已申报的债权经过破产法规定的程序确定后，债权人才可以在破产程序中行使相应的权利，参与破产分配。因此，债权申报是民事债权转化为破产债权的首要环节，是债权人参与破产程序的前提。债权人的积极申报使债权得以在破产法程序中得到总括性的集体清偿。债权申报

---

① 参见王欣新：《破产法》（第3版），中国人民大学出版社2011年版，第169页。

② 许德凤：《破产法论：解释与功能比较的视角》，北京大学出版社2017年版，第196页。

③ 柴丽：《论我国的破产债权申报期限》，载《十堰职业技术学院学报》2011年第2期。

并不意味着债权确认,经人民法院裁定确认的债权,视为经企业破产法规定的程序确认的债权,方可依破产法获得分配。

(三)破产财产最后分配与追加分配

破产财产最后分配与破产财产追加分配一样,属于破产财产分配的一种。《企业破产法》第116条第2款规定,管理人按照破产财产分配方案实施多次分配的,应当公告本次分配的财产额和债权额。管理人实施最后分配的,应当在公告中指明,并载明《企业破产法》第117条第2款规定的事项。可见,最后分配最显著的特征是公告中有明确"此次分配为最后分配"的意思表示。第120条第2款规定,管理人在最后分配完结后,应当及时向人民法院提交破产财产分配报告,并提请人民法院裁定终结破产程序。可见,依照企业破产法规定的程序,在理想的状态下,债务人被宣告破产后,即进行破产财产的变价和分配;在最后分配完结后,人民法院裁定终结破产程序。第123条对追加分配进行了规定。追加分配的前提在于按照原破产分配方案进行,即已经在破产程序中申报债权并获得确认的债权人按照方案确定的分配顺序、比例及数额等进行。因此,处理具体案件时,管理人在没有公告明确表示此次为最后一次分配之前,发现破产财产都可以继续分配,在最后分配公告作出后,对再出现的破产财产进行的分配为追加分配。没有列入原分配方案中的债权人既不可以参与继续分配,也不可以参与最终分配和追加分配。有学者提出,应将债权人补充申报债权的最后期限明确定在"破产财产最终分配方案提交债权人会议表决之前"①,笔者表示赞同。

此外,《企业破产法》第118条对提存进行了规定,如果债权人在法定期限内不受领经提存的财产分配额,该债权人将丧失领取资格,这说明在最后一次分配公告后,即使是提存的分配额,也将有所去处,这种对债权人行使程序权利的限制,应该及于在破产程序中未申报债权的债权人。

(四)"无产可破"案件与"财产最后分配"

根据破产法规定,债务人在宣告破产后,管理人拟定破产财产变价方案和分配方案,经人民法院裁定确认后,管理人执行方案,最终分配完结后,管理人提请

---

① 王欣新:《破产法》(第3版),中国人民大学出版社2011年版,第174页。

人民法院裁定终结破产程序。这是在有财产可以分配的情况下,破产法构建的"债权申报—破产财产分配—程序终结"的理想化破产程序。而在此情况下,补充申报债权的最后期限是破产财产最后分配前,在破产财产最后分配之后补充申报的债权将不再被受理,相关债权将转为自然之债,不再受破产法的保护,这是破产程序设置的应有之义。

《企业破产法》第120条规定,破产人无财产可供分配的,管理人应请求人民法院裁定终结破产程序。可见,破产财产分配方案的制定并不是破产终结前的必然程序。司法实践中,在无财产可供分配时,管理人一般会直接依法请求人民法院裁定终结破产程序。有学者提出,"无产可破"的案件可以直接终结破产程序而无须进行实际的财产分配。因此,即使在破产程序终结后,也应该准许该类案件的债权人申报债权。可见,"破产财产最后分配的完成"是一个非常重要的时间节点,而破产法对该时间范围的规定却不明确。在"无产可破"案件中,能否以破产程序终结前,破产企业无财产进而未进行财产最终分配,因此允许破产程序终结后进行新的债权申报?笔者认为,对于"破产财产最后分配"的理解应该是本问题的关键。首先,要求所有财产都实际分配完毕才终结破产程序,在现实中不可能也没有必要。其次,"无产可破"案件是指破产财产在实际分配结束时管理人开户结算行账户余额显示为零,即实际分配时无财产可供分配,因此,"无产可破"案件并不应理解为未进行破产财产分配,而是应理解为已进行实际分配但可分配的财产为零。最后,如果在"无产可破"案件终结后又发现了新的财产,则应该由原破产清算程序中已经固定的债权人依法追加分配,新的债权人同样没有申报资格。

四、左右权衡:破产程序终结后债权申报规定的域外实践

《美国破产法典》第7章清算对债权的申报期限作出了规定。[①] "根据本法迟延提交债权,但必须同时满足下列两个条件——债权人没有接到通知或没有及时获知该破产案件的开始,因而未能及时提交债权证明;债权的证明在规定允

---

① 参见[美]大卫·G.爱泼斯坦等:《美国破产法》,韩长印等译,中国政法大学出版社2003年版,第471页。

许获得清偿的截止时间前及时提交。"《美国联邦破产程序规则》第 3002 条规定了第 7 章清算程序案件中债权的申报期限。当然,有很多法院根据该规则对没有按照规则提交债权证明的债权人禁止提交债权申请,无论是否存在合适的理由。[①] 可见,对于破产清算程序中的延迟申报债权情况,美国法院也有不同做法,但无论是否同意债权申报,均没有在破产清算程序后再同意债权申报的规定或判例,即可以确定的是,在破产程序中申报债权,是在破产程序中获得分配的先决条件。[②]

《法国商法典》第 L. 622 – 26 条第 1 款规定:"在规定期间内未申报的债权人,将无权获得破产财产的分配,除非该债权人未按期申报并非由于自身原因,或是源于债务人在根据《法国商法典》第 L. 622 – 6 条制作破产债权表时有意遗漏,特派法官对债权人的失权予以撤销。"而根据《法国商法典》第 L. 631 – 14 条第 1 款,该规则也适用于破产重整程序。这种未按期申报债权不仅在破产重整计划执行期间"不得对抗债务人",而且"在该计划执行完毕后(债务人已经履行了计划中的承诺或法院确定的条件)"也"不得对抗债务人",即在法国破产法中,不及时申报债权直接导致失权的后果。

《德国破产法》第 177 条规定,对未按期申报的债权也应当进行审查,但管理人或其他债权人对此提出异议的,或是在审查期日之后才申报的,破产法院应当指定一个特别审查期日,或命令以书面程序进行审查,费用由迟延人负担。可见,在德国破产法中即使是非因债权人原因导致的延期申报,也仅限于破产清算期内的延期申报,而不是程序终结后的再申报债权。

对债权申报的期限,域外破产法一般有法定主义和法院酌定主义两种做法,即债权申报期限要么由法律直接加以规定,法院不得予以变更;或者债权申报期间的长短由受理案件的法院在法律限定性规定的基础上,根据案件的实际情况予以确定。[③] 但无论债权申报期限有多么灵活,域外主要国家破产立法都没有在破产程序终结后仍然允许债权申报的规定。笔者认为,未来的企业破产法司法

---

① 参见[美]大卫·G. 爱波斯坦等:《美国破产法》,韩长印等译,中国政法大学出版社 2003 年版,第 471 页。

② 参见[美]大卫·G. 爱波斯坦等:《美国破产法》,韩长印等译,中国政法大学出版社 2003 年版,第 790 页。

③ 参见刘明尧:《破产债权申报制度研究》,载《湖北社会科学》2006 年第 7 期。

解释应当将破产重整程序中债权补充申报的期间规定为破产重整程序执行完毕之前,以增强破产重整的可预期性,同时应明确规定在破产清算程序终结后未申报债权者丧失破产债权请求权。

五、破产程序终结后债权申报的处理指引

笔者认为,出于对破产程序性和破产秩序性的要求,不申报债权者,不能获得破产法所赋予的权利,自然包括获得破产分配权。也就是说,所有的权利主张者都应该遵守破产法关于权利确认程序性的规定,不经过破产程序中的债权申报程序,任何债权人就不应该获得破产法赋予的权利。因此,从保护破产法运转的效率和安全,以及维护债权人集体利益最大化的角度出发,应该限制甚至禁止超过法定期限补充申报债权的行为。有学者提出,对于可能存在非因债权人的过错而导致债权人未能在破产程序终结前申报破产债权的情形,此类债权人应当具备参与追加分配的权利才符合公平原则。① 对此,笔者并不赞同。首先,破产程序的终局性使法院在追求效率、安全的同时必须对破产程序中的各种利益冲突进行平衡,因此,对单个债权人的权利救济不周延无可厚非。有观点认为,财产分配方案应明确破产程序终结后补充申报债权的情形,即按同类债权分配比例进行分配。允许未在破产程序中积极申报债权的债权人与积极申报债权行使权利的债权人按同等比例分配债权,对其他债权人来说才是实际意义上的不符合公平原则,且此种规定的财产分配方案也因很难获得债权人会议的通过而不具备可操作性,②同时,必然有引导债权人不积极行使权利的情形出现,继而影响整个破产程序的顺利进行。其次,破产法的目的不是让每一个权利个体获得实质上平等的救济,而是让每一个权利主体都能因积极参与规则得到相应救济。再次,破产程序终结后未申报债权的债权人,即使没有主观恶意,自身至少也存在过失,债权人也应为自己的过失行为承担不利后果。最后,破产程序终结后的债权并非无法得到救济,只是得不到由破产法设置的救济规则进行的救济。也

① 参见王邦习:《破产程序终结后民事权利救济的现实考量与破解路径——基于222个案例的实证分析》,载《政法论坛》2018年第6期。

② 试想,让债权人会议通过一个未曾申报的债权人与其拥有同等比例的分配权利,能够通过的可能性是多少?

有观点认为,应该审查破产程序终结前债权人未申报债权的原因,只有非因债权人的原因导致债权未能申报的情形才可以补充申报。[①] 依照该观点,审查债权的主体必是管理人,而破产程序终结后管理人已经不再履行职务,重新要求管理人履职审查债权,既要产生新的费用,且管理人对“非债权人原因”的审查也没有任何法律依据,即使管理人对债权人申报的债权出具了积极或消极的初步审查意见,提交债权人会议后也无法获得同意(甚至无法提交债权人会议)。因此,破产程序终结后的债权申报,既无法理依据,也无现实可能。由于破产程序中包含了破产清算、破产重整和破产和解 3 个不同子程序,破产法对债权人在 3 个不同子程序中可补充申报债权的具体期限的规定有所不同,笔者在此文中进一步明确债权人在 3 种破产子程序中可以补充申报债权的时间限制。

(一)破产清算程序

在破产清算程序中,笔者认同“债权人补充申报债权的最后期限应为破产财产最终分配方案提交债权人会议表决之前”[②]这一观点。如果公告中已经指明最后一次分配,清算程序终结后,不再接受债权申报。如果在破产程序终结后法定期限内发现了可供分配的财产,则应依法在原有债权人中按照原财产分配方案进行追加分配。

(二)重整与和解程序

在破产重整程序中,战略投资人和其他利害关系人希望通过债权申报的情况来了解债务人的总债务,进而考虑破产程序走向、重整的成本、是否投资等。根据目前我国破产法的规定,即使在破产重整程序中不申报债权,也不意味着权利不能实现。《企业破产法》第 92 条第 2 款对未依法申报债权的债权人行使权利进行规定,即“在破产重整后,未申报债权的债权人仍然可以向重整后的债务人主张债权,债务人应当按照重整计划的清偿比例承担债务”。[③] 在该种情况之下,不在破产程序中申报债权的债权人可能获得了比预期更大比例的清偿。这给破产重整

---

① 参见王欣新:《破产法》(第 3 版),中国人民大学出版社 2011 年版,第 132 页。

② 王欣新:《论破产程序中的债权申报》,载《人民法院报》2010 年 8 月 4 日,第 7 版。

③ 从破产重整和破产和解两个程序中看,债权人可以在该程序不申报,那么也可以反推在破产清算中并没有规定。因此,在破产清算程序中,未在破产程序内申报的债权是不被破产法接纳的。

程序中的战略投资人带来预判的不确定性，战略投资人很可能超出预算成本投资，也很可能重整成功后再次进入破产清算程序，给重整制度带来负面影响。

和解同样保留了债务人原来的主体资格，在破产程序完毕之后未申报债权的债权人依然可以依据非破产法规范主张权利。[①] 与破产清算程序相对应，在和解、重整程序中，笔者赞同债权人补充申报债权的最后期限为和解协议草案或重整计划草案提交债权人会议表决之前。[②] 如果破产重整计划及和解协议终止，此时转入破产清算程序，债权申报期限应当遵循《企业破产法》第 56 条的规定，即在破产财产最后分配之前均可以进行破产债权的补充申报，破产程序终结后，不再接受债权申报。

（三）破产程序终结后未申报债权人可私力救济

破产程序终结后，出现新的债权人申报债权，并主张分配或者在法定期限内发现了可供分配的财产的，此时新债权人可以与其他债权人协商，如果其他债权人均同意其加入共同分配新发现的财产，应坚持私权自治原则，即对债权人均表示无异议的债权加入，各债权人与新债权人直接进行协商分配财产，不需要也不应该由管理人制作新的财产分配方案；人民法院不再启动破产程序，更加不应再以裁定的形式确认债权或认可破产财产分配方案等。

（四）对“无产可破”案件可以拟订“拟制分配方案”

对“无财产可供分配”而终结破产程序的案件，实践中一般不拟订分配方案。在这种“无产可破”案件中，如果破产程序终结后又出现了可供分配的财产，应以何种方案进行追加分配，破产法没有明确规定。笔者认为，此类案件在该财产出现时，仍应制定“追加分配”方案并按照《企业破产法》第 113 条规定的顺序进行清偿。具体建议为，管理人可以在拟订分配方案中明确，如果发现新的可供分配的财产，则在优先支付破产费用、管理人报酬后再进行分配，并可以对分配顺序、比例等其他规则进行预表决。如果破产程序终结后出现了可供分配的财产，可以直接适用债权人会议已经通过的分配方案，无须再另行表决。

---

① 参见齐明：《中国破产法原理与适用》，法律出版社 2017 年版，第 123 页。

② 参见柴丽：《论我国的破产债权申报期限》，载《十堰职业技术学院学报》2011 年第 2 期。

我国破产止息规则的司法适用研究

——基于2019年的184份判决书的实证分析

赵先飞[*]　罗　璐[**]

一、引　言

《中华人民共和国企业破产法》(以下简称《企业破产法》)规定,在破产程序中针对债务人申报的附利息的债权自法院裁定受理破产申请时停止计算利息,但该停止计息的效力是否及于保证人,法律及司法解释并无规定。司法实践中更是出现了止息规则效力及于保证人、不及于保证人及暂定计息3种不同裁判结果。理论界关于如何适用该规则的分析思路不尽相同,但本同末离都是认为破产止息规则的效力不应及于保证人。有学者认为,止息规则不影响债权人在未获清偿的情况下向保证人主张这一部分利息,因为这并不意味着主债务的减少。① 也有学者认为,在债务人进入破产程序后,其保证债权不应当停止计息。主要理由包括4点:一是破产程序不适用主债务减免从债务随之减免的原则,保证债权

* 安徽皖光大律师事务所律师。

** 安徽省宿州市中级人民法院法官助理。

① 许德风:《破产法论:解释与功能比较的视角》,北京大学出版社2015年版,第346~347页。

的计息问题也应在此基础上处理。二是破产法仅规定债权人对进入破产程序的债务人的债权停止计息,未规定对债务人的保证人在破产程序外的担保债权也停止计息。要想剥夺债权人对保证人已经依法享有的权利,必须以法律规定为依据,否则就不应停止计算利息。三是在主债务人破产时,对其不停止计息,保证人自己的法律义务与责任并未加重,未损害其任何原有权益。四是对保证人超过债务人承担的利息责任问题存在有效的救济渠道。[①] 另有学者认为,法律认可当事人在保证合同中作出对从属性原则的限制性约定,不失为更便捷的解决此问题的方案。[②]

笔者认为,尽管理论界及实务界对破产止息规则展开了大量研究,从正反两方面论证了破产止息规则能否突破保证责任从属性的合理性,但对破产止息规则在司法实践中适用现状如何、是否存在不足之处以及如何补充完善等问题,理论界与实务界均未给予足够的重视。鉴于此,笔者通过对我国各级人民法院2019年度针对停止计息效力是否及于保证人的问题作出说明的判决书的整理与分析,力求揭示止息规则的现实适用情况,进而从理论上加以审视,最终为破产止息规则的立法建构或司法解释的出台提供依据。

二、我国破产止息规则的司法现状与困境

笔者以“《破产法》第四十六条”“破产止息规则”等为关键词进行检索,检索系统为无讼案例,检索时段为2019年1月1日至2019年12月31日,共获得案例184份。笔者希望通过对这些案例的分析,展现我国破产止息规则的司法现状,在此基础上总结我国破产止息规则相关司法困境的原因,以实证的视角为研究我国破产止息规则制度提供新的思路。

笔者分别从破产止息案件的裁判地域、裁判结果及裁判理由进行了统计与归纳,得出基本结论:破产止息规则在实践中虽已得到积极适用,但该规则效力是否及于保证人以及如何及于保证人的问题暂无统一适用标准,容易引起相关

---

① 王欣喜:《论债务人进入破产程序后其保证债权应否停止计息》,载《人民法院报》2018年12月12日,第7版。

② 沈伟、吕启民:《破产止息规则下保证责任从属性之惑及疑解:兼议独立保证入典》,载《上海财经大学学报》2020年第1期。

司法适用的混乱。详见图1、表1、表2。

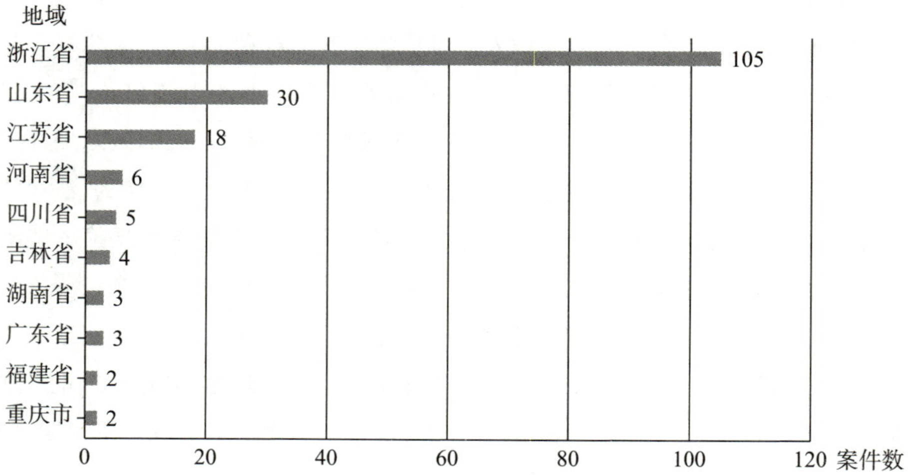

图1 破产止息案件的裁判地域

注:其他包括北京市、天津市、上海市、河北省、辽宁省、湖南省6省、直辖市2019年度分别各自审理1起涉及破产止息规则的案件,共计6件。

从案件的受理地域来看,这些案件分布于我国中、东、西部的16个省市,从侧面可以反映出破产止息规则效力应否及于保证人的问题已在全国各地法院普遍出现。结合图1横坐标信息,可进一步发现,大多数案件集中分布于浙江、山东、江苏等东部沿海地区。东部沿海地区案件数量较多,一方面,与该地域破产案件总数居全国前列且该地域审判工作勇于创新、敢于实践有关;另一方面,也与该地域的经济活跃度及企业类型有关。

正是由于破产止息规则效力应否及于保证人的问题已在全国各地法院普遍出现,尤其是东部沿海发达地区,而现行法律及司法解释却并未对进入破产程序后保证债务是否也应停止计息的问题作出明确规定,将极易出现司法适用混乱的局面。

表1 破产止息案件的裁判结果

裁判结果	案件数量(起)	比例(%)
止息规则效力及于保证人	158	85.9
止息规则效力不及于保证人	23	12.5
暂定计息	3	1.6

从破产止息规则案件的裁判结果来看,在司法实践中大多数法院认为破产

止息规则效力及于保证人，占比达85.9%；少数法院认为破产止息规则效力不及于保证人，占比12.5%；另有部分法院认为应当对保证人暂定计息，待主债务人破产程序终结后，重新计算破产程序受理之日始至债务清偿完毕之日止的利息，由保证人对该部分利息承担保证责任，占比1.6%。

破产止息规则的效力是否应及于保证人、如何及于保证人等问题与破产程序中各方主体的利益紧密相关，而司法实践中却出现3种不同裁判结果，应当引起理论界与实务界的高度重视。2020年1月10日浙江省高级人民法院民事审判第五庭正式印发《关于主债务人破产后保证人是否停止计息问题的解答》（以下简称《停止计息解答》），在《停止计息解答》中明确规定停止计息的效力不及于保证人；管理人在审查保证人的求偿权时，应当扣除保证人所承担的自债务人的破产申请被受理时起产生的债务利息，或将破产申请受理时起发生的利息债权单独登记。笔者认为，《停止计息解答》的出台规范了浙江省各级法院对于破产止息规则效力是否及于保证人的司法适用问题，但并未回答应当如何及于保证人；破产申请受理后，保证人的利息计算应以约定为准抑或以法定为准；保证人以其求偿权申报债权时其清偿顺序如何等问题仍未解决。

表2　破产止息案件的裁判理由

结果	理由
止息规则效力及于保证人	担保债务具有从属性
止息规则效力不及于保证人	担保的目的在于确保债权受偿且止息规则没有减轻保证人责任的目的
	破产法未明文规定止息规则效力及于保证人
	止息规则效力不及于保证人并未加重其责任
	保证责任以当事人约定即保证合同为准
	债权消灭应当具备民法、合同法等实体法律规定的条件，破产并不是导致主债权消灭的原因
	破产止息规则效力及于保证人会对债权人显失公平
	保证责任从属性性质在破产程序中受到限制
	保证人作为商事主体应当对其提供保证所带来的法律后果有充分的预见性

正如前文所述,实践中涉及破产止息规则案件的裁判结果主要包括止息规则的效力及于保证人和不及于保证人两种类型。及于保证人的裁判理由相较不及于保证人来说较为统一,即认为担保债务具有从属性,从属于主债务。止息规则的效力应当及于保证人,这符合担保债务的从属性原理。对此,最高人民法院的多份判决也持同样观点。① 而认为止息规则效力不及于保证人的裁判理由则各不相同,但无论何种理由均未否定担保债务具有从属性,而保证责任的从属性包括消灭上的从属性——全部消灭或部分消灭。② 既然保证责任具有从属性,在主债务已经停止计息后,保证债务则理应也停止计息,否则逻辑不通。上述诸多理由在未否定担保债务具有从属性的前提下,推断出破产止息规则效力不及于保证人,实有不妥。

应该承认,破产止息规则应否及于保证人以及如何及于保证人的适用标准的缺乏,导致了司法实践中对破产止息规则相关裁判的依据和结果的不统一。随着这类案件的逐步增多,上述问题会更加凸显,完善破产止息规则应该引起学界和相关部门的高度重视。

三、我国破产止息规则的演变与发展

《破产律》是晚清政府制订的法律。③《破产律》第4节"清算项目"第31款规定:"自宣告破产之日起,该商所欠债项均免算利息,惟有照第三十五条办理时,不在此列。"至此,我国正式确立了破产止息规则。1935年《中华民国破产法》第101条规定:"破产宣告后始到期之债权无利息者,其债权额应扣除自破产宣告时起至到期时止之法定利息。"1986年《中华人民共和国企业破产法(试行)》(已失效)颁布,该法第31条规定:"破产宣告时未到期的债权,视为已到期债权,但是应当减去未到期的利息。"2002年《最高人民法院关于审理企业破产案件若干问题的规定》第61条规定,破产宣告后的债务利息不属于破产债权,无

① 参见最高人民法院民事判决书,(2018)最高法民再19号;最高人民法院民事判决书,(2018)最高法民终673号。

② 参见郭明瑞、房绍坤、张平华编著:《担保法》(第5版),中国人民大学出版社2017年版,第27~28页。

③ 参见李秀清:《中国近代民商法的嚆矢:清末移植外国民商法述评》,载《法商研究》2001年第6期。

法受到清偿。现行《企业破产法》第46条第2款规定:"附利息的债权自破产申请受理时起停止计息。"

从我国破产立法沿革可以看出,各部法律虽然均确立了破产止息规则,但对于破产止息规则是否适用于保证人以及如何适用保证人的问题则一直未予关注。

四、破产止息规则的价值基础

破产法的价值在于保障所有债务都可以得到公平有序的清偿,但正如前文所述,破产止息规则的效力是否及于保证人以及如何及于保证人的问题在司法实践中暂无统一适用标准,已经引起相关司法适用的混乱,使债权人在破产程序中无法得到公平有序的清偿。统一适用标准,建立或完善破产止息规则正是解决该问题的有效途径,而保证责任的从属性、商事交易的效率性与商事决策的风险性特征,必然在一定程度上或直接或间接地对破产止息规则的构建或判断产生影响和要求。

(一)破产止息规则下保证责任从属性之突破

破产止息规则应否突破保证责任从属性原则,关键在于破产法在保护债权人合法权益的同时,有无义务建立或维系一个良好的社会信用体系。笔者分别从企业破产法、担保法的立法目的及精神、破产法律关系与担保法律关系中的主体定位等维度,论证破产止息规则应当突破保证责任的从属性。

首先,在《企业破产法》出台之前,由于我国信用制度体系的不完善,部分企业经营者时常利用破产程序恶意逃避债务,使大量债权人的合法权益受损,我国《企业破产法》正是在此种背景下应运而生的,因此企业破产法重要的立法目的之一便是保护普通破产债权人的合法权益。如若在债务人存在保证担保的情况下,作出破产止息规则效力及于保证人,即保证债务随主债务同时于破产程序受理之日起停止计算利息的解释,将违背企业破产法的立法目的,不利于构建一个良好的社会信用体系。其次,综观整部企业破产法关于相关利益主体的保护规定均未提及保证人,而赋予保证人将来追偿权的申报权是破产法对保证人予以保护的唯一途径。由此可看出,企业破产法的主要目的并不是保护保证人的合法权益,而是通过对保证责任从属性的突破进而保护债权人的合法权益,这也从侧面反映出我国企业破产法的立法目的。最后,从法律关系上看,债务人、债务人的债权人、债务人的债务人以及管理人是破产法律关系的法律主体,保证人并不是破产法律关系的主体,债权人对保证人主张权利的基础是保证合同关系。正是由于破产法律关系和保证法律关系并非同一法律关系,因此保证人既不是破产法律关系的主体,其当然也就无权享受企业破产法对主债务人赋予的停止计息的法律“优惠”。除非保证人依据《企业破产法》第51条的规定,在已代替债务人清偿债务后以其对债务人的清偿权申报债权,或在未替代债务人清偿债务时以其对债务人的将来求偿权申报债权,此时保证人依据《企业破产法》规定成为破产法律关系的主体之一,当然可以要求保证债务同主债务一起停止计息。

《中华人民共和国担保法》(已失效)第1条和第2条分别对担保法的立法目的及担保的适用范围作出了规定,《担保法解释》(已失效)第1条将担保法规定的债权界定为“由民事关系所产生的债权”。《中华人民共和国物权法》(已失效)第171条也明确担保物权保障实现债权人“在借贷、买卖等民事活动中”的债权。由此可以看出,担保物权的设立宗旨在于保障民事交易的有序性,而债务人对其债务提供适当保证,是提高债务人信用度、保障民事交易有序进行的措施之一。在一般商事交易中,债权人更倾向于和一个具有良好信誉的债务人合作。换言之,债权人只有在确保其权益不会轻易受损、可以得到充分保障的前提下,其与债务人之间的交易才会顺利进行,而担保制度的目的正是如此。如若破产止息规则未能突破保证责任的从属性,根据担保责任的从属性原则,主债务的利息自破产申请受理时停止计息,从债务相应地也停止计息。此种情况下,担保制度形同虚设,无法正常保护债权人的合法权益,这有悖于担保法的立法目的与精神。况且企业破产法没有明确规定破产止息规则效力及于保证人,就不应该剥夺债权人与保证人之间约定继续计算利息的权利。

(二)商事交易的效率性与商事决策的风险性

如前所述,我国担保物权的设立目的在于保障民事交易有序进行。而民事交易与商事交易具有诸多不同之处,商事交易在保证安全的前提下更注重交易的效率性,且商事主体在作出决策时应承担一定的风险,以民事法律逻辑裁判商事案件,必须会忽略商事交易行为的特殊性。这种特殊性主要包括以下两方面内容。

第一,交易安全内容的不同。从交易功能上看,普通的民事交易旨在保障个人和家庭的基本生活需要;而商事交易旨在建立一种合理利用有限资源的市场运行机制和社会经济秩序。[①] 换言之,民事交易侧重于保护交易者本身,保护其所有权神圣不可侵犯;而商事交易更重视于保护交易行为,确保交易行为可以高效有序地进行。正如学者所言,民事担保制度具有法律父爱主义,它是政府对公民强制的爱。[②] 而商事担保制度体现的是一种法律自由主义,在物权法定的要求之外,奉行契约自由精神。[③] 正是这种效率性特征要求破产止息规则可以突破保证责任从属性,在破产程序受理之日起不停止计算保证债务的计息,而是将该利息列为劣后债权并置于清偿顺序末位,进而便于确定债权人与债务人谈判的基础,[④]保证破产程序可以高效有序地开展。

第二,交易安全风险的不同。商事交易行为与一般民事交易行为最主要的区别还在于,商事交易行为在后果承担上采取严格责任主义,这是保障交易安全的重要举措。[⑤] 在司法实践中,债务人破产导致债权得不到及时完整清偿的主要原因在于债务人自身经营不善。在破产止息规则下,主债务人的债务利息停止计算,但该利息的损失应当由债权人承担还是由债务人的保证人承担,就是一个典型的风险负担问题。通常情形下,债权人为了达到有效维护商业预期同时规避商业风险的目的,会要求债务人为其交易提供相应的担保。而保证人作为一个商事主体,在经营过程中应当预见到为债务人提供的商事担保(商事决策)行为具有一定的风险性,该风险的后果不仅涉及债务本金还包括相应的利息。因此在商事决策行为具有风险性的前提下,突破保证责任从属性是破产法制度的应有解释。

总而言之,在破产止息规则下应当突破保证责任的从属性,正视商事交易的效率性与商事决策的风险性等不同于民事交易行为的特点。可以说,这些特点既将商事交易行为与民事交易行为区分开来,也为立法者统一适用标准,进一步建立或完善破产止息规则提出了特殊要求。

---

① 参见顾耕耘主编:《商法教程》(第2版),上海人民出版社、北京大学出版社2006年版,第11~12页。

② 参见孙笑侠、郭春镇:《法律父爱主义在中国的适用》,载《中国社会科学》2006年第1期。

③ 参见曾大鹏:《商事担保立法理念的重塑》,载《法学》2013年第3期。

④ 参见贺丹:《企业拯救导向下债权破产止息规则的检讨》,载《法学》2017年第5期。

⑤ 参见覃有土主编:《商法学》(第6版),中国政法大学出版社2015年版,第9~12页。

五、我国企业破产止息规则制度的修改建议

如前所述,破产止息规则效力是否及于保证人以及如何及于保证人的问题在司法实践中尚无统一适用标准,已引起相关司法适用的混乱。纵观我国破产止息规则的演变可以发现,我国破产止息规则制度缺乏可操作性,不利于保护债权人的合法权益。因此,可以考虑在充分总结司法实践经验的基础之上,适时修订《企业破产法》第46条第2款及第131条,明确破产止息规则应当突破保证责任的从属性,认可破产程序启动后的利息债权,最终在立法上构建或完善我国破产止息规则制度。

(一)认可破产程序启动后的利息

我国破产止息规则未对破产程序启动后保证债务是否也应停止计息作出明确规定,为有效应对司法实践中日益增多的保证债务利息计算问题,满足商事行为的特殊性对破产止息规则案件裁判的要求,企业破产法应以保护债权人合法权益为出发点,在立法上认可破产程序启动后的利息,允许保证人在破产程序启动后申报其利息。

(二)设立劣后债权,将破产程序启动后的利息纳入其中

在制度设立方面,企业破产法的立法目的及精神要求我们不仅应当充分考虑破产程序的高效执行,还应当考量破产法律主体之间利益关系的平衡。而解决该问题的根本办法在于设立劣后债权清偿制度,将破产程序启动后的利息债权纳入其中,并将该制度统一适用于破产清算、重整与和解程序中。在破产程序完结时,若主债务人的资产不足以清偿全部债务,破产程序启动后的利息便不再获得清偿;若主债务人的财产足以清偿全部债权或债务人通过重整、和解程序重新带动企业运转后,破产程序启动后的利息债权可以获得清偿。

(三)立法上的技术设计

首先,按照企业破产法的规定,破产财产在清偿时具有顺序性,不同类型的债权人的利息计算基准日也会不同。在破产程序受理过程中,利息始终都在计

算,使各债权人的债权数额也在不停变动,这不仅会增加实务操作的困难,也不利于高效有序地推进破产程序。因此,在破产清算、重整以及和解程序中,应当对申报利息债权的时间作出统一,进而明确不同债权人的债权数额。其次,在破产程序中由于各债权关于利息的约定是不同的,在债务人财产有限的情况下,如果优先受偿的债权人的债权利息过高,会相应损害后受偿债权人的权益。因此,法律应当对破产程序启动后的利息标准作出统一规定。最后,在认可破产程序启动后的利息债权并将其置于劣后债权后,应当对利息债权所享有的表决权予以限制,否则因利息债权数额无法确定,可能会导致重整计划或和解方案无法顺利执行。

(四)修订《企业破产法》第46条第2款及第131条的具体内容

上述相关制度的建立,首先可以采用制定最高人民法院的司法解释或指导案例的方式,尽快为司法实践中统一适用法律提供指导性意见。在不断总结司法实践经验的基础上,建议对《企业破产法》第46条第2款及第131条作如下修订及增设款项,最终在立法上构建或完善我国破产止息规则制度:

(1)删除《企业破产法》第46条第2款。

(2)增加《企业破产法》第131条第1款第4项:破产程序启动后的利息债权。

(3)增加《企业破产法》第131条第4款:破产程序启动后的利息计算依据以全国银行间同业拆借中心公布的贷款市场报价利率为准;在清算方案或重整计划、和解协议应当确定具体的利息计算基准日。

(4)增加《企业破产法》第131条第5款:利息债权在重整计划或和解方案通过时不享有表决权。

论合同解除后破产企业原合作开发人债权清偿顺位

张　海[*]　夏　菲[**]

一、问题的提出

甲公司、乙公司合作开发房地产,其中甲公司具有房地产开发资质且专门从事房地产开发,乙公司(以下简称原合作开发人)不具有房地产开发资质。双方签署合作开发房地产合同,约定以甲公司名义竞拍取得土地使用权并登记于甲公司名下,双方共同出资、共同开发、共享利益、共担风险。后经营中甲公司(以下简称债务人)被申请破产重整。据查,案涉土地使用权及地上建筑物为债务人的主要财产,其所有债务均基于前述权利外观形成,合作开发房地产合同内容基本包含了债务人所有经营行为。现合作开发房地产合同解除后,由于破产程序中的债务人财产有限,此时如何界定原合作开发人的债权清偿顺位便具有极大的现实紧迫性。

除不属于破产债权范畴的优先债权、未放弃别除权的担保债权以及享有抵销权的实际优先债权,按照《中华人民共和国企业破产法》(以下简称《企业破产法》)的规

* 重庆海川企业清算有限公司总经理。

** 重庆海川企业清算有限公司总经理助理。

定,以破产财产对相关债权进行清偿的基本顺序为:破产费用和共益债务→职工工资和社会保险费用等债务(对于纳入国家兼并破产计划的国有企业劳动债权又特别实行优先清偿)→税收债务→普通破产债权。[①] 其实,许多国家在普通债权之后还设置了劣后债权。劣后债权是指根据当事人约定或法律规定,在分配顺位上居于普通债权之后,只有在破产财产清偿普通债权后仍有剩余时,才能获得清偿的债权,而无论其是否附有财产担保,这在英美法上被称为"次级债权",大陆法中多称之为"劣后债权""居后债权"。[②] 由上可推知,原合作开发人究竟是按共益债权顺位被优先清偿,抑或是作为普通债权人或劣后债权人,将极大影响其他债权的清偿率,影响类别主要涵盖了职工债权、税收债权、普通债权。为便于表述,本文论述影响时主要以普通债权为代表。

二、合同解除后原合作开发人债权清偿顺位的实践与立法考察

(一)原合作开发人债权清偿顺位的实践考察

目前实务中对原合作开发人的清偿顺位认定不一,如此既影响法律统一、公平的适用,也可能不利于对利害关系人的保护。明确此问题不仅是为了助力理论的融贯和严谨,也有助于司法实践的规范。有研究者建议可参照法院在房屋租赁合同纠纷案中的处理,界定破产企业原合作开发人的债权。

事实上,同为房屋租赁合同,但对债权清偿顺位,不同法院所持观点亦有不同。在杨某广与湖南阿里贸易有限公司(以下简称阿里公司)房屋租赁合同纠纷上诉案中,湖南省高级人民法院认为阿里公司在合同解除后,继续占有杨某广的预付租金属不当得利,本案所涉不当得利返还发生在人民法院受理破产申请后,适用《企业破产法》第42条规定,可被认定为共益债权。[③] 相较发现,实务中亦不乏认定预付租金返还为普通债权的做法。在陈某与重庆联丰塑胶有限公

---

① 参见于新循、彭旭林:《论我国破产债权例外制度——基于劣后债权的制度构建视角》,载《四川师范大学学报(社会科学版)》2015年第3期。

② 参见徐振增、官艳艳:《破产法设置劣后债权的问题研究》,载《广西民族大学学报(哲学社会科学版)》2015年第2期。

③ 参见湖南省高级人民法院民事判决书,(2016)湘民终412号。

司、重庆诚联塑料工业有限公司等租赁合同纠纷中,两审法院均认定合同解除后返还预付租金请求权为普通债权。其中,一审法院着眼于预付租金收取时间,认为租赁合同解除后,债务人丧失继续占有预付租金的权利,但因破产受理前债务人已收取占有该笔租金,故该预付租金返还不属于《企业破产法》第42条规定的"人民法院受理破产申请后因债务人不当得利所产生的债务",不被认定为共益债务;①二审法院认为,房屋在租赁前已抵押,故拍卖变卖时不再附带租赁;租赁权对全体债权人的权利实现不构成影响,而租赁权受房屋产权变动影响,乃主张解除合同后预付租金返还为不当得利的基础,故案涉债权不形成共益债权。②

以上虽为个案,但也折射出司法实践中,存在合同解除后租金返还债权被认定为共益债权或普通债权的差异性,有一定实践指导作用。有鉴于此,对原合作开发人的债权清偿顺位,有研究者持共益债权观点,有研究者则主张与普通债权同顺位受偿。事实上,除前述两种观点外,还有研究者持劣后债权观点,认为原合作开发人类似破产企业的隐名股东,只有清偿完普通债权后其债权才存在清偿空间。

(二)原合作开发人债权清偿顺位之立法剖析

关于共益债权,《企业破产法》第42条和《最高人民法院关于适用〈中华人民共和国企业破产法〉若干问题的规定(二)》(以下简称《企业破产法司法解释(二)》)第3、11、30、31、32、33、36、37、38条罗列了共益债权的具体情形,《企业破产法》第43条阐明了共益债权由债务人财产随时清偿。但法律并未明确判定共益债权的核心要点,此问题的回答对司法实践中界定共益债权具有重要意义。

我国相关法律虽并未明确使用"劣后债权"的名称,但实际已蕴含劣后债权法理精神。具体来看,最高人民法院印发的《全国法院破产审判工作会议纪要》第28条确立了破产受理前产生的民事惩罚性赔偿金、行政罚款、刑事罚金等惩罚性债权可劣后于《企业破产法》第113条规定的债权清偿。此外,据《全国法院

---

① 参见重庆市九龙坡区人民法院民事判决书,(2018)渝0107民初4609号。

② 参见重庆市第五中级人民法院民事判决书,(2019)渝05民终472号。

破产审判工作会议纪要》第39条,关联企业成员之间不当利用关联关系形成的债权,应当劣后于其他普通债权顺序清偿。

三、界定原合作开发人债权清偿顺位之可能进路分析

(一)原合作开发人之共益债权清偿顺位分析

认定共益债权须顺应立法宗旨,把握其基本属性。据2013年7月22日发布的《北京市高级人民法院企业破产案件审理规程》第143条,共益债权是指人民法院受理破产申请后,为全体债权人的共同利益而由债务人财产负担的债权。由此可知,除产生时间需为破产受理之后,共益债权的核心属性即为"共益性",当前司法实践与理论研究通说认为"共益"的受益主体主要为全体债权人,有研究者更是将设定共益债权出发点,具化为全体普通债权人的共同利益,因为全体普通债权人才是直接的利益攸关者。① 在此基础上,若原合作开发人的债权被定位为共益债权,实质上继续开发重整过程项目收益便会大量流向原合作开发人,这会导致普通债权人只能得到极低清偿率,此种做法有些背离共益债权制度设立的初衷。

以"不当得利"为研究进路,认定原合作开发人债权为共益债权存在障碍。房地产开发过程中形成的资产依赖于房地产企业的合法资质,产生于与外部交易相对方签订的合法合同,是否宜被划入"不当得利"范畴值得探讨。即便合同解除后,继续占有原合作开发人相关权益被认定为不当得利,但该占有发生在破产受理前,若按陈某与重庆联丰塑胶有限公司、重庆诚联塑料工业有限公司等租赁合同纠纷案所揭示的,②这就可能存在排除进一步适用《企业破产法》第42条进行共益债权认定的情况。

建筑产品直接关涉群众生命财产安全,长远视之,若优先保障原合作开发人的权益,容易刺激不具有房地产开发资质的主体效仿,进而扰乱房地产开发秩序、破产秩序。如果无资质的原合作开发人的债权被定位为共益债权,原合作开发人就能最大限度地从债务人处获得已为给付利益返还的财产,承担的风险相

---

① 参见洪燕:《共益债务的理论重构及其实践》,载《四川理工学院学报(社会科学版)》2019年第3期。

② 参见重庆市九龙坡区人民法院民事判决书,(2018)渝0107民初4609号。

对较小。其他具有资质瑕疵的房地产企业合作开发方甚至可能借虚构此类合同,将共益债权顺位变为不当转移资产通道,优先退出破产企业,让普通债权人等主体承担损失,这易引发“假破产、真逃债”的道德危机,不利于构建良好的破产秩序。

(二)原合作开发人之普通债权清偿顺位分析

让原合作开发人债权与普通债权同顺位退出,较认定其为共益债权,保障职工债权人等主体的利益,看似实现了某种形式公平,但实质上,在偿债资源一定的情形下,这种非差异化安排依旧压榨了普通债权人偿债空间,实则会让普通债权人承担超额风险,欠缺逻辑自洽性。这是因为基于权利与义务对等原则,原合作开发人在企业正常经营过程中,处于与债务人以股份方式进行合作开发,共享高额利益的优越地位。这便决定其在债务人破产时,相较只能在法律规定利率范围内收取低额利息的普通债权人,理应承担更多风险,事实上原合作开发人通常也具有更强的抗风险能力。

(三)原合作开发人之劣后债权清偿顺位分析

有研究者建议厘清原合作开发人债权顺位时,可参考域外对股东剩余财产索取权的处理,把原合作开发人债权列为劣后债权。根据公司章程或股东会决议,由于股东可依据其股东身份请求公司向其支付利润或向公司主张其他权利,因此该权利具有人身专属性,只能由股东享有。如果不将这些权利列入劣后债权,则股东可以和债权人一同参与破产财产分配,明显损害非股东债权人之利益,故许多发达国家都将股东享有的公司剩余财产索取权列为劣后债权。[①] 虽原合作开发人拥有的并非公司股份,不可以直接认定其为隐名股东,但诚然,案涉原合作开发人与隐名股东有诸多相似之处,如均不为外界所知等,并且原合作开发人积极参与了经营管理;同样,法律虽明确了董事会具体管理权,但在我国股东会中心主义的传统下,股东会实际发挥着举足轻重的管理作用。

---

① 参见郭丁铭:《我国破产债权受偿顺序之完善》,载《昆明理工大学学报(社会科学版)》2013年第2期。

四、明确原合作开发人债权之劣后顺位

(一)明确原合作开发人债权劣后之缘由

1. 合作开发房地产合同的“共担风险”特性

很显然,合作开发房地产合同具有其特性,在尚未形成一贯认识逻辑的情形下,简单参照已有案例对房屋租赁合同的处理,将合作开发人债权作为共益债权或普通债权,有悖于此类案件的裁判逻辑。根据《最高人民法院关于审理涉及国有土地使用权合同纠纷案件适用法律问题的解释》(法释〔2020〕17 号)第 12 条的规定,合作开发房地产合同是指当事人订立的以提供出让土地使用权、资金等作为共同投资,共享利润、共担风险合作开发房地产为基本内容的合同。深入分析发现,合作开发房地产合同区别其他合同的核心要义则在于合同当事人约定了共担风险。这也是区分前述合同与土地使用权转让合同(第 21 条[①])、房屋买卖合同(第 22 条[②])、借款合同(第 23 条[③])、房屋租赁合同(第 24 条[④])的关键因素。

可以看出,合作开发房地产合同当事人订立合同是为共同经营获益,合同履行受市场经济影响,具有极大的不确定性,当事人往往约定共担风险;而通常订立房屋租赁合同乃为发挥租赁物使用价值之需,一般不会约定共担风险,权利义务基本确定。除此之外,法院将预付租金返还认定为共益债权予以优先清偿,有时也有民法中优先保护生存利益之制度考量,诚然,对可能陷入生存困境的合同相对方予以特别保护无可厚非。以此角度为审视进路,界定合作开发人债权为

---

① 《最高人民法院关于审理涉及国有土地使用权合同纠纷案件适用法律问题的解释》第 21 条规定:“合作开发房地产合同约定提供土地使用权的当事人不承担经营风险,只收取固定利益的,应当认定为土地使用权转让合同。”

② 《最高人民法院关于审理涉及国有土地使用权合同纠纷案件适用法律问题的解释》第 22 条规定:“合作开发房地产合同约定提供资金的当事人不承担经营风险,只分配固定数量房屋的,应当认定为房屋买卖合同。”

③ 《最高人民法院关于审理涉及国有土地使用权合同纠纷案件适用法律问题的解释》第 23 条规定:“合作开发房地产合同约定提供资金的当事人不承担经营风险,只收取固定数额货币的,应当认定为借款合同。”

④ 《最高人民法院关于审理涉及国有土地使用权合同纠纷案件适用法律问题的解释》第 24 条规定:“合作开发房地产合同约定提供资金的当事人不承担经营风险,只以租赁或者其他形式使用房屋的,应当认定为房屋租赁合同。”

共益债权亦缺乏合理性,相较用大额资金投资的原合作开发人,诸多职工债权人、普通债权人的权益更具有被优先保护的法理依据。故合作开发房地产合同与房屋租赁合同在合同内容、合同主体上均具有本质区别。

“共担风险”为合作开发房地产合同的核心内涵,也正是原合作开发人对自己债权劣后的意思自治。从文义解释的角度来看,优于原合作开发人清偿的债务不限于由合作项目产生的相关债务,宜涵盖债务人所有债务,甚至包含登记土地于债务人名下之前形成的债务。其一,原合作开发人具有房地产行业经验又实际参与此次经营,只需稍加注意即可明晰项目合作过程中必将产生大量融资借贷行为,甚至金额可能超出其可预见范围;其二,原合作开发人愿签订风险巨大的合同,极可能在合同约定收益外还有其他获利,抑或早已通过其他合同或购买保险等方式对潜在风险作出了提前安排。需说明的是,约定债权劣后的有效性毋庸置疑。因破产债权具有明显的私权属性,决定了当允许当事人意思自治,在经济发展及市场拥有越来越多自治权背景下,约定劣后债权体现了市场自由原则,非但不会损害劣后债权人的合法权益,在很多情况下还会使其他债权人受益。正因为如此,许多国家都承认约定劣后债权的效力,如《日本破产法》规定的约定劣后债权就较为典型,其他如《美国破产法》第 510 条、《德国破产法》第 39 条第 2 款等。①

2. 商事外观主义视角下的合作开发房地产合同

认定原合作开发人债权劣后的一个重要原因即是商事外观主义,根据区分原则,原合作开发人与债务人间的约定更多应被定义为内部协议,对外效力不足,无法作为原合作开发人在破产语境下优先退出之权利源泉。换言之,实际上原合作开发人借公司独立人格为自己树立了对外屏障,普通债权人无法也无理由与原合作开发人直接签订合同,甚至无法获知其存在,仅能基于对债务人名下开发项目的整体考量与债务人缔约,这种合理信赖理应得到保护。诚如前文所述,若为共益债权,则合作开发人的权益会优先于债务人的所有普通债权人,特别是会优先于因为合作开发房地产形成负债的相关债权人,这存在明显不公。

---

① 参见于新循、彭旭林:《论我国破产债权例外制度——基于劣后债权的制度构建视角》,载《四川师范大学学报(社会科学版)》2015 年第 3 期。

3. 原合作开发人的信息优势地位

相较包括普通债权人在内的其他债权人,原合作开发人直接参与项目经营,处于更全面、更及时地洞悉债务人困境之信息优势地位,由此更具有应对风险可期待性。从社会财富最大化之长远角度来看,风险发生时,利益天平偏向处于信息劣势地位的普通债权人,更能激发房地产企业合作开发人审慎经营的意愿,避免合作开发的房地产项目陷入僵局。相反,如若普通债权人承担风险过大,则势必加大其他正常经营公司债权人对公司的不信任。尽管《中华人民共和国公司法》赋予了债权人一定知情权,但债权人过多介入公司正常经营将严重影响公司自治,长此以往难免根本性地破坏公司封闭结构。

(二)原合作开发人劣后债权受偿之实践进路

原合作开发人劣后债权的具体受偿基于商事外观主义,根据区分原则,债务人以全部财产清偿普通债权及优于普通债权的其他债权后,原合作开发人可与债务人就剩余财产履行"共担风险,共享收益"之约定。事实上,上述对合作开发人权益的处理也符合《中华人民共和国民法典》(以下简称《民法典》)规定的处理合伙合同的法理逻辑。故在解除合同后,剩余合伙财产的分配顺序可参照《民法典》第 967 条①、第 972 条②、第 978 条③的规定,合伙财产在支付因终止而产生的费用以及清偿合伙债务后有剩余的,合伙的利润分配和亏损分担,按照合伙合同的约定办理。

在笔者看来,原合作开发人的债权原则上应当处于劣后债权顺位毋庸置疑,但在企业尤其是民营企业"融资难"现状下,原合作开发人的投资行为给债务人提供了资金来源,进而推动了市场经济发展。所以,为适度鼓励日后其余市场主体的投资行为,管理人计算原合作开发人的劣后债权金额时宜审慎,若有证据显示普通债权人借款前已知合作开发房地产合同,或恶意形成债权债务关系,此类

---

① 《民法典》第 967 条规定,合伙合同是两个以上合伙人为了共同的事业目的,订立的共享利益、共担风险的协议。

② 《民法典》第 972 条规定,合伙的利润分配和亏损分担,按照合伙合同的约定办理;合伙合同没有约定或者约定不明确的,由合伙人协商决定;协商不成的,由合伙人按照实缴出资比例分配、分担;无法确定出资比例的,由合伙人平均分配、分担。

③ 《民法典》第 978 条规定,合伙合同终止后,合伙财产在支付因终止而产生的费用以及清偿合伙债务后有剩余的,依据该法第 972 条的规定进行分配。

债权金额便应当在原合作开发人承担风险之外扣除,劣后于原合作开发人清偿。

五、结　语

囿于相关法律规定的模糊性,关于原合作开发人债权清偿顺位存在诸多理论与实践争议,厘清此清偿顺位困境,提出相关建议以平衡各方利益,具有极大的现实紧迫性。在利益主体均衡保护的破产理念下,直接参照房屋租赁合同案例,将合作开发人的债权作为共益债权或普通债权,有悖于此类案件裁判逻辑,特别是会导致因合作开发房地产而产生的借款,无法较合作开发人权益优先获得保障的窘境。具言之,其一,界定原合作开发人债权为共益债权,有偏离"共益性"的核心属性之隐患;另是否可以以"不当得利"为基石,进而直接认定其为共益债权有待商榷;长远来看优先保障具资质瑕疵的合作开发人,不利于构建良好房地产开发秩序、破产秩序。其二,原合作开发人与普通债权人同一顺位受偿看似公平,实则会让后者承担与权利不对等的额外风险。而笔者进一步剖析后发现,"共担风险"既乃合作开发房地产合同之核心要义,又正是原合作开发人对自己债权劣后之意思自治。事实上,在商事外观主义之下,信息优势地位为原合作开发人提供了更多应对风险的可期待性,劣后顺位的安排有助于社会财富最大化。鉴于此,原合作开发人宜在债务人以全部财产清偿完所有基于合理信赖形成的负债后,再要求债务人履行内部约定。诚然,为适度保护合法投资行为,若普通债权人明知存在合作开发房地产合同而借款给债务人,此类债务便可排除在原合作开发人所应承担的风险之外。

破产程序中担保物权行使若干问题研究

吴 嘉[*] 王 硕[**]

破产制度与担保物权制度的核心目的均在于保护债权人的利益，但二者同时发挥作用时，却会相互竞争。担保物权制度的核心在于防止债务人因破产而不能完全清偿到期债务；[①]破产制度的制度追求则是各债权人公平受偿，二者在立法目的与适用原则方面存在一定矛盾。对此，比较一致的意见是，在破产程序中，应在承认担保物权效力的同时，对其行使加以适当限制。《中华人民共和国企业破产法》（以下简称《企业破产法》）对重整程序、和解程序、清算程序中担保物权的行使分别作出了规定。根据《企业破产法》的规定，在重整程序中，担保物权以中止行使为原则，以恢复行使为例外，并未给管理人留下自由裁量的空间，引起了过于僵化的质疑。2019 年发布的《全国法院民商事审判工作会议纪要》（以下简称《九民纪要》）对重整中担保物权的恢复行使作出了全新规定，允许管理人以“担保物非重整所必需”为判断标准

---

* 北京市金杜律师事务所合伙人。

** 北京市金杜律师事务所律师。

① 《中华人民共和国物权法》（已失效，以下简称《物权法》）第 170 条规定：担保物权人在债务人不履行到期债务或者发生当事人约定的实现担保物权的情形，依法享有就担保财产优先受偿的权利，但法律另有规定的除外。

自行决策对担保物进行处置。① 但这一规定较为抽象,为使其真正落地,需要在实践中逐渐细化明确管理人的判断标准。而在和解与清算程序中,依据《企业破产法》与《全国法院破产审判工作会议纪要》(以下简称《破产审判会议纪要》)的规定,担保物权的行使不受限制,《九民纪要》虽未对其进行变更,但相关规定也有可商榷之处。概括来看,首先,依据现有规定,重整、清算、和解这3类破产程序中担保物权的行使规则存在差异;其次,重整程序中管理人拥有一定的自由裁量权,但需以担保物是否为重整所必需为标准进行判断;最后,为充分发挥破产程序的价值,清算与和解程序中担保物权的行使也应受到一定限制。

一、重整程序中担保物处置的规则变化

《企业破产法》第75条第1款确立了重整程序中担保物权自动中止制度,② 对原《物权法》中确立的担保物权行使规则作出明确的例外规定,设置了较为严格的行权条件。③ 依据这一规定,担保物权在重整程序中以中止行使为原则,以恢复行使为例外。然而,随着《企业破产法》的实施与适用日渐成熟,该条款也因过于抽象而产生了理解上的分歧。④ 在破产程序中,管理人一般应履行管理和处分债务人财产的职权,而重整程序除实现债务清偿这一任务外,还需要为债务人恢复生产经营做必要的准备,因此,管理人应根据案件情况,综合考虑各方诉求,从利益衡量的角度,决定公司资产的处置方案,尽最大努力推动重整的顺利进

① 《九民纪要》第112条第1款规定,重整程序中,要依法平衡保护担保物权人的合法权益和企业重整价值。重整申请受理后,管理人或者自行管理的债务人应当及时确定设定有担保物权的债务人财产是否为重整所必需。如果认为担保物不是重整所必需,管理人或者自行管理的债务人应当及时对担保物进行拍卖或者变卖,拍卖或者变卖担保物所得价款在支付拍卖、变卖费用后优先清偿担保物权人的债权。

② 《企业破产法》第75条第1款规定,在重整期间,对债务人的特定财产享有的担保权暂停行使。但是,担保物有损坏或者价值明显减少的可能,足以危害担保权人权利的,担保权人可以向人民法院请求恢复行使担保权。

③ 参见徐阳光:《破产法视野中的担保物权问题》,载《中国人民大学学报》2017年第2期。

④ 关于这个话题的讨论参见王欣新:《论破产程序中担保债权的行使与保障》,载《中国政法大学学报》2017年第3期;许德风:《论担保物权在破产程序中的实现》,载《环球法律评论》2011年第3期;徐阳光:《破产法视野中的担保物权问题》,载《中国人民大学学报》2017年第2期;王之洲:《论担保债权在重整程序中的保护与限制》,载《人民法院报》2015年9月30日,第7版。

行。举例而言,考虑担保物权人的利益、担保物价值减损的风险、战略投资者的需求等因素,重整企业所持有的长期股权投资和上市公司股票等权益类资产可能具有及时处置变现的必要性和紧迫性。绝对禁止管理人处置担保物不利于包括担保物权人在内的所有债权人的利益保护,甚至与重整制度本身的价值取向背道而驰,偏离了通过破产重整程序挽救企业和有助于企业继续经营的立法宗旨。

正是为了回应实践中的现实需求,《九民纪要》对重整程序中担保物的处置作出了全新规定。《九民纪要》第112条指出,如果管理人认为担保物不是重整所必需,管理人或者自行管理的债务人应当及时对担保物进行拍卖或者变卖。这一规定在很大程度上缓和了《企业破产法》为恢复行使担保物权设定的严格条件。根据《九民纪要》新规,管理人可以根据重整案件的实际情况自主审慎判断担保物的处置方案。在目前我国的企业融资条件下,企业为获得融资一般需要提供担保,其中尤以不动产抵押、大型机器设备抵押、股权质押为主,管理人在重整程序中为了实现各方利益最大化,难免需要对担保物进行处置变现,《九民纪要》新规解开了管理人在重整程序中不能处置担保物的束缚,符合《企业破产法》的立法精神。当然,需要注意的是,新规虽然为管理人处置担保物的自由裁量权预留了较大的空间,但管理人具体的判断标准仍不清晰,使新规在实践层面上并不具有很强的可操作性。因此,为了让规则真正落地,对重整程序中担保物权恢复行使的条件和相应判断标准进行构建是必要的。①

二、"非重整所必需"的判断标准探寻

依据《九民纪要》的规定,管理人处置担保物的前提是该担保物非重整所必需,因此担保物的重整必要性成为管理人判断是否处置担保物的首要标准。根据实践经验和对比较法的观察,关于担保物重整必要性的判断应由管理人作出,具有一定的灵活性,需要给管理人留下自由裁量的空间。根据实践经验,该等担保物重整必要性的判断标准可以分为4个方面。首先,区分债务人业务类型。经营型企业与生产型企业对资产的需求存在显著区别,在此基础上,应根据债务

① 参见王欣新:《论重整中担保权的暂停行使》,载《人民法院报》2015年7月1日,第7版。

人的主营业务判断资产在重整中的必要性。例如,钢铁生产企业所持有的上市公司股票以及所拥有的与主营业务无关的机器设备、投资性房地产等资产,可以被认定为非重整所必需的资产。其次,区分动产与不动产。不动产的长期稳定性和不可替代性使得其对于维持债务人的生产经营具有重要作用,企业自有厂房、办公楼等作为企业的运营基础,应被认定为具有重整必要性。再次,区分担保物的占有情况。一般而言,债务人在进入重整程序前就已经转移占有的担保物,因其无法为债务人使用,故应被认为非重整所必需,但同时需要考虑转移占有解除的时间、留置的特殊性等问题,综合进行判断。最后,区分重整类型。根据实践经验,存续型重整与出售型重整对资产的需求不同,在出售型重整中,担保物的处置具有更大灵活性,但同时需要考虑战略投资者的收购意愿。虽然不排除在具体案例中可能存在特殊情况,但综合以上4个方面的标准,管理人可以对担保物处置与否作出大致判断。

出于平衡保护担保物权人的合法权益和企业重整价值的考虑,对《九民纪要》之规定的理解,需要坚持重整期间的担保物权以中止行使为原则,以恢复行使为例外,并且应对恢复行使的申请进行严格审查。首先,基于实务经验,在重整程序中,担保物权人申报的债权真实与否、是否已过诉讼时效、本金和利息的具体数额等事项均有不确定性,尤其是考虑实务中存在债务人资产重复抵质押、融资租赁等特殊复杂问题,从公平有序清偿的角度出发,处置担保物所得的价款不应直接用于清偿担保物权人。其次,就清偿时间而言,担保物权人申报的债权应先经过管理人审查①,并由管理人提交第一次债权人会议核查②后,由人民法院裁定确认③方才获得清偿。在此之前,为保护全体债权人的利益,担保物权人申报的债权因其仍存在不被确认的可能而不应获得优先清偿。换言之,至少应在法院裁定确认之后,管理人才可将担保物处置所得价款优先清偿给担保物权人。最后,基于管理人工作的规范性要求,担保物处置与担保物权人优先受偿事项应在《资产管理与变价方案》中体现,并经第一次管理人会议表决。

---

① 《企业破产法》第57条第1款规定,管理人收到债权申报材料后,应当登记造册,对申报的债权进行审查,并编制债权表。

② 《企业破产法》第58条第1款规定,依照《企业破产法》第57条规定编制的债权表,应当提交第一次债权人会议核查。

③ 《企业破产法》第58条第2款规定,债务人、债权人对债权表记载的债权无异议的,由人民法院裁定确认。

从享有担保物权的债权人的角度出发,特别是在足额担保的情况下,其债权是否实现和企业重整与否并不直接相关。虽然担保物权自动中止制度只是对担保物权行使的时间加以限制,并不影响担保物权这一实体权利,担保物权人仍对债务人的特定财产享有优先受偿权,①但是担保物权的暂停行使制度使重整程序的进行可能造成债权实现时间的迟延。就此而言,在重整程序中限制担保物权的行使,在一定程度上损害了担保物权人的利益。从利益平衡的角度出发,基于"公平清理债权债务,保护债权人和债务人合法权益"的《企业破产法》基本原则,②参考《企业破产法》第87条第2款第1项的规定,③应当在重整计划中给予担保物权人相应的合理补偿。站在实务工作者的角度,这种补偿可以被理解为在重整计划中给予担保物权人延期清偿的利息补偿。同时,担保物权人主张恢复行使担保物权也有相应的途径,《企业破产法》第75条规定担保物权人可以向法院申请恢复行使担保物权,就此《九民纪要》第112条第2款进一步规定了法院的审查期限以及担保物权人的复议权,担保物权人的申请被法院批准的,管理人应当在规定期限内启动担保物的处置程序。

三、清算与和解程序中担保物权行使的特殊问题

《破产审判会议纪要》对破产清算与和解程序中担保物权人权利的行使与限制作出了规定。④ 根据《破产审判会议纪要》的规定,除单独处置担保财产会降

---

① 对担保物权人而言,其优先受偿权在重整程序中是不能轻易受到损害的。换言之,优先受偿权是不允许也不能够任意由当事人的多数表决加以剥夺的。王欣新、尹正友:《正确认识金融危机下破产法的社会调整作用》,载中国民商法律网,http://old. civillaw. com. cn/article/default. asp? id = 46823,2020年7月20日最后访问。

② 《企业破产法》第1条规定,为规范企业破产程序,公平清理债权债务,保护债权人和债务人的合法权益,维护社会主义市场经济秩序,制定本法。

③ 《企业破产法》第87条第2款第1项规定,按照重整计划草案,该法第82条第1款第1项所列债权(有财产担保债权——笔者注)就该特定财产将获得全额清偿,其因延期清偿所受的损失将得到公平补偿,并且其担保权未受到实质性损害,或者该表决组已经通过重整计划草案。

④ 《破产审判会议纪要》第25条规定,在破产清算和破产和解程序中,对债务人特定财产享有担保权的债权人可以随时向管理人主张就该特定财产变价处置行使优先受偿权,管理人应及时变价处置,不得以须经债权人会议决议等为由拒绝。但因单独处置担保财产会降低其他破产财产的价值而应整体处置的除外。《企业破产法》第96条同时规定,人民法院经审查认为和解申请符合该法规定的,应当裁定和解,予以公告,并召集债权人会议讨论和解协议草案。对债务人的特定财产享有担保权的权利人,自人民法院裁定和解之日起可以行使权利。

低其他破产财产的价值而应整体处置的情况之外,担保物权人在清算与和解程序中均可以随时向管理人主张就特定财产处置所得价款的优先受偿权,无须经债权人会议决议。这为担保物权人独立行使担保物权提供了制度依据。然而就管理人而言,根据实务经验,一方面,担保物权人在清算与和解程序中就特定财产随时主张优先受偿权在实践中面临较大的障碍,需进行适当调整;另一方面,由于提供担保的大多都是企业核心资产,为了防止破产程序"空心化",有必要对破产清算与和解程序中担保物权的行使进行一定的限制。

就实践中的现实障碍而言,虽然《破产审判会议纪要》已经对清算与和解程序中的担保物权自由行使规则作出了明确规定,但在很多案件中,担保物权人权利的行使仍然面临很大阻碍。其中的重要原因在于,《企业破产法》规定,破产财产的管理和变价方案应经债权人会议表决,[①]而债权人会议的决议,又须由出席会议的有表决权的债权人过半数通过,并且其所代表的债权额应占无财产担保债权总额的1/2以上。[②] 由此可见,担保物权人无法对担保物变价方案的通过施加实质影响,因此,要使《破产审判会议纪要》关于担保物权人在清算与和解程序中提前受偿的规定真正落到实处,保障有财产担保债权人的优先受偿权,应当通过相应的规则设计,使清算与和解程序中担保物的管理和变价充分尊重有财产担保债权人的意见,从而提高担保物变价效率和效益。当然,此种规则构建仍然不应允许担保物权人在清算与和解程序中随意行使其所拥有的担保物权,而应在此基础上对其加以适当限制。

实际上,《企业破产法》并未对清算程序中担保物权的行使规则作出明确规定。从立法者的本意来看,除重整程序之外,担保物权人就担保物提起的执行程序,原则上不受中止效力的约束。[③] 但学界和实务界对该规则的理解与执行存在

---

① 《企业破产法》第61条第1款第9项规定,通过破产财产的变价方案属于由债权人会议行使的职权。

② 《企业破产法》第64条第1款规定,"债权人会议的决议,由出席会议的有表决权的债权人过半数通过,并且其所代表的债权额占无财产担保债权总额的二分之一以上。但是,本法另有规定的除外"。

③ 有担保的债权人即别除权人就担保物提起的执行程序,原则上不受中止效力的约束,除非当事人申请的是重整程序。立法规定中止个别执行的目的,是保障全体债权人的公平清偿。中止别除权人就担保物提起的执行程序,并不能起到保障普通债权人公平受偿的作用,所以,中止执行的效力一般不及于别除权人就担保物提起的执行程序。参见最高人民法院民二庭编著:《最高人民法院关于企业破产法司法解释理解与适用》,人民法院出版社2007年版。

不同观点。[①]《破产审判会议纪要》也没有起到一锤定音的作用。根据实践经验,在破产清算程序中限制担保物权行使的必要性在于,一方面,考虑清算程序存在转为重整程序的可能,[②]因此应该在法院宣告债务人破产之前,为管理人进行财产状况调查和作出债务人是否具有挽救价值的判断提供一定的时间和空间。若在此期间不中止担保物权的行使,担保物权人必将在法院裁定受理破产清算后迅速瓜分债务人财产,使原已陷入困境的企业彻底丧失重整的基础与可能。另一方面,破产清算程序中的财产处置需以评估结果为基础,[③]而评估结论一般会在第一次债权人会议之后出具。因此,如果不在清算程序中规定担保物权的中止行使制度,将会导致担保物的处置无法以公允的评估价值为基础,不符合“财产的全面清理和债务的公平清偿”的立法精神。此外,允许担保物权随时行使可能导致不能最大限度地变现公司资产,损害全体债权人的利益。[④] 因此,对清算程序中担保物权的行使施加限制具有正当性和必要性。就限制形式而言,可以规定担保物权中止行使的期间。较可行的方案是,在破产清算程序启动后到第一次债权人会议召开前这一段时间对担保物权行使施加限制;同时,为实现利益平衡,也应仿照重整程序,给予担保物权人相应补偿,为担保物权人留下寻求救济的渠道。[⑤]

就和解程序而言,担保物权的自由行使规则较少受到挑战,但从管理人的角度来看,也不乏可讨论的余地。虽然破产和解制度与破产重整制度被赋予了同

---

① 一种观点认为,自人民法院受理破产申请后,担保债权人不能直接行使其担保权,将担保财产变现用于清偿自己的债权,担保债权人在人民法院宣告债务人破产后才能行使其担保权。理由是根据《企业破产法》第107条第2款规定,债务人被宣告破产后,债务人称为破产人,债务人财产称为破产财产,而《企业破产法》第109条规定的担保债权的优先受偿权在宣告债务人破产之前,所以担保债权暂停行使。第二种观点认为,破产清算程序中担保债权人可以随时变现担保财产实现担保权,原则上不受第19条执行程序中止规定的限制。参见王欣新:《论破产程序中担保债权的行使与保障》,载《中国政法大学学报》2017年第3期。

② 《企业破产法》第70条第2款规定,“债权人申请对债务人进行破产清算的,在人民法院受理破产案件后、宣告债务人破产前,债务人或者出资额占债务人注册资本十分之一以上的出资人,可以向人民法院申请重整”。

③ 《企业破产法》第112条第1款规定,“变价出售破产财产应当通过拍卖进行。但是,债权人会议另有决议的除外”。

④ 根据公司经营理论,担保物作为破产财产的整体处置所能获得的变价可能远高于从破产财产中剥离出来的单独变价。

⑤ 参见徐阳光:《破产法视野中的担保物权问题》,载《中国人民大学学报》2017年第2期。

样的使命,[①]但司法实践中破产和解制度较少被使用,呈现被边缘化的特点,原因之一就是,破产和解程序所能适用的制度工具过少,使和解程序难以发挥作用,担保物权中止行使制度的缺失即例证。《企业破产法》规定,在法院裁定和解后,担保权人可以随时主张实现担保权。[②] 这是因为在和解程序中,担保债权人不属于和解债权人[③],对和解协议没有表决权,[④]因此,对担保债权人而言,和解是一种非强制性的协商程序,担保物权人的权利不受和解程序约束。[⑤] 然而,立足于中国当下的企业融资环境,在进入破产程序的债务人的大部分资产均已设置担保的大背景下,如果允许担保物权人在破产和解程序中随时行使担保物权,无疑将导致和解程序迅速瓦解。因此,站在实务工作者的角度,和解程序也应适当限制担保物权的行使。具体限制形式、补偿方法、救济途径可以参考破产清算程序,并作灵活调整,为债务人留下第一次债权人会议召开前的这段"喘息"时间,促进破产和解的达成。

四、结　　语

担保物权的实现既涉及精细复杂的技术规范,又包含平衡各方的价值考量,而破产的发生进一步增加了这一过程的复杂性,因此,管理人应在担保物权人、债务人以及其全体债权人的利益之间进行精细的利益衡量。一方面,在破产重整程序中,应赋予管理人对担保物更大的处置权限,允许其采用更为灵活的变现方式;《九民纪要》新规正式回应了这一现实需求,为实践提供了有力的指导,促进了重整程序的进一步完善。另一方面,对和解程序与清算程序中担保物权的行使同样应施加适当限制,从而使相应的制度工具发挥最大功效。

---

① 全国人大财政经济委员会副主任委员贾志杰曾就《中华人民共和国企业破产法(草案)》作出说明,其指出本法立法目的在于:"对陷入困境但有挽救希望的大、中企业要通过重整、和解程序尽力救助,使其恢复生机。"

② 《企业破产法》第96条规定:"人民法院经审查认为和解申请符合本法规定的,应当裁定和解,予以公告,并召集债权人会议讨论和解协议草案。对债务人的特定财产享有担保权的权利人,自人民法院裁定和解之日起可以行使权利。"

③ 《企业破产法》第100条规定的全体和解债权人不应该包括担保债权人。

④ 《企业破产法》第59条规定担保债权人对和解协议没有表决权,由于缺少表决的权利,所以担保债权人也不受和解协议的约束。

⑤ 参见王欣新:《论破产程序中担保债权的行使与保障》,载《中国政法大学学报》2017年第3期。

共益债务认定标准的理论位阶与立法修正

陈　铭*

一、共益债务的传统理论审视

当前的破产法学界对共益债务的内涵尚未达成一致认识，主要的界定包括"共益债务是指破产程序进行中，为了全体债权人的利益所发生的债务和因债务人财产所发生的债务的总称"；①"共益债务，又称财团债务或者财团债权，是在破产程序中为全体债权人利益而由债务人财产负担的债务的总称"；②"共益债权主要是指在破产程序受理后为破产财团共同利益而发生的债权或因破产财团的管理、变现、分配而产生的债权"③。由此看来，上述观点尽管表述不同，但实际上均强调了对共益债务认定的时间要件以及债务有利于全体债权人的"共益"性质。

---

* 上海交通大学民商法硕士研究生。

① 韩长印：《破产法学》（第 2 版），中国政法大学出版社 2016 年版，第 183 页。

② 王欣新：《破产法》（第 4 版），中国人民大学出版社 2019 年版，第 353 页。

③ 许德风：《破产法论：解释与功能比较的视角》，北京大学出版社 2015 年版，第 168 页。

(一)时间要件

所谓的时间要件,大致可认为是在破产程序中或破产受理之后、破产程序启动之前的“旧债”按旧办法处理,之后产生的“新债”按新办法处理。其原因在于,破产程序一旦启动,企业即丧失了赖以维系的商业信用,此时若不赋予“新债”清偿以优先性,则债权人将不会选择与破产企业进行商业往来,无疑会加速破产企业经济状况的恶化,丧失对其挽救的可能。①

对此《中华人民共和国企业破产法》(以下简称《企业破产法》)第41条②、第42条③均采用时间界限的标准区分破产费用、共益债务与其他破产债权,而且从条文来看,该标准的认定似乎并无认可例外情形。

(二)价值要件

与上述要件相对应的概念即所谓的共益性,可被称为价值要件,首要确定的就是为以债务人财产“供全体债权人之益”,共益债务发生的前提便是全体债权人追求自身利益。与破产费用相比,其往往使破产财团实现增值或保值,而破产费用只能带来财团的减少。因此,共益债务最重要的性质就是为了全体债权人的共同利益。

但不仅限于此,如果认可时间要件的功能,保留企业重生的可能,那么,共益债务能够增加破产企业通过和解、重整程序进而重生的可能性。从这一层面来讲,共益债务旨在增加债务人的财产价值,间接保全债务人的利益,而职工因企业更大可能的重生而间接得到了债权保障,管理人亦是如此。因此,共益性的主体应包含所有相关的破产程序参与人。

---

① 参见齐明:《中国破产法原理与适用》,法律出版社2017年版,第101页。

② 《企业破产法》第41条规定:“人民法院受理破产申请后发生的下列费用,为破产费用:(一)破产案件的诉讼费用;(二)管理、变价和分配债务人财产的费用;(三)管理人执行职务的费用、报酬和聘用工作人员的费用。”

③ 《企业破产法》第42条规定:“人民法院受理破产申请后发生的下列债务,为共益债务:(一)因管理人或者债务人请求对方当事人履行双方均未履行完毕的合同所产生的债务;(二)债务人财产受无因管理所产生的债务;(三)因债务人不当得利所产生的债务;(四)为债务人继续营业而应支付的劳动报酬和社会保险费用以及由此产生的其他债务;(五)管理人或者相关人员执行职务致人损害所产生的债务;(六)债务人财产致人损害所产生的债务。”

二、现行规范可能存在的问题

《企业破产法》第42条明确了时间要件,但是理论上在破产申请提出后至破产受理前的时间段内,也可能出现使破产财团增加的行为,为此而支出的费用是否还为共益债务?换言之,满足共益性要件但不满足时间要件可否认定为共益债务?上述疑问实际可归结为对时间要件的例外认定问题,在具体的分析方法上,可存在不同的解释路径。

(一)立法表述

从法条表述上看,如何理解《企业破产法》第42条"人民法院受理破产申请后发生的下列债务"中的"发生"?详言之,共益债务的"发生"系基于民事法律行为成立生效之时,还是该债务的共益效果产生之时?当然,若基于民事法律行为成立生效之时,则原则上共益效果的产生也需在整个破产程序之中。对此有学者总结为"行为"与"后果"之分,且最终还是基于对共益性的把握而决定在必要时将"在破产程序中"作扩大解释,此处之必要,即该债务系能够提升债务人财产价值的积极性债务。[①] 原则上,"后果"即法律效果,针对共益债务而言仅产生有利于全体债权人的效果,而这在破产程序开始前无法得到实现。正常经营状态下,债务人仍可以通过各种手段使各债权人无法得到清偿,因此共益效果仅能于破产程序中产生。

由此来看,这一解释路径可从对"发生"的理解转而尝试对民事法律行为进行限制,即是否要求其在破产程序中发生?对此,如果认同共益性的决定性作用,则意味着该法律行为并不需要在破产程序中发生,即可将由此产生的债务认定为共益债务。也就是说,应对第42条中的"发生"进行限缩解释,即仅指共益的法律效果发生,而无须行为的发生在法院受理破产申请之后。

(二)传统理论

从传统理论上看,如何理解共益债务的"共益性"?原则上,共益债务存在的核心即对债务人财产实现增值或保值,为债权人获得更高的清偿率,同时也为债

① 洪燕:《共益债务的理论重构及其实践》,载《四川理工学院学报(社会科学版)》2019年第3期。

务人的再生或更生增添可能。但“共益性”的认定是否必然以经济利益为唯一衡量标准,这实际上也决定着共益债务的范围和例外情形的判断。若对《企业破产法》第42条所列举的共益债务类型进行审视,可知其中既有合意之债,也有法定之债。其中诸如无因管理、不当得利、侵权行为等法定之债,其债之发生在很大程度上意味着债务人财产的减少,进而对全体债权人颇为不利,但其之所以作为共益债务的具体类型,或许是因为对债务人企业长远利益的考量,即如上所述商业信用之维护,对濒临破产的企业来说尤为重要。信用之丧失则意味着重生之无望,优先清偿对于债务人破产原因的消除大有裨益。

因此,对于共益性的认定,应采取一种较为宏观的视角去审视其中的利益,而不应以简单的经济利益作为判断依据。

(三)制度功能

从制度功能的层面上看,共益债务维系了破产法体系最为看重和强调的公平。前述对清偿优待的考量正是基于此,这也是对时间要件刚性化的有力支撑。但确保正常的商业往来是否就一定意味着要否定破产受理之前债务的优先性?商业往来的产生显系以企业具有破产原因且对方当事人对此明知为前提,而时间要件的刚性或弹性确定,主要是针对破产受理之前产生的债务,因此二者似乎并不具有一致性。但凡企业决定与濒临破产的企业进行交易的,除就该交易获利之外,更多的是希望债务人企业更生成功,恢复正常营业,以进行长期的合作,进而获取长远利益。此时比例上的影响并不会产生决定性的负面作用。另外,若企业明知多笔债务均具有共益性质,则意味着该企业更具有更生成功的可能性,反而更有意愿与具有破产原因的企业进行商业合作。

由于共益债务的制度特性在于保障全体债权人的整体利益,这就反映出在企业更生失败的前提下,其所追求的往往是破产财团的最大化。如果从这一角度出发,对时间要件的限定则显得较为僵化,反而有损于破产财团的范围认定。而且,在破产程序中,债务人与债权人往往具有同一性,即二者的利益相互关联,维护债务人企业的利益就意味着债权人的清偿率得到有效保护。反之,保障债权人的清偿,如上述对共益债务优先性的认定,也意味着债务人企业可以得到充分的支持和帮助,有助于其维持正常的生产经营。因此,在这一原则下进行时间要件的不必要限定,在未充分保障债权人权益,特别是产生共益效果的债权人权益的同时,也会对债务人企业造成二次伤害。

三、比较法视角下的内涵把握

共益债务的范围其实在比较法领域大同小异,只不过在名称概念的定义上不尽相同,如英美法系中的管理费用制度、大陆法系中的财团债权等。对破产费用与共益债务关系的不同认知,产生了以美国和日本为代表的合并制与以德国为代表的分别制。不同立法模式的出现主要是基于破产法多元立法目的的考量,但在时间要件这一点上,比较法领域的认定却出奇一致,即均以在破产受理之后为前提,在这一原则之外,又予以缓和,在特定情形下允许例外情形的出现。

(一)日本法

《日本破产法》在第 2 条第 7 项①中将一定的债权作为"财团债权",规定其无须通过破产程序即可随时清偿,同时,在第 148 条第 1 款②中又对"财团债权"予以细化具体情形,这些情形均具有为破产债权人的共同利益而支出的特征,因此,应当由破产债权人集体负担具有合理性,即优先于全体破产债权人。③ 与此相对照,《日本民事再生法》第 119 条④列举共益债权的具体类型,大多与财团债

① 《日本破产法》第 2 条第 7 项规定:"本法所称'财团债权',指的是不受破产程序限制,可以随时从破产财团中受偿的债权。"

② 《日本破产法》第 148 条第 1 款规定:"下列请求权为财团债权:(1)为破产债权人的共同利益而支出的裁定上的费用。(2)破产财团的管理、变价及分配费用。(3)依国税征收法和国税征收条例可以征收的租税债权。但是,基于破产程序开始之后的原因而产生的请求权,应限于就破产财团所发生者。(4)因破产管理人就破产财团实施的行为而产生的请求权。(5)因无因管理、不当得利而对破产财团产生的请求权。(6)于委任终止或代理权消灭后,因急迫的必要行为而对破产财团产生的请求权。(7)于破产管理人依第 53 条第 1 项规定履行义务情形,相对人所有的请求权。(8)因破产宣告而有双务契约的解约申告时,至其终止间所产生的请求权。"

③ [日]山本和彦:《日本倒产处理法入门》(第 4 版),金春等译,法律出版社 2016 年版,第 64 页。

④ 《日本民事再生法》第 119 条规定:"下列请求权为共益债权:(一)为了再生债权人的共同的利益产生的裁判上的请求权;(二)再生程序开始后的再生债务人的业务,生活以及财产的管理处分相关的费用;(三)再生计划执行相关的费用(再生程序终止后产生的除外);(四)依照第 61 条第 1 款、第 90 条之二第 5 款、第 91 条第 1 款、第 112 条、第 147 条第 4 款和第 223 条第 9 款(包括依照第 244 条规定准用的情形)规定应当支付的费用、报酬和赏金请求权;(五)再生程序开始后再生债务人等为了再生债务人财产而进行的借款产生的请求权;(六)因无因管理或者不当得利再生程序开始后对再生债务人产生的请求权;(七)为再生债务人的利益而不得已支付的,再生程序开始后产生的费用请求权(前各项规定的除外)。"

权一致。

可见,日本将共益性价值显然摆在了独一无二的位置上强调,但这不代表其完全放弃了对时间要件的重视。依照《日本民事再生法》第 84 条第 1 款①的规定,再生债权是依再生程序开始之前的原因产生的,债权人对债务人的财产请求权,这与破产债权具有等同的权利本质。相应地,在程序开始之后产生的债权,即构成了全体债权人的普遍利益,因此,此时的债权应为共益债权,可以随时获得优先清偿。这其实也限制债权在程序启动之后产生,但是,《日本民事再生法》并未对时间要件限制得过于僵化,第 120 条②即明确,对于在程序申请后、开始裁定前产生的债权,如果是再生债务人的重整所不可或缺的债权,则可认定是共益债权,但须以获得法院许可或者监督人同意为前提。其意义在于,在限定时间要件的基础上予以一定程度的缓和,并将最终的决定权赋予法院和监督人,实质上是由其判断共益的效果对破产财团是否足够重要,以至于可以适当放宽对时间标准的要求。况且,针对共益债权,《日本民事再生法》实际上用大量条文对其作出规定,一定程度上反映出共益债权的性质很难明确定义,但其基本含义就是指与全体再生债权人有利的费用支出相关的债权。③ 由此可知,不论是民事再生程序,还是破产程序,甚至是与民事再生程序功能相似的公司更生程序,归根结底的判断标准还是共益性价值的判断,只不过在时间例外的情形下,对共益程度有所要求而已。

(二)德国法

相较日本的合并制,德国根据破产程序产生的债务性质分别规定了财团债务和财团费用,④其中,前者范围与我国共益债务基本类似。《德国破产法》第

---

① 《日本民事再生法》第 84 条第 1 款规定:“基于再生程序开始之前的原因产生的,对再生债务人享有的财产上的请求权为再生债权(共益债权或者一般优先权除外)。”

② 《日本民事再生法》第 120 条规定:“再生债务人在再生程序开始申请之后到再生程序开始之间,作出的借款、原材料的买入以及其他对再生债务人的营业额的继续必不可少的行为的,法院可以许可因该行为产生的对方当事人的请求权为共益债权(法院可以将代替前款许可给予认可的权限赋予监督人)。”

③ 参见[日]谷口安平主编:《日本倒产法概述》,佐藤孝弘、田言等译,中国政法大学出版社 2017 年版,第 283 页。

④ 参见程春华:《破产救济研究》,法律出版社 2006 年版,第 307 页。

55条[①]规定的“其他破产财产债务”即相当于共益债务,其与第54条[②]规定的程序费用一道,成为债权人的财团债权,即债权人为财团债权人。这些债权人的请求权成立于程序启动之后,均非债务人引致,而是基于程序自身产生。[③] 换言之,所谓“基于程序自身”,无论是在于程序本身的价值,还是体现为破产财团的最大化原则,即全体债权人的整体利益,其仍是共益性价值的体现。

但同样,德国破产法在这一问题的认定上也设置了例外。在保全措施领域,《德国破产法》第21条第2款第1项[④]规定任命临时破产管理人,其选择、监督及责任适用与实际破产管理人同样的规定。原则上,临时破产管理人仅具有代替破产法院对债务人财产进行监督的功能,并不具有对债务人财产的处分权,而仅承担破产法院明确规定的义务。在这种情况下,临时破产管理人被称为“弱”临时破产管理人,其仅具有对债务人处分财产的否认权。然而,破产法院若根据《德国破产法》第22条第1款[⑤]进一步赋予临时破产管理人对债务人财产的管理权和处分权,则其被称为“强”临时破产管理人,其职责实际上与破产管理人基本一致,可能仅有的差异在于,由于破产程序此时尚未启动,因此仅得对债务人财产进行保全而不能作变价处理。总之,在二者定位、功能一致的前提下,“强”临时破产管理人基于法律行为而产生的债务,与实际破产管理人所涉债务具有相同的优先性,一旦破产程序启动,该债务便成为财团债务。这在《德国破产法》第55条第2款中予以明确,尤其是在临时破产管理人为方便企业继续经营和可能的重整情形下,共益性的体现更为明显。因此,在破产程序启动前,由“强”临时破产管理人设立的请求权,在程序启动后也同样被视作财团债务。

---

① 《德国破产法》第55条规定:“财团债务还包括下列债务:(1)因破产管理人的行为而设定的,或以其他方式因管理、变价及分配破产财团而设定的,但不属于破产程序费用的债务;(2)由双务合同产生的债务,但以其履行是为破产财团的利益而被请求,或是为破产程序开始之后的时间而进行为限;(3)由财团不当得利产生的债务。”

② 《德国破产法》第54条规定:“破产程序费用是指:(1)破产程序的诉讼费用;(2)临时破产管理人、破产管理人和债权人委员会成员的报酬及垫款。”

③ 参见[德]莱因哈德·波克:《德国破产法导论》(第6版),王艳柯译,北京大学出版社2014年版,第34~35页。

④ 《德国破产法》第21条第2款第1项规定:“选任一名临时破产管理人,对于该破产管理人准用第8条第3款以及第56条、第58条至第66条的规定。”

⑤ 《德国破产法》第22条第1款规定:“选任一名临时破产管理人,并且对债务人实行一般禁止处分限制的,对债务人财产的管理及处分权移转于该临时破产管理人。”

(三)美国法

同样是采取合并制的美国,其破产立法使用了“管理费用”的概念,《美国破产法》第503(b)条对管理费用进行了列举式的规定。但这种列举也并非穷尽性的。换言之,该条款为例外情形的认定提供了合法性基础,正因为如此,法院对于管理费用债权的主张,通常会对其进行严格解释。其原因不仅在于避免该条文的“口袋化”,更多的是基于共益性的考量,即如果过多地承认债权的优先性,则意味着不得不对无担保债权进行清偿,从而影响普通物担保债权人的利益。可以说,美国法院在共益性的问题上的思考涉及优先清偿而导致的清偿减损与作为法律效果的价值增益之间的衡平,以此来判断共益的价值性要件。

另外,《美国破产法》规定了认定管理费用债权的基本条件,即该债权系在申请后的破产程序中与破产财团进行交易,且有益于破产财团,但这并不意味着前者条件不存在例外。非穷尽性的规定使法院能够基于“公允性”的需要,赋予特定债权以管理费用的优先顺位,即便该债权并未令破产财团受益。[①] 其中的“并未令破产财团受益”并非否认了共益性价值,如前所述,法院对共益性价值的判断并非简单地就破产财团价值增加而言,而是加入对普通无担保债权人最终得以清偿数额的变化而最终确定。

四、立法与解释论的可行出路

(一)“双重标准”的理念

不论是从立法表述上还是从学界对共益债务的定义上看,我国似乎都将时间要件摆在了具有较高价值的位置上,甚至立法并无任何例外情形。“绝对程序标准”在立法例上也无对应,过度刚性的标准可能导致对破产法公平分配和财团最大化原则的冲击。

但问题在于,“双重标准”的表述是否实际反映二者要件之间的认定关系?表面上看,“双重标准”的内涵似乎表明,时间要件与价值要件对共益债务的认定

---

① [美]查尔斯·J. 泰步:《美国破产法新论》(第3版),韩长印、何欢、王之洲译,中国政法大学出版社2017年版,第748页。

系具有同等重要的地位，二者呈现并列状态。但实际上，在理论分析层面，共益性价值要件无疑具有更高的法律地位，其为共益债务的核心因素；而时间要件的产生，除有助于正常交易往来的进行以使企业重生之外，或许仅在于对司法实践操作的迎合，达到简化复杂破产程序的目的。而且从比较法的角度看，各国基本上均承认时间要件的例外，但共益性要件的地位却不可撼动，这也在一定程度上说明，时间要件并非共益债务的核心，其在某些情形下或许具有推定共益性质的效力，但本质上还是为共益性要件服务。而所谓的"双重标准"仅在"绝对程序标准"之外察觉到"结果标准"的认定价值，但未能更进一步地审视在认定标准上何者更为根本。因此，在认定关系上，应当将价值要件摆在最根本的认识位置上，而时间要件则退居其次，二者实际并非并列关系，以"双重标准"的理念衡量二者的认定关系并不妥当。

（二）《企业破产法》第 42 条的"参照适用"

如前所述，设置时间要件最基本的功能在于保障交易商与濒临破产的企业继续进行商业往来而获得的债务清偿，以求其对该企业进行支持和帮助，增加该企业继续经营的可能性。如果从现行法律规范的角度看，时间要件似乎被置于更为重要的位置，即因其为法律明文规定，共益性要件则仅为学界和实践所承认。对此，如果对破产受理之前具有共益性质的债权进行共益债务的认定，则出路或许在于《企业破产法》第 42 条第 4 项"为债务人继续营业而应支付的劳动报酬和社会保险费用以及由此产生的其他债务"中的"其他债务"。"为债务人继续营业"似乎已经在一定程度上明确了设置时间要件的基本功能，因而也为"其他债务"的共益性解释提供了超脱时间要件的可能。

针对这一问题，《最高人民法院关于适用〈中华人民共和国企业破产法〉若干问题的规定（三）》第 2 条第 1 款①也对《企业破产法》第 42 条第 4 项进行了参照适用。但由此产生的问题在于，此处对"其他债务"应是"参照适用"还是"依照

---

① 《最高人民法院关于适用〈中华人民共和国企业破产法〉若干问题的规定（三）》第 2 条第 1 款规定："破产申请受理后，经债权人会议决议通过，或者第一次债权人会议召开前经人民法院许可，管理人或者自行管理的债务人可以为债务人继续营业而借款。提供借款的债权人主张参照企业破产法第四十二条第四项的规定优先于普通破产债权清偿的，人民法院应予支持，但其主张优先于此前已就债务人特定财产享有担保的债权清偿的，人民法院不予支持。"

适用”？在法学方法论上,“参照适用”可认定为“准用”,应属“授权时类推适用”,既要考虑类似的程度是否足以导致准用,又要考虑不同是否足以导致限制、修正或排除所准用之规范。[①] 因此“参照适用”一定程度上属于法官采用类推的方式来填补法律规定存在的漏洞,而本条文中的“其他债务”尚不足以形成法律漏洞,充其量仅属于法律解释的范畴。“参照适用”仅是在条文本身无法涵盖所参照情形,而导致无法直接“依照适用”时的补充手段。因而在解释和适用上也不必仿照第 2 条第 1 款的规定进行“参照适用”,对“其他债务”进行直接解释或者直接认定为属于“其他债务”即可。

(三)兜底条款的设置

将破产受理之前具有共益性质的债务统统解释为《企业破产法》第 42 条第 4 项的“其他债务”,或许在一定程度上赋予其过于丰富的内涵,根本问题的解决路径还是在于立法。在目前,我国司法实践对例外情形尚无法类型化的情形下,在这 6 种情形之下设置兜底条款应属权衡之举,而且可以一定程度地减轻对“其他债务”的解释难度。而且设置兜底条款也可解决穷尽式列举自身的欠缺,即缺乏灵活性,造成法律实际应用的困难,不利于破产程序的开展。对此也有学者提出赋予共益债务认定以一定的灵活性,即在必要时可以由管理人、人民法院或者经债权人会议决议决定为债权人共同利益设定一些新的共益债务。[②] 这实际上是将对兜底情形的认定权限主体扩张至管理人、人民法院以及债权人会议,但认定主体过于宽泛则意味着标准的不统一,反而加剧了共益债务认定的混乱,且会产生一定的操作风险,在具体流程上也不具有逻辑性。

总之,可以通过司法解释或者其他补充性规定,在现行共益债务列举式规定的最后,设置一条概括式规定,以涵盖具有共益性但未被列举的情形,并在此基础上,将认定权限单独归属于人民法院,由此才可凸显兜底条款的价值。当然,也要防止法院对兜底条款的滥用,对此还需在立法上进一步强调共益性要件的价值,避免二者之间法律地位的颠倒,为法院的认定提供参照,不得偏离保障全体债权人共同利益的基本原则。

---

① 于飞:《合同法总则替代债法总则立法思路的问题及弥补——从“参照适用”的方法论性质切入》,载《苏州大学学报(法学版)》2018 年第 2 期。

② 参见吴庆宝、王建平主编:《破产案件裁判标准规范》,人民法院出版社 2009 年版,第 255 页。

五、结　语

共益性价值系共益债务的核心因素,而时间要件的优势仅在于标准认定的高效与便捷,后者以前者为适用前提,前者以后者为参照标准。实践中的可操作性不能以牺牲共益债务的实质认定为代价,如此避免因小失大,伤及内核。不论从何种角度进行合理化解释,原则上均是对《企业破产法》第42条字面含义的扩张,难掩我国秉持所谓"绝对程序标准"态度之实质。比较法上对"绝对程序标准"的缓和或许能够为我国的立法修正提供可资借鉴的范例。然而,鉴于目前我国司法实践尚未将相关案例进行类型化划分,其并不具有典型性特征,如此一来,仅列明兜底条款应为现阶段的权宜之计,突出强调共益价值方为可行的出路。

破产追加分配程序之探讨

——《企业破产法》第 123 条之分析

徐根才*

追加分配是在最后分配完成和破产程序终结之后，又发现可分配的破产财产时所进行的分配。①《中华人民共和国企业破产法》（以下简称《企业破产法》）规定了破产追加分配是在终结破产程序的两种情形之下，并且发现有应当追回的财产或有应当供分配的其他财产的情况，可以请求人民法院进行追加分配。至于在具体实务如何操作，同正常情况下的分配有何不同，《企业破产法》没有明确；最高人民法院对此也没有相关的司法解释。

一、追加分配的法律基础

债权人的请求要想得到法院的支持，就要在法律上找寻请求权的基础。破产程序的启动，债权人申报债权是依破产法规定的程序行使权利，其债权请求权得到法院的支持需要经过管理人审查、债权人会议核查，债务

---

* 浙江省江山市人民法院四级高级法官。

① 参见韩长印主编：《破产法学》（第 2 版），中国政法大学出版社 2016 年版，第 312 页。

人、债权人对债权表记载的债权无异议后，由人民法院裁定确认。而实现其债权，则要通过破产财产分配方案的实施——特殊的概括执行。破产分配清偿结果无非全额清偿、部分清偿、零清偿。全额清偿的概率极低。后两种情况，得到部分清偿的为大多数；零清偿——因债务人没有“可供执行的财产”被法院裁定终结破产程序的情况，也不在少数。那么，后两种情况下，债权人还有转机可以获得清偿吗？答案是，破产法的立法还是人性化的，给了其希望——追加分配的救济途径，这就是追加分配请求权的法律基础。

追加分配的构成要件、期间的限制、如何行使债权，按照现行的企业破产法，为叙述方便，笔者将其归结为“三个二”，即“两种情形下终结”“两种财产可请求”“时间在两年之内”。

（一）“两种情形下终结”

1. 债务人财产不足以清偿破产费用的

债务人财产不足以清偿破产费用的，终结破产程序。这种情形的案件以执行程序转破产程序的类型较为常见，债务人所有的财产清偿担保债权等优先于破产费用的债权后，所剩的债务人财产不足以清偿破产费用。为此，有了适用《企业破产法》第 43 条第 4 款“债务人财产不足以清偿破产费用的，管理人应当提请人民法院终结破产程序。人民法院应当自收到请求之日起十五日内裁定终结破产程序，并予以公告”之余地。

2. 无财产可供分配和最后分配完结的

这里分两种情形：一种是无财产可供分配，也就是债务人财产不足以清偿共益债务，《企业破产法》第 113 条第 1 款的各项无适用可能的；另一种是破产财产分配方案经人民法院裁定认可，由管理人执行最后分配完结的。

针对该两种情形，《企业破产法》第 120 条第 1 款、第 2 款规定：破产人无财产可供分配的，管理人应当请求人民法院裁定终结破产程序。管理人在最后分配完结后，应当及时向人民法院提交破产财产分配报告，并提请人民法院裁定终结破产程序。

（二）“两种财产可请求”

1. 发现依企业破产法应当追回的财产。此类财产涉及的行为包括：《企业破产法》第31条规定的人民法院受理破产申请前1年内实施的、属于可撤销的5种欺诈破产行为;第32条规定的人民法院受理破产前6个月内实施的、属于可撤销的个别清偿行为;第33条规定的属于绝对无效的两种欺诈破产行为;第36条规定的对债务人的董事、监事、高级管理人员的特别追回权。

2. 发现有应当供分配的其他财产。如《企业破产法》第118条、第119条规定债权人在法定期限届满提存的不领取破产财产分配额或不能受领分配的,恢复执行程序后属于申请执行人(破产人)的执行款,新发现的破产人的存款、应收款;破产程序中因纠正错误支出而收回的款项,因权利被承认而追回的财产,等等。

依照《企业破产法》第123条的规定,将之按大类归并可分为两种"发现财产"。

(三)"时间在两年之内"

《企业破产法》第123条第1款第1句规定"自破产程序依照本法第四十三条第四款或者第一百二十条的规定终结之日起二年内"中的"二年内",应当被理解为除斥期间。追加分配的除斥期间,是破产程序终结后连续计算的不能中断和不能延长的固定期间。在此期间内发现符合上述条件的财产,应当予以追回并进行追加分配。按照《企业破产法》的规定,追加分配的除斥期间为两年。此期间的起算点有两种:一是因债务人的财产不足以清偿破产费用,破产程序依照《企业破产法》第43条的规定终结之日;二是因破产人无财产可供分配,破产程序依照《企业破产法》第120条的规定终结之日。①

二、该"三个二"之网能否捕捉漏网之鱼

(一)以具体案例展开分析

2017年9月7日,浙江家园门业有限公司、浙江铭家宝宅门业有限公司、江山市华府贸易有限公司(以下简称3家公司)以不能清偿到期债务,且资产不足以清偿全部债务为由向浙江省江山市人民法院(以下简称法院)申请进行破产清

① 王卫国:《破产法精义》(第2版),法律出版社出版2020年版,第384~385页。

算。9月15日，法院裁定受理3家公司破产清算案，并指定了管理人。

2017年12月11日，经管理人依法履职调查债务人财产状况，发现3家公司实际控制人杨某仁、徐某华“跑路”（公安正在追逃），企业停工停产，造成大批职工闹访。政府帮扶小组和清算组介入后，为维护社会稳定，采取由某开发区和抵押权人某银行先行垫付职工工资的方式，双方分别垫付了449,612.24元和1,700,000元，来解决职工的问题。3家公司进入破产清算程序时，执行程序穷尽执行措施查明的财产业已拍卖、变卖或者以实物抵债的方式清偿给抵押权人。管理人接管到的破产财产仅有现金1,713,627.73元，尚不足以清偿本案的破产费用及已实际垫付的职工工资。同时管理人审查3家公司尚有应认定的职工工资及工伤赔偿金等劳动债权811,167.53元。鉴于当时3家公司管理人接管的财务资料不完整，3家公司无财产可供分配，管理人请求法院宣告3家公司破产并裁定终结破产程序。

12月13日，法院裁定：宣告3家公司破产，终结破产程序；3家公司实际控制人杨某仁、徐某华，自破产程序终结之日起3年内不得担任任何企业的董事、监事、高级管理人员。

3家公司终结破产程序后，法院还是从社会责任出发，指导管理人做好债权人特别是职工的稳定工作。在管理人与部分职工债权人进行交流，增进了解的过程中，部分知情的职工和个别债权人陆续向管理人透露了一些有价值的破产财产追索线索，管理人向法院汇报后，得到法院的鼓励、指导。管理人从2018年6月起启动破产财产——应收款项的催收工作，经过一年多的努力催收，最终追回资金6,471,007.77元。

本案因破产人无财产可供分配，第一次债权人会议考虑债权人的情绪等问题，只是由管理人通报了债务人的情况，既没有核查债权，也没有通过破产财产分配方案。因此，追加分配就要“补课”来完成这些事项。2020年6月12日，“3家公司追加分配债权人会议”召开，核查了债权并通过了追加分配所需的《破产财产分配方案》。

（二）从案例生发出来的思考

本案发现破产人的债权——应收款，属于《企业破产法》第123条规定的“发现”破产人有应当供分配的财产。那么问题来了：

1. 应当由谁来"发现"

应由管理人"发现",还是债权人"发现"? 立法字面上似乎并不明确,通读法条第1款结尾句:"债权人可以请求人民法院按照破产财产分配方案进行追加分配",似可以读出"发现权"是债权人的,也就是说是债权人的权利。而实践中仅凭"发现"本身是不能追回财产的,追不回财产就不能增加分配。[①] 从"发现"到实际分配"可供分配的财产",尚有一段长路要走。债权人个体能够告知其所知的财产信息,已经是不错的了。很少有个体的债权人能针对全体清偿付出追收破产人财产的热情。在这种情况下,由法院主动作为,显然凭《企业破产法》第123条"债权人请求人民法院按照破产财产分配方案进行追加分配"的规定,是不能启动的,因为现实中仅有"发现"是很少能直接进行"追加分配"的。这里,不能没有管理人的参与。当然,从狭义的角度理解,能向管理人提出线索也可以被称为"发现"。问题是发现并不等于实际取得。而对管理人来说,除集中容易追回大额财产,从报酬的角度能引起其兴趣外,要求其在终结程序之后去田中"捡麦穗",其是并不愿意的。法院和法官一般也顺其自然,不会过度要求在没有明确追收目标的情况下,监督管理人去启动终结破产程序的破产财产追收。在各方主体都缺乏一般热情的情况下,《企业破产法》第123条在现实中是一种若有似无的存在。如何激活该条款,避免破产使破产人的某些相关人获益,而债权人利益受损的情况发生。通过本案的剖析,或许能使破产法通过修法趋向严密,在实务中起到警觉杜绝疏漏,确保破产程序的公平正义的作用。

2. 两年之外发现财产如何处理

破产程序终结以后,对新发现的属于破产人可用于破产分配的财产,分配期限是两年内。如此明确,那么两年之外的才发现的财产就不能进行追加分配。这可分两种情况,一种是两年之内发现依破产法应当追回的财产和发现破产人有应当供分配的其他财产的,之后,顺藤摸瓜延伸到两年之外还有发现相关财产的;另一种是两年之外才发现依破产法应当追回的财产的,和发现破产人有应当供分配的其他财产的。前一种情况,延续到该追回的业已追回止,即使是自然债务管理人能够收回也未尝不可,符合常理、常识,于法也不悖。后一种情况,似乎从《企业破产法》第123条的本意,得不出追加分配的意思来。

---

① 齐明:《中国破产法原理与适用》,法律出版社2017年版,第209页。

但规定破产财产追加分配的期限为两年，立法本意是原《中华人民共和国民法通则》规定的诉讼时效两年。因为破产人丧失独立对外民事行为和进行民事诉讼的能力，管理人在破产程序终结后两年内没有发现，则届满两年也就丧失诉讼时效。然而，《中华人民共和国民法典》规定："向人民法院请求保护民事权利的诉讼时效期限为三年。"则两年内的规定也就存在法律之间的不衔接。①

3. 追加分配谁来分配

本案召开追加分配债权人会议，由"补课会议"核查债权、通过《破产财产分配方案》。由管理人按照方案来进行追加分配。《企业破产法》第123条规定"债权人可以请求人民法院按照破产财产分配方案进行追加分配"，其意思是由法院实施追加分配。然而，笔者认为，追加分配在性质上仍然属于破产分配，其依据是清算程序中形成的破产财产分配方案，只是这种分配发生在破产清算程序终结后，但毕竟还是破产分配的继续或者补充。如本案的情况就需要债权人会议核查债权、通过破产财产分配方案，显然这些应属于管理人的工作。即使仅是划拨存款的追加分配，在债权人人数众多的情况下，也不便由法官来完成追加分配。追加分配在许多国家的破产法上要求由管理人为之，如《德国破产法》第203条、《日本破产法》第215条。追加分配由破产管理人向法院申请由法院许可，由破产管理人将追加分配的事宜公告和通知。②

三、如何创设追加分配的程序

追加分配，一般认为"这时，法院应当恢复管理人的工作，追回依法应当追回的财产，制定补充分配方案并负责分配。补充分配方案只是就追加可供分配的财产，参照原通过的破产分配方案，计算得出债权人补充清偿的数额进行分配即可，无须再开债权人会议"。③ 显然这只能针对有产可破、破产分配完成的"正常"破产案件。现在看来作者写作时考虑得不周全，没有包含"不正常"的一些例外情形，如不足支付破产费用和无可供分配财产终结破产程序。实践总行走在

① 参见李永军：《破产法——理论与规范研究》，中国政法大学出版社2013年版，第432页。
② 参见李永军：《破产法——理论与规范研究》，中国政法大学出版社2013年版，第432页。
③ 徐根才：《破产法实践指南》（第2版），法律出版社2018年版，第252页。

理论的前头,只有不断地实践,才能丰富理论,否则"纸上得来终觉浅"。

(一)具体个案会有不同的情况

世界上没有两片相同的树叶,每个案件会有不同的情况。但并不是说不可以抽象为几种类型,只有做到立法上不仅简单化规定,具体案件才有可适用的抽象法条,具体实务才有法可循。

在正常的情况下,对进入破产清算程序的案件,至少一次的债权人会议是不可缺少的,而核查债权,通过破产财产的分配方案,则是必不可缺少的会议议程。但对无产可破的案件,在债务人的财产不足以清偿破产费用,甚至是零资产的情况下,有没有必要召开债权人会议;即使召开,有没有必要核查债权、通过破产财产分配方案,这些问题都值得研究。笔者认为根据案件的具体情况,如果法人的债权人在破产前已有生效的法律文书确认了债权,其他为自然人的债权,那么如果债务人无可供分配的财产,可以不核查债权。如果多数为法人债权,而且是没有确认的债权,那么应当核查债权,法院也应当对管理人申请确认的无异议债权予以裁定确认,方便法人债权人凭人民法院相关裁定核销债权。当然,如果出现《企业破产法》第43条规定的"债务人财产不足以清偿破产费用的"的情形,管理人就只能提请人民法院终结破产程序。如果至少还能够清偿部分职工的工资,那么,通常的情况下还是应当召开债权人会议。

总之,要不要召开债权人会议,关键看债务人的财产是否足以清偿所有破产费用和共益债务。足以清偿所有破产费用的,哪怕只能解决债权人会议的费用,债权人会议能召开的还是要召开,而且至少要完成核查债权和通过破产财产分配方案,为两年内发现财产追加分配奠定基础。

(二)高效便捷又满足公平需求

追加分配是对先前破产分配的补充分配或者对之前破产程序中零分配的"洒甘露"之举,更多的是一种心灵慰藉,如本案例的追加分配清偿比例3%。因此,笔者认为追加分配只是要做事,但不必大费周折,应贯彻高效便捷又满足公平需求的原则。因此,本案指导管理人先将编制的债权表寄送债权人核查,债权人会议对债权的核查就节省时间了。债权人会议由人民法院主持,不指定债权人会议主席,也不建议设立债权人委员会。管理人作执行职务报告和有异议债权的说明,着重点也是报告追加分配财产的形成说明,使债权人知晓追加分配财产的得来并不容易。虽然满足不了债权人的“胃口”,但更多的是体现一种公平,一种对债权人利益的保护,避免破产人的某些相关人受益,而债权人受损情况发生。

(三)全方位的激励机制

通常情况下,从两年内“发现”财产到实施追加分配,一般都在两年之后了。如本案是2017年12月裁定终结破产程序的,追加分配时间则到了2020年6月,跨度两年半。由于时间跨度大,原来承办法官有调动(退出员额、退休、调动等),管理人团队人员也有变化,因此要重新组成合议庭,并熟悉案件情况。如本案例,追加分配就需要召开债权人会议进行“补课”,管理人要对之前申报和补充申报的债权进行一并审查。法院仍然要对管理人进行指导、监督,其中涉及相关工作衔接、相关部门的协调,包括召开债权人会议等。这些工作量并不会少于审理一个执行程序转破产案件的工作量。管理人的报酬按照规定确认,不会有问题。

追加分配,除破产法规定得比较抽象外,也没有具体的案由对一个单独的案件进行划分。这样,法官承办也会出现推诿,不想介入的问题,特别是原承办法官变动的情形。在目前法官的工作量纳入考核的情况下,这种“无益劳动”也难以激发法官的工作积极性。所以,需要建立全方位的激励机制。

四、完善破产法追加分配的建议

现行的《企业破产法》仅在第123条中对追加分配进行了规定,在具体的实务操作方面,显然规范是欠缺的,需要在破产法的修订中加以完善,以适应现实审理破产案件的需要。为此笔者提出以下建议。

(一)在法条下增款

在《企业破产法》第123条基础上,应在第2款“有前款规定的情形”之下,加入:“发现财产应恢复管理人的工作,由管理人追回并归集发现的财产进行分配;人民法院也可以直接进行追加分配。但财产数量不足以支付分配费用的,不再进行追加分配,由人民法院将其上交国库。”

增加这样的立法规定,一是因为追加分配一般还有许多烦琐的工作要做,如本案例,管理人不仅追回应收财产,还必须召开债权人会议核查债权、通过破产财产分配方案。追收应收财产的过程中法院不能主动作为,即使已通过破产分配方案,因为原来的这些工作都是管理人来做的,法官来分配也有难度,特别是债权人数众多的情况。二是因为管理人在原来的基础上做起来顺手,而且管理人有自己的团队,也可以按规定收取报酬,完成工作具有积极性。三是因为管理人完成追收财产,法院做好指导、监督工作,起到制衡、减少道德风险的作用,既是对法官的保护,也可为债权人救济提供法律途径。

(二)修正《企业破产法》第123条第1款

目前,《企业破产法》第123条第1款规定:“自破产程序依照本法第四十三条第四款或者第一百二十条的规定终结之日起二年内……”笔者建议将“二年内”修改为“三年内”。这样,可以将该条文较好地与《中华人民共和国民法典》规定的诉讼时效衔接。

(三)修正《企业破产法》第123条第3款

增加三年后财产的处理。《企业破产法》第123条在第2款之下增加一款作为第3款:“三年后债权人发现债务人财产追回的可清偿债权人自己的债权,债务人的债务人在执行程序中履行的,由人民法院将其上交国库。”

对增加的理由,笔者赞同王欣新老师的观点。① 严格来讲,不管债权人是三年之后,还是需要再过若干年才能取得原破产人的财产,但毕竟有主财产严格来讲仍然属于全体债权人。但如果后续作为被执行破产人的债务人的案件得以履行恢复执行,或因法院为了解除限制高消费、屏蔽被执行人名录,把原已终止执行案件实际履行了,导致追加分配不足以支付费用,不追加分配则这笔金钱没有

① 王欣新:《破产法》(第3版),中国人民大学出版社2011年版,第309页。如果债权人在破产程序终结之日起2年后才发现有债务人财产,这时依据企业破产法追回财产的时效已经超过,但如符合对无效行为追回财产的情况或者符合民事撤销权行使的条件等法律规定可以追回财产的情况,债权人仍可以追收,但追回的财产不必再按破产财产分配方案对全体债权人进行追加分配,而是直接用来清偿自己的债权。这样一方面有利于维护债权人的权益,另一方面也可以更为有效地打击破产欺诈行为。

去处;将其分配给某一债权人更存在道德风险,因此由人民法院将其上交国库还是可行的选择。对债权人追收的可清偿债权人自己的债权,笔者赞同引用的提出人的观点,理由引注中也有叙述。

破产程序中的表决权制度研究

付圆圆[*]

一、"拆分"行使表决权问题的提出

笔者曾办理某企业重整案件，遇到根据评估报告判断，担保债权不能完全实现，在表决重整计划草案时，该担保债权是否应依据《中华人民共和国企业破产法》（以下简称《企业破产法》）第110条"拆分"为普通债权和担保债权，并在两个组别中行使表决权的问题，由此引发笔者思考。

重整案件中，担保物不足值的情形屡见不鲜，产生"拆分"问题的原因系担保物往往为重整所必须，担保债权的实现不以实际处置担保物为前提。如果担保物不被实际处置，担保债权的受偿金额如何确定？答案是通过评估确定。若评估出担保物不足值，管理人便在表决前联系担保债权人按评估价值签订担保物价值确认书，并在重整计划草案中载明，仅将担保物评估价值范围内的债权及合理补偿列入优先清偿的范围，其余债权作为普通债权清偿。故有观点认为，对重整计划草案进行表决时，如果已可以预测担保债权人不能完全受偿，应将不能

---

* 重庆天亿律师事务所破产事务部律师。

受偿的部分纳入普通债权组,能够受偿的部分留在担保债权组。否则,担保债权人不能以普通债权人的身份就重整计划草案表达意见,造成实质上的不公平,甚至是对担保债权人表决权的剥夺。

由于对重整计划草案的表决与各债权人利益直接相关,《企业破产法》对重整计划草案的表决采取了严格的通过标准,债权人会议通过重整计划草案需符合第84条第2款规定的单组通过标准及第86条第1款规定的各表决组均需通过标准。若对担保物不足值的情形下的表决权界定不清,则可能在分组表决中改变普通债权组、担保债权组的表决结果,影响重整计划草案的通过。

二、理论溯源:表决权的权利基础

表决权是由成文法规定的具体权利,具备法律权利的一般特征。法律权利很大程度上与自由密不可分。民法确认每个社会成员均以拥有一定范围的自身利益为法律生活的出发点。并将这种利益量化为一个个“个人享有特定利益的法律之力”,这就是权利。① 债权人享有表决权,在法律规定的范围内行使自由,是权利本质的应有之义。债权人因行使或者放弃行使表决权,而依法受作出的决议之约束,也正体现了权利与义务的对等性。笔者拟从以下角度分析表决权来源的正当性与合理性。

(一)对意思自治原则的承继

私法自治贯穿整个民商事领域,表决权是意思自治原则在破产法中的体现。从规范上分析,确实可以窥见《公司法》《企业破产法》对民法的基本原则,诸如意思自治、平等、诚实信用等原则的体现。公司法虽对公司运营作了原则性规定,但公司治理和内部管理的问题大多可由股东通过公司章程作出例外规定,章程是股东意志的体现。

行使表决权是债权人表达意志的具体方式,与意思自治原则保持着内在一致性,并发展出新的特点。意思自治原则由传统民法的契约自由原则发展而来。市民尊奉私法自治理念去参与社会生活,必须要把理性判断作为交往的心理前

① 参见龙卫球:《民法总论》,中国法制出版社2001年版,第131页。

提。罗马市民法由此生发出“非依意思不负担义务”的理念。中世纪教会法则把意思作为从逻辑上统一说明权利义务得丧变更的出发点。[①] 正是债权人意志的表达,使权利义务的赋予有了依据。与民事领域奉行严格的“非依意思不负担义务”略有不同,破产程序为多数人的“意思自治”,在依法形成多数人的合意后,即使有债权人持不同意见,也应根据法律的规定按照多数意见执行。

(二)系债权权能在破产程序之行使

表决权产生的基础权利是债权。债权作为典型的请求权,其基本权能为给付请求权。债权人参与破产程序、行使表决权的最终目的是实现债权。通说认为,债权是特定人向其他特定人请求为特定给付的权利,而在破产程序中,特定人通过特定程序向其他特定人请求为特定给付的模式并未改变。亦有观点认为,破产法系针对法定债权债务的概括执行程序。[②] 表决权源于债权债务关系,是债权的请求权能在破产程序中的行使表现,也是债权效力在破产程序的具体体现。

(三)债权人利益保护的价值目标

破产制度的产生首先源于公正保护债权的理念。[③] 现代破产法是由各国不同的法律渊源逐步发展形成的。具有破产法社会调整作用性质的法律规定,最早萌芽于简单商品经济社会阶段的古罗马国家,其产生的最初动因,是为维护债权人的利益,保证对全体债权人的公平、有序清偿。[④] 如前所述,法律虽在不断完善的过程中,逐步形成了同时保护债权人和债务人利益的价值取向,但对债权人利益的保护仍是首要价值目标。在破产程序中,只有债权人自己才能综合考虑各种因素,通过行使表决权为自己的利益作出最佳决策。

---

① 参见张俊浩主编:《民法学原理》(修订第3版),中国政法大学出版社2000年版,第25页。

② 参见徐根才:《破产法实践指南》(第2版),法律出版社2018年版,第4页。

③ 参见韩长印主编:《破产法学》,中国政法大学出版社2007年版,第10页。

④ 参见王欣新主编:《破产法原理与案例教程》,中国人民大学出版社2010年版,第13页。

三、担保债权人对重整计划草案的表决权

通过前述分析,回到表决权“拆分”与否的问题,笔者认为,答案并不是当然的,原因有四:

其一,不当然拆分表决是我国破产法规范体系的应有之义。《企业破产法》第110条规定,对特定财产享有并行使优先受偿权的债权人未能完全受偿的,其未受偿的债权作为普通债权。该规定位于《企业破产法》第10章破产清算章节,应当仅适用于破产清算程序,不应以此反推其他程序;且该条适用的前提是担保物实际变价,担保权人所能受偿的优先债权金额确定,未受偿的债权作为普通债权清偿。对重整计划草案的分组表决并非受偿环节,评估结果亦区别于实际变价结果,其作为普通债权的效力不能及于分配之前的程序。

其二,债权分组的法定性决定了表决权的行使。债权性质决定债权分组,债权性质和清偿顺序最终由债权的法律属性和效果决定。管理人对债权的性质、数额、诉讼时效等进行审查后,对债权数额和性质作出认定,经法定核查程序后提请人民法院裁定确认。在法院裁定确认债权金额和性质后,各债权人分组行使表决权。从逻辑上分析,对债权金额和性质的认定在表决权行使之前。且债权具备固定性,如非法定原因,不应在表决过程中对其性质进行调整、变动。

其三,表决权与资产评估相互独立,表决权不因评估结果而变动。支持“拆分”者认为,评估报告确认的担保物价值小于担保债权时,已确定担保债权不能受偿部分的金额。该观点的支持者忽视了这样一个问题,即按照“拆分说”,随着时间的推移,在多次评估、实际拍卖、变卖过程中担保物的价值也会变动,表决权的“拆分”份额则是一个变动的数值,从实践角度看也并不合理。

其四,从操作层面上讲,债权人均是一人一票,采取“人头+金额”的方式计算通过比例,若按照拆分的观点,则一位债权人可能享有两票,这与公平原则不符。更不必说在多个担保债权人对同一担保物享有优先权情形下,对受偿金额的预判难度以及处理的复杂性。

四、实务中的处理路径及立法建议

(一)实务中的处理建议

在担保债权人不能完全受偿时,对重整计划草案的表决应尊重立法及其原理,运用已有规定解决问题。

1. 以不当然拆分行使表决权为原则。表决重整计划时,应按法院裁定确认的债权金额、债权性质分组,管理人不应当然依据《企业破产法》第110条,径自将担保物不足值的担保债权拆分成两部分,并分别纳入担保债权组和普通债权组行使表决权。

2. 围绕债权人意思自治的中心。表决权的价值目标是保护债权人利益,债权人依法放弃优先受偿权利的,其债权作为普通债权。管理人在债权人行使表决权之前的任何阶段均可充分披露,告知放弃优先受偿权的法律后果,并征求债权人的书面意见。债权人选择部分或全部放弃优先受偿权后,可将全部或部分担保债权作为普通债权受偿,行使表决权;债权人部分放弃优先权时,还可提前按比例分摊所占“人头”。以上处理规则均可通过债权人会议表决确定,将处理方式合法化、合理化。

(二)立法上的建议

在个别情形下,如担保物不足值,对破产财产分配方案进行表决时,僵硬适用“担保债权人对破产财产分配方案不享有表决权”的规定,对担保权人而言确实不公平。联合国国际贸易法委员会《贸易法委员会破产法立法指南》(以下简称《破产法立法指南》)指出:如果债权人的担保价值不足,他们的利益更有可能与无担保债权人的利益一致,他们参加债权人委员会或债权人的表决,并无不妥,至少在其不足值担保范围内是如此。[①] 该条提出在担保物不足值的情形下,担保债权人参与表决存在一定合理性。立法应当考虑到债权人与所决议事项的利益相关性,并作出一定的安排。

---

① 参见联合国国际贸易法委员会编著:《贸易法委员会破产法立法指南》(2006年)第二部分,第173页。

《破产法立法指南》还对担保物不足值的情形如何立法进行了指引。如果规定担保债权人就其债权未清偿部分与普通无担保债权人一起参加表决，会造成估值的困难，难以确定担保债权人是否持有以及在多大程度上确实持有担保权。故在决定是否采取当然拆分的立法体例上，需要考虑评估拟采取的做法对担保式融资的供应和费用的影响，并尽可能提供更多的确定性和可预测性，将此与破产法的目标和重整成功给经济带来的好处加以平衡。①

该立法指南的指引有其合理性，然在立法时仍需要考虑，该条款适用的债权范围、担保物价值的确定、评估方法的选择、表决时人数权重的计算，以及分组的确定、表决事项的范围等问题。由于拆分问题与担保债权人的利益紧密相连，而于普通债权人或其他债权人无碍，若确实争议太多，立法机关亦可以考虑增加关于表决权的原则性规定，如表决权的行使以表决事项与债权人存在利害关系为前提。在此种情形下，立法机关则需考虑利害关系的具体所指。在重整章节中可以规定：在对重整计划草案进行表决时，若根据评估报告确定担保财产不足值，则可以将担保债权拆分成“普通债权”和“担保债权”，分别列入担保债权组、普通债权组行使表决权，但担保债权人不同意拆分的除外。此外，当多个债权人对同一（担保）物享有优先权时，可以按照优先权成立的时间先后顺序确定受偿金额；若顺序相同的，可以按照比例确定。对表决权重的处理则可以按照拆分划入各债权组的债权金额占该债权人所持债权总额之比确定。

① 参见联合国国际贸易法委员会编著：《贸易法委员会破产法立法指南》（2006年）第二部分，第197页。

信息化背景下债权人会议之功能透视及规则构建

孔　政[*]　胡其芬[**]　祝继萍[***]

信息化是破产案件审理的一把“利器”。最高人民法院院长周强强调,以信息化开拓破产案件审理新局面。近年来,随着破产审判信息化建设进一步加快,召开线上债权人会议,创新债权人会议召开方式已成新趋势。信息化背景下,如何运用好债权人会议这一债权人自治机构,融合信息技术与会议规则,平衡个体意愿与制度效益,保障程序参与与实体决策,从而实现债权人利益最大化是破产制度中债权人会议机制发展的新课题。

一、线上债权人会议的发展现状与原因

债权人会议是司法控制之下的债权人意思自治,公平与效率是债权人会议的内在价值。互联网信息技术迅速发展,其“连接”功能契合了债权人会议的运行机制,其“效率”优势催生了线上债权人会议。

---

* 杭州市余杭区人民法院常务副院长。

** 杭州市临平区人民法院审判委员会专职委员。

*** 杭州市余杭区人民法院民三庭(破产审判庭)庭长。

(一)线上债权人会议的规范性基础

考察线上债权人会议的规范性基础,最早可追溯至《最高人民法院关于审理上市公司破产重整案件工作座谈会议纪要》(法〔2012〕261 号),该会议纪要首次明确针对特殊类型的公司在破产重整程序中,就出资人组的表决方式可采用网络投票表决,这也是首次将网络投票表决方式引入破产程序中。2016 年 7 月,《最高人民法院关于企业破产案件信息公开的规定(试行)》(法发〔2016〕19 号)第 11 条规定人民法院、破产管理人可以在破产重整案件信息网召集债权人会议并表决有关事项,该条款是召开线上债权人会议及进行网络投票的规范性渊源。2018 年 3 月 4 日《全国法院破产审判工作会议纪要》(法〔2018〕53 号)第 47 条规定,鼓励和规范通过网络方式召开债权人会议,提高效率,降低破产费用,确保债权人等主体参与破产程序的权利。2019 年 3 月 27 日,《最高人民法院关于适用〈中华人民共和国企业破产法〉若干问题的规定(三)》[以下简称《企业破产法司法解释(三)》](法释〔2019〕3 号,已被修改)首次明确规定了网络投票等非现场表决方式,为实践中线上债权人会议的表决程序提供了法律依据。2020 年 4 月 15 日,《最高人民法院关于推进破产案件依法高效审理的意见》(法发〔2020〕14 号)在强调第一次债权人会议可以采用现场方式或网络在线视频方式召开的基础上,赋予后续债权人会议召开方式的灵活性,同时该规定在明确提高债权人会议便利度的同时强调会议的规范性。①

(二)线上债权人会议的发展现状

2019 年 12 月 4 日,最高人民法院发布的首部互联网司法白皮书《中国法院的互联网司法》显示,截至 2019 年 10 月 31 日,通过全国企业破产重整案件信息网召开债权人会议 312 次,涉及债权人 504,013 人。② 该数据仅为通过全国企业破产重整案件信息平台召开的线上会议数量。此外,各地法院借助移动微法院、钉钉视频会议、腾讯多方视频会议、“优破案”、“工商融 E 联”等平台召开线上债

---

① 参见林文学等:《〈关于推进破产案件依法高效审理的意见〉的理解与适用》,载《人民司法》2020 年第 13 期。

② 参见徐隽:《数说中国法院的互联网司法》,载中青在线网,http://news.cyol.com/app/2019-12/04/content_18264125.htm。

权人会议的数量增长迅速。笔者总结线上债权人会议的发展特点,主要如下:一是采用线上方式召开债权人会议的破产案件数量增长迅速,尤其是在2020年疫情期间,此类案件的数量呈爆发式增长;二是线上债权人会议的召开平台各式各样,随着全国企业破产重整案件信息平台、移动微法院等官方推荐平台的逐步完善,平台的应用呈集中趋势;三是会议召开方式各不相同,即便是线上会议,有的采用视频方式召开,有的采用文字形式召开,还有的采用视频与文字相结合的方式召开;四是当事人对线上债权人会议的接受度逐渐提高,从起初因部分债权人拒绝线上参会而采用线上与线下相结合的方式召开,到部分案件中的全体债权人均自愿选择以线上方式参会,反映了线上债权人会议的社会认同度的提高。

(三)线上债权人会议的发展原因分析

1. 内因方面

一是随着破产案件数量大幅上涨,破产审判日趋常态化,要求重视破产程序的经济效益,线上债权人会议的推广应用有利于提高破产案件审理质效;二是线上债权人会议有利于推进破产案件简易审改革,线上债权人会议采用网络投票方式简化了表决方式,大大提高了表决效率;三是在涉众型破产案件中,债权人数量成百上千,如何组织召开大型债权人会议是法院面临的棘手难题,现实需求催生"产品"供给,此类案件的普遍存在一定程度上促使法院选择采用线上方式召开债权人会议。

2. 外因方面

一是信息技术的出现及低成本运用于破产案件为线上债权人会议的发展提供了现实可能;二是全国"智慧法院"初步形成,民众对线上司法服务及相应智能化平台应用的接受度逐步提高,这也为线上债权人会议制度的发展提供了有利环境;三是疫情防控期间,召开"零接触"式线上债权人会议的必要性凸显,多地法院发布关于疫情防控期间稳妥开展破产审判工作的通知,全面推行破产案件在线审理,在一定程度上加快了线上债权人会议的应用及发展。

二、线上债权人会议发展的机遇与挑战

一方面,依托信息技术的支撑,线上债权人会议具有极大的"经济性",并因

其高效、便捷、低成本的特点获得广泛认可;另一方面,实践中针对线上债权人会议的顾虑、质疑甚至诟病从未消失。正确认识线上债权人会议的优势,警惕可能存在的“陷阱”,有利于推动线上债权人会议的规范化发展。

(一)效益对比:线上会议与线下会议

2017 年 1 月,浙江省杭州市余杭区人民法院(以下简称余杭法院)组织召开的“中都系”19 家企业合并破产案第一次债权人会议(以下简称“中都系”企业一债会)在余杭区体育馆召开。2019 年 10 月,中友公司破产清算案第一次债权人会议(以下简称中友公司一债会)在余杭法院第一法庭采用线上与线下相结合的方式召开。通过对两场大型债权人会议在不同召开方式下的各项数据对比(详见表 1),直观感受线下会议与线上会议的不同。

表 1 “中都系”企业一债会与中友公司一债会对比

会议情况		“中都系”企业一债会	中友公司一债会
参会情况	债权人数	998 家	2601 家
	参会人数	291 家	2550 家(227 家现场参会 +2323 家线上参会)
	参会率	29.16%	98.04%
	参会债权人所代表的无财产担保债权比例	81.931%	87.72%
会务成本	会议时间	150 分钟	136 分钟
	会议工作人员人数	181 人	100 人
	会务费用	7 万元	2 万元
表决结果	各项议案赞成人数平均比例	89.1725%	90.90%
	各项议案赞成人数所代表的债权额占无财产担保占全额的平均比例	75.06%	84.08%

数据显示,中友公司一债会的债权人参会率、会务成本、表决通过率等数据明显优于“中都系”企业一债会。

(二)优势:以信息技术提升机制效益

1. 线上债权人会议具有极大的"经济性"

首先,信息化平台的运用降低了人力资源的投入,从债权人会议的现场秩序维护、签到统计、资料分发到表决票收取及统计等原本需要大量人员投入的事务转由在网络上进行。其次,信息化平台的运用降低了物质成本投入,会议资料的无纸化、材料传送的电子化大大降低原传统印刷和邮寄的成本。最后,信息化平台的运用提高了时间效率,债权人会议相关信息数据的生成、处理时间大幅缩短,以余杭法院审理的中友公司破产清算案为例,2323 家线上参会的债权人的投票表决结果 4 秒即生成,此外债权人会议资料的分发、表决结果的告知等信息数据的传送环节具有即时性,时间成本几乎为零。

2. 线上债权人会议改变审理理念与方式

对法院而言,线上债权人会议不只改变了召开会议的物理形式,它还会对破产审判理念与方式产生影响。与内部信息化管理不同,线上债权人会议的召开实际上是面向社会的信息化,这就要求法院组织会议时秉持两大理念。一是服务理念,该种会议方式以便民为要旨,确保所有参会者掌握信息化平台的功能,并实时解决技术性问题,确保不因技术障碍带来程序瑕疵;二是公开理念,相较传统现场会议,线上债权人会议是更为开放、动态、透明、便利的司法公开,要求组织者在会议议程、表决流程、决议事项等程序设计和实体制定方面更加规范化、精细化,此外还应把握司法公开与债务人商业秘密保护之间的合理界限。

3. 线上债权人会议延展债权人行使权利的深度

一方面,线上债权人会议打破了参加会议的时空限制,迎合了债权人尤其是小额债权人降低参会成本的愿望,让更多债权人选择参加会议,提高了债权人的参会积极性。另一方面,虽然《中华人民共和国企业破产法》(以下简称《企业破产法》)第 61 条赋予债权人会议广泛的职权,但由于债权人会议系非常设机构,行使职权的成本较高;信息技术通过降低会议召开成本,促使管理人在履职过程中遇到重大事项需决策时,出于降低履职风险的考虑,更有意愿提交债权人会议表决,反过来也加强了债权人会议对管理人履职的监督,提高了债权人对破产程序的实质参与性。

（三）挑战：实践中需注意三大误区

1. 注意决策者异化为旁观者

顾名思义，债权人会议的主角应为债权人。当债权人会议的召开方式由现场转到“线上”，债权人彼此之间互不照面，分处异地通过网络连接参加会议；债权人之间、债权人与管理人之间的沟通受限，信息传递多为“单向性”；债权人会议极易异化为“情况通报会”，债权人则异化为屏幕前的旁观者。因此，以线上方式召开债权人会议，应当摆正债权人的主体地位，在会前与债权人充分沟通债务人情况、会议议案等信息，有条件的可提前将会议资料发放给各债权人并答疑解惑，以便债权人充分了解会议内容，从而更好地行使表决权利。

2. 注意重结果轻程序

在设计债权人会议流程时，通常会更加关注议案报告和表决，导致讨论程序缺失、提问环节形式化的现象较为普遍。然而，如果线上债权人会议无法保障当事人的程序权利，则其适用的正当性将受到质疑。笔者认为，从会议秩序角度考虑，对债权人随意发言予以一定限制是必要的，但是应当畅通提问的渠道，如会前召开线上说明会，将提问环节前置，或会上通过发送提问链接的方式让债权人填写书面提问单，并在会上统一回答或在会后及时解答。

3. 注意重形式轻内容

线上债权人会议仅是债权人会议召开的一种方式，采用线上方式召开需考虑债权人的分布及人数、债权人的意愿等诸多因素，并应结合案件实际情况。线上债权人会议不应夸大技术平台的作用，而应回归债权人会议的内容本身，尊重债权人的实体性和程序性权利，警惕“流水线上的债权人会议”，即“千篇一律”的议案、模式化的会议流程给债权人带来“表决机器”的错觉。

三、线上债权人会议制度的构建与完善

信息技术仅是一种工具、一种手段，它能否嵌入破产程序取决于其服务破产实践的价值功能，需遵循公平及效率价值的安排。线上债权人会议制度的运行，应秉持债权人中心理念，规范线上债权人会议的适用及组织规则。随着各地法院的探索实践，线上债权人会议组织规则的“实务版”初具雏形。

(一)适用原则

线上债权人会议应坚持当事人中心原则,即在确保程序公正的前提下使当事人能够更加高效、便捷地参与破产程序。把握该原则,首先,确定线上会议的召开方式应充分听取债权人的意见,赋予债权人选择的权利,同时给予债务人、职工代表、重整投资人等利益相关者表达的机会;其次,线上债权人会议在设计会议流程、组织规则时应充分尊重、保障债权人的知情权、议事权、表决权和监督权;最后,线上债权会议的召开前后,仍需注重线下工作,加强与债权人的沟通协调。

(二)适用范围

目前,线上债权人会议制度仍处于起步阶段,立法的顶层设计、平台的整合建设尚需时日;设备设施建设、专业技能培训仍需投入大量时间和金钱;法官、管理人的工作惯性转变、专业素养提升需要一个过程;债权人的认可度、接受度的提升亦是一个渐进的过程。因此,并非所有破产案件均适宜采用线上方式召开债权人会议,采用线上方式召开的,亦多与现场会议相结合。结合实践,线上债权人会议可在以下几类案件中先行先试:一是涉众型案件,其债权人数量较多,召开现场会议成本过高;二是无产可破案件,其债权人的参会成本所带来的收益微不足道甚至为零,导致债权人参加现场会议的意愿低;三是债权人地域分布广,债权人参加现场会议的成本高,一定数量的债权人表达线上参会意愿的案件。

(三)法律规则思考

1. 债权人对会议召开方式有无选择权

因立法并无明确规定,实践中就第一次债权人会议的召开方式是由法院决定还是由债权人决定存有争议。前者认为只要法院将会议召开方式提前通知债权人即可,因为会议的召开方式并不会对债权人的实体权利产生影响。《最高人民法院关于企业破产案件信息公开的规定(试行)》第 11 条规定,债权人可以选择现场投票或网上投票,该条款赋予债权人对投票方式的选择权利。会议召开方式同样应当尊重债权人的程序选择权,且线上债权人会议作为一种新的会议方式被债权人广泛知悉和认同需要一定时间,在现阶段要求所有债权人运用智能化平台参会尚不现实。

2. 线上债权人会议之“出席会议”的理解

实践中对何为债权人“出席”会议有着不同的理解,是以债权人参与投票即提交表决票视为债权人“出席”会议,还是以债权人登录平台完成签到即视为债权人“出席”会议,而无论其是否进行后续投票表决。两种不同的操作方式,对表决结果会产生直接影响。笔者认为,实务操作中,如平台具备签到功能,以债权人完成签到即视为其出席会议为佳,即使其中途离开未参与投票表决,事实上放弃投票亦是债权人行使权利的一种方式。不过,在目前立法、司法层面并无明确规定的情况下,也许答案本身并不重要,重要的是在会议召开前明确会议规则,并告知全体债权人,以避免后续发生争议而无法解决。

3. 线上债权人会议中“延时表决”的争议

线下债权人会议多采用现场表决方式并当场宣布表决结果,那么线上债权人会议能否采用“延时表决”方式?笔者认为,线上债权人会议应以即时表决为原则,以延时表决为例外,结合案件实际情况允许在特殊情况下采用延时表决方式,如会议期间因网络故障等客观原因导致债权人无法行使权利,债权人确有正当理由导致其无法准时参会以及法院认为其他不宜采用即时表决方式等情形。采用延时表决时,应注意以下事项:一是延时表决应由相关债权人事先提出申请,由法院审查后决定是否允许;二是延时表决应向全体债权人告知允许延时表决的债权人有哪些、允许延时表决的理由,以及明确延长表决的时限;三是线上债权人会议采用延时表决的,应参考《企业破产法司法解释(三)》第11条之规定,管理人应当在债权人召开后的3日内,以信函、电子邮件、公告等方式将表决结果告知参与表决的债权人。

4. 线上债权人会议相关权利救济与争议解决

《企业破产法》第64条第2款赋予债权人在法定期限内请求法院撤销债权人会议决议的权利,以保护债权人合法权益不受侵害。《企业破产法司法解释(三)》第12条明确了可申请撤销债权人会议决议的4种情形,包括债权人会议的召开违反法定程序、表决违反法定程序、决议内容违法、决议超出债权人会议的职权范围。但由于线上债权人会议是一种建立在新技术之上的会议方式,如因人员操作、技术不周导致债权人无法登录系统或登录系统而无法完成投票,或虽然完成投票但投票结果出现差错,此时发生争议该如何解决?我们认为前述情形应属程序性问题,债权人以程序瑕疵或违法为由请求法院撤销债权人会议决议是一条主要的救济途径,法院应当在综合考量责任归属、主观状态、是否影响决议结果等因素后作出判断。最高人民法院最新出台的《关于推进破产案件依法高效审理的意见》第 12 条规定,债权人请求撤销债权人会议决议,符合《企业破产法司法解释(三)》第 12 条规定的,人民法院应予支持,但会议召开或者表决程序仅有轻微瑕疵,且对决议未产生实质影响的,人民法院不予支持。

四、重整制度与困境拯救

关于运用破产重整救治危困企业的调研报告

程顺增[*]　鲁晓波[**]

近年来,衢州两级人民法院高度重视破产重整工作在救治危困企业、保护破产企业相关主体合法权利、改善营商环境、提升区域治理体系和治理能力现代化水平、推动经济高质量发展等方面的重要作用,在审理破产重整案件实践中,积极探索,大胆创新,探索出一系列有益经验。本报告以衢州两级人民法院32件成功重整案件的审判实践为样本,分析案件特征,总结审判经验,提炼普遍存在的问题,并提出对策建议。

一、衢州法院破产重整案件概况

从破产案件受理情况来看,2015年至2019年6月衢州两级人民法院受理破产案件数350件,其中受理破产重整案件52件,占比14.86%;结案数258件,共有32件企业"向死而生",重整成功,占比12.40%。重整成功的32家企业主要分布在化工、建材、商贸、房地产等领域。

破产重整案件呈现以下特点:

---

* 浙江省衢州市中级人民法院宣教处处长。

** 浙江省衢州市中级人民法院破产审判庭员额法官。

1. 企业进入破产程序原因多样

一是过度投资,盲目扩张。由于对新投资领域不算熟悉,企业所有者或管理者所作的投资决策难言明智,跨区域投资或盲目扩大生产等投资决策,造成企业经营负担过重。二是互保联保。为了解决企业融资难问题,企业互保、联保广为运用,一旦某一企业无法按期还债,很容易出现担保链风险蔓延风险。三是高息拆借。几乎所有的破产企业都有民间借款债权人,债务人企业在转贷时往往不惜以高额利息拆借过桥资金,造成企业财务状况恶化。四是国家政策变化,市场行情波动。国家政策与市场行情关系企业的市场准入、原材料供应、流动资金、产品需求与产品利润等,如2021年后的教培行业。五是治理结构不合理,内部管理不规范。许多企业沿用家族式管理模式,缺乏有效约束,财务管理随意混乱。

2. 债务人申请破产占比较高

重整成功的32家企业中,有9家是由债权人提出申请进入破产程序,有23家系由债务人提出申请进入破产程序,债务人提出破产申请的占比达到71.88%,因此债务人相比债权人更有重整意愿。而且32家企业均为大中型企业,寻求破产保护的意愿相对强烈,其中,有6家是从破产清算程序转为破产重整程序,通过执行程序转破产程序的有2家,通过诉讼程序直接转入破产程序的有2家。

3. 关联企业占比较高

重整成功的32家企业中,其中有关联关系、合并重整的企业有20家,占比高达62.50%。而2015年至2019年上半年,衢州两级人民法院审结的258件破产案件中,76件系关联企业案件,占比达29.46%。由此反映出关联企业在实际控制人、经营管理、资金债务、财务管理、人事管理等方面存在严重混同。合并重整案件数较多,一方面,反映了企业在规范管理上较为欠缺;另一方面,反映了法院十分注重适用实质合并破产方式审理,既注重提高重整程序的效率,又注重公平清偿,以更好地保障各方当事人之间实质上的公平。

4. 债权人获得较高比例清偿

32家成功重整企业债权总额45.42亿元,清偿额11.17亿元,清偿率24.60%;其中劳动债权总额0.29亿元,清偿额0.28亿元,清偿率96.55%;税收债权总额0.28亿元,清偿额0.21亿元,清偿率75%;普通债权总额27.82亿元,清偿额5.54亿元,清偿率19.92%;担保债权总额15.49亿元,清偿额12.77亿元,清偿率82.44%。各种债权清偿比例均较高,尤其是普通债权的平均清偿率达到近20%,均高于破产清算状态下的清偿率。

5.重整案件服务经济社会发展成效明显

法院通过挽救32家企业,成功盘活工业用地1015.26亩、工业厂房41.02万平方米,清理债务总额45.42亿元,化解银行不良贷款15.16亿元,配合政府有序分流安置职工1801人,化解执行案件474件,涉及处置标的额4.18亿元。

二、不断创新机制驱动企业重生的经验做法

(一)制度方面,在守正中探索创新重整各项程序

1.加强重整识别,迅速转换程序

一是果断从诉讼程序、执行程序转换至破产程序,快速锁定企业风险。衢州法院主动作为,在合法合理的前提下将企业进入破产程序的"司法推动力"尽可能最大化,使具备破产原因的企业尽早进入破产程序。衢州市中级人民法院(以下简称衢州中院)于2016年1月率先试行执行程序与破产程序衔接工作机制,将执行不能或虽陷入困境但有挽救价值的企业移送破产审查;衢州中院又于2017年7月在全省率先出台诉讼转破产的工作文件,从立案和审判环节推动具备破产原因的企业尽早进入破产程序。二是及时从破产清算程序转入重整程序。法院受理破产清算申请后,及时发现企业的重整价值与重整可行性,迅速调整办案思路,果断从清算程序转入重整程序。重整成功的32家企业中,有6家企业从破产清算程序转为重整程序。

2.丰富债权清偿方案,提升重整计划草案通过成功率

首先,针对普通债权组,设置"分档累进递减"阶梯式清偿方案,适当倾斜提高小额债权人的清偿比例,尽可能提高表决同意的人数比例。其次,针对大额金融借款或民间借贷债权人,通过"债转股"思路,创造性地用将来预期收益化解当前难题,既化解了该类债权人与担保公司之间的风险,又争取到表决同意的债权金额比例。此外,还可以通过重整方案赋予债权人清偿方式选择权的方式,最大限度地保障债权人的受偿利益并争取债权人对企业重整的支持。

3.依法稳妥使用强制批准程序,实现多方利益共赢

32家成功重整的企业中有两家适用了强裁程序,均为担保债权组未能表决通过重整计划草案。根据重整计划草案,抵押权人的抵押债权就抵押资产能够

获得全额清偿,并未损害其利益;且根据管理人提交的清算与重整情形下的偿债比例分析报告,若重整计划草案未获通过即进入破产清算程序,将严重损害全体债权人的利益,普通债权人的清偿比例将为零,劳动债权、税收债权的清偿也将受到影响。最终经过利益权衡,法院强制批准了两家企业的重整计划草案。其中一家企业重整计划草案经强裁后,其主要生产的医疗器械从原先的一次性输液器械逐步转变为具有更高附加值的医疗器械,同时企业开始开拓美国、欧洲市场,年业绩预计突破 5000 万元。

(二)延续企业生机方面,多措并举为企业"输血续命"

1. 恢复待重整企业生产经营,为引进战略投资者和制定重整方案打下坚实基础

法院监督、指导管理人对债务人历年经营状况、盈利能力进行调查、分析,使能够恢复经营的债务人尽快恢复经营,充分利用好债务人原有的生产要素、经营销售渠道和管理经验,既能搞活生产要素,又能展现企业市场前景,有助于提振债权人的信心,为接下来引进战略投资者和制定重整方案打下坚实基础。重整成功的 32 家企业中,有 26 家企业在重整程序中继续或恢复生产经营,占比达 81.25%。

2. 采用创新模式盘活资金,灵活解决重整程序中企业经营资金问题

一是通过所有权保留的方式解决资金匮乏问题。如江山法院在审理万商集团破产重整案件时,除通过各种方式筹措货物采购资金外,还协同债务人反复与供应商沟通协调,先后召开 2 次供应商代表大会,最终促使 500 多位供应商在铺货方式上达成一致意见,即采取灵活的平台代销的模式,承诺商品未售出前供应商可保留商品所有权,实现"基本零资金"铺货,大幅减少了资金需求,降低了重整企业的财务风险。二是通过共益债务的方式融资。在审理浙江永易房地产开发有限公司破产重整案件时,衢江法院为充分保障购房户的合法权益,尽快实现楼房复工建设,该院指导管理人采取以建筑施工方为主体对外融资、债权人大会及债权人委员会决议的方式,通过融资用于公司继续营业,并由法院裁定上述融资借款本息为工程垫资款性质的共益债务,扫除了融资的障碍,共向两家金融机构成功融资 5000 万元用于后续建设。三是债权置换方式,释放债务人资产活力。江山法院创造性地指导管理人采取债权置换方式,将衢江长河公司名下的

9000 万元银行抵押债务转移至浙江长河公司名下，由浙江长河公司将债权人建行衢州开发区支行列为优先债权人并重新提供抵押担保，从而使衢江长河公司的 8310 万元资产得以解除查封，91 亩土地抵押权得以注销登记，由此释放出公司资产近 1.2 亿元。

3. 提升破产企业资产回收率，增加企业"涅槃"燃剂

一是在重整程序中引入竞争机制。对有多家意向投资人的重整企业，确定其最终投资人采用现场竞价方式，选择在企业经营能力与债权清偿比例方面均具有比较优势的战略投资者；不仅着眼于提高债权人的清偿比例，也充分考量投资人经营管理方面的投入和保障，兼顾破产企业运营效益及债权人的合法权益。二是探索"出售式重整"。一方面，重视营业让与，有效保护具有生存潜力和未来竞争力的企业主营业务；另一方面，有效隔断破产企业或有债务，避免重整失败。如江山三星铜材线缆有限公司由江山虎集团收购，一方面，保持了主营业务的运作；另一方面，剥离了非核心资产，隔断了或有债务，安置职工 100 余人，2017 年企业新增产值 4 亿元，新增利税近 300 万元。

（三）府院联动方面，合力破除企业重生的内外难题

1. 宏观沟通机制方面

早在 2015 年 4 月 30 日，衢州市政府和市中级人民法院就召开府院联席会议，专题研究部署衢州"僵尸企业"的司法处置问题。此后衢州中院与市政府每年都召开府院联席会议，对衢州"僵尸企业"处置工作进行研判、协调和部署。各基层人民法院也与当地政府就处置"僵尸企业"召开了府院联席会议，建立了相应的府院联动工作机制。

2. 具体协作联动机制方面

一是成立专门的工作组，市政府专门成立由分管工业的副市长任组长的破产重组盘活工作协调小组，下设 8 个工作组，全力支持法院"僵尸企业"的司法处置，做好摸清底数、识别分类、维稳及职工安置、寻找战略投资人等配套保障工作，并建立法院与工作组之间的定期沟通协调与信息共享机制。二是贯彻融合发展理念，实现企业风险预警与"僵尸企业"处置"市区一体"。一方面，针对重点企业、关注企业多集中于绿色产业集聚区的情况，2017 年 5 月，市中级人民法院、市辖区两个基层人民法院及衢州绿色产业集聚区形成《衢州绿色产业集聚区

管委会衢州市中级人民法院关于贯彻融合发展理念加强工作对接的意见》,完善了辖区内企业风险评估甄别(预警)机制和资产盘活机制。另一方面,法院对集聚区企业不动产司法处置过程中主动对接集聚区项目决策咨询机构,集聚区积极对外推介破产企业和被执行企业资产,提升资产处置效率。

3. 重整企业信用修复方面

早在2017年年初,衢州中院与人民银行衢州支行就签署了防范金融风险的合作框架协议,联手解决企业信用的修复难题。协议中规定,衢州两级人民法院对破产重整成功的企业,应及时在执行系统内进行信用修复。衢州各人民银行在管理人提交申请、法院出具函件的情况下,支持企业通过添加“大事记”或“信息主体声明”等手段对破产重整情况进行说明;企业重整计划经法院裁定批准后,企业重新上报债务关系,征信系统内原信贷记录展示为结清状态。

4. 破产经费支持方面

衢州市、县两级均积极安排企业破产审判相关专项经费,建立多渠道筹资机制,制定相关管理办法,相关制度不仅用于解决无产可破的“僵尸企业”的破产审判启动问题,有的也用于破产重整案件中的资金周转等问题。

三、破产重整工作存在的问题

(一)立法层面,破产重整法律规则构建有待完善

立法规定较为原则性,应用过程中更多依赖各级法院实践中的创新活动。例如,重整申请审查的表述简单模糊,未能给予法官明晰指引。又如,在重整计划的制定执行阶段对债权人的权益保护不足。《中华人民共和国企业破产法》(以下简称《企业破产法》)第79条只规定了债务人或者管理人有权提交重整计划草案,而未赋予债权人参与拟定草案的权利。债权人不能直接参与拟定,重整计划草案就有损害债权人利益的可能。再如,《企业破产法》第90条规定在重整计划规定的监督期内由管理人监督重整计划的执行,但具体监督事项法律并未明确,管理人形同“稻草人”,不利于保护债权人的合法权益。

(二)司法层面,重整程序周期过长

虽然《企业破产法》第79条规定了债务人或管理人提出重整计划的时间为9

个月,但并没有规定破产重整案件的审理期限。司法实践中不少法院探索破产清算案件简易审理,但很少试水破产重整案件繁简分流。重整程序的时间跨度长短影响着企业的重生成功概率,重整企业由于自身已陷入危机,无法承受"遥遥无期"的重整,过长的重整时间也会降低债权人对重整的信心,最终会导致重整走向失败。现实中也有不少中小微企业会进入破产重整程序,这些企业债权债务关系相对简单,债务总额不大,往往因资金周转出现困难而进入破产程序,经不起长时间的拖延,需要适用简易程序进行重整。

(三)管理人层面,履职能力离实现企业运营价值需求仍有提升空间

首先,管理人人员及结构配置不合理,管理人内部专业度不足。各法院根据法律及相关司法解释的规定,在破产管理人名册中只有律师事务所、会计师事务所及少量清算事实所,以及这些机构中的从业人员,这种模式主要立足的是破产清算案件的清算价值,但破产重整案件还应着重考虑企业的运营价值,而现有管理人的能力不足以准确判断与实现价值。其次,管理人怠于履职的情况也屡有发生。现行有效的管理人制度在实践中常常将管理人置于中立的位置,导致其经常忽视商业经营能力在破产重整中的作用,增加重整成本。[①] 管理人职责划分不清,导致存在管理人缺位以及法院越位现象。最后,管理人选任程序缺乏科学性。在选任方式上,重整案件不少仍是以摇号方式产生管理人;在管理人的主体形式上,普遍为一家中介机构担任管理人;在管理人的级别与区域上,主要以案件所在地的市级管理人为主,省级管理人与案件所在地市域以外的管理人较少。这样的选任较为缺乏针对性、科学性、合理性,未能很好结合破产重整案件的具体情况与实际需要。

(四)外部环境方面,府院联动机制有待进一步完善

要在破产程序中高效解决社会矛盾和实际工作中遇到的各类错综复杂的疑难问题,离不开政府职能部门的参与推进。但是我国《企业破产法》几乎未对政府扮演何种角色、履行何种职能作出规定,府院联动更多依靠地方"一把手"对破

---

① 参见徐丽霞、张璐:《破产重整制度的司法适用与制度完善——以管理人为视角》,第十届中国破产法论坛论文,2019 年 6 月 15 日至 16 日于广西桂林。

产工作的认知和重视程度。府院联动文件原则性的内容多,具体可操作性的内容相对较少,而且各地差异较大。

(五)债务人、债权人层面,不愿意申请破产重整导致企业错过最佳挽救时机

债务人缺乏“破产保护”的意识,担心企业进入破产重整程序后的经营管理权由管理人掌控等,导致债务人缺乏申请破产重整的积极性。而债权人往往认为在重整程序中无法有效监督企业的实际运营情况,并且重整期限长,不确定因素多,因此也不愿意启动重整程序,而是更愿意选择诉讼执行程序实现权利。

四、对策和建议

(一)完善破产重整制度的立法

一是在破产法律制度中增设“重整的征询制度”①,为法官判断企业是否宜于进入破产程序提供帮助。二是参考域外立法赋予债权人提出重整计划的权利,从而更好地保持重整计划的中立性,合理平衡各方利益,丰富重整计划的内容。三是完善管理人的监督权,明确管理人在重整计划执行阶段的具体监督事项,如调查重整计划全面实施情况、要求债务人定期报告重整计划的实施情况、及时纠正债务人的违法违规行为、接受债权人和其他利害关系人的投诉等。②

(二)构建重整简易程序,推动预重整工作

市场瞬息万变,尽可能高效地帮助企业重生应是破产重整的应有之义。一是确定简易破产重整案件的适用范围,可参照我国各地实践中破产清算简易审理的范围,一般为债权人数较少、债权债务关系较为简单清晰、企业内部事务相对明朗的案件。二是缩短简易破产重整程序的重整期限,可考虑在债权申报期

---

① 所谓“重整的征询”,是指当法院收到重整申请时,应将申请书副本送交企业主管部门等相关政府机关并征询意见。参见张世君、孟庆庆:《僵尸企业破产处置与我国重整制度的完善》,载《人民法院报》2018 年 2 月 14 日,第 7 版。

② 参见林志焕:《供给侧改革背景下我国重整制度适用现状及对策分析》,第十届中国破产法论坛论文,2019 年 6 月 15 日至 16 日于广西桂林。

限、公告期限、优化破产财产分配方式、统一债权人会议召集方式、提交重整计划草案期限等环节减少时间，同时规定重整案件审理的最长时限。在破产重整企业的管理上，应以债务人自行管理为主，因为债务人相对管理人更熟悉企业经营情况。三是建立、完善、使用好信息化的破产重整处置平台。

此外，应大力开展预重整工作，在正式受理案件前指定管理人提前介入，在预重整阶段对债权申报、清偿方案等诸多事项进行协商确定，为随后的重整程序受理完成好前期铺垫。

（三）优化管理人结构，创建高素质破产重整管理团队

一是吸收专业人员作为储备力量。管理人可以通过外聘、合作等方式吸收熟悉企业特点和运营规律，具有专业技术知识、经营能力的非中介机构类人员共同参与破产管理。二是设置一定的破产重整案件管理人门槛，由管理人协会等机构对管理人的执业水平进行法律、财务、企业管理等综合能力的测评，未能通过测评的，不能参与重整案件管理人的选任。三是加大通过竞争方式指定管理人的比重，从而提升针对性地筛选出符合企业重整价值的管理人的概率。四是加大破产重整案件管理人跨区域执业的比例，既有利于法院为破产企业筛选出最佳管理人，也有利于管理人之间的良性竞争。五是充分发挥管理人报酬的激励作用，使管理人报酬能够匹配管理人的能力、工作效益。六是重视破产管理人履职情况报告与业务培训制度，充分听取债权人会议、投资人和社会各界对管理人工作的评价、意见和建议，加强对破产管理人履职能力的考核。

（四）进一步完善企业破产兼并重组协调机制和服务体系

一是把府院联动的“协力”转化为处置“僵尸企业”的“合力”，既要坚持市场化导向，也要推进落实政府的属地责任和公共服务、社会管理职能。二是完善政企银法联动和会商机制。发挥银保监会倡导的银行债权人委员会和银行“债转股”制度功能，结合对银行业金融机构的考核进一步提升银行债权人申请破产的意愿；积极争取上级行下放处置决策权，依法支持破产重整程序推进；创新投资主体信用修复方式方法，为新投资主体提供融资便利。三是进一步完善财政支持政策。修改专项资金的提取规则，缓解管理人的资金垫付压力并弥补部分人工成本；同时拓宽破产专项资金的使用范围，如职工欠薪的垫付、必要周转等。

四是更加重视破产重整的法律和政策激励问题,通过降低税收等具体措施,降低市场救助的交易成本,促进更多具有拯救价值的企业重整成功。

(五)完善激励约束机制,提升破产重整参与者的积极性

完善激励当事人及时启动破产程序的制度设置,需从以下两个方面进行。立足债务人角度,应当将及时启动破产程序变成法定代表人、控股股东、实际控制人等主体的法定义务,明确上述人员在符合法定条件时迟延申请破产的赔偿责任,防止不当拖延给债权人造成更大损失,同时能够尽早锁定企业风险,争取企业破产重整的更大可能。① 而在债权人方面,应通过保障债权人在破产程序中知情权、参与权、决策权等权利,提高债权人通过程序参与保护自身合法权益的积极性和实效性,从而增强潜在债权人对于破产重整制度的信心。

① 这是德国等大陆法系国家或地区的通常做法。可参见胡晓静:《公司破产时董事对债权人责任制度的构建》,载《社会科学战线》2017年第11期。

论重整识别的程序规则之构建

邓文莉[*]　徐鹏宇[**]

不少具备破产原因的企业客观上可能早应退出市场,但债务人或其出资人往往还想最后奋力一搏,便拼命抓住重整这根救命稻草,于是这类企业在真正具有重整价值和可能的困境企业中鱼目混珠,此时便产生了重整识别的问题。人民法院如何进行重整识别?对此,《中华人民共和国企业破产法》(以下简称《企业破产法》),基本无据可循。直至2018年3月4日,最高人民法院印发《全国法院破产审判工作会议纪要》,其中第14点规定了"重整企业的识别审查"①,首次为人民法院进行重整识别明确了实体判断维度。重整识别的核心内容为判定债务人是否具有重整价值及拯救可能性,而重整识别的程序规则就是人民法院在判定是否应对债务人进行重整时各方主体所应遵循的基本程序性规则。重整识别程序规则的意义主要体现在两个方面:一是以程序规则保障重整识别的精准度,提高重整的效率和成功率,让真正有希

---

* 长沙市中级人民法院副院长。

** 长沙市中级人民法院清算与破产审判庭法官助理。

① 《全国法院破产审判工作会议纪要》第14点规定:"重整企业的识别审查。破产重整的对象应当是具有拯救价值和可能的困境企业;对于僵尸企业,应通过破产清算,果断实现市场出清。人民法院在审查重整申请时,根据债务人的资产状况、技术工艺、生产销售、行业前景等因素,能够认定债务人明显不具备重整价值以及拯救可能性的,应裁定不予受理。"

望的企业重生,尽量避免无谓的重整。[①] 二是通过规范重整识别的司法程序,减少司法行为的随意性,提高重整识别的可预测性。

一、构建重整识别程序规则之必要性

(一)作为实体判断的重整识别需要程序公正作保障

和人民法院审查是否应支持当事人的诉请时需要遵照证据规则、庭审程序一样,人民法院在进行重整识别时,亦应当遵循一定的程序规则。若重整识别缺乏程序规则,不仅申请人可能因对程序公正的获得感严重不足而产生诸多合理怀疑,而且从长远来看这对司法者不利。

(二)现行法律规定不能满足破产审判实践的需要

虽然法律和司法解释并未明确重整识别的具体程序规则,但在审判实践中,为了强化重整识别的规范性,不少法院的破产审理制度中或多或少地涉及重整识别的程序规则。[②] 这不仅为建立更加完整的重整识别程序规则提供了参考借鉴,也说明在法律规定缺位的情况下,破产审判实践需要构建重整识别的程序规则。

(三)专业化的司法裁判者需要工具规则辅助重整识别

如果重整识别标准不一,那对众多的重整申请人而言就有失公平,因为缺乏可预测性,其重整申请获得批准的随机性较大。重整识别的程序规则可以发挥较大的辅助工具价值,通过规范程序,司法者按照要求全面审查资料、听取多方意见(包括专业人士意见),从而尽最大努力减少因知识结构的局限而可能造成的误判,尽可能保证重整识别的客观性和标准的稳定性。

---

① 参见徐阳光:《依法推进市场化破产重整程序的有效实施》,载《人民法治》2017年第11期。

② 详见《深圳市中级人民法院审理企业重整案件的工作指引(试行)》第10条、第11条、第12条、第17条、第19条、第20条、第24条等。

二、重整识别的程序规则之主要内容

(一)讨论基础

为更加完整、准确地讨论重整识别的程序规则,在此先需明晰以下问题:

1.重整识别的程序规则之适用范围

(1)问题一:谁有权在何阶段申请债务人重整?

除《企业破产法》第70条所规定的重整程序启动的3种方式之外,需要讨论的是以下两点:一是债权人申请债务人进入破产清算程序后,在人民法院宣告债务人破产前,债权人①是否还能申请债务人重整?二是债务人自行申请进入破产清算程序后,在人民法院宣告其破产前,债权人、债务人或其出资人②是否还能申请债务人重整?对此,笔者认为,上述两个问题的答案都是肯定的。原因在于:

对第一点,申请债务人破产清算的债权人与后来申请债务人重整的债权人可能并非同一主体,其对债务人财产状况、经营情况的了解程度以及未来发展预期和偿债预期不尽相同,故在对债务人应进行破产清算还是重整的问题上可能意见不同。即使后来申请债务人重整的债权人就是之前申请债务人破产清算的债权人,也不排除该债权人因债务人进入破产清算程序前后对债务人所了解的情况不同③而改变其原有主张。同理,在债务人自行申请进入破产清算程序后,人民法院宣告债务人破产前,债权人亦可申请债务人重整。

对第二点,债务人先期申请破产清算时,可能并不具备重整条件,亦无重整意愿,但在进入破产清算程序后,人民法院宣告其破产之前,可能因客观情况(如市场环境)发生重大变化,债务人具备了重整价值和挽救可能性,此时应允许其申请重整。

---

① 此处债权人涵盖之前申请债务人破产清算的债权人。

② 此处出资人仍指出资额占债务人注册资本1/10以上的出资人。

③ 例如,《最高人民法院关于适用〈中华人民共和国企业破产法〉若干问题的规定(三)》第10条规定,单个债权人有权查阅债务人财产状况报告、债权人会议决议、债权人委员会决议、管理人监督报告等参与破产程序所必需的债务人财务和经营信息资料。但是,在债务人进入破产程序之前,债权人很难详细了解债务人的有关情况。

综上,本文将申请债务人重整的情形划分为以下几种(详见表1)。①

表1 申请债务人重整的情形

情形分类	申请主体	申请阶段
情形一	债务人	直接申请
情形二	债权人	
情形三	债权人	债权人申请债务人进入破产清算程序后,人民法院宣告债务人破产前
情形四	债务人或其出资人	
情形五	债权人	债务人自行申请进入破产清算程序后,人民法院宣告债务人破产前
情形六	债务人或其出资人	

(2)问题二:在前述6种情形下,债务人是否均需进行重整识别?

笔者认为,在前述6种情形下,债务人均需进行重整识别。因为不对债务人进行完整的重整识别,很可能让不具备重整价值和可能的企业进入重整程序,继而造成重整程序进展缓慢,严重损害债权人利益,浪费司法资源。因此,对债权人、债务人或其出资人提出的重整申请,人民法院不能无识别即受理,而且应该与破产清算申请适用不同的审查原则,不能完全适用立案登记制。②

2. 关于重整识别的程序规则与实体标准的关系

重整识别的程序规则与实体标准密切联系,共同服务于识别审查,切不可将二者割裂开来。例如,下文证据规则所涉及的不少证据材料均与实体判断内容息息相关,而法官释明规则也是基于实体判断而展开。

(二)听证规则

1. 听证之依据与基本功能

关于破产申请中的听证,主要在部分民商事审判司法文件中有涉及:一是《最高人民法院关于审理上市公司破产重整案件工作座谈会纪要》第四部分“关

① 本文讨论申请债务人重整的情形,意在结合审判实践讨论在《企业破产法》第70条规定之外有关主体申请债务人重整的合理性,亦为下文讨论重整识别的具体程序规则进行铺垫,不同情形下的程序规则可能存在不同之处。

② 参见王欣新:《〈全国法院破产审判工作会议纪要〉要点解读》,载《法治研究》2019年第5期。

于对上市公司破产重整申请的审查”规定了听证的适用情形及主要内容[①]。二是《全国法院破产审判工作会议纪要》第15点规定了“重整案件的听证程序”[②]、第33点“实质合并申请的审查”中规定了人民法院收到实质合并申请后应当组织听证[③]。三是《最高人民法院关于审理公司强制清算案件工作座谈会纪要》对审查强制清算申请时的听证有关事项进行了规定。[④]

行政法中关于听证的规定却相对较多。例如,《行政处罚法》第五章第三节专节规定了行政处罚中的听证程序;又如,《行政许可法》第四章第四节也专节规定了行政许可实施程序中的听证程序。

从行政法以及民商事司法文件的有关规定可分析得出以下结论:(1)听证不仅适用于行政法领域,也可适用于民商法领域,还可适用于重整识别;(2)听证作为一种程序,其主要功能即公权力机关在作出有关决定(结论)前,为保障各利害关系人的权利而充分听取意见,以尽量确保决定(结论)的合法性和客观性。

2. 听证的基本要素

(1)适用范围。笔者认为,对重整申请的识别审查,应当以听证为原则,以不听证为例外。基于前述重整识别所涉及的6种情形,分述如下:第一,对债权人直接申请债务人重整,以及债权人申请债务人或债务人自行申请进入破产清算程序后,人民法院宣告债务人破产前,债权人、债务人或其出资人又申请债务人重整的情形,由于涉及多方不同意见,所涉主体和程序相对复杂,为确保重整识别的客观准确,充分保障各方权利,均应进行听证。第二,对债务人直接自行申请重整的情形,原则上也应进行听证,充分听取债权人、债务人等各方意见。唯

---

① 具体内容为:“会议认为,债权人提出重整申请,上市公司在法律规定的时间内提出异议,或者债权人、上市公司、出资人分别向人民法院提出破产清算申请和重整申请的,人民法院应当组织召开听证会。人民法院召开听证会的,应当于听证会召开前通知申请人、被申请人,并送达相关申请材料。公司债权人、出资人、实际控制人等利害关系人申请参加听证的,人民法院应当予以准许。人民法院应当就申请人是否具备申请资格、上市公司是否已经发生重整事由、上市公司是否具有重整可行性等内容进行听证……”

② 具体内容为:“15. 重整案件的听证程序。对于债权债务关系复杂、债务规模较大,或者涉及上市公司重整的案件,人民法院在审查重整申请时,可以组织申请人、被申请人听证。债权人、出资人、重整投资人等利害关系人经人民法院准许,也可以参加听证。听证期间不计入重整申请审查期限。”

③ 具体内容为:“33. 实质合并申请的审查。人民法院收到实质合并申请后,应当及时通知相关利害关系人并组织听证,听证时间不计入审查时间……”

④ 详见《关于审理公司强制清算案件工作座谈会纪要》第9点至第12点。

一例外的是,若债务人所提交的证据材料充分、有效,且债务人申请重整已征得多数债权人的书面同意,则进行书面审查即可。

(2)参加人员。参加听证的人员可大致分为以下几类:一是听证当事人,仅包括申请人与被申请人。二是利益相关方,包括债权人、意向投资人等。三是知晓债务人情况的有关人员,包括债务人的法定代表人、实际控制人、股东、董事、监事、高级管理人员、普通职工代表等。

(3)基本程序

结合实践做法,可以确定一般规则详见表2:

表2 重整识别之听证程序一般规则

次序	程序规则内容
1	申请人陈述请求及事实和理由,并出示证据
2	被申请人针对申请人请求、事实和理由及所依据的证据发表意见
3	被申请人的有关人员发表意见
4	法官就被申请人是否具备重整原因、是否具有重整价值和拯救可能性等进行调查询问,听取其他参加听证的主体之意见
5	申请人、被申请人先后发表最后意见

注:若债务人自行申请重整,则第2项程序取消。

除前述一般规则之外,在债权人申请债务人进入或债务人自行申请进入破产清算程序后,人民法院宣告债务人破产前,债权人、债务人或其出资人又申请债务人重整的情形中,应要求管理人介绍前期在破产清算程序中所了解并掌握的债务人财产情况、经营情况、职工情况、意向投资人情况、发展前景等信息,并出示相关佐证材料。

3. 听证的效力——兼谈听证与民事诉讼庭审程序的关系

重整识别中的听证,旨在为人民法院识别重整企业提供程序上的支持。从各自的程序结构框架看,重整识别中的听证程序与民事诉讼中的庭审程序还存在不同之处,即民事诉讼庭审程序的结构框架系以原告、被告双方的诉辩对抗关系为基础,人民法院居中裁判;而重整识别听证程序的结构框架则以审查债务人相关情况为核心,人民法院在兼听各方意见的情况下裁决,债务人与参加听证的其他主体之间的对抗性较弱,甚至没有对抗性。在此,笔者试从图1、图2展示上述区别。

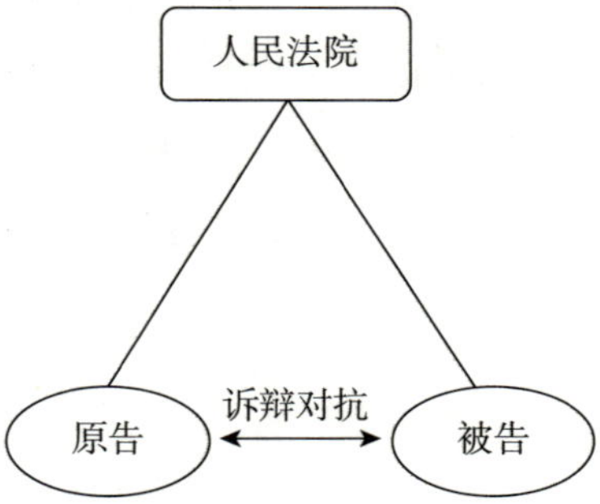

图 1　民事诉讼庭审程序的结构框架

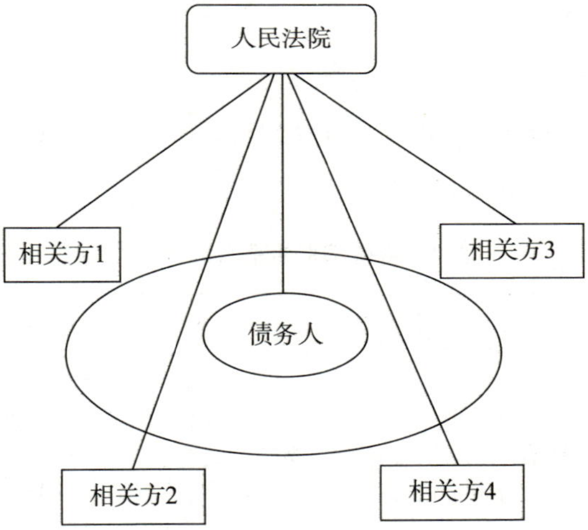

图 2　重整识别听证程序的结构框架

从图 1 及图 2 可以看出，民事诉讼庭审程序的结构框架图呈平面三角形状，底边即原告、被告双方所形成的诉辩对抗关系；而重整识别听证程序的结构框架图呈立体圆锥体状，其中底面的核心为债务人，债务人的各相关方共同为人民法院的识别判断发挥支撑作用，各相关方之间以及债务人与各相关方之间不一定形成对抗关系。

笔者认为，因为重整识别的听证程序与民事诉讼的庭审程序存在上述差别，所以人民法院在听证时应紧紧围绕对债务人的重整申请，综合审查有关材料和意见，对债务人进行重整识别，而不应将关注的重点放在债务人与某一相关方的争议焦点上。从效力层面而言，即使部分相关方对债务人重整持有异议且提出相关依据,这并不能影响人民法院最终识别结果之合理性和说服力。因为重整识别虽须以反映客观情况的相关材料为基础,但它归根结底仍然只是一种高度盖然性的判断,而高度盖然性并不影响重整识别结果的合法性和正当性。从某种程度上说,正是基于这样的特点,重整识别的程序规则才有其本身的存在价值。

(三)证据规则

人民法院进行重整识别不可仅凭主观判断,须依证据而展开,因而证据规则系重整识别程序规则中不可或缺的一部分。

1. 证据内容(类型)

(1)核心证据

根据《全国法院破产审判工作会议纪要》第14点之规定对重整识别主要证据进行分类,本文试予细化,详见表3。

表3 重整识别的基本证据分类

证据类别	证据主要意义	证据基本内容
债务人资产状况证明材料	资产情况系债务人重整的重要基础,没有必要的资产基础自无重整价值可言	基于自身资产特点,围绕核心资产,根据会计准则或法律对财产的分类标准对资产进行分类,并提交财产状况说明、债务清册、债权清册、财产评估报告、财务会计报告以及其他资产状况证明材料
债务人技术工艺证明材料	技术工艺系债务人行业地位和价值的重要体现,是判断债务人自身实力的重要参考	涉及知识产权(可能与资产部分有重合)、产品研发和制作、行业认可度或奖励、专业技术人才等内容
债务人经营情况证明材料	通过债务人经营情况辅助判断债务人整体运营价值	涉及债务人企业治理架构、关联公司情况、产品生产和销售、客户情况等内容
债务人发展前景证明材料	良好的发展前景是困难企业重整成功的必要条件和重要保障	涉及政府或有关部门政策支持、市场占有率和认可度、市场未来发展预期与企业未来发展规划等内容

(2)辅助证据

一是重整方案草案。如债务人前期关于重整事宜形成了初步方案,债务人可将该重整方案草案提交人民法院,作为证明其具有重整可能的重要证据;人民法院需围绕该方案草案,向各主要债权人详询有关情况,以确认情况的真实性。

二是重整后债权受偿方案。即使基于拯救债务人的目的而对其进行重整,亦不能忽视对全体债权人之债权的公平清偿;并且债权受偿方案系债权人关注的核心问题,直接影响债权人对债务人重整的态度,关系到债务人最终能否重整成功。因此,债务人在未提交重整方案草案的情况下,至少应当提交重整后债权受偿方案。

三是重整可行性分析报告。在债务人或其出资人申请债务人重整的情形下,因其对债务人情况较为熟悉,故申请人还需根据以上证据,在前述证据之外另行提交债务人重整可行性分析报告,详尽阐述前述各证据之间的逻辑关系,并论述其证明目的。

四是第三方意见(详见下文)。

2. 举证责任

重整识别中的举证责任分配应当遵从民事诉讼中一般的举证责任分配原则,即"谁主张,谁举证"。特别需注意的是,若债权人申请债务人重整,举证责任如何分配。如果要求债权人基于请求事项,提供前述证据证明债务人具有重整价值和拯救可能性,对债权人而言未免过于严苛。前述证据均涉及债务人作为商事主体的核心情况甚至商业秘密,要求债权人提供既不公平也不合理。

笔者认为,在此情况下应按如下思路确定债权人的举证责任,即债权人仅需提交其以债权人身份或者第三人身份可获取的证明债务人具有重整价值的材料,如债务人行业内或市场认可度、行业前景等。此时,对债务人而言,可能出现两种情形:一是债务人对债权人申请其重整有异议,如此债务人则需围绕其异议提交证据,法院再做进一步审查。二是债务人同意进入重整程序,如此债务人则需基于前述证据分类补充提交相关证据。若债务人无法或不愿提供前述有关证据,则法官予以释明,详见下文。

3. 质证规则

质证,系当事人、诉讼代理人及第三人在法庭的主持下,对当事人及第三人提出的证据就其真实性、合法性、关联性以及证明力有无、大小予以说明和质辩的活动或过程。[①] 据此分析,质证主体系案件当事人、第三人及他们的诉讼代理

① 参见张卫平:《民事诉讼法》(第4版),法律出版社2016年版,第243页。

人。在债权人申请债务人重整的情形下,申请人与被申请人之间存在一定对抗,为保障各利益相关方的合法权益,申请人与被申请人应对对方的证据进行质证,自不待言。问题是,在债务人或其出资人申请债务人重整的情形下,对申请人提交的证据,是否需利益相关方尤其是债权人进行所谓的质证?

笔者认为,在债务人或其出资人申请债务人重整的情形下,人民法院在审查申请人提出的重整请求时,可就相关证据向债权人等利益相关方核实情况,但无须经过利益相关方进行质证。原因有三:第一,利益相关方并非重整申请中的当事人;第二,若需经利益相关方质证,则理论上需保障每一位利益相关方质证的权利,但从实践层面而言这不仅很难实现且司法成本巨大;第三,对申请人提供的相当部分的证据,利益相关方事实上无法确认其真实性,亦无法提出反驳性证据。①

4. 认证规则

与一般民事诉讼中的认证规则相比并无特殊之处,不予赘述。

5. 对第三方意见之特别阐述

关于重整识别的证据,笔者在此单独阐述"第三方意见"。若申请人提交的证明债务人重整价值和拯救可能性的证据不充分或者证明力不够,申请人认为有必要听取第三方意见,或者人民法院根据现有证据难以作出重整识别结论,则通过第三方意见辅助判断就显得尤为必要。深圳市中级人民法院发布的《审理企业重整案件的工作指引(试行)》第24条明确规定:"审查重整申请时,合议庭可以根据案件情况,征询市场监管部门、企业主管部门、行业协会以及行业专家的意见。"从规范层面来看,这是全国范围内首次对第三方意见在重整识别中的重要作用予以肯认,殊值赞同与借鉴。关于第三方意见,本文另做如下补充:

(1)"第三方"之范围

此"第三方"首先应当是与该债务人破产案件无利害关系的中立方,如果是

---

① 也许会有意见认为,即使在债权人申请债务人重整的情形中,债权人同样也会面临此种困境。笔者对此并不否认,但是,一方面,在债权人申请债务人重整的情形中,债权人本身就是申请重整案件的当事人;另一方面,重整识别的证据规则毕竟在听证框架下展开,而听证程序与一般的民事诉讼程序相比确有差别(详见前文),不可等同视之。概言之,我们对重整申请既不能完全实行立案登记制,亦不能按审理一般民事案件的要求对其进行严格的实体审查。

债务人之债权人、债务人、担保人、出资人、意向投资人等利益相关方,则不称其为适格第三方。其次,第三方之类别包括对债务人有管理权限的公权力机关(如市场监管部门、工业和信息化管理部门、国有资产监督管理部门等)或事业单位,债务人所在行业的行业协会、知名企业、行业内专家,其他有商业投资、企业管理、金融财会等专门知识的专家学者等。

(2)第三方意见之获取

第三方意见之获取有两种途径:一是申请人或债务人申请引入第三方意见,报请人民法院批准;二是人民法院通过函询、传唤等方式主动听取第三方意见。

(3)第三方意见之认定

对第三方意见之证明力,人民法院当从第三方个人或机构的性质、业界地位、从业经验、意见依据、与债务人相互关系等角度,结合其他证据综合判定。同时须明确,第三方个人或机构均须对其意见的真实性负责,不得虚构事实或故意错误陈述,否则应参照民事诉讼中的证人责任规定承担相应的法律责任。

(四)法官释明规则

1. 重整识别中法官释明的必要性

不可否认,法官释明对司法程序的公平有效推进具有极其重要的意义。重整识别之所以需要法官及时释明,主要基于以下两点原因:第一,申请人对三种不同破产程序可能存在理解偏差,需要法官予以释明;第二,不同破产程序在一定条件下可相互转化,为及时、合理地转化程序,充分发挥不同破产程序特有的价值和功能,需要法官积极引导。

2. 重整识别中法官释明的基本规则及其意义

重整识别中的法官释明主要存在于以下两种情形:债权人直接申请债务人重整或债务人直接申请重整。经人民法院审查,如果债务人并无重整价值和拯救可能性却具备破产原因,此时法官应及时向申请人释明重整识别的结果——债务人无重整价值和拯救可能性,但因债务人具备破产原因,故法官应同时告知申请人可以变更申请,申请对债务人进行破产清算。如进入破产清算程序后,债务人确实具备重整价值和拯救可能性,申请人可在人民法院宣告债务人破产前依法申请债务人重整。

从严格意义上说,前述释明规则并非针对重整识别具体过程中的释明,而是对重整识别结果的释明,其意义在于提高具体程序间转换的流畅性,更好地发挥破产制度的价值。

(五)管理人履职规则

1. 管理人在重整识别中的重要作用

基于管理人之基本职责,管理人的意见及其佐证材料对人民法院进行重整识别具有极其重要的参考价值,故需对管理人履职以辅助重整识别确立基本程序规则。

2. 重整识别中管理人履职规则的主要内容

(1)管理人须作为独立主体参加听证。在破产程序中,管理人本质上仍系具有独立法律地位的执行破产事务的人或机构,[①]其价值立场理当客观中立,其意志不可与债务人意志混同。因此在进行重整识别听证时,管理人应作为独立于债务人的主体,而非债务人的诉讼代表人进而独立发表意见。

(2)管理人应对接管债务人之后所掌握的所有情况向人民法院如实报告并提供佐证材料,并就债务人是否具备重整价值和拯救可能性独立发表意见。管理人如赞成债务人重整的,需向人民法院汇报前期履职过程中所做的对债务人重整有益的工作及后期工作计划,为人民法院进行重整识别提供相对全方位的参考;如反对债务人重整的,亦需说明具体理由并提供佐证材料。

(3)管理人应根据人民法院的要求开展其他与重整识别相关的辅助性工作,并及时向人民法院报告工作情况。

(六)前述4类规则之相互关系

综合前述重整识别中的4类程序规则,对其相互关系可以概言如下:以听证规则为框架,以证据规则为基础,通过法官释明规则引导程序合理推进,辅以管理人履职规则为必要补充。细言之,重整识别在绝大多数情况下须以听证为载体,通过听证方式展开,以申请人和被申请人提交的证据为判断依据;必要时法官需释明识别结论,以引导程序转化并提高债务人与具体程序的匹配度;管理人亦需在履职过程中发挥自身作用辅助重整识别。听证规则与证据规则对前述重

---

① 参见李永军等:《破产法》(第2版),中国政法大学出版社2017年版,第42页。

整识别的6种情形普遍适用,法官释明规则主要适用于债权人或债务人直接申请重整的两种情形,管理人履职规则适用于债权人申请债务人或债务人自行申请进入破产清算程序后,人民法院宣告债务人破产前,债权人、债务人或其出资人申请债务人重整的几种情形。

论预重整中金融债委会的作用及债权人委员会制度的完善

荣 艳*

一、预重整及金融债委会制度回顾

预重整是指“部分或全部当事人之间在正式向法院申请重整救济之前已经就重整事项进行谈判并达成重整计划(也可能没有达成完整的计划),然后在已经达成的谈判的条件下向法院正式申请重整”。① 为更好地发挥重整在困境企业挽救中的作用,部分地区在司法实践中,鼓励、引导运用预重整对困境企业进行挽救,②并涌现了一批成功的案例,“例如二重集团、德阳二重破产重整案,深圳福昌电子公司破产重整案等”。③ 在规范层面,最高

* 南京市中级人民法院南京破产法庭副庭长。

① 王佐发:《预重整制度的法律经济分析》,载《政法论坛》2009年第2期。

② 如浙江法院、江苏法院都在省级层面对预重整作出了引导性规定,详见《浙江省高级人民法院关于企业破产案件简易审若干问题的纪要》《江苏省高级人民法院关于充分发挥破产审判职能作用服务保障供给侧结构性改革去产能的意见》。

③ 贺小荣、王富博、杜军:《破产管理人和与重整制度的探索与完善——〈全国法院破产审判工作会议纪要〉的理解与适用》(上),载《人民司法(应用)》2018年第13期。

人民法院层面先后出台文件倡导探索预重整制度，[①]部分地方法院也陆续出台了重整指引性文件，专门对预重整作出了指引性的规定；[②]还有地方以政府会议纪要的形式对预重整程序作出指引。[③] 由此，我国困境企业挽救的司法实践中逐步形成了庭外重组与庭内重整相结合的预重整机制。[④]

与此同时，在我国困境企业挽救的实践中，庭外债权人委员会制度经历了不断的探索与运用。"债权人委员会在1999年—2004年的广东粤海、德隆系、三九集团等大型企业集团的债务重组中，发挥了很好的作用。"[⑤]2015年，中国第二重型机械集团公司及二重集团（德阳）重型装备股份有限公司（以下简称二重集团）在债务危机处置中，相关主管部门指导二重集团近30家金融债权人成立金融债委会，与债务企业进行谈判，成为金融债委会参与预重整的一个成功案例。[⑥] 2016年7月，银监会办公厅发布了《关于做好银行业金融机构债权人委员会有关工作的通知》（银监办便函〔2016〕1196号，以下简称1196号文），明确要求各银行业金融机构做好金融债委会工作，以加强对金融债权的管理，维护经济及金融秩序并支持实体经济的发展。2017年，银监会办公厅又发布了《关于进一步做好银行业金融机构债权人委员会有关工作的通知》（银监办便函〔2017〕802号，以下简称802号文），对金融债委会的工作机制作出了进一步的细化规定。由此，金融债委会作为广泛涵盖银行业及非银行业金融机构债权人的"协商性、自律性、临时性"组织，开始在预重整中发挥重要的作用。

---

① 如《最高人民法院印发〈关于为改善营商环境提供司法保障的若干意见〉的通知》（法发〔2017〕23号）、《最高人民法院印发〈全国法院破产审判工作会议纪要〉的通知》（法〔2018〕53号）、《全国法院民商事审判工作会议纪要》（法〔2019〕254号）等规范性文件。

② 根据公开信息，目前已有深圳市中级人民法院、北京市第一中级人民法院、南京市中级人民法院、苏州市吴江区人民法院、苏州市工业园区人民法院、宿迁市中级人民法院、成都市中级人民法院、四川自由贸易试验区人民法院等法院作出涉预重整程序的相关指引或规范（截至2020年8月27日）。

③ 如温州市人民政府办公室2018年12月发布的《企业金融风险处置工作府院联席会议纪要》。

④ 为方便表达，下文中将预重整区分为预重整庭外阶段与预重整庭内阶段。

⑤ 张春：《银行业债权人委员会制度：理论基础、现实需求与优化路径——以河南省为例》，载《金融监管研究》2016年第11期。

⑥ 参见张婷、胡利玲编著：《预重整制度理论与实践》，法律出版社2020年版，第76～83页。

二、金融债委会制度在预重整实践中的运用

在近期一些大型企业重整案件中,①金融债委会参与预重整的作用主要体现在以下几个方面:

(一)协调金融债权人一致行动,为预重整赢得机会

金融债务往往在企业债务结构中占有极大的比例,且一般都设定了财产担保。如果金融债权人各自申请对债务企业进行强制执行,将导致企业可供重整的财产显著减少,造成债权人及市场对企业继续经营丧失信心,从而极大地降低预重整成功率。金融债委会通过债权人协议以及金融债委会形成决议等方式,约束内部成员单位一致行动,遏制抽贷、个别执行等行为,维护债务人企业在预重整期间正常的生产经营,为预重整成功提供保障。如在泸天化重整案中,金融债委会各成员银行严格落实债委会决议,对企业不抽贷,并给予利率下浮、免收费用等帮扶措施,为重整成功奠定了基础。②

(二)维护金融稳定,提高预重整效率

金融债委会的成立,一方面,使金融债权在危机解决程序启动之初就能够得到重视,有利于全面、公平地保护金融债权人利益,从而维护金融稳定;另一方面,也使债务人可以专注于与金融债权人进行整体谈判,从而减轻其与金融债权人逐一沟通与磋商的压力,极大地提高预重整方案形成的效率。如渤钢重整案中,在预重整庭外阶段,金融债权人成立了总行级金融债委会,就重整中的重大事项先行与企业进行沟通,达成共识后方可实施方案,在维护金融债权人合法权

---

① 如二重集团重整案、重庆钢铁股份有限公司(以下简称重钢)重整案、泸天化集团五家企业(以下简称泸天化)重整案、东北特殊钢集团及其关联企业(以下简称东北特钢)重整案、渤海钢铁集团有限公司等48家企业(以下简称渤钢)重整案等,部分重整案件虽然在正式进入重整程序前未明确进行预重整程序,但实际上成立金融债委会并进行谈判磋商,而后进入重整程序,其性质与预重整相同,本文纳入分析范围。

② 参见丁岩、沈鸿、罗欣:《预重整案例分析与制度构建初探》,载《国际金融》2019年第3期。

益方面发挥了重要作用。[①] 在二重集团预重整庭外阶段，近 30 家金融债权人成立了金融债委会，与债务企业及其股东展开了庭外重组谈判，在此基础上达成框架性重组方案后，债务企业进入重整程序。由于重组方案的原则框架在重整程序中被吸纳入重整计划，企业仅用不到 3 个月的时间就重整成功。金融债委会在前期预重整中的介入谈判取得了良好的法律与社会效果，使该案成为典型的预重整成功案例。[②] 在预重整庭外阶段金融债委会的提前介入，不仅使金融债权人的意见在谈判中能够得到充分考虑，从而有效维护金融稳定，也使预重整效率得到极大的提升。

（三）监督债务人财产管理，维护债权人整体利益

预重整庭外阶段，金融债委会的一致行动不仅能够保护债务人的财产不被执行，从而保障重整条件不被破坏；同时，作为金融债权人的代表，金融债委会通过共享信息、聘请第三方机构对企业进行清产核资、监督企业日常经营管理、联合维权等方式，还发挥了监督债务人财产管理的作用，预防企业在预重整期间发生财产贬损、逃废债等现象，从而保护全体债权人的整体利益，并为企业的预重整提供稳定的基础与环境。如在泸天化债务危机化解过程中，金融债委会发现债务企业试图单方面推动破产重整的意图后，通过联合维权遏制企业潜在的逃废债倾向，使企业重回与债权人进行谈判的轨道，[③]不仅保护了金融债权不受损害，也维护了全体债权人的整体利益。

（四）参与预重整框架方案磋商，体现程序引导功能

基于债权数额大、有财产担保的金融债权比例高等特点，金融债委会的一致行动使预重整庭外阶段的债务人重视金融债委会的意见，从而使金融债委会可

---

① 胡果、朱虹、靳博：《渤海钢铁集团正式进入破产重整程序》，载《人民日报》2018 年 8 月 25 日，第 2 版。

② 参见《人民法院关于依法审理破产案件 推进供给侧结构性改革典型案例》，载最高人民法院网 2016 年 6 月 16 日，http://www.court.gov.cn/zixun-xiangqing-22051.html。

③ 参见丁岩、沈鸿、罗欣：《预重整案例分析与制度构建初探》，载《国际金融》2019 年第 3 期。

以参与到预重整框架方案的磋商中。事实上,根据1196号文的规定,①在重组中,金融债委会需围绕重组方式、重组安排及方案的内容,与企业展开协商与谈判;主席单位、副主席单位与企业共同形成金融债务重组初步方案后,将其提交金融债委会进行表决。由于金融债务重组包括了"协议重组"和"协议并司法重组"的方式,而"协议并司法重组"实际上系运用预重整程序对企业进行挽救,金融债委会主席单位及副主席单位相当于参与了预重整计划谈判与形成的过程,并在一定程度上主导了程序的推进,从而体现了金融债委会在预重整庭外阶段的程序引导职能。

(五)提供融资支持,提升预重整成功率

金融债委会通过银团贷款、联合授信或封闭融资等方式对适格的债务企业提供支持,②盘活企业、支持实体经济发展,是促进预重整成功的关键因素。预重整中,金融债委会对企业的经营状态进行整体评估,对有继续存续价值的企业给予融资支持,以及提供良好的重整可行性支持,为困境企业挽救注入"强心针"。如在重钢重整案中,就是由金融债权人提供关键的重整资金——债权人国家开发银行为上市公司及重组方提供35亿元的融资,③为重钢成功重整提供了关键的支持。

三、预重整中债权人委员会制度的完善

与庭内重整相比,预重整着力于各利益主体之间在正式申请重整之前关于重整事项的谈判,因此,在自行谈判的过程中,利益受到影响的各主体能够有效表达意志、维护自身权利尤为重要。债权人作为预重整主体中人数众多的重要

---

① 参见1196号文第12条规定:"债委会应当积极与企业进行协商谈判,研究讨论金融债务重组及债委会其他工作。实施金融债务重组的,重组双方围绕重组方式、重组安排及方案内容,开展协商和谈判。主席单位、副主席单位与企业共同研究,形成金融债务重组初步方案后,由主席单位提交债委会全体成员大会讨论,按照议事规则进行表决。表决通过后,发送各债权金融机构和债务企业执行。"

② 参见1196号文第13条第1款规定:"为保证企业的正常运营,企业提出的新资金需求有充分理由的,债委会可以通过组建银团贷款、建立联合授信机制或封闭式融资等方式予以支持。"

③ 参见赵菁:《论上市公司破产重整中的金融债权保护——基于重庆钢铁破产重整案例的实证分析及建议》,载《法律适用(司法案例)》2018年第22期。

一方，成立自身的代表组织，不仅能够维护其利益，同时能够为预重整提供有效支持。在庭内重整程序中，债权人委员会由债权人会议表决决定，是债权人会议集体意志的代表。债权人委员会履行"（一）监督债务人财产的管理与处分；（二）监督破产财产分配；（三）提议召开债权人会议；（四）债权人会议委托的其他职权"。[①] 但从实践看，即便在庭内重整程序中，债权人委员会的职能作用亦不明显。预重整不仅包括了在庭内重整中依照法定程序对庭外阶段的谈判成果进行司法确认，更为重要的是，在进入庭内重整程序之前的庭外阶段，各方之间的协商与谈判。因此，将预重整的庭外阶段与庭内阶段相协调，完善债权人委员会制度尤为必要。

（一）在预重整庭外阶段建立债权人委员会制度

从现有的金融债委会制度实践看，该制度建立了银行业与困境企业特别是大型困境企业之间的新型银企关系，金融债委会在协调债权人一致行动，维护地方金融稳定，以及与债务企业进行谈判从而协商预重整框架方案，提供融资支持等方面都发挥着重要作用。一方面，金融债委会作为"协商性、自律性、临时性"的组织，其主要行动指南为金融债委会成员之间达成的协议及其形成的决议，并无法律上的强制力；另一方面，金融债委会的成员原则上为银行业金融机构及银行业监督管理机构批准设立的其他金融机构，非银行业监督管理机构批准设立的金融机构并非必须参加这一组织，金融债委会的决议对其他金融机构债权人、非金融机构债权人缺乏约束力。与此同时，金融债委会也不能代表其他主体如经营性债权人、职工债权人的利益。目前《企业破产法》规定的债权人委员会制度仅适用于庭内的各个破产程序，在预重整庭外阶段，尚无成立债权人委员会的法律依据。但实际上，预重整程序启动后，在庭外阶段成立债权人委员会，全面代表利益受到影响的债权人，协调债权人一致行动，参与协商谈判，维护债权人的合法利益，显然是必要的。目前，已有地方法院在预重整案件工作指引中，明确在债权人众多的大型企业预重整中可以参照《企业破产法》的规定，组织债权人成立临时债权人委员会或债权人委员会。[②] 在预重整制度创设与完善的过程

---

① 《企业破产法》第68条。

② 如《淄博市中级人民法院关于预重整案件的工作指引》第11条、《北京破产法庭破产重整案件办理规范》第40条。

中,笔者建议明确在启动预重整时,债权人可以决定成立债权人委员会,从而维护债权人整体利益,促进预重整制度在挽救我国困境企业中充分发挥作用。

(二)明确预重整中债权人委员会的法律地位

"债权人委员会是遵循债权人的共同意志,代表债权人会议在职权范围内对管理人的活动及破产程序的合法、公正负责日常监督,处理破产程序中债权人会议授权其解决的有关事项的常设机构。"①根据《企业破产法》的规定,债权人委员会由债权人会议决定设立,且行使法定职权及债权人会议授权其行使的其他职权。另外,债权人委员会有权对管理人的履职进行监督,管理人实施对债权人利益有重大影响的行为亦须向债权人委员会报告。因此,债权人委员会是债权人会议的常设机构,除对相关事项进行监督及提议召开债权人会议外,其他职权由债权人会议授权产生。债权人委员会的法律地位主要体现在对管理人履行职责的监督方面,其法律地位较为模糊。鉴于在预重整庭外阶段,债务人自行管理其财产及营业事务,在庭内阶段也多为债务人自行管理财产与营业事务,因此无论是在预重整庭外阶段还是在预重整庭内阶段,债权人利益的维护都更具紧迫性。预重整程序的根本价值目标是通过各方博弈达到利益平衡,从而挽救困境企业,进而实现多方共赢。因此,从平衡债权人与债务人等各方利益的角度出发,赋予债权人委员会独立的法律地位十分必要。

(三)明确预重整中债权人委员会的职权范围

根据《企业破产法》的规定,经债权人会议决定设立并经人民法院认可的债权人委员会享有法定的职权。② 庭内重整程序中,债权人会议决定设立债权人委员会的,一般通过授权的方式对债权人委员会的职权进行明确和细化,但债权人会议的授权范围仅限于债权人会议自身的职权范围。虽然《企业破产法》规定的债权人会议职权中包含了"人民法院认为应当由债权人会议行使的其他职权",但实践中,人民法院一般不会作出超出《企业破产法》明确规定范围的授权。因此,即使在庭内重整阶段,债权人委员会的职权也主要体现在监督管理人履行职

① 王欣新:《破产法》(第3版),中国人民大学出版社2011年版,第210页。

② 《企业破产法》第68条规定:"债权人委员会行使下列职权:(一)监督债务人财产的管理和处分;(二)监督破产财产分配;(三)提议召开债权人会议;(四)债权人会议委托的其他职权。"

责等方面。重整中与债务人等各方进行谈判、对重整方案提出意见、参与重整计划草案制定等职权,债权人委员会并不当然享有,因此其在重整中所发挥的作用并不明显。与之形成鲜明对比的是,金融债委会在大型困境企业预重整中却发挥了重要作用。预重整各项程序是在信息全面对称的前提下,预重整参与各方特别是债权人、债务人之间进行博弈从而达到利益平衡的过程。各方不断地协商与谈判,最终形成重整方案,由各组别进行表决。债权人委员会作为债权人的代表,除《企业破产法》现已规定的监督及相应的程序性职能外,从预重整制度的特点和功能出发,允许债权人委员会参与调查企业财产状况从而获取全面的信息;参与谈判从而充分代表债权人表达意志;参与制定重整计划草案从而固定谈判成果等,这不仅能够全面保障债权人利益,同时也能够使预重整的参与各方达到权利平衡,从而使预重整程序有序运行。从目前对预重整的实务探索,以及金融债委会在预重整中所发挥的作用来看,在预重整制度的构建过程中,赋予预重整中债权人委员会上述职能,将有助于充分发挥债权人委员会在预重整中的作用,平衡各方利益,从而更为充分地发挥市场化预重整在困境企业挽救中的作用。

以房地产为视角的预重整制度

何培强*　甘见来**

随着我国不断深入落实推进供给侧结构性改革这一重大决策,其中“去库存”举措使国家对房地产行业进行严格的调控措施,特别是中小房地产企业:一方面,存在融资难、融资贵的问题;另一方面,在大型房企步步紧逼的多重压力下,中小型房企只能在夹缝中求生存,并面临破产的威胁。破产重整程序虽然给了有生存价值的房企以希望,但在消耗大量司法、经济资源的同时并没有起到预期的效果,重整成功者寥寥无几。预重整作为一种能够降低司法、经济资源消耗的制度引发了广泛的讨论,并在地方企业破产重整过程中付诸实践。自杭州怡丰城房地产案预重整成功以来,预重整成为一条解决房地产企业债务危机新的有效途径。经查询,全国企业破产重整案件信息网的数据显示,截至2022年4月6日,共有504家企业发布了预重整公告,其中房地产企业达到101家,占比1/5。各地方政府、法院在实践与探索中,也形成各具特色的预重整制度模式。预计在今后越来越多的房地产企业将会选择以预重整的方式来解决企业困境。

---

* 河北省律师协会并购重组与破产法律专业委员会副主任、石家庄市律师协会副会长。

** 河北来仪律师事务所清算与破产法律事务部主任。

一、预重整制度的价值

所谓预重整制度，其实质是庭内重整制度与庭外重组制度相衔接的制度，是危困企业进入破产重整程序前与所涉各方就重整事项达成重整计划，并将重整计划应用于企业破产重整程序的一种危困破产企业拯救机制。预重整制度是经济发展和供给侧结构性改革背景下实现市场化、法治化的必要手段。预重整制度源于美国，在应对大量企业破产倒闭的实务中，单一的破产清算会带来失业、税收减少等一系列社会经济问题，而高成本的企业破产重整制度又让困境企业望而却步；于是美国1978年《破产法》明确可以在企业进入破产重整程序前对自愿协商制定的重整方案进行表决，但当时学术界没有对其形成统一的定义，预重整制度是在美国企业破产重整的实践中应运而生的。美国联邦破产法规定在破产程序前可以成立债权人委员会，可以将其保留在破产重整程序中，并规定债务人可以在破产申请时提交重整计划，①并且规定了禁反言的原则，即在符合一定的规则的前提下，预重整中达成的重整计划在破产重整程序中同样具有效力。

（一）预重整制度可以对企业是否具有重整价值和挽救可能进行有效识别

破产重整制度是避免企业破产清算的良方，而困境企业是否能够破产重整的关键是其是否具有重整价值，即经济与社会价值，因此破产重整的实操机构需要寻找企业的重整价值，以实现各方权利主体的权益得到平等的、最大限度的保护。相较直接进入破产重整程序，使困境企业各方在担忧企业信誉丧失与破产走向的情境下，一般都会对企业未来形势和价值预期作出严重脱离市场实际的不利调整的结果而言，对困境企业实施预重整，有利于各利益相关方可以在更客观、平和的情境下进行充分的沟通，在沟通中实现更充分的信息披露，从而对困境企业的经济与社会价值作出更符合市场实际的判断，实现精准、有效识别。

---

① 赵梦思：《预重整制度于我国之本土化构建》，载《区域治理》2021年第3期。

在新利通、康桥合并预重整案①中,自2021年9月17日新利通、康桥公司启动预重整程序以来,在6个月的预重整期间内,临时管理人通过梳理债权债务、资产状况,测算出投入11亿元,可以实现25亿元的收益;识别出该企业房地产项目具有的重整价值;并通过建筑施工方垫资续建、购房款缴纳尾款等方式筹集续建资金,至今一期项目的主体建设与二次施工建设已完成,二期项目的拆迁工作也已完成。

(二)预重整制度具有成本低和效率高优势

相较破产重整程序中存在提交重整计划草案最长为9个月的期限,超过期限法院将会裁定终止破产重整程序并宣告企业破产的限制,导致由于债务人资产和负债存在的复杂因素,使管理人或债务人往往不能在法定期限内完成重整计划提交的情况而言,对困境企业实施预重整,将破产重整程序中的核心环节提到破产重整程序受理之前,通过在预重整阶段梳理债权债务关系、与债权人展开谈判、引进战略投资人、制定重组方案等系统性工作,既大大缩短了重整计划的提交期限,提高破产重整的效率,又为重整计划的表决通过提供了坚实的物质条件,能够实质地提高破产重整的成功率。

在新利通、康桥合并预重整案中,根据新利通、康桥公司的申请,受理法院出具了预重整裁定书,并指定政府成立的项目指挥部为预重整管理人。在预重整阶段,企业已经完成了企业的债权债务梳理、审计评估、销控情况梳理、购房户预重整方案制定、集资户预重整方案制定等大量工作,目前正在招募预重整投资人。

(三)是化解企业"两链"风险的有益探索

预重整企业一旦重整成功,一方面,可以为社会保留一批品牌优质的重点企业;另一方面,走出了一条帮助企业实现债务和资产重组的新路。因此,预重整是深化金融风险处置和企业破产制度创新的重要举措。预重整制度除降低重整成本以外,还有利于提高重整企业的清偿率,避免因破产清算的漫长程序使资产变现价值大打折扣;有利于维持重整企业稳定连贯的生产经营,避免经营业绩下

---

① 河北省邯郸市人民法院作出(2021)破申4号之一决定书,决定2021年9月17日邯郸市新利通房地产开发有限公司(含子公司邯郸市康桥房地产开发有限公司)启动预重整程序,并指定康桥(新利通)房地产开发有限公司房地产项目工作指挥部为预重整期间管理人。

滑和商机丧失;有利于缓解担保企业所承担的担保压力,为阻断担保链风险的蔓延和扩散提供良好的契机。

(四)有利于维护社会稳定

实践中,破产重整案件特别是房地产企业破产重整案件,涉及回迁户、消费者购房人、抵押权人、民间集资人等各方利益主体,且一般都具有矛盾突出、人数庞大,存在的不稳定因素多的特点,因此,政府的前期风险处置十分必要。通过预重整制度将各项工作前置,既有利于后面破产重整工作的有效开展,也有利于缓解当地政府的维稳压力。

二、房地产企业的预重整价值判断

结合最高人民法院发布的《全国法院破产审判工作会议纪要》以及温州市、北京市、深圳市、上海市、四川省、山东省相关法院办理企业破产案件的工作规范或者指引,综合房地产企业破产重整司法实践,目前房地产企业预重整价值考量涉及以下内容:

一是债务人企业自身资债状况。债务人企业本身的资债情况会对其重整可否产生巨大的影响。但是,需要明确的是,资产并不仅指的是实物资产,债务人企业所具有的企业商誉、企业资质,以及房地产开发项目的水、电、暖、气、排污等手续都应当计算在内。同时,对房企而言,其名下的商品房在建工程即是最具价值的资产,应当考量其建成后所具备的价值;当然除了计算价值,还需要考虑其从在建工程到完全的商品房的过程中所需要支付的成本。

二是时间成本价值预估。时间是很重要的因素,拖延会大大降低企业的价值。房地产企业重整的核心往往是要完成房产公司未完工项目的续建。因此,在房地产企业破产重整的整个程序往往会有较长的时间期限,而时间期限一长,那么企业其本身的价值会大大地降低。当然,时间跨度长并不当然意味着企业不具有重整的价值,只是破产重整程序时间跨度短的企业相对破产重整程序时间跨度长的企业而言更具有重整价值。

三是破产重整费用预估。在考虑一家破产企业的重整价值的时候,破产重整费用也是其中较为重要的一个考虑点。重整费用过高直接导致重整失败的可能性变大,因而也会影响企业的重整价值。

四是重整状态下的清偿测算。我们在判断企业重整价值的时候,需要对比其重整状态下与清算状态下的普通债权的清偿比例。如果重整程序并不能实现清算程序下对普通债权较高的清偿率,那么很难肯定这个企业具有重整价值。

五是综合考量下的价值评判。我们需要的是对于所有因素进行综合考量——利益平衡判断,通过分析各个对于重整价值具有影响的因素及利弊的考量,考虑各个权益主体的利益,寻求各个主体之间的利益平衡点,最终才能判断一家房企的重整价值。在房地产企业破产案件中,应当侧重考量社会因素,辅之其他因素综合判断。

三、预重整的主导模式

企业的破产重整,从程序看是一种强制的司法程序,目的是完成企业新老交替、资源整合,实现良性循环,但是企业的重生、资源配置、行政审批又离不开政府这只手推动。在我们现有的以公有制主体的市场体制下,仅靠债务人、债权人以及相关利害关系人很难整合包括战略投资人或产业投资人在内的优质资源。此种情况下,温州市政府推行了由政府牵头的预重整模式,帮助企业及时整合资源,用行政干预这只手推动了危困企业重整、重生,形成了具有社会主义特色的"温州模式"。同时,深圳、北京等地对预重整采取市场化的准司法强制模式,也不失为符合预重整法理本意的一种探索。

一是由政府主导的模式。此种模式的典型代表是温州。温州市政府为协调本地企业预重整工作,制订了《企业金融风险处置工作府院联席会议纪要》,由预重整工作领导小组对预重整工作进行组织协调。领导小组由政府领导,受理法院,金融、住建、市监、信访等部门的人员组成,定期协调与处理预重整工作中遇到的困难和问题。对符合国家产业政策、行业前景好、具有重整价值的企业,由政府牵头启动预重整程序;政府召集主要债权人成立债权人会议,并由该会议的参会人员对预重整阶段重整计划(草案)进行表决;政府给予危困企业相应政策扶持,使破产企业的财产得以保值增值;政府沟通主要的、债权比例大的债权人,取得重整意见的关键同意票;政府推荐管理人名册中的中介机构担任预重整临时管理人,保证企业预重整的可操作性;政府协调相关法院、公安等司法机关,暂缓对债务人的资产采取强制措施。

二是由法院主导的模式。典型代表如深圳。深圳市中级人民法院于2019年3月颁布了《深圳市中级人民法院审理企业重整案件的工作指引(试行)》,在第三章中对预重整程序进行了专门规定。在法院受理破产重整案件前,经债务人书面同意,法院按照诉前程序决定预重整,并在管理人名册中指定中介机构为临时管理人。临时管理人调查债务人资产及债权债务情况,推动债务人与债权人、投资人达成重整计划(草案);拟定的重整计划(草案)由债权人、债务人以及相关利害关系人先行表决,其法律效力延及于破产重整程序。预重整工作完成或期限届满后,管理人应向法院提交工作报告。

深圳、北京法院将预立案作为破产重整的前置程序,法院收到重整申请后,先进行预立案,经听证作出初步判断,如果认为债务人具有重整价值,投资人也有足够的重整意愿,则在裁定受理破产重整申请前先行指定预重整临时管理人。临时管理人在接受指定后发布债权申报公告并审核债权,同时展开相应审计、评估工作,与投资人进行谈判,形成重整计划草案并表决,表决通过后由法院受理重整案件。实际上这是将破产重整程序内应进行的、第一次债权人会议之前的工作全部提前到预重整阶段,由法院主导预重整程序,预重整临时管理人负责具体事务。

四、预重整制度程序中的难点问题

(一)预重整案号

结合各地法院的具体实践来看,进入预重整的时间阶段不同,采取的登记案号形式也不相同。若预重整是在提出破产重整申请前,用“引调”字(如温州)①;若是在提出破产重整申请后、受理破产重整申请前,用“破申”字(如北京、深圳、南京、四川、苏州)、“破预登”字(如浙江);②若是在受理破产清算后、宣告破产

---

① 《温州市人民政府办公室关于印发企业金融风险处置工作府院联席会议纪要的通知》(温政办函〔2018〕41号)第2条第5项规定:“人民法院根据政府文件由立案部门立‘引调’案号交破产审判业务庭;破产审判业务庭负责预重整阶段的法律指导和监督。”

② 《浙江省高级人民法院关于企业破产案件简易审若干问题的纪要》(浙高法〔2013〕153号)第8条规定:“八、企业破产申请的预登记,由立案庭接收材料后交商事审判庭在五个工作日内完成,编立‘(××××)×破(预登)字第×号’案号”。

前,不单独用案号(如安徽)。

鉴于最高人民法院关于破产案件立案受理有关问题的通知中,具有破产审查案件用“破申”字、破产案件用“破”字的规定,在关于预重整案号没有成文规范前,笔者建议采取以下方式处理:如果预重整在破产申请前,视为一种民事诉前调解而用“引调”字;在破产申请后、受理破产申请前,则属于《最高人民法院关于破产案件立案受理有关问题的通知》中的破产审查案件阶段,用“破申”字;在受理破产清算后、宣告破产前,仍然沿用“破”字,不单独用案号。

(二)是否进行听证

进行预重整与申请破产在听证问题上的要求一致,即听证不是必经程序,受理法院认为有必要的,可以组织申请人、被申请人、职工代表、主要债权人等主体对预重整进行听证,以便相关各方进行沟通、交流,以便广泛地征求各方意见,寻求共识。

(三)是否中止诉讼、中止执行、解除保全措施

1.个别清偿民事诉讼是否中止

虽然预重整的理想目的是能够保障集中清偿,暂时停止个别清偿,但是因为预重整阶段并未进入正式重整程序,除破产清算程序中转预重整的情况之外,预重整阶段的案件没有中止审理的法律依据。

2.能否中止执行

(1)原则上预重整不能中止执行。《企业破产法》规定中止执行的条件是“人民法院受理破产申请”,而预重整申请并不在此列。(2)对破产申请的受理作扩大解释,将破产申请的受理范围扩大解释为包含预重整。如成都市中级人民法院根据2008年《最高人民法院关于人民法院执行工作若干问题的规定(试行)》(已被修改)第102条的规定,[①]在北龙建设集团有限公司申请成都华茂锦业建设投资有限公司执行一案中,对破产申请的“受理”进行了扩大化解释,此案为我们了解到的首例法院因预重整作出中止执行裁定的案件。(3)中止执行。

---

① 2008年《最高人民法院关于人民法院执行工作若干问题的规定(试行)》(已被修改)第102条规定,人民法院已受理以被执行人为债务人的破产申请的,人民法院应当依照《民事诉讼法》第232条第1款第5项的规定裁定中止执行。

《深圳市中级人民法院审理企业重整案件的工作指引(试行)》第33条第2款规定:“在预重整期间,合议庭应当及时通知执行部门中止对债务人财产的执行。已经采取保全措施的执行部门应当中止对债务人财产的执行。”

3. 能否解除原有保全以及重新采取保全措施

(1)不能解除原有保全措施。其一,因为预重整结束后企业并非一定进入重整程序,但如果保全措施解除后一旦企业未进入破产重整程序,则债权人可能丧失首封等优先分配的权利;其二,预重整阶段权利人的诉权和申请执行的权利并未消失,不存在必须解除保全的理由;其三,预重整程序中由债务人自行经营甚至主导程序,管理人仅做监督、协调和一些组织工作,难以做到对债务人财产的控制。(2)可以重新采取保全措施。《深圳市中级人民法院审理企业重整案件的工作指引(试行)》第33条第1款规定:“在预重整期间,对于可能因利害关系人的行为或者其他原因,影响破产程序依法进行的,合议庭可以根据管理人的申请或依职权,对债务人的全部或部分财产采取保全措施。”北京则是通过依照民事诉讼法中对债务人财产进行保全的方式,在不突破原有法律框架的前提下,对债务人财产的完整性进行最大限度的保护。

(四)债权是否停止计息

停止计息是企业进入破产程序后对债务人财产的保护措施,由债权人让渡部分权利,并在特定期间内将全体债权集中清理。预重整并不一定向所有债权人发布公告,亦并非全部债权人都参与谈判。假如自预重整之日起停止计息,则按照实务中的主流规定,债务人进入破产程序后保证人债权并不停止计息,导致债务人的担保人在不知情的情况下仍需向债权人负担利息,造成其损失扩大,是显失公平的。

(五)能否中止行使担保物权

1. 担保物权不能中止行使

担保物权是物上请求权,是所有权基础上的优先权。债权人通过诉讼等强制措施行使担保物权,是行使一种强制权。预重整程序不是我国现行《企业破产法》当中的正式司法强制程序,因此也不会和强制执行权形成对冲和交叉,由此担保物权司法强制权是优于预重整准司法程序的。但是,通常情况下债务人企业的大额金融债权几乎全部为担保债权,如果对担保物权的行使不加以制约,势必对重整价值和重整结果造成重大影响。

2. 担保物权利最大化

(1)强调府院银联动机制,通过寻求政府的帮扶与金融债委会的沟通,协商暂缓债权人行使担保权。(2)通过对担保财产采取保全措施以禁止债务人处分、转让,或者通过给债权人提供替代担保等方式获得债权人的让步。(3)引入投资人提供借款清偿债务,投资人提供的借款作为共益债务,管理人可以在该抵押物上为投资人再次设定担保以维护投资人利益。(4)将抵押财产直接转让给投资人。(5)债务人可以通过提前清偿债务或提供替代担保的方式,取回质物或留置物。

(六)预重整管理人(临时管理人)

法院选任预重整管理人,一般通过随机选任、竞争选任、推荐指定和直接指定的方式。

政府选任预重整管理人,一般参照法院选任管理人的制度自行规范选任的程序、条件,然后通过竞选、招募或者自行组建等方式指定预重整管理人(政府往往考虑预重整需要相关职能部门的协调和帮扶,会要求相关职能部门派员参加,并组织成立清算组担任预重整管理人)。

实践中,临时管理人的报酬由当地政府或法院在相关的规范文件中进行规定(30 万 ~ 50 万元不等)。在预重整程序终结后,如果临时管理人继续担任破产重整管理人,可以参照《最高人民法院关于审理企业破产案件确定管理人报酬的规定》确定或者调整管理人报酬;如果法院受理破产重整时重新指定破产管理人,那么预重整报酬由法院确定,并且列入破产费用。

(七)预重整期限

预重整作为一种准司法程序,首先,应当要有合理期限的限制,督促困难企业各方在意思自治的环境下,能够就重整方案达成多数性的一致;其次,鉴于预重整阶段一般需要完成梳理债权债务关系、与债权人展开谈判、引进战略投资人、制定重组方案等一系列工作,本着效率与质量相并重的原则,预重整应以 6 个月为一般期限,确有特殊情况无法完成的,可以延长 3 个月。

综上所述,预重整制度是启动危困企业重生的必要抓手和有力手段。预重整制度对于具备重整价值的危困企业的有效识别,保护债务企业资产最大化,导入重整司法程序有着至关重要的作用。温州、深圳、北京、南京等地都进行了有益的和卓有成效的探索,特别是在房地产预重整中,笔者认为应当构建"以政府为主导、法院积极介入、管理人具体参与的良性互动"的预重整制度。这种模式能够充分调动政府、法院等相关各方的资源,有助于发掘危困房地产企业的重整价值,有利于尽早清理企业债务、降低企业债务杠杆,有利于提升危困房地产企业重整程序的质量与重整的成功率,最终能够切实地保护债务人、回迁户、购房户、施工方以及投资人等各方利益,维护社会的和谐稳定。

构建我国破产法中预重整制度的探索

赵佳慧*　张世君**

伴随供给侧结构性改革以及营商环境优化工作的推进,我国越来越注重对“僵尸企业”的妥善处理。然而,传统的破产重组制度有着耗时长、成本高的局限,而预重整制度是介乎于传统破产重整制度和庭外重组制度之间的创新,可有效解决上述问题,因此对我国的破产重整制度有一定参考价值。2018 年年初最高人民法院印发的《全国法院破产审判工作会议纪要》从司法政策的层面对预先重整予以了肯定。笔者认为,随着破产重整案件数量的不断增加,结合预重整制度的自身优势,我国运用预重整制度应为大势所趋,故笔者在下文中将介绍预重整制度的由来及分类,预重整制度与传统破产重整制度和庭外重整制度的比较,以及实行预重整制度的必要性及可行性,并对此制度提出相关建议。

一、预重整制度的由来及分类

(一)预重整制度的由来

预重整制度,是指在企业进入破产程序之前,主要债

---

* 深圳国际仲裁院仲裁秘书。

** 法学博士,首都经济贸易大学法学院教授,博士生导师。

权人与债务人之间就重整事项预先谈判,并拟制一份重整计划,在当事人向法院正式提出重整申请之时,一并提交该计划草案。对一些规模较大的公司而言,破产重整会涉及较多主体的利益,如果当事人在向法院提交重整申请之前就通过协商达成重组计划,将会为其节约很多成本。①

预重整制度是一个历史范畴的概念。美国破产法上的预重整第一案出现于1986年,当时一家名为Crystal的石油公司陷入财产困境,该公司在向法院正式提交破产重整申请之前,就预先草拟了重整计划并让债权人对其进行表决。在第一轮表决当中,只有两位设定抵押的大债权人不同意该计划。Crystal公司随即对重整计划进行了修改,其中一位债权人同意了修改后的重整计划,但另一位仍不同意。后债务人向当地法院正式提出破产重整申请,并提交该重整计划。经审查,该重组计划并未违反法律法规,且债务人已经向债权人进行了完整的信息披露,于是法院判决强制通过了该项重整计划。Crystal公司仅用91天就完成全部重组工作,远远低于当时大公司破产重整所要消耗的时间。至此,预重整制度开始被普遍应用。

(二)预重整制度的分类

1. 单轨制预重整与双轨制预重整

单轨制预重整(single track prepack)是最普遍的预重整方式,是指债务人在预重整中,以提起重整程序为目的与债权人斡旋,提出预重整方案并请求债权人接受该方案。所谓的"单轨",即破产重整程序。② 在美国的破产案件司法实践中,因提起单轨制预重整而获得成功的案例不在少数,例如,In re IWO Holding, Inc. 重整案,从申请到生效共计37天。③

双轨制预重整(dual track prepack)是指债务人以自愿重组为目的进行谈判,如果可以达成自愿重组协议则不提起破产申请,这与庭外重组无实质区别。一旦重组失败,债务人则转而以提起重整程序为目的与债权人进行谈判,提出重整计划并请求债权人投票,而之前债权人对自愿重组计划的认可将会被视为对重

① 参见王佐发:《预重整制度及其对上市公司拯救的效应》,载《证券法苑》2010年第2期。

② 参见张铃:《破产预重整制度研究》,上海交通大学2011年硕士学位论文,第4页。

③ 参见熊玉菲:《美国预重整制度研究及其对我国的借鉴》,中国政法大学2012年硕士学位论文,第5页。

整方案的赞成票。这里所谓的“双轨”是指“自愿重组”和“破产重整”。虽然在美国的司法实践中,双轨制预重整的案例少于单轨制预重整,但是也有不少成功案例涌现,例如,In re Insight Health Servs. Holding Corp. 重组案、In re Pioneer Fin. Corp. 重组案等。[①]

2. 完全预重整与部分预重整

完全预重整(full prepack)是指债务人在提起重整申请之前,已向有投票权的债权人请求对(债务人一方)重整方案进行投票。在司法实践中,大多数的预重整案件都是完全预重整。法院在受理案件后,可直接批准符合法律规定的重整计划,而当事人在重整程序开启之前所作出的表决,将约束整个重整程序。经法院审查之后的重整计划可直接进入执行程序,这将节省大量时间成本和费用成本,并大大降低对债务人企业的不利影响。

部分预重整制度(partial prepack)是指债务人提起重整申请之前,仅向部分债权人组进行对预重整方案的投票表决,在其向法院申请破产重整之后,再与余下的债权人组单独进行协商,然后让这部分债权人对预重整方案进行表决。[②] 如果预重整计划符合法律的各项规定,但这部分债权人仍不同意,那么法院可以强制批准方案通过,生效的预重整方案将对全部债权人具有约束力。

二、预重整制度与传统破产重整制度及庭外重组制度的比较

(一)预重整制度与传统破产重整制度的区别

预重整制度与传统破产重整制度的区别主要有以下几方面:第一,在传统破产重整程序中,重整申请在先,法院裁定受理后,债务人或者破产管理人指定重整方案,后由债权人分组表决。但在预重整制度中,债务人提出重整方案,进行企业信息披露,后由债权人进行表决并得到多数人同意时,达成最终重整方案,再次表决之后债务人才向法院提交重整申请。第二,在传统破产重整程序中,重

① 参见熊玉菲:《美国预重整制度研究及其对我国的借鉴》,中国政法大学2012年硕士学位论文,第5页。

② 参见徐阳光、毛雪华:《破产重整制度的司法适用问题研究》,载《法制与经济》2015年第1期。

整申请的提出先于重整方案;而在预重整制度中,重整申请的提出晚于重整方案,在债务人向法院正式提请破产重整之前,其已经与多数债权人达成重整计划了。第三,在传统破产重整程序中,债务人信息披露在重整申请之后;而在预重整制度中,债务人信息披露在重整申请之前。具体区别如表1所示。

表1 重整程序与预重整程序的比较

重整程序	预重整程序
申请破产重整	债务人与债权人协商,并拟定重整计划
拟制重整计划	债务人进行信息披露
债务人进行信息披露	债权人进行表决
债权人进行表决	向法院申请破产重组
法院听证之后决定是否批准重整	法院听证之后决定是否批准重整

综上,二者的不同主要集中在程序顺序的调换上,但是正是这种顺序的变更才可以实现当事人在破产重整过程中的意思自治,有助于保护困境债权人企业的隐私性。

(二)预重整制度与庭外重组制度的区别

庭外重组制度虽然也需要依靠当事人之间的协商,但是其与预重整制度之间还是有较大差异的。

第一,两种制度的性质不同。庭外重组不属于司法救济程序,因为庭外重组制度完全依靠当事人意思自治,如果有债权人反悔,那么债务人无法强制其履行。但预重整制度则很好地结合了司法干预,在债务人与债权人达成一致的预重整计划并得到法院批准之后,便产生约束所有债权人、债务人以及股东等主体的强制力。

第二,两种制度的通过标准不同。庭外重组制度是一种私力救济途径,因此重整计划需要债务人、债权人双方均同意才可发挥法律效力,这属于"一致决"的情形。但是在预重整制度中,重整计划只需要经过大多数债权人的同意即为生效,这属于"多数决"的情形。

三、我国建立预重整制度的必要性与可行性

(一)我国建立预重整制度的必要性

1. 传统制度重整制度耗时较长

首先,根据《企业破产法》第71条的规定:"人民法院经审查认为重整申请符合本法规定的,应当裁定债务人重整,并予以公告。"法律虽然规定了准许裁定的事由,却并没有规定裁定期限,导致有时法院未能即时确定是否通过重整申请。如在2001年发生的银广夏重组案中,[①]债权人在2010年1月18日就提出了重整申请,直至同年9月16日,银川市中级人民法院才决定受理该重整案件。其次,《企业破产法》第79条前两款规定:"债务人或者管理人应当自人民法院裁定债务人重整之日起六个月内,同时向人民法院和债权人会议提交重整计划草案。前款规定的期限届满,经债务人或者管理人请求,有正当理由的,人民法院可以裁定延期三个月。"据此债务人提交重整计划草案的期限最长可达9个月,再加上债权人投票表决,对重整计划进行修改以及法院最后判决时间,很可能让传统破产重整的案件审理时间超过1年。

2. 传统破产重整制度成本较高

此处的重整成本包括直接成本和间接成本。直接成本指的是《企业破产法》所规定的破产程序中所有必需的费用,如破产案件的诉讼费用,在重整程序中包括受理费用、职权调查费用、公告送达费用等。间接成本是指企业进入破产重整程序之后可能要牺牲的一些长期的、隐性的利益,如因营业中断所导致的销售额、利润的减少,因配合重组计划而被削弱的公司竞争力。

3. 传统破产重整草案的制定主体不利于重整计划的表决

我国《企业破产法》第80条规定:"债务人自行管理财产和营业事务的,由债务人制作重整计划草案。管理人负责管理财产和营业事务的,由管理人制作重整计划草案。"该条文体现出重整计划的制作主体较为单一,仅把重整计划交由债务人或管理人进行起草,之后再由债权人会议进行投票表决。这种方式使计划制定者很难全面照顾债权人及相关主体的切实利益,并使他们在重整计划中

---

① 参见罗裕珍:《预重整法律制度研究》,南昌大学2015年硕士学位论文,第7页。

处于较为被动的地位。一旦债权人及相关主体缺乏对重整计划制定者的信任和认可，重整计划的投票表决也将受到不利影响。笔者认为，如果可以赋予债务人和债权人参与制定破产重组计划的权利，那么双方对此都会持积极的态度，有利于平衡各方的利益。

4. 传统破产重整制度对于债权人企业的商誉影响较大

在公司发展的过程之中，其形象和商誉已是重要的无形财产。一个良好的公司形象，既有助于公司吸引更为强大的合作伙伴，也有助于公司融资。对上市公司而言，商誉的好坏还可能直接影响其股票市值的高低。由于我国目前大部分人对破产的理解还停留在破产清算上，故当一个企业进入破产程序时，大众对破产企业的商誉会产生不同程度的不信任，并且破产程序持续的时间越久，负面影响就会越大。

除此之外，预重整制度的理念充分体现了私法领域中的契约自由原则。契约自由原则的核心内容之一就是决定契约内容的自由。在预重整制度当中，债务人和债权人在正式提出重整申请之前对重整计划有一个充分协商的过程，这不仅是契约自由的良好体现，同时还可以让双方最大限度地兼顾自己的利益。

（二）我国建立预重整制度的可行性分析

1. 政策基础

党的十八届五中全会以来，国家明确了处置“僵尸企业”的基本原则是“重组救活为主、破产退出为辅”。[①] “僵尸企业”，是指那些本身丧失独立发展运作能力，需靠政府或放贷者的资金支持才能免于倒闭的困境企业。目前我国存在部分“僵尸企业”，这部分企业的经济活力较差，同时又占用了大量的社会资源。以前我国清理“僵尸企业”的方法是通过破产清算帮助企业有序退出市场，但问题在于如果大型企业被宣告破产，那么大量员工将面临下岗，处理不好利益分配将不利于社会稳定。所以企业的退出也可能是一个社会问题。基于此，我国目前清理“僵尸企业”的原则发生了转变，即通过破产重组让各方利益主体都能够得到较好的清偿和安置。但如前所述，目前我国企业重组耗时长、成本高，无法满足大量企业适用重组路径的现实需求，因此有必要建立预重整制度。

---

① 参见张艳丽：《破产重整制度有效运行的问题与出路》，载《法学杂志》2016 年第 6 期。

2. 法律基础

我国现行《企业破产法》已有破产重整的制度，这为预重整制度提供了良好的基础。并且根据《企业破产法》第 70 条的规定，“债务人或者债权人可以依照本法规定，直接向人民法院申请对债务人进行重整。债权人申请对债务人进行破产清算的，在人民法院受理破产申请后、宣告债务人破产前，债务人或者出资额占债务人注册资本十分之一以上的出资人，可以向人民法院申请重整”。该条文并没有规定是否可以在向法院提起重整时一同提出重整计划，如果后续预重整制度被纳入破产法的体系当中，也不会与该条文冲突，而是对其的补正。

3. 专业审判基础

我国各地纷纷建立起破产审判庭，为预重整制度提供了良好的专业审判基础。我国最高人民法院于 2016 年 6 月 21 日下发了《关于在中级人民法院设立清算与破产审判庭的工作方案》(以下简称《设立清算与破产审判庭方案》)的通知。该方案明确规定，“直辖市应当至少明确一个中级人民法院设立清算与破产审判庭，省会城市、副省级城市所在地中级人民法院应当设立清算与破产审判庭”。随着案件量的上升和专业化的提升，我国也非常有可能建立专门的破产法院，类似知识产权法院。除此之外，《设立清算与破产审判庭方案》还规定，破产案件的审判法官原则上从本院或者下级法院具有公司强制清算与企业破产案件及相关案件审判经验的优秀法官中选任产生。设置专业的法官和审判庭无疑为预重整制度提供了有利的专业审判基础。

四、对我国建立预重整制度的若干建议

综上，将预重整制度引入我国破产法领域是必要且有现实基础的。对该制度的引入，笔者有以下几点建议。

1. 引入途径

笔者认为，我国建立预重整制度的目的包括三个方面：一是弥补传统破产重整制度时间长、成本高的缺陷，适应现实生活中对破产重整的高需求。二是公平保护债务人企业以及债权人的权利。传统破产重整制度不利于债权人的参与，也不利于平衡二者之间的利益。三是拯救有重新运营价值的企业。如果一个企业重整之后所能实现的预期利益远远低于重整的成本，那这样的企业则无拯救

价值,可以通过破产清算使其有序退出市场。

鉴于预重整制度引入的法律基础,笔者建议,可以直接在《企业破产法》中运用新的司法解释增设预重整制度的相关条款。因为如果直接修改法律,不利于树立法律的威信。同时笔者认为可以在《企业破产法》的司法解释中直接引入预先重整的条文,具体规定为"债权人或股东在重整程序开始前已接受重整计划将被视为已按《企业破产法》之规定接受该重整计划,该表决结果将拘束所有的债权人、债务人企业以及股东"。①

2. 预重整申请原因

根据联合国的《贸易法委员会破产立法指南》的规定可知,"不论债权人是否符合启动一般重整程序的条件,只要有可能无力偿还未来到期债务的,均可申请启动预先重整程序"。我国《企业破产法》第2条第1款规定:"企业法人不能清偿到期债务,并且资产不足以清偿全部债务或者明显缺乏清偿能力的,依照本法规定清理债务。"由此可见,相比我国《企业破产法》的规定,《贸易法委员会破产立法指南》规定的预重整制度的申请原因更为广泛。因此,我国预重整制度的申请原因也可参考《贸易法委员会破产立法指南》的相关规定,以保护更多的债权人的利益。

3. 信息披露

信息披露在预重整制度中是非常重要的环节,因为它能够帮助债权人对预重整方案进行判断,并确定是否接受该方案。

4. 申请主体

联合国《贸易法委员会破产法立法指南》建议,提起程序的人应当为债务人。笔者认为,《贸易法委员会破产法立法指南》的规定较为严格,申请重整的主体既可以是债务人,也可以是债权人。由于债务人和债权人在提出破产重整申请之前已经就破产重组计划达成了协议,所以债权人自然也有权向法院申请。

5. 预重整方案的批准条件及效力

在预重整方案中,法院的批准直接关乎债权人的利益。笔者认为,法院在此过程中,关键就是审理企业信息披露的情况。如果债务人将企业信息披露得较为完整,符合程序,不违反法律法规,那么法院可以批准重整计划;计划获得批准

---

① 参见季奎明:《论企业预先重整制度》,载《公司法律评论》2011年第1期。

的,将约束全部股东、债权人及债务人等。如果计划未获批准,一部分学者主张债务人或债权人可以重新申请重整,另一部分学者则认为重整程序可直接转换为破产清算。笔者支持第二种模式,因为"一来申请预先重整的原因与申请传统破产重整程序的原因相同,二来法院对预重整计划的审查原则上已经很轻松了,如果前述情况中没有和重整一开始的破产重整债权人协商,在该计划没有根本改变的前提下,即使申请进入重整程序,其最终结果也必再次以失败告终"。[①] 因此,当该计划未经批准之时,应直接转重整程序为破产清算程序。

五、结　　语

预重整制度不仅可以有效避免传统破产重整耗时长、成本高的问题,也可以防止庭外重组制度中的"钳制"现象。加之目前我国对破产重整制度的需求不断增加,笔者建议有关部门能够结合实际,尽快出台关于预重整制度的相关法律解释或其他规范性文件,从而有效地帮助困境中的企业顺利完成重组并重新恢复活力,同时给审判机关提供可操作性更强的指导。我国破产法领域建立预重整制度的过程中,一定要充分考虑我国的国情,以及未来可能的发展趋势,谨慎地对待制度建设。困境中的企业在选择进入破产程序时,也要结合企业本身的规模等特点,选择适当方式走出困境或退出市场。

---

① 张世君:《重整制度的价值及简易重整制度的构建》,"公司再造之法制与实践"21世纪商法论坛第十六届国际研讨会会议论文,2016年10月于北京。

我国预重整模式的实证研究

——以各地预重整指引为样本

王　静*　崔雪晴**

近年来,随着我国企业破产重整案件不断增加,重整制度的局限性也逐步显现,如企业重整周期长、成本高,债权人信心不足等问题突出,因此预重整制度进入我国学者和实务工作者的视野。为充分发挥破产审判的挽救功能,化解企业债务负担,促进产业结构调整和升级,各地积极开展了有关预重整的实践探索。虽然我国《企业破产法》并未规定预重整,但自2018年以来,陆续有涉及预重整制度的文件发布,①从政策层面表达了对预重整制度实践探索的支持。在实践积累的基础上,温州、深圳、北京、南京等多地法院陆续出台审判指引,对预重整作出了具体规定。预重整制度通过结合庭外重组和庭内重整的优势,最大限度地挽救有价值的困境企业,提升重整成功率,对于深化供给侧结构性改革、优化营商环境具有重要的积极意义。本文拟通过对各地法院的预重整实践进行比较分析,以期构建符合我国特点的预重整制度。

---

* 南京市中级人民法院南京破产法庭庭长,法学博士。

** 南京市中级人民法院南京破产法庭法官。

① 《全国法院破产审判工作会议纪要》《全国法院民商事审判工作会议纪要》明确提出要完善庭外重组与庭内重整的衔接,《加快完善市场主体退出制度改革方案》首次正式提出建立预重整制度。

一、预重整制度概述

预重整制度是对重整程序和庭外重组两种企业挽救制度予以结合创新而产生的新型企业挽救辅助模式。我国破产法学界将预重整界定为部分或全部当事人在正式向法院申请重整救济之前,已经就重整事项进行谈判并达成重整计划的全部或部分内容,然后在已经达成谈判的条件下向法院正式申请重整。[①] 预重整制度让当事人在一定的规则下充分自主协商的同时,实现与庭内重整的无缝衔接。首先,相较于一般的庭外重组而言,预重整制度有一定的司法性质,这体现在为预重整程序设定规则,并监督利害关系人按照规则推进程序;参与预重整程序的当事人应当遵照预重整规则进行谈判、表决等。这也使预重整程序与庭内重整程序能够有效衔接,既避免了庭外重组可能产生的"钳制"成本,又可以通过与庭内重整的衔接取得强制性效力。其次,相较庭内重整程序,预重整程序又有一定的私法性质。其一,预重整程序中的谈判遵循平等、自愿、协商的原则,参与预重整的各方主体的谈判过程类似庭外重组,司法干预的程度低,但又在司法的监督和保障下开展工作。其二,预重整程序将重整程序的协商谈判、拟定草案等工作提前,大大提高重整程序效率,同时减少谈判风险,降低程序成本。其三,预重整的限制较重整程序更弱,对债务人的商誉影响相对较小,债务人在预重整程序中能够持续经营,保持较大的自主性。

总体来说,预重整制度兼具了私力救济和公力救济的优点,[②]既克服了庭内重整程序高昂的谈判成本和失败结果的不可逆性,又能避免庭外重组中出现的部分股东、债权人滥用权利形成的"钳制"问题,为陷入困境的企业提供了一种新的脱困方式,是对当下我国企业挽救模式的创新和补充,也在一定程度上提高了挽救成功的概率。

---

① 参见王佐发:《简易重整制度及其对上市公司的拯救效应》,载徐明等主编:《证券法苑》第3卷,法律出版社2010年版,第601页;胡利玲:《困境企业拯救的法律机制研究——制度改进的视角》,中国政法大学出版社2009年版,第186~188页。

② 参见曹文兵、朱程斌:《预重整制度的再认识及其规范重构——从余杭预重整案谈起》,载《法律适用》2019年第2期。

二、各地预重整规范的对比分析

温州于2018年12月27日发布《企业金融风险处置工作府院联席会议纪要》(以下简称《温州纪要》),首次对预重整制度进行规范。此后,深圳、北京、南京、镇江、成都、宿迁等多家法院纷纷发布了相关审判指引,对预重整制度进行了具体规定。各地规范在程序启动、预重整管理人选任、预重整与重整程序的衔接等方面存在一定差异。

(一)启动模式

各地规范对预重整程序主导的主体、启动条件进行了具体规定。根据主导主体的不同,主要可以归纳为3种模式:一是法院主导模式,包括北京、深圳等地均采用该种模式;二是以温州为代表的政府主导模式;三是以南京为代表的以法院为主,政府积极介入的折中模式。

3种模式的共同点是充分尊重当事人自治。在相较正式的破产程序而言,当事人自治程度更高的预重整程序中,债务人往往还处于自行管理和经营的阶段,自我挽救的性质较重整程序更为突出,故而南京、深圳等地的规定都特别指出需债务人同意,北京、成都等地还规定需要债务人书面承诺,温州虽未明确规定需债务人同意,但也指出要坚持市场化和当事人自治原则。

3种模式的区别主要在程序主导主体及政府支持力度方面。温州所代表的政府主导模式对府院联动的规定最直接、彻底,预重整程序完全由政府主导的特点贯穿《温州纪要》始终。《温州纪要》由市政府办公室发布,规定由属地政府启动预重整程序,法院只起到指导和监督的作用,同时明确预重整程序中属地政府应当积极参与投资人的引进工作。该纪要充分体现温州府院联动机制的特色,但此种模式能否在其他地区具有复制与推广的可行性尚且存疑。深圳所代表的法院主导模式当下被大部分地区采用,其未对政府支持作出明文规定,程序启动也无须政府出具意见,但在实践操作中,政府往往也参与了预重整程序,并发挥重要作用。福昌电子重整案中,龙岗区政府利用欠薪保障基金为福昌公司先行垫付巨额的工人工资,为重整工作奠定了基础。[①] 南京所代表的折中模式在这方面的规定则相对委婉,预重整程序启动需获得政府、主管部门等支持意见,进入预重整后,明确债务人、债权人、管理人应当争取政府的支持。相比深圳、温州的模式,南京模式秉持更为开放的态度,既明确法院的程序指导与监督作用,又注重地方政府等多方主体的协同作用。

破产程序的外部性极强,由于目前我国破产制度的发展尚不完善,特别是重整程序配套制度尚不健全等原因,很多问题往往只能通过府院联动机制来解决。由于预重整程序中往往债务人规模庞大,债务危机严重,矛盾复杂集中,更需要政府有关部门从中协调、支持,配合解决职工安置、维稳等问题,这也是各地政府承担优化营商环境任务的责任之一。当下各地开展的预重整程序都离不开政府的支持配合,但预重整程序的推进应遵循企业破产法的基本逻辑,同时尊重预重整的私法属性。基于此,温州完全由政府主导的预重整模式在一定程度上已经超越了政府职权的范畴,而南京模式规定由法院作为中立者进行指导和监督、政府就具体问题进行支持和协调则更为合理。府院联动机制是在当下企业破产法相关配套机制不健全、不完善的背景下,为推进破产程序,特别是破产重整程序顺利进行的一种过渡手段;从长远来看,还应当从制度上解决根本问题,届时,预重整制度将无须再嵌入府院联动的内容。

(二)适用主体范围

各地普遍规定具有重整原因的企业可以适用预重整程序。深圳、南京、成都更侧重于关注企业规模及企业直接进入重整程序可能会产生的不良影响,这些债务人企业往往规模较大、影响力强、矛盾复杂,一旦直接进入重整程序,可能会对当地社会经济造成巨大冲击。另外,这类企业在协调和谈判上的难度也比较大,有法定期限内企业难以就重整计划达成一致而直接进入不可逆转的清算程序的风险。温州规定较为特殊,关注的是“符合国家产业政策,行业前景较好,具有挽救价值的当地核心优质企业”,实际上是预先对企业的重整价值进行判断,保障优质企业继续发挥效益,但对于企业规模并无具体要求,这也符合温州经济以中小型民营企业为主的特点。

---

① 参见黄晓云:《福昌电子破产案:预重整的成功尝试》,载《中国审判》2017年第33期。

预重整程序的主导主体不同是产生上述区别的重要原因之一。深圳、南京、成都的预重整程序由法院启动,法院在预重整审查阶段识别和判断企业的行业前景是否良好、企业是否具有重整价值较为困难,往往通过预重整中管理人清产核资等工作的开展、各方谈判博弈及市场筛选的情况,最终判断企业价值,并根据情况确定企业是否转入重整程序。温州的预重整程序由政府主导,政府承担的经济管理职责决定了其对企业价值尤其是在本地行业发展布局中的价值的判断可能相较法院更为明确,同时考虑到目前关于预重整的立法缺位问题,从政府角度需要更加慎重选择进入预重整的企业,尽可能避免干扰执行程序等负面影响。因此,深圳、南京、成都模式可以避免大型企业因一时经营困境、直接进入重整程序产生较大不良影响,但是对于一些优质但规模相对较小的企业的支持力度较小;温州模式可以更便利地保障效益较好但在资金链上出现困难的企业通过预重整获得继续发挥效益的机会,但是对于规模、社会影响较大而经营价值较低的企业,其在陷入困境后如果没有配套政策予以保障,可能会影响当地社会、经济的稳定。

(三)预重整阶段管理人的选任

预重整阶段管理人的选任方式主要是推荐与竞争这两种方式的组合,或者是依托于管理人分级制度的随机选任方式,体现了预重整程序私法自治与司法属性相结合的特点。

1. 推荐方式

深圳、北京、南京等地都规定可以通过推荐方式选任管理人,推荐主体为债务人、主要债权人、投资人、政府有关部门等;温州也明确规定指定管理人需要征求债务人和主要债权人的意见。预重整程序与重整程序之间的重大差别是司法干预的程度不同,预重整程序中当事人的自主性和自由度要远高于重整程序。在这一阶段,债务人、主要债权人等相关利益主体提前在法院的监督和管理人的介入下进行协商和博弈,政府主管部门往往也参与其中;只有各方互相信任和配合,程序才有可能推进。通过各方主体共同推荐的管理人往往能够获得各方认可,更能组织开展建设性的对话,从而推动各方达成一致,相较单纯由某一方决定或指定管理人的方式,这也更加符合管理人选任方式市场化的导向。

2. 竞争选任方式和摇号方式

除推荐方式外,各地往往还增加了竞争选任或摇号作为选任管理人的补充方式。如南京规定了可以采用竞争方式选任管理人,在实践中,温州也有通过竞争方式选任管理人的案例,深圳规定预重整管理人一般通过摇号方式在一级管理人中指定。竞争选任和一定分级范围内的摇号虽有不同,但核心都是为了保障管理人的能力能够与案件难度相匹配,同时坚持程序公平。深圳的破产审判实践起步和发展较早,管理人市场更为成熟,当地自 2013 年起开始进行分级管理,重大复杂案件的管理人都从一级管理人中选出。南京、温州等地通过竞争方式选任管理人,也在最大限度上避免随机指定可能面临的不确定性及管理人能力与案件复杂程度的不匹配性。

3. 管理人身份是否延续

目前大部分地区都认可预重整期间的管理人可以继续担任重整程序的管理人,除非有需要回避或履职不力的情形。指定预重整管理人为重整程序的管理人,既有合理性,也有必要性。首先,指定预重整管理人作为重整程序的管理人并不违反我国现行法律法规有关有利害关系人应当回避的情形。在预重整阶段,管理人并不是作为某一方的法律顾问而存在,而是经法院(或政府)指定,独立于债权人、债务人开展清产核资、推动各方协商等工作,实质上与破产程序中的管理人职责相近,其在没有其他影响管理人履职的情形下,无须回避。其次,进入预重整程序的案件往往较为复杂,预重整期间管理人通常已经开展了大量的工作,更熟悉情况,如果在重整程序中延续预重整管理人的身份,可以大大提高案件办理效率,减少成本。综上,一般来说,将预重整阶段的管理人身份延续至重整程序对于程序推进、效率提升来说是最优选择。

(四)程序衔接

预重整程序区别于庭外重组的核心在于将协商的步骤提前并将其效力延续至司法重整程序中。当下我国各地的规定对此主要从两个方面进行规制:一是预重整阶段的工作内容,主要体现在管理人职责、债务人义务、是否转入重整程序的规定上;二是在预重整程序中就重整计划草案达成的合意,即预表决的效力能否在重整程序中得到认可。

从各地的规范来看,预重整阶段有 3 项主要工作:一是清产核资。清产核资是管理人的重要职责之一，其既是维护债权人、债务人权利，推动预重整程序的重要基础，也是判断债务人是否具有重整价值和重整可行性的重要因素。二是拟定重整计划草案。在管理人的协调和推动下，各方在预重整阶段充分协商，在此基础上拟定重整计划草案，该重整计划草案往往会被带入重整程序，并申请法院批准。三是预表决，即对预重整阶段形成的重整计划草案先行表决。这是预重整程序工作的核心，相当于把重整程序中的表决阶段提前，有助于及时巩固预重整阶段的工作成果。预表决的结果往往是法院考量企业是否具有重整可行性、能否转入重整程序的重要因素之一。

预表决效力的确认与延续是发挥预重整制度优势的前提之一。如果不认可当事人在预重整程序中对重整计划草案所作出的表态，而是需要当事人在重整程序中重新表决，那么预重整程序的价值将会被大大削弱。由于预重整程序并非正式的司法程序，当事人在该程序中所作出的意思表示并不能当然地延续至司法程序中，如何在保障当事人权利的同时提高程序推进效率，是预重整制度设计的难点。大部分地区的规定都在一定程度上承认了预重整期间达成的协议或草案在重整程序中可以继续有效，但同时也规定了例外情形。从南京、深圳、北京等地的规范来看，主要有以下要求：一是重整计划草案的基本内容应与预重整中债权人、出资人承诺或同意的一致，或所做修改未对有关权利人造成实质性影响，否则有关权利人此前作出的承诺不能继续适用，除非当事人同意。因为重整中对预重整阶段的重整计划草案的实质性修改，相当于在一定程度上否定了预重整阶段的成果，会造成当事人之前的表决无效，影响预重整的效率价值。二是如果协议或方案达成前债务人隐瞒重要信息、披露虚假信息，债权人可以要求重新表决。因为信息披露是预重整中的重要内容，当事人作出有效意思表示的前提是充分、准确的信息披露，否则，其意思表示可能是有瑕疵的。三是在预重整程序中当事人作出意思表示后，发生重大变化，并对当事人权益造成实质性影响的，当事人应当有权重新表决。实践中对于重大变化应当审慎认定，避免被滥用。

三、对各地预重整实务探索的反思和融合

（一）顶层设计亟待完善

虽然最高人民法院出台的相关司法政策文件中多次提到并鼓励各级法院积

极探索庭外重组与司法重整的衔接问题,但是并未就预重整作出具体规定,这导致各地仅能在现有的法律框架下进行探索和尝试。一方面,这种尝试将会受到很多限制,探索也不够充分;另一方面,在缺乏明确上位法依据的情况下,各地出台的相关文件至多只能在辖区范围内发生效力,一旦涉及跨市甚至跨省的情况,文件的实施将阻碍重重。实践中,虽可依靠法院间的相互协调或报请指定管辖的方式来解决,但这既可能影响预重整程序的高效性,也不一定能够达到预期的效果,甚至会进一步加重司法行政化的倾向,与破产市场化、法治化的方向背道而驰。在实践对预重整制度的需求不断增加的情况下,只有完善顶层设计,才能为各地探索预重整的制度设计及预重整制度的完善提供坚实的基础和法治保障。

当然,顶层设计也非一朝一夕就能够完成,特别是在现阶段,实践探索还不够充分,实务效果还不够显著,相关问题和困难暴露得还不够明显。鉴于此,本文认为应当在现有实践的基础上,先就预重整制度中的几个重要基础性问题在顶层制度层面制定相关规定,提供一定的法律依据,既能总结已有的制度成效,也有助于摒弃明显不适宜的创新,避免预重整实践陷入歧途。

(二)适用范围尚待明确

在现阶段,由于我国预重整制度还不成熟,各地根据实际需要在预重整适用主体上有所侧重,并且目前的探索主要还局限于债务危机较为紧迫的企业,通过政府、司法的介入,提高重整成功率,但从长远的角度来讲,这种限制可能会束缚预重整制度的发展。

预重整是介于庭外重组与庭内重整之间的混合程序,从庭外重组、预重整到司法重整,当事人自治的程度越来越低,对债务人的保护和对债权人的限制越来越强,司法干预的程度和成本越来越高。从保持自主经营、减少对商誉的负面影响等因素来看,一般债务人往往会优先选择庭外重组或预重整这种具有更多自我脱困因素的程序,在这两种方式无法达成挽救企业的目的的情况下,才会寻求司法保护。从市场化、法治化角度出发,完善的破产制度应当能为当事人提供更多可供选择的挽救机制,并鼓励当事人根据情况自主选择需要适用的程序。预重整作为本身具有独立价值的制度,在探索更加充分、制度逐步完善后,制度对进入预重整程序的主体范围的限制应当减少。当然,一般只有至少能够保证企业最低程度正常运转的债务人才有信心选择预重整程序。同时,考虑预重整程序的价值目标,债务人往往也需要符合相应的条件,以避免借此程序拖延清偿,甚至转移资产,损害债权人利益。一是由于预重整程序主要依靠各方自主协商最终达成协议,因而债务人和主要债权人应当对于通过预重整程序挽救困境企业持积极支持的态度,否则预重整程序将难以推进,无法形成最终成果。二是企业负债结构不宜过于复杂,债权人的性质尽量统一。如果债权过于分散且债权人众多,债权人之间的权利性质差异巨大,各自诉求差别甚大,更容易激化矛盾,则债权人之间越难以达成一致意见。

(三)执行中止应当谨慎

《中华人民共和国企业破产法》(以下简称《企业破产法》)规定,人民法院受理破产申请后,有关债务人财产的保全措施应当解除,执行程序应当中止。在预重整程序中,法院应否就债务人财产采取解除保全、中止执行的措施加以保护,至今尚无定论。从各地的规定来看,深圳、温州、宿迁、成都均作出了预重整程序中执行中止的规定。

在预重整阶段即对债务人财产采取如执行中止等措施,可以有效避免因个别债权人通过执行程序获得清偿而产生的个别清偿和债务人财产减损等问题,保障债务人财产的使用和价值相对确定,减少执行等因素对预重整造成的阻碍。但直接在预重整程序中适用中止执行等措施也存在问题。一是与预重整程序的性质不符。预重整以当事人自主协商为主,司法的干预主要体现在法院监督各方按照预重整规则开展工作,而不是过多地介入实体问题的处理。中止执行是具有强制性效力的司法措施,在预重整阶段即采取该种方式并不合适,也会模糊预重整与正式重整程序之间的界限。二是从中止执行与破产程序的关系上看,中止执行是破产程序对债务人的财产的一项重要保护措施,但在破产程序中,债务人本身负有更高的义务,且债务人的财产完全由管理人接管,债权人、债务人的利益受到相对平衡的保护,中止执行对债权人利益的损害最大限度地被降低。如果将中止执行提前到预重整程序,在没有完备的配套规则支持的情况下,会让债务人享受接近于正式的重整程序中的保护,但债务人却未承担相应的义务。三是在目前没有上位法及法理支撑的情况下,直接规定在预重整阶段即应中止对债务人财产的执行程序,是否能够产生司法强制力,能否得到其他执行法院的配合尚存疑。综上,在预重整阶段,不适宜一律参照《企业破产法》,对债务人中止执行,只有在个案确有必要的前提下,才可以中止执行。

(四)信息披露有待健全

预重整程序中,债权人和债务人进行博弈的谈判环节是整个过程中的核心环节,必须通过建立透明的信息披露制度来解决破产中的信息不对称问题,从而有利于当事人平等地协商和谈判。尤其是在预重整阶段多采取债务人自行管理的模式下,如何从制度层面构建预重整的信息披露规则,如何确定信息披露的标准,以保障债务人与债权人、投资人处于信息对称的地位,确保债权人、投资人在充分了解企业信息的基础上作出决策,是值得重视的问题。为保障预重整程序的有效运转,保护利害关系人的合法权益,预重整程序对信息披露的要求应当不低于正式重整程序的要求。

在预重整程序中,信息披露的义务主体主要是债务人;信息披露应该符合"真实、准确、充分、完整"的一般性要求;信息披露的方式可以包括通知、告知、报告、公告以及听证会等,并且应该具有关于违反信息披露的法律责任的规定,从而建立完整、系统的信息披露制度,有利于保护各方主体的利益。目前深圳明确规定了债务人进行信息披露的标准,涵盖了信息内容的范围、程度与合法性等要求,值得借鉴与吸收。具体包括:(1)全面披露。披露内容应当包括表决所必要的全部信息。(2)准确披露。信息披露应当措辞明确,以突出方式引起注意,不得避重就轻、缩小字体或者故意诱导对方作出同意的意思表示。(3)合法披露。披露程序应当符合法律规定的要求。

预重整计划的影响因素和效力延伸

王建业*

自最高人民法院和相关部委明确探索和建立预重整制度的方向后,各地各级人民法院政府纷纷响应并推出预重整规范性文件。2019 年《全国法院民商事审判工作会议纪要》(以下简称《九民纪要》)第 115 条规定了庭外重组协议效力在重整程序中的延伸,其中,预重整计划的制定及债权人对其同意的意思表示的效力延伸是基础性问题,有关注及研究之必要。

一、预重整计划的制定

(一)体现形式

对预重整期间各方谈判协商的成果,《全国法院破产审判工作会议纪要》称为“重组方案”,《九民纪要》称为“庭外重组协议”①,浙江省高级人民法院称为“债务清偿方案或资产重组方案”②,南京市中级人民法院称为“预

---

* 浙江京衡律师事务所律师。

① 最高人民法院民事审判第二庭编著:《〈全国法院民商事审判工作会议纪要〉理解与适用》,人民法院出版社 2019 年版,第 581 页。

② 《浙江省高级人民法院关于企业破产案件简易审若干问题的纪要》第 9 条第 2 款。

重整方案”[①]。不同表述的共同之处在于,将预重整期间各方就财产处置和债务清偿协商达成的文件的法律性质理解为合同。这种理解与学界对重整计划的理解是一致的。[②] 实践中,预重整计划的体现形式主要包括:一是“一对一”或“一对多”合同,即债务人与债权人签署多份“一对一”或“一对多”的债务清偿协议,少数情况下投资人也作为协议主体参与签署。此形式中不同主体对合同条款有个性化诉求,谈判成本较高。二是债权人单方承诺,即债权人向债务人发出对债务清偿的要求或豁免承诺。此形式中不同债权人作出的承诺差异较大,与普通债务折扣谈判有交叉,与司法重整程序的匹配度低。三是重整方案,即按照司法重整程序的要求,提出包含营业方案、债务清偿方案等内容,同时附加债权人对重整方案的意思表示。基于预重整的目标是正式重整计划的表决与批准,本文将预重整阶段形成的成果统一称为“预重整计划”。

(二)制定主体

“对重整计划的制定,采取‘谁管理、谁制备’的规则,有利于制备人在充分掌握债务人信息和开展多方谈判的基础上,制定切实可行的重整方案”[③]。与破产法相同,深圳市中级人民法院《审理企业重整案件的工作指引(试行)》第27条第2款明确规定“债务人应当在预重整期间制作重整方案,并征集利害关系人意见”。其他如北京市破产法庭、南京市中级人民法院、苏州市吴江区人民法院均将预重整计划的制定作为债务人的职责。实际上,无论债务人财产和营业事务由谁管理,重整计划都多由管理人制定。将债务人作为预重整计划的制定主体符合破产法基本规则,但不必限制其他主体特别是预重整管理人制定的权利,[④] 这更符合预重整高效协商的理念。

(三)包含的内容

预重整计划的内容,应当参照重整计划并结合自身特点确定。预重整的特

① 《南京市中级人民法院关于规范重整程序适用、提升企业挽救效能的审判指引》第19条第2款。

② 参见王欣新:《破产法》(第2版),中国人民大学出版社2011年版,第263页。

③ 王卫国:《破产法精义》(第2版),法律出版社2020年版,第274页。

④ 参见张婷、胡利玲编著:《预重整制度理论与实践》,法律出版社2020年版,第127页。

点主要包括:第一,不属于正式法律程序,预重整是重整的"影子"。第二,存在不确定性,债务人经过预重整程序后可能进入重整程序,也可能进行清算、和解甚至走出破产困境。第三,属于不完全博弈,债务人可能存在未知负债或者财产,债务人财产的范围及处置、债权清偿方案的具体内容很可能将进行补充调整。这些特点对预重整计划内容的影响在于:

1. 以重整计划的内容为基础。预重整程序的实质和目标是进入重整程序,预重整计划应以《中华人民共和国企业破产法》(以下简称《企业破产法》)第81条为蓝本,以债务人的经营方案和债务分类、调整和清偿方案为必要内容。

2. 预重整计划是债权人表决事项,内容不应超出债权人会议表决的范围。故预重整计划应区别于信息披露要求,诸如债权审查规则和合并破产事项,可作为通报事项但不应列入预重整计划进行表决。①

3. 为后续变化因素预留空间。预重整以债务人和债权人之间的协商为主,部分债权人特别是担保债权人或已申请执行的债权人对集体清偿的积极性不高,同时债务人可能存在未知债务。预重整方案需为此预留空间,避免进入重整程序后的实际情况稍有变化导致原有方案无法执行。

关于重整投资人是否属于预重整计划的必要内容。对无明确投资人的预重整计划,债权人疑虑较多,预重整后法院受理重整申请时也往往将投资人作为审查的必备内容。笔者认为,由于《企业破产法》第81条并未规定投资人属于重整计划草案的必备事项,且重整程序与投资人之间往往是先有前者才有后者,因此预重整方案中投资人可作为增设而非必备事项,应允许无投资人的预重整计划的存在,交由债权人会议表决。

二、影响预重整计划的若干因素

完成向重整的"跳跃",是预重整最主要的目标。重整程序的受理,随着停止计息、欺诈清偿、行使破产撤销权、解除保全、实现专属管辖等法定效果,这些效果能有效制衡影响庭外重组努力的"钉子户"债权人,是预重整成果落地的有力

① 参见江丁库主编:《破产预重整法律实务》,人民法院出版社2019年版,第168页。

保障。[1] 除此之外,预重整向重整程序的转换中的一些必然或偶然的变化,是二者能否顺利衔接的"X 因素"。

(一)债权变化

预重整无法适用《企业破产法》第 46 条的提前到期和停息规则。预重整期间的债权金额和相应的表决权都处于变动之中。为方便统计和表决,实践中通常选定某一日期作为债权截止日,如预重整受理时间、债权预申报开始时间等。预重整期间确定的债权金额至重整受理时可能基于如下原因发生变化:一是当事人约定的利率标准不同。不同债权人之间对债务利息的标准约定不同,债权金额的差异将随着期限的持续计算进一步扩大。如同为 1000 万元债权,债权人 A 约定年利率为 10%,债权人 B 约定年利率为 15%,预重整债权截止日至重整受理日之间间隔 3 个月,则 A 债权将增加 25 万元,B 则增加 37.5 万元,此因素甚至可能改变表决结果。二是未知债务的申报。预重整期间债务人对债权人未全部申报债权的,无法确定不利后果。债权人预重整程序期间申报债权的积极性有限,甚至有银行或公权力部门将预重整期间申报债权理解为表态支持预重整,要求申报债权的主体需完成内部审批流程或索性不对相关债权进行申报。上述未知债务的申报不当将导致预重整计划指向的偿债安排和表决结果出现失真。

(二)债务人财产变化

《企业破产法》第 30 条规定破产受理时至破产程序终结前债务人取得财产均属于债务人财产。结合《企业破产法》第 31 条至第 34 条,供债权人分配的"应有财团",其观察视角已前移至破产受理前至少 1 年。从时间上看,界定债务人财产的时间维度,必然包括预重整期间。这对预重整程序提出的现实问题是:如何避免在预重整期间发生追加担保、个别清偿的尴尬后果?预重整期间债务人继续营业的,某一笔货款或周转资金是否支付?

对此,各地法院作出了一定回应,如明确禁止个别清偿,或将个别清偿作为

---

① 参见[美]杰伊·劳伦斯·韦斯特布鲁克等:《商事破产:全球视野下的比较分析》,王之洲译,中国政法大学出版社 2018 年版,第 138 页。

终结预重整程序的情形之一。[①] 上述规定将个别清偿作为预重整程序无法容忍的情形，属于事后监督，但是，个别清偿是预重整程序必将发生的后果，二者无法绝对地隔离。例如，预重整期间，某家银行扣划债务人账户存款的，债务人不进入重整程序则无法律依据予以撤销，是否当然立即进入重整程序？

笔者认为，明确禁止个别清偿固然重要，但更重要的是结合实际情况进行权衡。如果预重整程序尚未取得实质性成果，但个别清偿、划扣已经大范围、大金额地出现，则应果断终结预重整而进入重整程序，对个别清偿予以撤销；如果预重整已经取得实质性成果而个别清偿虽有出现但仍可控，或对债务人财产有益，则应继续推进预重整程序。

（三）投资人的产生或退出

投资人作为新价值的创造者，是重整程序最重要的主体，其产生或退出将对重整程序产生重大影响。在预重整计划没有载明投资人的情况下，后续产生的投资者只要未违反预重整计划的实质要求，如重整底价、债务清偿期限、偿债方式、资质要求等，即是对预重整计划的细化执行而非重大变更。

预重整计划已有投资人但之后投资人退出的，将对预重整计划造成实质性的伤害。债权人对预重整计划的同意建立在对该投资人的声誉、实力、经验的信任之上，因此即使管理人追究投资人相关违约责任，预重整计划实际也已无法履行。就此而言，投资人从有到无比从无到有面临的困难更大。

（四）债务人治理结构的变化

按已有规范，预重整对债务人治理结构的介入不深，其间债务人的董监高仍可能发生变更。我国现行《企业破产法》第 15 条、第 36 条对债务人有关人员和董监高的限制性措施，可能促使债务人的实际控制人、董监高在预重整期间“金蝉脱壳”。同时，预重整债务人的外部信任度已经岌岌可危，债权人担心实际控

① 《深圳市中级人民法院审理企业重整案件的工作指引（试行）》第 32 条规定：“在预重整期间，债务人承担下列义务：……（四）不得对外清偿债务，但维系基本生产必要的开支除外”；《苏州市吴江区人民法院审理预重整案件的若干规定》第 8 条规定：“预重整期间，临时管理人经调查发现债务人下列情形之一的，应当及时向本院提交预重整程序的申请，经审查，本院可以决定终结预重整程序，并在法定期限内作出是否受理破产重整申请的裁定：……（三）存在企业破产法第三十一条、第三十二条规定的情形，预重整可能影响管理人行使破产撤销权。”

制人或董监高继续管理公司将发生转移财产、虚构债务的恶劣后果。要不要更换董监高,也是预重整程序的矛盾焦点。

(五)管理人变更

对预重整管理人向重整管理人的转化,不同法院的做法不同。南京市中级人民法院、苏州市吴江区人民法院规定由法院结合履职情况确定重整管理人,北京市破产法庭规定不属于除外情形的,法院可以指定重整管理人,深圳市中级人民法院规定法院应当指定重整管理人,浙江省高级人民法院规定原则上法院应指定重整管理人。同时,预重整管理人和重整管理人二者之间不画等号,是对管理人选定市场化的基本要求,[①]但由于预重整管理人和预重整计划相当程度上的绑定,法院为避免管理人的更换给重整程序带来不利影响(已有此类问题的提出),[②]往往倾向于指定预重整管理人为重整管理人,并尽量不直接违反相关指定规则。[③]

三、预重整计划对债权人约束效力的延续

预重整计划对债权人的约束力,[④]是预重整程序与重整程序效力衔接的核心,这是《九民纪要》中关于预重整制度的唯一规定。此规定的适用前提、法律效果、救济程序等内容,有必要明确并回应实践问题。

(一)适用的前提

债权人对预重整计划的同意对重整计划继续有效,前提有二:债权人同意之意思表示基于充分的信息披露作出,预重整计划和重整计划的内容一致。

一是信息披露充分。《企业破产法》对信息披露的要求无直接规定,在《最高

---

① 预重整管理人的指定对破产管理人市场化、专业化建设的影响尚待观察,应避免限制清算组的同时又出现新的"清算组"。

② 参见金春、任一民、池伟宏:《预重整的制度框架分析和实践模式探索》,载王卫国、郑志斌主编:《法庭外债务重组》第1辑,法律出版社2017年版,第105页。

③ 参见潘光林、方飞潮、叶飞:《预重整制度的价值分析及温州实践——以温州吉尔达鞋业有限公司预重整案为视角》,载《法律适用》2019年第12期。

④ 《九民纪要》并未提及庭外重组协议对债务人的约束力,从预重整计划的合同性质看,其对债务人、债务人股东也同样具有约束力,本文主要就债权人主体进行讨论。

人民法院关于适用〈中华人民共和国企业破产法〉若干问题的规定(三)》等司法解释和文件中,最高人民法院愈加强调破产案件的信息披露。[①] 秘密谈判、秘密核对债权是预重整的程序优势,[②]预重整案件的信息披露,更多地强调对债权人、债务人股东、投资人等利害关系人的信息披露,而非对社会公开信息。从全国企业破产重整案件信息网来看,公开案件中没有预重整案件,各类公开公告的案件共计194,279件,其中预重整公告的案件仅666件。[③] 预重整作为重整程序的前置程序,其信息披露应参照重整程序的标准,完成债权申报与审查、资产审计评估等工作,[④]对可能影响债权人、投资人决策的事项予以披露。

二是内容一致。预重整计划和重整计划因债务人财产、债权金额的变化,必然无法字字相同。对于《九民纪要》第115条规定的"内容一致",只能作实质判断。关于实质性变更,可参考《中华人民共和国民法典》(以下简称《民法典》)关于要约实质性变更的规定,受要约人对要约作出实质变更的为新要约,此规定与预重整计划和重整计划要求内容一致的初衷和效果高度类同,一定程度上是后者在意思表示层面的内核。《民法典》第488条规定:"有关合同标的、数量、质量、价款或者报酬、履行期限、履行地点和方式、违约责任和解决争议方法等的变更,是对要约内容的实质性变更。"对应至重整计划,如果是对预重整计划的重整标的、处置方式和价格、债务清偿率、清偿方式和时间作出的变更,应当认定为实质性变更,债权人应重新表决。如果因重整程序的启动,导致预重整计划的债务增加,投资对价根据预重整计划浮动规定予以最终确认,不属于实质性变更。

(二)法律效果

1. 拟制同意

按《九民纪要》"视为对该重整计划草案表决的同意"之表述,对预重整计划

---

① 参见最高人民法院民事审判第二庭编著:《最高人民法院关于企业破产法司法解释(三)理解与适用》,人民法院出版社2019年版,第197页。

② 参见金春、任一民、池伟宏:《预重整的制度框架分析和实践模式探索》,载王卫国、郑志斌主编:《法庭外债务重组》第1辑,法律出版社2017年版,第105页。

③ 全国企业破产重整案件信息网"公开公告"版块,http://pccz.court.gov.cn/pcajxxw/pcgg/ggdh?lx=0,2022年4月12日最后访问。

④ 参见张婷、胡利玲编著:《预重整制度理论与实践》,法律出版社2020年版,第100页、第124~127页。

的同意因拟制并非推定而存续,无法因同意债权人的相反意思表示所推翻;债权人后续对重整计划提出的反对意见不发生法律效力,不存在债权人反悔的可能及相应的损害赔偿问题。怡丰城公司预重整案在已知的债权人会议表决票中载明“债权人在已知债权人会议上所作的表态和表决,均视为一种债务清偿方案,是不可撤销且不可反悔的承诺……如有违反,将赔偿其他人因此遭受的损失,但以反悔多受偿的金额为限”①,此处损害赔偿责任的警示意义大于法律责任意义,债权人反悔应自始就不存在损害的可能,也很难实际追究其法律责任。

2. 效力范围

对债权人同意重整计划的拟制,存在该效果的效力范围是“属人”还是“属额”的问题,即只要该债权人同意预重整计划,是在其所享有的全部债权范围内均拟制同意,还是以该债权人同意预重整计划时所享有的债权为限拟制其同意。厦门市琪顺运输有限公司预重整案的做法为“各债权人还在表决票中承诺:初步表决意见直接作为重整程序中对重整计划的表决结果,所代表的债权数额和比例以法院最终确认的数额和比例为准”②。

实践中可能发生的情况及笔者的认定建议为:预重整计划表决时债权人所享有的债权因利息继续计算、原申报金额被管理人补充确认,其同意或反对金额相应增加;债权人将其债权转让的,受让人应受转让人已作出的同意意思表示的约束;债权人受让其他表示反对的债权人之债权的,其原先作出的同意表示,不当然延伸至受让债权,但允许其对受让债权重新表决。

另外,预重整程序中的“表决”在已知债权人范围内可发挥意向征集的作用,债权人同意的效力范围应限于同意的债权人,难以参照《企业破产法》第92条视为含反对债权人在内的全体债权人已同意重整计划。就此而言,预重整计划的表决难谓有“决议”效力。③

(三)救济程序

重整计划对预重整计划进行实质性修改的,应允许债权人重新表决。“重整

① 浙江省杭州市余杭区人民法院课题组:《房地产企业预重整的实务探索及建议》,载《人民司法》2016年第7期。

② 《厦门“预重整”拯救濒危企业》,载《人民法院报》2016年10月23日,第6版。

③ 参见曹文兵、朱程斌:《预重整制度的再认识及其规范重构——从余杭预重整案谈起》,载《法律适用》2019年第2期。

计划草案对协议内容进行了修改并对有关债权人有不利影响，或者与有关债权人重大利益相关的”包含两种情况：一是内容有实质修改且对有关债权人不利的，二是内容有实质修改且与有关债权人重大利益相关。在重整程序中，对任何一部分债权人利益的调整都将影响其他债权人，故“有关债权人”应限于受直接不利影响，如清偿比例下降、清偿期限延后等涉及的债权人。“重大利益相关”与不利影响之间属并列关系而非从属关系，即便重整计划的实质性修改并非对债权人不利，如原定以货币清偿30%的债务，后变更为以上市公司股票公允价值清偿80%的债务，即构成变更且重大利益相关的情形，应允许债权人重新表决。

拟制债权人对重整计划的同意，将影响重整计划是否通过。根据《企业破产法》第86条第2款的规定，判断重整计划是否表决通过由提请批准重整计划的债务人或管理人进行。为保障债权人的异议权，避免损害产生，如果债权人在重整计划表决时提出重新表决，法院至迟在裁定批准重整计划前应完成对异议和相应表决权的审查。

预重整的程序价值和规则底线在于提高重整效率，但应避免一味追求预重整同意意思效力的延伸，甚至过度限制债权人表决意思的结果出现。如果在重整程序出现多数债权人均提出重新表决的诉求，法院仍应谨慎判断，必要时不再疲于“打补丁”而全部重新表决。

四、实务操作中的注意事项

为提高预重整程序效率，实现“只有庭内重整程序对确认庭外重组协议效力提供标准，才能给予庭外重组各方当事人合理预期，发挥庭外重组的低成本和高效性优势”①的规范初衷，预重整案件的办理，可从如下方面着手，保障预重整计划的顺利转化和表决。

（一）形式规范

1. 名称统一为预重整计划

将预重整阶段提交债权人的文件统一为预重整计划，并以表决票的形式固

---

① 最高人民法院民事审判第二庭编著：《〈全国法院民商事审判工作会议纪要〉理解与适用》，人民法院出版社2019年版，第582页。

定债权人的意思表示,提高协商效率。

2. 多元制定主体

预重整计划不拘泥于由债务人或管理人制定。

3. 内容以重整计划为蓝本,有所为,有所不为

预重整计划应参照重整计划草案的内容和格式制作,将营业方案、债务调整和清偿方案等内容载入预重整计划,对非债权人会议决议或作为重整计划必备内容的债权审查、合并重整、表决规则等另行表述,不放入预重整计划,以减少法律争议。

(二)内容规范

1. 弹性表述

预重整计划应充分考虑后续可能发生的变化,对债权清偿安排、投资人等内容作出弹性约定。对负债规模、已知债权按照利率、预重整期间进行测算,为未知债权适当预留偿债资源;对财产范围,以最稳定的债务人核心财产作为基础,对债务人可能失去的财产(如所有权有争议的财产)或可能得到的财产(如股东未缴付的出资),暂不作为可供分配的财产;对重整投资人可能发生的投资人违约、退出等情形作出预案,除追究原投资人责任以外,应继续招募投资人或确定轮候投资人。

2. 表决统计按属人标准

预重整计划可载明债权人同意的意思表示,及于其在重整程序被确认的全部债权,既包括管理人确认的债权,也包括经诉讼确认的债权;既包括预重整阶段的享有部分,也包括嗣后因债权人公司合并、继承等法定原因或债权转让等约定原因的取得部分。

(三)程序规范

1. 管理人的选任

预重整转为重整后法院另行指定管理人的,新的管理人对预重整计划无承受、认可的法定义务,而新的管理人如果对预重整计划不认可,则各方前期谈判成果丧失。对此法院在指定新的管理人时,可将对预重整计划的认可和继受作为竞争、指定管理人的前提或评价的重要因素。另外,可由债务人以预重整计划

为基础提出重整计划,降低管理人变更带来的负面影响。

2. 对债务人有关人员的监督

第一,可由法院或管理人参照《企业破产法》第 15 条、第 36 条、第 77 条、第 126 条,向相关人员明示在预重整期间应承担的义务和责任。第二,在预重整期间参照《企业破产法》第 73 条,债务人就日常事项如主要人员变更、资产处置、债务清偿等,向法院和管理人报告。第三,做好及时转入正式破产程序的准备。预重整虽然兼具庭外重组和司法重整的优点,但反之也兼具庭外重组和司法重整的弊端,如果债务人已经逐步失控,则应断然转入破产程序。① 第四,在破产程序中,对追究相关责任人的责任条款进行解释适用。如《企业破产法》第 36 条规定的"债务人的董事、监事和高级管理人员"应不限于破产受理时的该类主体,在破产受理前担任债务人董监高有侵占行为和不当获利的涉及财产,仍应追回。

3. 信息披露问题

表决程序处于预重整的末端,对预重整阶段发生的可能影响债权人决策的因素,应全面、充分地披露。披露范围除重整案件本应包含的财产状况报告、债权表等内容外,还应包括预重整期间债务人的治理结构、财产、债务发生的变动。预重整管理人对债务人信息的调查,按重整程序的标准进行,并从登记部门、债务人、债权人多方获取信息。

4. 提前发布重整计划

经过预重整后,重整计划可能在第一次债权人会议时即提交表决,故管理人或债务人可在重整计划制定完成后、债权人会议表决前将重整计划发送至债权人查阅。债权人重新表决的申请应在指定期限内(表决会议前)提出,供管理人审查和法院决定。

可以预见,实践中的法院、债务人、债权人、投资人将在相当一段时间内对预重整进行探索和回应,发现和暴露问题,对预重整的价值进行检验。笔者尝试对预重整计划的效力实现进行相关分析,部分问题为笔者所遇,部分问题为笔者未遇到但认为可能出现的情况,在本文一并讨论,以求预重整制度能真正发挥被寄予的功能。

---

① 虽然预重整的价值受到高度肯定,被寄予多重功能,但其时间、经济、信任成本同时存在,对预重整在什么情况下可以适用、适用于何种债务人、在什么情况下应及时终止或转入破产程序,需客观看待而非一味热情推进。

重整计划批准情况调查报告

吴正彦[*]　卢林华[**]

根据《中华人民共和国企业破产法》(以下简称《企业破产法》)第86条、第87条之规定,重整计划表决通过的,由法院审查后裁定批准;重整计划未通过但符合法律规定的,由法院强制批准。不同重整案件的重整计划差别巨大,重整计划的制定、表决、批准情况复杂。笔者通过对近年公开的裁定批准重整计划的法律文书进行检索、统计、分析,以调查司法实践中重整计划的制定、表决、批准等有关情况,发现重整案件普遍存在的问题并试图探索解决问题的方法。①

* 贵州贵达律师事务所合伙人、律师。

** 贵州贵达律师事务所律师。

① 调查的案例检索自无讼案例(https://www.itslaw.com/),检索关键词包括,(1)“批准……重整计划”;(2)类型:民事;(3)审理程序:其他;(4)裁判年份:2018年1月1日至2019年12月31日。笔者按照上述关键词检索,得到案例209件。笔者通过手动筛选,删除不符合条件的36份文书,保留173份。调查项目包括案件分布、审理时间、管理人类型、债权人行业、申请人、表决组、表决通过情况、再次表决情况、强制批准理由等,受限于公开信息较少等原因,部分项目不完整。

一、具体情况及分析

(一)地域分布情况

案件源于23个省,案件受理法院主要集中在浙江、重庆、江苏、湖南4省,4省案件共计112件,占64.74%;其余19省仅有61件。

影响案件地域分布的原因主要是地区的经济发展程度和法治建设水平,前者主要体现为该地区的企业数量、规模以及市场竞争、资源整合程度,如浙江、重庆、江苏等地区;后者主要体现为破产法的适用、破产案件的受理、案件公开情况等。

(二)受理法院层级

受理法院的层级方面,基层人民法院为121件,占69.94%;中级人民法院为51件,占29.48%;高级人民法院为1件,占0.58%。

由此可知,基层人民法院承担大部分破产案件的审理工作。但近年来,各高级人民法院陆续建立破产审判法庭集中审理破产案件。例如,北京破产法庭、重庆破产法庭集中管辖该地区注册公司的强制清算和破产案件,以及相应的衍生诉讼案件以及跨境破产案件。

(三)案件审理时间

案件审理时间为法院受理破产申请之日至批准重整计划之日。173案中,在1年期限内审结的案件仅为29件,占17.06%;在1到2年之间审结的案件有76件,占44.71%;超过2年审结的案件有65件,占38.24%。

根据企业破产法规定,重整计划草案的提交期限不超过9个月,超期法院应宣告债务人破产。但在实践中,审理时间往往超出9个月期限,主要原因有:(1)破产程序由破产清算转为重整的,重新计算期限;(2)重整计划首次表决未通过后,协商及修改耗时较长,且无时间限制;(3)法院、管理人不重视审理时间;(4)重整已明显超时仍坚持重整,破产清算不利于保护各方利益。

(四)管理人类型

管理人类型分为律师事务所、会计师事务所、破产清算事务所、清算组以及相互组合而成的联合管理人。在此次调查中,律师事务所单独担任管理人的案件有73件,占60.33%,律师事务所是担任破产案件管理人的主力军;会计师事务所单独或联合担任管理人的有16件,占13.22%;破产清算事务所单独或联合担任管理人的有8件,占6.61%;清算组担任管理人的有12件,占9.92%;其余案件的管理人不明。

司法实践中,管理人一般由律师事务所、会计师事务所担任,此类机构需具备相当数量的从业人员,并受到行业协会监督;与之相比,破产清算事务所从业人员的业务水平、行业监督力度等稍显不足,但综合性较强;上述案例均无个人担任管理人的情形。

(五)实质合并破产

在173件案件中,有29件适用关联企业实质合并破产的方式审理,占16.76%。

实质合并破产是最高人民法院在《全国法院破产审判工作会议纪要》中提出的关联企业破产审理方式。当关联企业成员之间存在法人人格高度混同、区分各关联企业成员财产的成本过高、严重损害债权人公平清偿利益的问题时,可适用关联企业实质合并破产的方式进行审理,消灭关联企业之间的债权债务关系,将各企业的全部财产统一用于公平清偿全部债权人,且各企业在重整中一般应合并为一个企业。

(六)债务人行业

根据《国民经济行业分类与代码》对调查案例中的债务人所属行业进行分类,主要涉及的行业如下:173件案件中,房地产业为43件,占24.86%;建筑业为18件,占10.40%;批发和零售业为9件,占5.20%;制造业80件,占46.24%;交通运输、邮政和仓储业为7件,占4.05%;其他行业为16件,占9.24%。

债务人所属行业在一定程度上可以反映我国经济发展和产业结构调整现状。受资金链紧张、购房需求下降等原因影响,房地产开发企业举步维艰,建筑业也随之受到影响;制造业方面,近年来,受到人口红利减弱、国际形势、宏观调控、环境保护等影响,部分制造业相关企业不得不转型以应对挑战。

(七)申请批准人

申请批准人一般为重整计划制订者。173 件案件中,有 163 件由管理人制订重整计划,占 94.22%;有 10 件由债务人制定重整计划,占 5.78%。

《企业破产法》以管理人管理财产和营业事务、制订重整计划为原则,但部分案件债务人具备制订重整计划草案的能力、对自身情况更熟悉的,可由债务人自行管理财产和营业事务,并制订重整计划,管理人进行监督和指导。

(八)首次表决情况

173 件案件中,121 件首次表决通过,占 69.94%;52 件未通过,占 30.06%。根据法律规定,出席会议的同一表决组的债权人中超过 1/2 的人数同意重整计划草案并且其代表 2/3 以上的债权额的,该组表决通过;全部表决组表决通过的,重整计划表决通过。

首次表决未通过的 52 件案件中,有 47 件明确未通过表决组,其中,27 件有财产担保债权组未通过,占 57.45%;5 件职工债权组未通过,占 10.64%;3 件税款债权组未通过,占 6.38%;13 件出资人组未通过,占 27.66%;19 件普通债权组未通过,占 40.43%。此外,因有财产担保债权组、普通债权组未通过导致重整计划未通过的共计 37 件,占 78.72%。

(九)再次表决情况

首次表决未通过的 52 件案件中,管理人、债务人选择与未通过表决组协商后再次表决的共计 42 件,占全部未通过案件的 80.77%;另 10 件未再次表决或再次表决未在法律文书中体现。根据《企业破产法》规定,部分表决组未通过重整计划的,债务人或者管理人可以同未通过重整计划的表决组协商,该表决组可以在协商后再表决一次。与未通过重组计划草案的表决组协商后再次表决并非必经程序,但是大多数情况下管理人或债权人仍会选择继续协商、再次表决,以获得相应表决组的支持。即使管理人或债权人明知仍不能通过,也要为法院强制裁定批准重整计划留下空间。

再次表决的42件案件中,仅有5件在法院的法律文书中明确了重整计划的修改。其中,有财产担保债权组未通过的5件中,2件采用补偿有财产担保债权因迟延清偿所受损失的方式修改,1件采用提高清偿率、延长清偿期限的方式修改,2件进行修改但修改内容不明;普通债权组未通过的2件中,1件采用增加债权人监督的方式修改,1件采用提高清偿率、延长清偿期限的方式修改。

再次表决的42件案件中,14件重整计划经再次表决通过,占比33.33%;28件重整计划经再次表决仍未通过,占比66.67%。

再次表决未通过的28件案件中,15件有财产担保债权组未通过,占比53.57%;10件普通债权组未通过,占比35.71%;5件出资人组未通过,占比17.86%;1件税款债权组未通过,占比3.57%;2件职工债权组未通过,占比7.14%。

(十)强制批准

强制批准,即重整计划虽未表决通过,但法院审查认为符合法律规定的,可强制批准。此次调查涉及的173件案件中,重整计划首次表决通过率为78.03%,有21.97%的重整计划由法院强制批准。鉴于上述案件的法院均已批准重整计划,笔者有理由相信上述案件之重整计划均符合《企业破产法》的规定,也就是说,符合《企业破产法》规定的重整计划仍有21.97%的可能性不能被表决通过。

法院强制批准重整计划的理由,包括法律规定的条件和法律规定之外的理由,前者即《企业破产法》规定的各项条件,后者则是法院在具体裁判文书中提出的理由。

经统计,28件案件均对重整计划是否符合《企业破产法》之规定进行论述,但论述的侧重点有所不同,体现了法院对重整计划内容有所侧重。其中19件对未通过表决组的利益是否受损进行重点论述,主要通过比较重整计划与模拟清算状况下的清偿率进行分析,得出该表决组的利益未受损;7件对重整计划是否可行进行重点论述,主要围绕是否有明确的投资人、经营方案的可操作性等方面;4件对职工、小额债权人等主体的利益是否得到保护进行重点论述,原因在于职工、小额债权人的人数较多,其利益一般较担保债权人、大额债权人等更需要保护,其对社会稳定的影响也较大。部分法院对《企业破产法》规定的条件之外的理由进行论述,其中14件对债务人的重整是否有利于社会公共利益进行论述,3件对债务人、重整计划信息披露是否充分进行论述。

因此,法院在强制批准过程中,不仅关注重整计划是否符合法律规定,也非常关注债务人的重整是否有利于公共利益。

(十一)宣告破产

为全面了解重整计划批准情况,笔者从反面调查因重整计划未通过,由法院宣告债务人破产的相关情况。笔者用同样方式在无讼案例进行检索,检索到裁判文书7份,经笔者手动筛选,无一例符合上述要求。为进一步调查,笔者扩大检索范围,不限制裁判年份,检索到裁判文书共计11份,经手动筛选,仍无一例符合上述要求。综上可知,无讼案例公布的裁判文书中,无一案因重整计划未通过而由法院宣告破产。

值得一提的是,笔者扩大检索范围后,发现3份在重整中宣告破产的文书,其中2份提及的破产理由为未按期提交重整计划,1份提及的破产理由为管理人因重整计划未通过而申请宣告破产,以上文书均未提及债务人是否具有重整价值、重整计划是否符合法律规定等。

尽管可能存在文书未公开等原因导致检索结果出现误差,但笔者仍然有理由相信,当债务人具备重整价值且重整计划符合法律规定时,即使表决未通过,绝大多数法院依然会强制批准重整计划,以保护社会公共利益。

二、结语与反思

(一)重整期限

《企业破产法》未规定重整计划再次表决的期限和重整计划执行的期限,无论是以终止重整程序还是以重整计划执行完毕为标准,均不能计算重整的最长期限。但重整计划的提交期限已有明确规定,即《企业破产法》第79条规定的自法院裁定债务人重整之日起的9个月内,如在此期间债务人或管理人未提交重整计划,法院应当宣告债务人破产。

关于债务人、管理人不能如期提交重整计划时,是否绝对禁止延期提交的问题,《企业破产法》虽未规定,但司法实践中却常有例外存在,主要原因如下:第一,裁定债务人重整与指定管理人之间存在时间差,或者更换管理人导致延误时间;第二,重整计划制定以债权审查、资产评估、清偿比例测算、投资人招募、制作经营方案等为基础,前置工作未完成则难以重整成功;第三,一般债权债务关系简单、涉及财产较少的案件可以快速了结,但案情复杂的案件一般难以在 9 个月期限内完成全部工作。

笔者认为,为防止破产程序被债务人滥用从而损害债权人利益,应从司法实践出发,严格控制重整期限。首先,通过竞争方式选任管理人的案件,应在裁定债务人重整前发布公告、选定管理人,在裁定债务人重整的同时指定管理人;其次,可以通过法律、司法解释等规定延期次数和延期理由等,控制最长延期时间、再次表决时间;最后,可以通过预重整的方式,在提交重整申请前完成基础准备工作甚至提交初步重整计划,根据重整程序进行修正后提交表决。

(二)重整计划的标准

我国《企业破产法》规定重整计划应当包含的内容和不得限制的权利,但未从正面或反面规定重整计划制定的实质性标准或规则,仅在第 87 条规定强制批准的底线,如清偿顺序、清偿比例等,但该底线是否能作为重整计划的标准在法律理论中存在争议。

笔者认为,强制批准的底线应当作为重整计划的标准。首先,从解释论的角度,《企业破产法》第 87 条的规定可以反向理解为判断重整计划内容的合法性、可行性的标准,《企业破产法》第 86 条规定的"符合本法规定"应当包含第 87 条规定。其次,从司法实践的角度,当重整计划经表决未通过时,债务人或管理人申请法院强制批准重整计划是必然的选择,其在制定重整计划时即应考虑强制批准的可能性。

(三)对表决权作适当限制

出资人权益调整方案并非重整计划所必需,但当涉及出资人权益调整事项时,应由出资人对该事项进行表决。按清偿顺序,在债权人未获得全额清偿的情况下,出资人不能保留其权益,因此,在企业已经资不抵债且需要引进投资人进行重整的情况下,已不可能保留出资人权益。此时,设置出资人组对该事项进行表决反而容易造成重整计划不能通过,因为与债权人相比,出资人同意重整的动力不足。

相比劣后债权,破产财产按顺序清偿后仍有剩余的,可依次用于清偿破产受理前产生的民事惩罚性赔偿金、行政罚款、刑事罚金等惩罚性债权。尽管相关法律未对劣后债权人是否有表决权进行规定,但司法实践中不清偿劣后债权的,不设置劣后债权组进行表决,而在劣后债权人之后的出资人却可以行使表决权,明显不合理。

笔者认为,可以通过立法的方式,在经审计、评估均已确定债务人资不抵债时,考虑参照劣后债权的司法实践,剥夺出资人对重整计划中出资人权益调整事项的表决权。甚至在企业已严重资不抵债、不能清偿普通债权时,也可以考虑剥夺普通债权人的表决权。

(四)理性行使表决权

在上述案件中,因有财产担保债权组、普通债权组未通过导致重整计划未通过的案件占78.72%。笔者认为主要原因如下:

第一,相关表决组的债权人表决重整计划时不够理性。在破产程序的绝大多数情况下,债权不能完全实现或立即实现,当重整计划清偿率、清偿时间等优于破产清算时,理性的债权人一般以及时止损为目的参与表决。

第二,相关表决组的债权人不愿意承担豁免债务的责任。金融机构、国有企业、政府部门等债权人未建立破产债务豁免、责任承担相关制度,相关决策者担心同意豁免债务、延期清偿后相关债权人可能向其本人追责,宁愿交由法院裁决甚至放任破产清算,也不愿意同意。

企业进入破产程序后,债权人应该更理性地进行决策。同时,为建立良好的营商环境,促进经济发展,笔者建议有关政府部门、国有资产监督管理部门建立破产案件债权表决机制,尤其是表决过程中的免责机制和追责机制,积极配合破产程序的推进,减少国有资产的损失。

(五)强制批准的适用

从本报告中21.97%的强制批准率来看,由法院强制批准重整计划并不罕见。除重整计划本身的原因外,实践中还有部分案件的法院出于责任承担等原因考虑,未批准重整计划,而是选择直接宣告破产。法院是重整程序的指导者、监督者,同时也是防止各方滥用权利最后的防线,这道防线不仅要防止管理人、债务人滥用破产程序赋予的权利,同时也要防止债权人的不理性和滥用表决权。

特别是有财产担保的债权人和大额的普通债权人,在其清偿率低于预期时否决重整计划,甚至以其表决权作为谋取利益的筹码,使职工、税款债权人、小额普通债权人的利益得不到保障。

笔者认为,法院应当充分发挥重整程序的“防火墙”作用,有效防止债权人不理性表决导致重整失败的情况发生,从保障社会稳定、经济健康发展的角度考量,必要时强制批准符合法律规定的重整计划。

上市公司重整"债转股"的法律问题研究

王斐民[*]　薛晶霞[**]

《中华人民共和国企业破产法》(以下简称《企业破产法》)施行后,上市公司重整计划中以债务人企业的出资人权益"抵偿"债权人债权的清偿方案(以下简称"债转股")逐渐增多,但由于重整"债转股"缺乏明确完备的法律规则,①上市公司重整"债转股"的实践引发了一些理论争论和实践争议。

笔者整理分析了44家含"债转股"安排的上市公司重整计划,对上市公司重整"债转股"引发的理论争议、裁判案例进行分析,在深入研究重整计划性质的基础上,对上市公司重整"债转股"中的意思表示、清偿问题进行探讨,提出完善上市公司重整"债转股"的法律制度和丰富上市公司"债转股"的实施工具的建议,以裨益于企业破产法和证券法的市场化、法治化实施。

---

* 北方工业大学文法学院教授,银行复苏与处置法律研究中心主任,硕士研究生导师。

** 北京市中咨律师事务所律师。

① 目前最重要的文件是2016年10月10日国务院发布的《关于积极稳妥降低企业杠杆率的意见》及其附件《关于市场化银行债权转股权的指导意见》。

一、上市公司重整"债转股"的主要问题

据笔者对巨潮资讯网披露的上市公司重整计划文件的统计分析得出,裁定生效的含"债转股"方案的重整计划数量逐年递增。自2007年6月1日至2021年7月30日,进入重整程序的上市公司有78家,其中44家上市公司的重整计划(以下简称44个样本)对普通债权人采用了"债转股"方案,占56%。笔者对44个样本分析后发现,表决通过并实施"债转股"方案主要有3种程序类型:在第一种中,所有普通债权人对是否以裁定生效的重整计划规定的"债转股"方式清偿其债权有选择权(选择"债转股"或者选择现金清偿),共计3个样本,占7%;①在第二种中,部分普通债权人(实践中多是除金融债权组以外的普通债权人)对是否以"债转股"方式清偿其债权有选择权,共计8个样本,占18%;②在第三种中,所有普通债权人仅有对含"债转股"方案的表决权,对是否以"债转股"方式清偿其普通债权则没有选择权,共计33个(以下简称33个样本),占75%。③ 在第一种中,普通债权人对含"债转股"清偿方案的重整计划进行小组表决,在重整计划实施环节行使现金清偿或"债转股"清偿的选择权。在第三种中,全体普通债权人作出重整计划表决的行为,被视为作出了是否实施重整计划和是否对其债权实施"债转股"两项内容的"一揽子"表决。在重整计划获法院批准生效后,管理人即直接向该普通债权人实施重整计划中的"债转股"清偿方案。在第二种中,普通金融债权人组实际上适用第三种程序类型,其他普通债权人则适用第一种程序类型。实践中,第二种和第三种程序类型更便捷、更受青睐,但也饱受争议。

---

① 金田A3、ST创智、ST永泰3家公司采取了第一种程序类型。

② 天海防务、ST永泰、ST利源、ST盐湖、ST沈机、ST厦工、吉恩3、ST天化、ST抚钢、金田A3、ST创智8家公司采取了第二种程序类型。

③ 中色股份、ST贵人、天翔环境、ST安通、ST天娱、ST宝实、ST银亿、ST力帆、ST永泰、ST金贵、ST飞马、ST庞大、ST中绒、ST柳化、京中兴1、国恒3、ST永丰、龙涤3、ST重钢、北科1、ST云维、ST舜船、华圣1、二重3、长油3、ST凤凰、环保1、ST中华A、ST科健、生态1、ST宏盛、ST盛润、ST深泰等33家公司采取了第三种类型,即33个样本。

(一)上市公司重整"债转股"的理论争论

对上市公司重整"债转股"的理论争议聚焦于3点:第一,重整"债转股"的法律性质;第二,普通债权人是否被给予"债转股"的选择权;第三,重整失败转入清算程序时,已完成的"债转股"是否可以重新转债。

对上述问题,债权出资说认为"债转股"是债权人的一项单独权利。企业重整中的"债转股"具有双重法律性质,即属于破产财产分配和出资行为。[①] 就《中华人民共和国公司法》而言,出资行为不属于破产集体分配的内容,因此仅能由债权人个别同意后方能实施。就《企业破产法》而言,已过户登记的股权属于债权人因执行重整计划所受的清偿,因此重整计划执行失败转入破产清算程序时,债权人不能再就已经转股的债权份额主张其权利。[②]

代物清偿说认为"债转股"基于民法理论中的"代物清偿",而产生实际上是债务人财产分配的"专有清偿",是在破产语境下对债务的一种替代清偿方式。破产法的总括强制执行程序可以就替代清偿方式作出安排。重整计划失败时,当事人已经转股的债务因为有"瑕疵担保"义务,依据《企业破产法》第93条第2款的规定,债权人转股的债权调整承诺失去效力,相关债权人可重新恢复其债权地位。[③]

破产分配说认为"债转股"只是重整中以出资人的权益分配债务人财产,股份亦是债务人企业用于分配的财产之一。重整"债转股"仅是一个破产辅助分配措施,应当从破产程序法的角度去分析重整中的"债转股"。因此,以股权分配作为重整计划的替代清偿方式,应适用集体表决原则。股权过户完成后,据《企业破产法》第93条第2款的规定,该部分债权已经根据重整计划得到了清偿,即便重整转为破产清算程序,清偿依然有效,无须进行股转债。[④]

---

① 参见王欣新:《企业重整中的商业银行债转股》,载《中国人民大学学报》2017年第2期。

② 参见王欣新:《再论破产重整程序中的债转股问题——兼对韩长印教授文章的回应》,载《法学》2018年第12期。

③ 参见韩长印:《破产法视角下的商业银行债转股问题——兼与王欣新教授商榷》,载《法学》2017年第11期。

④ 参见邹海林:《透视重整程序中的债转股》,载《法律适用》2018年第19期。

(二)上市公司重整“债转股”的实践争议

因重整计划中关于“债转股”清偿率的规定引发了普通债权人可否向债务人的连带债务人追偿的争议,不同的法院对这些争议案件则有不同的判决。有些判决中,法院认为重整计划约定的每股股价乘以获分配的股权数量若等于或大于“债权人债转股部分的债权”,则该部分债权已获得100%清偿;[①]若小于“债权人债转股部分的债权”,则未获得清偿的部分可向债权人的连带责任主体主张权利。[②] 总之,这些判决认为重整计划中明确的股价应视为双方约定价;在股票完成过户登记后,其对应的债权清偿完毕。

有些判决中,法院则认为应按照分配股票的实际变现清偿价值确定已清偿的部分。若按照重整计划认定股票价格,则原告实际受偿的数额将远低于其合法权益。由于债权人享有的债权并未获得重整计划所述的清偿,连带责任人仍应承担其清偿义务。[③] 因此,完成股份过户登记不能视为债权人获得了重整计划所记载的清偿,而应当以其实际变现后的清偿率为准。

在以“债转股”方式获得“100%清偿”后,债权人在证券民事赔偿诉讼中向中介机构主张权利亦会受限。据报道,关于中信信托诉“亿阳债”发行人亿阳集团以及承销商中山证券、华泰证券虚假陈述纠纷的(2021)黑民终2062号判决书认为,即使中信信托“亿阳集团公司的实际股权价值远低于债转股每股价格”的主张成立,但股权过户后,债务人已按重整计划已将债权清偿完毕,亿阳集团不再承担清偿义务,其连带债务人不再承担连带清偿责任。[④] 如果广泛采纳这个司法观点,重整“债转股”将成为帮助债券中介机构避免巨额赔偿责任风险的最直接方式。[⑤]

---

① 见(2020)冀民终819号。

② 见(2012)北法执异字第6号、(2020)京02民初308号、(2020)京02民初315号、(2020)京02民初317号、(2020)京02民初318号。

③ 见(2020)鲁02民初1505号。

④ 参见朱亮韬:《破产重整债转股后认定为全额清偿?投资者诉亿阳债虚假陈述案二审被驳回》,载财新网,https://finance.caixin.com/2022-03-03/101850259.html。

⑤ 参见雪球:《破产债转股,被“全额清偿”的债权人、夹带私货的管理人和免责的第三方》,载微信公众号“大队长金融”,https://mp.weixin.qq.com/s/QcB6ZvDRYubbzWps5PnllA。

二、重整计划性质的再讨论:上市公司"债转股"中的意思表示

上市公司重整"债转股"的理论和实务争议实际源于对重整计划法律性质的认知差异。重整计划的性质有多种学说作为分析依据,具有代表性的有3种:协议说、[①]决议说、[②]司法文书说[③]等。笔者认为,讨论重整计划的性质须回到重整制度所保护的利益和重整制度的目的。

(一)重整计划的法律性质取决于对重整目的与价值取向的定位

企业的财务困境和经济困境是两个完全不同的概念:经济困境意味着企业的机会成本将大于总收入(如夕阳产业);而财务困境则是指企业缺乏流动资金而无法偿还债务。[④] 重整的目的是挽救具有继续经营价值而陷入财务困境的债务人,即《全国法院破产审判工作会议纪要》(2018年)所指的具有挽救价值和可能的困境企业。问题在于,破产程序中由哪些主体以什么标准来决定困境企业的重整价值呢?对该问题的不同回答则反映人们对重整价值的取向差异。以英国、德国为主的实用主义与以法国、意大利为主的政府和司法激进主义作为两个极端影响着司法实践中破产重整的价值取向。在两个极端的中间点,稍具有绝对商业化的实用主义偏向的观点被称为"市场财产派",其主张防止债权人之间不合作而导致的财产减少,以及破产重整制度的设立是为了保证债权人利益最大化。而稍具有公权力偏向的观点被称为"企业和法庭派",认为重整不仅仅与

---

① 参见付翠英编著:《破产法比较研究》,中国人民公安大学出版社2004年版,第265~266页;许德风:《破产法论:解释与功能比较的视角》,北京大学出版社2015年版,第497页;李永军:《破产法律制度——清算与再建》,中国法制出版社2000年版,第7页;梁伟:《论我国企业破产重整计划制定权主体制度》,载《学术交流》2018年第2期。

② 参见王欣新:《破产法》(第3版),中国人民大学出版社2011年版,第201页;崔明亮:《我国破产重整计划性质探究》,载《河南社会科学》2018年第7期。

③ 参见汤维健:《破产程序与破产立法研究》,人民法院出版社2001年版,第437页;罗培新主编:《破产法》,格致出版社、上海人民出版社2009年版,第270页。

④ 参见齐砺杰:《破产重整制度的比较研究——英美视野与中国图景》,中国社会科学出版社2016年版,第29页。

债权人、债务人有关。① 笔者认为,重整不仅关乎债权人与债务人的利益,还包含了所有与之相关的隐形主体的利益。虽然《企业破产法》从未提及过除债权人、债务人外其他主体的利益,但是,我国的司法实践却在不断承认这些隐形主体,如购房户在破产中的超级优先权、职工的安置问题等。② 据《企业破产法》第84条、第85条、第86条的规定,债权人、债务人以及人民法院是判断困境企业重整价值的主体,其中债权人、债务人分别代表己方利益,而人民法院不仅居中平衡两方的利益,并且考虑包括职工、供应商、客户、政府等隐形主体的利益。由此可知,各方在重整程序中进行利益博弈并被人民法院考量的结果,共同决定了困境企业是否具有重整价值。

(二)重整计划的法律性质再定位:制度安排

重整计划不是合同(Contract),不是团体决议(Resolution),亦不是司法文书(Verdict),而是相关利益主体的意思自治与法院的审查、确认、批准相结合的一种制度安排(Arrangement)。当事人之间以意思表示来进行交流协商,但需要法院对这一意思表示进行审查,以保障其不违背《企业破产法》以及相关法律的基本规则,不损害债权平等、集体清偿等基本原则,不损害更大范围的社会利益。笔者认为,重整计划不仅尊重重整的商业判断逻辑,保障债权人、债务人的私益,而且符合公法所维护的公共利益,是公法与私法相结合的产物。基于对重整计划法律性质的再定位,上市公司重整计划中所作出的"债转股"安排,应当最大限度地尊重当事人(债权人、债务人及其出资人)的意思自治(平衡集体表决和单个债权人的利益诉求),同时考量所涉其他主体(重整投资人、职工、供应商、消费者、政府等)的共同利益。上市公司制定含"债转股"内容的重整计划,如果不重视当事人的意思自治,就会扭曲债权人的意思表示,导致重整目的偏离正轨,不仅会使风险由信贷市场传导至证券市场,也会引发新的纠纷。

---

① See Axel Flessner, *Philosophies of Business Bankruptcy Law: An International Overview*, in J. S. Ziegel(ed) Current Development in International and Comparative Corporate Insolvency Law, Clarendon Press, 1994, p. 20 – 28.

② 有学者的认识在深化:"时过境迁,在本书成稿时,本文的观点有了重大变化,逐渐认识到,作为社会的一分子,任何公司都很难说仅仅承载了债权人和公司所有者的利益,它同时也承载着其他利益相关者的利益。"载许德风:《破产法论:解释与功能比较的视角》,北京大学出版社2015年版,第30页。

(三)债权人的意思自治与利益诉求被重整程序裹挟

在重整程序中,债权人尤其是普通债权人关注“保壳”成功以及后续的股权变现。首先,上市公司的壳资源长期以来被认为是一项特殊的财产,其经济价值远超过上市过程中支付给证券公司、中介机构等在会计上可以体现的价值。同时,壳资源除具有特殊的经济价值外,还有地方政府的政绩价值。其次,重整的目的与保壳交易的目的截然相反。重整的目的是维持上市公司的持续经营价值,而“保壳”的目的是维持其上市地位。最后,债权人同意重整计划的直接动力是“保壳”以提升债务人的资产价值,所以“壳”成了上市公司重整价值的重要来源。重整复牌后,债权人持有的股权可以立即变现。因此,上市公司的普通债权人即便遭受一些不利对待,也不会轻易投出对重整计划的反对票。

(四)债权人意思表示的规范化路径

有学者认为,当债权人在重整计划表决时同意重整,就可以推断其看好债务人企业的未来期权,因此对上市公司进行“债转股”似乎并不违背债权人的意思。① 同时,上市公司股票的流动性较好,在上市公司重整程序中对债权人的股票分配最接近于现金分配,②所以,将“债转股”仅视为对债权人进行财产分配,就无须债权人的个别同意,只需要重整计划表决通过即可执行。③

但笔者认为,由于债权人的意思表示被整个重整程序裹挟,在表决重整计划时其不能对是否实行“债转股”作出真实的、单独的意思表示,而且投反对票的普通债权人仍可能会按照重整计划进行“债转股”。因此,除由普通债权人对含“债转股”的重整计划进行表决之外,还应尊重其在“债转股”和现金清偿之间的选择自由,因为这不仅关乎债权人的利益,也有利于防止上市公司重整“债转股”的泛化。有学者担忧普通债权人就“债转股”进行单独意思表示会影响重整效率。④

---

① 参见许德风:《公司融资语境下股与债的界分》,载《法学研究》2019 年第 2 期;杨忠孝、李冀:《破产程序中债转股的金融债权保护问题研究》,载《海南金融》2017 年第 3 期。

② 参见王欣新:《再论破产重整程序中的债转股问题——兼对韩长印教授文章的回应》,载《法学》2018 年第 12 期。

③ 参见邹海林:《透视重整程序中的债转股》,载《法律适用》2018 年第 19 期。

④ 参见韩长印:《破产法视角下的商业银行债转股问题——兼与王欣新教授商榷》,载《法学》2017 年第 11 期。

笔者认为,可参考采纳实践中在受偿方案写明某类债权人或者某部分债权人可就其债权选择现金清偿或者每100元债权对应X股的清偿方式。经法院裁定批准重整计划后,债权人按照管理人提供的债权清偿方案选择确认书或者指定的意思表达方式,作出以股抵债或者现金清偿的选择。[①] 这种做法并不严重影响重整效率,而且有利于债权人在集体表决重整计划时不被重整价值之外的因素过度裹挟,还有利于防止因重整计划对股价不合理的高估以及对现有资产不合理的低估而导致的债权人利益受损。

三、上市公司重整"债转股"的清偿完成时点与清偿率问题

实践中的争议不仅包括对重整计划制定表决中抵债的股份定价的不同认识,也包括重整计划执行后债权人能否向债务人的连带债务人进行追偿的问题。

(一)上市公司重整"债转股"中虚高的清偿率

重整计划被强制裁定批准的重要条件之一,是对普通债权人的清偿要满足《企业破产法》第87条第2款第3项规定的要求,即普通债权人在重整计划中获得的清偿比例须不低于提请法院批准重整计划时依照破产清算程序所能获得的清偿比例,或者该表决组已经通过重整计划草案。在实践操作中,该项规定被泛化使用,无论重整是否涉及申请强制批准重整计划,无论普通债权组是否已经表决通过了重整计划,一概以满足上述规定来彰显重整价值或重整有多么成功。在"债转股"清偿方式下,则因为存在低估债务人资产价值、高估股份作价的问题而出现与实际清偿率严重脱节的名义清偿率,而且这种名义清偿率总是远高于模拟清算条件下的清偿率。

首先,在33个样本中,上市公司多采取了"现金+股权"清偿普通债权的安排。其中,只有30%的重整计划提供了比模拟清算条件下更多的现金用于清偿债权人,21%的重整计划的清偿现金等于模拟清算,49%的重整计划的清偿现金小于模拟清算。如把股票清偿部分算进来,则所有涉及样本的重整清偿率都远高于模拟清算清偿率。

---

① 见ST创智、ST盐湖、吉恩3、ST沈机的重整计划。

其次,债务人财产的评估方法不统一。44 个样本记载的评估方法多样:按照市场价值总额进行评估的有 24 家,占总数的 56%;按照快速变现价值的方式进行评估的有 17 家,占总数的 37%;按照拍卖流拍时的某一次起拍价作为债务人财产价值进行评估的有 2 家,占总数的 5%;按照账面价值进行评估的有 1 家,占总数的 2%。资产评估结果会因为评估方法的不同出现较大的差异,并且在很大程度上创造了“重整清偿比模拟清算有多成功”这一命题。因此,评估价值会随着重整计划拟定的需要而产生各种变形。

最后,“债转股”中股价的定价方式多样。实务中,“债转股”的股价主要有 6 种定价方式:债务人股份的初始登记价格、债务人最近一次发行股份的价格、债务人股票停牌前的收市价格、债务人股票停牌前的加权平均价格、按照市净率确定的股份价格、按照市盈率确定的股份价格。[①] 这些定价方式均有可能存在不公允的现象。首先,相关价格大多与停牌前的股票价格相关,但停牌前的股票价格并未充分消化有关企业进入破产程序的信息,以此作为确定普通债权人受偿比例的计算依据,难谓妥当。[②] 其次,普通债权人不仅承担重整风险,并且其债权的清偿过程还在不断“掺水”。“债转股”清偿率不仅模糊了债权人在重整中的真实损失情况,还阻碍了债权人在破产程序以外主张救济。最后,正如上文所述,有法院认为重整计划中的股价是约定股价,一经过户登记,视为完成清偿;即使未来实际变现的价格不能达到约定股价,债权人亦不能主张连带责任。

(二)股价定价规则的规范化路径

首先,如果根据重整计划的规定,普通债权人在现金清偿和“债转股”之间有选择权,而且普通债权人自愿选择了“债转股”,则因为该债权人有风险判断并自主作出选择的机会,其甚至可以选择向债务人的连带债务人进行追偿,其自由意志从而得到了保障。所以可以认为完成股票过户登记后,则完成了债权清偿,清偿率以重整计划为准。其次,如果没有给普通债权人自主选择是否对自己债权进行“债转股”的机会,则普通债权人不因此而承担股权的风险。基于此,确定普通债权人的清偿时点以实际变现之时为准,清偿率则以股票实际变现后的清偿

① 廖森林:《论重整中以股份清偿债务——以债权人权益保护为视角》,载《中国政法大学学报》2018 年第 6 期。

② 许德风:《破产法论:解释与功能比较的视角》,北京大学出版社 2015 年版,第 481 页。

率计算;重整转入清算时,应当认为债权人"债转股"部分未完成清偿。然而实践中,部分法院认为清偿完成的时点是股份过户的时间,重整计划记载的股价就是债权人与债务人约定的股价,这种裁判思路未区分上述不同情况进行判断。同时,重整"债转股"的股价是由管理人通过各种方式作出的定价,债权人既没有定价权,也没有协商定价权,因此更不应承担股份实际变现价值低于重整计划记载价值的风险。

四、丰富上市公司重整"债转股"工具箱的建议

上市公司重整涉及证券市场甚至金融市场的稳定,须遵循证券监管的法规。在促进金融市场稳健发展和证券合规的基础上,重整计划应提供包括但不限于回购协议、强制交易、期权或可转债、优先股等金融工具,从技术手段和金融交易上,缓解甚至化解前文提及的意思达成一致、协商定价、清偿时点以及清偿率的难题。

(一)回购协议

针对股权定价的难题,重整计划可在合理确定"债转股"基准股价的同时,提供明确的兜底回购机制。如北大方正集团有限公司等5家公司实质合并重整案中,重整计划使用了此种兜底回购的"债转股",以保障债权人实际清偿率,具体做法为:重整计划的每股单价由专业机构对重整后盈利情况进行预测来确定"债转股"的债权人的综合清偿比例预计为61%;选择"债转股"方案的债权人在重整计划中安排信用等级为AAA的主体定期无条件地溢价回购转股股份。有学者认为,目前市场上的一些"债转股"出现无合理支撑的高转股价格并缺乏退出机制,方正集团等公司的重整安排更好地保护债权人利益。① 重整投资人承诺以约定股价承担股权回购的义务,以冲减抵债股权的贬值风险,提高了对债权人的保护程度,值得推广。② 所以,为了同时实现融资和稳定企业控制权的目的,可以

① 王欣新:《方正集团重整方案的解读与启示》,载微信公众号"中国破产法论坛"2021年5月6日,https://mp.weixin.qq.com/s/7PZNIAT8jQHc8oWoDqu1eg。

② 王卫国:《方正集团重整提交了一份亮眼的答卷》,载微信公众号"中国破产法论坛"2021年5月6日,https://mp.weixin.qq.com/s/L9pVgZac7G-p4R9q0L8YCQ。

将由第三方确定并在重整计划中予以记载的股价作为约定价值，并安排债务人的重整投资人、原出资人或其指定的第三方主体以该价格兜底回购，以保障名义清偿率与实际清偿率的一致。

（二）强制交易

《美国破产法》第11章的适用中，在公司重整估值不易确定的情况下，除进行司法鉴定的专业第三方对公司价值发表意见并由法院主持听证外，还有另一种方式就是高级债权人和次级债权人以对方认可的估值率收购对方的债权。[①] 普通债权人与原股东、重整投资人之间亦存在与美国高级债权人和次级债权人之间类似的关系。尽管股与债的规则不同，但其经济实质均是相对处于优先清偿顺位主体的买入期权。[②] 股东认为公司未来期权高于债权人价值时，就会主动清偿债权，以保障其对公司的控制权。对此，可在管理人充分保障债权人对重整基本信息的知情权的基础上，由股东与债权人自行对企业进行商业判断，以双方认为公平合理的价格达成对公司实际控制权的移交，以此化解评估价值无法达成一致的僵局。

（三）期权或可转债

在美国重整制度的实践中，一些案例中的上市公司把清算日期推迟一段时间，则更容易各利益方之间达成协议。譬如，可以把抵债的证券设计为期权性质，允许重整计划生效后，由市场确定企业价值和企业最终所有权的分配。[③] 美国2000年以来的重整案件中，通过给予债权人期权（权证）或者可转换债券等方式让债权人来分享重整后的公司价值的做法比较流行。[④] 其中最经典的案件就是康塞克（Conseco）破产重整案。在该案中，抵债的优先股被设计为有适当利息的“现金支付”息票，在“等待期”内累积利息。其中约定的等待期为2年，在等待

---

① Donald S. Bernstein, Douglas G. Baird, *Absolute Priority, Valuation Uncertainty, and the Reorganization Bargain*, John M. Olin Program in Law and Economics Working Paper No. 259 (2005).

② 许德风：《公司融资语境下股与债的界分》，载《法学研究》2019年第2期。

③ See Donald S. Bernstein, Douglas G. Baird, *Absolute Priority, Valuation Uncertainty, and the Reorganization Bargain*, John M. Olin Program in Law and Economics Working Paper No. 259 (2005).

④ 参见齐砺杰：《破产重整制度的比较研究——英美视野与中国图景》，中国社会科学出版社2016年版，第259页。

期间届满前,债务人可以按面值加应计利息予以赎回,届满后持有人可将息票转换为重整后公司的普通股。① 参照康塞克案的经验,上市公司在重整中把普通债权人的债权设计为可转换为股票的债券(以下简称可转债),是一种很好的选择,但需要证券监管机构对此予以支持。可转债可约定一定的"等待期"(期限可等于或小于重整计划执行期),等待期附现金利息。在等待期内,原股东可以按照约定价格从普通债权人处赎回其可转债并付息;等待期满,如果持券人不将债券转换为股票,则由原股东或上市公司以约定价格加算利息赎回。如果上市公司股票交易价值高于约定价格加利息,持券人可选择将债券转换为股票。

(四)优先股

优先股是一种股息相对固定且在股权分红及剩余分配时享有优先分配权,但不参与公司经营的股票。在上市公司重整中,债权人参与公司经营行使表决权的概率并不大的情形下,上市公司可以采用把债权转换为优先股的方案。

① 2004 Current Report (Form 8 - K), www. conseco. com/conseco/selfservice/about/cnews/news. jhtml? newsId = ins_20040512_1&cat = cnews.

资源重组视野下出资人权益的调整

——基于对债务人企业的“要素式解剖”

奉一兵[*]

重整制度目前已经被世界各国公认为防范破产、挽救企业最为有效的法律制度。[①] 重整实践的重要举措之一，是引入战略投资人向债务人企业注入优质资产。战略投资人投入优质资产，通常以取得股权为主要目的。因此，战略投资人的引入，即意味着对出资人权益的调整。实践中，出资人权益调整涉及多方主体，利益错综复杂。本文试图从“资源重组”的视角，重新审视出资人权益调整问题，构建出资人权益调整的计算模型，以资重整实践参考借鉴。

一、出资人权益调整的困惑

《中华人民共和国企业破产法》（以下简称《企业破产法》）规定，重整计划草案涉及出资人权益调整事项的，应当设出资人组，对该事项进行表决；[②]如经再次表

---

* 北京市第一中级人民法院北京破产法庭法官。

① 参见王欣新：《破产法前沿问题思辨》（上册），法律出版社2019年版，第211页。

② 《企业破产法》第85条第2款。

决未通过重整计划草案,在“重整计划草案对出资人权益的调整公平、公正”的情况下,人民法院可以根据债务人或管理人的申请,批准重整计划。[①] 上述法律规定为出资人权益的调整提供了基本法律框架,但尚不足以应对实践中的诸多困惑。

(一)合法权益何以被强制调整

《中华人民共和国民法总则》(已失效)第3条规定,民事主体的人身权利、财产权利以及其他合法权益受法律保护,任何组织或者个人不得侵犯。出资人权益亦即股权,当然属于股东的合法权益。因此,调整出资人权益首先要面临的问题就是:在出资人不愿意通过协商机制自愿放弃权利的情况下,法院强制调整出资人权益的法律及法理依据是什么?反之,如果法院没有依据进行强制调整,则出资人为何主动放弃权利?

有学者从功利主义角度分析认为:“假若不对出资人权益进行必要的调整,现有股东不作出一定的让步,那么战略投资人就无法进入企业,也就根本不会进行任何投资”,“只有通过成功引入战略投资人进行注资才有可能盘活困境企业,促使股权重新获得价值”。[②] 但问题在于:股权重获价值并不意味着出资人必然受益,特别是在出资人权益被清零时,股权升值对出资人不仅毫无吸引力,还可能导致出资人将此视为最后机会,“垂死挣扎”,哪怕“鱼死网破”。

(二)绝对优先原则为何失灵

绝对优先原则,是指任何一个反对重整计划的利害关系人组别,在重整计划中所处的清偿顺序应与其在破产清算程序中的受偿顺序相同,而且在其获得全额清偿之前,清偿顺序在其后的利害关系人不能获得任何清偿。基于上述原则,不少学者主张,重整程序下股东权益是否存在,取决于债务人的净资产是否为负值,如果债务人已经资不抵债,股东权益也就不存在。[③] 然而,重整实践却呈现了另一番景象,“一些上市公司即使已经资不抵债,但其重整计划在未给予债权人

---

① 《企业破产法》第87条。

② 曹文兵:《上市公司重整中出资人权益调整的检视与完善——基于51家上市公司破产重整案件的实证分析》,载《法律适用》2018年第17期。

③ 参见唐旭超:《论上市公司重整中的股东权益》,载《政治与法律》2014年第6期。

全额清偿的前提下,仍为股东保留了重大权益,个别公司甚至只削减债权而根本不削减股东权利”①。显然,绝对优先原则在此类重整案件中已失灵。有学者借鉴新价值例外原则指出,股东可以通过贡献企业运营新价值而得以保留部分权益。但上述例外规则在我国的适用必然要受到国情的影响,我国不能对国外的规则盲目地照搬适用,否则会影响重整程序的进行。②

(三)出资人权益调整的尺度何在

我国《企业破产法》第 87 条第 2 款第 4 项规定,重整计划草案对出资人权益的调整要公平、公正。《全国法院破产审判工作会议纪要》(法〔2018〕53 号)第 18 条规定,人民法院应当审慎适用《企业破产法》第 87 条第 2 款,不得滥用强制批准权。但上述标准模糊,何谓公平、公正,何谓审慎适用、不得滥用,乃见仁见智。在实践中,“制定重整计划的管理人或者债务人可以强制对出资人权益进行任意削减,甚至百分之百地削减。资不抵债的情况下,股东可以出席讨论重整计划的债权人会议,但却不拥有对重整计划通过与否的表决权”。③ 此种“任意”削减恐怕难以服众;股东参与讨论却不拥有表决权,从而加剧各方矛盾。

二、出资人权益调整的新思路

本文分析认为,自《企业破产法》施行以来,我国破产重整的理念已经发生了变化,这种变化为出资人权益调整提供了新的思路。

(一)破产重整理念的转变及其启示

重整制度在我国确立之初,其理念是通过调整债权,达到挽救企业的目的。该观点认为,重整是指经利害关系人申请,对可能或已经具备破产原因但又有希望挽救的债务人,通过各方利害关系人的协商,并借助法律强制性地调整他们的利益,从而对债务人进行生产经营上的整顿和债权债务关系上的清理,以使其摆脱困境、恢复生机的法律制度。重整制度在兼顾债权人利益的同时,更注重对债

---

① 王欣新:《破产法前沿问题思辨》(上册),法律出版社 2019 年版,第 229 页。

② 参见王欣新:《破产法前沿问题思辨》(上册),法律出版社 2019 年版,第 278 页、279 页。

③ 郑志斌、张婷:《公司重整制度中的股东权益问题》,北京大学出版社 2012 年版,第 161 页。

务人企业的挽救和复苏,以避免因对债务人实施破产清算而导致大量职工失业和社会财富的损失。[①] 这种思路从立法条文中同样可以看出,《企业破产法》第81条关于重整计划草案内容的规定,其侧重点也是对债权的调整。[②]

在"调整债权"的理念下,重整制度关注的重点是债务人企业的生死存亡,对债权人利益也仅能是"兼顾"。"而对于主要重整措施之一的股东权益调整问题,《企业破产法》却未给予足够重视。"[③]在这种理念之下,即便引入战略投资人,也只是减轻财务负担、挽救企业的方式和途径之一,但随着重整实践及理论的发展,破产重整制度关注的重点逐渐从"调整债权"向"资源重组"转变。王欣新教授指出,重整制度的实质,就是通过对企业及其经营事业等市场资源的优化配置与重组,保证对债权人的公平清偿,实现企业的挽救。[④] 通过对债务人企业的营业重组和债务清理,盘活困境企业的现有资源,使之继续发挥社会效用。通过"全面采取重整措施与资源配置手段,力图保留企业的营运价值与社会资源,并最终使债权人等各方利害关系人得到较破产清算更多的清偿等利益"[⑤]。上述思路的转变,很大程度上源于社会保障机制的日益完善,这使债务人企业卸下沉重的职工就业等包袱后,逐步走向市场化。

在"资源重组"理念下,重整程序关注的重点不再是债务人企业的主体资格能否延续,而是债务人企业有多少可利用的资源。债务人主体资格保留,必须基于其本身的存在价值,如上市公司的"壳资源"、特殊资质等。通过重整,债务人企业的各种资源,以及战略投资人新投入的优质资产重组成全新企业。相应地,出资人权益的调整问题,就转变为各方利益主体根据其持有资源的状况进行谈判博弈的过程。探讨出资人权益如何调整的问题,首先需要对债务人企业进行解剖,挖掘债务人企业的资源要素。

---

① 参见安建主编:《中华人民共和国企业破产法释义》,法律出版社2006年版,第105页。

② 《企业破产法》第81条规定,重整计划草案应当包括下列内容:(1)债务人的经营方案;(2)债权分类;(3)债权调整方案;(4)债权受偿方案;(5)重整计划的执行期限;(6)重整计划执行的监督期限;(7)有利于债务人重整的其他方案。

③ 闻长智、李力:《对上市公司破产重整程序中股东权益调整的思考》,载《中国审判》2010年第6期,第100页。

④ 参见王欣新:《破产法》,中国人民大学出版社2019年版,第289页。

⑤ 王欣新:《破产法前沿问题思辨》(上册),法律出版社2017年版,第9页。

(二)债务人企业资源的"要素式解剖"

根据我国重整实践,以及重整制度的相关理论,本文对债务人资源要素作如下剖析。但应当说明的是,下文列举的资源要素,并非债务人企业资源的全部内容,亦非所有债务人企业必备的资源。

要素一:账面资产清算价值。在重整语境下探讨清算价值:一是重整失败必将转入清算。二是强制批准重整计划草案的前提,是普通债权人获得不低于模拟清算条件下的清偿。因此,清算价值往往是各方谈判重整计划草案的底线。此处所谓的"清算价值"并不同于拆分零售价值。对企业的持续运营价值,如果可以通过整体出售,而无须重整就能保留,则包含在本要素内;如果价值依附于法人主体资格,需要重整才能保留,则属于下文的主体资格资源。此外,在破产程序中,还可能涉及控股股东等主体的赔偿责任,尽管赔偿款也属于债务人财产,但与固定资产、应收账款等账面资产不同,该部分资产与控股股东等特定人员绑定,为方便论述,本文予以区分。

要素二:主体资格资源。主体资格资源是指附属于债务人企业,以债务人企业的存续为前提的相关资源。主要有两种:一种是债务人长期经营产生的商誉、品牌等市场资源;另一种是债务人企业持有的各种资质牌照。比如,上市公司的"壳"资源,债务人企业持有的市场准入资质、行政许可等牌照资源,以及债务人专享的政府扶持、税收优惠等政策资源。上述资源通常比较稀缺,无论是否合理,其市场价值客观存在,不以任何人的意志为转移。比如,对建筑业企业而言,建筑资质是其立身之本,企业必须获得建筑资质才能正常经营。实践中,顺利取得建筑资质的企业并不多,拥有特级、一级建筑资质的企业更是凤毛麟角。因此,建筑业企业的"壳"就成了一种稀缺资源。①

要素三:企业家才能。经济学传统的生产三要素是指劳动、土地及资本,后来马歇尔在其《经济学原理》一书中又增加一种生产要素,即企业家才能。同样的生产要素和环境条件,由不同的企业家来经营,其结果常常有很大的差别,这就表明了企业家才能这个要素在生产中的重要作用。② 企业家才能具有人身依

---

① 参见徐阳光、叶希希:《论建筑业企业破产重整的特性与模式选择——兼评"分离式处置"模式》,载《法律适用》2016 年第 3 期。

② 参见翟璇主编:《经济环境学》,西南交通大学出版社 2014 年版,第 2 页。

附性,在具体的重整案件中,应当注意区分不同情况:一种情况是出资人拥有企业家才能。调整出资人权益要考虑此部分的收益与损失。另一种情况是非出资人拥有企业家才能,如企业管理层中的经理。这种情况下,企业家才能与经营团队、销售渠道等紧密结合,可作为上述“可整体转让的营业”的一部分,脱离出资人单独存在并转让。然而,不成熟的企业,特别是家族式民营企业在“讲义气”的传统文化氛围下,管理层与出资人之间存在很大的人身依附性。从投资人的角度讲,如果不同企业间的文化差异较大,引入重整投资人后并非立即就能实现企业的管理与运营,反而需要耗费大量的时间来整合企业文化,严重者甚至不能恢复有效的管理与运营。[①] 因此,在对债务人企业价值进行解剖时,必须从上述收益、成本两个方面,对依附于出资人的价值予以考虑。

要素四:控股股东等责任主体的赔偿责任。实践中,债权人与股东之间、控股股东与小股东之间,经常发生激烈冲突的原因之一,在于未依法追究控股股东等相关主体的赔偿责任。《中华人民共和国公司法》第 20 条规定,公司股东滥用股东权利、公司法人独立地位损害公司利益,给公司造成损失的,应当依法承担赔偿责任。《企业破产法》第 128 条规定,债务人有该法第 31 条、第 32 条、第 33 条规定的行为,损害债权人利益的,债务人的法定代表人和其他直接责任人员依法承担赔偿责任。因此本文认为,企业在调整出资人权益时,应当关注相关主体的赔偿责任。2018 年最高人民法院发布的《关于审理上市公司破产重整案件工作座谈会纪要》第 6 条第 2 款规定,控股股东、实际控制人及其关联方在上市公司破产重整程序前因违规占用、担保等行为对上市公司造成损害的,制定重整计划草案时应当根据其过错对控股股东及实际控制人支配的股东的股权作相应调整。

三、出资人权益调整模型的构建

在“资源重组”理念下,破产重整程序的本质是各方利害关系人利用各自持有的资源,重新组合企业的过程。因此,出资人权益是否调整,调整幅度如何确

① 参见戎浩军:《论重整程序中出资人权益的调整》,第九届中国破产法论坛暨改革开放四十周年纪念研讨会论文,2018 年 11 月于北京。

定,取决于出资人投入的资源,与其他利害关系人所投入资源的比例。简单的计算模型可表述为:

设:出资人在重整后企业中的股权占比为 a,出资人享有的资源为 x,战略投资人投入的资源为 y。则 $a = x \div (x + y)$。

通常情况下,“y”的数值比较容易确定,因此关键在于如何确定“x”的数值。对此,本文拟在前述对债务人企业资源进行“要素式解剖”的基础上,予以进一步分析论证。

第一,如果债务人企业仅有“要素一:账面资产清算价值”。此时,无论是清算还是重整,债务人财产的价值并无区别,因此通常情况下债务人会直接进行清算。即便存在部分具有继续运营价值的优质资产,也可以整体出售后将价款用于清偿。但也有一种情况,债务人企业进入重整程序并非由于资不抵债,而是由于缺乏流动性,此时战略投资人注入现金流,则存在股权调整的问题。但无论何种情形,“x”的计算公式均可表述为:x = 账面资产清算价值 - 债务人企业债权总额。

第二,如果债务人企业具备“要素二:主体资格资源”,则 x = 账面资产清算价值 - 债务人企业债权总额 + 主体资格资源。尽管在会计学上,主体资格资源并不是债务人的资产,但在破产程序中变现并用作偿债资金并没有什么争议。在偿债意义上,要素一与要素二并无本质不同,但之所以进行区分系基于两点考虑:一是关于“资不抵债,则出资人无权益”的说法,即便考虑了企业账面资产与实际清算价值的不同,也往往忽略了主体资格资源。特别是“壳资源”极具本土特色,而国外破产理论往往不涉足此领域。二是主体资格资源以法人主体资格存续为前提,如果重整失败,此部分利益不复存在。实践中,各方当事人可能经过谈判,最终共同分享此部分利益。

第三,关于“要素三:企业家才能”。该部分资源通常具有人身属性。在家族企业中,债务人企业的该部分资源往往与出资人密不可分,资源的控制人或为出资人本人,或为听命于出资人的管理人团队。如果试图利用此部分资源,资源的控制人必然会在谈判中为该出资人保留部分权益。重整实践中,常有大小股东权益表面一致,但大股东与投资人私下勾结的情况发生,背后实际有其经济逻辑存在。正如有学者在分析控制权交易时指出,(控制权交易的)利益分享将会扼杀股权交易,而不是使小股东致富。① 如果理性对待,将持有此种资源导致的利益分配差异公开化,或许更能保护小股东权益。当然,实践中企业陷入破产境地往往也是大股东所致,但这关涉“要素四”。

第四,关于“要素四:控股股东等责任主体的赔偿责任”。在如何计算数值“x”方面,要素四与要素三相类似,因此本文一并予以论述。首先,由于要素三、要素四均具有人身依附性,如果上述“企业家才能”持有主体或赔偿责任主体均为出资人外的其他人,因赔偿款亦为债务人财产,则 x = 账面资产清算价值 - 债务人企业债权总额 + 主体资格资源 + 企业家才能 + 相关责任主体的赔偿责任。其次,如果“企业家才能”持有主体、赔偿责任主体为出资人,则需要进一步考察。假设债务人企业共有 3 名出资人即甲、乙、丙,其中,甲具有非凡的企业家才能,离开甲,企业无法存续;乙则因重大过失导致企业陷入困境,对债务人企业负有赔偿责任。此时,由于出资人在重整后的企业中的股权占比 a 已因人而异,应分别计算甲、乙、丙的股权比例,即 a(甲)、a(乙)、a(丙)。对应地,出资人享有的资源亦为 x(甲)、x(乙)、x(丙)。计算公式应为:a(甲) = x(甲) ÷ (x + y)。分母中的 x 仍为全体出资人享有的资源,但分子已经变为 x(甲)。则在上述案例中,甲在重整后企业的股权占比的计算公式为:x(甲) = (账面资产清算价值 - 债务人企业债权总额 + 主体资格资源 + 相关责任主体的赔偿责任) × 甲的持股比例 + 企业家才能。

四、结　　语

针对出资人权益调整问题,本文尝试提供一种新的思考视角。但重整程序本身所涉问题非常复杂,正如韦斯利(Wesley)先生在《资本主义的神话》(The Folklore of Capitalism)一书中所描述的,重整程序是“议会选举、历史剧、斗争、研讨会、司法程序以及一系列交易的结合”②。本文尽管力争对其中的出资人权益调整问题做出详尽分析,但仍难以涵盖全部。例如,债权人作为重要的参与角色,在本文中并没有予以充分考虑,“债转股”等复杂问题更未包含其中,再如,小

① 参见[美]弗兰克·伊斯特布鲁克、丹尼尔·费希尔:《公司法的经济结构》(第 2 版),罗培新、张建伟译,北京大学出版社 2014 年版,第 127 页。

② 许德风:《破产法论:解释与功能比较的视角》,北京大学出版社 2015 年版,第 472 页。

股东的权益保护问题也未能涉及。实践中,上市公司重整为小股东保留部分利益,不仅涉及企业是否资不抵债的问题,还关涉整个股票市场的信心。诸如此类问题,还需要进一步研究探讨。

重整计划变更的价值考量和路径选择

王　印[*]

重整计划是指在破产重整期间,以维持债务人继续营业、谋求债务人复兴为目的,以清理债权债务关系为内容,由特定主体(一般为重整人)制定并经特定组织(一般为债权人会议)表决通过和法院批准的多方协议。[①]通过执行重整计划,要清理债务人的对外债务、恢复企业生产经营能力,还要维护企业劳动者利益。目标的多元化导致重整计划内容的多样性,有债权人与债务人相互妥协让步的内容,有新的投资人权益维护及利益追求的内容,有企业股权资产的处置转让延续问题,有对债务人后续经营的运筹规划问题等。越周全的重整计划,在后期执行中越存在各种不确定性,容易陷入转入清算还是变更的两难境地。本文由重整计划无法执行的原因入手,从价值判断角度探寻变更路径,以期完善重整计划制定及执行程序,提高重整计划执行成功率。

一、重整计划无法继续执行的原因分析

重整计划执行是对破产重整计划的具体实施,是实

---

* 山东省肥城市人民法院民事审判二庭副庭长。

① 参见范健、王建文:《破产法》,法律出版社2009年版,第214页。

现重整目的的最后一个环节。[①] 法律规定的重整期间起于人民法院裁定债务人重整之日，止于重整程序终止之日，而重整程序的终止又分为正常终止即重整计划草案如愿批准，非正常终止即重整计划草案未获通过、未被强制裁定，或已获通过未获批准后被宣告破产。重整计划执行阶段已脱离法律意义上的重整期间，是债务人企业受到重整计划约束并逐步恢复为常态公司的过渡阶段，其主要职能围绕重整计划的顺利实施和债务人企业的正常经营，重整计划执行期间面临更多的是企业的经营问题。[②] 而要评判破产重整案件在追求实现市场主体有效救治，帮助企业提质增效的具体效果时，仅停留在重整计划的通过及批准上是远远不够的，计划的顺利执行与否，关乎企业救治成功与否，债权人利益保护实现与否，破产重整司法程序的社会效果优劣与否。基于此种考量，对重整计划能否顺利执行以及执行过程中可能遇到的情况进行全面分析，便显得格外重要。下文将从重整计划草案制作主体、债权人会议决议、投资人经营变化三个因素进行分析，探究重整计划执行受阻的真实原因。

（一）重整计划草案制作主体

重整计划能否顺利执行，与计划草案的编制主体息息相关，目前法律规定的编制主体包括债务人与管理人。重整计划草案的内容包括：债务人的经营方案、债权分类、债权调整方案、债权受偿方案、重整计划的执行期限、重整计划执行的监督期限以及有利于债务人重整的其他方案。其中关于经营方案内容的制定，债务人掌握的信息全面直观，由其制定会比较可行和客观。重整计划草案中的其他内容，如债权分类，对法律专业水平要求较高；如债权调整和受偿方案，由债务人制作可能会保护自身及出资人的利益，而损害债权人或其他利害关系人利益。[③] 可见重整计划草案的制作，债务人与管理人各有其长，而法律规定的重整计划草案制作人或为债务人，或为管理人，非此即彼，在缺乏完善沟通机制的前提下，最终的重整计划草案或多或少会有些瑕疵，甚至会背离重整程序初期的目标，影响重整计划的顺利执行。实践中，笔者认为，由破产管理人制订重整计划的，如果已经设立了债权人委员会，则重整计划就由债权人委员会、企业委员会、

---

① 参见范健、王建文：《破产法》，法律出版社2009年版，第221页。

② 参见徐根才：《破产法实践指南》，法律出版社2016年版，第223页。

③ 徐根才：《破产法实践指南》，法律出版社2016年版，第212页。

领导层职员代表机构和债务人以提供咨询的方式参与制订。①

(二)债权人会议决议

债权人会议是代表全体债权人表达共同意思,维护共同利益,协调各债权人之间的利益差异,适当满足债权人各自独立利益的组织形式。② 在破产重整中,债权人通过债权人会议对重整计划草案进行表决是参与破产重整程序最直观的方式,是实现其破产程序参与权的关键环节。理想的表决状态是各债权人组表决结果达到法律规定的通过标准,即出席会议的同一表决组的债权人过半数同意重整计划草案,并且其所代表的债权额占该组债权总额的2/3以上。而现实中,各组债权人的利益博弈往往导致较少的债权人组能顺利表决通过,甚至只有权益未受影响的债权人组表决通过重整计划草案。根据《中华人民共和国企业破产法》(以下简称《企业破产法》)规定,债务人或者管理人可以同未通过草案的表决组进行协商,通过二次表决尽量促使各表决组能通过重整计划草案,同时法律赋予债务人或管理人申请法院强制批准草案的程序,赋予法院对重整计划草案进行审查并强制批准的权力,并要求法院应审慎适用该程序,应遵循程序合法原则、公平原则、绝对优先原则、最大利益原则及可行性原则,这对破产合议庭法官而言并非易事。上述一系列流程结束后,我们会发现最终的重整计划草案能否得到批准,很大程度上已经脱离了债权人会议决定的范畴。同时不能忽视的是,如果债权人会议决议重整,决定重整是否能够成功的最重要一点是要搞清楚企业为什么会陷入资不抵债的境地,然后再有针对性地采取重整措施。目前的债权人会议表决重整计划草案往往是各债权人各自为战,或利益共通的债权人形成小圈子共进退,无法对重整计划草案进行通盘考虑从而作出理智的判断。

值得注意的是,《企业破产法》第85条赋予债务人的出资人代表列席讨论重整计划草案的权利以及进行表决的权利,而《企业破产法》第84条的第3款,科以债务人或管理人向债权人会议就重整计划草案进行说明并回答询问的义务。如果有重整投资人的参与,债权人会议作出的表决结果也许会更加理性,更利于

① 参见冯辉编著:《比较破产法案例选评》,对外经济贸易大学出版社2012年版,第10页。

② 范健、王建文:《破产法》,法律出版社2009年版,第184页。

顺利执行。

(三)投资人及债务人经营变化

重整计划草案批准后便开始进入执行阶段,执行主体为债务人。困境企业的控制权由原股东向重整投资人转移,往往是企业重整架构中最重要的资源优化配置。重组方带来的不仅是短期的增量现金,更重要的是各利益相关方对企业降本增效、持续投入、稳定经营的信心。① 实务中,为确保重整计划的顺利实施以及重整投资人的投资回报,实际参与主体可能是重整投资人。经济形势瞬息万变,无论是债务人还是投资人,执行主体都会承受巨大的经济风险,具体体现为:(1)市场发生重大的变化。困境企业自身财务结构差,融资能力弱,企业治理能力差,抵抗风险能力差;重整企业经营经常采用资产重组的方式改变公司的原始主营业务,从而导致公司的资产价格和盈利能力发生重大变化,极有可能使公司陷入新的业务亏损,导致重整计划无法继续执行。(2)重整投资人出现变化。企业重整时需要有战略投资者投入大量资金重组资产,同时还需考虑战略投资者本身的业务资质、经营能力、抗风险能力和行业资源等;重整投资人获利目的单一,一旦发现重整计划执行无法满足自身预期,或内部治理出现不可调和的矛盾,在权衡利弊后选择放弃继续投资,导致重整计划执行成为无源之水,陷入僵局。(3)企业经营出现问题。正常企业的运转需要企业管理、内部治理、市场拓展、人力资源等各个环节的有效运转,作为重整企业更是如此,任何环节出现问题,都会导致原本脆弱无力的重整计划难以继续执行下去,势必面临放弃或变更原计划的选择问题。(4)其他不可抗力。重整计划草案为了确保顺利执行,缓解投资人资金压力,执行期间一般会比较长,具有面临较大的国家政策调整或法律修改变化的现实可能,同时自然灾害等突发事件都可能成为重整计划执行路上的“拦路石”。

---

① 参见王欣新、郑志斌:《完善重整挽救制度　优化东北营商环境》,载《中国审判》2020年第1期。

二、重整计划执行变更的决定和实施

(一)重整计划执行变更的价值判断

重整计划陷入僵局无法继续执行,根据《企业破产法》第93条第1款的规定,人民法院应经管理人或利害关系人请求裁定终止执行并宣告债务人破产。实务操作中,因该规定过于刚性,极端考虑破产程序的效率原则,一旦重整计划不能执行或不执行,随即转入清算程序,导致重整期间为拯救困境企业所做的所有努力化为泡影,无疑成为另一种意义上的资源浪费,这与目前破产审判工作的总体要求背道而驰。基于此,《全国法院破产审判工作会议纪要》第19条在规定应严格执行重整计划的前提下,附条件地允许债务人或管理人申请变更重整计划一次,条件即"因出现国家政策调整、法律修改变化等特殊情况,导致原重整计划无法执行",该规定是对《企业破产法》刚性规定的突破和补充,体现破产审判对"机械司法"的拒绝。而对于"特殊情况"的具体理解和适用,相关法律法规却没有明确规定,毕竟重整计划执行遇到国家政策调整、法律修改变化的情况在所有重整案件中占比不会很高,法院和管理人在具体操作时仍然缺少制度设计方面的支撑。笔者发现,2019年3月深圳市中级人民法院发布的《审理企业重整案件的工作指引(试行)》第112条规定,因"客观原因"导致重整计划无法执行的,债务人或管理人可以申请对重整计划予以变更一次。笔者认为,该条规定应该是综合考虑重整计划执行中遇到的实际问题而对会议纪要进行的有效探索,虽然"客观原因"也是一种相对模糊的描述,但相比于"国家政策调整、法律修改变化等特殊情况",可适用的情况则相对广泛,为实务操作提供有力的依据。

对重整计划执行变更的条件逐渐放宽,是坚持债权人意思自治原则,综合考虑公平与效率价值后,更为贴近现实需求的举措。重整计划作为对债务人未来经营管理、业务开展、债务偿还的综合性、前瞻性安排,其实质是债务人或管理人代广大债权人具体维护实体权利的手段和途径,其相对一方为享有权利的债权人,另一方为负有义务的债务人,重整计划执行期间必然存在各种不确定性。对约束相对人众多,面临情况更为复杂,约定事项更为烦琐,履行时间更为长久的重整计划,如不赋予变更的可能,则显得过于死板与教条。从价值判断角度,变更与否以及是否通过变更后的重整计划,决定权仍然在广大债权人手中,如果不赋予广大债权人变更的权利,实质上变相剥夺了债权人对于债权处置的权利。所以,对允许变更重整计划的情况,法官在裁量中应当适当放宽,重整计划变更可能使债权人、出资人遭受不利影响的,该变更决定应由债权人会议作出,对涉及当事人对自身权益的判断与调整,更多地尊重利害关系人的意愿。①

当然,考虑效率原则,破产重整作为司法程序,不可能也不允许重整相关参与方优柔寡断、举棋不定,这不但有损效率原则,更是对司法资源的浪费。仅能申请变更一次的规定,可以引导债务人或管理人形成心理预期,慎重选择是否变更,批准变更之后更为专业、更加全面地进行考量,确保拿出可以顺利执行的重整计划,避免陷入二次变更缺乏法律依据的问题。

(二)重整计划变更与否的决定权及变更后重整计划的表决权

重整计划变更与否,实质应为广大债权人对债权处置作出的自治性、集体性决策,如不同意变更,破产重整程序径直转为清算,债权人可以较低的清偿率在一定预期范围内实现债权;如同意变更,将再次开启新一轮重整,重整成功则皆大欢喜,如再次失败,产生的后果仍会由债权人承担,包括破产财产的进一步贬值、市场风险的更大不确定性、清偿率的再次压低、债权实现时间利益的损失等。无论因何种原因导致重整计划无法执行,是否变更重整计划继续重整程序的选择权应始终牢牢把握在债权人手中。

具体操作来看,《全国法院破产审判工作会议纪要》第 20 条规定,债权人会议决议同意变更重整计划,人民法院裁定批准变更后形成的变更后重整计划,应提交给因重整计划变更而遭受不利影响的债权人组和出资人组进行表决。该规定突出了对效率价值的维护和追求,避免未受影响债权人重复表决导致的浪费。笔者发现,深圳市中级人民法院《审理企业重整案件的工作指引(试行)》第 115 条规定,债务人或者管理人仅申请对重整计划所涉及的重整投资人予以变更,重整计划其他内容不做调整的,合议庭可以不设定新的表决期间,直接裁定批准变更后的重整计划。此条规定便是基于上述会议纪要的精神而针对具体情况作出的制度安排,值得实务操作中借鉴。相反,如果新的重整计划在原计划的基础上进行了调整,无论是法院还是管理人都不能越俎代庖,一定要将表决权交由债权

---

① 参见王欣新:《〈全国法院破产审判工作会议纪要〉要点解读》,载《法治研究》2019 年第 5 期。

人行使。笔者承办的一起房地产重整案件中,法院裁定批准重整计划后,重整投资人在管理人指定的期限内未缴纳履约保证金,导致重整计划无法继续执行。管理人积极寻找新的意向重整投资人后,第四次债权人会议决议通过变更重整计划,经法院裁定批准后,管理人重新制作新的重整计划,对原来的偿债方案、执行和监督期限进行了调整,通过召开第五次债权人会议表决后申请法院强制通过重整方案,严格按照程序维护广大债权人合法权益。当然,如果债务人或管理人在债权人会议决议是否同意变更前已制作出新的重整计划,完全可以在债权人会议中就是否同意变更及是否通过变更后的重整计划予以一并表决,以提高破产重整审判效率。

需注意的是,重整计划无法执行导致的变更与重整计划未能在规定期限内执行完毕申请延长执行期限,在实务操作中应予以区分。前者是指法院裁定批准的重整计划根本上不能得到执行或相应主体不执行,后者是指正常履行过程中因客观原因未能在规定期限内执行完毕。广义上说,两者均未严格按照法院批准的重整计划进行执行,均可以视为对重整计划的变更,而实际操作中,对于延长执行期限的申请,考虑重整计划草案执行已大部分执行完毕,且给予相应的延期大概率可以确保能够顺利执行完毕,一般由合议庭决定是否准许。这在山东省高级人民法院和深圳市中级人民法院的破产审判指引中均有所体现。①

三、重整计划执行变更后续问题思考

(一)变更重整计划与已作结案处理的冲突

《全国法院民商事审判工作会议纪要》第 114 条第 3 款规定,重整程序因人民法院裁定批准重整计划草案而终止的,重整案件可作结案处理。因司法程序存在不可逆性,已作结案处理的重整案件势必与需要变更的重整计划产生冲突,自法院裁定批准同意变更重整计划之日起,实质上破产程序又再次回到了重整期间内。最高人民法院在对该条的释义中也表示,该规定只是关于法院内部有关案件管理的引导性规定,并非强制要求,人民法院可以结合个案情况和案件管

① 两份工作指引均规定,重整计划因客观原因未能在规定期限内执行完毕,债务人申请延长重整计划期限的,人民法院(合议庭)可以裁定准许。

理需求决定。笔者认为,在破产案件审判流程实务操作中,裁定批准重整计划草案后不宜一律径直作结案处理,应综合评估重整计划执行的可行性及执行过程中发生变更的可能性,必要时可待重整计划执行到一定合理阶段再行结案处理,尽量避免出现审判流程已结案,实质程序仍在重整期间的局面。

(二)管理人报酬的调整

《最高人民法院关于审理企业破产案件确定管理人报酬的规定》第 2 条总体规定了破产案件中,管理人报酬应当根据债务人最终清偿的财产价值总额按比例确定,第 9 条对人民法院确定和调整管理人报酬方案应考虑的因素作出规定。重整计划发生变更时,必然意味着管理人需要付出更大的努力,笔者认为,人民法院在确定管理人报酬时应充分考虑重整计划变更后管理人在新重整计划制作过程中履行职责的实际情况,根据管理人实际工作量予以确定,不能简单根据债务人最终清偿财产价值总额计算。实务操作中,如因投资人未履行相应义务罚没的保证金,可适当用于支付管理人报酬提高部分,作为对管理人前期工作的补偿,同时激励管理人继续在新的重整期间内勤勉尽责。

(三)管理人接管财产和营业事务

重整计划执行主体为债务人,管理人如果已接管财产和营业事务,计划执行开始后需向债务人移交,如果发生重整计划的变更,进入新的重整期间,管理人应及时将移交的财产和营业事务予以回收,待变更后的重整计划批准后另行移交,以避免因重整计划变更程序导致的破产财产损失或权属争议,保证财产的完整性,保护全体债权人的公平清偿利益。

执行转重整程序的整合与构建

刘冬梅[*]　石　佳[**]

一、执行转重整必要性结论证成

（一）背景因素：决胜攻坚之年遭遇新冠肺炎疫情

2020年是全面建成小康社会，全面打赢脱贫攻坚战的最后一年。[①] 决战决胜之年遭遇新冠肺炎疫情，对世界经济乃至下一步我国经济影响还难以准确预测[②]。在当前经济形势下，正确审理企业破产案件，防范和化解企业债务风险，挽救危困企业，规范市场经济平稳较快发展，具有重要意义。[③] 要强调重整、和解等企业挽救程序的充分运用。凡是能够挽救的企业，都应当给它们公平的机会，以减少破产，避免职工失业，维护社会和谐稳定。[④] 当前形势下，应最大化地发挥破产重整治理功能，

---

* 广州破产法庭庭长。

** 广州破产法庭四级高级法官。

① 参见2020年3与7日习近平总书记在决战决胜脱贫攻坚座谈会上的重要讲话。

② 参见2020年3月23日国家发改委副秘书长高杲在“国务院联防联控机制新闻发布会”的讲话。

③ 参见《最高人民法院关于正确审理企业破产案件为维护市场经济秩序提供司法保障若干问题的意见》。

④ 参见王欣新：《论经济危机下的破产法应对》，载《人民法院报》2009年6月18日，第6版。

挽救困境企业,保障经济平稳有序运行,维护社会稳定大局。

(二)环境因素:优化营商环境要求提升破产质效

世界银行营商环境评价指标涉及办理商业破产所需的时间、成本、结果和回收率,①回收率 = [100 × GC + 70 × (1 − GC) − cost − a × 20% × time]/[(1 + lending rate)∧time]。其中GC(持续经营)值的确定方法是,如果一个公司可以继续经营则为1,零碎出售则为0,重整成功意味着企业可以继续经营,则债务"回收率"高。重整即债务人继续经营是提高"回收率"关键所在,但我国"回收率"距离全球最佳实践还有一定差距,仍有较大提升空间。② 重整对营商环境"回收率"的指标至关重要,也最终影响我国营商环境建设评价。③ 在党中央作出优化营商环境建设的决策部署下,重整是营商环境中办理破产指标的重中之重,是营商环境评价的最具提升空间的指标之一,已经成为营商环境建设战略布局的重要部分。

(三)认识因素:功能认识不足影响重整作用发挥

破产重整具有直接救治市场经济主体的特有功能,区别司法的审判功能,是司法除服务和保障之外的核心治理能力。随着破产专业化建设发展,重整的作用已初现,但实践中因对重整的价值和重要性认识不足,重整的观念和意识仍没有培育起来,导致实践中重整启动不足,重整案件数量非常少,重整功能仍严重发挥不足。这与当前经济形势不匹配,也与经济发展要求不适应,应当充分认识重整的特殊制度价值和重要地位,将重整培育成为司法治理功能新的增长点,成为未来司法的核心治理能力。

(四)现实因素:重整时机滞后导致重整成功率偏低

在20世纪80年代的德国,该国破产法改革委员会曾在破产法改革文本中将

---

① 参见世界银行2019年营商环境报告。

② 参见林学文等:《〈关于推进破产案件依法高效审理的意见〉的理解和适用》,载《人民司法》2020年第13期。

③ 参见容红、高春乾、邹玉玲:《"办理破产"之国际比较——解析世行营商环境评估报告》,载《中国经济报告》2018年第9期。

破产重整程序的规定置于破产清算程序规定之前,并以此体现破产重整的优先性。① 英国法认为,成功拯救的主要条件是企业要在尽量早的时候寻求帮助。② 尽管《中华人民共和国企业破产法》(以下简称《企业破产法》)规定,债务人在有发生破产原因的可能时就可以申请重整,以鼓励其尽早利用重整法律手段达到企业挽救的目的,但如图1所示,在司法实践中,几乎所有企业进入重整程序无不时机过晚,以至于基本上丧失了自救的基础。③ 进入重整的案件基本上都经过了执行程序,执行丧失有效财产后才进入重整,在企业已经生病的情况下,不仅没有对企业进行"输血",反而让企业"失血"更严重,进入破产程序时,因错过最佳拯救时机,资源所剩无几而使挽救成功率大幅降低。④ 这也是我国重整率普遍不高的原因所在。⑤

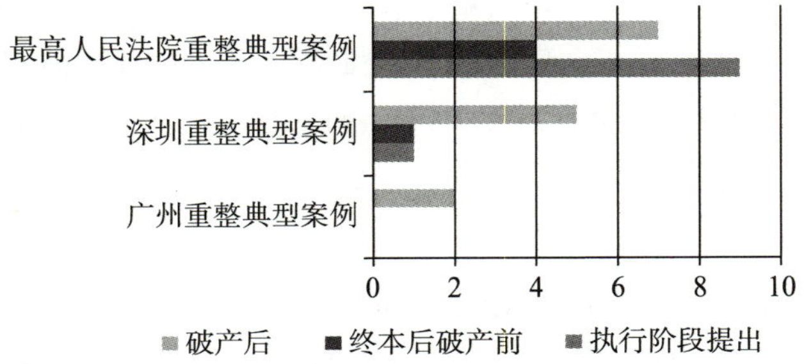

图1 2018~2020年最高人民法院、广州市中级人民法院、深圳市中级人民法院发布的重整典型案例重整时间统计

(五)制度因素:"执转破"意见局限造成重整启动难

对于执行转破产的制度价值,要从根本解决执行难的战略高度来认识与把握。⑥

---

① See K. Schmidt, wege zum Insolvenzrecht der Unternehmen, S. 141, 143, S. 157 f.

② 参见杜军:《中、英企业破产拯救制度的比较研究》,载《法律适用》2017年第21期。

③ 参见王欣新、许胜峰:《落实全国法院民商事审判工作会议精神 完善重整中的债务人自行管理制度》,载《人民法院报》2019年7月18日,第7版。

④ 参见王欣新、许胜峰:《落实全国法院民商事审判工作会议精神 完善重整中的债务人自行管理制度》,载《人民法院报》2019年7月18日,第7版。

⑤ 从最高人民法院、广州市中级人民法院、深圳市中级人民法院2018~2020年发布的重整成功典型中启动重整的时间点比较得出:广州市中级人民法院和深圳市中级人民法院多数案件是在受理破产之后再启动重整的,而最高人民法院直接提起重整的比例略高于受理破产后提起重整的比例。上述图1说明:(1)实践中重整提起时间滞后——一般都是在破产受理之后;(2)从最高人民法院发布的重整成功案例可以看出,执行阶段就提出重整的,重整成功率较高。

⑥ 参见贺小荣、葛洪涛、郁琳:《破产清算、关联企业破产以及执行与破产衔接的规范与完善——〈全国法院破产审判工作会议纪要〉的理解与适用》(下),载《人民司法(应用)》2018年第16期。

《最高人民法院关于执行案件移送破产审查若干问题的指导意见》(以下简称《执转破意见》)立法初衷是为了解决根本执行难问题。《执转破意见》难以避免其局限性,沦为执行移送破产"单向"通道,《执转破意见》设置的移送条件和审查标准都是以移送破产为标准的。也就是说,执行转重整通道在《执转破意见》中是没有被打开的,即便是打开的,也是没有"指示牌"的,当事人甚至是执行法官都难以知晓执行转重整的"通道",更加不知道这条"通道"如何走?好不好走?[①] 这造成执行移送破产的基本都是无财产的救治不能的债务人,对有重整价值的被执行人无法通过"执转破"程序进入破产重整程序进行救治。当由上而下推动的"执转破"工作告一段落,需要长远考虑"执转破"的长效性建设。执行转重整路径符合当前政治经济形势,适应当事人的需求,能够继续维持该项制度的生命力,最大限度地发挥该项制度的功能价值。

二、执行转重整可行性结论证成

(一)法律基础维度——法律规则的整合与突破

《企业破产法》第70条和第71条规定债权人或者债务人可以直接向人民法院申请对债务人重整。立法并没有限定重整启动时间。也就是说,在执行程序中启动重整,不存在任何法律障碍。而且,《企业破产法》第2条规定了重整的启动条件,启动重整的条件低于启动破产清算的条件,有明显丧失清偿能力可能的即可申请重整。企业进入执行程序说明企业已经陷入困境,符合《企业破产法》规定的明显丧失清偿能力可能之情形。综上,在执行阶段启动重整程序完全符合我国目前法律规定。

我国《执转破意见》对该意见出台的背景和意义进行了说明:推进执行案件移送破产审查,有利于健全市场主体救治和退出机制。由此可见,《执转破意见》包含了对重整的价值追求。需要扭转"执转破"只是将执行到已无财产的案件转入破产清算的误解,建立将执行中发现有破产原因的企业及时引导转入破产清算、重整、和解多种程序的理念。[②] 且从立法逻辑上看,重整是破产制度的一个方

① 笔者统计广州市中级人民法院近两年的执行转破产案件,无一例执行案件移送重整案件。

② 参见王欣新:《依法妥善审理涉新冠肺炎疫情破产案件》,载微信公众号"人民法院报"2020年5月23日。

面,执行转重整是执行转破产的应有之义,“执转破”程序当然包含了执行转重整。

(二)制度建设维度——运行条件和能力的具备

由图2、图3可知,障碍重重和成本高昂的破产重整程序令人望而却步,①债权人和债务人习惯性寻求法律之外的自救途径,但随着近几年破产审判的发展和建设,生病企业的“医院”已经具备拯救企业的能力和水平。

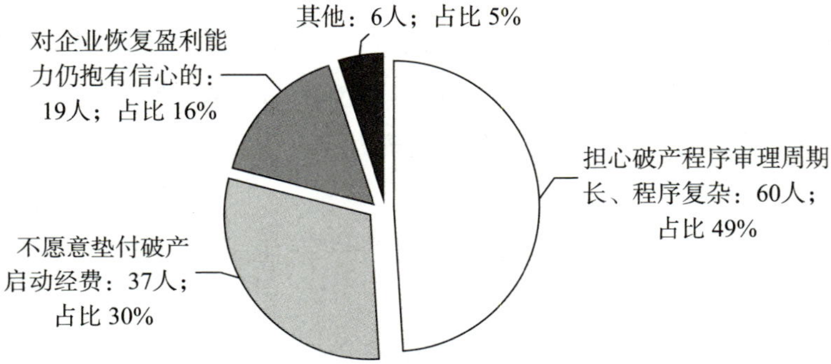

图2 影响申请执行人移送破产审查的因素

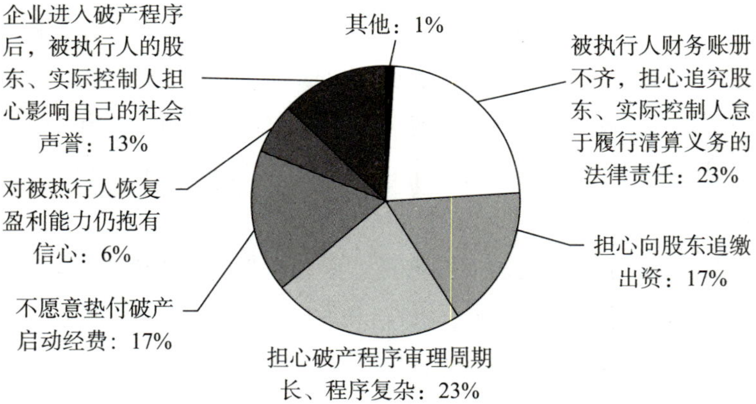

图3 影响被执行人移送破产审查的因素

---

① 图2、图3数据源于广州市中级人民法院中标的最高人民法院调研课题《执行程序与破产程序衔接制度研究》。因破产审理周期长、程序复杂、破产费用高等破产制度方面原因而影响被执行人和申请人执行人移送破产审查占比最大。

1. 破产审判专业水平提高——救治能力具备

自实行破产专业化审判以来，截至2017年年底，全国的清算与破产审判庭，从2015年年初仅5家增加至97家，包括3家高级人民法院、63家中级人民法院、31家基层人民法院。[①] 截至2022年9月，全国共有16家破产法庭，对本区域内破产案件基本实行集中管辖。破产审判专业队伍极大充实，破产审判能力得到实质性提升，人民法院已经具备重整的专业队伍和审理能力。同时，管理人队伍发展壮大。浙江、江西、上海、山东、北京、江苏等省级管理人协会正式成立，长春、东莞、柳州等地市管理人协会数量扩张迅速，全国第一个县级管理人协会也在山东高青县宣告成立。[②] 管理人队伍结构和能力都能够满足重整案件的办理需要。

2. 破产审理周期大大缩短——救治时间缩短

自2016年最高人民法院发布《关于在中级人民法院设立清算与破产审判庭的工作方案》开启破产专业化建设以来，破产审理周期大幅缩短。2017年，全国法院新收企业破产申请审查、破产案件9542件，同比上升68.4%，审结6257件，同比上升73.7%。[③] 以广东地区为例，2016~2018年破产案件年度收案同比增长198.48%、31.64%；年度结案同比增长213.33%、34.8%；破产案破产案件办理大幅提速增效，详见表1。最高人民法院印发《关于推进破产案件依法高效审理的意见》明确要求对于适用快速审理方式的破产案件应当在裁定受理之日

表1 2016~2018年广东省破产案件审理情况

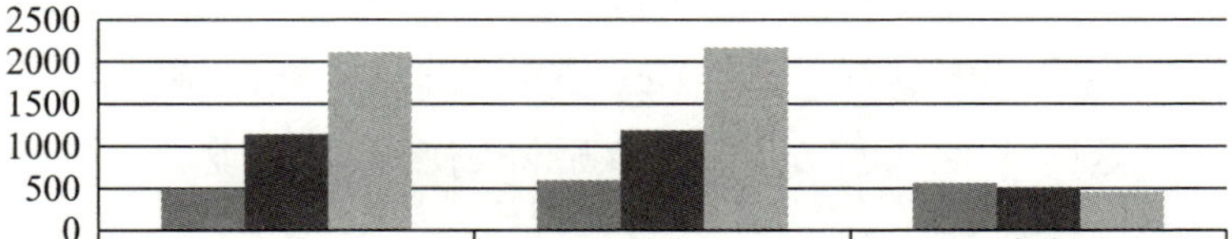

	收案	结案	存案
2016年	498	597	561
2017年	1140	1187	514
2018年	2106	2164	456

---

① 参见最高人民法院2018年3月7日“最高人民法院优化企业破产法治环境、服务经济高质量发展新闻发布会”。

② 参见徐阳光：《中国破产法年度总结(2019)》，载微信公众号“中国破产法论坛”2020年1月1日。

③ 参见最高人民法院2018年3月7日“最高人民法院优化企业破产法治环境、服务经济高质量发展新闻发布会”。

起6个月内审结。多地也出台了快速审理的规范性文件。[①] 破产案件的快速审理,大大降低了破产程序成本,也使债务人和债权人对重整程序产生合理预期。

3. 破产制度平台逐步普及——救治成本降低

随着营商环境建设的深入,破产财产的定向询价、网络询价以及网络拍卖等高效处置破产财产的市场化处置方式逐渐普及。[②] 破产信息化平台从诞生到逐步走向专业化,除最高人民法院破产重整信息网外,全国多地法院建设专门的破产审判信息化平台,甚至破产财产的专门处置平台,[③]这些平台与地区招商部门、银行、金融机构甚至网络供应商合作,依靠其客户和资金资源,实现破产财产精准投放,供需方有效对接,从而提高破产资产配置效率和财产变现溢价率,大大扩宽企业融资渠道,实现债务人财产价值最大化。与此同时,破产费用也得到基本解决。[④]

(三)利益驱动维度——满足现实的回应和需要

1. 基于债权人利益驱动

对债权人而言,破产和重整程序是保证所有债权人参与公平受偿的程序,对于在执行程序当中可能得不到清偿或者清偿率低的普通债权人,重整的受偿率远高于执行程序,这些债权人有动力申请债务人重整。

2. 基本债务人利益驱动

许多企业发生债务危机时宁愿在程序外"垂死挣扎"也不愿意进入破产程序的原因就在于不愿意放弃对企业的控制。债务人自行管理制度是重整制度的真谛所在。[⑤] 首先,相较执行和破产,进入重整程序后债务人仍可享有对企业的经营管理权,这种"以奖代惩"的模式可鼓励和促使债务人企业尽快提出重整申请。

---

① 参见北京、广州、杭州、深圳、石家庄等多地均出台破产案件快速审理的规范性文件。

② 2019年1月~2020年4月广州破产法庭共86件破产案件网拍,一拍成交53件,一拍成交率61.63%。拍卖底价146,892,898.62元,成交价170,778,956.74元,溢价额23,886,058.12元,溢价率16.26%,拍卖成功率为77.91%。

③ 淘宝、京东均有专门的破产资产处置平台,镇江、广州等地建设专门的破产资产处置信息共享平台。

④ 广州市中级人民法院建立了"三位一体"的破产经费保障制度。破产审判较发达地区,如深圳、杭州、温州、江苏等多地破产经费均已得到保障。

⑤ 参见王欣新、许胜峰:《落实全国法院民商事审判工作会议精神　完善重整中的债务人自行管理制度》,载《人民法院报》2019年7月18日,第7版。

其次，重整的启动意味着停息支付、执行中止、保全解除，有效保全企业营运价值，为企业再生赢得空间。[①] 最后，重整程序赋予出资人知情权、参与权和表决权，充分保障出资人权利。如果在执行程序中直接转重整，在企业尚未停止经营的时候及时引进投资人，在保障投资人权益和资金安全的基础上，投资人第一时间对债务人“输血救治”，如此一来，不仅债务人救治率高，投资人也将获得更高的投资回报。

3. 基于执行现实需要

如图 4 所示，从功能价值的维度，执行、破产清算和重整三种制度像是并驾齐驱的三驾马车，承载着各自独有的功能价值，适用于不同情形下的当事人。目前执行难问题的根本原因在于没有厘清三种制度的关系，本应进入重整和破产清算程序的被执行人继续进行执行，造成执行难以结案，大量执行积案难以化解。对诚实而不幸的被执行人应当选择申请重整或者破产清算程序进行保护，[②] 而不是继续执行。从现实功利主义维度，将诚信而有挽救价值的被执行人移送重整，而不再进行财产查控和财产处置，将极大地减少执行工作量，亦同时大大提升执结率，因此，对执行法官而言其有启动执行转重整程序的驱动力。

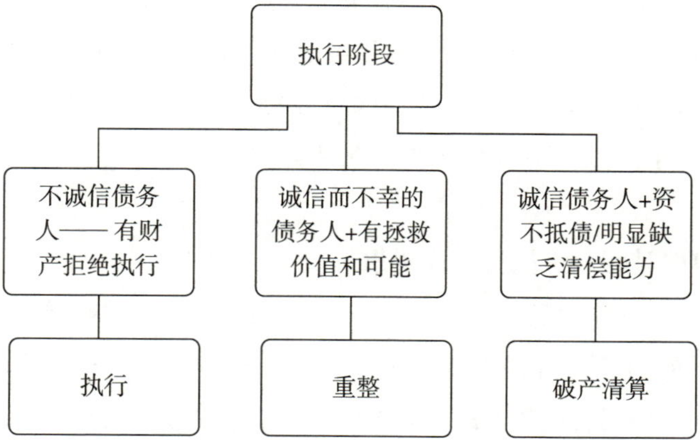

图 4　执行、重整、破产清算三者关系

---

① 参见最高人民法院 2020 年 5 月 15 日发布《关于依法妥善审理涉新冠肺炎疫情民事案件若干问题的指导意见(二)》第 19 条。

② 参见张洋:《与其“跑路”,不如申请破产保护》,载《人民日报》2014 年 4 月 23 日,第 18 版。

三、具体路径探索:在"执转破"基础上的执行转重整

(一)申请路径——以"执转破"为通道

"执转破"程序是执行到达破产的通道,目前这条通道要先经过破产再通往重整,实际上"执转破"这条"主干道"的作用远远没有发挥。这条通道不仅能通往破产清算,重整、和解也是这条通道的出口。随着执行难问题基本解决,以及破产价值取向和立法宗旨的调整,通往重整这个出口的企业将会越来越多。因此,在已有的"执转破"这条"主干道"的基础上,只需要再建设执行转重整的"出口"和"指示牌",对执行转重整的条件和审查标准作出进一步规定,让有重整价值的债务人顺利找到通向重整的道路。

(二)申请事由——进入执行程序视为具备重整原因

如前所述,具备破产原因和有明显丧失清偿能力可能的企业可以进行重整。进入强制执行的被执行人可以被看作已经具备明显丧失清偿能力可能。在重整启动严重不足的现实背景下,对明显丧失清偿能力可能的诚信义务人应当保障和鼓励其申请重整。因进入执行程序已经表明被执行企业出现了经营困境,可以认定被执行企业具备明显丧失清偿能力可能,债权人或债务人可直接在执行阶段提出重整申请,人民法院无须再审查申请人的申请原因。

(三)申请时间——执行阶段提出

执行转重整的制度意义就在于重整时间的提前,即在执行阶段直接引入重整,对企业提前"救治",而不是等到执行不能进入破产时才进行重整。债务人被申请强制执行之日起,权利人即可向人民法院申请对债务人重整。2020 年 5 月 15 日,最高人民法院发布《关于依法妥善审理涉新冠肺炎疫情民事案件若干问题的指导意见(二)》(法发〔2020〕17 号)第 19 条规定,要进一步推进执行与破产程序的衔接,在执行程序中发现被执行人因疫情影响具备破产原因但具有挽救价值的,应当通过释明等方式引导债权人或者被执行人将案件转入破产审查。该条的目的在于在执行中发掘具有挽救价值的企业,引导其进入破产。这一条的规定充分说明执行阶段直接启动破产程序对于挽救企业的重要意义,但是该条

却没有直接指引权利人在执行阶段提出重整，且有误导执行只能转破产而不能转重整之嫌，这是该条意见局限之处。如果能在执行阶段直接移送重整，确定对企业实施救治的审判思路，而不是移送破产先宣告其“死亡”，将直接打消债务人的疑虑，激发债务人积极启动重整的动力。毕竟企业对“救治”的愿望是强烈的而对于“死亡”则是回避的。

（四）申请主体——债权人和债务人皆可申请

《企业破产法》第70条规定，债权人和债务人或出资额占债务人注册资本1/10的出资人可以向人民法院申请重整。出资人作为主体申请重整的条件是破产申请受理之后，在执行程序中出资人不能作为重整申请主体。因此，在现有法律规定的框架下，执行阶段申请重整的主体只能是债务人和债权人。另外，人民法院能否依职权启动执行转重整程序？在“执转破”立法时针对这个问题展开过讨论，建立强制破产或者职权移送破产制度能够更好地实现上述解决执行难与缓解破产启动难的目的。但由于《企业破产法》规定企业法人的破产原则上只能由债权人或债务人申请，该方案受到现行法律的制约。为了恪守《企业破产法》的规定，《最高人民法院关于适用〈中华人民共和国民事诉讼法〉的解释》最终作了目前的程序设计，即规定了先通过征得当事人同意再将执行案件移送破产，来推动符合条件的案件进入破产程序。因破产涉及企业生死攸关的重大问题，因此立法对人民法院作为启动主体持谦抑态度，没有赋予人民法院主动启动“执转破”程序的权利。重整亦关系企业生死存亡，且与债权人、债务人、投资人等多方利益息息相关，因此笔者认为，在现有法律没有明确授权的基础上，人民法院不宜作为主动启动执行转重整程序的主体。虽人民法院不能依职权启动移送重整程序，但人民法院应当在执行阶段摸查、识别符合重整条件的企业，提前发掘和培育重整企业，主动征求债权人和债务人的意见，向其释明重整程序的功能价值以及利害关系，鼓励和引导权利人提出重整申请。

（五）审查标准——挽救价值+挽救可能+困境企业

《全国法院破产审判工作会议纪要》第14条对重整适用的对象作了明确规定，即具有挽救价值和可能的困境企业。第一，重整的对象是困境企业。进入执行程序的没有主动履行债务的企业，应当认为企业出现困境。第二，企业具有挽救的价值。对于拯救价值,美国法学家查尔斯·J.泰步有一个著名的论断:商业重整的理念在于,财产用于生产经营时的价值要高于被废弃出售时的价值。[①] 实践中,对于具有品牌、市场、资产价值,因资金链面临压力、经营不善导致不能清偿债务的企业,应积极引导其适用破产重整程序。[②] 上述品牌、市场和资源等都是拯救价值判断的因素。第三,企业具有挽救的可能。对于拯救可能性的判断,这个可能性是由市场决定的,这种判断属于商业判断。人民法院在审查重整申请时,需根据债务人的资产状况、技术工艺、生产销售、行业前景等因素进行审查识别。[③] 在此基础上人民法院要尊重市场规律,需要对重整企业的行业状况、发展前景、经营管理等方面进行审查,还可以采取征询企业主管部门意见、听取专家行业意见的方式进行综合判断衡量。[④] 综上,技术工艺、行业前景、经营管理状况等都是衡量企业是否具有挽救可能的标准。2020年3月,广州破产法庭出台规范性文件建立执行阶段重整企业识别审查标准:(1)相关当事人有重整或和解的基本意愿;(2)债务人拥有土地、房产等优良资产;(3)困境企业有继续经营的基本生产条件;(4)所在行业属于国家积极鼓励和扶持的行业;(5)造成经营困境的原因主要为融资困难;(6)企业法人及主要高管人员在岗在位;(7)其他具有重整、和解可能的情形。[⑤]

(六)申请材料——经人民法院识别具有重整价值的,申请人无须再提供其具备重整价值和可能性的材料

《企业破产法》中没有对重整申请需要提供的材料进行规定。《全国法院破产审判工作会议纪要》仅规定重整对象是具有挽救价值和可能性的困境企业。为证明企业的挽救价值和可能性,各地法院出台规范性文件对挽救价值和可能性的标准进行细化,如有持续经营能力和盈利能力的证据、债务人认为有挽救希

---

① [美]查尔斯·J.泰步:《美国破产法新论》(下册)(第3版),韩长印、何欢、王之洲译,中国政法大学出版社2017年版,第1130页。

② 参见李冠颖:《清算式破产重整实务相关问题探析》,载《人民法院报》2018年5月16日,第7版。

③ 参见《全国法院破产审判工作会议纪要》第14条。

④ 参见贺小荣、王富博、杜军:《破产管理人与重整制度的探索和完善——〈全国法院破产审判工作会议纪要〉的理解与适用》(上),载《人民司法(应用)》2018年第13期。

⑤ 参见《广州破产法庭关于进一步加强“执转破”工作助力营商环境评价的意见》。

望和价值的证据、重整经营方案、资金筹集方案等。笔者认为,对提起重整的条件立法规定得较破产更为严苛,这与目前的政治经济形势不相适应,与提倡重整挽救的审判理念也不相符合。笔者认为,证明重整价值和可能的材料实践中申请人是难以提供的,因为这涉及专业和商业判断。人民法院可以依据重整识别的标准对申请人进行审查,通过申请人提供的有关债权债务情况、企业经营状况等材料以及执行程序中掌握的债务人财产情况对债务人的重整价值和可能性进行判断。对经过重整识别,符合重整条件的企业,应当降低权利人举证的门槛。人民法院识别审查意见可以作为债务人具有重整可能和价值的证据,权利人无须再提供具有重整价值和可能性的相关材料,从而开放重整大门,使尽可能多的有价值的企业进入重整程序救治。

(七)审查组织——执行和破产审判部门协同配合

"执转破"程序实质上是执行和破产衔接和配合的程序。因同一法院内部执行部门和破产审判部门沟通、协调最顺畅高效,所以,建议执行转重整在同一法院的"执转破"案件中开展试点。首先,执行转重整限于执行法院与受理破产案件法院为同一法院的执行案件。其次,执行部门作为初步审查和移送部门。执行部门较早掌握被执行人情况,而且执行部门可以借助其信息化查控系统整体全面了解被执行人的财产状况。由执行部门先对具有破产重整价值和可能性的被执行人进行筛选和识别,确定具有初步审查价值的被执行人清单。再次,因重整时机对重整成败产生重要影响,对执行转重整案件应当优先于执行转破产案件移送,即建立执行转重整案件移送的绿色通道,目的是对企业及时救治。最后,由破产审判部门按照重整程序对执行部门移送的案件进行全面审查,判断是否受理重整。需要强调的是,执行移送重整案件以受理为原则,不受理为例外。除移送案件存在违法情形、风险隐患等不适宜受理情形或者债务人重整原因和条件消失等特殊情况外,原则上破产审判部门一律予以受理。

破产重整之"二次重整":以赛维两公司破产重整案为视角

毛建平[*]　邹丽龙[**]

一、赛维两公司重整案简介

2016年9月30日,新余市中级人民法院(以下简称新余中院)裁定批准江西赛维LDK太阳能高科技有限公司(以下简称江西赛维)和赛维LDK太阳能高科技(新余)有限公司(以下简称新余赛维,与江西赛维合称赛维两公司)重整计划草案并终止赛维两公司重整程序。该重整计划涉及上市公司定向增发股票募集重整资金,须以行政许可为附加执行条件,在增发方案报请审批期间,2017年2月,中国证监会相继发布《关于修改〈上市公司非公开发行股票实施细则〉的决定》(中国证券监督管理委员会〔2017〕5号)、就并购重组定价等相关事项答记者问等,就上市公司定向增发股票的数量、定增价格进行了严格限定,导致重整计划执行不能。上述情况发生后,全体债权人无一要求终止赛维两公司重整程序或宣告其破产。新余中院据此层报最高人民法院后决定对赛维两公司继续重整。后经重新招募投资人,禾禾能源科技(江

---

* 江西省新余市中级人民法院审判委员会专职委员。
** 江西省新余市中级人民法院办公室副主任。

苏)有限公司等组成的联合体成为赛维两公司新的重整投资人。2018 年 1 月 10 日,新余中院裁定批准了新的重整计划并终止重整程序。目前,赛维两公司生产经营状况稳定,生产工艺稳步提升,产品科研创新步伐加快,原企业职工继续保留就业,取得了良好的法律和社会效果。

二、“二次重整”概述

(一)“二次重整”概念

2017 年 12 月 25 日,全国法院破产审判工作会议在深圳召开。会议对人民法院破产审判涉及的主要问题达成共识,并形成《全国法院破产审判工作会议纪要》(以下简称《破产审判会议纪要》)。《破产审判会议纪要》第 19 条规定了重整计划执行中的变更条件和程序,明确债务人应严格执行重整计划,但因国家政策调整、法律修改变化等特殊情况,导致原重整计划无法执行的,债务人或管理人可以申请变更重整计划一次。此规定是为解决赛维两公司重整案所面临的情况,笔者暂且称为“二次重整”。在此之前,经法院裁定批准的重整计划因国家政策调整、法律修改变化等不可控情况导致不能执行的该如何处理,《中华人民共和国企业破产法》(以下简称《企业破产法》)并无规定,实践中也无先例。有观点认为,关于破产重整计划无法执行情形的处理,《企业破产法》第 93 条已规定明确。

(二)“二次重整”的价值分析

1. 弥补破产重整制度立法系统性的不足

我国现行《企业破产法》参考美国破产法的体系和部分内容,并结合我国国情和法治的实际情况进行了调整、删减和补充,其立法背景还存在应对加入 WTO 完善立法体系之意。我国的破产重整制度仍待完善,例如,法院行使强裁权时尚得不到充分指引;预重整制度尚待建立,以致依照现行破产重整制度一概要求法院在 9 个月的期限内完成对赛维、东北特钢、重庆钢铁等类似大型企业集团破产重整案件的审理显得强人所难;再如,《企业破产法》第 93 条规定对重整计划执行不能情形的应对,尚只是粗略地规定债务人不能执行或者不执行重整计划的,人民法院经管理人或者利害关系人请求,应当裁定终止重整计划的执行,并宣告债务人破产,而忽略了国家政策调整、法律修改变化或者重大不可抗力等特殊情况。

2. 避免破产清算

破产重整程序具有天然不可逆性。困境企业无论规模大小,自法院正式受理破产重整案后,即进入了不可逆的法定程序。其所面临的结局要么破产重整成功,要么破产清算,存在的风险巨大。试想,破产重整程序经法院裁定启动后,通过全体债权人、管理人和法院共同努力,在既定的法律和政策框架内克服万难终于推进到重整计划执行阶段,仅因出现法律修改变化,导致前期所有努力均付诸东流,使企业最终转入破产清算。这样的结局无疑将重整程序本已存在的风险加倍放大,不利于保护全体债权人和债务人的合法利益,有违破产重整程序设立的初衷。通过"二次重整"程序的创设,为存在不可逆风险的破产重整程序加上补丁,有利于避免法律、政策调整等不可控因素变成压死困境企业的"最后一根稻草"现象的发生。

三、"二次重整"立法的相关理论渊源

(一)不可抗力、情势变更理论

重整计划具有合同属性。针对重整计划执行不能情形的应对和解决,可参照民法中的不可抗力和情势变更理论。受立法背景所限,《企业破产法》对重整程序设计时并未考虑不可抗力或者情势变更因素,第93条对重整计划执行不能规定得也较为抽象。为了适应经济形势新发展,使破产审判工作达到法律效果与社会效果的统一,针对重整计划表决或批准以后发生重整计划制定时无法预见的重大变化导致不能实现重整计划目的,管理人或者利害关系人请求人民法院变更重整计划或者终止重整程序并宣告债务人破产时,人民法院应当根据《中华人民共和国民法典》规定的不可抗力或情势变更相关规定,并结合案件的实际情况决定是否准许。

(二)债权人自治理念

当赛维两公司重整程序走到关键的分岔路口时,全体债权人表现得无比团结,并形成一致意见——"重整总比清算好",进而无一债权人或者利害关系人申

请转破产清算。破产程序中的债权人自治,是指全体债权人组成债权人会议或者选任其代表,对破产程序进行中的有关重大事项,发表意见,作出决定,并监督管理人正当履行其职责。① 当债务人无法以其财产偿还全部债务时,必须保证其诚信地以现有财产公平地对待每一个债权人。债权人的本位利益要求吸收全体债权人参加到破产程序中,并以妥善、合理的方式适时消除债权相互间的利益冲突,以实现节省时间和费用之目的,并加速破产程序的推进。破产程序如何最大限度地照顾债权人的清偿利益,事关破产程序维护债权人团体利益的制度目的。因而,破产程序立法对破产程序的设计,无不以保障参加破产程序的多数债权人公平清偿为基本目的。破产程序中的债权人自治,就是实现破产程序公平清偿宗旨的一项基本制度,其不仅给予了债权人维护自己公平清偿利益的机会,更为法院和管理人取得债权人的团结协作而顺利推进破产程序创新创造了条件。

(三)破产拯救理念

企业拯救是现代破产法的重要理念之一。传统意义上的破产,只不过是不同于民事执行制度的司法执行程序,其实质内容是清算债务人财产的制度,可归结为破产清算制度。为克服和避免破产清算制度的弊端,自16世纪后期开始,欧洲的许多国家开始了和解程序的立法。20世纪30年代以来,在和解制度的基础上又产生了重整制度。重整制度着眼于协调社会利益、债务和债权人的共同利益,是破产观念最具现代化的标志。现代重整程序立法目的在于挽救企业于困境,尽可能给予企业复兴的机会,而非完全保护债权人的权益。其立法设计上,首先是为了促使困境企业摆脱财务困境,满足或维持困境企业继续生产经营的资金需要,保持或提高盈利能力,保护职工就业岗位,促使重整成功。其次,可以防止出现企业连锁破产、职工失业以及由此引发的社会不稳定等问题,对我国完善市场经济,维护社会稳定具有重要的现实意义,这也是重整制度向前发展的驱动力。

---

① 参见邹海林、王仲兴:《论破产程序中的债权人自治》,载梁慧星主编:《民商法论丛》第2卷,法律出版社1994年版,第157页。

四、"二次重整"立法应坚持的原则

(一)债权人利益最大化原则

债权人利益最大化原则,又被称为清算价值保障原则,其实质上是将债权人依照重整程序与破产清算程序所能获得的利益分别比较,要求重整程序中的债权人根据重整计划所能获得的清偿利益高于其从破产清算程序中可获得的清偿利益。

透过重整计划无法执行的表象,其本质上还是债权债务关系的化解重新陷入僵局。理论上破解僵局有两种选择:一种是宣告债务人破产,全体债权人就债务人现有资产处置变现后依法分配;另一种则是继续重整,在债务人具有营运价值的前提下,通过使债权人让渡部分利益,帮助债务人重建事业,反过来又使债权人能够获得比破产清算程序更多的利益,从而达到双赢或者多赢。当企业陷入困境,不能清偿到期债务或资不抵债,利益受损最大的往往是债权人。我国《企业破产法》第1条即规定该法以组织清产核资,依法公平清偿债务,保护债务人既存权益为宗旨。保护债权人利益是制定破产法的本意,而实现债权人利益最大化则是推动破产重整制度的设立和完善的初衷。重整程序并不像破产清算程序那样将债务人资产变卖处置后消灭债务人,而是通过重整计划调整债务人与全体债权人的债权债务关系,维持债务人的继续营业,并以债务人的继续营业所得来满足债权人的利益。这种破产处理方式突破了以往破产法只注重债权人的公平受偿的单一思维,力求保留债务人的营运价值,凸显了对债务人的经济再生的关注,因而被认为是"破产程序现代化的标志"。① 设立"二次重整"制度亦应遵循该本意。"二次重整"程序启动后,债务人继续营业使其实质上本属于债权的财产价值处于变动之中,且债权的清偿比例亦由债务人(或者重整投资人)与债权人集体协商确定,因而情况要复杂许多。因此,创设或启用"二次重整"首先应严格遵守债权利益最大化原则,确保各利害关系人特别是持反对意见的利害关系人通过"二次重整"程序所能获得的清偿价值,不低于按照破产清算程序的分配基准给予的清偿价值。

---

① 参见李永军、王欣新、邹海林:《破产法》,中国政法大学出版社2009年版,第184页。

(二)重整计划可行性原则

可行性原则,是指在“二次重整”中债务人或管理人制定的“二次重整”计划草案所规定的债权清偿方案和经营计划客观上具有实施可能性,最终能使困境企业恢复到有偿付能力的状态。强调“二次重整”的可行性,旨在排除那些不切实际、不具有可操作性的“二次重整”计划草案,防止“二次重整”程序滥用,造成债权人利益损害的进一步扩大。结合重整制度的价值目标和重整计划的功能定位,“二次重整”计划可行性的价值内涵主要包括公平性、程序性和科学性三个方面。[①] 唯有满足“公平性”“程序性”“科学性”的“二次重整”计划草案,我们才能判定其具有可行性;否则,或者有违实体正义,或者违背程序正义,或者背离自然正义,终究为不具有“可行性”的“二次重整”计划草案。一般认为,可行性的判断往往涉及两方面:一是合法性判断,指“二次重整”计划草案涉及的对公司资产状况核查评估、债权债务分类受偿、出资人权益的调整及限制等内容应当符合破产法等法律相关规定。二是商业可行性判断,即“二次重整”计划实施的结果能否实现破产财产价值最大化。

(三)保护社会公共利益原则

破产程序涉及的参与主体众多,其对社会公共利益的保护一方面体现在处于中立立场的法院和法律赋权的管理人对整个破产程序的主导和监督,另一方面体现在通过国家公权力介入对各类主体,特别是债务人和债权人利益关系的相互协调和平衡上,比如,重整制度设计允许法院在部分利害关系人反对的情况下强制批准重整计划;和解制度设计当事人达成的和解程序,须经法院许可后生效等。传统的破产法以债权人利益最大化为目标,鉴于债务人破产对社会利益的牵动和影响,破产法律制度立法理念逐渐演变成重视对债务人的利益保护和市场复兴。从破产清算发展成破产预防再到破产拯救,显示了其立法本位经历了以债权人本位——债权人与债务人的利益平衡本位——社会公共利益本位的发展过程。其中“债务人”是这个发展过程中的突破口和关键,是平衡和实现公共利益的重要开端。通过破产法制度设计创新,创设破产重整和破产和解制度,

---

① 参见赵泓任:《企业破产重整计划可行性的法律分析》,载《法学杂志》2010 年第 6 期。

适当扩大债务人利益,给予债务人削债减压后重新回到市场的机会,进而实现债权人和相关社会主体利益的扩大,同时有利于社会秩序稳定,符合实现社会公共利益的价值取向。在现代社会中,部分企业尤其是涉及公用企业、金融企业、超大型企业的破产,其债务清偿有时可能影响他人利益乃至社会整体利益,产生严重的失业等社会问题。因此,完善《企业破产法》立法设计,如对破产重整之“二次重整”立法目标、内容、制度设计等的规定必须坚持保护公共利益原则,遵循破产法立法宗旨演变的规律,坚持从社会本位角度维护社会整体利益,才能完成现代破产法的历史使命。

五、完善“二次重整”立法的建议

我国《企业破产法》尚未确立“二次重整”制度,为挽救赛维两公司,实现对债权人和社会公共利益保护最大化,新余中院进行了大量有益探索,但因立法缺失存在潜在风险,亟待立法规制。“二次重整”制度的构建应进一步根植于本国土壤和新时代大经济环境,从实际出发,为此笔者提出如下建议。

(一)建立企业重整价值识别机制

“二次重整”程序作为重整程序的特别程序,对其启用应慎之又慎。“二次重整”制度的创设初衷就是给予真正具有重整价值的困境企业再生机会。因此,如何准确判断困境企业是否具有重整价值,防止已丧失运营价值的企业借重整制度再度潜入市场就显得尤为重要。最高人民法院2009年发布的《关于正确审理企业破产案件为维护市场经济秩序提供司法保障若干问题的意见》中第3条指出“对于虽然已经出现破产原因或者有明显丧失清偿能力可能,但符合国家产业结构调整政策、仍具发展前景的企业,人民法院要充分发挥破产重整和破产和解程序的作用,对其进行积极有效的挽救”。因此,具有较好的发展前景或者符合国家产业结构调整政策,既是一个企业得以生存发展的基石,也是判断该企业具备重整可能性的一个重要因素。《破产审判会议纪要》第14条为重整价值判断定了两个标准:一是困境企业是否有必要挽救,以及挽救的成本和收益之间的比例,即重整价值标准;二是拯救困境企业的可能性,即重整可能性标准。上述重要文件的出台实际已为企业重整价值识别标准进行了定义。

实践操作中,鉴于法官专业的局限性,建议对企业重整价值判断采用"间接判断"方式进行。先由重整企业法律、财务和行业方面的权威专业人士或者机构出具书面意见;对重整价值认定意见分歧较大的或者利害关系人对此存在重大争议的,法院应依利害关系人申请或者依职权召开听证会以充分听取各方意见。后由承办法官综合各方意见,就重整企业是否具有可行性作出判断,并在批准"二次重整"计划裁判中就相关依据作充分说明。

(二)赋予债权人"二次重整"程序自决效力

"二次重整"程序作为重整程序的特别程序,往往以债权人更大的妥协让步为代价。同时,各方当事人对挽救困境企业的意愿程度,又将严重影响困境企业"二次重整程序"能否顺利进行。因此,对"二次重整"制度的程序设计应更加注重对债权人利益的保护,特别是对其程序性权利的保护。笔者建议设计"二次重整"程序时,就"二次重整"的启动条件,建议采取列举加兜底的方式予以明确,如规定因情势变更、国家政策调整、法律修改变化等不可控因素导致原重整计划不能执行可以重整一次。同时,对"二次重整"程序启动决策上赋予债权人更多的自决力,法院在其过程中只能释明或引导各方当事人选择"二次重整"程序来拯救当前的困境企业。如在赛维两公司"二次重整"抉择时,新余中院责令管理人毫无保留地向所有债权人送达书面告知函,主要内容包括:(1)通报平煤神马集团和易成新能因上市公司再融资新规的影响退出重整,赛维两公司原重整计划执行不能;(2)管理人就调整重整计划执行事宜与平煤神马集团和易成新能多次磋商,但截至2017年3月31日无实质进展;(3)因市场因素,赛维两公司自2017年1月份以来,生产经营状况严重恶化,开始出现负向现金流;(4)债权人可根据《企业破产法》第93条规定向人民法院申请终止重整计划执行,宣告赛维两公司破产。告知函发出后,无一债权人向法院申请赛维两公司破产清算。此后,管理人先后两次召开债权人委员会和主要债权人联席会议,进一步研判形势商讨对策,与会债权人最终达成"重整比清算好"的共识,谋求赛维两公司继续重整。

事实证明,正是因为在赛维两公司"二次重整"程序启动决策上充分尊重债权人权利自决,最后在赛维两公司"二次重整"过程中及计划草案交债权人会议表决时,相关工作开展才相对顺利。①

(三)合理设置"二次重整"计划草案表决和批准程序

"二次重整"仍然是重整程序,其诱因是经债权人会议表决或者法院裁定批准的重整计划执行不能。基于困境企业仍然具有重整价值,故在债权人自决同意的基础上再给予其一次再生的机会。鉴于"二次重整"对充分发挥重整制度价值的重大意义以及大型、复杂企业破产重整实践的现实需要,同时考虑债权人在"二次重整"程序中所作出的让步,笔者建议在修改现行《企业破产法》时,就"二次重整"计划草案表决和批准程序设计时应当遵循当事人意思自治原则、重整计划可行性原则和保护社会公共利益原则,充分保护持反对意见的利害关系人权益,着重构建"二次重整"计划合法性标准、可行性标准和重整利害关系人及社会利益最大化标准。具体可参照《破产审判会议纪要》第20条对重整计划变更后的重新表决与裁定批准的规定,即人民法院裁定同意变更重整计划的,债务人或者管理人应当在6个月内提出新的重整计划。变更后的重整计划应提交因重整计划变更而遭受不利影响的债权人组和出资人组进行表决。表决、申请人民法院批准以及人民法院裁定是否批准的程序与原重整计划的相同。

---

① 2017年12月29日,赛维两公司和管理人提请债权人会议表决两公司整体重整计划草案,并向各与会债权人按有财产担保债权组、职工债权组、税款债组、普通债权组及出资人分类发放表决票,表决结果如下:(1)有财产担保债权组共收有效票8张、其中赞成票6张,赞成人数占本组比例为75%,占本组债权额比例为89.33%;(2)职工债权组共收有效票3张,其中赞成票3张,赞成人数占本组比例为100%,占本组债权额100%;(3)税款债权组共收有效票3张,其中赞成票3张,赞成人数占本组比例为100%,占本组债权额比例为100%;(4)普通债权组共收有效票475张,其中赞成票438张,赞成人数占本组比例为90.12%,占本组债权额比例为93.47%;出资人组共收有效票2张,赞成票2张。本次各组投赞成票人数过半并且其所代表债权额均超过了所在债权组债权总额的2/3,达到了《企业破产法》规定的重整计划草案通过条件。

五、破产法的适用范围

非企业法人破产论纲

王艳华*

《中华人民共和国企业破产法》(以下简称《企业破产法》)适用于企业法人,虽然《企业破产法》第135条将其扩充到企业法人以外的其他组织,但是,该法主要提供企业法人破产规则。《中华人民共和国民法典》(以下简称《民法典》)关于民事主体实行三分法:自然人、法人、非法人组织。与此对应,《企业破产法》仅适用于法人中的营利法人,除此之外的民事主体,缺乏相应的破产规则。

《企业破产法》适用主体的单一性与《民法典》主体的多元化形成鲜明对比。早在原《民法总则》颁布之时,就有学者指出:"《民法总则》对民事主体的重新划分既是对破产法单一适用的挑战,又是破产法革新的灯塔,为其指明发展的方向。"①就破产法的角度而言,可以根据《民法典》将破产主体分为:自然人破产、法人破产与非法人组织破产。关于法人破产,分为营利法人破产、非营利法人破产、特殊法人破产。破产法规定了营利法人破产,没有规定非营利法人破产、特殊法人破产;也没有规定自然人破产,非法人组织破产。从破产法完善的角度,

---

* 郑州大学法学院副教授。

① 刘冰:《〈民法总则〉视角下破产法的革新》,载《法商研究》2018年第5期。

需要探讨企业法人以外的所有民事主体的破产问题。

一、非企业法人破产与破产法完善路径选择的关系

破产法如果实现与《民法典》的对接,实现一般人破产主义,需要从两个路径完善破产法:一是制定个人破产。在自然人破产制度基础上构建非法人组织破产;二是研究法人制度中的非企业法人的破产类型,即研究非营利法人破产、特别法人破产制度,完善法人破产制度。

(一)在自然人破产制度基础上构建非法人组织破产

之所以将自然人破产与非法人组织破产列入同一类型,是因为自然人与非法人组织在债务承担以及破产规则方面具有同质性,以及该类主体破产与法人破产在研究旨趣方面存在不同。

首先,自然人与非法人组织债务承担的同质性。《民法典》分为3种主体,自然人、法人、非法人组织;三者作为独立的民事主体,独立对外承担责任。但是,法人与非法人组织的区别,在于成员对其组织承担的责任不同。法人的成员承担有限责任;非法人组织的成员对组织的债务承担无限责任。如果非法人组织的成员是自然人,则非法人组织的债务实质是自然人的债务。因此,非法人组织和自然人虽然不是同一类型的民事主体,但是,在债务承担方面,都是自然人承担无限连带责任。换言之,自然人与非法人组织的债务承担没有本质的区别。相对"有限责任"意义上的法人而言,自然人和非法人组织都是"无限责任"意义上的民事主体。①

其次,自然人与非法人组织破产规则的同质性。自然人破产与非法人破产具有同质性,即债务最终由无限责任主体承担。破产是通过法律解决债务问题。法人破产,投资人受有限责任保护,法人债务不会涉及投资人个人财产。自然人破产,除非破产免责,自然人对其债务承担无限连带责任;非法人组织的投资人对组织的债务承担无限连带责任。非法人组织破产既包含组织破产,也包含其

① 之所以称为"有限责任"意义上的法人,并非说法人是有限责任主体,法人的本质是独立承担责任,所谓有限责任,是法人成员的有限责任;之所以称为"无限责任"意义上的非法人组织,是指非法人组织中包含承担无限责任的主体,当然,有限合伙中还包含承担有限责任的合伙人。

投资人的个人破产,非法人组织债务的彻底解决,最终落脚到个人破产制度。

现行《企业破产法》的司法解释,体现了非企业法人破产与个人破产的相关性。关于自然人破产,我国现行《企业破产法》不承认自然人破产。关于非法人组织破产,相关司法解释规定个人独资企业可以破产清算;①《中华人民共和国合伙企业法》规定合伙企业也可以破产清算。② 但是,无论是个人独资企业破产,还是合伙企业破产,非法人组织破产清算后的组织的债务,由承担无限连带责任的投资人承担。

因此,《民法典》中规定的 3 种主体破产,可以分为两种类型:第一种类型是法人破产;第二种类型是自然人破产与非法人组织破产。两种类型区分的标准在于债务责任的承担方式。法人制度以有限责任为原则,投资人对组织承担有限责任。自然人对其债务承担无限责任,非法人组织的创设人也对组织债务承担无限连带责任。非法人组织破产,最终要通过自然人破产彻底解决债务问题。

(二)研究非企业法人破产的意义

非企业法人的破产类型,包括非营利法人破产和特别法人破产。研究非企业法人破产的意义如下:

第一,解决非企业法人的债务危机,促进社会安定。通过非企业法人破产问题的研究,为这些民事主体的债务危机提供适应其特点的法律制度,处理债权人之间的索债竞争,对破产相关的后续法律关系进行梳理,发挥破产法律制度处理债务以及维持社会秩序的功能。

第二,论证不同主体适用破产法的独特性,为统一破产法的制定奠定理论基础。我国《企业破产法》的适用范围有限,被称为“半部破产法”。通过非企业法人破产问题的研究,提供适用非企业法人破产的独特规则,处理其与企业破产的

---

① 参见《最高人民法院关于个人独资企业清算是否可以参照适用企业破产法规定的破产清算程序的批复》(2012 年 12 月 10 日最高人民法院审判委员会第 1563 次会议通过):“根据《中华人民共和国企业破产法》第一百三十五条的规定,在个人独资企业不能清偿到期债务,并且资产不足以清偿全部债务或者明显缺乏清偿能力的情况下,可以参照适用企业破产法规定的破产清算程序进行清算。根据《中华人民共和国个人独资企业法》第三十一条的规定,人民法院参照适用破产清算程序裁定终结个人独资企业的清算程序后,个人独资企业的债权人仍然可以就其未获清偿的部分向投资人主张权利。”

② 参见《中华人民共和国合伙企业法》第 92 条。

法律规则之间的关系,推动破产法适用范围的扩大,最终实现破产法适用于全体民事主体的目的。

第三,为《民法典》法人清算制度的实施提供破产法学方面的理论支持。《民法典》规定法人破产宣告进行清算,是法人终止的情形之一(《民法典》第68条)。根据《民法典》的规定,所有法人都具有破产能力;但是,我国《企业破产法》主要适用于企业法人破产(《企业破产法》第2条),非企业法人破产清算参照适用《企业破产法》(第135条)。由于非企业法人破产清算具有不同于企业法人的独特性,目前的法律并没有针对破产清算独特性提供相应的独特性规则。在企业破产制度的基础上,研究非企业法人破产问题,为《民法典》法人破产清算的实施提供制度支持。

民事主体(非营利性主体)与商事主体(营利性主体)债务危机处理的法律制度存在区别与联系。通过非企业法人破产问题的研究,探讨民事主体、债权、物权以及民事责任等制度与破产法之间的关系,为《民法典》的实施提供破产法学方面的理论支持。

二、非企业法人破产的必要性和可行性

关于非企业法人破产问题主要有两个:一是能否破产问题,二是如何破产问题。其中,"能否破产"问题是前提,在该问题解决之后,才有可能探讨"如何破产"的问题。

(一)非企业法人破产的必要性

1. 非企业法人债务问题有必要通过破产方式解决

破产法是解决债务危机的法律制度。有债务危机,就必然有破产法的适用。反对非企业法人破产的理由之一,认为非企业法人不是商事主体,不可能像企业那样产生大量的债权债务关系,因而没有必要适用破产法。但是,非企业法人自身活动会产生大量债权债务关系。非企业法人债务关系的发生依据有:

(1)直接实现法人目的而产生的债务关系

非企业法人的类型很多,为实现法人目的,会产生大量债务关系。

第一,非营利法人之公益活动产生债务关系。事业单位法人、社会服务机构

是运作型财团法人,与社会团体法人一样,在教育、科学、卫生、文化等多个社会领域开展活动。非营利法人开展公益活动中,收取费用、租用场地、聘任人员等,都有可能产生债务关系。

第二,特别法人基于法人的特定目的产生债务关系。特别法人为实现法人特定目的,有可能产生债务关系。如地方政府为地方城镇建设而发行政府债;农村集体经济组织、城镇经济合作组织,通过合同形式开展生产经营活动;基层群众性自治组织法人基于其职能的行使,也会发生大量的债权债务关系。

(2)间接实现法人目的而产生的债务关系

间接实现法人目的而产生的债务关系,主要是指非企业法人的商事化而产生的债务关系。

第一,非企业法人的商事化。非企业法人深受商事环境的影响,商事色彩加重。非企业法人利润所得不能分配,但是,并不是说非营利法人禁止从事商行为。非企业法人作为社会组织体的构成部分,在现代商业社会中,不可能完全脱离商业环境。伴随商业化的影响,非企业法人的商事色彩加重。

第二,非企业法人的商事活动与公益目的相关。为保障非企业法人公益目标的实现,非企业法人通过商事行为实现资产的保值增值。如基金会投资非但不是法律所禁止,反而是法律要求基金会必须承担的责任,而且,如果基金会的商业运作行为不当,可能导致基金会本金缩水,基金会同样难逃终止的命运。

当然,非企业法人的商事化不同于企业法人:非企业法人的收入不能分配,必须用于公益目的;非企业法人的商事活动与其公益活动或目的具有相关性;非企业法人的商事活动受到严格监督等。

总之,非企业法人为实现法人目的而从事的公益活动和商事活动,都会产生大量的债权债务关系。如果非企业法人陷入债务危机,债务人面临债权人的集体追索,债权人之间也产生索债竞争,债务关系恶化,需要通过破产制度化解债务危机。

2. 有助于非企业法人民事主体制度的完善

《民法典》规定了非营利法人、特别法人的具体类型,但是,民法是一般法,民事主体具体法律制度需要细化。其中,破产问题是民事主体制度的构成部分。非企业法人破产法律制度,有助于该类法人民事主体制度的完善。例如:事业单位破产,有助于完善事业单位退出制度;建立社会组织破产退出机制,促进公益事业发展;农村集体经济组织破产推动其市场化改革等。

(二)非企业法人破产的可行性

1. 非企业法人破产的法律依据

(1)《民法典》承认非企业法人具有破产资格

《民法典》并没有关于非企业法人具有破产资格的文字表述;但是,运用体系解释的方法,可以得出结论:《民法典》承认非企业法人具有破产资格。《民法典》第一编第三章"法人"的第一节"一般规定",其中,第 68 条规定:"有下列原因之一并依法完成清算、注销登记的,法人终止:(一)法人解散;(二)法人被宣告破产;(三)法律规定的其他原因。法人终止,法律、行政法规规定须经有关机关批准的,依照其规定。"第 73 条规定:"法人被宣告破产的,依法进行破产清算并完成法人注销登记时,法人终止。"根据《民法典》的规定,法人具有破产能力。《民法典》第一编第三章第三节"非营利法人",第四节"特别法人",二者作为法人的类型,遵守法人的"一般规定"。根据法人的"一般规定",所有法人具有破产资格,据此可以推断,营利法人与非营利法人、特别法人都具有破产资格。因此,通过体系的解释方法,可以得出非企业法人具有破产资格的结论。

(2)《企业破产法》第 135 条的重新解释

《企业破产法》第 135 条规定:"其他法律规定企业法人以外的组织的清算,属于破产清算的,参照适用本法规定的程序。"关于非营利法人和特别法人是否属于"其他法律规定"的非企业组织,还要参照所谓"其他法律"的规定。然而,在《民法典》颁布前,并没有其他法律明确赋予社会服务机构破产的法律资格。但是《民法典》颁布后,既然该法承认了非企业法人的破产资格,则根据《企业破产法》第 135 条的规定,非企业法人属于"其他法律规定的非企业组织",具有破产的资格。

(3)其他单行法承认部分行业的非企业法人具有破产的资格

《中华人民共和国农民专业合作社法》(以下简称《农民专业合作社法》)明确规定了合作社的破产资格。[①]《中华人民共和国民办教育促进法》(以下简称《民办教育促进法》)承认民办教育类非营利法人具有破产资格。根据《民办教

---

① 《企业破产法》2006 年 8 月 27 日颁布;《农民专业合作社法》2006 年 10 月 31 日颁布。

育促进法》的规定,民办学校终止的原因之一是“因资不抵债无法继续办学的”①。资不抵债是破产原因,即民办学校具备破产原因时可以终止。另根据《民办教育促进法》的规定,民办学校终止时应进行清算,“因资不抵债无法继续办学而被终止的,由人民法院组织清算”②。所谓具备资不抵债后由法院组织清算,其实质是司法介入的破产清算程序。《民办教育促进法》虽然没有出现民办学校“破产”的文字表述,但是,从其规定可以看出,该法规定了民办学校的破产原因,以及司法清理债务的程序,其实质是民办学校破产的规定。民办学校破产的规定,既适用于营利性民办学校,也适用于非营利民办学校。

2. 非企业法人破产的司法态度的转变

非企业法人从事多种公益事业,司法实践部门对部分行业(主要是民办学校)的非企业法人能否破产的态度发生变化,允许民办学校类的非企业法人破产。从司法实践可以看出,法院对民办学校类的社会服务机构的破产申请予以受理,法院的破产立案的依据是《民办教育促进法》(第56条、第58条)和《企业破产法》(第135条)的规定。成文法系国家的法官,主要是适用和解释法律。由于民办学校破产有明确的法律依据,因此,司法部门对其破产资格的肯定,实质是对成文法的适用。但是,其他行业的非企业法人能否破产,依然处于不明确的状态。以民办学校类非企业法人为突破点,其破产案件对其他行业的非企业法人破产具有示范作用。

3. 破产方式的多样化为非企业法人破产提供了更广阔的选择空间

根据《企业破产法》的规定,破产的方式主要有3种:破产重整、破产和解、破产清算。非企业法人原则上同样可以选择适用这3种破产程序。通过破产重整,非企业法人不但可以清理债务,而且可以维持其人格存续,保障其公益职能的正常行使。通过破产和解,非企业法人可以降低破产成本,提高债权的受偿比例。通过破产清算,非企业法人可以彻底解决债务问题,清算程序结束后注销登记。除此之外,非企业法人还可以采用预重整的方式,将司法外拯救和司法拯救

---

① 《民办教育促进法》第56条规定:“民办学校有下列情形之一的,应当终止:(一)根据学校章程规定要求终止,并经审批机关批准的;(二)被吊销办学许可证的;(三)因资不抵债无法继续办学的。”

② 《民办教育促进法》第58条规定:“民办学校终止时,应当依法进行财务清算。民办学校自己要求终止的,由民办学校组织清算;被审批机关依法撤销的,由审批机关组织清算;因资不抵债无法继续办学而被终止的,由人民法院组织清算。”

相结合,在尊重意思自治的基础上结合司法强制力保障债务的清偿以及主体的存续。《企业破产法》实践中的其他做法也可适用于非企业法人破产。如合并破产、破产财产的网络拍卖、破产审判的信息化、政府与法院在破产中的“府院联动机制”等,都可以为非企业法人破产所借鉴。

综上,《民法典》颁布后,为非企业法人破产明确了法律依据,非企业法人破产的司法态度的转变以及《企业破产法》的司法实践经验为非企业法人破产提供了司法保障,非企业法人破产具备了可行性的条件。

三、非企业法人破产的原则

企业法人的破产原则,是指导非企业法人破产的方向性的、纲领性的规则。非企业法人破产体系是一个金字塔式的结构,由破产概念、破产规则、破产制度、破产原则构成。其中,位于金字塔顶端的是破产原则。破产原则虽然抽象,但是却能为整个破产法律体系提供指引。具体到非企业法人破产,由于目前没有具体的破产规范,所以从抽象的、应然的角度探讨其破产原则,不但可以理解非企业法人破产的特殊性,而且可以为其破产制度构建提供方向性的引导。

(一)非企业法人分类破产原则

1. 分类破产的原则的含义

非企业法人分类破产的原则,是指将非企业法人按照一定的标准分类,从中提炼每一类型的非企业法人的特点,针对其破产特点制定解决其破产特殊问题的具有个性化特征的破产规则。

2. 分类破产原则的意义

(1)分类破产有利于提升非企业法人破产制度的适用性

破产制度是公共产品的供给者,其功能是否发挥在于其能否满足产品适用者的需求。非营利法人类型的多样使其对破产规则具有个性化需求。通过分类破产,有助于不同类型债务人的债务危机的高效解决,满足债务人个性化破产需求。在非企业法人破产时,制定适应其特点的破产方案,使非企业法人破产制度具有针对性和适应性,有利于非企业法人破产制度的推广。如果不对非企业法人破产进行类型划分,可能导致破产的负面效应扩大,影响非企业法人破产制度的实施,甚至阻碍非企业法人的破产进程。

(2)分类破产可以节约司法资源

非企业法人分类破产,可以有效地实行破产案件的分流,节约司法资源。具体体现为以下几点:其一,在破产申请审查阶段,适用有针对性的审查标准,便于对非企业法人破产案件类型的甄别。其二,在破产程序进行阶段,不同类型的非企业法人,选择适用不同的破产程序。其三,在破产财产处置和破产债权清偿方面,针对不同类型非企业法人进行类别处理,提高破产的效能。

(3)分类破产可以提升社会效用

非企业法人分类破产,有助于化解债权人债务人之间的矛盾,尽量满足不同类型债权人的需求。债权债务关系的解决将产生其他社会作用,如优化公益资源,优胜劣汰,提升破产制度的社会功能。需要说明的是,非企业法人破产制度的社会效益是破产制度的派生功能,其根本功能是债务关系的解决。因此,分类破产最主要的效用是债务关系的有针对性的解决,从而在此基础上产生了社会辐射作用。

(二)非企业法人破产利益平衡原则

1. 利益平衡原则的含义

利益平衡是法律的基本原则,体现法律的公平正义。非企业法人破产中的利益平衡,是指在非企业法人破产法律关系的处理中,关注不同主体的利益诉求,适当配置法律资源,既恰当保护各方主体利益,又不至于损害其他主体的利益,实现法益的平衡。

2. 利益平衡原则在非企业法人破产中的体现

由于非企业法人破产中的各种利益主体的诉求不同,彼此之间可能产生冲突。在资源有限的情况下,部分主体之间的利益此消彼长,通过各方自治很难协调彼此之间的关系。因此,在司法干预的情况下,以各自的权利的实体法为基础,结合破产特殊情况进行利益协调。

(1)绝对顺位规则

破产法关于权利的实现顺序有明确的次序要求,即债权优先于股权,优先性债权优先于普通债权,普通债权优先于劣后债权。非企业法人破产各种主体的权利实现,主要遵从其权利产生的实体法基础。优先性债权必须有明确的法理基础和实体法的规定。优先权的行使应有范围的限度,优先性债权的请求权优先,其他相应的表决权应作相应限制或调整。

(2)特殊主体保护与破产平等保护协调

不同类型的非企业法人破产中,有一些特殊主体需要保护。

第一,受益人债权是优先债权。所谓受益人,是指非企业法人基于公益职能的行使,接受其提供的公益服务的主体。不同行业的受益人种类不同。如学校破产,学生是受益人;医院破产,患者是受益人等。明确受益人债权是第一顺位的优先债权人。这种清偿顺位的安排明显不同于企业破产。企业破产后,第一顺位的破产债权人是职工债权;但是,在非企业法人破产程序中,受益人债权是第一顺位债权人,职工债权是第二顺位债权人。

第二,社员利益的破产保护。我国《农民专业合作社法》对农民专业合作社破产有一些特殊规定,对社员利益予以破产保护。但是,应明确社员惠顾优先权的范围,并对其相应表决权予以限制。在合作社破产程序中,既要遵守特殊规则,又应注意特殊规则与破产法原理的协调。

(三)价值判断与逻辑推演相统一的原则

1. 价值判断与逻辑推演的关系

价值判断与逻辑推演的关系,其实质是经验和逻辑的关系。法律的生命是经验,而不是逻辑。但是,经验的形成,不能忽视逻辑的作用。经验定位逻辑推演的路径,逻辑推演检验经验是否合理。经验对逻辑推演提出挑战,逻辑推演也矫正经验的过度张狂,逻辑和经验相辅相成。价值判断与逻辑推演的统一,其意义在于:保障裁判尺度的统一,避免同案不同判现象;维护法律权威,保护当事人的合理信赖。

2. 非企业法人破产适用价值与逻辑统一原则的原因

(1)非企业法人破产没有统一的法律规范,非企业法人破产法律规范的适用需要价值和逻辑的结合

首先,通过价值判断和逻辑推演结合,选择非企业法人破产的一般性规范。非企业法人破产适用企业破产的规定。但是,基于非企业法人与企业的区别,企业一般性破产规定适用非企业法人破产,有些企业特有的破产规范并不适用非企业法人破产的实践。至于哪些是破产一般规范参照适用,哪些是企业破产特

有规范排除适用，需要判断和甄别。在甄别过程中，以破产的价值为基础进行选择，进行逻辑推理的验证。

其次，通过价值判断和逻辑推演结合，提炼非企业法人破产的特殊性规范。非企业法人破产有其特殊规范。这些特殊规范体现了非企业法人破产特殊的价值追求，但是其是否经得起逻辑检验需要论证。在逻辑验证的过程中，对非企业法人破产特殊规范进行验证，并对其不符合逻辑之处进行适当限制，实现逻辑和价值的统一。

（2）非企业法人破产相关法律政策的不确定性

我国非企业法人制度与社会组织管理制度、税收制度、土地制度密切相关，例如：事业单位破产伴随事业单位改革；地方政府债务危机与财税制度相关；农村集体经济组织破产、农民专业合作社破产，涉及农民基本法律关系的调整。但是，有关法律政策处于改革之中尚未最终形成，非企业法人破产处理相关问题缺乏明确的法律依据。在非企业法人破产司法实践中，需要经验的积累。个案中的经验，如果能够获得理论逻辑推理的支撑，则经验具有可复制性，能够为将来法律的制定提供可参考的规则。通过价值判断和逻辑推演的结合，克服非企业法人破产相关法律政策的不确定性带来的困难，实现非企业法人破产公平偿债的目的。

非营利性民办学校破产重整实务探究

莫　然*

自轰动一时的“中国民办教育破产第一案”——遵义中山中学破产案后，民办学校就极少出现适用破产程序退出市场的情况。笔者在最高人民法院破产重整信息平台以“学校”为关键字搜索，所获得的对应破产审查文书仅有24份，与现时差不多20万所民办学校的庞大保有量对比极为不正常，笔者于本文就其中较为突出的非营利性民办学校破产重整相关问题提出见解，并尝试指出有效解决之途径。

一、研讨的前提：非营利性民办学校可以适用破产重整程序

本文所讨论的非营利性民办学校主要是指按《中华人民共和国民办教育促进法》（以下简称《民办教育促进法》）规定开办的各类非营利性法人（不以营利为目的的九年义务教育制学校、高等教育学校、公办教育机构等），故以公司企业名义开办的各类学校，以及形式上为营利性质的民办学校（如面向公众的非垄断性职业培训学校、

* 广东省东莞市第一人民法院民五庭副庭长。

学前教育机构等),均不在本文所探讨的"非营利性民办学校"概念范围之内。本文所称"学校",除非特别说明,否则均指非营利性民办学校。

(一)基本共识:民办学校具有破产能力

本文讨论的是非营利性民办学校的破产重整适用,故首先应予以明确的前提条件系其具有破产能力:(1)营利性学校与非营利性学校均系法人类型主体,均具有独立财产权和独立法人人格,法人类型主体当然具有破产清算能力;(2)2010年《最高人民法院关于对因资不抵债无法继续办学被终止的民办学校如何组织清算问题的批复》中明确了人民法院在组织民办学校因资不抵债无法继续办学进行清算时,参照适用《中华人民共和国企业破产法》(以下简称《企业破产法》)规定的程序;(3)学校破产在破产程序适用问题上有着与企业破产的相通之处,故在不违反特别法相关规定的情况下参照适用《企业破产法》的实体法律规定,既符合立法精神,也体现了一般破产主义的破产法发展趋势。①

(二)解读纠正:启动学校破产程序的法律问题

有学者认为,民办学校的终止必须经审批机关批准,审批机关的终止决定是民办学校申请破产清算的前置程序。② 又有学者认为,民办学校终止需要完成前置程序,包括依法完成清算和依法注销登记。③ 但笔者认为,解读不能局限于上述司法解释和《民办教育促进法》法规字眼表面文义的理解。根据《民办教育促进法》第58条可知,"终止"对民办学校所引发的法律后果系相关清算义务人开始启动清算程序。通过法院走破产程序只是"终止"所引发的其中数种可能后果之一,故"终止"不能当然理解为启动破产清算的必备条件,更不能理解为学校进入破产的唯一条件,而仅应作为学校进入某一法定状态的事实描述。《民办教育促进法》中的"终止",更接近于《中华人民共和国公司法》180条规定中的"解散"。在法定情形发生时,由相关清算义务人根据具体情形进行清理途径选择,

---

① 霍敏主编:《破产审判前沿问题研究》,人民法院出版社2011年版,第367~368页。

② 参见吴兆祥、孙佑海、孙茜:《民办学校破产清算的程序》,载《解读最高人民法院司法解释之商事篇》,人民法院出版社2012年版,第235~236页。

③ 参见余中根:《〈民法总则〉法人制度视野下民办学校退出的法律制度构建》,载《中国人民大学教育学刊》2018年第1期。

可以是自行清算、行政清算或司法清算,不得因此排除当事人参照《企业破产法》相关规定申请民办学校破产的权利。

(三)平复分歧:破产拯救机制的适用与否

在《民办教育促进法》修正前,实务界有人提出法院不能对民办学校启动破产重整与破产和解程序,认为其违背了《民办教育促进法》规定由法院组织进行清算的立法目的与意图,也不符合启动破产重整与破产和解的前提条件,并容易与行政机关作出的终止决定形成冲突。① 学术界也有人提出相似观点,认为《民办教育促进法》没有赋予人民法院进行对民办学校组织重整与和解的职能,且民办学校已经被行政机关终止办学,丧失民事主体地位,盲目启动破产预防程序亦不利于教育事业的稳定。② 但笔者认为,现行法律对企业法人以外的其他组织能否适用破产重整或和解程序未作出禁止性规定,而破产重整制度对挽救陷入经营困境的企业、预防破产最为有效,能挽救其经济与社会价值,从而减轻社会损失,可以实现各方利害关系人利益的最大化和社会资源的有效配置。③ 且从破产法今年配套立法与实践的高速发展,已经有法院参照破产重整程序进行有益探索,如安徽省广德县的广德兴华私立小学破产重整案,浙江省金华市江南中学破产重整案,都取得了较好的社会实践效果。故笔者认为,破产预防拯救机制中的破产重整程序可适用于非营利性民办学校。

综上,非营利性民办学校适用破产重整程序的法律"障碍"应予以排除,对陷入困境的民办学校,人民法院可主动拓宽司法救济之路径,运用破产重整制度对仍有拯救价值的学校施以援手。另外,本着由轻入重时"举轻以明重"的法律适用原则,如非营利性民办学校能适用破产重整程序,营利性民办学校适用破产重整程序更不在话下。

① 参见深圳市中级人民法院民七庭:《民办学校终止清算案件审理中存在的法律问题》,载《中国审判》2009 年第 2 期。

② 参见雷震、帅晓东:《民办学校破产清算法律适用问题研究》,载《人民司法》2009 年第 15 期。

③ 参见王欣新:《破产法前沿问题思辨》(上),法律出版社 2017 年版,第 212 页。

二、问题的提出——民办学校破产重整的疑惑

根据官方数据,2018 年全国共有各级各类民办学校 18.35 万所,①而耐人寻味的是,如此庞大的民办教育系统下,无论是通过行政手段强制退出还是自行清算正常退出的民办学校数量都极为稀罕。而根据部分媒体的报道,民办学校中不求回报的捐资办学者比例仅为 4% 左右,②足以反映 90% 以上的民办学校投资开办者存在商业动机。既然是出于商业目的,就属于市场经济规则调整的范围之内,就提供了让破产这一商事制度落地生根的土壤,即使其系非营利性民办学校也不例外。据此,笔者认为可以从将民办学校作为准企业法人的角度切入对相关问题一一梳理。

(一)学校重整准备前的天然瑕疵

本文所探讨的学校为非营利性,其本质上系公益法人,其在参照适用《企业破产法》时,无论理论还是实务上均存在先天的不适应性。

1. 学校内部管理监督机制极易失效

《民办教育促进法》仅有第三章的第 20 条至第 27 条就学校的管理运营进行了原则性规定,据此,无法理顺投资开办者与学校经营管理的关系。《中华人民共和国民办教育促进法实施条例》在 2004 年实施后一直未予修订,旧规章已经跟不上日新月异的市场环境。在商业利益的驱动下,投资者不得不在灰色地带寻求折中的解决方法,实务中往往通过合作经营合同、股权代持合同等无名合同自创管理规则,甚至直接套用公司管理制度进行家族式管理。

2. 学校债务形成原因复杂

民办学校破产往往都是学校实控人以学校作为一项商业资源通过保证等方式进行融资,随后资金链出现问题后波及而导致。特别在经济发达地区,公立教育资源紧缺,民办学校的存在虽然一定程度上缓解了教育需求的紧张程度,

① 《2018 年全国共有各级各类民办学校 18.35 万所在校学生 5378.21 万人》,载中华人民共和国教育部官网,http://www.moe.gov.cn/fbh/live/2019/50340/mtbd/201902/t20190227_371502.html。

② 参见董圣足:《依法支持营利性民办学校发展》,载《中国教育报》2019 年 5 月 21 日,第 5 版。

但完全靠慈善捐款办学的民办学校依然是少数,缺乏持续资金投入的民办学校根本无法在目前已经高度市场化的经济大环境中立足。在行政财政收入相对充裕的今天,不以营利为目的的民办学校仅可能存在于部分经济欠发达地区范围,其只为满足当地最基本的九年义务教育需要。生存需求催发了民办学校实控人的商业意识,而这必然引发其在学校这一优质资源上动心思,如通过学校保证等方式融资,最终对学校形成非正常经营而产生的债务。虽然所获资金并非必然全部用于学校自身经营,但不可否认的是,整条利益经济链已经应运而生。

(二)无法完全参照《企业破产法》规定推进重整程序

在学校的破产重整中,特别是需要保留学校运营资质的存续式重整中,还需要结合《民办教育促进法》的相关规定设置重整推进的各个环节。特别是在目前相关法律法规极度缺失的情况下,人民法院在审理时更是应慎之又慎。

1. 重整投资人的选定规则

《民办教育促进法》第 8 条、第 11 条规定,县级以上人民政府教育行政部门系民办学校的管理部门。这决定了人民法院在进行破产重整招募时必须考虑行政部门的意见。除了需考虑对债务的清偿力度和经营方案,在学校破产重整中,法院还需要审查引进重整投资人的办学资质、教育质量是否符合本地教育现状甚至是维稳因素等,同时平衡好重整投资人和地方部门的关系。

2. 重整计划草案表决的分组

《民办教育促进法》规定了民办学校终止后各类债权的清偿顺序,相比《企业破产法》中重整程序的债权分类,还增加了应退受教育者学杂费和其他费用的分类。由于受教育者与民办学校之间的信赖基础较为强烈,受教育者在付费入学时抱着能在法定就读期间顺利毕业的期待,学校也以尽一切可能使学生完成学业作为基本的给付标准,[①]在实践中会考虑将这一类债权列作单独表决组。而且从公民受教育权平等原则出发,受教育者背后的家长不单会考虑实际缴纳的学杂费金额,他们对学生受教育权的关注更为强烈,特别是在学校尚处正常教育秩序时,受教育者不具备申报债权的事实基础,故法院需要对这一特殊群体的利益

---

① 参见任海涛、徐涛:《营利性民办学校终止的法律适用研究——以〈民促法〉与〈公司法〉〈破产法〉的比较为进路》,载《教育学报》2018 年第 4 期。

进行特别照顾。同理,针对职工债权组(在学校破产中具主要体表现为教师群体),即使不存在拖欠教职工薪酬的情况,但考虑到重整方案往往与其教龄、职称、待遇等与生存相关的问题直接挂靠,也需要将该群体单列表决组或充分向其征求意见以特别照顾。

需要注意的是,《民办教育促进法》使用的是“举办者”(如《民办教育促进法》第19条)这一概念,与破产法使用“出资人”一词相比较,两者概念是否一致?是否可以在学校破产中参照适用?笔者认为,破产法中的“出资人”概念一脉相承于公司法,其对应的主体系公司股东,而《民办教育促进法》中的“举办者”则是在开办民办学校过程中对投资方的特定称呼(在民办学校的办学许可证上登记信息亦然),从行为本身上来看两个概念产生的前提都是基于投资行为。而《民办教育促进法》属于特别法,《企业破产法》属于可以参照适用的一般法,即在具体法律适用中,有特别规定时适用《民办教育促进法》,无特别规定时可以参照适用《企业破产法》。而在《民办教育促进法》中并无明确“举办者”在破产重整中的地位和作用,故可以基于“出资人”与“举办者”在投资行为上的相似性,在重整计划草案涉及调整“举办者”权益事项时赋予“举办者”表决权。如“举办者”存在多人时,可以首先由“举办者”内部确定各自所享有的表决权份额,如协商不成,可以由人民法院根据各“举办者”在学校开办时的实际投入换算后确定其表决权。

3.学校内部决策机构的重组

传统破产企业一般都具备《公司法》上所规定的股东会架构,且在重整计划通过后都往往会对股东架构作出调整,包括股东人员和持股比例,都可以根据重整计划的执行由人民法院要求工商行政部门协助办理变更登记。但在学校的破产重整中,并没有明确规定可以参照《公司法》认可举办者等相关人员对学校享有投资性股权,在司法实践中也对“学校股权”一说持否定态度,[①]故在学校的破产重整过程中,需要由重整投资人以向教育管理部门申请变更举办者的方式入局,再根据《民办教育促进法》第20条、第21条规定以“重组内阁”的方式获得学校的经营管理权。

---

① 有法官于判例中明确指出,出资人对于投入学校的财产已不具有法律上的财产权,出资人要求确认出资份额因缺乏法律权利基础而不能成为独立的诉讼请求。参见(2015)沪二中民四(商)终字第1161号,载《最高人民法院公报》2016年第9期。

(三)无法完全解决重整计划实施与衔接

即使重整计划草案能克服上述重重困难获得表决通过,也无法仅凭法院一家之力解决重整计划后续的问题,因为重整计划的实施涉及法律以外方方面面的问题:学生安置、教师去留、维稳协调、信用修复等。

1. 受教育者的安置

《民办教育促进法》第57条规定,学校终止时在校学生需要得到妥善安置,也明确了审批机关应当协助学校安排学生继续就学。但该条规定只是明确了学校终止时的处理原则,并未明确如学校重整计划通过后的学生安置方法。在学校经历过破产重整后,学校的教学秩序受到重大调整,原学校品牌的公信力会因为破产重整受到重大影响,学生家长必然会根据具体情况判断并作出留校或转校的选择,这又涉及当地教育部门对学籍、学位的行政管理职权,人民法院只能通过开会协调的方式寻求行政部门协助。

2. 教学秩序的重塑

与一般企业运营的生态链不同,学校运营产生收益的生态链相对更为特殊,学校与学生、学生家长之间存在委托、监护、服务等多重羁绊。暂将其中真实法律关系搁置不表,不可否认的是,受教育者资源系学校破产重整中的一项极为重要的资源,这不仅反映在学生通过缴纳学杂费为学校产生收益,也反映在学生在读期间所取得的考试成绩对学校品牌带来的影响等非直接经济因素。在学校破产重整中更需要考虑此类非经济因素的影响。故此,在学校重整中必然涉及教育团队资源的整合,需要在各方共同努力下,建立新的教育秩序,恢复学校教育品牌公信力。但这一工作持续时间必定数以年计,如何在合理期限内消除入读学生及其家长的疑虑,重塑具有良好口碑的教育秩序,是学校破产案件的必考题。

三、应对之良策——规制、联动与担当

面对学校破产重整这一类新类型案件,仅凭法院和管理人的单打独斗已被实证不能作良好应对,面对上文提及的问题和矛盾,需要考虑通过各种方式合法、合情、合理地一一化解。

(一)法律规制的加速完善

2006 年 8 月通过的新《企业破产法》开始了市场经济体制下全新统一的破产法律制度的构建。[①] 破产法立法目标,是立法者基于社会发展的需要以及对破产程序固有属性和一般规律的认识,在立法中预先设计的关于破产程序的理想结果。[②] 学校破产重整即使再特殊,本质上还是一个破产案件,通过增补法律规定的方式填补空缺更为直接有效。且从放大观察的角度,对特殊主体,如学校、医院此等具备公益属性的非企业法人如何适用破产程序也存在法律空白亟须填补。法律不仅是建立在理论上的一系列规则,更应该是扎根于现实生活中的灵魂。位于一线办案的法官应总结办案中的有益经验,通过"尝试—梳理—总结—调研—反馈—立规"的模式,最终由权威部门形成相应的操作细则加以规制。

(二)府院联动的协同共建

最高人民法院在《全国法院破产审判工作会议纪要》已经多次提及与政府之间联动的重要性。没有当地党委政府的支持,学校破产重整难以获得彻底成功,但如何落实到位,并没有得到法律层面上的进一步细化。具体的学校破产重整中,笔者认为需要从以下几个方面落实:

1. 树立政府法治边界意识

学校的破产重整,诚然需要行政资源的支持,但同时需要明确的是,行政权力的介入应保持高度自觉。在行政权参与司法案件审理时,相关行政单位要保持对司法的敬畏与谦抑,行政的归行政,法律的归法律,各就其位各司其职,在自身权力范围内履行好职责,站在遵循破产法立法目的、法律规定本意和基本原则的基础上,共同合力解决司法实践难题。当然,互动平衡的程序设计,体现在权力之引领、规制和审查,实现权利之充分、有序和合法行使。[③] 在规则明朗之前,依然需要依赖人民法院对全局的观察与把控,需要其及时对出现的问题进行解

---

① 参见李曙光、宋晓明主编:《〈中华人民共和国企业破产法〉制度设计与操作指引》,人民法院出版社 2006 年版,第 2 页。

② 参见汤维建:《破产程序与破产立法研究》,人民法院出版社 2001 年版,第 44 页。

③ 陆晓燕:《司法控制与当事人自治的制约与平衡——探寻破产管理人选任规则的完善路径》,载《探索社会主义司法规律与完善民商事法律制度研究——全国法院第 23 届学术讨论会获奖论文集》(下),全国法院系统第二十三届学术讨论会会议论文,2011 年 12 月于成都,第 1353 页。

读、协调、谈判乃至平息,作为现行过渡之手段。

2. 法院主导成立专项协调工作组

通过成立与政府保持信息高度共享的专项工作组,吸纳有关部门人员进驻管理人工作组,让政府在自身职责范围内参与破产重整工作,有利于减轻法院在行政管理范围的司法资源投入压力,可以将法院和管理人从繁重的维稳、说服等非本职工作中脱离出来。长远来看,逐渐将临时性的府院联动机制发展成持久性的破产事务常驻组织,至少可以在学校破产这一类涉及重大社会民生问题的敏感案件中,避免"一案一协调"的非法治要素。

3. 实现真正的"一盘棋"式联动

面对学校破产所产生债务清偿、登记变更等显性问题,当然需要对接教育管理部门及时解决,但同时就舆情宣传、社会维稳、信用修复等隐性问题,还需要得到对应的舆论媒体、公安机关、金融机构等大力协助。这需要通过专项工作联动平台及时向相关部门单位提出需求,使工作组在当地党委协助下开展整体工作,用"一盘棋"的思维做到劲往一处使,真正将疑难问题化解落到实处。

(三)"破产共同体"的勇于担当

破产案件的实践中,已经逐步在法院、管理人、投资人中建立起类似于"法律共同体"性质的"破产共同体",各方应树立起共同体意识,群策群力,利用集体智慧解决各种新发问题。人民法院作为破产案件的第一手面对人和牵头者,不仅应保证破产法官的精英化和专业化,还应充分发挥主观能动性,避免法律的机械适用,克服客观不利因素,勇于担当,创新工作方法,统一"破产共同体"的整体意志,推动学校破产重整的审理。

破产程序适用于P2P平台市场退出机制的实践思考

——以全国首例P2P破产清算案为视角

陈万敏[*]　杨　意[**]

2018年,J公司经营的网贷平台“暴雷”。该平台于2015年年底上线,注册资本1.05亿元。截至2018年7月14日,平台待付资金2.06亿元,涉31省1506名债权人。平台“暴雷”刑事侦查介入的同时,如何有序开展追收、处置涉案财产,尽可能减少债权人(集资参与人)损失,尽快实现兑付,成为一大难题。政府、法院等相关部门经反复论证、谨慎决策后,引入破产清算机制,刑民并进,即在公安机关立案侦查同时对平台主体依法实施“破产清算”。利用破产法律制度独特价值,较好地解决了非法集资等涉众性刑事案件涉案财产处置难题,做到了法律效果与社会效果的统一。

一、当下P2P平台市场退出机制存众多难题

一是当下P2P平台市场退出缺乏操作细则及监管机

* 浙江省瑞安市人民法院审委会专委、四级高级法官。

** 浙江信泰律师事务所副主任、三级律师。

制,导致大量无序性退出。当前,P2P 行业规则主要是“一个办法、三个指引”,但该规则缺乏平台市场退出标准、方式、流程、监管模式等操作细则,在规范平台市场退出行为上作用有限。此外,监管部门的监管空白,又进一步为 P2P 平台退出提供了选择空间。现实中大量平台以关停平台、失联跑路等方式退出市场,不仅损害了投资人利益,引起市场恐慌,而且也对现存 P2P 平台形成不良的示范效应。在这种“滚雪球”效应下,P2P 平台市场退出的混乱无序会呈现自我强化趋势,进而引发更严重的市场失序。①

二是当下 P2P 平台市场退出缺乏投资人权益保障,易导致不良后果。P2P 平台资金监管依赖于平台管理,一旦出现“暴雷”等情况,投资人因信息不对称难以接手项目,投资款回收无望。部分违法 P2P 平台通过虚构借款标的为自身或关联公司融资而骗取投资款,待资不抵债时以卷款跑路等方式逃避责任,即使后续公安介入也难追回资金。P2P 平台涉众的不特定性,导致牵涉范围极广、人员众多。近年来 P2P“暴雷潮”影响广泛,特别是刑民交叉的情况,关系复杂,处置不当极易引发群体性事件。

三是当下 P2P 平台市场退出时股权债权财产难处置,处置模式易受质疑。P2P 平台通常存在对外出借款项、投资股权、设立子公司等情形。这些资产处置往往涉及其他投资主体,需通过诉讼解决,费时费力。而平台对外投资,若选择刑事追赃则只能采取查封、冻结手段,这对尚有营运价值的被投资公司极其不利,如正在进行的房开项目,若直接冻结资金,或致项目崩盘,不仅盈余无望,还将产生大量负债,引发重大民生问题。此外,政府部门处置 P2P 平台财产无配套法律及监督程序支撑,易受投资人质疑。

四是涉刑案件中 P2P 平台财产处置具有滞后性,刑事判决难以执行。首先,公安机关在刑事查追过程中,对平台财产无处分权,导致查扣财产需待刑事判决后才能通过执行程序处置,保管时间长、费用高,有些不宜长期保管的财产会损毁、贬值。其次,公安侦查机关缺乏相应处置机制和实施细则,如价格评估、起拍价确定等,处置较为困难。最后,公安机关对 P2P 平台大量出借资金事实调查不完全,使刑事判决对赃款赃物去向无法认定,导致追赃困难。

① 参见陈秋竹、邓若翰:《P2P 网贷规制的反思与改进——基于近期 P2P 集中倒闭事件的思考》,载《海南金融》2019 年第 2 期。

五是涉刑案件中 P2P 平台刑事追赃存在局限性,案件效果易打折扣。首先,P2P 平台资金流向极其复杂,涉及领域众多,单采取刑事追赃手段用时极久、进展缓慢,无法满足债权人快速实现兑付的诉求,极易引发群体性事件。其次,P2P 平台资金或存在合法与违法资金冗杂运作情况,从海量数据中区分、剥离合法财产,对公安机关是个不小的挑战,也大大增加了刑事追赃的困难性,延缓追赃进程。最后,P2P 平台往往存在大量借款人、出借人等下落不明的情况,刑事追赃程序若无法找到相关人员进行调查,则难以固定证据,极易导致追赃不了了之。

二、破产清算模式在 J 公司 P2P 平台退出机制中的适用

具体到 J 公司 P2P 平台退出机制,当时考虑的处置方案有:一是由债权人代表处理,二是由债权人委托第三方中介机构处理。但二方案均存在法律依据、手段的有限性,缺失公允性等不足之处。故如何选择一条有效清产核资、公平公正、平衡各方利益的途径,是 P2P 平台有序退出市场之核心所在。

在这种背景下,首次于 J 公司 P2P 平台退出机制中尝试破产清算模式,主要内容如下:

一是专业管理人介入,选任程序公平公正。J 公司破产清算案的管理人由法院摇号指定,依法公正执行职务,向法院报告工作,接受债权人的监督。公平公正的选任和监督机制,使管理人执行职务的过程更具有公信力,有利于赢得债权人信任,稳定债权人心态。

二是多方式追赃,多途径财产追收。J 公司破产清算案中,刑破结合、刑民并进。一方面,加强刑事追赃。对于事实清楚、证据充分的赃款赃物,刑事追赃具有震慑大、效率高、效果好的优势;另一方面,由管理人启动追收程序。对追赃困难的出借资金、对外投资,管理人通过催收、诉讼、关联企业合并破产等方式追收。且管理人还可运用《中华人民共和国企业破产法》(以下简称《企业破产法》)中等特殊规定,最大限度回收债务人资产。此外,该案还布置落实了乡镇街道综合办干部催收工作。针对部分金额小、有履行能力的债务人,由乡镇干部分批次上门追收。

三是加快涉案财产先行处置,解决刑事处置滞后痛点。J 公司第一次债权人

会议后,管理人依照表决通过的破产财产处置方案,陆续以公开网拍方式变现,已处置变现和追收财产近3000万元。该案中,除与刑事追赃、追责等有关证据载体不予先行处置外,其他财产均在破产程序中移交管理人先行处置,解决因刑事程序致财产处置滞后的痛点。

四是召开网络债权人会议,最大限度保障债权人的知情权、参与权、表决权。J公司破产清算案涉债权人千余人,遍布各地。为便利债权人,维护债权人合法权益,经办法院自主研发了包含债权申报、债权人会议、事项表决等功能的系统。投资人通过登录系统网络申报债权,于2019年1月23日参加线下、线上同步进行的第一次债权人会议。该案共有851户债权人通过网络异地参与会议,表决通过了一系列议题,并选举产生了债权人委员会。该案还创新会议方式,充分实现债权人会议功能。平台设置"投票区""参会情况"等功能,实时统计参会人员人数及债权金额,自动统计投票表决结果。为使债权人有充分意思表示,线上会议特地延长表决时间,允许债权人查阅会议回放视频、资料,并在规定时间内进行投票,实现了会议持续在线,打破时间、空间、地域限制,最大限度地保障了债权人的知情权、参与权和表决权。

五是创新破产财产预分配,最大限度稳定人心。为最大限度减少债权人损失,稳定人心,J公司破产清算案中创新实行了预分配制度。通过线上方式表决破产财产分配方案,并在分配方案中载明:因相关刑事诉讼程序尚未终结目前不能最终确认债权及作出正式分配。结合案情,为减轻债权人损失,实施本次预分配。债权人最终受偿额,将根据法院裁定确认的最终破产财产分配方案确定。预分配的清偿款将在最终受偿额内扣减,实行多还少补。预分配制度,可以充分解决债权人尽快实现兑付的需求,最大限度安抚债权人情绪。

六是破产案件进程信息公开,多方联动共维稳。J公司破产清算案中一方面通过公安机关发布警情通报,另一方面通过管理人在破产案件管理平台及时发布案件信息、公示财产处置、答复提问等方式,让债权人实时掌握案件进程、监督管理人工作、参与财产处置。同时,该案还建立了法院、管理人、市金融服务中心的相关人员债权人微信群,搭建沟通平台,利用互联网的实时性,消除信息不对称引发的恐慌,最大限度地保障债权人的知情权、参与权。

三、破产清算模式在P2P平台退出机制中的优势

从J公司破产清算案现行平稳有序的进展上看,破产程序不失为P2P平台退出市场机制的有效途径,更有利于高效、公平、公正地清产核资,稳定债权人情绪。破产清算模式在P2P平台退出机制中的优势如下。

一是完整的破产法律体系支撑,程序公正透明、公信力强。破产程序作为司法权介入的特殊偿债程序,在债务人财产不足以清偿债务的情况下,以法定程序和方法,为所有债权人创造公平受偿的条件和机会。债权人通过债权人会议参与破产程序,参与债务人财产管理、变价、分配方案等事项,程序公平透明,公信力强,避免留下处置隐患。

二是管理人主导、债权人参与、法院监管,有效保障投资人维权之路。P2P平台一旦实行破产程序,债权人有参与财产处置、监督管理人的权利,法院有指导和监督管理人履职工作的职责。这将有效避免出现质疑政府处置财产中的"贱卖"问题。此外,除涉刑案件可通过公安机关发布警方通报外,管理人还可通过公告、短信、邮件、电话等方式,第一时间大范围、多方式告知债权人案件信息,为债权人提供合法维权途径及方式。

三是"互联网+"形式,打破时空限制效果显著。P2P平台涉及人数众多、遍布各地,以"互联网+"形式可极大减少债权人的交通成本。通过线上申报债权更为便捷高效、节约成本。线上、线下同步召开债权人会议,可实现法院、管理人、债权人、债务人四方多地同步参加会议。同时,利用互联网优质特性,债权人可与管理人、法官实时沟通,充分全面了解案情,监督管理人工作,最大限度保障债权人的知情权、参与权,稳定债权人情绪。

四是破产模式可快捷高效处置不良资产,回应投资人强烈诉求。目前P2P"暴雷"涉及的受害人众多,追赃挽损、及时清退、分配款项是其强烈诉求。P2P平台一旦进入破产程序,利用破产财产追收多样性特点,管理人可通过催收、诉讼、关联企业合并破产等多方式开展工作,有效解决投资人信息不对称的困境,减少诉累,实现财产价值最大化。可以说,破产程序追收是刑事追赃程序的有力补充,有效解决了刑事追赃程序难题。如是集资诈骗类P2P案件,涉及众多受害人,特别是在刑民交叉情况下,关系复杂,处置不当极易引发群体性事件,而程序

并进更有利于平台清产核资,使资产效益最大化。

五是破产程序选择模式多样,有益于形成共赢局面。破产程序包含破产清算、重整、和解模式,均有较完整的法律体系与丰富的实践经验支撑,无论是和解还是重整,均能最大限度地达到利益共赢,使企业“破茧重生”,继续为社会创造财富、贡献力量。P2P 平台适用破产程序时,可具体情况具体分析,在三种途径中优中选优,达到效益最大化。

四、破产清算模式在 P2P 平台退出机制中的实践问题

将破产清算模式用于 P2P 平台市场退出时,若采取刑破结合、刑民并进方式,则刑民案件能否衔接成为现阶段一大实践困惑。

J 公司破产案经办过程中,对追赃不能的出借款项,管理人启动了 86 宗诉讼追收程序,均已经一审判决,但个别案件上诉中级人民法院后,中级人民法院认为涉及刑事,欲驳回起诉。

若人民法院根据《最高人民法院关于在审理经济纠纷案件中涉及经济犯罪嫌疑若干问题的规定》第 11 条“人民法院作为经济纠纷受理的案件,经审理认为不属经济纠纷案件而有经济犯罪嫌疑的,应当裁定驳回起诉,将有关材料移送公安机关或检察机关”驳回起诉,则部分对外债权的追收将无法适用民事诉讼程序,将引发债权追收的滞后性,减损债权可回收性,导致回收无望。

五、破产清算模式在 P2P 平台退出机制中适用的建议

第一,加快立法进程,确立 P2P 平台退出适用破产制度,完善 P2P 平台市场退出规范。我国现行 P2P 平台市场退出规范空白,致平台“暴雷”后极易造成恐慌,故应尽快出台相应法律法规、操作指引,规范平台市场退出的标准、流程、方式、债权处理、监管模式等,为平台有序退出市场提供有力的规则指引和制度保障。实践中,基于 P2P 平台具备金融特质的“非金融机构属性”,建议修改、明确、细化《企业破产法》关于类似 P2P 平台退出机制的规定。可以明确 P2P 平台在资不抵债时适用《企业破产法》,认真总结运用已有成功典型案例中行之有效的做法,落实和完善 P2P 平台市场退出采用破产程序常态化举措。

第二,利用"互联网+大数据"手段,加强监管。在当前资源短缺的情况下,监管部门很难对P2P平台实施全面无缝监管。而随着互联网飞速发展,"互联网+大数据"已形成一个庞大的生态体系。在P2P平台退出选择破产程序时,可考虑通过网络申报债权、参加会议、投票表决等方式,有效提高监管部门工作效率,解决人员缺乏、资源短缺的问题,加强监管部门对P2P平台实时监管,避免因滞后性而造成无可挽回的后果。①

第三,推动刑事案件与民事诉讼案件并进衔接,优化债权债务清理。虽最高人民法院司法解释规定了"先刑后民"原则,但在P2P破产清算模式中,推动刑民并进衔接,更利于债权债务清理。(1)《浙江省高级人民法院关于在审理企业破产案件中处理涉集资类犯罪刑民交叉若干问题的讨论纪要》第2条规定,企业破产案件受理后发现企业股东及高管涉嫌犯罪的,可以将涉嫌犯罪的材料移交侦查机关,并根据《企业破产法》第12条规定驳回企业破产申请。同时也规定,法院可以在驳回破产申请后重新审查债务人企业的破产申请,如负责涉嫌犯罪行为的侦查、检察和审判机关认为刑事诉讼程序对法院审理企业破产案件不构成实质性影响,且刑事涉案财产与债务人企业的其他财产可以区分的;对涉嫌犯罪行为查处的刑事诉讼程序终结,债务人企业的相关财产未作为赃款赃物依法追缴的,或者债务人企业控制或名下的相关财产可以在企业破产程序中变价、分配的。(2)根据《国务院关于同意建立处置非法集资部际联席会议制度的批复》《国务院关于进一步做好防范和处置非法集资工作的意见》等文件规定,省级人民政府是防范和处置非法集资的第一责任人,地方各级人民政府落实属地管理职责,做好本行政区域内风险排查、监测预警、案件查处、善后处置、宣传教育和维护稳定等工作。根据上述文件,由政府主导清理网络金融企业非法集资的债权债务的,依照国务院发布的《非法金融机构和非法金融业务活动取缔办法》(已于2021年失效)第21条的规定:因清理清退发生纠纷的,由当事人协商解决;协商不成的,通过司法程序解决。故也是需要司法程序解决。(3)P2P平台涉及的"非法吸收公众存款罪""集资诈骗罪"类犯罪不同于一般诈骗、盗窃、抢劫单一犯罪的追赃,有其特殊性和复杂性,在其他手段穷尽时,最终解决的手段只能是司法程序,即诉讼解决。此外,实践中通过刑事判决对尚未查扣赃款赃物的追赃

① 参见朱贝贝:《P2P网络借贷平台破产后续处理机制研究》,载《时代金融》2016年第32期。

也是难点,不能实际解决追赃问题。

因此,基于国务院相关规定所作的制度安排和有关司法解释及省高级人民法院会议纪要的规定,网贷企业“暴雷”后涉非法吸收公众存款的,通过破产程序清理其债权债务是符合相关规定的。针对“暴雷”的 P2P 企业具体情况,法院视情况利用破产程序处置财产,刑民并进,有利于赃款赃物的追收、清理债权债务,保障受害人利益。

“审破衔接”的发展空间、司法困境及机制构建

——以涉企纠纷的诉源治理为视角

舒燕华[*]　李　强[**]

诉讼爆炸已成为中国经济快速发展的“成长性烦恼”。最高人民法院发布的《人民法院第五个五年改革纲要(2019—2023)》提出要完善诉源治理机制,坚持把非诉讼纠纷解决机制挺在前面,推动从源头上减少诉讼增量。浙江省委政法委于2019年7月12日召开全省加强诉源治理工作部署会上提出:加快推进从源头上减少诉讼增量,力争到2019年年底,实现诉讼案件零增长,从2020年开始,实现诉讼案件逐年稳步下降,进一步增强人民群众的获得感、幸福感、安全感。但2020年年初暴发的新冠肺炎疫情,极有可能导致涉企纠纷成为诉讼新的增长点,对诉源治理负增长的工作目标提出了挑战。

---

* 浙江省常山县人民法院院长。

** 浙江省常山县人民法院行政(综合)审判庭庭长。

一、问题的提出:诉讼爆炸和诉源治理之间的现实矛盾

(一)涉企纠纷增量成为必然

就浙江的诉源治理而言,必须关注以下两方面的关联。

一是与地理位置的关联。浙江处于东部沿海地区,是民营经济大省。浙江省市场监督管理局发布的《2019 年小微企业运行分析》显示,全省在册民营企业数量达到 233.4 万家。但在新冠肺炎疫情的背景下,浙江也是受疫情影响的重灾区,经济停摆继而引发产业链、供应链、资金链的断裂,给各类企业造成重大冲击,甚至是"生死劫"。

二是与企业规模的关联。而浙江恰是小微企业大省。《2019 年小微企业运行分析》指出,全省在册的小微企业数量达到 222.4 万家,占在册企业的 87.7%。而抗风险能力不足正是小微企业的软肋所在。

(二)涉企纠纷诉源治理的出路

为了践行"社会调解优先,法院诉讼断后"理念,有的法院把诉讼服务中心成建制地整体入驻当地党委政府主导的社会矛盾综合治理中心,寄希望于诉前调解的过滤功能来减少诉讼增量。① 需要注意的是,企业一旦陷入财务危机,无限制地调解不仅无法确保矛盾纠纷得到实质性化解,还会浪费司法资源,使显性矛盾隐性化,涉企诉讼越调越多。因无法兑现承诺,执行积案迅速膨胀,同样会造成执行案源的飙升。这有违诉源治理的初衷,可以说是按下葫芦翘起瓢。

有效应对疫情防控常态化下涉企纠纷的诉源治理,应当坚持系统性思维、源头治理,即对具备破产原因的涉诉企业不应当局限于个案的解决,而应进行全盘把握。其中,"审破衔接"不失为一条破解路径。

二、"审破衔接"在诉源治理中发展空间

《浙江省高级人民法院关于加强立审执全程兼顾促进当事人自动履行助力

---

① 浙江省高级人民法院印发《关于诉讼服务中心成建制入驻社会治理综合服务中心、完善一站式递进分层解纷机制的实施意见》。

破解执行难的意见》(浙高法〔2018〕114 号),首次创造性地提出了“审破衔接”的概念,标志着“审转破”在制度层面成为一个具有规范意义的学理概念。

(一)“审转破”对诉源治理的必要性分析

一是契合“把非诉讼纠纷挺在前面”的政策导向。破产程序的本质是非诉程序,强化“审破衔接”具有从源头上减少诉讼增量的拦截功能。根据《企业破产法》第 44 条①规定,破产程序启动,以同一企业为被告的债权人已无必要单独提起民事诉讼,径行向破产管理人申报债权即可。这是破产审判在诉源治理方面的关键作用,能够批量吸纳涉企纠纷,从源头上减少涉企纠纷的增量。

二是防止程序空转的具体举措。“执转破”具有“立—审—执—破”这种阶段性的线性作业模式,客观上造成严重的程序空转。而“审转破”最大优势在于启动时间由执行阶段提前到审理阶段。首尾相差短则数月,长则一年,甚至数年。正是这种“时间差”的客观存在,切实有效地防止了程序空转的司法诟病,凸显了“审转破”效率价值。

三是发挥破产保护功能的题中之义。浙江省 2017 ~2019 年的破产审判数据显示,清算率高达 95.45%。换言之,再生率仅为 4.55%。② 有文章指出“这个与经济生活中真正具有重整价值的企业数量占比的情况是基本吻合的”③。本文认为造成这一结果的关键在于“执转破”的程序空转。正如神医扁鹊所言“病入骨髓,司命之所属,无奈何也”。假设“疾在腠理、在肌肤、在肠胃”及时就医呢?意即破产程序提前介入,可以实现早预防、早治疗、早康复,充分发挥破产审判的拯救功能,助力经济高质量发展。

(二)“审转破”对诉源治理的可行性分析

民事诉讼的目的在于确认私权,并非实现私权。④ 破产程序不仅具有确认私

---

① 人民法院受理破产申请时对债务人享有债权的债权人,依照本法规定的程序行使权利。此处的权利即为“债权申报权”。

② 2017 年浙江法院审结破产案件 722 件,其中清算 642 件、重整 78 件、和解 2 件;2018 年共审结破产案件 1483 件,其中清算 1435 件、重整 46 件、和解 2 件;2019 年共审结破产案件 1704 件,其中清算 1654 件、重整 48 件、和解 2 件。参见《浙江法院 2017 年破产审判工作报告》和《浙江法院 2019 年破产审判工作报告》。

③ 浙江省高级人民法院发布的《2017 年浙江法院破产审判工作报告》。

④ 参见施天涛:《公司法论》,法律出版社 2018 年版,第 620 页。

权的功能,还有概括执行的效果。表 1 即可清晰地展示两项制度在功能方面的包容关系。“诉讼 + 执行”的替代功能,正是大力发展“审转破”的可行性证明,如表 1 所示。

表 1　民事诉讼与破产程序的对比

民事诉讼程序	破产程序	《企业破产法》
起诉	申报债权制度	第 44 条
送达与答辩	债务人异议程序	第 10 条
财产保全	中止执行效力	第 19 条
审理与判决	债权人会议核查制度	第 57 条至第 58 条第 1 款、第 2 款
上诉	债权确认之诉	第 58 条第 3 款
调解及确认	后续重整(和解)申请权	第 70 条、第 86 条、第 95 条、第 105 条
执行与恢复执行	如果未按重整计划或和解协议履行,宣告破产	第 93 条、第 104 条

三、“审转破”的实践探索、运行效果和司法问题

据不完全调查,全国范围内已开展“审转破”的地区主要是位于长三角地带的浙江和江苏,它们也是破产实践较发达的省份。其中,浙江主要是衢州市、余姚市,江苏主要是启东市。

(一)制度建设

一是衢州模式。2017 年 7 月 24 日,衢州市中级人民法院(以下简称衢州中院)就出台了《关于建立民事诉讼程序与破产程序衔接机制的操作指引》,在全省率先开展“审转破”的司法实践,标志着“审转破”的衢州模式正式形成、发展。

二是余姚模式。2019 年 9 月,余姚市法院也出台了《诉讼程序与破产程序衔接规程》,从内容来看与衢州模式大致相仿。

三是启东模式。江苏启东市法院早在 2015 年 9 月 1 日就出台了《关于诉讼程序与破产程序相衔接的若干意见(试行)》。从时间上可以看出,启东法院应该是全国最早开展“审转破”的试点法院。

(二)运行效果

据统计,2017年7月24日以来,衢州市两级法院通过"审转破"启动破产程序14件。其中不乏成功的典型案例,如衢州中院2018年采用诉破结合成功审结的中宁硅业破产重整案,①正是"早介入、早治疗、早康复"的典型例证。再如常山县法院在2018年办理的"浙江虎力起重机械有限公司破产清算案",是该院受理的首例"审转破"案件,化解执行积案40余件,终结正在审理的民事诉讼5件。余姚法院在制度建设的时间方面相对较晚,案件数量相对较少,目前只有1件。

从总量来看,低位运行现状足以说明"审转破"运行受阻,充分说明上述3个地方性的规范性文件在司法实践中遭遇搁浅或失灵。即使时至今日,2022年3月29日发布的《2021年浙江法院破产审判工作报告》披露,全省法院受理"执转破"3063件,占总数的82.94%,而"审转破"仅有32件,与"执转破"的主渠道相比,"审转破"明显处于小众化、边缘化地位。

(三)原因分析

通过前文分析,既然"审转破"对诉源治理既必要又可行,并且部分地方法院已建章立制。缘何有"法"不依?究其根源,有以下几方面的现实障碍。

一是成本收益失衡反向排斥债权人。根据《诉讼费用交纳办法》第29条第1款、第53条第2款的规定,诉讼费用由败诉方负担,并且胜诉的原告能够在判决生效后15日内全额退回诉讼费。从维权成本角度,原告可谓"零支出"。但"审转破"并非免收诉讼费的法定事由,法院依职权全额退费又于法无据;如果依当事人申请撤诉,诉讼费只能减半,对于大标的额的诉讼当事人而言仍存在一笔不低的维权成本。特别是在当前普通债权受偿率极低甚至趋零的现状下,高成本、低回报的预期效果,使"审转破"因缺乏维权成本的转嫁渠道而不符合理性经济人的需求。

二是缺乏强劲的助推力量。虽然衢州模式和余姚模式都在附页制作了格式化的申请破产告知书,但总体而言引导乏力。主要表现在由于破产审判的小众化,加之案多人少的司法矛盾,非破产法官只能把告知内容归纳为"破产原因"四

① 参见余建华:《衢州　营商环境的法律化优化》,载《人民法院报》2018年11月26日,第5版。

个字,更通俗地说就是“资不抵债”;但对行外人而言,这种形式化的引导未能从根源上“触及当事人的核心利益”而常遭拒绝。因此,法院普遍采取送达格式化的申请破产审查告知书,以示对告知程序的履职尽责。缺乏精细化的司法服务难以助推“审转破”程序的正常启动。

三是机构壁垒引起信息不对称。从外部视角观察,“原告就被告”是确定地域管辖的一般原则。但企业涉诉多为借贷、买卖等合同类纠纷,在债权人向“审转破”试点法院对某企业提起诉讼以前,该企业很有可能在不具备“审转破”条件的其他法院(如履行地、签订地)大量涉诉。由于“审转破”属于地方性制度,从办案的规范化角度来说,各法院在主观方面不具有共性认识,客观方面也缺乏强制约束力。从内部视角观察,划片管辖、轮流分案是审判权运行的基本规律。同一法院内部的机关庭室、派出法庭均可审理涉企纠纷,且每个庭室又有多名员额法官。上述两种制度因素叠加后造成涉企纠纷处于分散状态,并且不同法院、不同庭室、不同法官之间因信息不对称对涉诉企业的支付能力或财产状态缺乏完整、全面地掌握,削弱了“审破衔接”适用能力。

四是考核不明确缺乏内生动力。司法实践中并没有把“审转破”的移送审查工作列入法官的考核指标。换言之,积极移送既不能像民事调解率一样形成正向激励,消极怠慢也不会带来任何不利影响,由此形成移送与否结果都一样的效果导向。此外,决定移送“审转破”还必须做好调查、引导、征询、沟通协调等前期准备工作,这些额外的程序性事项挤占了大量的工作时间,加剧了当前案多人少的司法矛盾。因此,即使民事法官发现被告企业发生破产原因,企业也明知自身缺乏履行能力,双方仍然秉持心照不宣的态度支持或默许调解协议。而这在迎合了办案法官片面追求调解率的同时,在客观上也会导致“审转破”制度流产。

五是程序转换机制不畅通。主要表现在审判管理方面的机械僵化。对于“审转破”民事案件的后续进程,衢州模式和余姚模式如出一辙,即引导原告撤诉或依法中止审理。① 并且法律明确规定中止审理的期限不计入审限。但浙江省

---

① 衢州中院《关于建立民事诉讼程序与破产程序衔接机制的操作指引》第7条规定:“破产审理部门裁定受理破产案件的,民商事案件承办法官应将破产受理情况及时告知当事人,并视案件情况引导当事人撤回起诉或依法中止审理。”余姚法院《诉讼程序与破产程序衔接规程》第12条规定:“审理阶段移送破产预审查的,后经破产职能部门审查通过,决定破产审查立案的,审理法官应在收到破产预审查结果通知书后三日内引导原告撤诉或依法中止审理。”

高级人民法院对审判质效的考核并未关注到这一点,只要在时间上经历12个月即定义为超审限,从而影响法官的审判质效。而破产审判审理周期冗长是不争的客观事实。绍兴柯桥法院曾做过一个调研,抽样10个破产案件,扣除债权申报期间、审计、评估期间,破产案件用于资产处置的时间平均在498.25天,①远远超过12个月。这种“马拉松”式的不确定性足以让民商事法官对“审转破”望而却步,“审转破”的制度活跃性受到抑制。

六是诉讼案件退出机制受阻。《最高人民法院关于执行案件移送破产审查若干问题的指导意见》不仅规定移送破产可中止,还对执行案件的退出渠道作了明确的规定,即宣告破产即可终结执行案件。但“审转破”只有《中华人民共和国民事诉讼法》(以下简称《民事诉讼法》)第153条第1款第6项中的兜底条款,为诉讼案件的中止提供法律依据,②而对退出机制则处于无法可依的空白状态。因为《民事诉讼法》关于诉讼终结的情形采取枚举式的立法模式,③这种立法方式最大的弊端在于机械僵化,适用时缺乏弹性。具体表现在“审转破”方面,就是诉讼案件移送以后的退出机制不畅,因为诉讼终结制度列举的法定情形均是针对自然人一方死亡而言,并不适用于企业法人的破产。即使宣告破产,诉讼案件仍然无法正常结案,与“执转破”相比缺乏退出渠道。

四、畅通“审转破”运行机制的应对措施

为了实现诉源治理负增长的预定目标,本文从涉企纠纷视角提出如下对策建议,畅通“审转破”运行机制,从而提升破产审判体系和审判能力现代化。

一是涉企纠纷类型化集约化。为了防止因信息不对称造成“审转破”制度的搁浅,可把以企业为被告的所有民商事案件进行技术处理。一是类型化。主要是把可能适用破产程序的涉诉企业进行整合归类,对于交通事故损害赔偿中的保险公司等涉诉主体予以隔离,目的是为“审转破”制度规模化运作夯实案源基

---

① 参见沈晓明、王雄飞:《〈关于深化执行与破产程序衔接推进破产清算案件简易审理若干问题的会议纪要(二)〉的解读》,载《浙江审判》2020年第2期。

② 《民事诉讼法》第153条第1款第6项中的“其他应当中止诉讼的情形”进行中止。

③ 《民事诉讼法》第154条规定,有下列情形之一的,终结诉讼:(1)原告死亡,没有继承人,或者继承人放弃诉讼权利的;(2)被告死亡,没有遗产,也没有应当承担义务的人的;(3)离婚案件一方当事人死亡的;(4)追过赡养费、抚养费、抚养费以及解除收养关系案件的一方当事人死亡的。

础。二是集约化。由现行分散的审判管理模式转为统一归入指定的部门集中受理、审判,目的在于及时、有效地对陷入财务危机的"病企"进行精准识别,至少在同一法院之间避免因信息不对称而使具备破产原因的企业重复涉诉,最大限度地减少诉讼增量和程序空转。

二是搭建专业化协商平台。鉴于金融机构往往是困境企业最大的债权人,同时也是涉企纠纷中的"常客",所以为进一步把破产程序这个非诉讼纠纷解决机制挺在前面,从源头上实现诉源治理,可以建立专业化的协商平台。如常山法院率先在社会矛盾综合治理中心挂牌成立了"银企纠纷调解委员会"。[①] 在涉企纠纷集约化管理的前提下,法院可以委托银企纠纷调解委员会调解,目的在于把欠缺支付能力的涉诉企业有针对性地引向"审转破"通道,为审破衔接的常态化和实质化动作提供平台。

三是提高破产审判的专业性。一是机构专门化。虽然内设机构改革不增编,但可以组建相对固定的审判团队专职审理破产案件。如常山法院在2016年成立了由3名员额法官组成的破产组,在队伍建设方面力争达到专业化的标准。二是业务协同化。对破产原因的判断,民商事部门可以邀请破产法官参加涉企纠纷的合议,从而提升"审转破"制度适用的准确性。更具有前瞻性的改革方案是将涉企纠纷类型化以后全部收归破产庭(团队)办理,为"审转破"扫清技术障碍,实现诉讼与非诉无缝对接。当然,在坚持破产申请主义的基本原则下,最重要的是做好引导"审转破"的释法明理工作,提升当事人的可接受度。如《民事诉讼法》取消了企业法人适用参与分配制度的规定,倒逼债权人主动选择"审转破"。

四是完善民事诉讼相关规则。一是拓展终结诉讼的法定事由。企业被宣告破产意味着生命周期的结束,制度改进的方案既可以是列举法,即直接把企业宣告破产列为终结事由,消除"审转破"场景下诉讼案件退出机制无法可依的尴尬。也可以是概括法,即参照诉讼中止的立法模式,把"列举式"改为"列举+概括",增设"其他终结诉讼的情形"这一兜底条款,从而为"审转破"预留空间。稳定的法律预期能够免除"审转破"周期长的后顾之忧。二是把"审转破"纳入免收诉

① 参见黄韵、章晨洁:《常山法院探索金融纠纷非诉解决新机制》,载《衢州日报》2019年12月2日。

讼费的范畴。法院通过"审转破"将涉诉企业移送破产审查,因后续不存在继续审理的情况下,也可以参照《诉讼费用交纳办法》第25条的规定[①]全额退回原告方已交诉讼费,从成本收益的经济视角激活"审转破"在诉源治理方面的潜能。

五是完善法官绩效考评体系。一是建议强制移送制度。参照"执转破"的运行规律,由上级法院在年初下达定额任务,并将其纳入法院和法官绩效考核,为"审转破"制度提供运行保障机制,做到应移尽移。二是科学评价审理期限。既然法律已经规定中止审理的期限不计入审限,那么法官因移送"审转破"而中止审限,即使超过12个月,也不得因此受到否定性评价,从而释放"审转破"在诉源治理方面的巨大潜能。

① 《诉讼费用交纳办法》第25条规定:"人民法院审理民事案件过程中发现涉嫌刑事犯罪的将案件移送有关部门处理的,当事人交纳的案件受理费予以退还……"

终本案件退出视域下的个人破产制度本土化研究

——以创设个人破产简易程序为视角

梁　斌*

个人破产,是指作为债务人的自然人不能清偿其到期债务时,由法院依法宣告其破产,并对其财产进行清算和分配或者进行债务调整,对其债务进行豁免以及确定当事人在破产过程中的权利义务关系的法律规范。① 2018 年 10 月,最高人民法院周强院长在向第十三届全国人大常委会第六次会议报告关于基本解决执行难工作时强调:“推动建立个人破产制度,畅通执行不能案件依法退出路径。”这一建议让个人破产制度引起公众和学界的关注。个人破产制度作为“舶来品”,其产生和发展与外国文化特质、社会环境等各种因素相辅相成。引入个人破产制度必须对其进行本土化改造,使其在理念上、程序上和法律效果上均能符合中国国情。在当前阶段,笔者认为应当在某类债务人中试行符合中国国情的个人破产制度,积累个人破产制度的立法经验和实践经验。综观当今中国债务问题现状,在执行终本案件中,对执行不能

* 浙江省临海市人民法院桃渚法庭庭长。

① 孟绍群:《个人破产法离我们多远》,载新浪网,http://news.sina.com.cn/o/2005-06-29/10556300090s.shtml。

的债务人实行具有中国特色的个人破产简易程序,既满足破解执行难的现实需求,又为建立具有中国特色的个人破产制度提供实验样本,值得立法者考虑推进。

一、终本案件过多呼唤债务终局解决方案

当前,申请法院强制执行是解决债务问题的主要手段。但在实践过程中,大量的债务因债务人无力偿还而导致法院终结本次执行程序(以下简称终本),将执行案件暂时归档,待债务人有可供执行的财产时再行启动执行程序。据了解,终本案件在基层法院执行案件中占比较高,如Z省T市法院(包括中级人民法院和9个基层人民法院,L市是T市下辖的县级市)2018年以终本方式执结案件数达31,798件,占同期执结案件的39.97%,而其中涉个人的案件数约为28,099件,占终本案件的88.37%。[①] 终本案件仅因执行不能而对执行案件暂时作出结案处理,申请人与被执行人债权债务关系并未因此而消灭,面对如此高的执行不能案件,其所带来的问题是我们不可回避的,也是全面解决执行难问题必须面对的。

(一)债权人反复恢复执行激化执行人案比矛盾

根据最高人民法院司法解释,被执行人无可供执行财产,执行期满6个月的可作终结本次执行程序处理。此类处理使案件进入暂时的“休眠”状态。但申请人(债权人)一旦发现或者认为债务人有可执行财产,就可以向原执行法院申请恢复执行程序。这种恢复执行行为,法院并不对债务人是否有真实可供执行财产进行实质审查,只要申请提起法院直接恢复对该案件的执行。随着社会公众的法律意识增强,法院每年恢复执行的案件数量越来越多,如L市法院2016年~2018年申请恢复执行的案件分别为931件、1701件、2735件。债权人申请恢复执行,法院执行干警将重新对债务人的存款、房产及其他可查询财产进行查控,并上门走访确认债务人是否存在可供执行的财产,这使执行干警难以有精力投

---

① 参见王佳飞:《台州出台全国首个个人债务清理审理规程》,载浙江在线,http://cs.zjol.com.cn/zjbd/tz16509/201905/t20190509_10083249.shtml。

入新案的办理中,进一步激化了执行案件人案比矛盾,使执行案件收结存陷入恶性循环。

(二)严苛执行措施掐断债务人"东山再起"的可能

虽然终本案件执行程序已经结束,但对债务人的失信惩戒、网上布控、限高限行等执行措施仍然继续存在。特别在2016年4月,最高人民法院联合43个国家部委、中央机关发布《关于印发对失信被执行人实施联合惩戒的合作备忘录的通知》后,将执行举措推到极为严苛的境地,使债务人"东山再起"的可能性较小。主要表现:一是纳入失信"黑名单"后,银行等金融机构将不再向债务人发放贷款,债务人将无法通过正常融资渠道筹集资金;二是债务人被公安布控和边控后,无法乘坐高铁、飞机等交通工具,也无法拥有汽车等大宗财产,迁徙权受到极大限制,制约了债务人"翻身"的可能;三是债务人被限高后,极大地限制了其社交范围,丧失了获取"东山再起"的机会和信息。但即使使用如此严苛的手段,仍然无法根治我国民事执行难问题,高终本率就是一大明证。

(三)债权债务关系终而不毕引发违法行为发生

终本案件的产生实质上引发了一个矛盾,即在承认债权人实体权利的同时却对其实现无能为力。长此以往,由执行依据确认的法律关系必将和实际客观情形割裂,在没有一个制度对终结本次执行进行承接并为相关债权债务关系提供终局性解决方案的情况下,债权人和债务人的关系必然不稳定,债权人寻求私力救济的可能性大为增加。① 换言之,在终本案件下,债权债务关系虽"终"未"毕",极易引发违法行为发生。据L市法院统计,2016~2018年该市共发生非法拘禁、故意伤害案件共计393件,其中因讨债而引发的有171件,执行案件终本后再次讨债而引发的有102件;同时,终本案件引发了部分债权人对法院执行消极的不满,L市法院2018年由执行案件终本问题引发的涉诉信访案件61件,占同期涉诉信访案件的47.66%,成为涉诉信访的"大户"。

综上分析,对执行不能案件实行"终本"处置,仅从程序上退出执行程序,其

---

① 参见杨东伟、张楠:《执行难视域下的个人破产制度研究——以G市Y区人民法院执行案件相关数据为样本》,载《法治论坛》2018年第3期。

债权债务矛盾并未因此化解,从而给社会治理带来潜在危险。从两到三年基本解决执行难的“大会战”中,法院系统深刻认识到这一点。终本案件较多呼唤债务终局解决方案,而个人破产制度是最为适合的。

二、当前建立个人破产制度潜在现实问题

中国从来不缺少解决债务的法律制度,如民事执行程序。实践表明,通过几十年的民事执行程序发展,执行程序非但不能完善解决本应破产程序去执行的任务,反而产生了大量终本案件,导致“消化不良”。从合理性和成本角度考虑,中国应当建立个人破产制度。但在建立新制度之前,为什么个人破产制度仍然停留在理论探讨阶段这一问题值得我们研究。

(一)传统文化问题

个人破产的核心在于债务人债务豁免。终本案件被执行人要退出执行程序除完全履行债务外,只有得到债务豁免。但在上千年间,中国民间在债务问题上一直奉行“有债必偿”“父债子偿”的观念,甚至将债务问题和轮回业报相关联,认为如果生前债务没有结清,那么后世就会遭到报应。[①] 唐代的一份“放良书”陈述:“人有高卑六礼,贱者是前缘负债摘来下贱。”[②]由此可见,在唐代对于债务问题就实行了以刑逼偿、私债强夺及债务奴役等制度,对债务免责是十分抗拒的。这也体现了我国传统文化对债务问题是严苛的。这样的法文化由来已久,宽恕的法文化朝着救济债务人的方向发展,并经历了一个从倾向于债务人的救济到平衡债权人与债务人利益的过程。[③] 很明显,我国传统文化态度从根本上是抵制债务免责制度的,要让老百姓从“欠债还钱”到“欠债不还”观念上转变,无论从情感上和还是认知上都是难以接受的。另外,“破产人”这一称呼在中文语义中是带侮辱性的,其含义几乎与“败家子”同义,债务人也很难接受“破产人”

---

① 参见齐砺杰:《债务危机、信用体系和中国的个人破产问题》,中国政法大学出版社 2017 年版,第 146 页。

② 杨福林:《我国近代破产法立法研究(1906 年 - 1935 年)》,复旦大学 2009 年硕士学位论文,第 6 页。

③ 参见齐明:《论我国构建自然人破产制度的必要性》,载《当代法学》2007 年第 4 期。

这样一个称呼。

(二)执行程序的替代作用

个人破产制度始终难以落地的另一大原因在于中国式的民事执行程序。与破产程序相比,民事执行程序有其自身的优势:一是进入门槛低。在民事执行程序中,只要是胜诉并具有可执行内容的原告(债权人),即可申请法院执行,被告(债务人)也就当然成为被执行人,法律几乎没有任何限制;而破产程序则对申请和被申请人主体均有限制,如当前实行的《中华人民共和国企业破产法》,申请企业破产必须要达到"资不抵债,无力偿还到期债务"的硬性标准。二是执行效率相对较高。在民事执行程序中,法律对执行程序规定了强制性执行期限,即6个月内执行完毕;反观破产程序没有对审理期限硬性规定,加之涉及的环节较多,多年审结一个破产案件并不少见,平均处理期限也是执行程序的数倍。三是法院承担大部分工作成本。破产案件中,法院收取的破产费用占到整个破产案件支出极少部分,大部分的费用花费在管理人报酬上。民事执行程序中虽然被执行人要承担一定数额的执行费用,但大量的协调和查控等费用均由法院承担。上述优势使债权人更愿意去选择走民事执行程序,而不是破产程序。

(三)个人道德的潜在风险

实务界和理论界对债务人债务豁免最为担心的是基于恶意破产来规避债务的行为引发的道德风险。主要表现:一是债务人财产申报不到位,个人财产申报制度几乎未发挥应有作用。以L市中级人民法院2016年至2018年的执行案件财产申报(包括自然人和法人)为例,2016年新收执行案件8188件,个人申报财产711件;2017年新收执行案件11,536件,个人申报财产1877件;2018年新收执行案件11,844件,个人申报财产2114件。由此可见,债务人主动申报财产比率较低,该制度基本形同虚设。二是征信查控网络尚未严密。目前法院在执行程序中仅对银行账户查询实行全国联网,但对价值较高的房产、汽车、股票甚至支付宝、微信等财产均未实行联网联查,给债务人转移财产或隐匿财产提供了极大的空间。三是恶意规避债务的处罚极低。从目前的立法来看,对债务人规避债务的处罚仅是在民事上由债权人在一定期限内行使撤销权,而在行政和刑事上均未规定处罚手段,债务人规避债务等不诚信行为的违法成本极低,若实行债务人债务豁免极有可能出现大量“虚假破产”。

综上分析,在当前中国国情下推行个人破产制度阻碍重重。为此,笔者建议对个人破产制度进行本土化改造,以制订“中华人民共和国民事强制执行法”为契机,针对终本案件执行不能的债务人,创设民事强制执行程序下的个人破产简易程序。这不仅能帮助法院消化数量众多的执行不能案件,而且可以通过在执行不能案件试行个人破产制度,给个人破产立法提供实践样本。

三、创设个人破产简易程序的可行性分析

在民事强制执行程序中创设个人破产简易程序的想法,并非空穴来风,也非笔者臆想,其有一定的可行性论据。

(一)国外立法

综观西方各国关于个人破产的立法例,在民事执行程序中设立个人破产程序虽非主流,但也有部分国家实行。如破产法的复兴地英国在2007年颁布的《裁判所、法院和执行法》(the Tribunals,Courts and Enforcement Act 2007)第四章(第109~133条)建立的债务管理规划(Debt Man-agement Schemes,DMSs),该程序中债务经专业的执行人提出一个债务偿还计划,只要按计划偿付,剩下债务就得以免除,且该计划并不需要获得债权人(会议)同意,而只要得到计划监管者同意即可生效。① 简化债权人多数决议的步骤,免除各类财产查控和申报程序,并且债务偿还计划发生执行困难的,在保持清偿总额不变的前提下,债务履行期限最长可达2年。② 据此,在民事强制执行程序中推行个人破产简易程序,在一定数额的债务无法偿还情况下,由专业执行人提供债务偿还计划,省略破产法所要求的部分繁杂程序,节约破产成本、提升破产效率这种做法。

---

① The Tribunals, Courts and Enforcement ACT 2007, s 111. 转引自齐砺杰:《债务危机、信用体系和中国的个人破产问题》,中国政法大学出版社2017年版,第167页。

② 参见《日本民事再生法》第221~234条。转引自齐砺杰:《债务危机、信用体系和中国的个人破产问题》,中国政法大学出版社2017年版,第259~260页。

(二)操作层面配套完善

在民事强制执行程序中创设个人破产简易程序:将依托当前法院完善的执行体系服务个人破产所需的各项程序性要求,使个人破产推进更为便捷、更有效率。一是较为完善的财产查控体系,有利于查清债务人的资产状况。目前,法院执行查控基本实现了对全国金融机构、房产、汽车等个人主要资产的财产查控,虽然查控网络没有覆盖全部个人资产范围,但其对个人财产的查控辐射范围和效率远远高于现有的任何一类破产管理人。二是当前解决债权债务问题合法途径仅为法院执行,债务人所对应的债权人多数为申请执行人,即使部分债权人未起诉或未申请执行,法院依执行职权进行债权申报调查,相比现有的破产管理人更具有权威性和效率性。三是借鉴企业破产"执行转破产"的成功经验,在民事强制执行程序中创设个人破产简易程序,通过法院内部流转将执行不能涉及自然人为被执行人的案件转入破产程序,不仅具有现实的可操作性,而且在流转效率方面有极大的提升。

(三)满足社会现实需求

在民事强制执行程序中创设个人破产简易程序:一是出于优化司法资源配置的需要。个人破产制度的建立,将让客观上执行不能的案件完全退出执行程序,使有限的执行力量用于有财产可供执行的案件中,可极大缓解当前"案多人少"矛盾。二是出于平等保护债权人利益的需要。民事强制执行中的参与财产分配制度虽然也以公平保护债权人权益为主要目的,但因申请参与分配的前提条件过于苛刻、参与分配主体及客体范围过窄、参与分配的申请期限不科学、缺乏必要的债务人财产维护及保障措施等天然缺陷,无法替代个人破产制度。① 创立个人破产简易程序,不仅可以充分保障全体债权人的申报债权的权利,而且可以通过简易程序审理加速债权人的债权实现时间,更为高效地保障债权人利益。三是出于保障债务人合法权益的需要。从本质上来讲,个人破产制度是保障善意破产人的合法权益的制度。在执行程序下,因创业或经营失败而担负巨额债务后,债务人不得不疲于应对各类债务纠纷,即使无力偿还,仍然要被债权人无

---

① 参见赵万一、高达:《论我国个人破产制度的构建》,载《法商研究》2014年第3期。

休止地追债、被执行法院处予拘留,甚至判刑。而建立在民事强制执行程序之下的个人破产简易程序将对实现执行不能债务人豁免部分债务并对其民事权利予以复权处置,为善意债务人“东山再起”提供机会。

四、创设个人破产简易程序的具体构想

本文所探讨的个人破产简易程序仅指个人破产清算程序,个人破产重整程序因其复杂性等原因,不宜适用简易程序,故不在本文探讨范围。结合前文论述,笔者认为,个人破产简易程序应当重点明确其适用范围、启动条件、清算程序、免责范围及破产人监督。

(一)限定个人破产适用范围

为突出个人破产实行简易审的效率性,各国均严格限定适用范围,如前所述,日本仅对5000万日元以下的债务实行简易程序。据此,笔者认为,我国在推行个人破产简易程序时,应当针对个人债务总额在500万元以下的终本案件。理由有二:一是以自然人为被执行人债务总额在500万元以上的案件较少,不影响个人破产制度整体推行。据统计,L市法院2018~2020年以自然人为被执行人的执行案件中,个人债务总额在500万元以上的案件仅164件,仅占0.57%。二是限定为终本案件是基于法院严密的查控体系已权威判定被执行人确无财产可供执行,这为“资不抵债,无力偿还到期债务”这一破产标准的司法判定提供了主要依据。

(二)明确个人破产启动条件

针对企业破产实践中破产程序启动难的问题及当前需要一段较长时间来改变社会公众对个人破产的抵触观念,建议在个人破产简易程序中,赋予受理执行案件的法院主动启动个人破产简易程序的权力,并明确启动个人破产简易程序须同时符合如下条件:一是被执行人能主动申报个人财产;二是经财产执行查控,确无可供执行财产(不包括保障债务人基本生活的唯一合理住房,具体判别标准由最高人民法院执行工作规定规范);三是被执行人下落不明的,经过半数以上申请执行人同意的。

(三)简化个人破产清算流程

1. 个人资产调查阶段

为降低个人破产管理成本,在简易程序中可由法院直接充当管理人角色,并履行管理人职能,明确以法院财产查控信息为认定债务人财产主要依据,并由法院依职权制作债权表,提升债务人资产调查效率。

2. 个人负债审查阶段

限定债权申报时间为一个月,法院主要以申请执行信息为认定债权主要依据,简化债权申报和审核时间,缩短个人破产案件审理周期。

3. 个人破产审查宣告阶段

在查明债务人资不抵债的情况下,由法院召开债权人会议,经过半数以上债权人同意或依据已查明事实确已资不抵债,无力偿还到期全部债务的,即时宣告破产并终结破产程序。

(四)实行个人破产有限免责

鉴于当前个人破产司法实践不足及中国传统文化影响,建议明确非商事债务不免除,即仅免除民间借贷、买卖合同、公司运营等商事活动所产生的债务,对税金、依附人身的抚养费、赡养费、罚款、损害赔偿等债务不予免除。

(五)注重债务人破产后监督

为避免被执行人滥用债务豁免权利,在法院裁定被执行人免责后,由作出裁定法院在一定年限内对债务人的行为诚信情况及财产情况进行不定期不定时查控和评估,发现被执行人在宣告破产前有藏匿清算财产、故意不实申报财产或其他不诚信行为,应当及时撤销免责裁定,并依职权重新启动执行程序。

个人债务集中清理制度及其温州实践

温州市中级人民法院课题组*

有学者认为,所谓个人债务集中清理,在现有法律框架内应当属于执行和解的范畴,但其试点的目的在于获得与实施个人破产制度类似的社会效果。① 本文旨在以温州模式个人债务集中清理制度及温州地区的司法实践为研究视角,探讨温州模式下个人债务集中清理制度的合法性基础、与国内外其他相近制度的差异,以及对当前构建我国个人破产法的理论和实践价值。

一、个人债务集中清理制度的概念及法律特征

(一)个人债务集中清理制度的概念

各国具有各式各样的制度安排。以英国为例,法定个人债务清理程序有个人自愿安排、债务纾缓令、(狭义)破产清算,非正式的个人债务清理程序包括象征性支付计划、债务合并、债务注销、与债务人的非正式安

---

* 课题主持人:陈卫国,温州市中级人民法院副院长。课题组成员:陈斌,温州市中级人民法院执行局长;方飞潮,温州破产法庭庭长;叶飞,温州破产法庭审判员;黄小若,温州破产法庭法官助理。

① 参见王欣新:《个人破产法的立法模式与路径》,载《人民司法》2020年第10期。

排、全部一次性解决方案、债务管理计划等。[①] 根据法院的参与程度，又可以分为庭内程序与庭外程序。从需要取得全体债权人同意和法院参与等的特征来看，温州模式下的个人债务集中清理实践，在一定程度上类似“庭外债务安排的庭内化尝试”。

温州模式下的个人债务集中清理制度，是以个人破产法的原则和精神为指导，对现有的执行和解、参与分配等执行制度和理论进行的整合安排，借助现有的执行制度部分实现个人破产制度功能的一套制度规范。

把个人债务集中清理等同于个人破产显然是不能成立的，但简单地把个人债务集中清理制度等同于执行和解也无法充分体现和理解该制度的意义。温州模式下的个人债务集中清理制度，兼具执行性和破产性，又具有自身的特殊性。

(二)温州模式个人债务集中清理制度的法律特征

1. 作为合法性基础的执行性

温州模式的个人债务集中清理，在本质上是借助现有法律框架内的一系列执行制度完成的。在个人债务集中清理制度的构建和实施过程中，必须要明确个人债务集中清理制度的执行性。其执行性主要体现在以下几个方面：其一，法律性质和制度依据上的执行性。严格遵守现有执行制度的基本要求，不得侵犯相关债权人的合法权益，否则存在滥用职权、枉法裁判的法律风险。其二，措施手段上的执行性。要求债务人需要在法院有执行案件，以借助执行程序开展工作；关于限制债务人的一系列制度设计，如行为限制令等，源于执行制度的限制被执行人高消费措施；以执行中“和解长期履行”的方式结案，可以为将来恢复程序留有法律途径等。

2. 作为制度价值的破产性

温州模式的个人债务集中清理制度，在制度设计和价值取向上具有破产性。在价值选择上，执行制度仅是为保障生效判决的强制力和实现申请执行人的合法权益，而破产的内涵不仅包括对债权人利益的保护，也包括对债务人的救济。[②] 个人债务集中清理制度是以破产理论和理念为目标和支撑而设计的，其宗旨和

---

① 参见徐阳光:《英国个人破产与债务清理制度》，法律出版社2020年版，第10～11页。

② 参见[美]查尔斯·J.泰步:《美国破产法新论》(上册)(第3版)，韩长印、何欢、王之洲译，中国政法大学出版社2017年版，第2页。

目的一方面是使全体债权人获得公平的清偿,另一方面也是期盼能让诚实而不幸的债务人获得重新开始的机会。

在制度外观上,个人债务集中清理制度借鉴和采用了诸多破产程序,尤其是个人破产程序中的特色内容,如自由财产制度、债务豁免制度、管理人制度、失权复权制度等。

在制度功能上,个人债务集中清理是对债务人多个债权债务关系的集中性、概括性的清理、执行,使多个债权能获得公平、有效的清偿。

3. 区别于破产、执行的特殊性

前述执行性和破产性的相互作用,使个人债务集中清理制度具有其自身的特殊性。因为要兼顾措施手段的合法性基础和价值目的的破产性功能,个人债务集中清理制度在操作中具有较执行、破产程序更为严格的要求。具体表现为:其一,意思自治取代依法裁决。现有的执行、破产制度中,法院拥有依法裁决的权力,在破产程序中尤为显著,如在法定条件下裁定批准通过分配方案、重整计划草案等,但在个人债务集中清理制度中,要严格遵守意思自治的原则。其二,表决机制上的特殊性。在破产程序中,债权人会议表决采取多数决,只需达到一定的比例即可认为债权人会议决议通过。但是在个人债务集中清理中,债权人会议的表决应当采取全票决的表决机制,这是个人债务集中清理制度合法性的核心,也是其局限性的重要缘由。

二、个人债务集中清理制度的价值分析

(一)理论价值

第一,从个人债务集中清理制度的构建中,可以对个人破产制度的核心内容和基本要素有更为直观的了解。对个人债务集中清理制度适用对象的选择,可以使日后建立个人破产制度适用对象有更全面的考量;失权复权制度、债务豁免制度、公职管理人制度等个人破产核心制度的搭建,可以更深刻地理解个人破产制度的核心功能和价值追求。

第二,从个人债务集中清理制度在实践中难以突破的“瓶颈”,去反思个人破产立法应重点攻克的难题。由于个人债务集中清理制度是在现有法律框架内进行的改革,在实践中必然存在难以解决的困难,而这些困难正是需要通过个人破

产立法来克服的。

第三,根据个人债务集中清理制度的实践反馈,及时调整个人破产法的立法选择。个人债务集中清理制度中实践的适用对象范围问题、公职管理人介入后程序效率和成本问题、债权人的参与程度问题、对债务人的限制措施和复权条件问题等,都可以在实践中得到反馈,并作为立法者立法选择时的参考依据,为个人破产的立法服务。

(二)社会价值

第一,为信用建设进行政策宣示。当前信用体系和法院民事强制执行制度,更多注重的是对失信者的惩戒,而忽视了对守信者的激励和保护。通过个人债务集中清理制度,对具有良好信用记录、如实说明个人及家庭财产状况的债务人,附条件免除部分债务,达到"破产保护"的效果,同时也对全社会起到宣示作用,促使民事主体更加珍惜和维护个人的信用评价。

第二,为诚信原则提供法律指引。通过个人债务集中清理工作,向社会宣传一种诚信精神,即只要自始至终做诚实的经营者,在失败时仍有一个制度安排让其有机会重生。通过法律适用,指引民事主体不仅要有诚信的意识,还要有合规的诚信行为,譬如,主动履行债务、按时如实申报财产、严格执行限消规定、配合法院执行等;反之,不诚信的行为,诸如隐瞒、转移财产等,会承受失去重生机会、受到法律惩罚等后果。从正、反双向的反馈,让全社会尤其是背负债务的个人认识到诚信的重要意义,从而提供正确的法律指引。

(三)实践价值

第一,为个人破产立法提供民营企业主与个体经济样本和实践素材。个人破产立法需要广泛的实践样本作为参考,而温州地区的实践样本具有鲜明的特色和重要意义。温州是中国的中小民营企业之都,也是个体工商户最为集中的地区之一。受温州局部金融风波和担保链影响,加之个人过度负债及经营投资失误等原因,不少民营企业主、个体工商户及其亲属陷入严重资不抵债的困境。因此,温州地区的实践样本具有很强的参考意义。

第二,为个人破产案件办理提供"府院联动机制"的参考。在温州个人债务集中清理试点过程中,正是依靠党委的坚强领导、人大的支持推动和府院持续联动,个人债务集中清理试点得以顺利推进。在个人破产法司法过程中,可以充分发挥府院联动制度的效能,与相关党政机关密切联动,在受理、财产调查、债权人表决、管理人职务认可、逃废债打击等各个环节,形成合力。

三、温州模式个人债务集中清理制度的适用范围及基本原则

(一)适用范围

温州模式个人债务集中清理制度对适用对象的具体要求有以下 3 点:第一,需是自然人。个人债务集中清理制度是个人破产制度供给缺位的情况下的权宜之策,其适用对象只能是自然人。第二,属人管辖原则。个人债务集中清理的适用对象限于具有温州户籍,或者在温州缴纳社会保险满一年,或者在温州有实际经营业务的自然人。第三,以商个人为主要对象,但不排除消费者。个人债务集中清理的适用对象主要限于商个人,比如企业法人进入破产程序后对该企业法人负保证责任的自然人,因股东人格或者财产与公司混同而承担清偿责任的自然人,对非法人组织的债务负清偿责任的自然人经营者。但在特殊情况下,对于因生活困难无力偿还债务的自然人和其他自愿提出还款安排并征得全部申请执行人同意的自然人也可以进行个人债务集中清理。

(二)基本原则

一是意思自治原则。个人债务集中清理制度的执行属性决定其应当严格遵循意思自治的原则。该原则首先体现在程序的启动上。温州模式的个人债务集中清理需依申请启动程序,要求被执行人申请且申请执行人同意。一方面,考虑到申请执行人没有申请债务清理的动力,并且个人债务集中清理参照个人破产制度精神,很大程度上是针对被执行人的一种救济制度,是被执行人在强制执行制度下实现重生和获得东山再起的机会;另一方面,由于个人债务集中清理往往意味着对债务人更严苛的诚信要求,甚至需要其主动申报相关家属的经济状况,对债务人而言是负担的加重,尤其自身提出申请更有利于程序推进。因此,在程序的启动上,应由债务人提出申请更为适宜。其次,在个人债务集中清理的一系列重要制度上,也处处体现意思自治原则,如全体决的表决机制、债务人权利让

渡和义务扩大等。

二是诚信原则。个人债务集中清理制度应当遵循诚信原则。诚信原则主要体现在三个方面:第一,事前诚信。被执行人如果想通过个人债务集中清理程序寻求救济,实现重生,其应当进行全面如实的财产申报,承诺不进行高消费,没有因拒执行为而被处罚,没有曾经为逃避或者拖延执行而与债权人达成执行和解且因自身原因导致和解协议没有或者不能履行等。第二,事中诚信。这主要是对终止个人债务集中清理程序的制度设计,一旦出现或者发现被执行人不诚信行为,应立即终止个债清理程序,或者驳回申请。并且,如果个人债务集中清理方案经过两次债权人会议表决未通过,也应当终止个债清理程序,以避免被执行人滥用该程序拖延执行。第三,事后诚信。个人债务集中清理方案履行完毕之后,除非债务全部履行的,否则被执行人仍应当承受一定年限的信用限制,包括行为限制和资格限制,以体现其对之前所做承诺的诚意和作为债权人对其债务免除的对价。

四、温州模式个人债务集中清理的特色制度及实践成效

囿于篇幅,关于公职管理人制度、自由财产制度、失权复权制度、预清理制度等其他个人债务集中清理制度中的具体内容,本文不作展开。以下就温州模式个人债务集中清理中的部分特色制度进行介绍。

(一)表决规则设计:在充分尊重意思自治的前提下突破创新

制度设计:温州模式的个人债务集中清理程序原则上采用全体决的表决规则。债权人会议表决事项应当由全体参与个人债务集中清理程序的无财产担保债权人同意。采用全体决而非多数决制度,体现对债权人权利的高度尊重,也是其合法性的基本要求。但也存在例外情形可以采用多数决:债权人会议经全体决定,特定事项由2/3以上参与个人债务集中清理程序的无财产担保债权人同意的,或者按双重多数决等其他方式决议的,依其约定。这一设计在本质上也是对于当事人意思自治的尊重。

典型案例:瓯海人民法院李某个人债务集中清理案。[①] 债务人李某在温州市瓯海区连续经营多家企业,并以个人名义借款用于公司经营,后因经营不善而欠下巨额债务,共有 21 位债权人(其中 2 家为金融机构),涉及债权金额 20,565,060 元。在个人债务集中清理案件的债权人会议上,全体债权人以全体决的形式,表决通过了多数决的特殊表决规则。后债权人会议依据表决规则对李某的个人债务集中清理方案进行表决,其中银行等几位债权人要求延后表决,最终,同意个人债务集中清理方案的债权人占到了人数的 90.48% 和无财产担保债权总额的 88.84%,通过了该清理方案。该案是基于当前金融机构债权人内部层级审批制度和核销政策限制所做的表决规则创新,实现了对金融债权豁免难题的突破,促成债权人、债务人及社会效益多面共赢的局面,具有很强的路径探索和实践复制意义。

(二)第三人代偿机制:为各方提供多样化的债务清理方案

制度设计:温州模式的个人债务集中清理制度将第三人代为履行作为债务清理方案的一个重要方式。债务清理申请人的个人债务集中清理方案可以约定由第三人直接向债权人支付款项或者以第三人财产履行。如果个人债务集中清理方案因特定事由而终结履行,已经由第三人直接向债权人支付的款项或者以第三人财产履行的部分继续有效,第三人不得要求债权人返还;但个人债务集中清理方案终结后恢复原判决执行的,不得执行第三人财产或者要求第三人履行,当事人另有约定的除外。

典型案例:永嘉法院金某个人债务集中清理案。债务人金某因经营不善致资不抵债,经生效裁判文书认定的债务共计 4 笔,本金合计 1,857,000 元,4 起案件均立案执行。经执行调查,债务人暂无可供执行财产及固定收入,难以清偿债务本息。在个人债务清理中,金某提出由第三人(亲属)一次性代为清偿部分本金,债权人放弃部分本金及全部利息的方案。经协商,最终由第三人偿还各债权人的债务,各债权人放弃剩余债权。债权人表决通过上述清理方案,同时明确自清理方案全部履行完毕之日起 5 年内,若发现债务人存在未申报的重大财产,或

---

① 参见蔡雄强等:《个人债务集中清理的实务难点与思考——以温州瓯海法院审结的李某个人债务集中清理案为视角》,载《人民司法》2020 年第 10 期。

者存在欺诈、恶意减少债务人财产或者其他逃废债行为,债权人可以请求恢复按照原债务额进行清偿。该案中因个人债务清理申请人还款能力不足,由其亲属作为第三人代偿部分款项,这是该案债务人和债权人能达成清理方案的关键,也是个债清理能够顺利开展的有效推动力。

(三)权利义务调整:债务人的权利让渡和义务扩张

制度设计:债务人义务的扩张与其最终享受债务免除的利益是相关的,具体表现为:不仅债务人在执行程序负有容忍执行的义务,而且债务人的配偶和直系亲属也负有容忍债权人及人民法院质询和询问并如实陈述的义务。债务人的配偶应当同意接受人民法院对其财产情况的调查,包括视情况对其一定年限的银行流水进行调查,必要时人民法院可要求债务人直系亲属或其他家庭成员提交承诺书承诺配合或者同意配合财产调查。通过使债务人义务的扩张使人民法院能够对其个人及家庭财产状况进行调查,最大限度地防范了逃废债行为。

典型案例:平阳人民法院蔡某个人债务集中清理案。① 债务人蔡某原系温州某机械公司股东,该公司被裁定破产清算。经生效裁判文书认定,蔡某与控股股东均应对该破产企业原债务214万元承担连带清偿责任。经查,蔡某和其配偶胡某每月各自的收入约4000元,蔡某在其现就职的另一家公司持有1%的股权(实际出资额5800元),还有一辆已报废的摩托车及零星存款。蔡某被列为被执行人之后,因其长期患有高血压和肾脏疾病,且其孩子正就读于某大学,整个家庭入不敷出,花销巨大,确无能力清偿上述巨额债务。该案债权人全体表决通过了债务清理方案。方案中约定,蔡某在18个月内一次性按1.5%的清偿比例即3.2万余元清偿,同时约定:"该方案履行完毕之日起六年内,若其家庭年收入超过12万元,超过部分的50%将用于清偿全体债权人未受清偿的债务。自个人债务集中清理方案全部履行完毕之日起六年内,若发现债务人未申报的重大财产,或者存在欺诈、恶意减少债务人财产或者其他逃废债行为的,债权人可以请求恢复按照原债务额进行清偿。"该案较全面地体现了温州模式个人债务集中清理制度的多项特色功能,融入自由财产、债务豁免、失权复权等个人破产制度理念,初

① 参见陈卫国、林寿兵、周雨晴:《全国首例个人债务集中清理案落槌》,载《中国审判》2019年第20期。

步实现了与个人破产制度相当的功能和价值取向。该案中债务人及其配偶积极配合法院及管理人的调查,获得了债权人的广泛认可。

五、温州模式个人债务集中清理实践的反思及建议

(一)个人债务集中清理制度自身困境

温州个人债务集中清理制度是在党政的大力支持下诞生的,但是,对该试点工作的政策支持力度仍是有限的,不能完全满足审判需求。目前,个人债务集中清理工作与依法授权试点或授权地方立法还有差距。

在现有法律框架内,“债权人会议的多票决制度”和“法院依职权裁定通过清算方案”这两项破产法核心制度无法确立适用,只能代之以“意思自治原则”,这必然会影响个人债务集中清理的效率和效果。从目前实践的反馈看,主要有以下两种问题较为突出:一是金融债权人的表决困境。自然人因担保等原因而承担与生产经营活动相关的负债,已经成为比较突出的社会问题,影响和制约了民营经济高质量发展和民营企业家的健康成长,也是个人债务集中清理工作首先希望突破的方向。但是,因涉及债务减免,一般需由全体债权人表决通过个人债务集中清理方案,而金融债权人因审批机制等原因,通常会投反对票或弃权票。二是债权结构复杂时的表决困境。在债权人数多、债权种类复杂的案件中,由于全体决规则的限制,个人债务清理方案往往不容易获得通过。在夫妻联合清理的案件中,债权关系往往更为复杂。

(二)个人债务集中清理制度的解决路径

一是拓宽改革范围、深化改革领域。一方面,可以积极向上争取更高权限的试点授权。深圳借“建设中国特色社会主义先行示范区”的优势开展特区个人破产条例立法,为该市的个人破产制度改革提供有力的法律保障。若能向上级寻求更大权限、更深层次的改革试点,可以有效解决诸多制度设计上的难题。另一方面,可以积极争取深化细分领域的试点授权。在向上获得更高层级试点存在困难的情况下,应该发挥主观能动性,向细分领域争取改革试点,深化、细化改革内容,如在金融债权清理领域展开探索。

二是多渠道争取金融债权人的支持。在内部设计上,可以争取和引导金融

债权人变通表决方式,以同意采取双重多数决表决规则的方式,达到通过清理方案的目的;在外部协调上,向上争取上级法院协同中国银行保险监督管理委员会、中国人民银行等相关部门,就金融机构债权人参与支持个人债务集中清理工作进行研究论证和支持指导,充分发挥金融纠纷化解中心作用,激活完善金融机构的债权催收和债务豁免制度。

三是实现诚实信用原则最大化。要让债务人自身遵循诚实信用原则,使得债权人能够感受到债务人的偿债诚意、生活困境,也要让债权人能够清楚掌握债务人的财产的静态和动态状况,清楚地了解债务人的偿债能力,获得确实充分的参与感。

(三)温州实践对个人破产制度的参考意义

一是注重债务人财产调查制度的构建,规范家庭成员等利益相关主体的配合义务。个人不同于企业,不具备财务账册等可以直观反映企业财产动向的书面材料,在财产调查上相对更难。这就需要与债务人有财产密切往来的其他相关人员的配合,而该配合义务则需要通过立法去加以调整。温州个人债务集中清理的实践表明,债务人配合管理人的调查、向债权人披露自身财产状况的程度,会直接影响债权人对是否同意清理方案的判断。债务人财产调查制度的完善程度,直接决定了管理人调查报告的说服力,影响分配方案通过的可能性,也关系着债务人是否有逃废债的空间。除相关人员的配合义务外,还涉及债务人财产报告或调查的时间跨度要求、债务人自由财产范围等诸多问题,需要进一步研究完善。

二是注重债务豁免及失权复权制度的规范和弹性。在温州模式个人债务集中清理实践中,不同案件的债权人对于债务清理方案中偿债时间、复权时间等要求各不相同,具有较大的差异性。因此,在个人破产制度构建过程中,建议广泛收集素材,全面听取社会意见,寻求一个合理的、能为社会所接受的期限和条件,并留有合适的弹性空间允许当事人意思自治。

三是利用温州模式的可复制性,扩增实践样本。温州模式的个人债务集中清理的合法性,使该模式具有可复制性。在确保不违背现有法律规定、不损害各方当事人的合法权益的前提下,可以考虑在更大范围内对个人债务集中清理进行实践尝试,探索更多样化的清理模式、更符合我国国情的个人破产路径。

四是探索建立公职管理人制度。一方面,公职管理人对个人破产有重要的制度价值。公职管理人制度既可以有效降低个人破产程序的经济成本,也可以借助行政力量加强对清理方案后期执行、债务人行为等方面的监督力度;另一方面,从与国际接轨的角度看,温州模式中的公职管理人制度的实践,可以为个人破产法在公职管理人方面的制度构建和探索破产审判权与破产事务管理权的适度分离上提供有益的思考。

从“独擅其美”到“美美与共”：债务清偿语境下的参与分配程序与个人破产制度研究

周剑敏* 张 靓** 孙世光*** 韩咪竹****
刘鸿翔*****

一、问题切入：执行参与分配与破产程序的现状

【案例一】

A是一家个体工商户。2018年10月，B向法院起诉A，要求A支付货款13万余元，后双方在法院主持下达成调解协议。然A未能按约履行款项支付义务，2019年6月，B向法院申请强制执行。法院受理该执行申请后，C以另一生效法律文书确定的A对其负有债务20万元及相应利息向该院申请执行。基于B的诉讼，A的其他供应商在获知消息后亦向该院提起诉讼，涉案标的共计158万元。上述各案进入执行程序后，法院经审查认为，

* 绍兴市中级人民法院党组副书记、副院长。
** 绍兴市中级人民法院金融庭庭长。
*** 绍兴市中级人民法院金融庭副庭长。
**** 越城区人民法院民二庭副庭长。
***** 诸暨市人民法院民二庭法官助理。

因A财产不足以清偿到期债务,故决定通过执行分配程序向B、C等其他债权人进行清偿。在执行分配方案制作完成并就执行款完成分配后,D向该院起诉,要求A支付运输费5万元,然在法院判决生效并进入执行程序后,因A已无可供执行财产,故法院裁定终结执行程序。①

【案例二】

甲系银行,乙系有限责任公司,丙系乙公司法定代表人。甲于2014年6月向法院起诉,要求乙归还借款本金830万元,并要求丙承担连带清偿责任。法院于2014年8月作出判决,确认乙应当归还给甲借款本金830万元并支付相应利息,丙对此承担连带清偿责任。案件生效后,因乙、丙未履行相应义务,甲于2018年2月向法院申请强制执行,法院于2018年10月裁定终结执行程序。经甲申请,法院执行局于2019年1月移送破产审判部门申请破产,后法院于2019年8月裁定受理乙破产清算申请。法院于2019年11月宣告破产并终结破产程序。②

从上述两个案例可知,我国现行债务清偿制度采用平等清偿原则和有限破产主义相结合的模式,即对被执行人为个人或非法人组织的,通过对已知财产执行分配程序使各申请执行人平均分配;对被执行人为企业法人的,在通过执行程序未能得到足额清偿的情形下,申请执行人可启动适用破产程序。虽该模式在一定程度上解决了被执行人的债务清偿问题,但在实践中仍存在不少弊端。

(一)债权人保护的局限性

执行参与分配程序的前提是针对已明确债权的债权人而不是所有债权人,基于执行程序中并无规定也不可能规定对债权人的公告和通知制度,这就导致某些债权人并不知道债务人财产已进入待分配阶段,从而无法及时通过提起诉讼或主张权利参与执行分配,亦无法通过事后救济程序予以弥补。如案例一中的债权人D,因参与分配必须要有执行依据,故其即使此后获得胜诉,也无法进行事后救济。

---

① 除优先债权外,执行依据系执行参与分配之前提,若债权人未及时诉讼,将无法申请参与执行分配,若被执行人非企业法人的,亦无法申请进入破产程序。

② 以绍兴市越城区人民法院(2014)绍越商初字第2046号民事判决书、(2018)浙0602执恢133号民事裁定书、(2019)浙0602破24号为参考;被执行人存在企业法人、自然人并存时,企业法人可通过破产程序进行清偿,然作为担保人的自然人,其即使系因企业而背负债务,然无法通过其他程序获得救济。

(二)分配财产的局部性

执行参与分配的前提是针对法院已查明控制的被执行人的财产,但已知财产从严格意义上来说并不等同于被执行人的全部财产。受制于执行程序的功能定位和财产查控手段的局限性,对于被执行人的部分隐匿财产状况需要申请执行人提供线索才能获得,而非必然获取。这也是现阶段,即使是通过“执转破”进入破产程序的案件,法院也仍给予债务人一定异议期限,亦同样要求管理人对债务人的财产状况进行全面细致调查的原因。

(三)破产制度的有限性

上述模式针对不同主体所采用的不同法律规则,使除企业法人以外的其他主体在面临资不抵债时无法适用破产制度,不仅导致不同主体债务清偿的效果不一,亦导致清偿程序的混乱与重复。如案例二中,丙系乙法定代表人,其系因乙向银行贷款而负担保之债,在乙通过破产程序退出市场的情形下,债权人甲仍可向其主张担保责任,而其除了积极履行还款义务,无其他选择。

(四)两种制度的混同性

执行参与分配的价值在于解决个人和其他非法人组织资不抵债的问题,但无法替代破产制度,也导致执行参与分配程序负担过重,“不仅要承担债务人能够清偿债务时,追求个别正义的价值,同时亦要承担非商人债务人具有破产原因时,追求一般正义的价值”①。

二、比较分析:参与分配程序与个人破产制度的差异

(一)分配原则不同

原则上,执行参与分配更考虑优先性。具体表现为执行参与分配的标的物是债务人的个别财产,债权人债权受到清偿的时间为个别财产变现完毕时,受到清偿的主体为已获得执行依据的债权人。在程序上,执行参与分配是不进行公

---

① 张冬云、申海恩:《破产制度之债务执行基础分析》,载《社会科学研究》2003年第1期。

告通知全体债权人的,且因基层案多人少矛盾突出,执行员也只是对已知的获得执行依据的债权人进行分配。所以实践中,执行员也仅对所属法院内的执行案件进行清偿,对于外地法院的执行案件只有在发函告知的情况下才会一并参与分配。

个人破产制度更考虑分配的公平性。具体表现为个人破产制度的标的物为债务人的全部财产;债权人受到清偿的时间为宣告债务人破产后破产财产变现达到分配标准时;受到清偿的对象为全体进行债权申报的债权人。这就意味着个人破产制度对未取得执行依据的债权人也会进行清偿。实践中,江苏启东人民法院、绍兴诸暨法院推动的立破衔接机制,更是赋予未经过审判程序的债权人启动债务人破产的权利。而执行参与分配的启动权利则仅属于获得执行依据的首查封的债权人。

(二)权益保护侧重点不同

执行参与分配更加保护债权人的权益,个人破产制度兼顾债权人利益和债务人权益。具体体现在:

1. 设立目的

执行参与分配系部分债权人对债务人个别财产进行分配,只需考虑在单次分配上是否能够达到公平公正。笔者认为,设置个人破产制度的初衷有二:一是为了帮助诚实而不幸的债务人,使其能够有机会重新开始生活;二是为了解决执行不能的案件。

2. 制度内容

无论是浙江省温州市、台州市、苏州市现阶段推行的个人债务集中清理类“个人破产”制度,还是广东省深圳市近期推出的《深圳经济特区个人破产条例》,都对债务人存在诸多要求,例如,债务人启动破产材料繁多,债务人本人必须诚信宣誓等,但这些都是对债务人是否符合“诚实而不幸”标准的考验;一旦认可债务人是诚实而不幸的,个人破产程序就可以发挥债务免除与信用修复两个功能,债务人的权益也能够因此得到保障。

3. 分配顺位

执行参与分配程序没有严格区分私法债权和公法债权。分配时,除抵押部分、税收等法律明确优先的外,其他的债权在执行参与分配程序中同等按照债权占比受偿;执行费、诉讼费等公法债权优先受偿。在个人破产制度的设计中,从当下破产操作来看,对于法律没有明确规定清偿顺序的债权,人民法院可以按照人身损害赔偿债权优先于财产性债权、私法债权优先于公法债权、补偿性债权优先于惩罚性债权的原则合理确定清偿顺序。这样的设计就是从兼顾债权人和债务人权益的理念出发的。

(三)债权人、债务人参与度不同

执行参与分配程序中,债权人、债务人在程序参与上相对被动,仅是在财产拍卖、分配等环节获得告知相关事项和异议的权利。此举导致债权人、债务人参与度不高,债权人将讨回自己款项的希望全部寄予法院,款项不能讨回的责任也归于法院,这使债权人与法院之间关系紧张,债务人解决债务纠纷的积极性也不高。

个人破产制度则赋予债权人、债务人更多参与感。债务人重整、经营管理等方面由债务人有关人员参加,债权人被赋予更多的权利:授权管理人开展工作,监督管理人履职情况等。

综上,不难发现在个人破产制度缺位的情况下,执行参与分配程序并不能达到代替个人破产制度功能的效果。而且执行参与分配不能解决执行不能案件积压和诚实不幸债务人恢复信誉等问题。

三、路径构造:参与分配程序与个人破产制度的融合并存

如前所述,参与分配程序与个人破产制度并非非此即彼的关系,二者在债务清偿制度中扮演着不同角色。参与分配制度与个人破产清偿制度在程序设计上的融合并存,使我国的债务清偿制度成为化解社会矛盾纠纷、保障社会健康发展的重要基石。

(一)参与分配程序的功能调整:前置条件

国家发展和改革委员会、最高人民法院等 13 个部门联合印发的《加快完善市场主体退出制度改革方案》,对个人破产制度的表述为“分步推进建立自然人破产制度”“研究建立个人破产制度,重点解决企业破产产生的自然人连带责任

担保债务问题。明确自然人因担保等原因而承担与生产经营活动相关的负债可依法合理免责。逐步推进建立自然人符合条件的消费负债可依法合理免责,最终建立全面的个人破产制度”。这表明了个人破产制度从商自然人再到消费自然人逐步推开的过程。笔者认为,在个人破产制度设立的初始阶段,参与分配程序应发挥其筛选性功能,除非存在被执行人无可供执行的财产,否则执行参与分配程序应作为个人破产程序适用的前置条件。

(二)个人破产制度的态度定位:严进宽出

笔者认为,个人破产程序应采取严进宽出的态度。具体体现在对“诚实而不幸”的判断和维系上。在启动个人破产程序前对于“诚实而不幸”标准应该严格把握,从债务的履行、税收的缴纳、收入的分配等情况开展债务人个人申报、社区调查、职能机构评议等多维度综合评价。组织、邀请人大、检察、纪检、社保、街道、媒体等多个主体展开听证评议债务人。对于债务人在启动个人破产前提出的还款计划,应由债务人说明合理性和可行性,建立具体模型。

在债务人“诚实而不幸”的身份维系上,笔者认为应该在一定程度上放宽条件。允许债务人在社会主义市场经济中、在法律允许的框架内开展经营,放宽竞业限制的门槛,提高债权人的债权受偿率。必要时,应给予债务人一定政策和税务优惠。债务人提前完成承诺的还款比例的,可以缩短权利限制的期间,提早启动复权程序。

严进宽出的态度还应体现在:表决规则采少数服从多数。个人破产程序是在兼顾债权人与债务人权益乃至多方利益的平衡下采取少数服从多数的表决规则的。《深圳经济特区个人破产条例(征求意见稿)》(2021 年已正式实施)第 100 条、第 121 条中也明确了表决比例。①

---

① 《深圳经济特区个人破产条例(征求意见稿)》第 100 条【重整计划表决】人民法院应当自债权申报期满三十日内或者自转入重整程序之日起三十日内召开债权人会议,对重整计划草案进行表决。出席会议的同一表决组的债权人过半数同意重整计划草案,并且其所代表的债权额占该债权总额的 2/3 以上的,即为该组通过重整计划草案。《深圳经济特区个人破产条例(征求意见稿)》第 121 条【表决规则】债权人会议通过和解协议的决议,由出席会议的有表决权的债权人过半数同意,并且其所代表的债权额占和解债权总额的 2/3 以上,视为表决通过。

(三)个人破产制度的核心精髓:免责与复权

个人破产制度的核心精髓就是免责和复权两个程序。结合我国实际情况,笔者认为应实行附条件或附期限的当然免责制度,即在债务人按照破产程序清偿完毕后,经过一定期限或完成债务清偿计划中的承诺后,债务人未受清偿的债务自动予以免除。《深圳经济特区个人破产条例(征求意见稿)》中,亦对免责的期限设置在 3 ~5 年。①

首先,此举对诚实而不幸债务人而言,可以减轻其负担,赢得重新再来的机会,与此同时附期限、附条件也是对其"诚实而不幸"身份的再考验,即在一定的期限内其行为仍然受到法院、管理人、债权人等主体的监管。对于法院而言,避免了法院裁决确认免责的压力,同时给执行不能案件一个解决的出口。对于债权人来说,一方面,保留了债权人对非诚实不幸债务人权利主张的途径;另一方面,也要求债权人对于资金出借应保有注意义务。

其次,免责制度是金融类债权人不良资产处置的一个出口。在企业破产程序中,债务人企业适用重整程序时,金融机构受问责机制的限制往往对债务人重整持反对票、弃权票。基于此,个人破产程序应更加注重免责制度的设计,建立金融机构减免清偿的核销、免责机制,增加个人破产成功的概率。

最后,对免责制度设置生效期限、失效条件等限制性因素,伴随而来是对债务人行为、债务人财产等方面是否存在违反诚信原则情形的考察。因此,在破产程序终结到债务免除的这一段时间内,债务人的权利应受到限制,即失权期间,在该期间内债务人的行为受到限制。当然,免责的范围不应是无限的,按照国际通例,像税收、罚金、身体伤害赔偿金、抚养费等影响债务人诚实而不幸身份认定的债权应不予免除。②

复权制度是作为免责制度下一环存在。在免责前,债务人的权利受到限制,在经过免责制度的考验后,对于诚实而不幸的债务人应考虑为其恢复权利。在

---

① 《深圳经济特区个人破产条例(征求意见稿)》第 135 条【免责考察期】免责考察期为 3 年,自人民法院宣告债务人破产之日起算。在破产程序中和免责考察期内,破产人应当遵守人民法院依照本条例作出的限制债务人相关行为的决定。违反该决定的,人民法院可以决定延长免责考察期,但延长期限不超过两年。

② 《深圳经济特区个人破产条例(征求意见稿)》第 136 条中亦对免责范围作出类似的规定。

现阶段来看，债务人的复权仍应采取许可复权的方式，即由法院出具相关文书协助其恢复权利。但出于节约司法资源，方便债务人权利恢复，避免银行等征信部门对抗，笔者建议在复权制度上采用立法明文规定的当然复权模式，即在规定的期限结束后债务人的权利即时恢复。

在恢复债务人信誉方面，可借鉴浙江省遂昌县人民法院的实践经验，引入“重整贷”等信用借贷或帮助债务人延长并加强贷款的展期管理，逐步提升债务人在银行等金融机构的信用等级。在债务人信用恢复方面引入公证制度，对于债务人的还款计划、债务人的执行案件执行不能等多个环节进行公证。引入人大代表评议制度，对债务人“诚实而不幸”的身份、债务人还款计划、个人破产程序运行的合理性进行评议，最大限度地提高个人破产程序的权威性和可信度。在配套措施改革上，应加强府院联动机制的建设，特别是职能部门间数据“区块链”的建设。实现数据联网、数据跑路、数据分散与再整合，提高债务人信用恢复的覆盖面和速度。

（四）个人破产程序的终局救济：参与分配＋“枫桥经验”

个人破产过程中，如被执行人撤回破产申请、个人债务破产方案未经债权人通过、被执行人爆发信用危机、被执行人存在欺诈行为等情形均可能导致个人破产程序的终结。在这些情形下，基于个人破产程序并未形成有效的终局债务清偿方案，笔者认为，除非债权人明确表示放弃债权，否则应当允许债权人在个人破产程序终结后即申请恢复对原执行案件的执行，且从效率和利益角度出发，个人破产程序中业经确认或通过的相关事项可在执行程序中直接予以适用，并通过执行参与分配程序将被执行人的财产尽快清除，以切实保障各方利益。如债权人因个人破产程序已经受偿的部分不论是否属于债务人个人财产均不再返还，同时债权人作出的免债承诺失效，债务人就债权人未受偿的部分继续承担还款义务。此外，执行程序因个人破产程序终止而再次启动，执行措施较之前更加严厉并加之以罚款、拘留等惩戒措施，严重的追究债务人刑事责任。原则上，个人破产程序以一次为限。债务人因非诚实而不幸终止个人破产程序的不得再次启动个人破产程序。

对于个人破产程序中债务人的行为监测，应像取保候审、缓刑考验期等权利限制期限一样,积极落实责任到具体部门。[①] 从现阶段来看,前述破产管理署的职能被管理人包揽,但一方面,管理人系营利机构,对于无产可破案件积极性不高;另一方面,管理人无法时刻、有效起到监督作用。基于此,部分地区将管理人的职能移到司法局或通过设立公职管理人的方式,对债务人的行为进行监测。从长远制度发展角度,无产可破的个人破产案件将爆发式出现,成立破产管理署亦已被深圳等地区提上议程。从现阶段看,笔者建议,债务人行为监测的责任落实到债务人所在乡镇、街道;发挥“枫桥经验”治理方式的优越性,增强对债务人行为的监测;建立债务人行为容错机制,框定债务人不妨碍清偿计划的行为,避免债权人与债务人、债权人亲属与债务人亲属等主体的矛盾激化。

(五)执行参与分配程序与个人破产制度的衔接:互认机制

无论是执行参与分配还是个人破产制度,最终都是我国治理环境和治理能力的缩影,更是对社会发展和大众需求的回应。法治精神的追求莫过于平等、公平,而执行参与分配与个人破产在制度上的互认、在程序设计上的融通,是贯彻法治理念的最大体现。同时,考虑以“执转破”作为个人破产适用的前置条件,互认机制亦是破产案件快速审理的有效方式。笔者认为,在分步建立个人破产制度的过程中,可先行从以下几个方面入手:第一,执行法院就债务人财产的调查结果可用于破产程序中,无须再次调查。基于此,对于个人债务人财产的调查可着重于新的财产线索和债务人未来可获得的预期财产方面。第二,执行程序中已经完成的评估、鉴定、审计、拍卖等,其效力可延续至破产程序中,相关流程无须再次进行。从时间成本上考虑,对前述行为效力的延续将大大缩短破产审判的审理期限,提高破产审判质效,保障债权人、债务人双方利益。第三,个人破产程序中业经债权人会议确认的债权额、预分配方案等,如个人破产程序终结而恢复至执行程序,其效力仍可予以认定。当前,在个人债务集中清理试点过程中,各地出台的实施方案普遍有个人债务清理程序终结后仍可恢复执行的条款,但是恢复执行后,执行程序是否需要重新启动全部调查、审查、分配、确认等程序,并无明文规定。笔者认为,对于非因债务人主观原因而导致破产程序终结的,应

---

① 英国、美国等国家,设置专门的破产管理署作为监督债务人行为、执行个人破产事项等工作的专门部门。

当允许个人破产程序中业经债权人会议表决通过或人民法院认可的各项方案在执行程序中得以适用，以体现统一性、延续性和公平性。对因债务人主观原因如存在欺诈、恶意减少财产或逃避债务而导致破产程序终结的，则在恢复执行后应重新考量债务人行为对破产程序产生的影响，而不应直接适用。

个人破产若干法律问题的研究：以《深圳经济特区个人破产条例》为视角

丁海湖[*]　陈　宽[**]

2019年，最高人民法院印发的《关于深化人民法院司法体制综合配套改革的意见——人民法院第五个五年改革纲要（2019—2023）》及会同其他十二部门印发的《加快完善市场主体退出制度改革方案》（以下简称《市场主体退出改革方案》）等文件均明确提出要研究建立个人破产制度。深圳市人大常委会率先通过了《深圳经济特区个人破产条例》（以下简称《个人破产条例》），并于2021年3月1日正式实施。本文以深圳个人破产立法为契机，分析个人破产立法涉及的适用对象、自由财产、失权与复权、免责、管理人等基本法律问题，以期为个人破产制度的进一步完善提供参考。

一、适用对象

适用对象是个人破产立法首先要解决的问题。个人破产法立法模式主要分为三种：第一种为商人破产主义，即破产只适用于从事商事活动的主体，是对具有商人身份

* 广东省高级人民法院破产审判庭（执行裁判庭）庭长。
** 广东省高级人民法院破产审判庭（执行裁判庭）法官助理。

的人适用破产程序的立法主义;[①]第二种为一般人破产主义,即所有未能清偿到期债务的债务人,无论是否为商人,均可适用破产;第三种为折中主义,即承认非商事主体破产,同时规定与商事主体破产不同的程序路径。

(一)商自然人

商事主体以商自然人、商法人和商合伙等形式存在,持续从事经营活动。一般认为,商自然人是依据商事法律,具备商事能力,独立进行商事行为并且承担商事权利义务的自然人。商自然人在我国主要有个体工商户、农村承包经营户和个人独资企业三种形态,[②]《中华人民共和国民法典》(以下简称《民法典》)将"两户"归入"自然人"一章,而将个人独资企业归入"非法人组织"一章。现行《中华人民共和国企业破产法》(以下简称《企业破产法》)采用的是一种不完整的商人破产主义,其直接适用范围仅限于企业法人,企业法人以外的组织的破产清算,在法律有明确规定的情况下可参照适用清算程序。因此,个人独资企业可以参照适用《企业破产法》规定的破产清算程序进行清算。[③]

商自然人应被纳入破产程序适用范围。第一,商自然人是商事活动的重要主体,数量庞大。从公平正义的角度,商自然人的债权人应获得平等的债权保护,商自然人也应当拥有与企业法人平等的获得重生的机会。[④] 第二,商自然人普遍具有资金不足、易受冲击、抗风险能力弱等特点,个人破产制度具有适用价值。第三,以个体工商户为代表的商自然人对提高经济活力有重要作用,个人破产制度的建立有助于更好激发市场活力和创新创业积极性。当然,对农村承包经营户适用个人破产制度,需充分考量评估现行土地制度的规定、农民破产后的权益保护和风险承受等特殊问题,在绝对确保农村社会稳定和农业生产安全的基础上开展实践。

(二)普通自然人

普通自然人通常以消费者的身份参与经济活动,在我国也存在以个人名义

---

① 参见李永军:《破产法——理论与规范研究》,中国政法大学出版社2013年版,第10页。

② 参见林艳琴:《对我国商自然人法律制度的审视》,载《政法论坛》2009年第1期。

③ 参见《最高人民法院关于个人独资企业清算是否可以参照适用企业破产法规定的破产清算程序的批复》(法释〔2012〕16号)。

④ 参见徐斌:《论商自然人破产制度》,载《福州大学学报(哲学社会科学版)》2016年第3期。

参与经济生活的微商、自由职业者等群体。个人破产关注的是普通自然人在正常经济活动中形成的合法、合理负债。将普通自然人列入破产程序适用范围,符合个人破产制度的理念,从破产法的发展脉络看,先有普通自然人破产再有企业破产也是较常见的现象。

关于普通自然人破产的争议集中于其是否会造成滥用个人破产、是否会导致逃废债、在我国是否具有可行性等问题。[1] 应当看到,我国经济社会发展水平已发生变化:一方面,个人消费市场规模扩张,社会面临的个人债务风险不容忽视。另一方面,以物权法律体系为核心的财产权属制度有效提升了产权明晰度,以征信系统、社会保障制度等为代表的配套制度建设也取得了积极成效。普通自然人破产制度作为消费信用回收制度的一种,也将推动消费信用市场发展,促进信用体系建设。[2] 个人破产制度挽救的是"诚实而不幸"的人,坚决反对非理性的消费主义、恶意负债、逃废债等行为,对正确引导社会消费观念、规范消费行为具有积极作用。

同时应当注意的是,个人破产立法尚处于发展初期,为避免立法上的冒进,防止出现"破产移民",笔者认为,可对普通自然人申请个人破产的资格加以限缩,适度提高制度门槛,加入在当地缴纳社保年限、户籍和连续居住时间等硬性条件限制。人民法院应加强主体资格审查,守好入口,之后再稳步降低门槛。《个人破产条例》最终也采纳了此种意见。

(三)企业破产中的自然人连带问题

企业破产可能引发相关自然人的个人债务清偿问题,突出表现为自然人为企业提供担保,而破产法规定破产人的保证人和其他连带债务人,在破产程序终结后,对债权人依照破产清算程序未受清偿的债权,依法继续承担清偿责任。《市场主体退出改革方案》指出:"……重点解决企业破产产生的自然人连带责任担保债务问题。明确自然人因担保等原因而承担与生产经营活动相关的负债可依法合理免责。"

个人破产制度的缺失使这类人既无法通过个人破产制度免责亦无法通过企

① 参见邓社民:《自然人破产能力的法理基础和现实选择》,载《武汉大学学报(哲学社会科学版)》2007 年第 3 期。

② 参见殷慧芬:《消费信用与消费者破产制度的建立》,载《河北法学》2009 年第 11 期。

业破产程序免除保证责任,因此这部分主体不愿意主动启动企业破产程序,从而形成“僵尸企业”。[①] 在一些案件中,人民法院通过将企业与经营者的债务与财产实质合并、统一清偿的方式解决前述困境。在个人破产立法层面也应当对与企业破产相关的自然人债务问题予以充分关注,明晰企业与自然人的责任内容、财产界限,实现个人破产与企业破产的有效衔接、相向而行。

二、自 由 财 产

(一)自由财产的定位

自由财产,又称豁免财产,是指在破产程序中不被清算分配,由债务人自由管理处分,用于维持债务人及其所供养亲属生活需要以及与债务人具有特定人身关系的财产。现代个人破产法确立此制度的目的有二:一是保障破产人及其所供养亲属一定时期内的基本生活需要;二是维持破产人继续生产经营。[②] 前者是基于人的生存权要求,后者则是基于人的发展权要求。个人破产立法是对债务人的生存权和发展权的一种法律确认,是实现债务人人格尊严的重要路径。[③] 同时也要明确界分债务人责任财产和非责任财产,防止不诚信债务人损害债权人利益。[④]

(二)自由财产的范围

自由财产的范围是核心问题。一般认为主要包括维系债务人及其所供养家庭成员基本生活所必需的财产,或者是使债务人具备重新发展可能性的必要财产以及与债务人有不可分割特定关系的物品。

但应当注意到,自由财产制度对债务人的保护是暂时性的。从个人破产制度的整体视角看,个人破产制度并不只是为了挽救债务人,维持债务人的生活需要或发展可能性应在保障债权人合法权益的前提下进行,控制在法律和道德容忍的限度内,使债务人处于生活质量较低但可以满足基本生活需要的状态,使其从事工作可以获得的回报处于正常合理普遍的水平。因此,不能把自由财产制

① 参见池伟宏:《企业经营者与个人破产制度》,载《人民法院报》2016年11月16日,第7版。

② 参见胡利玲:《论个人破产中豁免财产范围的确定》,载《经贸法律评论》2019年第4期。

③ 参见殷慧芬:《个人破产立法的现实基础和基本理念》,载《法律适用》2019年第11期。

④ 参见赵吟:《个人破产准入规制的中国路径》,载《政治与法律》2020年第6期。

度理解为要为债务人保留用于投资和经营的财产。[①] 确定自由财产范围时要认识到自由财产不仅具有规范价值,也具有社会公共价值,是对人生活水平直接的限制和改变,涉及公序良俗及道德评判,应坚持:第一,保障债务人及其所供养亲属的生存和发展;第二,适度从严把握;第三,尊重个人基本情感和人格尊严。对自由财产范围的限制可从多个角度综合进行,包括财产金额、财产类型、财产用途和债务人对财产的需求等。[②]

《个人破产条例》第 36 条规定了豁免财产的范围。其中第 1 款列举了七类豁免财产,第 2 款则将这七类中价值较大、不用于清偿债务则对债权人明显不公平的财产列入债务人财产,第 3 款在第 1 款的基础上以类型为区分限定了累计价值总额以封顶。这种立法技术体现了立法者在平衡债务人与债权人利益的过程中所作的取舍,体现了严格把握自由财产的取向,在个人破产制度实施初期是有必要的。

(三)自由财产的确定程序

《个人破产条例》第 37 条、第 38 条规定了确定自由财产的程序:债务人在收到受理裁定书 15 日内向管理人提交豁免财产清单,并列明价值或金额;管理人审查制作债务人财产报告,对其中的豁免财产清单提出意见,提交债权人会议表决;未获债权人会议表决通过的,由人民法院裁定。对实施欺诈行为本不应当纳入豁免财产而纳入豁免财产的或有其他不正当转换行为的情形,在多数情况下,能够通过管理人审查、债权人表决以及司法裁定予以预防,但也应健全相应的救济途径,应有途径事后否定债务人的豁免主张,撤销决议或裁定以追回财产,并视情况按照故意隐匿、转移财产等规定情形追究行为人责任。

三、失权与复权

(一)失权的内容

个人破产后的失权,是对债务人的权利进行一些限制,通常包括经营资格、

① 参见王欣新:《用市场经济的理念评价和指引个人破产法立法》,载《法律适用》2019 年第 11 期。

② 参见[美]查尔斯·J. 泰步:《美国破产法新论》,韩长印、何欢、王之洲译,中国政法大学出版社 2017 年版,第 969 页。

个人信誉、消费行为等方面。

《个人破产条例》关于失权的规定主要见于第23条和第86条,这两条并未直接采取"失权""权利限制"这类涉及权利的表述,而是从限制行为和任职资格的角度予以规定。其中第23条与失信被执行人的行为限制基本类似,侧重于限缩债务人消费规模;第86条则规定债务人在宣告破产至免除未清偿债务期间,不得担任上市公司、非上市公众公司和金融机构的董事、监事、高级管理人员职务。该条例其他条文中亦有诸如未经人民法院同意不得出境、借贷受限之规定。

失权对债务人影响较大,例如,不适当限制从业资格存在阻碍债务人获取收入之可能,于债权人而言亦有不利。因此,失权若有减损债务人生存权和发展权之可能则须以必要为限,并侧重于获得荣誉资质、进一步负债的资格、高水平消费行为等,以起到有效规制债务人行为并令债务人有奋起直追之希望的作用。可以预见的是,如果个人破产制度被写入破产法或以其他方式全面铺开,那么其他部门法也可能在相应的领域内对债务人的权利、行为、资格予以限制,那时就要注意防止出现不适当的扩大规定以及分散化规定而对债务人造成严重不利。

(二)复权的条件与程序

失权的债务人在满足一定条件时可以复权,《个人破产条例》主要规定了三种类型:第一,债务清偿完毕。无论是债务人自行清偿还是第三人代为清偿,对债务人采取的限制措施都应予以解除。第二,重整计划获得批准。《个人破产条例》第124条规定,人民法院裁定批准重整计划的,应当同时作出解除限制债务人行为的决定,从而为债务人能够贯彻执行好重整计划减少障碍。《个人破产条例》未明确和解程序中何时解除行为限制,可参照已有条文,即在人民法院认可和解协议的同时决定解除行为限制。第三,期限届满,债务人未清偿的余债获得免除。人民法院裁定免除债务后,债务人未清偿的债务消灭,包括未申报的债权,债务人今后的收入和获得的财产不再用于清偿相应债务,债务人享有的其他权利同时予以恢复。

复权的程序一般划分为当然复权和许可复权,一些地区还采取兼而有之的混合复权。比较而言,更适合我国当前现实情况、更容易为社会接受的是许可复权。《个人破产条例》第101条采取了人民法院决定复权的模式:考察期届满,债务人申请免除未清偿债务,管理人进行调查、征询意见并出具报告,人民法院审查后裁定免除债务的,应当同时决定解除行为限制。值得注意的是,该条中加入了破产行政管理部门的角色,管理人应当就债务人是否存在不得免除的债务或不得免除未清偿债务的情形,在形成书面报告前征询债权人和破产事务管理部门的意见。这就使破产行政管理部门拥有了对债务人的履行情况进行评判定夺的权力,进一步增强了个人破产制度对债务人的约束力和震慑力,为管理人履职提供了切实的支持。

四、免责制度

免责,是指通过破产程序免除旧债,使将来的收入和财产不再受债权人追夺。① 免责是个人破产的核心,作为个人破产中最具特色的制度之一,它的出现和兴起被认为是现代破产法发展的重要标志。②

(一)免责的制度价值

免责是国家对债务人施与的特殊利益,某种意义上是对债权人利益的减损。③ 给予债务人这种特殊利益,主要有以下考虑:一是让债务人从沉重的债务负担中彻底解脱出来。④ 现代经济是信用经济,给予"诚实而不幸"的人重新开始的机会,让其恢复信用,恢复经济能力,才是对一个人的彻底拯救。二是维护债权人的利益。如果债务人没有免责的机会,自然就会失去申请破产的动力,债务人经济持续恶化最终会损害债权人利益。而且,即使债务人无法免责,债权人后续获得清偿的可能性也较小。与其任由债务人逃避债务,不如让债务人重新开始,经济状况的改善自然会增加后续清偿的机会。三是消除社会不安定因素。对债务人免责将有助于减少因个人偿债不能所带来的社会不安定因素,促进社会和谐。四是鼓励创新创业,激发市场活力。给诚实守信、合法经营的人清晰的

---

① 参见许德风:《论个人破产免责制度》,载《中外法学》2011 年第 4 期。

② 参见马哲:《论个人破产余债免除制度在我国的适应性及其构建》,载《中国政法大学学报》2019 年第 4 期。

③ 参见刘静:《个人破产制度研究:以中国的制度构建为中心》,中国检察出版社 2010 年版,第 224 页。

④ See Charles Jordan Tabb, *The Law of Bankruptcy*, *Second Edition*, Foundation Press, 2009, p. 959.

退路，助力其更加勇敢地面对市场风险，这对其经济实力和社会生产力的提升都是大有裨益的。

（二）免责的条件

免责是附条件的，但免责的条件设置也不能过于苛刻，否则债务人就不会积极地申请适用破产程序，达不到立法的调整目的。① 首先，要明确免责的对象。免责制度保护的是“诚实而不幸”的债务人，对实施过欺诈破产、破产犯罪、滥用程序等道德风险过高的主体必然限制适用。② 其次，要确定不予免责的行为和不可免责的债务。通常情况下，债务人存在欺诈、不当减损财产以及故意违反破产法规定的义务、故意侵害全体债权人利益等行为的，都无法获得免责。不可免责的债务是必须清偿的特定债务，通常包括税款、罚款、侵权赔偿、赡养费、抚养费、教育贷款等，一般具有很强的公共属性或人身属性，是个人破产对公共利益和伦理道德要求的回应。最后，要考量免责考察期限的适当性。考察期限过长不利于债务人经济能力的恢复，压制了债务人偿还债务与积极工作的动力，相当于判处了债务人经济上的“监禁”，而且债务存续期限过长也会干扰正常交易秩序；考察期限过短则直接不利于债权人利益的保护，也会增加交易相对人对是否与债务人进行交易的担忧。《个人破产条例》规定的考察期限为自宣告破产之日起3年，可延长不超过2年，并鼓励债务人提前清偿以缩短考察期。从社会大众的心理角度来看，3年和5年比较符合传统认知和习惯表述，至于制度层面效果如何、是否需要调整，还需要实践检验，暂不下定论。

（三）免责的撤销

在给予债务人重新开始机会的同时，也要充分保障债权人的知情权、异议权等合法权益，因此，赋予债权人救济途径就成了免责制度发挥实效的关键，否则，会引起债权人等群体的反对，使免责制度无法落地。债权人不服免除债务裁定可以申请复议，但由于是否存在欺诈的情形未必能及时查明，所以必须赋予债权人事后申请撤销裁定的权利。值得讨论的是《个人破产条例》对撤销权的行使期

---

① 参见王欣新：《用市场经济的理念评价和指引个人破产法立法》，载《法律适用》2019年第11期。

② 参见刘静、刘崇理：《建立我国个人破产制度若干问题研究》，载《人民司法》2020年第19期。

限未作规定。一般来说,撤销权的行使是有期限的,例如,《民法典》第152条规定的除重大误解和受胁迫外的情形的撤销权行使期限一般为自知道或应当知道撤销事由之日起1年,民事法律行为发生之日起5年。撤销权行使期限的设置是为了敦促债权人加强监督,及时行使权利,从而避免法律关系长期处于不稳定状态。① 但深圳市人大常委会法工委在《〈深圳经济特区个人破产条例〉解读》中表示:"债权人或者其他利害关系人在任何时候发现债务人通过欺诈手段获得免除未清偿债务的,均可以申请人民法院撤销免除未清偿债务的裁定。"据此,《个人破产条例》赋予了债权人和利害关系人终身追溯债务人欺诈行为的权利。《个人破产条例》如此规定是出于避免逃废债的考虑,但笔者认为,债权人和利害关系人还是应当积极行使权利,尽量在人民法院作出免除债务裁定之前或之后的合理时间内主动查明债务人存在欺诈行为,这一方面可以减少日后己方取证的困难,另一方面也避免案件久拖不决导致债权人和利害关系人的生活始终处于一种不稳定状态。

五、管理人制度

个人破产对管理人提出了不同要求。个人破产是一种以人为中心的法律制度,管理人要面对的不再是法律拟制的主体,而是真实存在的个人,因此,需要构建起适应个人破产实践要求的管理人制度。

(一)管理人职责

在个人破产中,管理人要对债务人财产状况进行全面的核查掌握,要提供咨询、协助等服务以引导其正确、及时清偿债务,要维护好程序公平正义,预防、甄别和打击逃废债行为,更要监督重整计划的执行或在若干年的考察期内对债务人的行为行管理监督之责。可以说,管理人实质上获得公权力赋予的直接介入和影响债务人及其亲属生活的权利。理想的个人破产管理人制度期望通过专业尽责的管理人的依法履职来帮助"诚实而不幸"的人达到走出困境、重塑人生的

① 参见刘静:《个人破产制度研究:以中国的制度构建为中心》,中国检察出版社2010年版,第224页。

目标。如果债务人经过几年个人破产制度的洗礼，未来实现了人生更高跨越，那正是制度最令人期待的效果，是真正的以人为中心的体现。这种理想模式的背后，潜藏着的是一旦管理人履职不力甚至失败，不利后果将直接作用于债务人甚至其亲属，深刻改变其人生轨迹，这是在完善管理人制度时必须重视的。

鉴于此，必须建立更加符合个人破产实际的管理人选任、履职、监督、报酬制度。一方面，个人破产制度呼吁加强对管理人履职的保障，确保管理人有能力、有方法要求债务人沿着正确的道路度过长达几年的考察期或者重整计划执行期，真正实现对债务人长期而有效的监管；另一方面，要充分认识到管理、监督管理人的重要性，既要不断提高个人破产管理人的履职专业性和工作责任感，建设热爱个人破产事业、了解债务人内心、善于协调沟通的管理人队伍，也要掌握管理人履职情况，评估好管理人履职风险，及时调整不适宜、不胜任的管理人。

（二）破产行政管理机构

《企业破产法》实施以来，实务界和理论界已经呼吁有必要设立专门的破产行政管理机构。《市场主体退出改革方案》明确提出在完善市场主体退出制度领域，由各地方人民政府负责完善司法与行政协调机制、明确政府部门破产行政管理职能。

深圳个人破产立法的一大亮点就是设立了专门的破产行政管理部门——深圳市破产事务管理署。《个人破产条例》明确并致力于发挥破产行政管理部门在管理人选任、管理、监督、履职保障，对破产欺诈的调处、破产信息公开、破产事务咨询和法律援助等方面的职能。笔者认为，破产行政管理部门无论是单独设立还是在既有部门中增加相关职能，都要发挥好三个作用：一是连接司法与行政的桥梁作用，加快实现破产审判权与破产事务管理权既彼此分离又高效协作。要紧紧依靠党委、政府，与相关部门机构加强协调，强化顶层设计，完善联动机制。二是行政管理作用。要把管理好、监督好管理人作为首要工作来抓，研究解决管理人报酬保障、具有公职身份的人员担任管理人等问题，完善个人破产配套保障制度。三是服务作用。要积极传播推广个人破产理念、知识，为个人破产注入公益性内容。

六、结　　语

建立个人破产制度用开放的思维回应新时代的新需求,同时也必须根植于我国国情、制度、文化,真正将个人破产的价值惠及勤劳工作、诚实经营的人。个人破产制度的建设必然是一项复杂的系统性工程,如何在个人破产的各项法律制度设计中实现法律对个人追求美好生活的正向激励,彰显社会对诚信、勤奋、创新等价值的倡导以及对奋斗者的鼓励宽容,是一个需不断探索的课题。

我国个人破产制度的适用范围研究

赵铭杨*

我国个人负债问题与消费金融的迅猛发展之间存在一定矛盾。同时,债权债务纠纷引发了一系列难以解决的社会问题。在此情形下,个人破产制度呼之欲出。“适用范围”作为一项制度制定必须明确的对象,在个人破产制度的制定与推进中具有重要意义。因而有必要明确个人破产的适用范围,进一步规范个人破产制度的适用标准,保护诚而不幸的债务人,以平衡债权债务双方的利益。

一、我国个人破产适用范围的现状

(一)个人破产立法

2004 年《中华人民共和国企业破产法(草案)》首次被提请全国人大常委会审议。该草案中自然人被纳入考

* 中国政法大学 2020 级法学硕士研究生。

量,[①]这是我国破产法的一大进步。目前,我国并没有独立的个人破产制度,有关个人债务纠纷,个人难以清偿债务,执行难等问题,主要依据《中华人民共和国企业破产法》(以下简称《企业破产法》)、《中华人民共和国民事诉讼法》及相关司法解释解决。根据《中华人民共和国民事诉讼法》第261条规定的"参与分配"制度,[②]债务人财产先会按照法律规定被查询、冻结、划拨存款,扣留、提取。此后,债务人仍无法偿还债务的,其债务并未消灭,债权人可继续追债,债务人应当继续履行义务。在此规定下,债权债务纠纷并不能通过诉讼被终结,更遑论给予破产的债务人重生与再发展的机会。

(二)个人破产适用范围的复杂性

其一,"人"的属性。在个人破产制度中,"人"的属性是其重要特征之一,这也是其与相关经济组织、法人破产的重要不同。个人破产制度中与"人"之属性联系最紧密的是一般自然人破产。一般自然人破产与企业破产主要存在四方面的不同:第一,权利能力。自然人一般均具有破产能力;而企业破产,不同行业的企业法人具有不同的破产能力。第二,破产原因。自然人破产是多方面的;而企业法人破产原因较单一,即法律明确规定的到期不能偿还债务与失去支付能力。第三。破产范围。企业破产清算会直接导致法人本身主体资格的消灭,进而法院在清算剩余财产时无须考虑法人今后的生存发展问题,因此法人的全部财产均能成为参与分配的破产财产;个人破产,因具有自然人的独特属性,法院在对其进行破产清算时,必须考虑其财产被分配后的生活问题,须将自然人最低生活保障纳入考量,以及考虑是否要基于"诚而不幸"的情形免除其剩余债务。第四,法律后果。企业法人在执行完破产清算程序后就已"死亡";自然人本体并未死亡,仍需继续生活,甚至作为家庭成员还要承担抚养子女、赡养老人的义务。同

---

① 《中华人民共和国企业破产法(草案)》第2条,本法的适用范围包括企业法人、合伙企业及其合伙人、个人独资企业及其出资人、其他依法设立的营利性组织等。制定过程中,有代表建议将个体工商户和个人在消费行为中可能出现的破产纳入破产法进行调整。而此提议因被认为当下不具有实施个人破产制度的前提条件——国家具有比较完备的个人财产登记制度和良好的社会信用环境,未被采纳。颁布时这一条也并未被写入《中华人民共和国企业破产法》,其对于主体明确限制在企业法人,而"其他法律规定企业法人以外的组织的清算,属于破产清算的,参照适用本法规定的程序"。

② 《中华人民共和国民事诉讼法》第261条规定:"人民法院采取本法第二百四十九条、第二百五十条、第二百五十一条规定的执行措施后,被执行人仍不能偿还债务的,应当继续履行义务。债权人发现被执行人有其他财产的,可以随时请求人民法院执行。"

时，执行破产程序并不意味着自然人民事主体的丧失，其仍然具有民事行为能力与权利能力。[①] 个人破产因“人”之属性而非常复杂，每一类主体考虑的方面与重点又各有不同，而这正是本文论题需要被讨论的重要原因。

其二，现行城乡二元制度、土地制度的复杂性。目前，我国有关“三农”问题的政策，尤其是土地相关制度，变化幅度较大，尚未定型，不同村落亦有其自身的独特性。农村土地流转制度刚刚起步，这也意味着相关领域的立法未来存在变更的可能。农村居民与城镇居民的财产结构存在一定差异。在此情形之下，我国是否需要对农村居民与城镇居民的个人破产分而治之，能否针对农村居民制定出一套统一合理的个人破产制度财产评价标准和清偿规则，这是否会破坏法律的安定性，对于这些问题均须细致思量。

其三，信用体系、社会保障制度尚未完全健全。当前我国信用体系才刚刚建立，社会保障制度亦存在诸多需要提升的方面，而个人破产制度并非独立的法律生态，它需要与其他制度紧紧依存，并获得相应支持，尤其是信用体系、社会保障制度。因此，有学者提出，在信用体系尚未健全，社会保障制度仍要提升的背景之下，不应如此快速地推进个人破产。亦有学者认为目前应当将推进建立个人破产制度。

其四，个人负债问题日益浮出水面与新消费主义崛起。我国目前正处于经济高速发展的时期，2019 年中国消费金融年度报告显示，消费贷款规模保持高速增长，[②]消费金融渗透率快速提升，互联网消费金融放贷规模持续增长。[③] 截至 2019 年 1 月，央行征信中心已累计收录自然人 9.9 亿人，有信贷记录人数 5.3 亿，征信覆盖率为 38%。[④] 信贷消费的猛烈上涨，带来的是居民杠杆率的急剧上升，这不得不成为一种隐忧。到 2017 年年底，我国居民杠杆率达到 48.98%。从 2019 年的数据来看，相较传统的房贷压力，新消费主义的崛起，使多元化消费领域的贷款日渐频繁，进一步刺激了贷款需求。消费势头发展如此迅猛之下，更需要个人破产制度的出台，保障消费者安全落地。

---

① 参见胡玲：《债务人生存权益视角下的我国个人破产立法研究》，中国法制出版社 2014 年版，第 11～16 页。

② 截至 2019 年 9 月末消费贷款高达 13.34 万亿元，同比增长 17.4%。

③ 从 2014 年的 0.02 万亿元增长至 2018 年的 7.8 万亿元，增幅近 400 倍。2018 年年末信用卡发卡量达 9.7 亿张，同比增长 22.8%；人均持卡 0.7 张，同比增长 79.5%。

④ 北大光华—度小满金融科技联合实验室发布：2019 年中国消费金融年度报告。

其五,社会问题日益增多。超前高额消费、高风险、低收入三类人群逐步扩大,此类群人随时可能面临失业、创业失败、投资落空、意外疾病、自然灾害等导致债务无法清偿的局面。这一方面阻碍债权债务的正常流通,另一方面债务人生存权面临极大挑战。背负巨额债务,承受精神压力的他们,易成为社会的不稳定因素,并随时可能爆发。

(三)首例个人破产实践为适用范围研究提供现实依据

2019年10月9日,温州市中级人民法院通报了全国首例具备个人破产实质功能和相当程序的个人债务集中清理案件情况。① 不仅是司法实践领域,相关政策制度同样在陆续出台中。《中华人民共和国民法总则(草案)》首次亮相便有专家呼吁建立个人破产制度。卢林教授主编的《深圳经济特区个人破产条例草案建议稿附理由》就是对我国个人破产制度立法的一次初步且完整的探索。2018年10月24日,最高人民法院院长周强在第十三届全国人大常委会第六次会议上作《关于人民法院解决"执行难"工作情况的报告》,建议推动建立个人破产制度,完善现行破产法,畅通"执行不能"案件依法退出路径。② 2019年6月22日,最高人民法院联合发改委等15个部门共同发布《加快完善市场主体退出制度改革方案》,明确规定要分步推进建立自然人破产制度。③ 2020年3月11日,深圳市政府新闻办举行优化营商环境服务企业健康稳定发展新闻发布会,提出要设立破产管理人协会,推进破产重组立法,完善企业破产工作协调机制,争取国家授权,开展个人破产制度试点。④ 到2020年4月29日,《深圳经济特区个人破产条例(草案)》(现已正式实施)被提请交由市人大常委会会议进行审议,个

---

① 参见李卓雅、朱健勇:《全国首例"个人破产案"》,载搜狐网2019年10月12日,https://www.sohu.com/a/346420161_100137388。在该案例中,债务人蔡某为某破产企业股东,其被认定需承担214万元的连带清偿责任。而经调查,其确无偿债能力,由此,法院启动个人债务集中清理,达成按1.5%的清偿比例即3.2万余元,在18个月内一次性清偿的方案,以保护诚实而却无偿债能力的债务人。

② 参见《最高人民法院关于人民法院解决"执行难"工作情况的报告》,2018年10月24日。

③ 参见《国家发展改革委、最高人民法院、工业和信息化部等关于印发〈加快完善市场主体退出制度改革方案〉的通知》,2019年6月22日。

④ 参见《深圳推优化营商环境210条:推进破产重组立法 开展个人破产制度试点》,载百家号网,https://baijiahao.baidu.com/s?id=1660859035746122493&wfr=spider&for=pc,2022年4月8日最后访问。

人破产制度在我国的推行,已正式被纳入政府工作计划中。个人破产制度的进行,得到了一系列政策与政府措施的支持。

二、个人破产制度适用范围研究

就适用范围角度而言,破产法立法可分为一般破产主义与商人破产主义。

(一)一般个人主义

1. 美国

《美国破产法》对个人破产案件审理、债务人寻求救济进行了详细规定。

其第7章的清算程序既可适用于企业也可适用于个人。其中,第109条(a)款和(b)款对希望获得救济的债务人设置了限制条件:(a)款对主体资格进行了限制,[①](b)款对主体类别进行了限制,即必须为个人、公司与合伙。个人独资企业并未纳入其中,原因在于美国法院担心独资企业的个人若以公司名义申请破产,则其个人财产将无法进入破产程序,从而无法分配清偿债权人。[②]

第11章为重整程序,在美国司法实践中,其适用主体通常为企业,然而该章并没有明确规定只能适用于企业。而在后来的运用中,美国联邦最高法院作出了解释,认为法典并没有明确规定运营中的企业为适用该章的必要条件,[③]也即认可了第11章也可使用于个人。

第13章为个人债务调整程序,"是为具有稳定收入的自然人设计的"[④],也是实践中债务人申请最多的,被认为是对债务人最有力的个人破产规定。希望获

---

① 第109条(a)款规定,申请盖章的自然人,必须为在美国居住或有住所、营业场所或拥有财产的自然人。

② See TITLE 11 – BANKRUPTCY. Enacted by Pub. L. 95 – 598, title. I, 101. Nov. 6, 1978, 92 Stat. 2594. 参见[美] 大卫·G. 爱波斯坦等:《美国破产法》,韩长印等译,中国政法大学出版社2003年版,第20页。

③ See Toibb v., Radloff. U. S. 111 S. Ct. 2197, 2199, 115L. Ed. 2d 145 (1991). See generally Herbert, *Consumer Chapter* 11 *Proceeding*: *Abuse or Alternative*? 91 Com. L. J. 234 (1986).

④ Jonathan D. Fisher, *Who Files for Personal Bankruptcy in the United States*? The Journal of Consumer Affairs(2019).

得第13章救济的债务人,必须满足第109条(e)款的条件。[①] 其中,“充足而又稳定的收入”应当还包括定期的社会救济、政府福利、抚恤金、退休金等。法条中亦有相应证据,现行《美国破产法》第13章是在原《美国破产法》第8章的基础上修改过来的,原破产条例适用范围严格限制在工资收入者,而不包括拥有养老金等固定收入债务人。[②] 很显然,第13章的修改便是为了扩大对固定收入的解释,扩大适用范围,使个人破产能够保护更多民众。而关于债务金额,在1994年《破产法修正案》中,两项标准均被提高,现规定为无担保债务不超过25万美元,有担保债务不超过75万美元。

2005年,美国出台《防止滥用破产与消费者保护法案》,对债务人的还款义务进行了更明确的规定,其目的在于防止破产申请人利用个人破产制度恶意逃债,从而更好地平衡债权债务人之间的关系。且根据现行《消费者破产法》,家庭可以通过部分或完全免除无抵押债务来获得新的财务起点。作为交换,他们要么放弃第7章中规定的一些现有资产,要么放弃第13章中规定的某些未来收益。此外,他们必须在两次连续的破产申请之间等待数年。最后,根据第7章或第13章提出申请后,破产备案记录会在其信用报告中保留数年。[③]

根据《美国破产法》对个人破产的相关规定可知,其对申请个人破产的债务人的居所、财产、收入等均进行了规定,以尽可能保证债务人的还款能力。对于专门用于个人破产申请的第13章的债务人债务设置了金额界限,使债务人能更好地区分选择适用哪一章的法律提出申请,处理债权债务纠纷,并启动相应的法律程序。同时,其同样注重对债权人权利的保护,并出台一系列法案,防止个人破产制度被滥用。

---

① See TITLE 11 - BANKRUPTCY. Enacted by Pub. L. 95 - 598, title. I, 101. Nov. 6, 1978, 92 Stat. 2594. 参见[美]大卫·G. 爱波斯坦等:《美国破产法》,韩长印等译,中国政法大学出版社2003年版,第18页。第109条(e)款的条件:(1)债务人主体必须是一般意义上的自然人,公司、合伙、个人独资企业不能提请获得第13章的救济;(2)自然人必须拥有“充足而又稳定的收入使其能够按照第13章的偿债方案清偿债务”。(3)债务人确定的、已折算为金钱的无担保债务和担保债务必须分别低于10万美元和35万美元。

② See TITLE 11 - BANKRUPTCY. Enacted by Pub. L. 95 - 598, title. I, 101. Nov. 6, 1978, 92 Stat. 2594. 参见[美]大卫·G. 爱波斯坦等:《美国破产法》,韩长印等译,中国政法大学出版社2003年版,第19页。

③ See Julapa Jagtiani & Wenli Li, *Credit Access After Consumer Bankruptcy Filing: New Evidence*, Working Paper, August 7, 2014. Supersedes Working Paper No. 13 - 24.

2. 英国

《英国破产法》始于 1542 年。早期破产立法以商业市民化为背景，只适用于因诈欺性转让财产须被处罚的商人。1571 年至 1861 年，英国一直以商人破产主义为根据进行破产法立法，直到 1914 年开始明确采一般破产主义。到后来 1986 年，其将含有轻蔑意味的"Bankrupt Law"改名为"Insolvency Law"，反映了破产法救助债务人，拯救困境企业的新责任。

英国破产法注重保护诚而不幸之人，同时强调对其家庭的保障（在破产法中有专门对"家庭"的定义，即指与破产人一起生活且依靠该破产人的人），并对债权人的行动加以限制。不过法律亦规定，只要并未到不可挽回的地步，就应该探讨除宣告破产外的其他救济途径。

英国破产法对债务人启动个人破产程序同样规定了限制性条件，包括根据英国 1986 年法债的有效性原则，债务人及其债务必须为英国法院管辖。债权人若要向法院提出宣告债务人破产，亦必须具备相应资格，且第 267 条第（2）款中（a）项和第（4）款规定，提出申请的债权人对于债务人所拥有的债务必须在 750 英镑以上，①当债务人死亡时，债权人可对其遗产申请启动破产程序。若债务人的无担保债务总额低于 2 万英镑的，应适用程序简易、低成本的破产程序，即简易破产程序。②

对于债务人不可解除债务的情形，英国破产法第 281 条作了详细规定。③ 在第 6 章破产罪行中，破产法对破产人在法院作出了破产令后的一些不法行为情

① See Article 267（4）of Insolvency Act 1986. Thomson Reuters（Legal）Limited. UK Statutes Crown Copyright. Reproduced by permission of the Controller of Her Majesty's Stationery Office.

② 参见沈达明、郑淑君：《比较破产法初论》，对外经贸大学出版社 2015 年版，第 107 页。

③ See Article 281 of Insolvency Act 1986. Thomson Reuters（Legal）Limited. UK Statutes Crown Copyright. Reproduced by permission of the Controller of Her Majesty's Stationery Office. 参见《英国破产法》，丁昌业译，法律出版社 2003 年版，第 211 页。债务人不可解除债务的情形："（1）对破产人债务的解除将影响债权人的申报该债权的利益；（2）解除将影响对该债务担保的执行；（3）解除债务不能使破产人免于他因其作为当事方的任何欺诈或欺诈性违反信托而招致的或因其提供担保而产生的任何破产债务；（4）因为刑事犯罪而被法院判处的罚金；（5）过失、故意侵权行为导致的损害赔偿；（6）对个人的人身伤害等产生的损害赔偿；（7）在破产程序中不能申报的债务。"

形进行规定,严重可达犯罪。①

由此可知,英国对于"不诚而不幸"之人免除债务与启动个人破产程序进行了专门的限制和禁止,对于某些严重的情形规定构成犯罪,从而防止个人破产制度被恶意债务人滥用。

3. 德国

德国破产法统一适用于自然人和法人,适用于遗产、延续的婚姻财产共有制的共同财产、婚姻财产共有制中夫妻共同管理的共有财产。②

德国个人破产相关的主体包括:(1)自然人破产,区分为一般个人破产与消费者破产。二者程序不同,消费者债务人指负有非经营性债务的自然人。如果该消费债务人曾经从事商业经营,则根据德国破产法的规定,此债务人的财产关系必须十分明晰,不能存在任何与劳动相关的债权。③ 消费者破产程序只有两种,即破产清算与清算计划,目的在于追求简化与方便使用。一般个人破产则为重整、自愿安排和清算3种,使债务人能够更加灵活有效地解决问题,债权人拥有更高的自主决定的地位。(2)特殊财产破产,包括遗产、延续的婚姻财产共有制的共有财产、婚姻财产共有制中夫妻共同管理的共有财产3种,德国对此规定了单独的破产程序。对于遗产,任何继承人、管理人以及其他有权管理遗产的人和遗产债权人均有向法院提出申请,启动对该对遗产的破产程序。④

4. 法国

历史上,法国破产法律一般采商人主义观点,个人破产适用范围为具有商属性的自然人,1989年法国制定了消费者破产法改变了这一状况。目前,法国破产法规定了两种处理机制,其中,第六编司法重整和司法清算程序,适用对象为第

① See Article 350 – 362 of Insolvency Act 1986. Thomson Reuters (Legal) Limited. UK Statutes Crown Copyright. Reproduced by permission of the Controller of Her Majesty's Stationery Office. 具体包括:(1)不披露,隐瞒财产,没有及时向债权人、管理人披露自己所知的全部财产,或刻意隐瞒不披露;(2)抽逃财产;(3)在其被申请破产的前12个月内,其财产有实质损失而无满意解释;(4)对账簿、文据进行伪造、隐瞒、销毁、删除等;(5)在破产开始之前5年内以礼物或其他方式恶意转移财产;(6)逃避债务,携款出逃离境;(7)因欺诈而取得财产;(8)在申请破产之前的2年内,以赌博、危险轻率性投机严重而导致破产或负债增加。

② 参见刘静:《个人破产制度:以中国的制度构建为中心》,中国检察出版社2010年版,第155页。

③ 参见李戈、林洋:《大陆法系的个人破产制度》,载《人民法院报》2019年9月13日,第8版。

④ 参见刘静:《个人破产制度:以中国的制度构建为中心》,中国检察出版社2010年版,第156页。

六编规定的商人、手工业者、农业生产者、自由职业者等。同时专门规定了消费者破产程序,目的在于预防和调整个人和家庭过度负债,并制定了专门的法律以适用于负债消费者。1989 年至 2003 年,法国破产法进行了三次重大修订,逐渐赋予了消费者更多的实质性免责的权利。

在法国商法典中尤其值得注意的是对企业法人的自然人领导人的破产规定。除了对消费者破产给予格外关注目光,企业法人的自然人领导人同样应被纳入我国个人破产适用范围的研究对象。

(二)商人个人主义

意大利是当今采商人破产主义的代表性国家。近代意大利破产法颁布于 1865 年,1883 年开始实施新商法典,该新商法典的第三卷为破产法。"意大利的破产法只适用于'商业企业家'"①,即破产法只适用于企业或经营企业的个人。其采商个人主义的立法思想是认为个人债务的影响范围较小,不必要求助于破产程序加以解决,而企业破产往往涉及大量的债权人的利益,对于社会的经济发展也会产生相应的波动效应,因此,企业的财产不能被独立的个人支配,因而交易司法部门进行统一的、平等的处理分配,从而更好地保障债权人利益。

此外,意大利破产法同样区分了普通程序与简易程序,标准为不超过 150 万里拉适用简易程序。同时其对于破产罪行亦有规定,即因为欺诈导致财产减少而影响债权人利益的,可被判处监禁 1 年以上 10 年以下的刑罚,且 10 年内不能担任企业的管理人员。②

(三)小结

综上,采一般破产主义的国家,其法律对于个人破产主体之分类有相同点亦有各自独特之处。其均十分关注消费者领域的个人破产制度的适用与推行,并结合国家现状、成本分析、公平原则、平等原则等多方面考虑,对个人破产制度设置了一定门槛或禁止情形。有的国家针对企业领导人、遗产等特殊领域制定了

---

① [意]塞托默:《意大利的破产法》,徐步衡译,摘自《意大利的法律制度》英文版,载《现代外国哲学社会科学文摘》1987 年第 8 期。

② 参见[意]塞托默:《意大利的破产法》,徐步衡译,摘自《意大利的法律制度》英文版,载《现代外国哲学社会科学文摘》1987 年第 8 期。

单独的法律条文。

三、明确我国个人破产制度适用范围

(一)一般主体适用个人破产制度之条件

结合第2章对个人破产制度适用范围的比较研究,笔者认为债务人希望通过个人破产来获得救济,必须满足以下条件:(1)必须在我国境内居住或拥有住所,或拥有的财产,即具备一定的偿还能力。(2)有固定收入来源。可参考美国破产法,保障债务人的偿债能力与后续生存发展能力。如若没有固定收入,其生存发展遭遇严重危机,但对债权人利益影响较小,未危及债权人生存发展,且为“诚而不幸”之人,法院可考虑对其债务进行免除。(3)必须是“诚而不幸”之人,可结合英国破产法对于不可免除债务的债务人情形,及破产罪行进行规定。如若债务人存在欺诈,恶意、隐瞒转移财产,恶意删除、篡改、销毁账簿,因赌博、危险投机导致破产等其他有违法律法规、公序良俗的情形,法院可限制或禁止其启动个人破产程序,如若已经启动或执行,可宣告撤销或无效。此处亦可参照《企业破产法》在立法过程中的一些观点予以考量。

(二)特殊的普通自然人

1. 消费者

如今我国居民部门债务收入比的增长速度之快可见一斑。设立消费者个人破产,可缓解消费者在信贷金融消费中的不安全感,进一步扩大内需,促进经济发展。信贷消费的增强是国家经济发展的标志之一,国家亦鼓励消费金融领域的发展,而若配套制度跟不上,消费者仍然无法安心。如今,信贷消费市场迅速崛起,各类投资理财产品面世,个人即使储蓄微薄,依然有途径进行投资;再加之新消费主义的崛起,超前消费已被国民认可。在此背景下,需求刺激经济发展的同时,部分消费者逐渐背负起巨额债务,进而又影响国家经济、生产生活的整体发展。因此,消费者领域急需个人破产制度,来帮助“诚而不幸”的债务人拥有重获新生的机会,从而解决此类个人资产泡沫问题。因此,消费者应当被纳入个人破产的制度范围内,维护信贷消费市场的稳定运行。

2. 无民事行为能力人或限制民事行为能力人

关于无民事行为能力人或限制民事行为能力人的破产，有学者认为，“未成年人，除准治产人以外，以及成年但长期丧失行为能力的人一般不涉及个人破产问题”①，“这类主体由于不具备基本的民事主体资格，因此，不便于参与个人破产立法”②。也有学者从民事行为能力和权利能力进行了分析，认为普通自然人无论是否有行为能力，都具有民事权利能力。那么，个人破产作为一项权利就不应被剥夺。③

自然人的民事权利并无年龄限制，且具有一定的民事行为能力就可进行简单消费。④ 不过无民事行为能力人和限制民事行为能力人在日常生活中涉及个人破产，行使个人破产之权利的情况较少。个人破产大多因消费、投资等一系列民事行为发生，作为无或限制民事行为能力人，其前期能导致自身破产的行为本身就受到了一定限制，因此，行为难以发生，个人破产权利自然也难以行使，往往也不会启动个人破产程序。但是我们并不能因此而将此类主体排除在个人破产范围之外，个人破产仍然是这类主体应当享有的合理权利。且如若涉及遗产继承，遗产破产等问题时，此类主体参与个人破产也并不是没有可能。

3. 农村居民

应当将农村居民纳入个人破产适用范围内。首先，农村地区对于个人破产有迫切需求。2015 年农村家庭负债率已达 40.31%，负债均值达 36,504 元，负债比 9.81%，高出城市 4.08% 与总体 4.76% 近 1 倍。⑤ 其次，我国农村地区居民整体生活水平还是要低于城市居民，因此其更需要求助于个人破产制度以获得新生。再次，正是因为农村居民个人与家庭绑定紧密，负债往往牵扯到了家庭的发展甚至存亡，一人负债，全家人都可能陷入“水深火热”之中，所以更需要个人破产制度的出台，来保护救济此类人群。又次，农村的发展情况已逐渐向好。如

① 甄峰、胡菁菁：《自然人破产制度研究》，载《湖南商学院学报》2003 年第 5 期。

② 胡玲：《债务人生存权益视角下的我国个人破产立法研究》，中国法制出版社 2014 年版，第 56 页。

③ 参见文秀峰：《个人破产法律制度研究》，中国人民公安大学出版社 2006 年版，第 67 ~ 68 页。

④ 《中华人民共和国民法典》第 19 条规定：“八周岁以上的未成年人为限制民事行为能力人，实施民事法律行为由其法定代理人代理或者经其法定代理人同意、追认；但是，可以独立实施纯获利益的民事法律行为或者与其年龄、智力相适应的民事法律行为。”由此可知，八周岁以上的未成年人便可在能力范围内从事某些简单的民事活动。

⑤ 参见 2015 年《中国家庭金融调查报告精选》，第 13 页。

今,农村居民脱离土地、房产,仍有很多其他财产,其收入呈现多元化发展趋势而非来源于单一的土地房屋,可持续还款能力得到提升。最后,个人破产在某种程度上作为一种民事权利,应当是自然人享有的权利,除非自然人有违反法律、公序良俗的行为,农村居民享有权利不应通过制度设计被剥夺。

4. 对小额或超大额债务无力偿还的自然人

由于我国人口众多,且个人破产制度一直未能制定实施,债权债务纠纷积累至今数量庞大,个人破产一旦落地执行,可能会涌入大量的小额债务申请者,司法将会面临一定压力,也会在一定程度上浪费司法资源。因此,考虑到成本,程序制定时,需要给个人破产设定一定的申请条件。例如,对于小额债务,可直接通过民事纠纷审理程序、社会救济等其他方式进行纾解。或可参考我国的"劳动仲裁",设置相应的前置程序,对于无力偿还小额债务的自然人,可先通过前置程序解决,如若不能,再向法院提出申请。同时,考虑到我国地域发展与地区经济水平差距较大,如若涉及个人破产制度的申请门槛、偿还标准等与收入、财产相关的内容,应赋予各地一定自主性,使各地根据当地实际情况、实际收入等确定标准。

对于超大额债务,该类债务往往涉及更多的债权人,关系更多债权人的利益。因此,此类个人破产要慎重实施,尤其是在考虑免责时。此外,针对超大额债务,除非实在难以复生,可优先考虑重整程序,而非直接进入破产清算,考虑债务人是否还有恢复活力、重整旗鼓的可能,也可以最大限度地保障债权人的利益。

5. 实施个人破产后未按期偿债的自然人

目前我国征信制度与体系建设尚不完善,信贷消费缺乏有力监督,债务欺诈现象不胜枚举。个人破产制度如若实施亦须有相关制度,降低其被滥用的风险,而实施个人破产后未按期偿债的自然人便是此类情况之一,针对此类主体,可设置专门的失权复权制度进行规制。失权复权制度是对申请个人破产债务人的一种限制警示,从一定的惩罚措施告知债务人要慎用个人破产,尽量不要让自己破产。而对于实施个人破产后未按期偿债的自然人,可适当延长失权时间,暂缓复权。

另外,实施个人破产后未按期偿债的自然人,是恶意讨债,还是因其他原因再次破产,需进行区分考虑。例如,若发生自然或人为灾害等,要予以合理的再度救济。

（三）特殊的商自然人

1. 因个人合伙破产导致的合伙人破产

《民法典》第102条将合伙企业划分在非法人组织里。[①] 从法律规定可知，合伙的重要特征，即其与企业、法人的区分为：合伙是人与人之间的联合合作，共同经营所获得的财产为全体合伙人的共有财产，每个合伙人对合伙企业的债务负连带清偿责任。合伙的破产并不意味着合伙人的破产，而合伙人往往因为要承担连带责任而导致最终需要申请个人破产。同样地，合伙人的个人债务问题，亦不会成为合伙企业的负担，其个人申请启动破产程序，一般不会引起整体合伙企业的破产。不过，合伙人自身申请个人破产往往为合伙的解散埋下隐患，因为合伙人个人破产往往需要对合伙财产进行清算，厘清属于破产当事人的一部分，也就意味着可能存在破产当事人的合伙财产难以转让给其合伙人或新的合伙人，而只能将该破产合伙人的财产对价分给债权人，最终导致合伙解散的局面。这亦有可能导致其他合伙人的破产，因此，个人破产应为这些合伙人提供相应的救济。

2. 因个人独资企业破产导致的投资人破产

《最高人民法院关于个人独资企业清算是否可以参照适用企业破产法规定的破产清算程序的批复》（法释〔2012〕16号）规定，根据《企业破产法》第135条的规定，在个人独资企业不能清偿到期债务，并且资产不足以清偿全部债务或者明显缺乏清偿能力的情况下，可以参照适用企业破产法规定的破产清算程序进行清算；根据《个人独资企业法》第31条的规定，人民法院参照适用破产清算程序裁定终结个人独资企业的清算程序后，个人独资企业维权人仍然可以就其未获清偿的部分向投资人主张权利。由此可见，个人独资企业投资人承担的仍是无限责任，且不能完全免除债务。这与个人破产有所不同，个人破产的目的在于终结债权债务关系，而此类破产仍为债权人继续追债提供空间和权利。因此，对于个人独资企业的相关规定，在个人破产制度制定时，仍需重新考量。

---

① 《民法典》第102条规定："非法人组织是不具有法人资格，但是能够依法以自己的名义从事民事活动的组织。非法人组织包括个人独资企业、合伙企业、不具有法人资格的专业服务机构等。"

3. 为公司提供担保而导致破产的自然人

此类主体,即为前述首例个人破产案件的主体。该案中,便是债务人为公司提供了担保,公司破产导致其须履行担保责任,进而又导致了担保人自己的破产。此类自然人应当被纳入个人破产制度的适用范围内。虽然为公司提供担保而公司发生破产,在某种程度上,是担保人应当承担的正常商业风险。不过从另一方面考虑,债权人在为债务公司提供借款等时,从原则上应当是了解了该公司的债务状况,知悉该公司的担保人情况,可能正因为有担保人,所以债权人愿意借贷给公司。因此,担保人的破产,也是债权人需要承担的风险。再者,根据个人破产的理念,若此类担保人为“诚而不幸”之人,理应受到救济保护,被平等对待。

对于担保人进行了个人破产后,对被担保人的债务追偿,应限制在其为被担保人实际偿还了的债务范围内,超过实际偿还范围则不可再进行追偿。

(四)对企业法人的破产负有责任的自然人领导人

企业领导人滥用权力,侵害债权人利益在现实中并不少见,也正因如此,我国公司法逐步建立了“法人人格否认”与“深石原则”。对于此类企业法人的领导人,因无法清偿公司债务而申请破产的,对其个人破产权利进行限制使用,并且不给予免除债务的机会。而非因其个人财产数额庞大、收入过高允许其进入个人重整程序,即此时,个人破产中的一些救济性权利、程序将被限制使用,对此类企业领导人进行相应地惩罚,从而促进企业领导人谨慎、诚信经营,履行忠诚义务和勤勉义务。

《企业破产法》第125条①对于企业领导人、公司高管违反忠实义务、勤勉义务的规定,如若违反3年内不得担任任何企业的董事、监事、高级管理人员,也为个人破产制度的制定提供了借鉴,即对于损害公司利益,对公司破产负有责任的企业领导人,除要强制执行破产清算外,还应在合理年限内禁止其再度担任企业的领导人、高管等。

---

① 《企业破产法》第125条规定:“企业董事、监事或者高级管理人员违反忠实义务、勤勉义务,致使所在企业破产的,依法承担民事责任。有前款规定情形的人员,自破产程序终结之日起三年内不得担任任何企业的董事、监事、高级管理人员。”

四、结　　语

个人无论是作为消费者还是经营者，进入市场日益增多，信贷消费、投资经营的人数不断上涨，“全民皆商”的时代逐渐到来。与此同时，我国社会保障、征信体系日益完善，在债权债务纠纷中，社会声音与关注目光不再单一倒向债权人，债务人的生存发展同样得到人们的关注与重视，对于“诚而不幸”的债务人，法律制度应予以关怀。

在个人破产主体适用范围上，争议较多的无民事行为能力、限制民事行为能力人、农村居民均应纳入主体范围。制度设计要考虑小额与超额债务人的破产情形，区分简易程序与复杂程序，建立严格的失权复权制度。在商自然人方面，有国家政策导向支持的同时，个人独资企业需要进一步完善破产制度，使此类主体亦能真正获得个人破产的救济。企业领导人，要考虑其是否滥用权力，是否存在法人人格否定情形，以判断是否要执行强制破产。

“保护诚而不幸之人”是个人破产制度确立的精神目标，因此，对于违反法律，破坏公序良俗的债务人，应对其启动个人破产程序进行限制或禁止，以防止欺诈债权人，恶意转移财产，恶意逃债等不良债务人滥用个人破产制度。同时，个人破产制度配套制度，亦应一同不断进步，需建立健全社会征信体系、信用制度，完善社会保障制度，提高社会整体福利水平，从而形成这一制度生态体系内部的良性互动，并最终向外部发挥作用。

论个人破产程序的构建

崔　科[*]　崔四星[**]

《中华人民共和国企业破产法》(以下简称《企业破产法》)修改被列入重点立法工作,立法论研究成为我国破产法学的重要课题。本文拟对个人破产制度的理念与构建以及如何立的问题作一探讨,以期对我国破产制度的完善有所助益。

一、我国个人破产的立法模式、适用范围

(一)我国个人破产的立法模式

我国个人破产立法是采取单独设立“个人破产法”还是统一设立“破产法”? 统一设立“破产法”的好处是,一些自然人破产案件涉及复杂的破产问题,需转换到企业破产程序,企业破产程序中可将企业破产时遇到的企业经营者保证问题一并规定,有时企业破产因简单也可转换到个人破产程序处理。在英美法系国家,个人破产

* 北京大成(武汉)律师事务所律师。
** 湖北省恩施州中级人民法院法官协会秘书长。

立法为破产法的一部分。[①] 统一设立“破产法”的路径是废止现行《企业破产法》,另行制定一部“破产法”,原则上适用于一切债务人,包括个人、企业,在同一部法律中分为两个部分,为个人和法人破产分别设置不同的规则。就现实而言,先统一立法,将个人破产制度纳入《企业破产法》修改,专章或专编加以规定。

(二)个人破产制度的适用范围

个人破产制度的适用,是指民事主体具有的法律上进行破产程序的资格,是适用商人破产主义还是一般破产主义。[②] 我国应当采用一般破产主义,适用对象应包括商自然人和普通自然人。自然人破产,不区分商人和非商人或经营者和消费者,赋予所有主体以破产能力,无论是商事主体还是民事主体都适用破产程序。

个人破产可分为商事破产和消费者破产。商事个人破产程序与企业破产程序相似,消费者破产债务金额较小。澳大利亚个人破产适用的主体是个人,既包括普通消费者和商人,也包括在澳大利亚的外国人以及无国籍人等。各国对个人破产法的适用范围立法,经历了由经营性债务向消费性债务扩展的历程。

二、程序选择与强制接管程序

(一)程序选择

个人破产案件债务规模相对于企业破产案件较小,应繁简分流,设立简易程序和普通程序。个人债务人提出个人破产申请后,通过具体的计算规则,衡量破产申请人的收入、支出等因素,根据收入情况、债务规模、复杂程度,设计适应不同情形的程序。个人破产制度中应为债权人和债务人提供多元选择,实现程序多元化。

---

① 参见马哲:《论个人破产余债免除制度在我国的适应性及其构建》,载《中国政法大学学报》2019 年第 4 期。

② 参见马哲:《论个人破产余债免除制度在我国的适应性及其构建》,载《中国政法大学学报》2019 年第 4 期。

(二)管理人调查

"诚实但不幸的债务人"的识别,有赖于管理人的调查工作。个人破产确定管理人之后,管理人开展调查、财产接管、债权审查和破产撤销等工作。管理人的调查"是为了找到向债权人隐瞒的财产、确定债权人主张的有效性,以及揭示债务人破产的真实背景"①。

(三)设立强制接管机制

在管理人被指定之后,管理人应根据财产的特性和价值确定接管方式,将有必要脱离债务人管理的财产进行自行保管或托管。管理人接管债务人财务时,若是债务人主动申请破产,则较少出现抵触情绪。若是非债务人主动申请破产的情形,包括执行转破产及债权人申请破产案件,部分债务人可能拒绝配合接管,抗拒力较强。故应设立强制接管机制,法院可对债务人的接管采取强制措施,利用查封、扣押等强制手段,进行强制交付,强制接管。同时可根据情节进行警告、训诫、罚款、拘留。

三、简易程序

简易程序包括确无财产执行的执行转破产程序和小额程序。法院在审理过程中,发现案件不宜适用简易程序的,裁定转为普通程序。简易程序不设立债权人委员会,债权申报期结束后,法院应根据已申报债权人的申请、管理人的建议或者依职权,选任一名或者多名债权人为债权委员。债权委员代行债权人委员会的职权。简易案件的债权人会议,原则上采取互联网络、数据电文等简易方式通知、召开和表决,不召开现场债权人会议。

(一)确无财产执行的执行转破产程序

对被执行人确无财产可供执行的个人破产案件采用简易程序,对债务人财

---

① [英]费奥娜·托米:《英国公司和个人破产法》(第2版),汤维建、刘静译,北京大学出版社2010年版,第223页。

产清理、变现,较快地清偿债务。因执行转破产程序中有无法充分调查债务人隐匿财产和偏颇性清偿的缺陷,法院应当听取债权人的意见,[①]杜绝利用执行案件转为个人破产案件程序恶意阻却执行及逃废债等行为。法院认为需要进行听证审查的,应组织听证。

(二)小额程序

债权债务关系明确、债务人财产状况清楚、案情简单的小额案件,可以由合议庭适用小额程序审理。对于个体经营者,还需以该债务人不存在因劳动关系所生的债权为限。财产状况明晰指债权人人数少于 20 人。债务人债务不超过 20 万元的,可以由法官一人独任审理。[②]

小额程序适用于债务人个人当前月收入减去个人合理的月支出在 500 元至 3000 元以内的案件,包括个体工商户、自由职业者等小规模个人破产案件。具有持续性、周期性未来收入且债务总额不超过 20 万元的个人依照清偿计划进行 3 年(特殊情形时为 5 年)清偿后,即可获得免责。小额程序中,批准清偿计划应满足最低清偿额标准。当债务人的收入不够充足,无法在 3 年清偿期限内满足最低清偿额要件时,清偿期限可延长为 5 年。债权人具有对清偿计划方案的表决权。

(三)消费者程序

消费者债务主要是个人消费者因购买特定财产(如房屋、车辆)向银行金融机构等的借贷,债权人数量较少。消费者破产案件具有债权债务关系简单清晰、案件数量较多的特点,可选择设置快速结案的简易程序。消费者可用于偿还债务的财产数量通常很少,只有少数案件可以为债权人提供受偿,因此可简化债权提交和核实以及其他形式的债权人参与。[③]

对消费者的破产,可以适当放宽允许保有的财产范围。允许将抵押贷款调整至抵押物价款范围内。因住房贷款而可能引起的个人破产的情形,设住房贷款债权特别规定,债务人可以经与债权人协商,提出含有住房贷款特别条款的重

---

① 参见金春:《个人破产立法与企业经营者保证责任问题研究》,载《南大法学》2020 年第 2 期。

② 参见《深圳经济特区个人破产条例》第 148 条。

③ 参见殷慧芬:《个人破产立法的现实基础和基本理念》,载《法律适用》2019 年第 11 期。

整计划书草案,在违反了住房贷款合同时仍能保有房屋。房屋仅限于债务人本人及其所抚养、赡养和扶养的人居住所必需的住宅。重整计划方案内容,除当事人约定调整清偿金额,削减本金、豁免利息外,对未偿还完的房屋抵押贷款,债务人可与抵押权人就该抵押贷款的本、利、清偿期限等内容达成家庭住房抵押贷款方案,提供3种选择:一是就迟延部分之本、息、违约金等按照重整计划所定的时间与期限清偿;二是变更清偿方式,在一定时间内暂缓本金,只付利息;三是变更清偿期限,延期清偿,分期清偿。就全部未清偿部分进行重新谈判,将原约定的清偿期限延长,最长10年之内。① 债务人选择以上方案中的一种后,提交申请,作为重整计划草案的组成部分,债权人不得强制实现其抵押权,如此可保住居住的房屋。②

在程序上可作出更倾向于保护债务人的规定。债务人有薪资或其他固定收入,法院认定重整计划方案的条件公正的,可不经债权人会议表决,径行依债务人申请或依职权裁定认可重整计划方案,但应对债务总额进行限制,如限制为非担保债不超过100万元,担保债不超过200万元。

消费者有下列情形之一者,法院应裁定不认可重整计划方案:(1)重整计划方案违反法律强制或禁止规定,或有悖于公共秩序、善良风俗。(2)重整计划方案对不同意或未出席之债权人不公正。(3)以不正当方法使重整计划方案通过。(4)重整计划方案定有自用住房借款特别条款,而债务人仍有可能丧失自用住屋。(5)重整计划方案无履行可能。(6)债务人虚报债务、隐匿财产,或对于债权人中之一人或数人允许额外利益,情节重大。③

四、和解程序

由于和解程序与重整程序存在一定程度上的重叠,因此和解程序在实践中的利用率很低。在和解程序的存废问题上,建议设置和解程序。应注重庭外和解程序与庭内免责程序的衔接。庭外和解模式是以全体债权人一致同意为前

---

① 参见许士宦:《债务清理法之基本构造》,台北,元照出版有限公司2008年版,第271页。

② 参见牛淑贤:《我国建立个人破产制度若干问题探讨》,载《山东财政学院学报》2003年第5期。

③ 参见许士宦:《债务清理法之基本构造》,台北,元照出版有限公司2008年版,第323页。

提，是准司法模式，是法院参与的一种多元化（ADR）纠纷解决机制。

自然人保证是企业经营者保证的一个重要特征。企业经营者以其未来收入或其他资金为清偿来源，提交在3年至5年内分期或一次性清偿的清偿计划方案（可包含住宅抵押贷款条款）。经债权人通过后，法院批准该清偿计划。经营者只需清偿清算价值范围内的债务即可有机会获得免责，为其再次创新创业提供较优的营商环境。

五、重整程序

个人重整程序，也称"有固定收入的个人债务调整"程序，适用于未来有固定收入的债务人，以保护债权人期待利益、防止债务人的道德风险。重整程序中债权人的受偿份额高于清算程序的受偿份额，但期限较长。该程序的适用主体是工薪阶层和个体工商户、自由职业者或者其他有定期性收入的个人债务人等自然人。有固定收入的工薪阶层或者个体经营者等自然人申请启动破产清算程序的，用其未来几年的收入偿还一定数额的债务后才能获得免责，可以为个体工商户等自然人以及企业经营者保证人的重新出发、再次创业提供更优的环境，以未来收入清偿的方式也有助于保护债权人利益。重整程序是用债务人未来的收入偿还债务，高度依赖于债务人配合，程序的启动只能由债务人自愿申请，债权人无权申请个人重整程序。

重整免责需经法律规定的重整计划批准或者强制裁定的具体规范和债权人的表决比例程序。重整计划表决未通过的，法院享有强裁权。法院基于听审结果和利害关系人的异议，认为符合法定要件时，即可批准重整计划。法院批准重整计划核心要件之一，是在5年的清偿期限内，债务人必须将超出其生活必要支出的所有可支配收入都用于无担保债权的清偿。管理人或债权人反对法院批准重整计划的，债务人须证明满足预期可支配收入要件，或全额清偿无担保债权。①

法院强制裁定批准重整计划的另一要件是：依据"最大利益原则"，持反对意

① 参见［美］查尔斯·J.泰步：《美国破产法新论》（下册）（第3版），韩长印、何欢、王之洲译，中国政法大学出版社2017年版，第1376页。

见的债权人“在重整程序中所获得的清偿额不少于依照破产清算程序可以获得的清偿额”。重整作为个人再生、债务解决的程序,应遵循成本效益原则(Cost-benefit Principle),判断标准就是重整收益大于清算收益。

对重整计划的性质,王欣新教授认为,“重整程序中的重整计划具有合同的外观,如经各方当事人间的协商订立等形式,所以其具有合同的法律性质。但重整计划是破产法上的合同,即特别法上的合同,优先适用破产法而不是由合同法调整,所以,不能以合同法的一般规则评判重整计划”①。经法院裁定批准的重整计划,对债务人和债权人有效力。但重整计划不具有强制执行的效力,债务人不执行重整计划时,债权人只能请求法院裁定终止重整计划的执行,宣告债务人破产,不能申请强制执行重整计划进行债务清偿。

重整计划执行完毕后,可以申请余债免除。重整计划的执行可延期、可提前结束。重整计划因不可抗力、意外事件等原因导致无法执行,且债务人按照重整计划清偿各类债务均达3/4以上的,经债务人申请,法院可裁定免除余债。个人重整程序较个人破产清算程序灵活,债务人免受职业限制等失信制裁或破产烙印。

六、清算程序

个人破产清算程序,即除依法保留的自由财产以外,将全部财产分配给债权人用于清偿债务,经过考察期,遵守行为限制,可以依法免除未清偿债务。债务人不能清偿到期债务时,单独或者共同对债务人持有50万元以上到期债权的债权人,可申请债务人破产。对申请破产的债权人的债权数额规定是为了防止小额债权人滥用破产程序。债务人也可申请个人破产清算程序。个人破产清算程序中债权人受偿比例低于重整程序,因为后者的清偿计划以债务人具有一定的未来收入为前提。

清算程序是基于债务人偿债能力的现状,为诚实而不幸的债务人免除余债,核心功能在于给予债务人重生的机会。清算程序中,债务人资产由管理人以拍卖等方式公开处置。宣告破产之日起5年为免责考察期。具备法定条件如履行

① 王欣新:《破产法前沿问题思辨》(上册),法律出版社2017年版,第283页。

了多还款义务,免责考察期可提前结束。考察期满可申请余债免除。

七、企业涉企自然人破产一并处理的特别程序

(一)合并程序

若个人与企业破产程序中的债权人是完全重合的,合并审理。合并后,对所有债权人一并通知,一并召开会议,一并表决。在个人与企业人格混同、企业无法清算这两种情况下,涉企自然人应对破产企业所有债权人承担责任,所有的债权人均有权在企业破产程序之外向自然人主张其在破产程序中未获清偿的债权。自然人有清偿能力的,由自然人对于破产程序中未能获得清偿的债务进行偿还。若自然人符合个人破产条件,且个人与企业破产双方的债权人相同的,个人与企业破产程序合并。但合并后,产生的问题是对自由财产的提取问题。依据个人破产,应提取自由财产,依企业破产,不应提取自由财产。

上述问题的解决方案有二:一种方案是:若个人破产与企业破产程序中债务人财产混同,进行合并破产,对能和解、重整的适用企业破产程序,一并解决自然人个人债务,解除涉企自然人担保责任,删除企业与涉企自然人的失信信息。不能和解、重整的,或不能解决自然人个人债务的,适用个人破产程序,提取自由财产,以保障债务人的再生,企业注销。若合并后统一适用企业破产程序,企业可清算注销,但个人自然人主体资格却不能注销,且不能提取自由财产,不能保障人的生存权和发展权,不利于鼓励创业。因此,应选择人道主义、保障人权、保障人的生存与发展权、保护弱者的程序,即应选择个人破产程序。

另一种方案是:若个人破产与企业破产程序中债务人财产混同,区分个人与企业之间权属明确的财产和权属有争议的财产。对于个人与企业之间权属明确的财产,各自破产程序中的债权人获得优先受偿权。个人债权人从个人破产程序中权属明确的个人财产中优先受偿,个人债务人从个人财产中提取自由财产,企业债权人从企业破产程序中权属明确的企业财产中优先受偿。对权属有争议的财产,进行合并,适用个人破产程序,提取自由财产。

(二)协同程序

协同程序是企业破产程序与个人破产程序同步进行,在涉企自然人为企业

债务提供连带担,出资瑕疵、违规侵犯公司利益和损害公司利益应当承担责任时,通过破产企业管理人先向涉企自然人主张债权,若自然人有清偿能力的,由自然人对于破产程序中未能获得清偿的债务进行偿还。若涉企自然人符合个人破产条件的,可能个人债务人的财产与企业财产有部分交集,债权人之间可能部分重合,此时两个破产程序一同进行,协调两个破产程序的进度,企业仍保持法人人格独立,但分别安排,债权人只能从各自的财产中获得,每个债务人在清算比例上应该分别确定。① 协同程序包括:听证程序、债权的统一通知与申报、财产处置、方案表决与批准。在协同程序中,应当分别制作针对企业破产和个人破产的和解或重整计划、清算分配方案,两个方案应衔接、协同进行。若企业重整成功,则涉企自然人也同步重整成功,解除涉企自然人担保责任,删除企业与涉企自然人的失信信息。若企业重整失败,企业清算后注销。企业注销后,涉企自然人对企业应承担的责任,在涉企自然人个人破产中列为债权。因协同程序中,涉企个人资产与企业资产不同,涉企个人负债与企业负债不同,虽企业重整失败,但个人有可能重整成功。若个人重整成功,给予其一定期限的保护期,在此期间,除了要求其履行重整计划中的清偿承诺外,余债免除。如果重整未获得成功,自然人无清偿能力,且属于诚信的债务人,可以免责;如果自然人属于非诚信的债务人,或不配合破产工作,则不免责。

① 参见王兆同、王一惟:《建立执行破产联动机制,妥善解决涉企自然人债务》,载搜狐网2020年5月6日,https://www.sohu.com/a/393414113_689962。

破产立法的衡平思维:企业破产与个人破产制度的衔接与协调

朱志亮[*]　胡晓敏[**]

个人破产与企业破产制度共同服务于市场经济体制改革和营商环境优化建设。① 但我国至今只有企业破产这“半部”破产法,个人破产制度缺位已久,建立个人破产制度迫在眉睫。学界已从法理考究、价值意义、历史源流、程序构建等多个角度对个人破产制度展开了大量专业论述。但从现有文献及司法实践看,大多是单纯对个人破产制度予以研究或司法操作,对于因提供担保、公司与股东人格混同等原因,发生破产“瀑布效应”,出现企业及其利益相关人“关联”破产情形时产生的冲突与协调问题,则鲜有研究或探讨。

本文从分析企业与个人破产危机的传导机理入手,勾勒出企业与个人破产制度间的冲突表现,认为应从文化传统、人权视角、社会管理和经济维度等视野进行考量,构建企业破产与个人破产制度的具体衔接规则,衡平各方利益,实现破产目的的最大化。

---

* 江苏省启东市人民法院清算与破产审判庭庭长。

** 江苏省启东市人民法院清算与破产审判庭法官助理。

① 参见徐阳光:《个人破产立法的英国经验与启示》,载《法学杂志》2020 年第 7 期。

一、企业与个人破产危机的传导机理

(一)正向传导:企业破产危机向个人破产危机传导

凭借着公司人格独立制度和有限责任制度两大武器,企业经营者在规范经营下都可全身而退。但理性经济人只是市场经济活动中的一种理想状态。人在逐利心理的驱使下以及外部因素的诱导下,往往容易做出超理性范围的非正常行为。一旦企业发生危机,经营者有可能被拉下深渊,连带发生企业利益相关人的破产危机。

一是企业破产危机向股东传导。股东作为企业投资者,其首要义务是履行出资义务。若股东存在出资不实或抽逃出资行为,或在认缴制的情况下,有些股东会认缴超出其能力范围的出资额,企业进入破产程序后,股东如无能力出资,就可能发生破产危机。

二是企业破产危机向实际控制人传导。实际控制人由于在公司治理中对公司享有绝对控制权,极易发生滥用公司独立人格和股东有限责任而损害公司及其他债权人利益的行为,在被“刺破公司面纱”的前提下,就要对公司债务承担连带责任。此时,若公司资不抵债,债务转嫁至个人身上,极有可能发生公司与个人的双重破产。

三是企业破产危机向董事、监事和高级管理人员(以下简称董监高)传导。董监高在执行公司职务时违反法律、行政法规或者公司章程规定,违反忠实勤勉义务,给公司造成损失时应承担的赔偿责任而担责不能可致其破产。另外,股东出资不足时,董事未履行向股东催缴出资义务致使公司损失的,其与股东对公司遭受的股东出资未到位的损失承担连带责任,可能引发股东和董事的双重破产。

四是企业破产危机向保证人传导。自然人保证人是《加快完善市场主体退出制度改革方案》中提出建立个人破产制度的首类关注对象。现实中企业出于扩大经营、偿还债务、弥补现金流等原因进行融资的,往往都存在自然人(如公司经营者或其亲朋)提供连带担保的现象,一旦企业资不抵债陷入破产,首先冲击的就是保证人。

(二)反向传导:个人破产危机向企业破产危机传导

个人破产也可引发企业的破产危机。经营者以其不当行为给企业造成损失的,因履责不能进入破产程序,企业的资金窟窿无法及时填补,资金链断裂有可能导致企业陷入破产困境。例如,股东个人的破产危机导致企业出资无法补足,致使企业实缴资本始终达不到应然状态,容易催生企业的破产危机;人格混同情形下的企业实际控制人的破产危机亦可引发企业的破产危机;董监高因其不当行为给企业造成损失的,其因履责不能发生破产危机,企业又因损失无法弥补发生破产危机;企业为个人连带担保,个人资不抵债且企业履行担保责任不能导致的企业破产危机。

(三)混合传导:企业、个人破产危机"交叉"传导

上述个人破产危机系基于其身份的单一性所描述,现实中更多是基于公司治理中的多重身份做出的多个行为而发生的个人破产危机。基于企业经营的扩张性,单独企业向企业集团发展的趋势越发普遍,企业版图的扩大又导致资金的需求量不断增加,通过联保、互保获取资金的现象亦属常见,加之部分企业治理的不规范性,可能既存在股东出资不实又存在企业经营者滥用职权的行为。因此,单个企业或某些人的破产可能引发其他关联企业或个人的连锁破产。

二、企业破产和个人破产制度的冲突表现

一是管辖冲突问题。从各地出台的关于个人债务集中清理的规定来看,纳入个人破产程序的人选一般都是先从辖区内被执行人的名单中筛选而来。似乎个人破产案件采用地域管辖,基于此,与企业破产案件相关联的个人破产案件,由于个人住所地与企业注册登记地分属两地,会面临由两家法院分别受理的情形,这可能导致某些程序的竞合、利益的失衡。

二是程序冲突问题。如果由受理企业破产案件的法院管辖与该破产企业相关联的个人破产案件,仍会面临企业破产程序和个人破产程序的衔接和协调问题。如程序分立、各自推进,可能导致某些重复性的管理人工作,如债权的申报和核查。而且,实践中还存在关联企业与企业多个股东、实际控制人、董监高、保证人的破产程序衔接,股东、实际控制人、董监高、保证人之间的破产程序衔接问题。

三是利益冲突问题。企业破产与个人破产程序失调的最大问题是各方利益

的平衡。如股东对公司享有的债权与公司基于股东出资义务对股东享有的债权及与企业、股东个人的其他债权人利益的平衡,董监高对公司享有的债权与公司因董监高违反忠实和勤勉义务对公司造成损失而对董监高享有的债权及与企业、董监高个人的其他债权人利益的平衡,保证人基于追偿权对公司享有的债权与企业、保证人的其他债权人利益的平衡,数个保证人间债务承担的平衡,以及企业与个人互保同时进入破产后的债权债务平衡等问题。

四是破产财产冲突。企业破产后主体资格随之消灭,无须考虑企业今后的生存与发展问题,企业的全部财产都属于破产财产。但个人破产并不意味着自然人死亡,个人破产则需考虑自然人的最低生活保障问题。① 个人破产制度中的自由财产就是为了保障破产人及其所供养亲属的一定时期内的基本生活需要及维持破产人继续生产经营的基本手段和条件。②

企业及其利益相关人破产中对自由财产划分存在一定难度,尤以公司法人人格否认情况下的企业及个人破产最突出。企业与个人已被视为一体,企业破产为了最大化实现债权人利益而穷尽追索破产企业财产,个人破产则需兼顾破产人的生存和发展而需要给其保留一定的自由财产,这就会导致实务操作的混乱与冲突。

三、企业与个人破产立法的衡平考量

如何避免企业破产与个人破产制度衔接不畅和各项冲突,合理、科学衡平各方不同利益,是立法者必须考量的问题。然法律制度的设计,在规则层面并不难,难的是在价值判断层面贴近最广泛的共识。对此,纯教义学的分析是无益的,还应从文化传统、公共选择、经济背景等更广阔的视野下进行考量。③

(一)文化视野

新设法律制度与一国的文化相适应,才能在社会经济中发挥其应有作用,因

---

① 参见胡玲:《个人破产与企业破产的制度研究》,载《当代经济》2011 年第 3 期。

② 参见汤维建:《关于建立我国的个人破产程序制度的构想》(下),载《政法论坛》1995 年第 4 期。

③ 参见许德风:《论个人破产免责制度》,载《中外法学》2011 年第 4 期。

此,有必要从文化视角进行审视。① 有人认为"个人破产制度无关道德"②,然法律文化决定了法律的性质和内容。③ 过度消费与信用体制的不完善,破产逃废债的客观存在,也影响了个人破产制度的出台。破产立法应充分考虑我国的法文化背景及特点,追求情、理、法的统一,体现"制约机制与激励机制的辩证统一性"④,设计出既符合我国公民法情感,又与现代破产理论相对接,具有我国国情的破产法律制度,才有利于我国社会经济的发展。

(二)人权视角

法律的终极关怀是人权,⑤以尊重人性尊严的民本思想设计和制定法律制度,是现代立法的基本要求。作为《经济、社会及文化权利国际公约》缔约国,我国无论是制定"强制执行法",还是设立具有概括执行性质的个人破产制度,都应体现该公约的基本精神,对包括债务人在内的每个人的生存权和发展权都应通过相应的法律条文予以确认,体现破产制度的人性关怀和法律人本主义的契合。⑥

个人破产立法需把"人的因素"放在首位,而个人破产与企业破产之间并没有一条明显的界限。⑦ 在设计企业及其利害相关人"关联"破产的衡平规则时,应充分保障债务人作为人的生存权和发展权,合理界定债务人自由财产,确保其能维持基本的生产生活。必要时采取"法律父爱主义",确保个人债务人未成年子女的基本教育、被赡养人的基本生活等所涉的生存权和发展权。

(三)社会视域

破产制度作为平衡器,以不抑制经济社会发展为目标。⑧ 一需对"诚实而不

---

① 参见何骧:《文化语境下的我国个人破产制度建构之路——以美国相关立法为研究视角》,载《贵州社会科学》2013 年第 1 期。

② 许德风:《论个人破产免责制度》,载《中外法学》2011 年第 4 期。

③ 参见徐爱国:《法理念的文化冲突与中国法律的多元属性》,载《社会科学研究》2014 年第 6 期。

④ 罗豪才、宋功德:《软法亦法:公共治理呼唤软法之治》,法律出版社 2009 年版,第 158 页。

⑤ 参见郝铁川:《法治随想录:法治如何变革中国》,中国法制出版社 2016 年版,第 10 页。

⑥ 参见刘静:《试论当代个人破产程序的结构性变迁》,载《西南民族大学学报(人文社会科学版)》2011 年第 4 期。

⑦ 参见殷慧芬:《个人破产立法的现实基础和基本理念》,载《法律适用》2019 年第 11 期。

⑧ 参见刘冰:《论我国个人破产制度的构建》,载《中国法学》2019 年第 4 期。

幸”或“诚实而不慎”的债务人提供低成本的保护,体现“诚实”的价值。而这既有利于社会信用体系的建设和“企业家才能”的发挥,也有利于将创业活动中的风险合理分摊,从而激励企业家重拾信心,促进社会经济的良性发展。二需对债权人的合理诉求予以高度关注,制定规范的制度流程,减少债权人的索债时间与成本,确保其债权的合理实现,可以减少暴力讨债等恶性事件的发生,有利于社会的和谐稳定。三需考虑现实情况,以正式的破产法律制度来化解突发性灾害或事件导致的群体性债务危机,改变过去“临时政策”偏好,“为不幸人群设置一种公平、可预期的个人破产解决机制,使其通过可预期的制度利用获得救济,才是国家成熟的标志”①。

(四)经济维度

法律的制定与实施既须呼应现实需求,体现公平正义,还须衡量立法成本与收益。②

首先,节约立法时间与成本。“对企业破产和个人破产统一立法,可避免分别立法时可能出现的制度衔接不顺和法律适用冲突。”③立法机关以修改企业破产法的方式,将个人破产制度纳入修改内容,可免去另行立法的一系列程序,节约立法时间和立法成本。

其次,减少司法成本。司法管辖权作为一种需要税收支持的“稀缺资源”,必须控制在一定的限度之内。④ 需合理确定破产申请条件,防止破产案件过量涌入法院这一“公共鱼塘”,挤占过多司法资源。建立企业与个人破产有效衔接和衡平机制,既减少法院程序性事务,又可压缩管理人工作支出,还可避免“多个债权人重复的、贸然的、彼此竞争的个别行动产生的冲突和诉讼”⑤,进而带来企业破产和个人破产制度收益的有效迭增。

最后,提高破产效率。参考联合国国际贸易法委员会(以下简称联合国贸法

---

① 刘静:《信用缺失与立法偏好——中国个人破产立法难题解读》,载《社会科学家》2011 年第 2 期。

② 参见蒋银华:《立法成本收益评估的发展困境》,载《法学评论》2017 年第 5 期。

③ 王欣新:《个人破产法的立法模式与路径》,载《人民司法》2020 年第 10 期。

④ 参见朱莉:《管辖权、法律选择方法与规则的经济学分析》,法律出版社 2008 年版,第 80 页。

⑤ 李小林:《全球化背景下的个人破产立法——适用范围与成本收益分析》,载《中国政法大学学报》2019 年第 4 期。

会)《破产法立法指南》有关有效和高效率破产法目标和兼顾各目标的规定,公平、合理兼顾"关联"破产各方利益,提高破产效率,一方面,给诚信而不幸债务人"重新开始"的机会,促进债务人本体"经济康复"[①];另一方面,优化资源配置,实现社会"边际收益"最大化。

四、企业与个人破产制度的衡平规则

(一)企业与个人破产制度衡平规则之构建

当企业及股东、实际控制人、董监高、保证人同时或先后破产,便会产生数个独立进行的破产程序,因其债权债务关系的高度相关性,如不加以协调则无法达成公平公正对待所有债权人、债务人的目标。[②] 科学的立法是对不同利益加以平衡的规范体系。[③] 因此,须建立相应的衡平规则。

一是程序协调规则。企业破产与个人破产的程序协调可参照企业集团破产的程序协调。当前,我国企业集团破产案件仍以集中管辖为主。笔者建议,企业及其利益相关人的破产案件也应以集中管辖为主。主要有以下四种做法:(1)分别申请、合并审理。由企业、个人或各自债权人分别向法院提出独立的破产申请,再由管理人或债务人申请,将独立的破产程序合并审理。(2)企业先行破产、个人并入。由企业先行进入破产程序,之后依企业或个人申请或法院依职权将个人并入破产程序。如浙江银象公司破产清算案,法院在审理公司破产中发现公司财产与个人财产高度混同,遂将法定代表人及其妻子的个人财产纳入公司财产合并破产。前述两种适用于企业与个人存在高度混同的破产案件,管理人宜指定同一家中介机构。(3)案件分立、协调处理。企业与个人未出现人格混同情形时的双重破产,企业与个人破产的债权审查、资产清理、表决分组等程序独立进行,[④]但因债权的关联性应加强信息整合、工作对接。(4)部分合并、部分协调。主要适用于部分企业、个人存在人格混同,部分企业、个人人格独立的混合破产案件。

---

① 张阳:《个人破产何以可能:溯源、证立与展望》,载《税务与经济》2019 年第 4 期。

② 参见贺丹:《企业集团破产:问题、规则与选择》,中国法制出版社 2019 年版,第 55 页。

③ 参见孙颖:《论我国个人破产法律制度的构建》,载《现代法学》2006 年第 3 期。

④ 参见贺丹:《企业集团破产:问题、规则与选择》,中国法制出版社 2019 年版,第 62 页。

二是实质合并规则。实质合并,是指法院在破产程序中裁定将具有关联性的不同法律主体的破产财产合并为一个破产财产,把合并的各法律主体的债权作为合并后破产财产的债权对待,在此基础上展开清算或重整。① 这一做法的普遍依据是"人格混同"标准。公司法人人格否认情形下的企业及利益相关人的破产也应适用实质合并破产。参考关联企业人格混同标准,如个人随意调拨使用企业财产无任何流程手续、财产混用无法区分,个人及企业债务高度混同、区分困难,个人与企业互保频繁,企业经营决策完全受制于个人,企业治理结构单一等。企业和个人实质合并破产的标准除采用人格混同之外,是否还应包括联合国贸法会《破产法立法指南》规定的欺诈、债权人受益标准和为挽救企业、制订重整计划需要等标准值得思考。

三是衡平居次规则。衡平居次,是指在破产程序中,法院可基于衡平法的公平、正义理念对破产债权的受偿顺序作劣后调整,将与债务人有关联关系的债权人或债务人股东享有的债权劣后于其他债权人清偿。与债务人有关联关系或利害关系的债权人拥有的债权可能基于正常交易产生,也可能基于非正常交易产生。故适用衡平居次须具体问题具体分析。在企业破产程序中,股东、实际控制人、董监高等基于特殊身份产生的关联债权,多是利用身份优越性及便利性而发生的,鉴于这些关联债权的产生已显失公平,如不劣后受偿,势必损害其他非关联债权。② 股东、实际控制人、董监高的个人破产如果是因履行企业债权不能发生的破产,因其过错责任更无理由与企业的其他债权人平等受偿,即便这会损害个人的部分债权人的利益。若股东、实际控制人、董监高仅因为企业担保履责不能发生的破产,基于已履行连带责任对企业产生的债权仅因其身份的特殊性而将其劣后于其他外部债权人受偿,则有可能损害该个人的其他破产债权人的利益。

(二)企业与个人破产制度衡平规则之进路

一是企业与个人破产制度在时间上的衔接。一方面,两者时间上衔接应遵循节约原则。如同一笔债权,在企业或其利益相关人先后进入破产程序时,在先

① 参见贺丹:《企业集团破产:问题、规则与选择》,中国法制出版社2019年版,第89页。

② 参见于新循、彭旭林:《论我国破产债权例外制度——基于劣后债权的制度构建视角》,载《四川师范大学学报(社会科学版)》2015年第3期。

进入破产程序中相关债权的登记、审查工作已完成,若在后进入破产程序中,仍要求申报期限不少于30天,则不利于破产程序的高效推进。故在后进入的破产程序可缩短申报期限。另一方面,两者时间上衔接应遵循效率原则。具体来说:(1)当债务人支付不能或者资不抵债时,相关义务人在限定时间内负有申请破产的义务,避免申请延迟而使债务继续扩大或重整挽救不能;(2)扩大简易程序审理的适用范围,加快案件审理速度,以利于困境债务人的拯救。

二是企业与个人破产制度在内容上的衔接。内容上的衔接包括实体性内容与程序性内容两个方面。实体性内容主要是当事人享有的实体权利义务,包括债权人债权请求权、债务人的财产豁免权、案外人的财产取回权、共益债务请求权等。程序性内容是当事人为保证实体性权利得到公正对待而享有的正当性权利内容,程序性内容包括破产程序过程中当事人所获信息是否充分,是否确保应有的异议权,表决程序是否合法等。[①] 如何确保内容上的衔接,首先,管理人或当事人应先按其所进行的企业或个人破产程序履行管理职责或参加破产程序;其次,在前后进行的破产程序中,管理人或当事人的履职行为或主张的权利内容应保持一致,不一致的应说明理由并提供相应依据;最后,因企业破产与个人破产存在价值目标、破产范围等方面的不同,管理人或当事人难免在前后作出不一致,甚至相互矛盾的决定或行为。对此,应规定允许容错的几种情形以及纠错程序,体现破产程序的严肃性和公正性。

三是企业与个人破产制度在效力上的衔接。效力上的衔接主要包括法院司法行为的效力衔接、管理人履职行为的效力衔接和当事人处分行为的效力衔接。(1)法院在破产案件中所做的司法行为主要涉及程序性事项,是对客观事实(如宣告破产)或对当事人自决行为(如批准重整计划)的司法确认,在不违反法律规定的情况下,法院作出的法律文书应作为后续"关联"破产案件的审理依据,以实现司法行为的有效衔接,也防止出现冗长的破产程序,影响资源配置效率。(2)管理人履职行为分为两方面的内容。一方面是经债权人会议或法院决定的履职行为。管理人一般无权随意终止履职,若认为与后续"关联"破产程序可能产生严重冲突或损害第三人合法权益的,应报法院批准方可停止履职,以确保履职行为在前后"关联"破产程序上的效力衔接。另一方面是基于管理人自身职责(如内

---

① 参见龚家慧:《论我国关联企业实质合并预重整制度的构建》,载《当代法学》2020年第5期。

部管理)行为,管理人有权决定是否继续履职。(3)当事人处分行为的效力衔接问题,应以是否对当事人造成实质性影响,尊重非破产法规范的原则,[①]并结合民事法律行为是否有效作为判断标准。实质性影响与否,应以普通人的认知去理解,而不能以专业水准去要求当事人,以保持评判的合理性,这有待实践中进一步探讨和规范。[②]

五、结　　语

当前,构建个人破产制度的时机业已成熟,但与企业破产制度如何协调配合,还需进一步深入考量。毕竟,企业是由一个个自然人组成,是人的意志、思想、精神的集合,二者关系必然引发企业破产与个人破产的耦合。关于企业破产与个人破产制度的衔接问题,还有许多更深更细的问题需要思考,如家族企业集团破产引发的夫妻共同破产、家庭破产导致的自由财产划分问题、企业多个保证人破产的免责衡平问题、个人失权制度与企业重整程序的债务人管理模式的调和问题等。希望在个人破产立法时不仅着眼于人,而且更要着眼于两法之间的协调与融合。

---

① 参见许德风:《破产法论:解释与功能比较的视角》,北京大学出版社2015年版,第76页。

② 参见龚家慧:《论我国关联企业实质合并预重整制度的构建》,载《当代法学》2020年第5期。

内地与香港特别行政区跨界破产承认与协助机制之构建：以上海华信案为视角

黄贤华[*]　王益平[**]　刘　琳[***]

一、问题的提出：两地跨界破产合作成果"上海华信案"

2019年12月18日，香港特别行政区高等法院夏利士法官（Justice Harris）签署命令（Order），[①]批准了由上海市第三中级人民法院（以下简称上海三中院或法院）审理的上海华信国际集团有限公司（以下简称上海华信）破产清算一案联合管理人提交的申请，承认该案内地破产清算程序和管理人资格，并予以提供普通法下的司法协助，中止个别债权人在香港特别行政区提起的针对上海华信的法律程序。这是香港特别行政区首例正式承认与协助内地跨界破产的案例，引起国内外破产法学界和实务界的高度关注。

（一）主要案情

上海华信于2003年2月在上海市浦东新区注册成

---

* 上海市第三中级人民法院上海破产法庭副庭长。

** 上海市第三中级人民法院上海破产法庭法官。

*** 上海市第三中级人民法院上海破产法庭法官。

① HCMP 2295/2019.

立。2019 年 11 月,上海三中院裁定受理了上海华信破产清算申请,并依法指定 3 家律师事务所作为联合管理人。联合管理人接管后发现,上海华信集团香港有限公司(以下简称香港华信)系上海华信在香港设立的全资子公司,在上海华信进入破产程序前,香港华信已在香港进入清盘程序。上海华信对香港华信享有 72 亿港元债权,在清盘程序中进行了债权申报。2018 年 8 月,香港特别行政区法院缺席判决上海华信应向 Right Time Global Investment SPC-Right Time Value Investment Fund SP(以下简称 R 基金)支付 2900 万欧元。为执行该判决,R 基金于 2019 年 8 月获得了关于上海华信对香港华信债权的暂时扣押令(Garnishee Order Nisi),香港特别行政区高等法院将于 2019 年 12 月 11 日进行绝对债权扣押令(Garnishee Order Absolute)的听证。如果 R 基金获得该绝对债权扣押令,其将取代上海华信对香港华信债权人的地位,由香港华信直接向 R 基金作出清偿。

联合管理人遂向香港特别行政区高等法院提出申请,请求承认内地破产程序及管理人资格。上海破产法庭按照香港特别行政区法院的协助惯例,于 2019 年 12 月 10 日向香港特别行政区高等法院发出请求函(Letter of Request),载明上海华信在内地已进入破产程序并指定管理人,以及该管理人获得《中华人民共和国企业破产法》(以下简称《企业破产法》)及司法解释下的相应权利。

鉴于上述跨界破产承认与协助的提起,香港特别行政区高等法院原定于 12 月 11 日进行的绝对债权扣押令听证延期。12 月 18 日,香港特别行政区高等法院就上海华信承认和协助案进行听证,夏利士法官当庭颁发口头命令并于 12 月 20 日签署书面命令(Order),[①]认可上海华信内地破产清算程序及联合管理人的身份,确认该联合管理人有权代表上海华信在香港特别行政区行使管理人权利,以及不得针对上海华信的资产在香港特别行政区继续进行诉讼或其他司法程序。根据上述命令,包括 R 基金所提扣押令在内的个别清偿程序停止,R 基金不得对上海华信资产主张权利。

(二)香港特别行政区法院承认与协助“上海华信案”基本思路和理由概述

2020 年 1 月 13 日,香港特别行政区高等法院发布与上述命令相关的决定(Decision),阐述了作出上述命令的理由和依据,并就香港特别行政区法院承认

① HCMP2295/2019;[2020]HKCFI167.

域外破产程序的主要原则、协助与认可域外管理人的条件及是否以互惠原则为前提等作了详细阐述,梳理如下:

1. 承认境外破产程序的主要原则

根据近年香港特别行政区法院承认与协助的大量普通法地区跨界破产及一件日本破产程序判例,香港特别行政区法院承认境外破产程序有两项主要原则,一是境外破产程序在公司注册地启动;二是境外破产程序是集体性程序。上海三中院作为公司注册地法院,受理该公司破产清算申请无疑符合“境外破产程序在公司注册地启动”的条件。法院出具的请求函说明了管理人提出的承认申请旨在维持共同按比例清偿原则,据此应认定上海华信在内地适用的破产程序是集体性清偿程序。

2. 认可与协助境外管理人的条件

首先,外国清盘人(管理人)并不当然享有我国香港特别行政区清盘人享有的权利。权利限制源于 Singularis Holdings Ltd v. PricewaterhouseCoopers① 一案所确立的规则:(1)协助的存在是为了使外国法院解决由于各国法院权利的地域限制而在全世界范围内清算公司事务造成的问题。因此,不能提供协助以使境外管理人做一些根据其任命国法律不能做的事情。(2)只有在必须需要履行管理人职能时,才可获得协助。(3)给予协助必须符合协助地法院的实体法和公共政策。

其次,如果清盘人是在与香港特别行政区破产法律制度相似的司法管辖区任命的,则协助可扩展至授予境外清盘人实质上类似的权利。这是 Re Joint Liquidators of Supreme Tycoon Ltd. ②一案确立的规则。内地破产程序及管理人职权与香港特别行政区具有相似性:(1)《企业破产法》多处条文体现了内地破产程序与香港特别行政区破产程序实质上类似。(2)本案的承认与协助是必要的。管理人提出上海华信案请求承认与协助的原因在于 R 基金暂时扣押令申请在前,如果债务人在香港特别行政区进行清算,则无论债权人在清算之前或之后获暂时扣押令(Garnishee Order Nisi),扣押令程序(Garnishee Proceedings)均不能继续进行。既如此,如果债权人在境外破产程序启动,则在我国香港特别行政区

① [2006]UKPC26;[2007]I AC508at[22].

② [2018]HKCFI276.

的扣押令程序也要终止,这是出于此前的普通法判例规则,即“一个单一的破产,所有债权人都应该有资格且需要申报其债权。任何人都不应当因为他恰好生活在一个资产较多或债权人较少的管辖区而具有优势”。

3.承认与协助并不要求以互惠为前提

虽然内地承认外国法院判决的先决条件通常是与外国存在互惠关系,但普通法下承认与协助并不要求遵循互惠原则。原因在于,承认和协助境外破产程序的目的是使一项破产成为可能,使债务人的资产变现,债权人的债权确定,并在指定的破产管理人的控制下按照同一破产体系,以按比例清偿的方式将可用资产分配给债权人。在面对一家资产和债权人不在其自身管辖范围内的公司的破产时,将希望促进一个单一的破产程序,否则多个司法管辖区进行单独的清算,将破坏提供承认和协助的基础。

综上,香港特别行政区高等法院认为上海华信在内地的破产清算程序符合现行法院惯例,管理人寻求相应权利既符合《企业破产法》的规定,同时也符合香港特别行政区高等法院既往判例所体现的承认标准。

(三)两地跨界合作的重大突破——上海华信案的意义

《企业破产法》第5条在跨境破产上采取的有限普及原则,以及相对保守的“互惠”原则规定,已经难以应对境内外债权人公平保护的实践需要,而我国香港特别行政区与内地司法协作基本框架中,一直以来并不包括破产(清盘)案件。本案为系继广国投案之后,首个香港特别行政区法院正式认可内地破产程序及管理人资格的案件,[①]其意义不仅在于个案中阻止了R基金适用扣押令程序实现个别清偿,有利于实现上海华信对香港特别行政区资产的归集,更重要的是,该案作为香港特别行政区法院首次正式承认与协助的内地跨界破产案件,为内地此类申请提供了范本,也为两地构建跨界破产合作机制提供了实践样本,具有里程碑意义。

① 夏利士法官在决定中披露:上海华信案是“第一份由内地正在清算的公司管理人提出的承认他们的任命以及提供普通法下的司法协助的申请”(This is the first application for an order by administrators of a company in liquidation in the mainland for recognition of their appointment and judicial assistance at common law)。

二、跨境破产司法实践与发展

(一)我国内地跨境破产制度及司法实践现状

我国跨境破产可以从制度构建和司法实践两方面进行审视。制度构建方面,《企业破产法》第5条采用"有限制的普及主义"原则,同时秉持"互惠原则+公共利益保留"的审查标准。该条规定无法满足处理跨境破产案件的司法实务需求。2015年6月,《最高人民法院关于人民法院为"一带一路"建设提供司法服务和保障的若干意见》第6条对"互惠原则"的适用趋于积极主动,提出"先予互惠"原则,积极促成与"一带一路"国家形成互惠关系,倡导并逐步扩大国际司法协助范围。2017年6月第二届中国—东盟大法官论坛上通过的《南宁声明》,提出"推定互惠"。2018年《全国法院破产审判工作会议纪要》第49条、第50条明确提出"积极参与、推动跨境破产国际条约的协商与签订,探索互惠原则适用的新方式"。上述跨境破产司法理念的渐进式演变,显示出我国内地法院对推进跨境破产秉承逐渐开放的态度,同时也给司法实践留下探索、完善的广阔空间。

司法实践方面,目前我国法院直接承认境外破产程序的案件有3起,分别是:2001年广东省佛山市中级人民法院承认意大利米兰法院宣告伊恩集团(E. N. Group s. p. a.)股份集团公司破产案、2005年广州市中级人民法院承认法国普瓦提艾商业法院宣告法国百高洋行(Pellis Corium Pelcor)破产案、2012年武汉市中级人民法院承认德国蒙特巴地区法院在"科勒博士诉斯豪斯(Dr. Koehler & Seehaus)案中所作的破产判决"。3起案件虽然作出了承认外国法院破产程序的裁定,但承认依据均为《中华人民共和国民事诉讼法》(以下简称《民事诉讼法》)有关"司法协助"的规定以及我国与相关国家之间签订的双边民商事司法协助条约,[①]均未涉及对外国破产程序的破产监护人、破产清算人等在我国境内接管、处置有关破产企业财产等履职提供具有实际效果的协助。此外,在大拇指环保科技集团(福建)有限公司诉中华环保科技集团有限公司(Sino-Environment Technology Group Limited)股东出资纠纷案中,最高人民法院认可了新加坡高等

① 参见石静霞:《香港法院对内地破产程序的承认与协助——以华信破产案裁决为视角》,载《环球法律评论》2020年第3期。

法院任命的清盘人作为被告诉讼代表人的权限和资格,以及管理人作出的变更董事及法定代表人任免决议的效力。

(二)香港特别行政区跨境破产司法实践

香港特别行政区司法实践具有普通法系特征,判例法是其重要法律渊源。香港特别行政区破产制度分为个人与公司破产,公司破产适用2014年修订完成的《公司(清盘及杂项条文)条例》,但并无等同英国《1986年破产清盘法》第426条对其他司法区域破产给予协助的法律条文。① 司法实践中,当涉及并非在香港特别行政区注册的公司清盘时,法律依据有别于在香港特别行政区注册成立的公司清盘。② 根据《公司(清盘及杂项条文)条例》第327(3)条规定,"非香港注册公司"可被清盘的理由为:(1)公司已解散或停业,或仅为结束其事务而继续营业;(2)公司无力清偿债务;(3)法院认为将公司清盘是公平公正的。③ 除上述规定外,香港特别行政区法官在大量援引普通法判例基础上,依据普通法规则对域外破产程序予以承认和救济,发展出其跨境破产制度。④

对于同属普通法司法管辖区的有关承认、协助破产程序的申请案件,最早可追溯至1929年的Re Russo-Asiatic Bank案⑤。香港特别行政区高等法院夏利士法官自2014年的Joint Official Liquidators of A Co. v. B案⑥起,开始列示若干原则作为对域外清盘人给予司法承认和协助的指引。在2015年的Re Centaur Litigation SPC案⑦中,夏利士法官将作出的承认和协助域外清盘人的命令作为该

---

① 参见夏利士法官:《了解香港的跨境破产清盘案件》,详见其2016年11月17日于香港大学讲座内容。

② 根据《香港法例》第32章《公司(清盘及杂项条文)条例》(清盘条例)第177条,法院可在下列情况下命令一家在香港注册成立的公司清盘:(a)公司已通过特别决议决定公司由法院清盘;(b)公司在其成立后一年内没有开始营业,或停业一整年;(c)公司并无成员;(d)公司无力清偿债务;(e)公司章程规定某一事项一旦发生则公司须予解散(如有),而该事件已经发生;(f)法院认为将公司清盘是公平公正的。

③ 参见王鸣峰、刘祉仁、陆栩然:《境外公司、香港公司及破产法》,载《上海律师》2016年第1期。

④ 参见石静遐、黄圆圆:《论内地与香港的跨界破产合作——基于案例的实证分析及建议》,载《现代法学》2018年第5期。

⑤ (1929-1930)24 HKLR 16.

⑥ [2014]4 HKLRD 374.

⑦ HCMP 3389、3391、3393/2015,[2016]HKEC 576.

案裁决书的附录,作为今后同类型命令的先例。香港特别行政区法院对来自大陆法司法管辖区申请承认、协助破产程序的案件处理得较少,其中具有代表性的案例是2019年的Japan Life Co. Ltd. 案①。这是香港特别行政区法院首次认可日本法院清盘程序,并向日本法院委任的破产管理人提供协助,表明香港特别行政区法院在跨境破产司法协助中对符合条件的大陆法系司法辖区的破产程序同样予以承认与协助。

(三)内地与香港特别行政区之间破产司法实践

在华信案之前,内地法院涉及香港特别行政区破产效力问题的裁判思路主要分为以下三种:

1. 严格的属地主义原则

北泰控股案:2010年,北京市第一中级人民法院受理北泰控股公司申请承认香港特别行政区法院清盘令案,并就是否应当承认香港特别行政区破产清盘令问题请示最高人民法院。最高人民法院认为《关于内地与香港特别行政区法院相互认可和执行当事人协议管辖的民商事案件判决的安排》不适用于认可清盘令,而且清盘令也不是《民事诉讼法》(2007年)第265条和《企业破产法》第5条所规定可予认可和执行的外国法院的"判决",目前内地法院承认香港特别行政区法院作出的清盘令缺乏法律依据,故对涉案清盘令应不予认可。

该案反映出我国内地法院在香港特别行政区法院清盘令的效力上坚持严格的属地主义原则,即香港特别行政区地区清盘令对我国内地法院没有约束力。上述司法原则成为阻碍两地跨界破产合作的障碍,内地与香港特别行政区法院

① [2019]HKCFI 802. 该案中成立于俄国的银行在伦敦、我国香港特别行政区、上海设有分行,该银行在我国香港特别行政区的分行被清盘后有余款30万镑,伦敦分行、上海分行的清盘人就该笔在香港特别行政区的余款的支配权发生争执,香港特别行政区法院最终准许伦敦分行的清盘人代表债权人提交债权证明,拒绝了上海分行清盘人的申索。

或开始单独破产程序,或单方面拒绝合作。①对香港特别行政区境内的债权人而言,在内地与香港特别行政区没有构建跨界破产合作机制的情况下,只能采取向内地法院提起诉讼的方式,在个案中实现其债权,这在根本上违背了跨界破产立法及合作的宗旨和目标,有损债权人整体权益的实现。②

2. 间接承认清盘人的法律地位

中金再生案:2013年7月,香港特别行政区法院对中国金属再生资源(控股)有限公司(以下简称中金再生)颁布临时清盘令,其临时清盘人代表香港特别行政区股东对在内地的包括广州亚钢钢铁有限公司(以下简称广州亚钢)、广州亚铜金属有限公司(以下简称广州亚铜)在内的多家三、四级子公司采取了更换管理层的措施,并决定停止对外偿债。后内地债权人向广州市中级人民法院申请对广州亚铜、广州亚钢破产重整,该院于2014年2月裁定受理并指定内地管理人,后裁定批准两公司的重整计划。③

上述案件中,体现出的通过委任香港特别行政区股东的临时清盘人更换内地子公司管理层,从而控制内地破产财产的模式被学界称为“迂回”模式。其核心是运用公司法上的董事变更规则,处理目前内地法院对香港特别行政区破产程序以及临时清盘人的承认难题,是香港特别行政区临时清盘人控制债务人内

① 一些知名案件亦反映出域外清盘人在跨国企业集团破产案中面临的障碍。如2009年3月,花旗银行向开曼大法庭申请对太子奶集团进行破产清算。4月,该庭裁定太子奶破产,并委任香港保华会计师事务所作为太子奶的临时清盘人,对太子奶国内外资产进行清算。香港保华会计师事务所委托北京中咨律师事务所代表外国债权人向株洲市中级人民法院申请破产重整,但株洲市中级人民法院未予立案。同年7月,国内债权人湖南顺天建设集团有限公司等债权人申请破产重整,法院受理。韩进海运破产案中,韩进海运向世界多国申请破产保护,美国、英国、加拿大、日本、比利时、新加坡等均给予破产保护,但其最终未在中国申请破产保护,其在中国的全资子公司韩进中国公司向上海市浦东新区人民法院提出破产重整申请后又迅速撤回。

② 参见石静霞、黄圆圆:《论内地与香港的跨界破产合作——基于案例的实证分析及建议》,载《现代法学》2018年第5期。

③ 参见《中金再生系列重整案广州中院率先破冰》,载中国江苏网,http://news2.jschina.com.cn/system/2015/06/24/025219611.shtml。中金再生系列案中,临时清盘人更换管理层的措施引发一系列诉讼,如在其三级子公司亚洲钢铁(香港)有限公司(以下简称香港亚钢)与广州亚钢、姜某等请求变更公司登记纠纷案中,一审以保某、徐某等任免广州亚钢董事等人员的行为实为履行香港特别行政区法院的临时清盘令为由,判决驳回香港亚钢的诉讼请求,二审认为临时清盘人代表提起诉讼及更换管理层的行为系根据香港《公司条例》及该公司组织章程的规定,并非直接基于临时清盘人的资格,各项决议合法有效,裁定撤销一审判决,改判委派管理层行为有效。

地资产的主要模式。①

3. 内地破产程序具有域外效力

广国投案:中芝兴业财务有限公司(CCIC Finance Limited,以下简称中芝公司)诉广东国际信托投资公司(以下简称广国投)及广国投香港子公司一案中,广国投(在内地进入破产程序)对中芝公司负有债务,而广国投对广国投香港特别行政区子公司又享有债权,中芝公司向香港特别行政区法院请求发出暂时债务扣押令,扣押广国投对其香港特别行政区子公司的债权,以此偿付广国投欠中芝公司的债务。香港特别行政区法院依据上述申请于1999年11月发出暂时扣押令。之后,中芝公司又申请绝对扣押令,广国投清算组遂提出相反请求,申请颁令停止所有针对广国投及其香港子公司的法律程序,包括本案中芝公司的暂时扣押令申请。香港特别行政区法院认为,广国投破产清算程序以全面统一收集及分配债务人财产为基础,并对同一类别的内地及境外债权人平等适用按比例分配原则。据此批准了广国投清算组的申请,颁令停止所有有关的香港特别行政区法律程序。②

除上海华信案外,近年来两地破产司法实践领域合作取得其他一些新的突破,如香港破产清盘人申请内地协助网拍香港资产案,③深圳市年富供应链有限公司破产清算案。④ 有观点认为,在严格意义上,华信破产案是香港特别行政区法院明确认可内地管理人地位的第一案,却并非香港特别行政区承认内地破产程序第一案。⑤ 两案起因有一定相似性,但两案所体现的程序、裁判依据、结果及意义等均存在一定差异。

---

① 参见石静霞、黄圆圆:《论内地与香港的跨界破产合作——基于案例的实证分析及建议》,载《现代法学》2018年第5期。

② HCA15651/1999.

③ 参见曾洁赟:《深圳中院在全国首次成功网拍跨境破产财产》,载微信公众号“广东省高级人民法院”2018年9月21日,https://mp. weixin. qq. com/s/-epoSBYJyBt_CIaYAQ0FOw。

④ 参见包力:《首例!深圳破产管理人获准在香港全面履职》,载新浪财经新闻网,https://finance. sina. com. cn/roll/2020-06-18/doc-iirczymk7601436. shtml。有报道认为该案为有史以来香港特别行政区法院第二次承认和协助内地破产案件,第一次为上海华信案。

⑤ 参见石静霞:《香港法院对内地破产程序的承认与协助——以华信破产案裁决为视角》,载《环球法律评论》2020年第3期。

三、建议与展望:两地跨境破产司法合作之构建

(一)跨境破产立法文件综述

联合国国际贸易法委员会于1997年发布的《跨国界破产示范法》,并非国际公约,而是为各国破产提供立法借鉴的示范法。该法就承认与协助外国破产程序、外国管理人与外国法院的合作、多个破产程序的平行与协调等问题向不同法域的国家提供示范。之后,联合国国际贸易法委员会又相继发布《关于承认和执行与破产有关的判决示范法》及《企业集团破产示范法》,以解决《跨国界破产示范法》在适用和解释方面的不完备性,以及跨境破产案件承认和执行程序上的不确定性。① 增加对跨国企业集团的承认和救济的规定。目前全球共计45个国家在47个法域通过了以该法为蓝本的立法。21世纪以来,国际社会对跨境破产问题愈加重视,除前述文件外,世界银行、欧盟、亚洲开放银行及国际破产协会、国际律师协会、欧洲破产协会等非政府组织都有跨境破产的研究项目,并陆续出台研究成果。

(二)两地跨境破产合作的专门安排

当前,最高人民法院正与香港特别行政区律政司积极磋商两地跨境破产方面的司法协助事宜。② 本文结合上海华信案的实践,对两地跨境破产合作安排提出以下建议。

1. 申请主体

按照《跨国界破产示范法》,外国代表指的是在外国程序中被授权管理债务人资产、事务的个人与机构。可明确赋予"外国(或其他地区)代表"申请的权利。在某些程序中,如债务人自行管理的重整程序中,因事务执行权与业务经营权仍由该债务人享有,管理人只起监督作用,可赋予该债务人自身提起承认程序的权利。此外,按照香港特别行政区法院惯例,需要被承认的外国或其他地区法院发出请求信,载明债务人在内地已进入破产程序并指定管理人,以及该管理人

---

① 参见金春:《外国破产程序的承认与协助:解释与立法》,载《政法论坛》2019年第3期。

② 参见司艳丽、刘琨:《香港法院认可与协助域外破产程序简介》,载《人民法院报》2020年6月11日,第8版。

获得《企业破产法》及司法解释下的相应权利。如果香港特别行政区法院今后在操作中仍采用请求信的做法,则内地法院在面对香港破产程序的承认与协助时,也应对等要求申请人提交香港特别行政区法院出具的请求信。

2. 承认要件方面

(1)关于互惠的软化。《跨国界破产示范法》等并未将互惠作为承认外国破产程序的要件,夏利士法官在承认上海华信案破产程序时明确表示不以互惠为前提。从最高人民法院的相关文件以及学界论述来看,都对互惠采宽松化立场。宽松化的互惠关系的认定主要考虑中国与外国(或其他地区)是否存在良好的互惠基础及意向。应从以往过于严苛的"事实互惠"过渡到"法律互惠"或"推定互惠",即依照申请国现行的法律或判例,中国破产程序在大体类似条件下不会被拒绝时,应当认定存在互惠;或者中国破产程序未被申请人拒绝时,推定存在互惠。事实上,由于香港特别行政区法院已给予上海华信案承认与协助的先例,因此,内地对香港特别行政区破产程序和管理人资格的承认与协助,不应存在互惠的障碍。

(2)关于不损害境内债权人利益。笔者认为,不应当在具体个案中将内地债权人在破产程序中的清偿率和单独诉讼执行的清偿率进行比较。系因破产程序作为集体性程序,无论债权人身处何地即应纳入集体程序而不是个别清偿。如果在具体个案中比较债权人清偿率,将基本堵住不同司法管辖区承认与协助的可能性。对于国内债权人利益保护的认定,应当判断外国或其他地区法律本身是否对我国债权人有歧视性规定。一是实体方面是否对境内外债权人有差别性待遇;二是程序方面是否有核心的程序保障方面的内容。正当的程序保障,是指当事人获得适当的通知且被保障了合理的陈述辩论机会。① 承认域外破产程序,是否需要参照外国民商事判决承认与执行的做法,通知我国境内的债权人参加听证?对此,首先,破产作为概括性的执行程序,债权人众多,要求通知所有债权人听取意见不切合实际;其次,如果在承认前听取债权人意见,反而可能促使该债权人提起个别程序以尽早收回其债权;最后,承认程序本身需要快速推进,以确保境内境外债权人获得统一清偿。故不必要通知境内债权人参与承认程序的听证。当然,承认作出后,如能赋予境内债权人对某些重大财产的处分行为以异

---

① 参见金春:《外国破产程序的承认与协助:解释与立法》,载《政法论坛》2019 年第 5 期。

议的权利,可能会更有利于兼顾各方的利益。

3. 救济方面

申请承认的目的是停止债权人的个别执行,承认的法律效果即救济措施存在自动救济和分离模式两种立法例。我国采用的是自动救济模式。依此,承认外国破产程序后自然适用该自动救济模式。然本文认为,未来两地司法承认与协助,宜采取分离模式。理由是,按照《企业破产法》第 19 条的规定,破产申请一旦受理,与债务人相关的个别程序一概中止。与此相适应,最高人民法院统一发布的法律文书样式中,受理裁定书主文仅表述为"受理某某债务人破产清算/和解/重整",并未跟进表述中止个别执行程序等。实践中,针对其他法院的财产保全与执行程序,破产法院另需出具解除保全、协助执行通知书等法律文书,以协调其他法院中止相关程序,且效果并不好。这一客观情况说明,"自动救济"模式并未对保全法院或执行法院发生很好的效果,实践中还是采取了先裁定受理后发出协助执行通知的"分离式"的做法。

四、结　　语

跨境破产司法合作的目的是通过一体化的破产程序,给予从事国际经济活动的当事人尽可能相同的权利保障,以保障各方当事人的正当权利,保障其平等参与全球化经济活动,促进国际经贸合作交往。随着内地与香港特别行政区的经贸往来日益密切,两地跨境破产司法合作的重要性和必要性不言而喻。香港特别行政区高等法院首次通过上海华信案正式认可内地破产程序及联合管理人资格,继广国投案之后再次向内地释放出在跨境破产司法合作方面的务实之举和强烈信号。我们期待最高人民法院与香港特别行政区方面的司法合作安排尽快出台。

涉港跨境破产的相互认可与司法协助机制探析

林　蔚*

随着中国内地和香港特别行政区经贸往来日益频繁,内地和香港特别行政区(以下简称两地)公司之间相互投资非常普遍,这也体现了经济全球化的大趋势。为了能够营造更加公平公正的营商环境,有效解决跨境投资中的债权债务问题,世界各国都着手加强不同法域之间跨境破产合作。联合国国际贸易法委员会《跨国界破产示范法》已成了40多个国家的立法或改革的范本。

然而,2020年之前内地和香港特别行政区跨境破产司法协助合作却发展缓慢。2020年年初香港特别行政区高等法院认可上海华信国际集团有限公司破产管理人并给予司法协助的判令([2020] HKCFI 167,以下简称上海华信案)打破了两地跨境破产认可与司法协助的僵局。时隔不到半年,香港特别行政区高等法院又作出认可深圳市年富供应链有限公司破产管理人并给予司法协助的判令([2020]HKCFI 965,以下简称深圳年富案)。这两个判例显示了香港特别行政区法院给予内地法院跨境破产案件司法协助的友好意愿。

---

* 福建建达律师事务所专职律师。

2021年5月14日两地签署了《最高人民法院和香港特别行政区政府关于内地与香港特别行政区法院相互认可和协助破产程序的会谈纪要》(以下简称《互认破产程序会谈纪要》),为两地跨境破产司法协助提供了依据。本文主要分析近年来香港特别行政区法院对内地跨境破产案件给予司法协助的判例,以期为两地跨境破产司法实践提供建议。

一、跨境破产案件相互认可与执行的现状

(一)《互认破产程序会谈纪要》签署前,内地法院对香港特别行政区清盘令持不予认可的态度

在《互认破产程序会谈纪要》签署之前,我国对跨境破产司法协助的相关法律规定主要有《中华人民共和国民事诉讼法》(以下简称《民事诉讼法》)和《中华人民共和国企业破产法》(以下简称《企业破产法》),主要是以互惠原则实践对外地法院判决的认可与执行。北泰汽车工业控股有限公司申请认可香港特别行政区法院清盘令案显示了内地法院对香港特别行政区清盘令不予认可的态度。

最高人民法院就该案作出〔2011〕民四他字第19号复函,认为涉案清盘令不属于《最高人民法院关于内地与香港特别行政区法院相互认可和执行当事人协议管辖的民商事案件判决的安排》的适用范围,也不能适用《民事诉讼法》和《企业破产法》对外国法院所作判决承认和执行的规定。因此,内地法院裁定不予认可涉案清盘命令。由于最高人民法院复函具有司法审判指导意义,内地法院对香港特别行政区清盘令均持不予认可态度。

(二)香港特别行政区法院有关跨境破产案件审理发展

1. 广州国际信托投资公司破产案

1999年香港特别行政区高等法院对广州国际信托投资公司(以下简称GITIC公司)破产清算组提供司法协助的判例,①是两地破产司法协助的一大进展。债权人先向香港特别行政区高等法院申请对广州国际信托投资(香港)有限

① 参见石静遐:《我国破产程序域外效力的实例分析——评香港高等法院对"广信"破产程序的承认》,载《政法论坛》2002年第3期。

公司(以下简称 GITIC 香港公司)财产的暂准扣押令。GITIC 公司清算组再申请香港特别行政区法院颁令拒绝发出绝对扣押令。

香港特别行政区法院认为,GITIC 公司的破产清算程序是以全面统一收集及分配债务人财产为基础,并对同一类别的内地及境外债权人平等适用同时及同等原则(principle of pari passu)进行财产分配。依照国际法规则,如果其他司法区域已在开展全面统一分配债务人财产程序,则本地法院不应再开展干涉该统一分配程序的法律程序。香港特别行政区法院批准了 GITIC 清算组的申请,颁令停止所有有关 GITIC 香港公司的香港特别行政区法律程序。①

2. GITIC 香港公司破产财产分配案

在 GITIC 香港公司自动清盘程序中,该公司在香港银行的港币资产和内地银行的人民币存款均被冻结。根据内地外汇管理规定,内地资产只能以人民币形式分配给持有内地银行账户的债权人。但有些债权人并无内地银行账户,因此,GITIC 香港公司清盘人向香港特别行政区法院申请批准分配方案。

该案判令中乔纳森(Jonathan Harris)法官重申了香港破产法例三个重要原则:(1)集体制原则;(2)清算并不会造成新的实质性权利也不损害已有权利;(3)债权人同时及同等分配原则(pari passu distribution)。② 债权人同时及同等分配原则是核心原则,但在香港特别行政区破产体制下却又不是一成不变的原则。他认为人民币资产是中国法律管辖诉讼中的选择,使用人民币资产应受到内地法律限制。因此,该案中人民币资产分配机制符合公司使用人民币资产时对其权利的原有限制,并未给公司或其债权人增设权利或义务。③ 此外,他认为,这一限制应视为程序性要求,不会对债权人同等分配人民币造成实质性阻碍。依据香港特别行政区的冲突法,在内地人民币资产适用内地法律,香港特别行政区破产法例并不能突破内地法规的限制。④

因此,香港特别行政区法院判令该公司的香港资产可同等分配给所有债权人,但考虑到该公司人民币资产数额远高于在香港特别行政区的资产,对于已取

① 参见张欢:《香港与内地认可及协助处理跨境公司破产事宜之现行法律评述》,载李伟斌律师行 2019 年 4 月 24 日,http://www.li-partners.com/cn/index.php? s =/sys/488.html。

② 参见[2018] HKCFI 2498 判令第 11 段,载法律参考资料系统网,https://legalref.judiciary.hk/doc/judg/word/vetted/other/en/2017/HCMP002638_2017.docx,2020 年 7 月 12 日最后访问。

③ 参见[2018] HKCFI 2498 判令第 31 段第(4)项。

④ 参见[2018] HKCFI 2498 判令第 24 段至第 29 段。

得该公司内地人民币资产的债权人的分配应遵循分配调整原则①(hotchpot rule),无资格再获得香港资产的分配。本案是香港特别行政区高等法院对于破产案件同时及同等分配原则的最新诠释,香港特别行政区法官强调了应关注可分配财产原本的限制,在分配内地资产时应遵循内地法律的限制。本案对内地破产公司在香港资产分配提供了指引。

二、上海华信案的破与立

在广州国际信托投资公司破产案后,香港特别行政区高等法院并未再作出认可内地法院破产裁定的判例。2020 年年初,上海华信案是近年首例香港特别行政区法院认可内地法院指定的破产管理人并给予司法协助的判例。

(一)案件基本事实

上海市第三中级人民法院(以下简称上海法院)作出民事裁定书,裁定上海华信国际集团有限公司(以下简称上海华信公司)进入破产清算程序,②并指定了破产管理人。上海华信公司在香港有资产,包含对其子公司上海华信集团(香港)有限公司(以下简称华信香港公司)拥有的约 72 亿港元的资产(香港应收款)。华信香港公司已进入了清盘程序。Right Time Global Investment SPC-Right Time Value Investment Fund SP(以下简称债权人)已取得香港特别行政区高等法院作出的上海华信公司需赔偿约 2.9 亿欧元的判令,以及对前述香港特别行政区应收款的暂准扣押令(garnishee order nisi)。为了防止前述香港特别行政区应收款被执行,上海华信公司的破产管理人便向香港特别行政区高等法院紧急申请认可上海法院的破产裁定及司法协助,以便其履行破产管理人的职能。

香港特别行政区高等法院原诉庭乔纳森法官判令③认可上海华信公司的破

---

① 分配调整原则,即明定已依外国破产处理程序获得部分清偿之债权人,若其他同顺位债权人获得清偿比例低于该债权人所获得之清偿,其债权不得依本国破产处理程序受清偿。参见王志诚:《从比较法之观点论跨国企业集团之破产法制》,AIIFL Working Paper No. 12, 2013 年 4 月,第 8 页。

② 参见上海市第三中级人民法院民事裁定书,〔2019〕沪 03 破 305 号。

③ 参见[2020] HKCFI 167 判令,载法律参考资料系统网,https://legalref.judiciary.hk/doc/judg/word/vetted/other/en/2019/HCMP002295_2019.docx。

产清算且认可上海法院指定的破产管理人,并赋予了破产管理人在香港行使相关职能的权利。但该法官也指出在未来案件中对内地破产管理人提供多大程度上的帮助应当视个案情况作出决定,且香港特别行政区高等法院将会审查内地法院在多大程度上推行与香港特别行政区类似的跨境破产认可程序,这将影响香港特别行政区法院对内地破产判决的认可程序的发展。①

(二)香港特别行政区法院认可内地法院破产裁定的条件

乔纳森法官在判令中详细阐述了大陆法系的破产诉讼在香港特别行政区获得认可和司法协助需满足两项基本条件。首先,外地的破产程序也是集体破产程序;其次,公司的注册地对外地破产程序也采取开放的态度。香港特别行政区法院一方面注重考察外地法院是否运行与香港特别行政区类似的破产机制,另一方面考察该外地法院对其他法域的破产案件是否推动单一破产程序,进而避免不同法域分别提起平行破产程序。

乔纳森法官认为上海华信公司内地破产程序无疑是一个集体破产程序,这在《企业破产法》第 30 条得以体现。破产管理人提出的认可申请,与集体破产原则和债权人同时及同等分配原则(pari passu distribution)相一致。因此,乔纳森法官认可上海华信公司的内地破产程序与香港特别行政区法院目前的司法实践相一致。他认为,《企业破产法》第 25 条赋予破产管理人权力及职责的规定与香港特别行政区清盘人所享有的权力及职责一致,《企业破产法》第 19 条所规定债权执行程序中止的情况,以及《企业破产法》第 113 条规定了平均分配债权人资产的要求均与香港特别行政区法例一致。

(三)香港特别行政区法院授予外地破产管理人的职权范围

本案中乔纳森法官也澄清了香港特别行政区法院可对跨境破产案件提供司法协助及授予外地破产管理人的职权范围。一旦外地破产程序被香港特别行政区法院认可,香港特别行政区法院将适用香港法例向外地破产管理人(officeholders)提供司法协助。然而,香港特别行政区法院不会认可外地破产管

① 参见[2020] HKCFI 167 判令第 33 段。

理人享有依据《公司(清盘及杂项条文)条例》指派清盘人的所有权利。①

在本案中,乔纳森法官赋予破产管理人在香港特别行政区行使如下职能的权利:(1)可向第三方请求并取得有关上海华信公司及其推广、成立、商业交易、账目、资产、负债或有关其破产原因的事务;(2)可在法院司法管辖范围内,对上海华信公司所有或将有权享有的资产进行安置、保护、获得或占有及控制等权利。除经香港特别行政区高等法院许可外并受该法院可能施加的条款约束,只要上海华信公司在内地仍为破产清算状态,除了破产管理人之外其他任何主体都不得对上海华信公司或其有关事务、资产提起诉讼。②

(四)在跨境破产司法协助事项上的突破

虽然本案中债权人已取得了暂准扣押令,但乔纳森法官认为该暂准扣押令因外地破产程序的启动而应当终止,这也与认可外地破产程序的原则相符。乔纳森法官认为即便债权人在外地破产程序启动之前在我国香港特别行政区已取得了暂准扣押令,但香港特别行政区法院仍对暂准扣押令是否变更为绝对扣押令有裁量权,这是与债权人公平原则相一致的。由于外地法院判决已被认可,外地破产管理人自然应当控制和运营公司的所有资产。③

本案体现了香港特别行政区法院以债权人公平原则为指导,在破产程序司法协助中拒绝将债权人已取得的暂准扣押令变更为绝对扣押令,以保障内地破产管理人能够正常履行其职权,同等地分配破产财产予所有债权人。

三、深圳年富案再次认可内地法院破产裁定书

距上海华信案判令作出不到半年,香港特别行政区高等法院原讼法庭又作出第二例认可内地法院对深圳市年富供应链有限公司(以下简称深圳年富公司)的破产裁定并给予司法协助的判令([2020]HKCFI 965)。

---

① 参见[2020] HKCFI 167 判令第 11 段。

② 参见[2020] HKCFI 167 判令附录第 2 段。

③ 参见[2020] HKCFI 167 判令第 21 段。

(一)案件基本事实

深圳市中级人民法院(下称深圳法院)裁定深圳年富公司破产并指派了破产管理人。2020年4月深圳法院向香港特别行政区高等法院出具一份请求书,请求认可该破产裁定并向该破产管理人提供司法协助。此后,破产管理人向香港特别行政区高等法院申请认可该破产裁定,以及对破产管理人的指派及其地位,并赋予破产管理人在香港特别行政区完成各类事务的各项权力。香港特别行政区高等法院依据上海华信案所确立的原则作出了认可的判令。①

(二)香港特别行政区法院对深圳年富案的裁判规则

1. 香港特别行政区法院重申给予外地法院破产判决认可及司法协助的条件

香港特别行政区高等法院在本案中重申了对外地破产裁定给予认可及司法协助的两项基本原则:其一,外地破产程序也是集体破产程序;其二,公司的注册地对外地破产程序采取开放的态度。满足前述两项原则,大陆法系的破产判决可被香港特别行政区法院认可并给予司法协助。本案中,乔纳森法官再次确认内地的破产清算程序属于集体破产程序,且认可深圳法院指派的破产管理人。②

2. 香港特别行政区法院赋予外地破产管理人的权力

香港特别行政区法院不会赋予外地破产管理人等同于香港特别行政区清盘人的权力,但可赋予实质上类似于香港特别行政区清盘人的权力。香港特别行政区高等法院还重申若外地破产判决被认可,法院将适用香港特别行政区破产法例对外地破产管理人给予司法协助。关于破产管理人对破产公司的分支机构可行使的权力范围,本案破产管理人还向香港特别行政区高等法院申请控制深圳年富公司直接或间接享有利益的香港特别行政区分支机构并行使所有的权力。

由于深圳年富公司在香港特别行政区有两间分支机构,这两家公司在香港特别行政区银行不同账户中有人民币1,250,000元的款项,且对外交易约有41亿元应收款。这两家公司唯一董事在内地被拘留,两家公司均没有实际经营。

---

① 参见[2020] HKCFI 965 判令第3段。

② 参见[2020] HKCFI 965 判令第4段。

乔纳森法官认为,目前无人可经营两间公司并收回该应收款,因此有必要赋予破产管理人实际控制前述两家香港特别行政区公司的权力,并作出了判令。①

在判令中,香港特别行政区高等法院赋予了破产管理人可行使如下权力:(1)可向第三方请求并取得有关深圳年富公司及其推广、成立、商业交易、账目、资产、负债或有关其破产原因的事务的文件及信息;(2)可在香港特别行政区法院司法管辖范围内,对深圳年富公司所有或将有权享有的资产进行安置、保护、获得或占有及控制等权力;(3)可在香港特别行政区法院司法管辖范围内,对深圳年富公司的簿册、文件及公司记录包括财务及法定记录进行安置、保护、获得或占有及控制等权利;(4)采取一切必要的措施避免对深圳年富公司资产的任何处置,尤其是在香港特别行政区司法管辖区内公司控制下或者公司名下的银行账户要确保其信用余额;(5)为了取得资产或者向破产管理人支付费用,以公司的名义运营和开立或者注销任何的银行账户;(6)控制深圳年富公司直接或间接享有利益的分支机构、合资企业、关联公司或其他实体,并行使所有的权力;(7)有权委聘或雇用律师、大律师或其他专业人士,为了执行判令所规定的权力及职责而提供咨询或协助服务;(8)有权以自己或以公司的名义,为了公司的利益,提起诉讼并向香港特别行政区法院提起相关申请,如请求第三方披露文件的判令、在任何法律程序开始后的辅助救济(冻结判令、搜查或扣押令)。②

此外,本案判令中特别提及,除经香港特别行政区高等法院许可外并受该法院可能施加的条款约束,只要深圳年富公司在内地仍是破产清算状态,除了破产管理人之外其他任何主体都不得对深圳年富公司或其有关事务、资产在香港特别行政区法院提起诉讼。③

四、内地与香港特别行政区跨境破产司法互助机制的立法展望

2020年间香港特别行政区跨境破产的前述司法创新实践,为两地跨境破产案件的司法协助奠定了互惠关系的基础。2021年5月14日两地签署了《互认破

① 参见[2020] HKCFI 965判令第7段。
② 参见[2020] HKCFI 965判令附件第2段。
③ 参见[2020] HKCFI 965判令附件第4段。

产程序会谈纪要》,在很大程度上有助于境外债权人获得同时及同等分配。同日,最高人民法院也公布了《最高人民法院关于开展认可和协助香港特别行政区破产程序试点工作的意见》(法发〔2021〕15号)为在上海市、厦门市、深圳市开展认可和协助香港特别行政区破产程序的试点工作提供了依据及指引。香港特别行政区律政司也发布了《内地破产管理人向香港特区法院申请认可和协助的程序实用指南》。

除了上述两地跨境破产司法协助的规定之外,因《企业破产法》修订在即,笔者认为也可考虑在《企业破产法》中增加承认/认可外地法院破产裁定并给予司法协助等方面内容,从而为跨境破产司法实践提供更稳固的法律基础。

1. 建议《企业破产法》的修订引入"主要利益中心地"来判断破产管辖权

联合国国际贸易法委员会《跨国界破产示范法》和欧盟理事会制定的《欧盟跨境破产规则》[REGULATION (EU) 2015/848 OF THE EUROPEAN PARLIAMENT AND OF THE COUNCIL of 20 May 2015 on insolvency proceedings]对于跨境破产的管辖均采用"主要利益中心"制度(Center of Main Interests, COMI),即债务人的主要利益中心所在国法院有权启动破产主要程序的规则。①

鉴于中国的海外投资日益增加,越来越多公司选择开曼群岛、百慕大群岛、BVI等避税港作为公司注册地,但公司主要经营地仍然在中国。笔者建议修订《企业破产法》关于破产管辖权的规定可参考联合国国际贸易法委员会《跨国界破产示范法》,原则上以债务人注册地为债务人的主要利益中心。若债务人注册地与主要经营地不符,可综合考察债权人容易确定的债务人主要营业地及债务人经营业务等诸多因素,如债务人的账册和财务记录所在地、组织及授权融资所在地、现金管理系统运营所在地、债务人主要资产及运营地、债务人主要开户银行所在地、雇员所在地等。

《企业破产法》修订引入"主要利益中心"制度,有利于内地法院对虽在境外注册但主要利益中心在内地的企业行使破产管辖权,以期更好地平等保障债权人的利益,为投资者营造更稳定的营商环境及市场退出机制。

---

① 参见宋建立:《跨境破产案件的司法应对》,载《人民司法(应用)》2018年第22期。

2. 建议《企业破产法》修订增加关于平行破产程序的协调规定

由于上海华信案中香港特别行政区法院考察内地司法实践认为内地法院对平行破产问题态度不明确并存在疑虑,笔者建议《企业破产法》的修订可增加关于平行破产程序的协调规定,并区分对主要程序与非主要程序的认可申请,同时可采用以“主要利益中心地”作为判断主要程序和非主要程序的标准,从而对涉及多个法域的平行破产案件进行协调。对主要程序的破产管理人/清盘人原则上予以认可和司法协助,对非主要程序的破产管理人/清盘人则酌情给予认可和司法协助。正如有学者提出若多个不同法域破产程序代表均以同一破产债务人向内地法院提出承认申请,其中一个破产程序为主要程序时,应以该主要程序为核心,对其他法域非主要程序的救济不得妨碍对该主要程序的救济。①

五、跨境破产法律实务的建议

上海华信案和深圳年富案判令为跨境破产裁定相互认可与执行起到了司法先例的指引作用。《互认破产程序会谈纪要》《最高人民法院关于开展认可和协助香港特别行政区破产程序试点工作的意见》《内地破产管理人向香港特区法院申请认可和协助的程序实用指南》共同为跨境破产案件司法协助提供了司法依据及实务指引。

(一)香港特别行政区法院的认可程序需以内地法院的请求书为前提

依据《互认破产程序会议纪要》和《内地破产管理人向香港特区法院申请认可和协助的程序实用指南》的规定,申请人需先向内地法院申请出具请求书。根据上海华信案,内地法院的请求书建议列出将在香港特别行政区申请的命令内容,以及内地法院需从其适用法律和案件事实的角度,阐明该案适合寻求认可和协助,申请香港特别行政区法院作出命令的内容的适当性,并最好以此前香港特别行政区法院判令的分析结构作为申请书的参考。②

此后,破产管理人可借附有宗教式誓章或非宗教式誓词证据的单方面原诉

① 参见宋建立:《跨境破产案件的司法应对》,载《人民司法(应用)》2018 年第 22 期。

② 参见[2020] HKCFI 965 判令第 5 段。

传票,以书面形式向香港特别行政区高等法院申请"标准格式命令"。标准格式命令涉及的内容主要有授权破产管理人管理及控制公司在香港的财产,调查该公司在香港特别行政区的事务,为促成以上目的开展法律程序,以及在香港特别行政区搁置或继续针对公司或其资产的法律程序等。

(二)申请司法协助赋予破产管理人的权力

从上海华信案及深圳年富案可知香港特别行政区高等法院赋予内地破产管理人的权力范围。此外,在破产管理人向香港特别行政区高等法院申请司法协助时,若特定债权人已就破产公司及其关联公司在香港特别行政区的资产取得了暂准扣押令,内地的破产管理人也可向香港特别行政区高等法院申请拒绝该暂准扣押令变更为绝对判令,以实现对所有债权人的同时及同等分配原则。

(三)内地破产公司在香港特别行政区资产的分配

GITIC 香港公司破产财产分配案中也可见,香港特别行政区法院对于破产分配的 3 个重要原则即集体制原则、清算并不会造成新的实质性权利也不损害已有权利、债权人同时及同等分配原则(pari passu distribution)的重视。与此同时,香港特别行政区法院也遵循内地法律对可分配资产的限制性规定。因此,内地破产公司的香港特别行政区资产在分配过程中尤其应注意遵循同时及同等分配原则,同时应充分关注可分配财产所处法域的原有限制性规定。

六、结　　语

上海华信案和深圳年富案作为跨境破产司法协助有开创性的判例,为此后内地破产裁定在香港申请认可与执行提供了具有实务操作性的指引。内地与香港特别行政区签署《互认破产程序会谈纪要》不仅为跨境破产案件司法协助提供了司法依据,而且给跨境投资者们营造了可预期的投资环境及市场退出机制。内地可借《企业破产法》修订之机,进一步完善跨境破产制度,有助于进一步优化两地的营商环境。

当英国“马雷瓦”禁令遭遇美国临时禁令:英国费力克斯托跨境破产案再剖析

孙宏友[*]　董　明[**]　胡　越[***]　卢　熠[****]

一、背景介绍

本案①中的被告、破产债务人美国航运公司(United States Lines Inc.,以下简称USL)在世界各地长期经营庞大的海运业务。公司在美国特拉华州注册成立,后将业务拓展到英国,控股公司为在纽约注册的麦克莱恩工业公司(McLean Industries Inc.)。1986年,USL根据《美国破产法》第11章的规定,于11月24日提出破产申请。同日,美国纽约南区的地方破产法庭(以下简称美国破产法庭)的布施曼(Buschman)法官作出临时禁令并指定债务人托管人。USL的申请内容显示:公司资产共计12.5亿美元,总债务为12.72亿美元,负债金额超过资产的102%。而在英国,其欠下的总债务(已经清算的债务)

---

* 北京师范大学珠海分校普通法研究中心主任,澳门大学法学院博士研究生,广州商学院法学院判例法研究中心执行主任。

** 君合律师事务所上海分所合伙人,法律硕士。

*** 澳大利亚邦德大学法学院,法律职业博士(JD)。

**** 君合律师事务所上海分所律师,法学硕士。

① See Felixstowe Dock And Railway Co. v. US Lines Inc., [1989] 1 QB 360, [1988] 1 All ER 77, [1989] 2 WLR 109, [1987] 2 Lloyd's Rep 76.

达到243.4万英镑(包括拖欠原告的债务),资产约为72万英镑,债务超过资产的3倍,严重资不抵债。鉴于此,USL根据《美国破产法》第11章的规定进行重整,并计划完全关闭公司在英国和欧洲的运营。

本案共有3位原告,分别是罗斯福船坞和铁路公司(FDR Dock and Railway Co.,以下简称FDR)、集装箱货运列本公司(Freightliners,以下简称FL)与欧洲集装箱码头公司(European Container Terminus,以下简称ECT),其所提交的申请在观点和立场方面基本一致。1986年11月至1987年2月,3位原告先后对被告提起诉讼,要求被告偿付包括拖欠的船坞费、码头租金等相关费用,并向法院申请根据英国的“马雷瓦”(Mareva)禁令,限制被告USL将资产转移至英国法律管辖范围之外,并保证被告在英国保留与其各自对被告债权相对应金额的资产,均得到各个主审法官的准许。1987年2月26日,鉴于法院就USL解除或变更“马雷瓦”禁令的请求进入公开审理致使禁令效力中断,原告ECT再次申请延长实行“马雷瓦”禁令24小时。

自此,本案的核心争议凸显为:美国债务人的托管人于美国破产法庭获得临时禁令之后、在英国法院申请处置美国债务人在英国资产之时,遭遇英国原告债权人申请“马雷瓦”禁令的情况下,法院如何权衡二者关系的问题。

二、“马雷瓦”禁令和美国临时禁令

(一)“马雷瓦”禁令

“马雷瓦”禁令是英国法院首先采用的一种诉讼保全措施,由英国丹宁(Denning)勋爵在Mareva Compania SA v. International Buckcarraoers SA(1975)案①中确立,经由英国《1981年最高法院法案》第37(3)条得到立法确认。

在被告可能将其财产转移至法院管辖范围以外的情形下,原告可向法院申请“马雷瓦”禁令,禁止被告转移其财产。法院根据原告申请,确认可能存在被告在法院管辖范围内处置其财产或将其财产转移至法院管辖范围以外的情形后,发出禁令以阻却该财产处置行为,确保法院判决或者裁定顺利执行。“马雷瓦”

① Mareva Compania Naviera SA v. International Bulkcarriers SA The Mareva, [1980] 1 All ER 213.

禁令不仅在英国广为使用,也流行于昔日英联邦内的其他国家和地区,如美国、加拿大、新加坡等。为了使程序和司法文件标准化,英国于1999年4月26日进行了法院改革,采用更为现代的法律术语,由此"马雷瓦"禁令正式被更名为冻结禁令(Freezing Injunction)。

(二)美国临时禁令

本案中的美国临时禁令源自《美国破产法》第11章,目的在于使正在进行重整程序的破产公司在债权人委员会和法庭的监督下继续营运,并妥善维持所有债权人的公平利益。在此期间,所有针对债务人进行的诉讼均暂时中止。

本案中,基于USL的特别申请,布施曼法官于1986年11月24日发布临时禁令,以强行实现"自动中止"的效果。①

三、原被告的申请与抗辩

USL的律师最初依据国际礼让原则,主张英国法庭应当承认美国破产法庭所发布的命令,允许美国破产法管理人管理USL在英国的资产,使被告可以避免其资产因"马雷瓦"禁令而被冻结在英国,进而实现《美国破产法》第11章的立法目的,防止这部分资产被英国法院执行。此外,USL的律师还主张:如果"马雷

---

① 临时禁令:"美国境外的所有人、企业和政府单位,以及所有代表人员,包括部长、法官随员、警官以及其他相关的执法人员,凡具备下列情形,无论身处何处,依此规定,所有相关活动均受到限制或禁止。此规定立即生效:(1)针对在1986年11月24日前已经开始或本可开始清算的任何债务人所进行的审理、执行或其他司法活动;(2)在1986年11月24日或之前已经出现或本可以出现的针对债务人的索赔诉讼、行政管理或其他司法活动;(3)针对第(1)、(2)项的债务人所进行的任何起诉、送达或适用的任何其他法律程序,包括令状或附带命令、逮捕、扣押或抵押品赎回权的取消;(4)对在1986年11月24日前针对债务人及其资产所获得的判决进行强制执行的行为,无论该资产位于何处,包括债务人在美国外的船舶和其他财产;(5)任何为了占有或控制债务人的资产,包括船舶、货物、集装箱、机械设施和其他被债务人拥有和控制的设备等的行为,无论这些资产是否在美国境内;(6)任何针对债务人的资产所创设、完成或执行留置权的行为,包括船舶、货物、集装箱、机械设施和其他被债务人拥有和控制的设备等的行为,无论这些资产是否在美国境内;(7)为1986年11月24日前出现的债务人进行的诉讼所收集材料、评估或复原的行为;(8)1986年11月24日或之前发生的任何对债务人提出的任何索赔的债务的免除……"

瓦”禁令在此案中继续实行,原告将在英国获得优先清偿权。[①]

FDR 和 FL 的律师请求法院驳回上述申请,理由如下:在破产案件中,位于英国的相关资产应当由英国法院进行处理。本案中 USL 的债务是在英国发生的,英国公司对此提起诉讼并无不当,而“马雷瓦”禁令对该案有辅助作用。继续实行“马雷瓦”禁令将不会赋予原告优先清偿权。相反,解除实施“马雷瓦”禁令将给原告造成严重的损失,包括原告将面临美国破产程序下的歧视风险(如果债权人在英国法院继续进行针对 USL 的债权相关诉讼,将视为违反美国临时禁令的自动中止程序,被美国法院认为构成藐视制裁而须承担相应损害赔偿),以及巨额诉讼费用。

就本案而言,是否同意 USL 律师的申请,本质上需要对英国破产法庭和美国破产法庭之间的国际礼让安排进行考量。英国法庭法官根据英美相关判例、双方当事人提交的对抗性文件、所有相关的事实以及法庭的综合结论,对以下实质问题进行了详细讨论:(1)“马雷瓦”禁令和法院自由裁量权;(2)英国法律有关礼让的规定;(3)英美判例的适用性讨论;(4)美国的歧视问题;(5)损害与便利性平衡。

四、法 院 结 论

综上,法院认为,《美国破产法》第 11 章程序固然重要,但不能超越其他所有因素而获得最优先考虑。对于是否承认美国的临时禁令,法院必须在各要素间维持平衡。一方面,权衡双方关于是否解除“马雷瓦”禁令的对抗性主张;另一方面,须衡平双方的便利情况。

在讨论礼让及跨境破产合作中辅助程序的适用时,法院认为,USL 律师所主

---

① “马雷瓦”禁令在本案中的间接后果,或违背破产法设立的初衷,即所有债权人均应获得公平公正的补偿。美国破产法庭作出临时禁令的意义在于,禁令一旦颁布,所有针对债务人公司的诉讼必须中止,以免发生不公平清偿的情形。

张的 Travers 案[①]中的礼让原则[②]并不适用于本案。该判例的约束力仅限于婚姻案件,如欲将该判例中的原则适用于婚姻之外的案件,则须谨慎处理。而在讨论跨境破产合作中辅助程序的适用时,在英国破产法与美国破产法大体采取类似标准的背景下,法院经过对《美国破产法》第 304 条以及 Cunard Steamship[③]、Victrix Steamship 案[④]的考量,认为本案的情况与前述判例中主辅程序的实施国家发生倒转,并质疑在此种情况下,美国法院能否对等地接受外国对其采取与第 304 条[⑤]类似的标准[⑥]? 如果本案主辅程序的实施国家发生倒转,英国法院并不认为美国法院会愿意解冻这些资产并允许其被转移回英国。

就歧视问题,由于 USL 在本案中的让步,美国的自动中止程序及临时禁令都将在个案中特别允许住所在英国的个人或公司在英国法院针对 USL"启动或继续进行"诉讼程序,而不会被美国法院认为构成藐视制裁或需要承担损害赔偿责任。USL 的律师也同时保证该许可惠及注册在荷兰的 ECT。由此,法院认为,对本案原告而言,美国法院程序下的歧视以及其他类似风险已得到彻底消除。

对于潜在损害与破产程序便利性之间的平衡问题,法院认为,一方面,如果继续实行"马雷瓦"禁令,USL 不会遭受实质性损害。法院也不会允许原告取得扣押令从而在与债务人托管人的博弈中获得相对于其他债权人的优先清偿权。虽然能够理解 USL 专注在美国开展程序的便利性诉求,但法院结合欧洲其他地区的实践,认为这一诉求必须服从于欧洲当地的迫切需要。另一方面,如果解除"马雷瓦"禁令,则本案原告势必遭受极大的实际损害——由于 USL 计划从欧洲

---

① Travers v. Holley, [1953] 2 All ER 794.

② 在该案中,上诉法院审议了关于承认在新南威尔士州法院获得的离婚判决的问题,该判决适用的原则与英国类似。其中,哈德森(Hodson)法官认为:"当一国某些国内法的规定并非该国法院地所特有,且该规定与另一个国家的法律规定相一致时,我们不能说这样的国内法因此便侵犯了另一个国家的利益。我更愿意认为,本质上,这是一种互惠原则的体现。如果该国家的法院拒绝承认其声称被调整过的司法管辖权,则违背了互惠原则,更与国际礼让原则相悖。我认为,在 Le Mesurier 判例中确立的具有约束力的原则,应根据立法意图,将其解释为意图扩大该国法院权力,以使其及于住所不在此处的个人。"

③ Cunard-Steam ship Company Limited v. Salen Reefer Services A. B., [1985]773 F. 2d 452.

④ Victrix S. S. Co. v. Salen Dry Cargo A. B., [1986]65 Bankr. 466.

⑤ 11 U. S. C. § 1507.

⑥ (1)公平对待针对这些财产享有债权或权益的所有人;(2)保护美国债权人使其免于在外国程序中遭受歧视或不便;(3)组织对这些财产进行优惠或欺诈性的处置;(4)外国程序对财产及收益的分配实质上与美国破产法的规定一致;(5)礼让;(6)如果合适,外国程序给个人提供重新开始(fresh start)的机会。

撤出经营,原告无法获得任何利益。即使加入 USL 的债权人委员会,相较 USL 计划在重整后继续合作的北美债权人,欧洲债权人的受益前景将十分有限。

综上所述,法院得出结论:如果继续实行"马雷瓦"禁令,USL 将不会遭受损害;反之,本案原告却可能遭受不可挽回的损失。① 经过平衡考量,法院倾向于继续实行"马雷瓦"禁令,裁定不予撤销禁令。

五、对本案的评析

(一)英国法官推理的逻辑归纳

正如石静遐博士早期所言:"各国立法者虽然被普遍性原则所吸引,但在具体的实际中,又在一定程度上放弃了这一原则,英国也不例外。"②该案的判决无疑是英国法院为保护本土债权人的利益,针对《美国破产法》第 11 章临时禁令进行的一次"成功阻击战"。③

从判例总体观察,双方存在如下争议:第一,美国破产法庭的临时禁令对美国公司在英国的资产是否发生效力?英国法院是否在所有情况下都承认美国法院的临时禁令?第二,英国法院依据本国法律发布的"马雷瓦"禁令,将美国债务人资产保留在英国境内,通过启动辅助破产程序处理美国破产债务人在英国的资产,是否会妨碍美国的公司破产程序运转?第三,《美国破产法》第 11 章的重整程序产生的后果,是否会给英国破产债权人带来不便及财产损失?

跨境破产程序中各国关于破产管辖权、跨境破产的协调与合作,无一不体现"本国债权人和外国债权人之间的利益分配博弈"。④ 分析判决意见,不难看出英国法官的两难境地:一方面,经过被告 USL 的申请,《美国破产法》第 11 章临时禁令漂洋过海来到英国本土,要求英国法院根据破产辅助协议的规定,将美国

---

① See Cyanamid Co. v. Ethicon Ltd. [1975] AC 396, [1975] 2 WLR 316, [1975] 1 All ER 504, [1975] FSR 101, [1975] RPC 513.

② 石静遐:《跨国破产的法律问题研究》,武汉大学出版社 1999 年版,第 57 页。

③ 虽然如此,在对几年之后的 MCC 通讯公司重整案的处理过程中,英、美两国法院展示了高超的技巧及其对国际礼让与司法合作原则的理性认知,树立了跨境公司破产重整的典范。参见石静遐:《跨国破产程序问题研究》,武汉大学出版社 1998 年版,第 170~174 页。

④ 赵相林主编:《国际商事关系法律适用论》,中国政法大学出版社 2005 年版,第 344 页。转引自杨忠孝:《破产法上的利益平衡问题研究》,北京大学出版社 2008 年版,第 195 页。

债务人 USL 的全部资产移转给美国托管人,作为美国 USL 重整的基金;另一方面,英国本土债权人 FDR、FL 以及 ECT 要求英国法院不得解除"马雷瓦"禁令,以保护 USL 之英国与欧洲债权人的合法利益,不得将于英国境内已经被扣押的美国债务人 USL 的资产转移出境。那么,当债务人与债权人利益发生冲突时,英国法官如何从法理中找出合理路径、设计合理逻辑来应对双方的博弈,便成为对其智慧的考验。综观本案审理过程,USL 律师逻辑缜密且咄咄逼人。首先,以国际礼让原则指出英国法院应当据此原则,承认美国法院的临时禁令,允许美国破产托管人处置美国债务人在英国法域内的资产;其次,从"马雷瓦"禁令的立法目的出发,指出根据美国破产程序,当美国债务人在英国的资产处于冻结状态时,"马雷瓦"禁令的功能应当是防止这些资产被当地英国债权人分配执行,而非相反地对英国债权人的利益加以额外保护,禁止将英国资产转移给美国破产托管人;再次,继续遵守"马雷瓦"禁令所导致的后果,将使原告获得相对于其他债权人的优先清偿权,而不合理地对个别债权人给予优先清偿,违反各国破产法设计的初衷与目的;最后,被告还强势地提出:英国法院没有权力颁布"马雷瓦"禁令或延续其实行,因为根据"新经济体"学说,美国破产法临时禁令的效力已然剥夺了被告债务人的资产并将其移交给处于债权人利益一方的"债务人托管人",临时禁令生效所产生的法律后果是该资产不再受英国"马雷瓦"禁令的制约。

针对被告的强势主张,英国法官没有丝毫迂回:"基于以下理由,被告的申请将被驳回。"法院认为,原告申请的"马雷瓦"禁令,是要求被告留在英国的资产须足以覆盖本地之债务。换言之,必须足额清偿被告所欠本地区债权人之债务。英国法院给出的第一条理由便直击要害——英、美两国破产法规定存有区别:美国破产法下占有债务人的概念与英国破产法规定不同,后者规定破产公司的资产须交由独立管理者,而《美国破产法》第 11 章规定,允许破产债务人公司以一种占有债务人的身份来保留公司原有财产。① 换言之,USL 的资产并未因美国法

① 参见张斌:《我国的债务人管理模式与"占有中的债务人"模式的区别》,载清算网 2013 年 7 月 17 日,http://www.yunqingsuan.com/news/detail/4468。根据美国的规定,公司重整后原则上由债务人(DIP)继续占有财产、经营公司并执行重整。只要利害关系人未申请法院选任托管人,公司的管理层在重整期间,无须提交申请和法院的裁定即可继续占有公司财产及经营公司业务。也就是说,DIP 制度在适用中具有优越性。而我国《中华人民共和国企业破产法》规定,债务人要担任重整人、自行管理财产和营业事务,必须提出申请并经过法院批准,这一点与《德国支付不能法》的规定比较相似。

院临时禁令的颁布而遭到实质性剥夺，也未将其权利让渡给全新的为维护全体债权人利益的法律主体。① 英国法院给出的第二条理由则剑走偏锋：尽管根据国际礼让原则，英国法院尊重将 USL 所属国法院即美国法院作为审理案件之首选法院之权利，但不会承认任何针对个人之诉讼令。更何况英美两国破产法规定在实践中差异不大，均会为外国破产法院提供辅助性破产程序，因而继续实行“马雷瓦”禁令并不会妨碍美国公司的破产程序。

综上所述，英国法院通过比较认为，在决定是否应当继续实行“马雷瓦”禁令时，法院应当权衡争议双方利益，考虑两种方式各自的优势，维持总体上的便利。一方面，如果被告将债务人位于英国的资产转移至美国，原告债权人将不可能从中获取任何利益；另一方面，如果继续实行“马雷瓦”禁令，被告也将不会遭受任何实质性的损害。最后，英国法院也强调其始终是公认的解决原告诉讼主张的方便地法院。综合上述原因，英国法院对被告针对继续实行“马雷瓦”禁令的异议将不予支持，特别是在欧洲一些地方已经或准备进行独立破产程序的情况下，更是如此。因此，英国法院裁定应当继续实施“马雷瓦”禁令。

（二）判决要点

本案判决中，英国法官的以下论述令人印象深刻：首先，法官通过分析指出，在美国的判例体系下，《美国破产法》第 11 章在跨境破产安排中确有一定的倾向性② 而非纯粹的普及主义③，因此在原告显然将处于美国重整程序受益范围之外的情况下，尤其需要获得权利上的保障。其次，解除“马雷瓦”禁令并将被告在英国的资产转移至美国，对 USL 而言如滴水入洋、杯水车薪，但对英国债权人却完全可能带来实质性的侵害；相反，如果将这部分资产全部分配给英国本土债权人，不会产生明显之不公，且该资产对英国债权人而言，是极具价值的保障。相比之

---

① National Labour Relations Board v. Bildisco [1984] 465 US 513.

② Mobil Sales and Supply Corporation v. The Owners of the Ship or Vessel “Pacific Bear” [1978] HKLR 125.

③ 尽管《美国破产法》304 条款强调破产的普及主义与国际合作，但仍然存在以美国债权人利益为中心的保守主义与促进国际合作的自由主义之间的分化，而 NAFTA 成员国于立法中纷纷从不同程度上采纳《示范法》也给美国带来了极大压力，最终导致其全面采纳《示范法》，以《美国破产法》第 15 章取代了 304 条款。参见解正山：《跨国破产立法及适用研究：美国及欧洲的视角》，法律出版社 2011 年版，第 70 ~ 71 页。

下,两种做法的后果存在云泥之别。最后,法官否定了关于承认美国占有债务人的推定。对于美国律师援引的判例,法院认为如果外国法院承认美国的重整制度,就会推定承认破产占有债务人制度,英国法官对此不能认同。

一是英国法官对"新实体说"的否定。与其他重要判例一样,本判例也通过援引重要的先例来分析某些理论与学说。比如,法官讨论并否定了我国香港特别行政区特雷纳(Trainer)法官因理解美国先例而衍生的"新实体说",驳斥了被告USL托管人关于破产债务人的财产因美国法院下达的临时禁令的存在而变为"新实体",因而其财产应全部由该公司破产托管人控制管理之论,接受了美国最高法院伦奎特特(Rehnquist)法官在Bildisco案①中对"新实体说"的解释,认为"新实体说"不足信而不予采纳,确认本案的焦点问题仍然是国际礼让与自由裁量权的问题。

二是对美国法官关于国际礼让观点的定性。本案处理中,美国律师把对外国法律程序的承认与国际礼让原则上升到国际关系的高度,并援引瑞士相关判决作为支撑,希望借此来影响英国法院的态度和思路。然而,针对美国律师援引先例中所涉国际礼让的适用问题,英国法官认为:美国最高法院对国际礼让的解释,基本上是从本国利益出发,将本国的法律和公共政策是否遭到违反和破坏,本国公民的利益是否会受到侵害等作为权衡的重要标准。而美国律师在庭上宣扬的内容,与美国的判例中对于国际礼让的适用标准实质上并不相符,所以,英国法官更愿意选择美国法官在判例中的解释。

三是不同意美国法令效力高于英国的法令。英国法官在审理意见中通过列举的方式,对《1986年英国破产法》下规定与《美国破产法》临时禁令的异同进行比较后提出主张,认为USL律师应更多依赖英国的新法律程序与《美国破产法》第11章之间的相似之处,由此指出,既然英美两国破产法就破产管理问题有诸多相似之处,则将《美国破产法》第11章下的临时禁令之地位凌驾于英国破产禁令之上也是有失公允的。

四是不认同将对人诉讼之原则适用于对物诉讼的破产领域。英国法官在运用普通法比较与区分的方法时,强调USL律师将所援引先例中关于"对人诉讼""身份诉讼"的原则适用于破产案件这类"对物诉讼"时,应该持有谨饬态度。尽

① National Labour Relations Board v Bildisco [1984] 465 US 513.

管英国法院希望与司法友好国家的法院合作,但不是每一个先例原则都可以恰当地得到适用,英国法院应该结合具体问题具体分析,根据特定范围考虑适用英国的法律。

五是明确批准外国法院对债务人在英国财产开展清算申请的标准。在此前的 Re Commercial Bank of South Australia 案①中,英国法官之所以批准英国债权人对澳大利亚公司分公司进行清算的申请,原因在于:其一,该澳大利亚公司在英国有分公司和大批资产;其二, 澳大利亚法院已经任命临时清算人,英国启动清算程序可以起到辅助作用;其三,在清算过程中会特别注意考虑所有债权人与股东的利益,注意避免英澳两地法院冲突,同时也考虑降低费用开销;第四,强调公司注册地国法院应该主要负责清算,而其他地方的法院则是尽量起辅助作用。

六是英国法院拒绝提供破产协助的理由。英国法院对每一项要求协助的请求进行审查,并会根据下列情况来判定该项请求所带来的具体影响和可适应性:请求内容的实质特征和请求的程度、活动领域、适用的英国法律以及周围的总体环境。而英国法院拒绝提供破产协助的理由通常包括:(1)英国债权人的利益会受到损害;(2)进行合作会给英国债权人带来极大不便;(3)外国破产对该协助受益不大。简言之,英国法院原则上愿意对外国诉讼程序给予协助,但对这种协助的提供设有一定的前提条件,即只有在对要求协助的具体内容及其对英国本身利益的影响进行审查之后方可进行。②

(三)基于联合国国际贸易委员会《跨国界破产示范法》语境下的思考

从国际跨境破产法的发展角度来看,费力克斯托(Felixstowe)案虽然发生于1986 年,但在诸如平等待遇、平行程序等问题上,已颇显《跨国界破产示范法》下修正普及主义的特点。如在承认相关外国破产程序和规定时,英国法院在该案中考虑承认是否将对本国债权人产生不公平影响、承认后本国债权人在外国破产程序中是否会受到歧视、承认是否会导致债务人欺诈性处置财产等问题,③在

---

① Commercial Bank of South Australia, In re [1886] 33 Ch D 174.

② See Anderson Kent, *Statutory Co-operation Mechanisms for Cross-border Insolvencies in England and America*, Company Financial and Insolvency Law Review, No. 1, p. 44 – 72(2000).

③ 参见刘瑶:《中国跨境破产国际合作的法律问题研究——以韩进破产案为例》,载《中国海商法研究》2018 年第 3 期。

《跨国界破产示范法》第 13 条[①]对本国、外国程序救济措施一致性的规定中得到了延续。而《跨国界破产示范法》第 28 条、第 29 条下对并行破产程序的认可(本国法院承认外国主要程序后,仍可在有限情况下启动针对同一债务人的本国破产程序;已经启动本国破产程序的,也仍允许对外国破产程序的承认、协助),在费力克斯托案的英美法院程序协调中也已得到初步体现。

可以说,费力克斯托案作为发生于《跨国界破产示范法》颁布之前的判例,已然强调了外国法律规定与本国破产财产分配原则不一致或出现冲突的情况下,本国对外国程序作出承认前所作限制性审查的效果与合理性,《跨国界破产示范法》中的延续则更说明,在纯粹的普及主义之上为本国债务人寻求更能体现实质公平的修正路径,成为跨境破产案件中更有助于平衡多方利益的解决趋势。[②]

---

① “1. 除本条第 2 款的规定外,就开启和参与实施的程序而言,外国债权人享有与本国债权人相同的权利。2. 本条第 1 款并不影响实施程序中的求偿顺序,但外国债权人的求偿权等级不应低于[此处指明普通非优先求偿权的等级。但是,如果一项同等的当地求偿权(如对罚款的追缴权或延期付款的求偿权)在等级上低于普通非优先求偿权,则外国求偿权在等级排列上应低于普通非优先求偿权]。”

② 参见张玲:《我国与“一带一路”沿线国家跨境破产司法合作的现实困境与解决路径》,载《暨南学报(哲学社会科学版)》2020 年第 6 期。

六、破产法与相关法律的衔接

《民法典》语境下我国破产制度的革新与完善

项　红[*]　黄中梓[**]　冯　芹[***]

习近平总书记在中央政治局第二十次集体学习时指出,“民法典在中国特色社会主义法律体系中具有重要地位,是一部固根本、稳预期、利长远的基础性法律”。《中华人民共和国民法典》(以下简称《民法典》)民商合一的立法体例对民事特别法的构建提供了原则性的规定,其中关于民事主体和民事法律行为的规定、物权、合同、担保制度都是我国破产法律制度革新的基础,破产规则应当与《民法典》顺畅地衔接。《民法典》“总则编”将民事主体分为自然人、法人、非法人组织,法人又分为营利法人、非营利法人及特别法人,但现行《中华人民共和国企业破产法》(以下简称《企业破产法》)适用对象仅是企业法人,与民事主体的多元化严重不匹配,制度衔接出现脱节。《民法典》对民事法律行为效力制度的规定直接影响《企业破产法》中关于破产撤销与破产无效行为的法律规定,在《企业破产法》中的可撤销行为及无效行为的

* 合肥市高新技术产业开发区人民法院副院长。

** 安徽省律师协会破产与重组法律专业委员会主任,安徽天贵律师事务所主任。

*** 安徽天贵律师事务所律师。

范围中引入《民法典》的民事法律理论非常必要。对营利法人的民事责任规定直接关系现行《企业破产法》中关于债务人、高管等的破产责任的规定,这里就存在破产欺诈适用范围扩大的问题。《民法典》关于遗产管理人制度、合同、保证等具体的规定也会影响《企业破产法》的实施等。本文中,笔者首先从我国《民法典》立法模式谈到我国《民法典》涉及破产规则的规定,其次在《民法典》语境下具体列举了一些我国破产法律制度的现状,最后以《民法典》为背景,立足破产法律制度现状对我国破产制度的革新与完善提出自己的几点建议,供学界和实务界参考。

一、我国《民法典》涉及破产规则的规定

(一)我国《民法典》对破产规则的规定

1. 我国《民法典》的立法模式

民事关系商事化是现代市场经济发展的必然,《民法典》在这一经济背景下包含商事规范具有其合理性,《民法典》的编纂采取的是民商合一的立法体例,但又要避免过度商法化,维护民法自身的特性。我国《民法典》的社会基础基于地缘、亲缘和业缘产生的人身关系逐渐被程式化的交易关系取代。在纯粹民事关系逐渐减少,商业关系成为人们设置权利义务关系的普遍方式,经济考量成为交易的主要动机时,“民法的商法化”显然已是无法阻挡的潮流。① 在法律适用过程中,不可能把民事问题和商事问题作出绝对的区分,同样在学术研究上更不可能去追求所谓的“民商一体”。我国《民法典》编纂遵守民商合一的体例,其中总则编适用于所有民商事关系,统辖各商事特别法,这是立法者与私法学界的权威共识。

2.《民法典》对破产规则的规定

《民法典》既不能包罗万象,也不能对特别民事关系视而不见,而是要做到其与特别法的衔接配合,实现《民法典》作为调整民事关系基本法与特别法之间的动态平衡。《民法典》高屋建瓴地形成自己的理论体系,其对社会生活的方方面

---

① 参见谢鸿飞:《〈民法总则〉的时代特征、价值理念与制度变革》,载《贵州省党校学报》2017年第3期。

面进行规范,更多的是为破产规则提供法律概念、法律关系和法律原则等基础性规则,但并不过多介入破产法域。《民法典》引领破产规则在国际上已有先例,《瑞士民法典》中没有专门的条文规定商事主体的破产,但其中的一些条款关于自然人和法人破产相关规定为破产财产处置提供了原则性的依据。《瑞士民法典》第188条规定:“夫妻采用共同财产制的,如夫妻一方宣告破产,应当变更为分别财产制。”《意大利民法典》与《瑞士民法典》类似,对破产财产的处置作出了规定。《意大利民法典》第30条规定:“法人被宣告消灭或者社团被决定解散时,应依本法典的施行规则实行资产清算。”夫妻共同财产遭遇破产时的处置原则,即配偶一方的破产可以导致夫妻共同财产制的解除。我国《民法典》并未插手过于细致的破产事务,而是固守在民事基本法自己的阵地上,为破产法搭建了概念和理论的法律基础。

3. 我国《民法典》与破产规则的关联

一是“总则编”关于破产规则的相关规定,我国《民法典》沿袭了《中华人民共和国民法总则》(已失效)的规定,将宣告破产并依法完成清算及注销登记作为法人终止的条件,法人退出市场必须完成注销登记手续,从某种意义上说,该条款承认了所有的法人均存在破产能力,而现行的《企业破产法》只调整企业法人,未对非营利法人及特别法人的破产能力及退出市场的机制予以规定,现行《企业破产法》调整对象单一的立法局面亟须改变。在法人制度中明确规定法人分营利法人、非营利法人和特别法人,其中营利法人出资人滥用出资人权利损害法人或者其他出资人的利益给法人或者其他出资人造成损失的应当承担民事责任;营利法人出资人滥用法人的独立地位和出资人有限责任,逃避债务,严重损害法人债权人的利益的应当对法人债务承担连带责任;营利法人的控股出资人、实际控制人、董事、监事、高级管理人员利用其关联关系损害法人的利益应当承担赔偿责任,此处涉及破产程序中债务人应当承担破产责任的衔接问题。《民法典》“总则编”确定了非营利法人、特别法人的主体地位及责任制度,但在目前现行的《企业破产法》中并没有详细规定两类法人的破产能力及退出市场的机制构建。《民法典》规定非法人组织含个人独资企业、合伙企业、不具有法人资格的专业服务机构,非法人组织不具有法人资格,但是能够依法以自己的名义从事民事活动,其财产不足以清偿债务的,其出资人或者设立人承担无限责任。非法人组织承担责任的形式与自然人相同,都涉及个人的家庭危机及幸福问题,因而非法人组织的破产能力及退出市场的机制构建和自然人破产立法相似,非法人组织退出市场也应当有其独立的破产法律制度,这是回应《民法典》与破产法律制度顺畅衔接的客观要求。

二是“分则编”关于破产规则的相关规定,《民法典》第 411 条规定按本法第 396 条规定设定抵押(浮动抵押)的,将抵押人破产宣告列为确定浮动抵押财产的事由;第 423 条规定将债务人、抵押人被宣告破产或者解散作为最高额抵押权人的债权确定点。而《企业破产法》第 46 条规定“未到期的债权,在破产申请受理时视为到期”,且破产实务中不可能等到抵押人被人民法院作出破产宣告后才确定浮动抵押财产或者确定最高额抵押人的债权,准确的时间点应该是在破产受理后;我国《企业破产法》明确规定破产程序的启动以破产申请(包括清算申请、和解申请、重整申请)的受理为时点,采取申请主义来启动破产程序是《企业破产法》尊重债权人和债务人私法范畴内权利的制度安排。我国破产清算程序、重整程序与和解程序均以破产申请受理作为确定各种权利义务的时间点,实务中还存在受理破产清算的申请后,向重整程序与和解程序转换。破产申请受理后至对债务人作出破产宣告还存在一段时间,因而浮动抵押财产和最高额抵押权人的债权确定时间点均为破产宣告时会存在法律适用尴尬情形。《民法典》第 536 条规定债权人代位权的提前行使条件及第 537 条规定债务人破产时代位权追回财产应纳入破产财产统一分配。对债权尚未到期但相对方的债权可能会因“诉讼时效即将届满”或“未及时申报破产债权”导致其受损的,债权人可代位要求向债务人履行或自行申报债权,但参与破产程序获得清偿仍需遵循“入库制度”而非“代位优先清偿”,即由全体债权人依照债的清偿规则平等受偿。《民法典》第 687 条规定了债务人破产时一般保证人先诉抗辩权的例外,一般保证的保证人在主合同纠纷未经审判或者仲裁,并就债务人财产依法强制执行仍不能履行债务前,有权拒绝向债权人承担保证责任,但存在例外情形之一为人民法院已经受理债务人破产案件,同时该条还规定了债权人有证据证明债务人的财产不足以履行全部债务或者丧失履行债务能力的情形,此情形为债务人存在破产原因,但未向法院提出破产申请,启动破产程序,从某种意义上说也与破产相关联。《民法典》第 935 条、第 936 条将委托合同终止事由中的“破产”替换为“被宣告破产、解散”。《民法典》涉及破产规定标志着破产理念开始深入民事法律之中,是破产法治发展与实践的结果。

（二）我国破产法律制度的现状

1. 个人破产法律制度有待充实

《民法典》中自然人制度规定了"人"的生死、身份、尊严，但缺乏与自然人破产有关的原则、规则，未对自然人作为商业、民事主体参与经济活动导致无法清偿债务时的救济制度进行规定。《民法典》在自然人制度规定方面提及了个体工商户、农村承包经营户在负债务时，以个人财产或家庭财产承担，但未涉及以个人财产和家庭财产无法承担时如何解决的问题。《民法典》关于民事责任的承担方式的规定目的在于实现民事责任终局性，否则会增加债权人维权成本、司法成本以及资金成本。但如果债务人出现资不抵债，无法清偿的状况时，《民法典》规定的民事权利就很难实现，债务人也很难再有机会重生。我国《民法典》为自然人破产制度留足了立法空间。中国个人破产制度的必要性，在顶层设计的层面已达成基本的共识。

2. 非营利法人及非法人组织破产制度有待进一步完善

《民法典》将法人分为营利法人、非营利法人和特别法人，并规定"法人被宣告破产的，依法进行破产清算并完成法人注销登记时，法人终止"。此条系法人的一般规定，承认了所有类型的法人均可为破产清算的主体，但在我国并未就非营利法人、特别法人单独制定破产规则，只是在一些特别的法律制度散见一些清算的法律条文，具体破产规则如何运行，还没有专门的破产制度运行机制。《企业破产法》并未按照营利法人、非营利法人和特别法人的分类进行适用，主要是针对营利法人的破产程序进行规制。

3. 破产欺诈行为制度有待创新

我国《企业破产法》关于破产欺诈行为的撤销及无效的规定是依据《中华人民共和国民法通则》（已失效）与《中华人民共和国合同法》（已失效）中关于可撤销行为和无效行为的理论逻辑而设计的，破产欺诈行为应该积极与《民法典》的民事法律行为效力衔接，管理人勤勉尽责地进行破产资产管理及审查债权，发现破产欺诈行为后应及时进行撤销及确认无效，保障破产财产最大化，从根本上保护债权人和债务人的利益。《企业破产法》如何以《民法典》、《中华人民共和国公司法》（以下简称《公司法》）为基础，构建债务人高管人员民事法律责任和责任追究机制，也是今后《企业破产法》关于破产欺诈规制完善中的一个重要课题。

二、对破产法律制度革新和完善的建议

(一)构建个人破产法律制度

随着世界经济一体化,国际经济交往日益频繁,在法律层面上必须加强国际合作从而减少因法律的差异而带来的交易障碍和交易成本,建立个人破产法律制度是顺应国际发展趋势及适应我国国情的客观需要。

1. 个人破产能力的现实选择

首先,从世界范围来看,各国破产法立法模式主要有商人破产主义与一般破产主义之分。一般破产主义主张一切市场主体(包括法人、非法人组织、自然人)均具有破产资格。破产法产生于欧洲中世纪的商业城市国家,中世纪后期的意大利各中心城市为处理商人之间债的纠纷,吸收古罗马法财产委付制度的精髓,建立了商事破产制度,形成了最早的有关破产立法的成文法规。由于这时从事商事活动的商人都是以自然人的主体形态出现的,所以这时的商人破产仅指自然人破产,因而破产法的适用范围是由自然人破产发展到法人破产,由商人破产发展到一般人破产的,企业法人破产制度只是后期法人制度在破产法上的必然延伸。我国《企业破产法》采用商人破产主义,仅适用商法人,商合伙、商自然人、非商人则未被包括在内。

其次,我国《民法典》明确规定国家保护私人的财产所有权;禁止以拆迁、征收等名义非法改变私人财产的权属关系;国家保护私人的财产继承权及其他合法权益;国家保护私人储蓄、投资及其收益等。我国银行存款实名制的实行和个人信用信息数据库的建立,互联网技术的发展为我国信用体系的构建搭建了一个良好的平台,大数据、云计算等越来越多的先进技术应用在征信行业,为自然人破产奠定法律和制度基础。随着经济全球化的不断深入,中国市场经济地位的确立和对外开放程度的加深,优质的营商环境是保证市场准入、交易和退出的基础,我国财产法律保护制度和社会信用制度的完善为自然人破产制度建立提供了基础环境支持。

最后,随着社会整体消费水平的提高,超前消费和负债消费的观念已被国民接受,网络借贷、民间借贷、自然人担保债务因最终无法清偿导致的社会问题严重。虽然《中华人民共和国民事诉讼法》执行程序中已有个人债务人清偿制度即

参与分配制度,但该制度不利于实现债权人权利的平等保护。

2. 建立庭外和庭内个人债务清理规则

一是建立法庭外的债务清理程序。目前我国正在创新探索企业破产的预重整制度,但是个人破产的庭外和庭内债务清理的制度尚未建立。我国个人破产制度的构建应基于本国国情,选择适用强制性债务清理程序和选择性债务清理程序,同时建立法庭外债务清理机构的组织形式(如下文所述公职管理人)并提供费用保障。二是建立法庭内债务清理运行规则。法庭内债务清理制度也是程序性规定,通常法庭内债务清理司法程序,通过立法规定破产条件、管辖法院、申请材料和申请程序等程序性内容,又规定债务人免责、自由财产和失权复权等实体性内容。个人破产法的适用范围应包含一般自然人、个体工商户、农村承包经营户、合伙企业、个人独资企业、不具有法人资格的专业服务机构,个人破产责任最终由个人承担。

(二)完善法人破产法律制度

《民法典》首次采用了"营利与非营利"的法人划分标准,营利法人取代了"企业法人"概念。《民法典》规定法人终止的原因包含法人被宣告破产,该规定承认了所有的法人均具备破产能力,因而有必要建立非营利法人及特别法人破产法律制度。

1. 建立非营利法人破产制度

非营利法人不向出资人、设立人或会员分配利润,以公益或其他非营利为目的,非营利法人包括事业单位、社会团体、基金会和社会服务机构等。《民法典》第95条明确规定:"为公益目的成立的非营利法人终止时,不得向出资人、设立人或者会员分配剩余财产。剩余财产应当按照法人章程的规定或者权力机构的决议用于公益目的;无法按照法人章程的规定或者权力机构的决议处理的,由主管机关主持转给宗旨相同或者相近的法人,并向社会公告。"因而建立非营利法人破产制度需在《民法典》的基础上,参照《公司法》《企业破产法》相关清算法律制度,依据非营利法人破产财产的性质,以社会公益为目的,制定破产清算退出市场的清算机制,确保非营利法人在出现债务危机不能清偿债务时有法可依。

2. 增设特别法人破产法律制度

实践中特别法人在设立、终止等方面与营利法人、非营利法人都有所不同,为了特别法人更好地参与民事活动,也有利于保护其成员和与其进行民事活动的相对人的合法权益,特增设一类特别法人。《民法典》规定机关法人、农村集体经济组织法人、城镇农村的合作经济组织法人、基层群众性自治组织法人为特别法人。基层群众性自治组织、城镇农村的合作经济组织作为民事主体对外从事民事活动,也可能存在债务不能偿还的问题,如果不能到期偿还债务,就应该采取特殊债务清理规则来调整,建议同上述非营利法人破产规则一样,根据社会法的特点,探索有效规范其债务解决及救治的机制。

(三)破产欺诈行为的重构及应对

1. 扩大破产可撤销及无效行为的范围

基于《民法典》在法律体系中的基础性地位,我国破产规则的革新应考虑与《民法典》法律行为制度的衔接问题,[①]根据民事法律行为理论的调整,对破产欺诈行为的内涵以及破产撤销权和破产无效行为的相关规定进行修改,为在破产程序中妥善处理各种民事法律关系提供依据。《企业破产法》第 31 条、第 32 条规定可撤销行为范围集中在偏颇性清偿等破产欺诈行为,第 31 条列举了人民法院受理破产申请前一年内涉及债务人财产行为,管理人有权请求人民法院予以撤销。第 32 条参照第 31 条规定债务人行为的情形,规定人民法院受理破产申请前 6 个月内仍对个别债权人进行清偿的,除个别清偿使债务人财产受益的,管理人有权请求人民法院予以撤销。《民法典》关于可撤销行为的规定是基于当事人的意思自治而构建的,若存在意思表示瑕疵,相对方便可行使撤销权,建议将《民法典》精神理论引入《企业破产法》,按照《民法典》完善破产中的合同解除、担保及抵销权制度。

2. 优化可撤销行为除斥期间

《企业破产法》第 123 条规定,自破产程序依法终结之日起 2 年内,发现有依照本法第 31 条、第 32 条、第 33 条、第 36 条规定应当追回的财产的,债权人可以请求人民法院按照破产财产分配方案进行追加分配。因债务人缺乏清偿能力往往在短期间无法直接表现出来,虽然债权人有权利申请债务人破产,但因破产受理程序的启动还需要司法审查及裁定,考虑到一些破产案件的审理时间可能会

---

① 参见刘冰:《〈民法总则〉视角下破产法的革新》,载《法商研究》2018 年第 5 期。

比较长，而管理人及债权人未必能够在破产程序开始后发现债务人的违法行为。且债务人及高管也会利用《企业破产法》关于撤销制度中除斥期间的规定，或者与个别债权人在破产前达成合意逃避债务的清偿，这对其他债权人显然缺乏公平。《企业破产法》第123条规定存在一个问题，对因债务人无效行为如隐匿、转移的财产或对虚构债务、不真实债务分配的财产，不应受诉讼时效或除斥期间的限制，应发现即可追回。可以考虑在破产撤销权的除斥期间中引入《民法典》关于当事人自民事法律行为发生之日起5年内行使撤销权的规定。对于破产企业中，已经提交并经人民法院裁定确认为无异议的债权，如果在再审期间已过的情况下，管理人又发现已经被裁定确认为无异议的债权中存在《企业破产法》第31条、第32条、第33条、第36条规定的情形时，如何行使救济权利，笔者认为应该以管理人发现存在《企业破产法》第31条、第32条、第33条、第36条规定的情形时6个月内申请法院再审。

3. 完善债务人高管人员民事赔偿责任的追究程序

《企业破产法》第125条规定的债务人高管人员的民事责任与《企业破产法》第128条规定的民事责任并不相同，具有典型的《公司法》上的民事责任特征，与《公司法》的相关实体规定密切相关。《企业破产法》第128条规定的赔偿责任是一种补充的责任，以有损害存在作为承担民事责任的构成要件，以填补损害作为承担责任的结果，以造成不能追回的财产损失为赔偿范围。① 债务人的法定代表人和其他直接责任人员承担赔偿责任的前提是在《企业破产法》规定的法定期间内从事了偏颇性转让或欺诈性转让的违反《企业破产法》规定的行为，管理人依诉讼方式撤销了上述行为，从而确定债务人的法定代表人和其他直接责任人员承担填补责任的范围。我国《企业破产法》第128条规定了债务人高管人员对破产可撤销行为、无效行为的民事责任，但对责任的构成要件、解决程序等问题尚缺乏具体规定。

4. 利用"揭开公司面纱"理论对关联企业和股东进行责任追究

《民法典》第84条规定营利法人的控股出资人、实际控制人、董事、监事、高级管理人员不得利用其关联关系损害法人的利益，利用关联关系造成法人损失的应当承担赔偿责任。在破产实务中，同样存在关联企业破产的问题，虽然合并

① 参见温晓芸：《论我国股东派生诉讼制度及其完善》，载《陕西行政学院学报》2008年第3期。

破产有利于债权债务的整合,但法院必须要审慎选择适用合并破产。利用法人人格制度的破产欺诈如母公司通过对子公司的控制使其丧失独立人格,母公司为了自身利益而使子公司破产,然后再利用子公司法人人格独立原则,逃避对子公司的责任;公司董事、高级管理人员及实际控制人利用对公司的实际控制能力,为了自身利益滥用关联关系,给公司造成重大损失,致使其进入破产程序,然后利用公司承担独立责任和股东承担有限责任的原则,逃避债权人追偿责任。

关于破产程序中《民法典》溯及力的思考

陈　宇*

2020年5月28日,《中华人民共和国民法典》(以下简称《民法典》)在这天颁布了。《民法典》这部社会生活百科全书对国民的影响非常深远,关涉民事主体的全生命周期方方面面的权利义务关系。伴随这部法典的生效,9部单行法则退出历史舞台。一部新法的诞生,往往涉及法的效力问题,包括法的溯及力问题。根据以往的经验,一般是在新法颁布不久后,最高人民法院会就新法的溯及力问题作出司法解释,如《最高人民法院关于适用〈中华人民共和国合同法〉若干问题的解释(一)》(已失效)第1条①、《最高人民法院关于适用〈中华人民共和国婚姻法〉若干问题的解释(一)》(已失效)第

* 湖南天地人律师事务所合伙人。

① 参见《最高人民法院关于适用〈中华人民共和国合同法〉若干问题的解释(一)》第1条规定:"合同法实施以后成立的合同发生纠纷起诉到人民法院的,适用合同法的规定;合同法实施以前成立的合同发生纠纷起诉到人民法院的,除本解释另有规定的以外,适用当时的法律规定,当时没有法律规定的,可以适用合同法的有关规定。"第2条规定:"合同成立于合同法实施之前,但合同约定的履行期限跨越合同法实施之日或者履行期限在合同法实施之后,因履行合同发生的纠纷,适用合同法第四章的有关规定。"

33条①、《最高人民法院关于适用〈中华人民共和国担保法〉若干问题的解释》(已失效)第133条②等,对新法的溯及力作出明确的适用指引,这种司法解释对人们的行为有着先导性的指引和规范作用。关于法的溯及既往的司法解释,对于解决单个的诉讼纠纷有着积极作用。随着供给侧结构性改革的深入推进,市场化、法治化的市场主体拯救和退出机制,在我国经济发展历程中发挥着越来越重要的作用。随着《中华人民共和国企业破产法》(以下简称《企业破产法》)不断实施,人们对破产制度的接受程度也在悄然发生变化,从过去不理解而心生抵触逐步过渡到主动通过破产制度化解矛盾。根据世界银行对我国营商环境的评价结果,我国办理破产案件的周期平均为1.7年;我国历经数年仍悬而未决的破产案件也不是个案。在长周期的处理过程中,破产程序中的债权审查确认涉及多个时间节点,如破产受理日期、公告的债权申报截止日期、债权人实际申报日期、不同债权人不同的实际债权申报日期、债权审查日期、债权核查日期、债权确认日期等,这些时间节点往往相隔较长时间。破产制度属于概括性处理债权债务关系的法律规则,同一破产案件中,对于跨越新法生效日期形成的事实,如果简单地就法的溯及既往效力的问题作出规定,可能会导致同一个破产案件中采用不同的标准,作出不同的裁判结果,这不仅影响司法权威,还有可能因导致"同债不同权"等而引起影响社会稳定的问题出现。

在有关《民法典》的法律溯及力具体规定未出台前,本文拟结合跨越《民法典》生效日的破产债权审查问题,就《民法典》的溯及力提出一些浅陋之见。

一、法溯及力基本含义

法的溯及力是指,法律对其生效之前发生的某些行为和事件中的有关主体

---

① 参见《最高人民法院关于适用〈中华人民共和国婚姻法〉若干问题的解释(一)》第33条规定:"婚姻法修改后正在审理的一、二审婚姻家庭纠纷案件,一律适用修改后的婚姻法。此前最高人民法院作出的相关司法解释如与本解释相抵触,以本解释为准。"

② 参见《最高人民法院关于适用〈中华人民共和国担保法〉若干问题的解释》第133条规定:"担保法施行以前发生的担保行为,适用担保行为发生时的法律、法规和有关司法解释。担保法施行以后因担保行为发生的纠纷案件,在本解释公布施行前已经终审,当事人申请再审或者按审判监督程序决定再审的,不适用本解释。担保法施行以后因担保行为发生的纠纷案件,在本解释公布施行后尚在一审或二审阶段的,适用担保法和本解释。"

是否适用,即是否将他们的某些行为追认为该法律所赋予的权利而保护,以及是否将他们的某些行为追认为未履行该法律所约束的义务而给予处罚。① 如果是,则该法律便具有溯及既往的效力;如果不是,则该法律便不具有溯及既往的效力。世界上绝大多数的国家,遵从法不溯及既往原则,法律的效力应指向现在和未来,而不指向过去,有人通俗地称法不溯及既往效力为"老人老办法,新人新办法"。

现代法治的精髓就是制约公权,法不溯及既往原则是依法治国原则的下位原则,即前者是从后者派生出来的,②就是要求执掌公权者不得溯及既往地配置权利义务,从而保护普通的善良人的正当行为预期。法不溯及既往原则不仅有利于人们合理预期行为后果,也能使社会秩序保持连续性和确定性,维护法律的权威和秩序价值。我国《中华人民共和国立法法》(以下简称《立法法》)第93条③明确规定了法不溯及既往的法律适用原则,彰显了我国尊重和保护人权,限制国家权力的法治精神。

二、我国民法领域关于法的溯及力的立法现状

法律是有生命周期的,当旧法失效、新法诞生时,就会涉及法律溯及力问题。在2000年3月第九届全国人民代表大会第三次会议上,时任全国人民代表大会常务委员会法制工作委员会主任顾昂然在《关于中华人民共和国立法法(草案)的说明》中提到,"不溯及既往的原则"是法的适用规则之一。人们在建立法律关系时,是基于对现有法律秩序的信赖,并据此判断、评估、期待该行为将来可能产生的行为后果。如果新法实施后,就依据新法重新分配依据旧法设立、新法实施日尚未终结的行为或事件中各方的权利义务,这会使人们置于"对未来可能承担的法律责任完全无法预知"④的恐惧之中,从而导致人们不愿再尊崇今天的法律,损害法律的权威性。我国《立法法》在确立法无溯及力原则时,明确规定,除为了

① 参见李步云主编:《法理学》,经济科学出版社2000年版,第301页。

② 参见刘风景:《法不溯及既往原则的法治意义》,载《新疆师范大学学报(哲学社会科学版)》2013年第2期。

③ 参见《立法法》第93条规定,法律、行政法规、地方性法规、自治条例和单行条例、规章不溯及既往,但为了更好地保护公民、法人和其他组织的权利和利益而作的特别规定除外。

④ 宋志红:《如何遵循法不溯及既往原则》,载《学习时报》2020年1月15日,第2版。

法律主体的权利和利益外法无溯及力,即“从旧兼有利”原则。[①] “有利溯及”是从新的政策上来考虑,追溯赋予公民在旧的法律秩序下没有取得的权利和利益,或者是减轻义务和责任,它可能是牺牲国家利益来增进公共利益。[②] 严格从《立法法》第93条作文义理解,立法者只能制定“有利溯及既往”的法律,而不能制定“不利溯及既往”的法律。人类社会是不断发展变迁的,立法者也需要根据社会变化建立与之相匹配的法律秩序,赋予新法具有一定溯及力能更好地优化社会环境,创建良好的公共秩序,从而较好地惠及公民、法人或其他组织。法国、意大利等国家虽规定民事法律原则上不溯及既往,但同时也认可,立法机关在民事领域中,有权制定具有溯及力的法律,只是应当明确规定在法律中。

在我国法律体系中,《中华人民共和国刑法》(以下简称《刑法》)等少量法律就溯及力问题作出了规定,如《刑法》第12条[③]规定了“从旧兼从轻”原则,但在民事法律领域,一般只在法律规范中明确了生效时间,对法律的溯及力的问题少有明文规定,执法实践中涉及此问题时,一般以法律解释的形式灵活规定,[④]通过司法解释的方式处理新旧法律冲突的问题。经过对《民法典》涵盖的各单行法的司法解释进行梳理,在确定法的溯及力问题时,相关司法解释主要呈现为以下特点:第一,新法的司法解释具有一定滞后性,鲜有新法生效同时公布相关司法解释。第二,司法解释一般以新法生效日为基准日,在该基准日前已结束的行为,新法一般没有溯及力;在该基准日未结束的行为,包括过去的事实或事实效果持续至新法生效日后的,新法一般具有即行效力。第三,旧法中属于立法空白、新法创设的法律,新法一般具有溯及力。

我国多数民法单行法的司法解释基本坚持了法无溯及力的原则——以行为或事件设立、发生时的法律分配民事主体的权利义务,如“合同法实施以后成立的合同发生纠纷起诉到人民法院的,适用合同法的规定”“继承法施行前,人民法

① 参见朱力宇:《关于法的效力的几个问题》,载《法学杂志》2003年第3期。

② 参见胡建淼、杨登峰:《有利法律溯及原则及其适用中的若干问题》,载《北京大学学报(哲学社会科学版)》2006年第6期。

③ 参见《刑法》第12条规定,中华人民共和国成立以后本法施行以前的行为,如果当时的法律不认为是犯罪的,适用当时的法律;如果当时的法律认为是犯罪的,依照本法总则第四章第八节的规定应当追诉的,按照当时的法律追究刑事责任,但是如果本法不认为是犯罪或者处刑较轻的,适用本法。本法施行以前,依照当时的法律已经作出的生效判决,继续有效。

④ 参见李步云主编:《法理学》,经济科学出版社2000年版,第302页。

院已经审结的继承案件，继承法施行后，按审判监督程序提起再审的，适用审结时的有关政策、法律”等。但是，《最高人民法院关于适用〈中华人民共和国合同法〉若干问题的解释（一）》（已失效）第2条规定，合同成立于《合同法》实施之前，但合同约定的履行期限跨越《合同法》实施之日或者履行期限在《合同法》实施之后，因履行合同发生纠纷，适用新法的规定。有学者对此提出了质疑，认为这类司法解释无疑在一定程度上突破了《立法法》关于法无溯及力的规定——新法可调整跨越新法生效日的民事法律行为、法律后果，同时不区分法律关系性质简单地作出统一规定，超越了民事法律正当溯及既往的一般规则。《全国人民代表大会常务委员会关于加强法律解释工作的决议》明确了司法解释属于法律适用性规定；中国共产党中央委员会政法委员会曾于2010年下发文件，明确司法解释是具有普遍效力的法律适用方面的文件。既然司法解释具有法的创制功能，司法解释创制过程中理应遵循《立法法》有关法不溯及既往的原则。法律溯及既往可在不违背法律正当性的前提下作出一定突破，但这种突破不能违背以下原则：第一，不能破坏有利溯及既往规则。保障自由和人权是法不溯及既往所追求的最基本的价值，法律溯及既往不能以牺牲自由和人权为代价。第二，不能破坏法律溯及既往之法的安定性和信赖利益的理论基础。第三，如果需要损害个人自由，只有为维护基本的公共秩序和善良风俗的民事法律才能溯及既往。[①] 第四，法律没有明文规定可以溯及既往时，一般应作“不溯及推定”。

三、关于《民法典》溯及力问题的思考

我国《民法典》没有像《中华人民共和国劳动合同法》一样，在法律中明确规定法律适用的相关规则，如需解决《民法典》溯及力问题，只有通过立法解释或司法解释的方式予以解决了。

《民法典》于2020年5月28日颁布，2021年1月1日实施，从颁布到实施，有半年多的过渡期，这个过渡期的设置有利于新规范的学习与普及，同时可提前对民事主体进行必要引导，促使其调整预期，使自己的行为符合《民法典》设定的价值目标，消除不必要的纷争和摩擦。中共中央总书记习近平在2020年5月29

① 参见李晓芬、符晓：《我国民法溯及力问题探讨》，载《公民与法（法学版）》2013年第6期。

日中央政治局就“切实实施民法典”举行的集体学习时强调,“《民法典》在中国特色社会主义法律体系中具有重要地位,是一部固根本、稳预期、利长远的基础性法律,对推进全面依法治国、加快建设社会主义法治国家,对发展社会主义市场经济、巩固社会主义基本经济制度,对坚持以人民为中心的发展思想、依法维护人民权益、推动我国人权事业发展,对推进国家治理体系和治理能力现代化,都具有重大意义”。既然《民法典》的制定和实施关系到依法治国的方略,影响我国法治建设的进程,全社会应当在党的领导下,依照《宪法》和《立法法》的规定管理国家事务及公共事务,包括由有权机关——全国人大常委会制定立法解释,明确包括溯及力在内的《民法典》的法律适用问题,以维护法律的稳定性和权威性。

为了实现《民法典》真正成为我国社会关系的调节器,稳定民众对民事行为和事件的正常预期,在制定《民法典》溯及力的规则时,可以从以下几方面进行考虑:首先,继承《民法典》生效以前单行法司法解释关于法律适用方面的探索成果,如对《民法典》生效前已结束的行为,原则上不赋予《民法典》溯及力。其次,针对人格法、亲属法、继承法、物权法、时效、契约等具体情况,根据不同分篇的适用对象分别制定适用规则,以避免简单、笼统地作出规定,损害法典的权威性。①再次,可以区分法定状态与意定状态的法律关系,设立法律溯及力规则,法定状态的权利义务,以溯及既往为原则,不溯及既往为例外;意定状态的法律关系,②则应以法无溯及力为原则,即行生效为例外。最后,确定“空白溯及既往”原则,③即将新创设的规范适用于新法实施前发生的行为和自然事实。在新创设法律前,由于没有相应的法律指引,当事人对该行为的预期至少是不确定的状态,按照新创设法律处理当事人之间的纠纷,应当没有侵害当事人的信赖利益。

四、跨越《民法典》生效日破产债权审查的法律适用问题

众所周知,破产程序是纠纷集中处理程序,往往需要较长时间才能完成。破

---

① 参见刘风景:《法不溯及既往原则的法治意义》,载《新疆师范大学学报(哲学社会科学版)》2013 年第 2 期。

② 意定状态的法律关系是依当事人意思自治形成的,当事人在设定权利义务和履行过程中,对原有法律保有高度的信赖利益。

③ 参见孔祥俊:《法律方法论》(第 1 卷),人民法院出版社 2006 年版,第 343 页。

产程序中，债权人通过申报债权保障和实现自己的权利。我国《企业破产法》第48条规定了债权申报期限，但该法第56条又许可债权人在破产财产最后分配前补充申报债权，并且该法第92条、第100条也有类似规定。这就引发了一个问题——跨越《民法典》生效日的破产债权审查如何适用《民法典》？对此，有人认为，这个问题没有太多研究价值，理由是一旦《民法典》的适用规则得以明确，根据该规则执行即可。笔者认为，这种观点，对于处理普通的民商事案件是成立的，但对于概括性集中处理多种、多个民事关系的破产程序，如不对破产债权审查适用《民法典》的问题做出适当安排，在《民法典》生效前受理的破产案件中，对于在《民法典》生效之前和之后的不同时间点申报债权，就有可能出现截然不同的债权审查结果。如破产债权中较为常见的保证担保法律关系，在《民法典》生效前，保证人、债权人与债务人之间没有明确约定保证担保类型的，推定保证人与债务人承担连带保证责任；而《民法典》生效后，援引《民法典》的后果是保证人仅需承担一般保证责任，这种法律适用必将对债权人的权益造成严重影响。最高人民法院专职委员刘贵祥在《〈民法典〉实施的若干理论与实践问题》一文中提到，尚未终审的一审、二审案件之所以要适用该司法解释，是因为案件所涉法律事实虽然发生在司法解释生效前，但纠纷却发生在被解释的法律施行后，自应适用该被解释的法律。该文从"有利溯及力"原则和填补法律漏洞的功能方面，解释了司法解释在民事法律领域溯及力既往适用的必要性和合理性。但对于跨越新法发生的未结一审、二审案件，援引新法进行裁判的理由不明确。新旧法律适用过程本身就是新旧利益的裁量过程，[①]这种利益取舍不能背离法律的公正、正义价值。

我国《民法典》创设了很多新的法律规范。笔者认为，对于破产案件而言，应以债权形成时间是否跨越《民法典》生效日作为分界，在《民法典》生效日前形成的债权，一般适用旧的民事单行法；在《民法典》生效日后形成的债权，原则上按《民法典》审查债权。原单行民事法律制度没有规定的，可参照适用《民法典》处理破产案件中的民事法律问题。

---

① 参见胡建淼、杨登峰：《有利法律溯及原则及其适用中的若干问题》，载《北京大学学报（哲学社会科学版）》2006年第6期。

五、结　　语

破产程序犹如法律“试金石”,能检测出法律正义与否,能评估法律被广大民众的接受程度。对于跨越《民法典》的破产案件中的民事法律关系的法律适用问题,原则上宜以破产案件受理日为确定法律适用的分界线,“空白溯及既往”为补充,这既有利于人们合理预期行为后果,也能使社会秩序保持连续性和确定性,维护法律的权威和秩序价值。

论董事的破产申请义务

郭靖祎*

《中华人民共和国企业破产法》(以下简称《企业破产法》)实践中存在大量无产可破案件。当公司濒临破产却未进入或未及时进入破产程序时,《中华人民共和国公司法》(以下简称《公司法》)和《企业破产法》均未规定哪些主体需要承担责任。在缺乏约束的情形下,原本怠于启动破产程序的公司可能进一步拖延,直至资本殆尽。在此过程中,对公司董事附加破产申请义务,敦促董事在公司濒临破产状态下妥善履职,符合现代公司治理模式。

一、公司濒临破产时董事义务的内涵剖析

《公司法》规定了董事应对公司承担忠实勤勉义务,《企业破产法》也规定董事如违反忠实勤勉义务导致企业破产的应向公司承担民事责任。[①] 但大部分公司破产

---

* 宁波大学法学院、浙江省新型重点智库宁波大学东海研究院与宁波市重点研究基地东海研究基地研究员。

① 参见郭丁铭:《公司破产与董事对债权人的义务和责任》,载《上海财经大学学报》2014 年第 2 期。

并非董事履职不当造成的,当此类公司陷入财务困境或濒临破产时,董事应当如何履职才可被认为"忠实勤勉",《公司法》和《企业破产法》却均未作出规范。

(一)董事履职风险的增加

董事作为公司的经营者和管理者,其任职期限往往短于公司自身存续期间。受到公司或股东们对董事考核和评价的影响,董事履职往往更关注公司短期内的盈利状态。当公司陷入财务困境时,公司往往尚未进入破产程序,还会尝试通过自身努力扭转困境局面。作为充分了解公司状况的董事,有可能会选择较为激进的扭亏举措、经营理念或投资方向,不免置公司于较高的风险中,甚至不惜令公司从事一定的违法违规行为,损及债权人或其他第三方利益。① 而当这种决策被发现的可能性较小或被追究的概率不高时,即使可能追究个人责任,董事也往往会选择铤而走险,更毋论法律对于这种短期选择合理性和合法性并未作明确规定的情况。②

此外,通过心理学研究成果在经济学上的应用,董事被证实在面对风险衡量、收益评价等考察和决策时,是一个情感凝聚力极高的群体,其对人情、面子等非理性因素的考虑大大超出了经济人的理性。③ 在董事会集体决策的体制下,非理性特征加之表决中的从众心理,往往难以做出有效决策,这使已经增加的董事履职风险在决策环节进一步扩大。

(二)董事义务内涵的变化

作为公司的经营者,董事应保证其具有专业的商业经营和判断能力,保证其行为不损害公司资产与收益。④ 当公司进入财务困境或破产濒临状态时,公司剩余索取权的主体从股东转变成债权人,⑤董事义务内容和内涵也发生了变化。

---

① 参见[美]肯特·格林菲尔德:《公司法的失败:基础缺陷与进步可能》,李诗鸿译,法律出版社2019年版,第75~77页。

② 参见胡晓静:《公司破产时董事对债权人责任制度的构建——以德国法为借鉴》,载《社会科学战线》2017年第11期。

③ 参见朱羿锟:《董事问责标准的重构》,北京大学出版社2011年版,第121~131页。

④ 参见[美]阿道夫·A. 伯利、加德纳·C. 米恩斯:《现代公司与私有财产》,甘华鸣、罗锐韧、蔡如海译,商务印书馆2005年版,第229~240页。

⑤ 参见[美]弗兰克·伊斯特布鲁克、丹尼尔·费希尔:《公司法的经济结构》,张建伟、罗培新译,北京大学出版社2005年版,第101~102页。

无论公司是正常经营状态还是遭遇财务困难，董事不得侵占公司财产、不得侵犯公司商业机会、不得为己谋利等忠实义务要求是始终存在的。但当公司陷入财务困境，债权人利益亦纳入董事应考量因素的范围。对于债权人而言，其关注的重点在于其债权能否获得全额受偿。董事作为公司资本的管理运营者，确认受其管理的资本是否到位是开展工作的前提和基础，其管理工作的目标亦是实现公司资本的保值增值。这时，股东是否妥善出资，公司资本是否妥当维持即成为债权人对董事提出的疑问和要求。其中包括了股东出资是否按时足额？是否有股东抽逃出资或虚假出资？公司利润分配是否合理？公司的担保、回购、员工股权激励等安排是否恰当？[①] 董事的忠实义务范围出现了扩展。

除此之外，正常经营状态的公司要求董事勤勉尽责，妥善关注公司经营情况，做好监督与纠正工作等。[②] 但因董事承担的职责、从事的业务不同，要求亦有所不同，勤勉义务的规范和描述始终难以精确具体。如果说正常经营状态下，商业判断规则可以为董事搭建避风港，减少对董事决策的司法干预，尽量保护董事进行专业的自由决策。[③] 在公司陷入财务困境时，公司追求营利的利益和债权人的利益已经分离，如果以商业判断规则考量董事，难免存在利益保护上的偏颇。可见公司濒临破产阶段的勤勉义务标准显得更不明确。

（三）设定申请破产义务的必要性

如果一家公司已经陷入财务困境但尚未正式进入破产阶段，股东、债权人、董事、高级管理人员、普通员工或其他利益相关方，无一不期待通过一定举措实现公司自救。而董事作为公司经营决策者，在此关键阶段理应发挥领导作用。自救成功则各方皆大欢喜，不再有任何争议。但如自救不成，各相关方利益出现分歧，做出不同选择。债权人会加快对财产的争夺和个别执行；股东会考虑转让股权或至少进一步限制自身责任，也不排除会加入财产争夺行列；而董事、高级管理人员则可能为自己盘算前途，避免失去职位或尽早选择逃离。在我国，董事

① 参见李小宁：《涉债权人团体利益保护之董事义务与责任法律制度研究》，法律出版社 2018 年版，第 99～104 页。

② 参见朱锦清：《公司法学》，清华大学出版社 2019 年版，第 580～583 页。

③ 参见杨勤法：《公司治理的司法介入——以司法介入的限度和程序设计为中心》，北京大学出版社 2008 年版，第 129～133 页。

及高级管理人员参与到破产重整程序中的机会不多,除非获得破产管理人聘请;加之《企业破产法》下各项程序配合义务、减薪要求等,使董事更倾向于切断与公司的联系。可见,无论债权人,还是债务人公司的股东或董事,均无人有动力选择合适阶段提出债务人公司的破产申请。

与其他主体相比,董事因更了解公司状况,成为公司濒临破产阶段承担申请破产义务的不二之选。将董事设计为破产申请的义务主体,首先,能够有效地控制董事履职风险,避免董事为公司选择短期方案或不惜让公司参与违法事项;其次,通过明确董事的破产申请义务,能够有效引导董事在公司濒临破产阶段,充分关注债权人利益,谨慎决策,选择适当时机申请公司进入破产程序;最后,还能将压力向前传导,引导董事始终关注公司资本的充实和妥善维持。

二、董事申请破产义务的路径探寻

随着各国法律对公司债权人保护的持续关注,公司濒临破产阶段充分发挥董事作用成为发力的重点,具体做法不一而足。大体上分为激励董事提出申请的"胡萝卜"模式和强制约束董事提出申请的"大棒"模式。① 无论是将董事在具体情形下提出破产申请的要求及违反后果写入具体规范中(如《德国支付不能法》第15a条②,日本2006年《商法典》第266条之3③),还是要求董事在公司濒临破产阶段将债权人利益纳入考虑范围(如1986年《英国破产法》第214条以及"不当交易"制度)④,抑或通过一系列规则鼓励董事在破产程序内履职(给予董事破产管理职能并保护其在任何阶段的善意商业判断等)⑤,其核心目标是一致的,即敦促董事在公司濒临破产时将债权人利益纳入考虑范围,尽早提起破产

① 参见[美]莱纳·克拉克曼等:《公司法剖析:比较与功能的视角》,刘俊海等译,北京大学出版社2007年版,第86~87页。

② 参见何旺翔:《德国联邦最高法院典型判例研究——破产法篇》,法律出版社2019年版,第35~38页。

③ 参见陈景善:《论董事对第三人责任的认定与适用中的问题点——以日本法规定为中心》,载《比较法研究》2013年第5期。

④ 参见[英]费奥娜·托米:《英国公司和个人破产法》,汤维建、刘静译,北京大学出版社2010年版,第362~372页。

⑤ 参见李小宁:《涉债权人团体利益保护之董事义务与责任法律制度研究》,法律出版社2018年版,第210~223页。

申请。

（一）立法路径或解释路径

董事的破产申请义务将有益于连接《公司法》、《中华人民共和国民法典》（以下简称《民法典》）、《企业破产法》等多部法律制度。直接引入全新法律制度可能会带来较大的不适应困难，我国公司治理结构多采取股东会中心主义，股权债权均相对集中；当事人并不常启动追究董事责任维护自身权益的程序，在数量不多的追究董事责任的案例中还混合了一定的对高级管理人员、股东追究责任的案件。因此，从现有相关法律规范中作系统性、创造性的解释成为首选路径。

（二）义务约束或制度激励

我国《公司法》《企业破产法》对于董事义务的规范有待细化，对于忠实义务和勤勉义务的不同内涵、责任的承担方式、承担幅度、董事行为的考察判断标准等一系列问题需要给予有效解答。在董事义务内涵、责任承担等基本问题尚未获得深入、全面的有权阐释之前，打造一系列激励制度来督促董事履职显得过于激进，并且缺乏基础。相反，通过对相关制度规则的解释阐明董事义务并调整董事对相应责任的承担，不仅是有基础的，而且能够保障制度改革循序渐进，符合实践的需求。

三、董事申请破产义务的解释学构建

（一）《企业破产法》中董事信义义务的规范

第一，作为《企业破产法》中唯一明确提出忠实勤勉义务的条款，第 125 条仅为《公司法》下董事义务的重述。该条款仅针对董事未尽勤勉义务导致公司破产情形，而那些“负有个人责任”尚不足以导致公司破产的董事并不在其规范之列。同时，“致使企业破产”是更为不利的后果，对更为严重的未履行义务主体，《企业破产法》也并未加重惩罚的力度，仍限于承担民事责任和限制 3 年不得再次担任董事、监事、高级管理人员职务。

第二，《企业破产法》对董事职责的规定，从范围和内容上看均未超出《公司法》规定的范畴。如不得侵占公司财产（《企业破产法》第 36 条、《公司法》第 147

条第2款),不得获取非法收入(《企业破产法》第113条、《公司法》第147条和第148条),不得协助股东抽逃出资[《最高人民法院关于适用〈中华人民共和国企业破产法〉若干问题的规定(二)》第20条第2款、《最高人民法院关于适用〈中华人民共和国公司法〉若干问题的规定(三)》(以下简称《公司法司法解释三》)第14条]等。

第三,《企业破产法》对董事义务的履行要求低于《公司法》。《公司法》要求董事妥善制作、保存公司账册、财产[《最高人民法院关于适用〈中华人民共和国公司法〉若干问题的规定(二)》第18条],但《企业破产法》仅要求特定的董事(担任法定代表人及法院决定的董事)保管其"占有和管理"的财产、印章、账簿、文书等资料(《企业破产法》第15条),并未苛责其余董事未妥善履职的行为。再如《公司法》下禁止董事侵犯公司商业机会、收受佣金、披露公司秘密及收受贿赂(《公司法》第148条),《企业破产法》仅要求董事不得利用职权从企业获取非正常收入,对于董事从其他企业或个人获得的收入并未关注。

从两部法律规定背后的逻辑来看,《公司法》对董事义务已经作出相应规定,在《企业破产法》下无须逐一赘述。由于在破产阶段,经营管理职责由破产管理人承担,董事义务部分仅在于配合破产程序推进,故而《企业破产法》并未关注到濒临破产阶段董事义务的改变,更未提及董事的破产申请义务。

(二)对董事破产申请义务的解释学构建

申请破产义务要求董事在公司处于濒临破产状态下,从公司整体利益出发,作出公司是否申请破产的决策建议,并在股东集体不同意申请破产情形下依据其信义义务提出破产申请。

1. 主体的选择:从清算组的破产申请义务角度作当然解释

从公司经营状态观察,解散事由出现时的公司经营状态大多可能优于濒临破产状态的公司。即使公司尚未到生死关头,但存在资产不能清偿负债情形时,即需要清算组提起破产。相比之下,对于那些实际濒临破产的公司而言,更需要法律指定相应的破产申请义务人。①

《公司法》规定清算组负有在"清理公司财产、编制资产负债表和财产清单

---

① 参见梁上上:《有限公司股东清算义务人地位质疑》,载《中国法学》2019年第2期。

后”,发现公司财产不足清偿债务时应申请破产的义务。在清算组的组成上,《公司法》选取的是实际从事经营管理的人(有限责任公司股东、股份公司董事)、预先授权的人(章程或股东会选定的清算人)和具有相关专业知识的人(司法清算中人民法院指定清算人)。实际上,对于有限责任公司而言,股东多参与经营管理,董事或执行董事也多由股东兼任。[①]《公司法》的规定将对清算组成员选择分成几类,根本目的在于将清算义务及申请破产的判断义务切实落在负责公司实际经营的人身上。相比之下,董事对企业情况更熟悉,更适合且更应当担任破产申请的义务人。[②]

2. 申请提出义务:作为董事的附随义务作目的解释

董事信义义务本身即是基于诚实信用原则提出,要求董事认真谨慎管理公司事务,不得将自身利益置于公司利益之上。申请破产也是从企业利益的最大化出发,在公司濒临破产状态且无力挽回时,提出破产申请。逻辑上看,提出破产申请的义务以及配合法院、破产管理人完成交接工作,应当属于董事信义义务的一部分,或至少是从属部分。

《中华人民共和国合同法》(已失效)上,对于那些当事人之间虽未明确约定,但依诚实信用原则或一般交易观念,当事人应当负担的义务,称为合同的附随义务,如通知、协助、保密、保护等。[③] 正是由于附随义务能够发挥引导当事人履约、保护交易安全等功能,我国《民法典》对于附随义务给予较普遍的吸收,并在其他民事法律关系间(如劳动合同关系[④]、金融产品合同、产品质量责任、消费者权益保护等)积极扩展适用。

从特征上看,提出破产申请义务的设置,将使董事对公司的信义义务延续到破产程序中。既然提出破产申请是董事为公司选择的最佳方案,董事就有义务站好最后一班岗,做好公司破产前的各项安排、破产过程中的各项交接工作等,这更有利于促进董事履行信义义务中忠实、勤勉的要求。

3. 资本维持义务:从董事信义义务做文义解释

《公司法司法解释三》第 13 条和第 14 条为董事、高级管理人员设定了监督

---

① 参见邓峰:《董事会制度的起源、演进与中国的学习》,载《中国社会科学》2011 年第 1 期。

② 参见梁慧星:《民法解释学》(第 4 版),法律出版社 2015 年版,第 227 ~228 页。

③ 参见崔建远:《合同法学》,法律出版社 2015 年版,第 60 ~61 页。

④ 参见潘俊:《论劳动合同中的附随义务》,载《上海政法学院学报(法治论丛)》2014 年第 1 期。

股东是否妥善履行出资义务的职责。如果股东未妥善履行且造成债权人利益受损,董事、高级管理人员应当与股东同样承担补充赔偿责任;如果董事、高级管理人员协助抽逃出资,则丧失向股东追偿的权利,即转化为个人责任。

董事作为公司资产的经营管理者,对合法出资负有监督职责,并对资本维持负有妥善管理职责。然而,在董事责任承担上,《公司法》规定董事对公司损失承担赔偿责任,但《公司法司法解释三》将这种责任扩展到债权人,要求董事对债权人个人承担直接赔偿责任。两者之间的差异,在《企业破产法》上亦未给予协调,仅规定"依法承担民事责任""依法承担赔偿责任"。

对于协助抽逃出资的情形,董事明显违反了忠实义务,无论从主观恶性还是从损害程度上都要比监督失职严重得多,因而两类行为在责任承担上有较为明显的区别。如对于监督失职情形,宜由董事向公司承担填补责任的连带责任;但对于协助抽逃出资情形,要求董事直接对债权人承担赔偿责任并无不可。

破产企业法定代表人私留公章提供保证的效力认定

——《九民纪要》结合破产法的重新审视

陆卫东[*]　王　赟[**]

一、实践案例

2016年7月27日,南通市海门区人民法院裁定受理对南通市某机械设备有限公司(以下简称五星风机)破产清算申请,该企业进入破产清算程序。2016年9月29日,五星风机向管理人移交该企业行政公章一枚,双方在场并封存在信封内。2016年10月14日,五星风机法定代表人王某从原公司会计处取得应交未交的企业另枚公章当场加盖在《最高额保证合同》上保证人栏内,为一企业与银行的借款提供保证。2016年10月14日,银行诉至法院要求债务人和保证人承担连带责任,后申请撤回对五星风机的起诉获准。2018年12月21日,管理人对该银行申报的上述债权不予确认。随后银行提起诉讼要求确认其对五星风机享有普通债权。

企业进入破产清算程序后,法定代表人在保证人栏

---

* 南通市海门区人民法院民二庭(清算与破产庭)庭长,四级高级法官。

** 南通市海门区人民法院民二庭(清算与破产庭)法官助理。

内加盖应交未交另枚公章提供保证的行为,对该企业是否具有法律约束力?

二、王某行为性质的认定

《中华人民共和国民法典》(以下简称《民法典》)第504条确立了表见代表制度:法人的法定代表人或者非法人组织的负责人超越权限订立的合同,除相对人知道或者应当知道其超越权限外,该代表行为有效。无论是“知道或者应当知道”均需有客观表征进行判断,而表见代理制度中的“相对人有理由相信”便是合适的“试金石”。

(一)表见代表和表见代理原理相通

表见代理与表见代表虽有所别,但基本原理相通。表见代理的基本规定可适用于表见代表。[①] 二者主要有两个方面共同点:一方面,二者的法律后果均由公司承担。这是由行为人具体实施的民事法律行为具有表见性决定的,作为本人的公司均不能以行为人超越职权为由请求免责;另一方面,二者在法律规范上具有同源性。现代民法起源于罗马法,但罗马法对代理制度持严格的否定态度,这是当时简单商品经济所决定的。1900年《德国民法典》是表见代理制度肇端,当经济社会进一步发展,表见代表制度系脱胎于表见代理制度应运而生,表见代理的诸多规定可类推适用于表见代表。故在该案中,笔者采用相对人是否“有理由相信”作为王某是否拥有职权范围内的表征的评判标准。

(二)私盖公章效力的认定

最高人民法院对企业管理人员私自加盖公章甚至假章的行为在相关案例中有明确的意见:

1. 案例一:武汉雪花秀产业园投资有限公司与赵某州、东风(十堰)汽车电器有限公司、十堰神州星火工贸有限公司、操某声债权转让合同纠纷案中,最高人民法院认为,“根据武汉雪花秀产业园投资有限公司提交的工商登记材料,案涉借款事实发生时,操某声是武汉雪花秀产业园投资有限公司的股东和管理人员。

① 参见王泽鉴:《民法总则》,中国政法大学出版社2001年版,第444页。

即使该情况说明真实，操某声存在私刻公章的行为，其股东兼管理人员的身份足以使人相信其对外以公司名义签字盖章的行为是职务行为，依据《中华人民共和国合同法》（已失效）第49条的规定，其行为构成表见代理，武汉雪花秀产业园投资有限公司应对其行为承担民事责任”。[①]

2. 案例二：甲公司诉丙公司债权转让合同纠纷案中，最高人民法院法官会议意见：“在合同书上加盖公司公章的法律意义在于，盖章之人所为的是职务行为，即其是代表或代理公司作出意思表示。但章有真假之分，人也有有权无权之别，不可简单根据加盖公章这一事实就认定公章显示的公司就是合同当事人，关键要看盖章之人有无代表权或代理权。盖章之人为法定代表人或有权代理人的，即便其未在合同上盖章甚至盖的是假章，只要其在合同书上的签字是真实的，或能够证明该假章是其自己加盖或同意他人加盖的，仍应作为公司行为，由公司承担法律后果。”[②]

通过上述两个案例，我们不难发现最高人民法院确立了“看人不看章”的裁判思路，将适格盖章人的行为视为职务行为，而在表见代理抑或表见代表的认定上则非泾渭分明。

（三）银行是否“有理由相信”王某具有代表权

“相对人有理由相信”是在客观条件上应该要有使相对人真诚地相信行为人拥有此行为代理权的事由存在，也就是不能缺少权利外观。[③] 本案中，债权人的“有理由相信”分为对主体身份是否有理由相信和对占有真实公章的状态是否有理由相信。

对于前者，作为破产企业的原法定代表人，在企业的办公区域的会计办公室内取得公章，并当场加盖的行为，难以让合同相对方深处该情境之中还怀疑企业已经移交给管理人，其已丧失对该企业经营和管理的话语权；对于后者，公章也是较正规地从企业会计处在会计的办公地点取得并且加盖于合同上，难以让合

---

① 参见武汉雪花秀产业园投资有限公司、赵勇州等债权转让合同纠纷案，(2016)最高法民申917号再审民事裁定书。

② 贺小荣主编：《最高人民法院民事审判第二庭法官会议纪要——追寻裁判背后的法理》，人民法院出版社2018年版，第312页。

③ 参见黎学知：《表见代理理论及其司法实践问题研究》，重庆大学2017年硕士学位论文，第10页。

同相对方质疑公章已失去代表法人意思表示的效力。

在2019年11月8日《全国法院民商事审判工作会议纪要》(以下简称《九民纪要》)颁布前,一般认为银行是有理由相信王某具有让该企业作出提供保证的民事法律行为的代表权。这种认识原因被总结为"在相当长的一段时间内,司法实践主流观点认为该条性质上属于管理性规定,故即便法定代表人未经决议程序擅自对外签订担保合同,也不影响合同效力"。①

(四)王某的行为是否构成表见代表

《九民纪要》颁布前,裁判者对王某对外提供保证的行为并未与其他所作出的民事行为在效力上相区分。根据《九民纪要》第18条的规定,银行是否"有理由相信",也即保证合同缔约时相对人的善意明确增加了新的判断标准——对《中华人民共和国公司法》第16条规定的非关联担保法人机关决议的形式审查义务。

笔者重新查阅当时案卷,看到当时不曾被注意的信息:王某持有五星风机70%的股权。根据《九民纪要》第19条的规定,作为持有2/3表决权的股东所越权提供的保证,是无须机关决议的例外情况。因此,笔者认为银行符合善意的标准,王某的行为符合《民法典》第504条规定的表见代表。

三、该企业的保证行为是否有效

(一)对破产企业民事行为能力的探讨

表见代表的构成,致使代表行为有效,这是该法律规范直接指向的法律后果。但本案的特殊性在于被代理人是已经进入破产清算程序的企业。

破产清算是"企业法人不能清偿到期债务,并且资产不足以清偿全部债务或者明显缺乏清偿能力"的情况发生时进行的一种特别程序。破产在法律事实的分类中属于事件,能够引起法律关系的产生、变更、消灭,即会对法人的行为能力产生根本性的影响。《中华人民共和国企业破产法》(以下简称《企业破产法》)

---

① 最高人民法院民事审判第二庭编著:《〈全国法院民商事审判工作会议纪要〉理解与适用》,人民法院出版社2019年版,第180页。

规定破产程序的开始实行法院受理主义，但法院受理破产案件后并不导致法人行为能力的消灭，只是限制缩减了法人的行为能力，参照限制民事行为能力人理论，可以说破产企业是"限制民事行为能力法人"。

法院受理破产申请后，法院和管理人依职权可对企业法人的行为做出干涉，例如，《企业破产法》第13条规定法院依职权为破产企业指定管理人；第25条规定的管理人职责，通过列举和概括相结合的方式，将企业原法人机关（包括权力机构、执行机构和监督机构）的职责基本由管理人来履行，使企业法人得以存续。尤其是《企业破产法》第25条第1款第6项规定"管理和处分债务人的财产"就动摇了营利法人行为能力的基础。"基于破产程序的目的，一旦企业法人进入破产程序，除非其行为能够使得企业法人的财产保值增值，否则一律不得进行或要求停止，也就是说，在企业法人进入破产后其原目的事业被改变为仅为使企业的财产保值增值，这也影响了企业法人的意志。"[①]企业进入破产程序后，并非意味着立即停止经营。《企业破产法》第25条和第61条对"继续或者停止营业"的决定权做了无缝对接：第一次债权人会议召开之前由管理人决定，召开后由债权人会议决定。

当企业被宣告破产后，债务人即成为破产人，债务人的财产变成了破产财产，法人机关彻底停止工作（重整或和解程序已宣告失败），管理人以企业法人的名义下所进行的一切活动只是为了清偿债务，破产财产仅为偿还债务所用（实际上已属于全体债权人共有），该法人再也没有能力支配这些财产来获取营业利润。因此，破产企业的行为能力随着破产宣告的到来也走到尽头，直到企业被注销后法人终止，权利能力和行为能力正式消灭。

（二）对破产企业自行营业效力的探讨

违反效力性强制性规定才会导致民事行为的无效。效力性规定，是指法律及行政法规明确规定违反该类规定将导致合同无效的规范，或者虽未明确违反之后将导致合同无效，但若使合同继续有效将损害国家利益和社会公共利益的规范。[②] 笔者认为，破产企业自行营业的行为无效基于以下理由：

---

① 马东：《公司法人行为能力研究》，西南政法大学2012年博士学位论文，第94页。

② 参见董万程、王继君：《〈民法总则〉中的效力性强制性规定立法问题研究》，载《法律适用》2017年第11期。

1. 企业在进入破产程序后,是否能继续营业,《企业破产法》有严格的规定:这是管理人和债权人会议的法定职责,且管理人不得擅自行使,须报法院许可;管理人实施"对债权人利益有重大影响的其他财产处分行为"具有及时报告的义务。"许可"和"及时报告"的目的就是便于审查继续营业和处分财产的行为是否有利于企业财产的保值增值,是否有损其他债权人的利益以及国家、社会公共利益。

2. 继续营业产生的共益债务因其随时清偿的特性决定了必须严格控制:共益债务优先于所有债权人群体,共益债务多一分的不当产生(没有换得营业效益)就是多一分对全体债权人利益的伤害,违背了"公平清理债权债务,保护债权人和债务人的合法权益"的《企业破产法》立法宗旨。

就本案而言,保证的单务无偿性决定了在这一法律关系中,提供保证的破产企业是纯受不利益一方,不可能实现资产的保值增值。故五星风机作为被代表人,其本身已丧失了提供保证担保的民事行为能力,也就丧失了作为被代理人的主体资格。因此王某所实施的加盖公章的行为被釜底抽薪,已不能被称为"代表行为",因此,依照《企业破产法》的相关规定,五星风机无须承担表见代理的法律后果。

(三)对破产受理公告效力范围的探讨

南通市海门区人民法院曾于受理五星风机破产清算申请后依法在媒体上进行公告。对银行是否应当知道该企业已进入破产程序争议颇大:一种观点是,既然在媒体上向公众告知,一旦公告期满即视为公众应当知道公告内容;另一种观点是,公告的内容具有特定指向,公告期满只应视为公告内容所指向的特定群体知晓公告内容。

笔者持第二种观点。主要理由分析如下:第一,从进行受理公告的目的看。破产受理公告所载明的内容为《企业破产法》第 14 条第 2 款所规定。而这些内容所指向的主体是特定的:企业管理人员、企业职工、债权人、债务人、财产持有人等,往往与普罗大众关系不大。其立法目的在于督促相关破产法律关系人行使权利和履行义务,而非向社会宣示该企业"濒临死亡"。同时,企业进入破产程序这一信息一般不在工商登记资料上载明,在信息爆炸的时代难以苛求每个市场主体对交易方所处的状态了如指掌,否则将大大增加交易成本,与"破产法是守护市场经济的守护神”[①]的价值取向相背离。第二，从类比判决案件公告看。如离婚案件的公告，公告的初衷是让原告的配偶得知解除婚姻关系这一信息，至于公众，甚至配偶亲属是否得知不作要求。亲属也许在媒体上得知后可以转达原告配偶，但这并非法定的义务，更非法律的推定。公告期满视为婚姻关系解除，但并非视为公众知道其婚姻关系解除，否则配偶签收的判决和公告送达的判决在影响范围上将大相径庭，在逻辑上难以自洽。

因此，破产受理公告效力范围应做限缩解释：仅及于相关破产法律关系人。大众媒体发布渠道的选择是为了拓展让相关人员知道信息的途径，而是否知晓这一信息不应作为公众善意无过失的评判标准。当下，破产专业化审理让“破产重整案件法官工作平台”成为发布破产公告的主渠道，这使该类公告从“广撒网、多敛鱼”的阶段向对应当了解公告内容的人“精准投放”转型。

四、结　　语

本案中，债权人和保证人间存在保证合同关系，但保证人已经进入破产清算程序，相较于原《合同法》，《企业破产法》在程序和实体方面均有诸多特别规定，因两部法律间对同一事项的新的特别规定优于旧的一般规定，故后者应优先得到适用，即判定五星风机和银行之间保证法律关系是否有效的依据应当为《企业破产法》的相关规定。最终，法院判决驳回银行的诉讼请求。银行未提出上诉，判决业已生效。《九民纪要》用专门的一节阐释“关于公司为他人提供担保”的相关问题，旨在规范合同效力认定，维护司法公信力，通过采代表权限制说对被越权代表的担保人权益予以维护；而2019年3月28日实施的《最高人民法院关于适用〈中华人民共和国企业破产法〉若干问题的规定（三）》使债权人权利行使的问题进一步得以明确和规范，并加大了对债权人的保护力度。现实生活纷繁芜杂，司法实践也是丰富多彩。两部规定所出发的角度不同使实践中需要找到合适的结合点去衔接，这也给我们事前预判、事中分析、事后评判案件带来无穷的况味。

---

① 李曙光：《破产法是市场经济的“宪法”》，载民商法律网2017年8月4日，http://www.civillaw.com.cn/bo/t/?id=32702#。

破产中股东责任追究与公司有限责任制度的平衡

彭 伟[*] 师露茜[**]

随着全球经济格局的调整,我国各产业领域竞争变得激烈。在此大环境下,随着《中华人民共和国企业破产法》(以下简称《企业破产法》)施行的逐步深入及其各种司法解释和配套性文件等规范性文件的逐步建立健全和改革完善,越来越多的企业借助重整程序涅槃重生,或通过破产程序合法地终结运行。《企业破产法》的意义在于通过规范破产行为,维护正常的公平偿债秩序,减少消极影响,维护社会安定,实现资源优化组合,汰旧出新,促进经济发展。虽然《企业破产法》立法本意为公平清理债权债务,但却不乏有企业利用破产程序,恶意逃废债务,借企业管理混乱、财务资料等遗失不全等各类理由,"合法"地免除巨额债务。与此同时,"职业追债人"也渐渐兴起,其利用股东应承担连带清偿责任的某些情形,要求大量"僵尸企业"的小股东承担巨额债务的连带责任。两者关系如何平衡一直是理论界讨论的焦点,2019 年《全国法院民商事审判工作会议纪要》(以下简称《九民纪要》)也明确提出在充分保护债权人利益的同时避免

* 北京市康达律师事务所高级合伙人。
** 北京市康达律师事务所律师。

矫枉过正,即不正当地突破股东有限责任原则。

破产程序中,股东被追责的情况较多,如出资不实或抽逃出资、从事《企业破产法》规定的可撤销或无效行为等,股东责任以出资或造成债务人财产损失为限承担责任,《中华人民共和国刑法》(以下简称《刑法》)中虚假破产罪实为防止滥用破产法律法规坚守最后一道防线,但是这些规定与承担有限责任原则并不冲突,因此上述情况均不在本文讨论范围之内。本文仅针对要求股东在破产程序后仍突破有限责任原则对公司负债承担连带责任的情况展开讨论。

这类情况主要分为两类,一类是未尽印章账簿保管义务导致无法清算时股东承担的连带责任;另一类是滥用法人独立地位导致突破独立法人人格使股东承担连带责任。笔者试图从这两类情形入手,分别进行论述。

一、股东未尽到对印章、账簿等重要文件应负的保管义务

股东对印章、账簿等重要文件的保管义务,在破产程序中首先就体现在其配合移交的义务中。《企业破产法》第127条规定,债务人违反本法规定,拒不向管理人移交财产、印章和账簿、文书等资料的,或者伪造、销毁有关财产证据材料而使财产状况不明的,人民法院可以对直接责任人员依法处以罚款。参考《最高人民法院印发〈关于审理公司强制清算案件工作座谈会纪要〉的通知》规定以及《最高人民法院关于适用〈中华人民共和国公司法〉若干问题的规定(二)》(以下简称《公司法解释二》)第18条第2款规定,其中"直接责任人员"指有限责任公司的股东、股份有限公司的董事和控股股东等直接责任人员。法院对于股东等相关责任人员不依法移交的处罚,主要目的是督促其履职,避免有账不交导致破产清算工作无法顺利开展。

除了在配合移交义务中的体现,在印章、账簿等资料灭失的责任承担方面体现得更加明显。相较于督促移交较轻的处罚,因怠于履行义务毁损灭失主要资产、账册、重要文件等,不可逆地导致财产、负债、出资情况等问题完全无法查清的,责任人则应承担较重的对于债务连带清偿的责任。根据《公司法解释二》第18条第2款的规定,股东承担连带责任的基础,在于股东在公司解散和清算中负有的清算责任,而并不包含破产重整及和解程序,《企业破产法》对此似无明确之

规定。原因在于《企业破产法》第78条规定,“在重整期间,有下列情形之一的,经管理人或者利害关系人请求,人民法院应当裁定终止重整程序,并宣告债务人破产:……(三)由于债务人的行为致使管理人无法执行职务”。如存在重要文件资料灭失情况将直接宣告该企业破产,破产清算相关规定即可适用。而和解同理,在满足条件时会转入破产清算程序,适用上述规则。

会计凭证、会计账簿、财务会计报告是企业经营数据的重要记录,因此在出现恶意对上述重要资料隐匿销毁的情形时,符合《刑法》第162条之一规定的隐匿、故意销毁会计凭证、会计账簿、财务会计报告罪构成要件的,有关责任人员将因侵害了国家对公司、企业财务的管理秩序,承担相应刑事责任。

与此同时,为了避免一些“职业追债人”滥用上述追究有限责任公司清算义务人的责任的条款,实质性地、不当地使没有“怠于履行义务”的小股东或者虽“怠于履行义务”但与公司主要财产、账册、重要文件等灭失没有因果关系的小股东对公司债务承担远远超过其出资数额的责任,《九民纪要》对此进行了明确,对怠于履行清算义务的认定、因果关系抗辩及诉讼时效期间的相关问题进行了细致的规定,避免无责任主体或责任较轻主体利益明显失衡。

二、股东滥用法人独立地位和股东有限责任

对于因股东滥用法人独立地位和股东有限责任需要承担责任,现行《企业破产法》及其司法解释中提到的滥用主要指法人人格否认制度。

公司法人人格否认,是指为阻止公司独立人格的滥用和保护公司债权人利益及社会公共利益,就具体法律关系中的特定事实,否认公司与其背后的股东各自独立的人格及股东的有限责任,责令公司的股东(包括自然人股东和法人股东)对公司债权人或公共利益直接负责,以实现公平、正义目标之要求而设置的一种法律措施。不同于出资和从事可撤销行为,法人人格否认制度是专为股东订立的惩罚措施。①

根据《中华人民共和国公司法》(以下简称《公司法》)第20条规定:“公司股东

---

① 参见陈秀凤:《关于有限责任公司法人人格独立制度与公司法人人格否认制度之浅析——公司面纱制度与揭开公司面纱制度》,载《黑河学刊》2011年第11期。

应当遵守法律、行政法规和公司章程，依法行使股东权利，不得滥用股东权利损害公司或者其他股东的利益；不得滥用公司法人独立地位和股东有限责任损害公司债权人的利益……公司股东滥用公司法人独立地位和股东有限责任，逃避债务，严重损害公司债权人利益的，应当对公司债务承担连带责任。”法人人格否认制度的适用对象仅限于公司股东，也就是公司与股东人格不分，债权人则可要求股东对公司的债务承担连带责任。司法实践中判断法人人格混同的标准，在相当一段时期内并无明确规定，主要通过指导案例作为指引进行认定。

如在深圳市柯爱亚电子有限公司（以下简称柯爱亚公司）与深圳桑德科技有限公司（以下简称深圳桑德公司）、桑德科技（重庆）有限公司（以下简称重庆桑德公司）买卖合同纠纷案中，二审法院广东省深圳市中级人民法院对于争议焦点“深圳桑德公司和重庆桑德公司是否构成公司人格混同，重庆桑德公司应否就深圳桑德公司对柯爱亚公司的上述债务承担连带清偿责任”问题，分别从业务、人员及财务混同三方面进行了论述：

一是业务混同。深圳桑德公司和重庆桑德公司的经营范围相同。在实际经营中，深圳桑德公司和重庆桑德公司采购同类货品，使用格式、内容相同的采购订单，电话、传真号码、送货地点均一致，可证明存在业务混同的情形。二是人员混同。在重庆桑德公司成为持有深圳桑德公司100%股权的股东之前，深圳桑德公司和重庆桑德公司的100%控股股东均为桑德（香港）科技有限公司。高级管理人员在两公司交叉任职，其中宋某某同时担任重庆桑德公司的总经理及深圳桑德公司的执行董事，共用采购人员严某某、批准人贾某某，可证明存在人员混同的情形。三是财务混同。重庆桑德公司的监事李某某，代表深圳桑德公司与柯爱亚公司签订《货款支付协议》，确认深圳桑德公司未付柯爱亚公司货款；重庆桑德公司原法定代表人李某某发出“致各位供应商朋友的一封信”，认可深圳桑德公司拖欠供应商货款的事实。

但指导案例中依据事实均有个例特点，直至2019年11月《九民纪要》发布后，这一问题才得以明确。《九民纪要》第10条规定列出了6项具体标准，认定公司人格与股东人格是否存在混同，最根本的判断标准是公司是否具有独立意思和独立财产，最主要的表现是公司的财产与股东的财产是否混同且无法区分。在企业间出现人格混同的情况下，往往同时出现以下混同：公司业务和股东业务混同；公司员工与股东员工混同（股东是一个企业法人的情形），特别是财产及/

或财务人员的混同;公司住所与股东住所混同。

司法实践中也存在公司利用法律规定的适用对象仅限于股东的有关规定,设置“空壳”公司作为真实股东的防火墙。如实际股东A公司投资设立绝对控股的“空壳”公司a,再由a投资设立B公司,在经营期间A公司操纵a公司滥用股东权利,A公司、a公司及B公司间事实上存在人格混同情况。后B公司破产,在无法清偿债务的情况下,债权人即使追究责任要求股东a公司对于债务承担连带责任,因a公司实际是“空壳”公司无实际清偿能力,债权人同样无法获得任何有效的、实质意义上的清偿,这种做法实际达到了“防火墙”的隔离作用。但实际控制且有实际清偿能力的A公司却因为不是B公司的股东而不适用《公司法》第20条的规定,无法追究其连带责任。另外追究实际控制人A公司责任保障债权人利益的方式是申请A公司、B公司作为关联公司进行实质合并破产。但该种方式有一前提条件,A公司也满足破产条件或A公司、B公司及a公司合并看满足破产条件。如不满足破产条件,则B公司很可能通过这种公司股权的设置而实际逃避债务清偿责任。

法院有裁判观点认为,债权人不得以未进入破产程序的企业与已进入破产程序的债务人企业存在人格严重混同、人员财产无法区分情况为由,直接请求法院判令未进入破产程序的企业向其偿付。该观点认为,债权人可通过债权人会议或者债权人委员会监督管理人依法对人格严重混同企业的财产进行追收。管理人无正当理由拒绝追收的,债权人会议可以依据《企业破产法》第22条的规定,申请人民法院更换管理人。管理人不予追收的,个别债权人也可代表全体债权人提起相关诉讼进行追收,但因此追回的财产性质上仍为破产财产。如因管理人不依法履行追收职责给债权人造成损失,债权人也可以要求管理人承担相应的民事责任。

可见,处理这类问题目前的解决方式主要通过对人格混同公司的财产进行追收,通过将资产追收至破产企业的破产财产的方式,对债权人权益进行保障,而非要求其承担连带清偿责任。但这种处理方式也可能存在一定的缺陷。因能够达到财务混同程度的两家甚至多家公司间,通常是资金往来款项金额巨大、往来持续期间长、交易频繁复杂且记录并不完整,双方无法核实一致或核实将耗费巨大精力或成本。基于该种情况,管理人如针对这类往来款项进行追收,不仅难度较大且追回成本较高,实践中通常无法达到很好地保护债权人权益的效果。

而相对于追收来说，追究相关企业或自然人连带清偿责任则相对简单。因此，建议进一步完善相关规定，适度扩大承担连带清偿责任适用的范围，将类似的恶意操纵利用股东权利且避免责任承担的企业纳入承担连带清偿责任范围内，降低企业利用设置“防火墙”形式企业逃废债务的可操作性。虽然法人人格否认制度是对债务人权益的一种保障制度，但与此同时，独立的法人人格是《公司法》的基本原则，不能过分扩大法人人格否认的适用，仍应严格控制适用。否定法人人格是个案各判，并不是某一案件判定丧失法人人格其他案件即可沿用该案件的结论，因连带清偿责任较重，仍需谨慎处理。

三、追究股东责任面临的现实问题及限制

（一）债权人追责成本过高

各项股东的责任中，除出资补足/追回义务及可撤销及无效行为导致的财产追回是管理人的职责范围外，其余均为债权人追究的范围。但不难看出，无论管理人还是债权人在追责过程中将付出较大诉讼成本。举例来说，如 a 公司破产，其股东 A 公司与 a 公司存在混同情况，达到人格否认程度，而 a 公司因费用不足被裁定终止破产程序，有 20 名债权人均未得到清偿，如这 20 名债权人希望 A 公司承担连带清偿责任，将提起 20 个诉讼。可见该类情况，破产程序并未实际达到减免债权人诉累的效果，某种程度上增加了债权人的追责成本。建议通过完善并利用代表人诉讼制度降低债权人追责成本，在维护并坚持公司法人人格独立为原则的基础上，对滥用制度的股东积极追责，增加股东违法成本，从而促使股东规范公司经营管理，达到维护市场经营秩序的最终目的。

（二）事实举证困难

在债权人追责的过程中，举证困难也是阻挡追责的一大难题。[①] 证明股东承担相关责任常需要掌握或了解企业财务数据，这一点与管理人履行的部分职务相互关联。为减少债权人对事实的举证困难问题，不但需增加被追责企业证据

---

① 参见朱昱洁：《浅析债权人追究公司股东怠于履行清算义务责任的“立案之难”》，载《法制与社会》2014 年第 17 期。

责任,且可以结合债权人会议的职能充分利用管理人工作成果,为债权人后续追究股东责任提供助力。因此,应当加强债权人与管理人的沟通机制,适当扩大债权人对于债务人情况及证据了解及掌握的可能性。通过适度加深债权人对债务人企业情况的了解,在保障债务人企业的基础上也能更好地达到债权人利益保护的目的,这也正是《企业破产法》立法之本意。

四、制度完善建议

(一)进一步完善破产清算等相关制度

从目前法律追究股东连带责任的规定来看,无论是保管义务还是保持法人独立义务,如有违反均会造成财产无法查明的严重后果,从保护债权人角度看,其突破有限责任原则要求股东承担连带责任也是无奈之举。实践中,造成财产无法查明的情况远不止上述两种情况;现时的情况是有限公司多数未建立有效运行的董监事制度而形成老板"一言堂",有关公司治理结构形同虚设;太多的公司实控股东利用其地位给自己以各种"非分红"名义"合法"的分红,经过"巧妙做账"后使人不易识破,或者虽有识破,往往由于各种现实原因导致追责失败,如无足够的破产费用或账册不全,管理人基于有限的破产费用而只追求尽快结案以节约成本,管理人欲追而法官无兴趣只想尽速结案,等等。公司组织结构及经营活动复杂多样,股东与实际经营管理层、直接责任人员的权责划分时常不清,建议完善包括破产制度、公司制度、财务制度规范等在内的各类制度,进一步规范和区分股东、经营管理层、直接责任人员乃至实际控制人应尽之义务,在一定程度上保持权责一致。在追究股东对外连带清偿责任的同时是否可通过完善股东向具体责任人的追偿制度,或者变更清算义务人制度,完善公司在财产不足清偿债务时及时止损的相应机制及法律规范。规范手段仍待商榷,法律不应违背正常市场经济规则,过于倾向保护任何一方都将有失公平,阻碍经济的发展。遵循市场规则,还原真正责任人义务,借以从根源上平衡有限责任制度与债权人保障。[①]

① 参见梁上上:《有限公司股东清算义务人地位质疑》,载《中国法学》2019年第2期。

（二）完善股东等责任义务人信用征信及评级办法

在明确真正责任人义务的同时，建议完善股东等责任义务人信用征信及评级办法，如相关人员未尽义务或尚未完成相关义务，将影响其信用评级，并对相关人员未来职业发展形成障碍，进一步增加违法成本。建议信用评级体系引入公司债权人等利益相关方，使其在一定程度上参与公司经营的监督和评判，不但完善企业的监督机制，且能更好地保障债权人权利。

五、结　语

维护经济平稳有序发展是《公司法》《企业破产法》等相关法律法规的一致目标，立法不应有所偏颇，仅以保障债权人权益为唯一目的，或为维持资本市场投资信心而一味维护有限责任制度，都将歪曲市场规律，最终失去立法原有之义。为平衡其间关系，建议完善制度还原真正责任人承担应有之义务，合理设置债权人止损机制，并进一步健全股东等责任人征信监督办法，引入债权人等利益相关方评价，从源头上增加债权人的权益保障。

关联企业实质合并破产语境下控股股东董事民事责任探究

黄中梓[*]　杨鹿君[**]

一、引　　言

实质合并，适用于关联企业破产的公平救济措施，[①]作为一项新兴制度，自《中华人民共和国企业破产法》（以下简称《企业破产法》）实施以来，关联企业实质合并破产案件在司法实践屡见不鲜，近年来案件数量更是明显增多，加之2018年《全国法院破产审判工作会议纪要》（以下简称《破产会议纪要》）中以专题形式对关联企业破产处理进行了规定，为司法实务操作提供了有力支持，使关联企业实质合并破产问题受到了越来越多的关注。在2020年5月，中共中央、国务院发布的《关于新时代加快完善社会主义市场经济体制的意见》中，不仅明确提出了要进一步推动个人破产的立法，还总括性地要求实现市场主体有序退出，目前的市场主体其实是多元化的，企业法人仅仅只是一小部分，鉴于我国立法只有《企业破产

---

* 安徽天贵律师事务所主任、律师。

** 南京大学博士研究生。

① 参见徐阳光：《论关联企业实质合并破产》，载《中外法学》2017年第3期。

法》的现状，自然人破产缺乏制度供给，在破产程序特别是实质合并破产中，如何体现有序的市场主体退出？如何在实质合并破产中合理平衡各方市场主体责任？

在关联企业的实质合并破产中，有两类关联密切的责任主体：一为控股股东，二为董事。从公司治理的角度，控股股东和董事支配着公司的经营管理，对于关联企业的法人混同有着不可推卸的责任，而在实践中，银行等金融机构也多要求控股股东、实际控制人、董事、总经理等在公司融资中承担连带责任。以控股股东为代表的控制权人与以董事为代表的管理层等的自然人破产责任制度设计，成为一个具有现实意义的问题，当然从刑事角度，目前已有虚假破产罪，国有公司、企业、事业单位人员失职罪，虚假出资、抽逃出资罪等以示惩戒，但是，囿于自然人无法同企业一样成为实质合并破产中的主体，甚至在一些合并重整中，自然人连带责任的免除成为了重整方案通过的条件，使控股股东、董事等自然人成为实质合并重整程序的实际受益人。这些自然人对于企业的经营困境，即便没有违背忠实义务故意掏空公司、欺诈、故意放大经营风险等主观恶意，至少是有经营不善、未勤勉尽责、放大经营风险的过失，而这些自然人非但没有在破产程序中受到惩戒，反而不当地滥用破产免责，从破产程序中受益。仅仅因为自然人不具有现行《企业破产法》中的破产能力，就成为自然人脱责的借口，有违破产法精神，而源于信托关系的信义义务提供了额外的理论供给，在实质合并破产程序中，根据控股股东、董事信义义务违背情况要求其承担责任，有着充分的法经济学依据与法理基础。因此，本文以关联企业实质合并破产语境下控股股东、董事民事责任探究为题，探究如何实现实质合并破产程序下的实质公平。

二、实质合并破产的破产法独立价值辨析

（一）实质合并破产的概念

关联企业的实质合并破产，是指将两个及两个以上关联企业视为一个单一企业，合并全部资产与负债，在统一财产分配与债务清偿的基础上进行破产程序，各企业的法人人格在破产程序中不再独立。[①] 1941 年的 Sampsell 案是美国司法史上首个合并破产案例，债务人 Downey 实施了破产欺诈，其设立 Wallpaper

① 参见王欣新：《〈全国法院破产审判工作会议纪要〉要点解读》，载《法治研究》2019 年第 5 期。

公司的目的是逃避债务,因此应将其设立 Wallpaper 公司同 Downey 合并破产, Imperial 公司明知 Wallpaper 公司是 Downey 为逃避债务而设立的公司,仍然为其提供贷款,不能就 Wallpaper 公司之资产享有优先受偿权。① 美国的实质合并破产虽然建立在"刺破公司面纱"制度之上,但是其起源与欺诈性财产转让密切相关,即设立公司的自然人目的是逃避债务,欺诈债权人,而为设立之公司提供贷款之债权人对于该自然人欺诈之主观意图知情,由此否认该债权人就公司资产的优先受偿权,保护被欺诈之第三方的合法权益。当然,鉴于实质合并破产制度对于公司法基石——法人人格独立制度的巨大冲击,该案判决之后引起了理论界和实务界对实质合并破产制度的较大关注。虽然 Sampsell 案具有开创意义,但是直到 1966 年 Chemical 案之前,实质合并破产规则仍然依据普通法规则,而非特定的破产法规则,在 1966 年的 Chemical 案中才发展为破产法基本制度,②后经 Vecco 案(1980)、Auto-Train 案(1987)、Owens Corning 案(2005)等的完善与充实,③美国的实质合并破产规则逐渐完善。而在大陆法系的代表国家——德国,甚至摒弃了实质合并破产制度,在 2014 年出台的《简化康采恩破产解决立法草案》中以更加灵活的程序协调制度来规范关联企业的破产程序。④

(二)实质合并破产与其他破产法、公司法特别救济措施之对比

1. 破产撤销权、无效制度

破产撤销权制度,区分于民法上的撤销权,指的是债务人的管理人对债务人在破产申请受理前的法定期间内进行的欺诈债权人或损害全体债权人公平清偿的行为,有申请法院予以撤销的权利。⑤ 破产无效制度,是规定债务人在破产案件受理前的法定期间内进行损害债权人共同利益或破坏公平清偿的行为无效的制度。⑥ 破产撤销权、无效制度在打击破产欺诈,维护债权人合法权益方面发挥

---

① See Samp v. Imperial Paper& Color Corp. , 313 U. S. 215(1941).

② 参见徐阳光:《论关联企业实质合并破产》,载《中外法学》2017 年第 3 期。

③ 上述案例的详细评述,可参见彭插三:《论美国破产法中的实质合并规则》,载《财经理论与实践》2010 年第 2 期;徐阳光:《论关联企业实质合并破产》,载《中外法学》2017 年第 3 期。

④ 参见葛平亮:《德国关联企业破产规制的最新发展及其启示》,载《月旦财经法杂志》2016 年第 1 期。

⑤ 参见李永军、王欣新、邹海林、徐阳光:《破产法》,中国政法大学出版社 2017 年版,第 65 页。

⑥ 参见李永军、王欣新、邹海林、徐阳光:《破产法》,中国政法大学出版社 2017 年版,第 67 页。

了重要的作用,但并不能成为实质合并破产的替代性制度,原因主要有以下几点:其一,破产撤销权、无效制度虽能撤销不当的债权债务处理,但是需要向法院提起申请并举证,鉴于关联企业之间密切的财务往来和利益输送,举证难度往往较大;其二,基于维护交易安全的考虑,各国都为破产撤销权的行使设定了除斥期间,但是公司治理的实践中,关联企业之间的输送行为长年累月,仅在除斥期间内的不当利益输送可以被撤销,容易造成人为规避制度适用的问题;其三,破产撤销权、无效制度的责任主体是债务人的法定代表人和直接责任人员,根据《企业破产法》第128条的规定,在出现破产撤销权、破产无效时,债务人的法定代表人和直接责任人员应承担赔偿责任,但是如果导致破产撤销权、破产无效出现的原因人是控股企业或者关联企业时,则无追责之空间。

2. 衡平居次原则

依据法人人格独立原则,控股股东与子公司均为公司法上独立的法人(自然人),控股股东同其他债权人一样,应当享有平等的债权人地位,但是受到破产法公平原则的指引,控股股东的特殊身份使破产法对其特别加以重视,规定其不公允的债权应当劣后于债务人的其他债权人之债权,以实现破产法意义上的实质公平。衡平居次原则更多地考虑企业外部债权人的合法利益免受企业内部债权人的不当侵害,实质合并破产制度则关注不同关联企业之债权人的实质公平;衡平居次原则旨在构建债权清偿顺位,对于控制股东债权,并非直接归零,而是劣后于一般债权清偿,而实质合并破产制度在否认法人人格独立后,关联企业之间的内部债权债务直接不复存在。

3. 关联关系损害赔偿责任制度

关联关系损害赔偿责任制度,见于《中华人民共和国公司法》(以下简称《公司法》)第21条的规定,公司的控股股东、实际控制人、董事、监事、高级管理人员不得利用其关联关系损害公司利益。违反前款规定,给公司造成损失的,应当承担赔偿责任。故公司之控制权人、管理层利用关联关系,侵害公司权益时应当承担赔偿责任,而在关联企业破产中,若发现存在上述情形,一样可以要求实际控制人、管理层对公司债务承担责任。该条的立法目的,在于限制控制权人滥用权利,损害公司利益。相较于实质合并破产制度,关联关系损害赔偿责任制度责任主体范围更大,包括公司、自然人甚至是合伙企业等其他组织形式,但是相对而言适用情形较窄,仅限于公司受到损失的情形。与实质合并破产制度公平、有效保护各关联公司债权人的价值取向有显然的差别。

三、控股股东、董事破产民事责任立法现状分析

(一)《公司法》关于控股股东、董事民事责任之规定

《公司法》第20条对股东行使股东权利作出了原则性的规定,也是我国法人人格否认制度的请求权基础,公司股东在行使权利时应当有所约束,不得损害公司权利,不得损害其他股东权利,鉴于股东有限责任和公司法人人格独立两大基石,股东亦不得滥用法人人格,损害债权人的合法权益。股东滥用权利,给公司、其他股东、债权人造成损害时,应当承担责任。

关于本条与实质合并破产制度之关系与衔接,最高人民法院在曾某明、合昌国际贸易(深圳)有限公司等股东损害公司债权人利益责任纠纷中曾有过论述,[①]即便符合《公司法》第20条第3款规定的,股东自然人滥用控制权,侵害债权人利益的情形,鉴于自然人等非企业法人破产制度的缺失,也不能将自然人拉入破产程序,但是当事人可以《公司法》第20条第3款作为请求权基础,向破产企业的自然人等非企业法人股东主张相关权利,要求其对公司债务承担连带责任,实现实质合并破产程序中向自然人的责任延伸。《公司法》对于控股股东、董事民事责任的其他规定散见于第21条、第147条、第149条、第189条等,[②]较为零散。

---

① 参见曾某明与合昌国际贸易(深圳)有限公司等股东损害公司债权人利益责任纠纷案,最高人民法院(2015)民申字第541号再审民事裁定书。

② 参见《公司法》第21条规定,控股股东、实际控制人等控制权人和董事、监事、高级管理人员等管理层不得以非公允关联交易的形式侵害公司利益,并明确了违反的赔偿责任。此条规定,其实是对上述主体忠实义务的强调,要求控股股东、实际控制人、董事、监事、高级管理人员不得将自身利益置于公司利益之上,不得侵害公司利益以满足自身需求。

《公司法》第147条对董事、监事、高管人员的义务作出了原则性的规定,明确董事、监事、高管人员对公司负有信义义务,应当勤勉、忠实,不得利用职权收受贿赂或者其他非法收入,不得侵占公司的财产已在刑法中明确规定,此处仅为再次重申,第148条以列举加兜底的形式,指明了典型的违背忠实义务的行为,并确立在八种情形下董事、高级管理人员违背忠实义务的责任——收入归于公司。

《公司法》第149条对董事、监事、高管人员的侵权责任作出了规定,董事、监事、高级管理人员在履职过程中,如果违背了法律、行政法规或者公司章程,侵害公司利益,应当承担损害赔偿责任。

《公司法》第189条对清算组成员的义务作出了规定,首先界定了任职要求,其次要求清算组成员应当忠于职守,依法履行清算义务,因故意或者重大过失给公司或者债权人造成损失的,应当承担赔偿责任。

（二）《企业破产法》关于控股股东、董事民事责任之规定

《企业破产法》第125条第1款规定："企业董事、监事或者高级管理人员违反忠实义务、勤勉义务，致使所在企业破产的，依法承担民事责任。"此条规定为《公司法》第147条董事、监事或者高级管理人员信义义务的破产法延伸，其确立的责任标准是董事、监事或者高级管理人员如果违背忠实义务，出现利益冲突，恶意掏空公司等行为，违背勤勉义务，在日常经营管理中"堕政""怠政"，致使企业破产的，需要承担责任，因此也有学者将本条称为"经营失败责任"。[①] 但是，究竟承担何种民事责任？补充责任或是连带责任。赔偿的对象为何种主体？公司或债权人，甚至是公司员工？该条并未明确，学界的理论争议也较大。最高人民法院曾在（2018）民再366号案件中就此问题有过论证，[②]最高人民法院在裁判中回避了对《企业破产法》第125条的论证，直接适用《公司法》的规定，对董事、监事、高级管理人员的具体信义义务进行了论证，虽未明确《公司法》与《企业破产法》的董事责任衔接，但是肯定了《公司法》董事义务在破产程序中的当然适用。关于控股股东、董事民事责任的其他规定散见于《企业破产法》第36条、第128条，《最高人民法院关于适用〈中华人民共和国企业破产法〉若干问题的规定（二）》第20条第2款，《最高人民法院关于债权人对人员下落不明或者财产状况不清的债务人申请破产清算案件如何处理的批复》等。[③]

---

① 参见韩传华：《企业破产法解析》，人民法院出版社2007年版，第363～366页。

② 参见斯曼特微显示科技（深圳）有限公司、胡某某损害公司利益责任纠纷案，最高人民法院（2018）最高法民再366号再审民事判决书。

③ 参见《企业破产法》第128条法律规则的责任主体包括法定代表人和其他直接责任人员，行为模式是出现了破产欺诈、偏颇清偿等不法行为，侵害债权人利益。基于破产撤销权制度而进行的民事制度设计，其根本目标在于使得债务人的责任财产得以复原，减少债权人损失，打击破产欺诈行为。

《企业破产法》第36条规定："债务人的董事、监事和高级管理人员利用职权从企业获取的非正常收入和侵占的企业财产，管理人应当追回。"董事、监事和高级管理人员基于其管理、支配公司的地位，经常存在一些恶意侵占公司资产，超额获取薪酬的行为，而本条的规定，赋予了管理人对上述财产的追回权。

《最高人民法院关于适用〈中华人民共和国企业破产法〉若干问题的规定（二）》第20条第2款规定："管理人依据公司法的相关规定代表债务人提起诉讼，主张公司的发起人和负有监督股东履行出资义务的董事、高级管理人员，或者协助抽逃出资的其他股东、董事、高级管理人员、实际控制人等，对股东违反出资义务或者抽逃出资承担相应责任，并将财产归入债务人财产的，人民法院应予支持。"本条规定的责任主体包括发起人、董事、高级管理人员、实际控制人，主要打击的不法行为为股东违反出资义务或者抽逃出资。

《最高人民法院关于债权人对人员下落不明或者财产状况不清的债务人申请破产清算案件如何处理的批复》中规定："债务人的有关人员不履行法定义务，人民法院可依据有关法律规定追究其相应法律责任；其行为导致无法清算或者造成损失，有关权利人起诉请求其承担相应民事责任的，人民法院应依法予以支持。"

(三)控股股东、董事破产民事责任之现行立法评析

控股股东、董事在破产程序中的民事责任,散见于《企业破产法》、《公司法》及司法解释等法律法规中,《中华人民共和国民法典》在第 83 条和第 84 条对营利法人的出资人不得滥用权利,控股出资人、实际控制人、董事、监事、高级管理人员不得滥用关联关系损害营利法人利益作出了原则性的规定,基本上是在《公司法》基础上,以营利法人的主体视角做了重申。只要公司未办理注销登记,就仍然适用《公司法》的规定,虽然在破产阶段,依据特殊法优于一般法的原则,《企业破产法》之规定应当优先得到适用,但是在《企业破产法》未作另行规定的情况下,《公司法》仍然能够得到适用,因而在破产阶段,控股股东亦不得滥用权利侵害公司、股东、债权人利益,董事应当承担忠实义务与勤勉义务。而《企业破产法》中,虽然法律条文明确规定了股东、董事需要承担责任,但是不够细化,影响了法律实施效果。以《企业破产法》第 125 条为例,董事、监事或者高级管理人员违背信义义务,需要对谁承担责任?责任形态为直接责任还是间接责任,连带责任还是补充责任?为当事人恶意操纵破产程序,获取破产免责,逃避民事责任,损害债权人合法权益留下了空间。而制度抽象的直接后果就是司法实践中适用率较低,在《企业破产法》实施至今的 13 年里,《企业破产法》第 125 条仅在 25 篇法院公开的裁判文书中引用。①

四、实质合并破产视角下的控股股东、董事民事责任

(一)实质合并破产制度目标与实施现状

1. 实质合并破产未经正式立法

我国的实质合并破产制度,在未有任何规范性文件规定下,法官即在破产案件审理实践中使用实质合并破产制度解决关联企业之间人格高度混同的问题,以实现实质公平。虽然近年来在各类司法解释、规范性文件中也频频见到实质合并破产的身影,但是《企业破产法》并未对实质合并制度作出规定。最高效力

---

① 本文以裁判文书网为检索工具,对引用法条为《企业破产法》第 125 条的裁判文书进行了检索,仅得 15 起判决,10 起裁定。

层级的规范，也是唯一对实质合并破产制度作出细化规定的是最高人民法院的《破产会议纪要》，作为一个不属于司法解释的规范性文件，却在目前破产法的实施中起到重要的指导作用，也是从侧面证明我国目前的实质合并破产制度，理论上还需要探讨，实践经验也有待积累，在该纪要得到充分补充完善后方具备制定为司法解释的条件。① 实质合并破产制度是在破产阶段中否认关联企业的法人人格，并将资产负债全部合并，对于当事人而言关系巨大，其缺乏上位法依据，仅有会议纪要规定，对利害关系人的保护不周。

2. 个人破产的制度有待完善

对于所涉及企业的控股股东以及控股股东的债权人而言，仅仅因为自然人不具有破产能力，就不能参与实质合并破产程序共同受偿，确实是不公平的，更有甚者，关联企业的主要资产都被控股股东以关联交易等形式掏空（tunneling）致使企业只剩下负债，但是囿于破产撤销权撤销期限的限制，导致无法撤销交易，取回资产，关联企业之债权人即使合并破产，也并没有获得优质的偿债资产，而自然人却受益于制度缺失而脱责。仅因自然人破产制度的供给不足，反而导致了实质合并破产的实质不公，想必亦不是立法者之初衷。

3. 实质合并破产中权利保障不足

《公司法》第 20 条规定的公司法人人格否认制度，仅仅是个案否认，例外否认，在其他民事纠纷中并不当然适用，公司仍然保有独立法人人格。实质合并破产否认各个关联企业的法人独立性，合并其资产负债，统一受偿，在整个破产阶段，企业都不再享有独立的法人人格。作为概括执行程序，破产程序中涉及企业所有债权债务的清理，实质合并破产的裁定作出，等同于对所有债权人、债务人都做出了否认法人人格的判决，其影响不可谓不大，虽然理想状态下，所有债权人都能够从实质合并破产中获益，但是毕竟集团企业的总资产是固定的，总有一部分债权人利益受损，因此总会产生权利救济的问题。《破产会议纪要》虽为在实质合并破产程序中权利受到损害的利害关系人留下了救济路径，即 15 日内向受理法院的上一级人民法院申请复议，但是制度救济尚不充分。

---

① 参见王欣新：《谈关联企业实质合并重整后的法人资格问题》，载《法制日报》2018 年 6 月 27 日。

(二)实质合并破产中控股股东信义义务与责任

传统的公司法理论认为,信义义务是以董事、监事、高级管理人员等公司管理层需要对公司及其所有者负担的勤勉义务与忠实义务之和。股东之间互相不存在信义关系。① 随着控股股东滥用控制权侵害中小股东权益事件的频频发生,学界对于“第二类代理问题”的研究也日趋深入,控股股东行使权利的边界为何?如何在控股股东行使控制权与中小股东权利保护之间寻找平衡成为公司法研究的重点问题,而对控制股东例外性地课以信义义务逐渐步入了各国的法治视野。目前英美法系国家和大陆法系国家均将信义义务的承担主体扩张到了控股股东,虽然义务的确立方式和具体表现存在差异,但是已经达成了基本一致:对公司享有控制权的主体需要承担信义义务。而如何去界定控股股东信义义务?回归信义义务的起源——信托关系,受托人承担的义务要求受托人将自己的利益置于委托人利益之后,以委托人的利益作为行动之宗旨,而将同样的要求施加给控制股东,要求控股股东在决策时将自己的利益置于公司、中小股东之后显然是过于苛求,但是控股股东在公司经营过程中对于自身利益的追求程度应与其他利益相关人居于何种次序才是符合信义义务例外性承担之要求的?不妨从组成信义义务的勤勉义务和忠实义务来对控制股东信义义务作出界定。

勤勉义务,指的是控股股东在参与公司经营管理的过程中,需要保持足够的勤勉、谨慎和理性,达到一个理性管理者应该达到的水准。2014 年修订的《上市公司章程指引》以列举的形式对勤勉义务的具体内容作出了规定(虽然是董事的勤勉义务但是对控制股东亦有一定的参考意义),当然这种列举规定的形式是否得当还有待商榷,审慎义务(勤勉义务)是一个一般性的条款,实践中可以囊括无数、无法完全包括的行为准则,②以列举的形式难以穷尽实践中的各式行为,而应该抽象出各个行为之共性来加以规定。控股股东在参与公司决策,影响公司经营管理的过程中,处处均应遵守勤勉义务,作为不同于“结果债务”的“手段债

① 参见郭富青:《公司收购中目标公司控股股东的诚信义务探析》,载《法律科学》2004 年第 3 期。

② 参见[德]托马斯·莱塞尔、吕迪格·法伊尔:《德国资合公司法》,高旭军等译,法律出版社 2005 年版,第 161 页。

务”,在实施行为过程中尽到合理之注意,才是符合勤勉义务要求的。①

忠实义务则要求公司之控股股东不得从事有损于公司和其他股东利益的行为,②即控股股东有着自己的利益诉求,但是在获取控制权收益的过程中还是需要一定的限制,控股股东之所以享有控制权,是因为该控股股东对于公司已经具有了实质性的掌控力,在控制权行使的过程中能够支配中小股东以注资形式注入公司的资产。因此,忠实义务要求控股股东不能将自己的利益与公司、中小股东的利益置于冲突中,不能通过攫取上述主体的利益来获取额外的收益,而忠实义务对于控股股东的要求多以不作为的形式表现,包括:不公允关联交易的不作为、占用资金的不作为以及侵夺公司交易机会的不作为等。

在公司的正常经营期间,董事、监事、高管等公司管理层需要对公司及其所有者负担信义义务,而为了防止控股股东滥用控制权侵害公司及利益相关者的合法权益,对于公司经营拥有实质性的掌控力或支配性的影响力的控制权人,③回到破产法的视野下,关联企业之所以需要实质合并破产,主要原因在于关联企业共同构成了集团公司,其法律层面上的独立地位与经济层面上的密切联系存在较大的冲突,虽然从公司法上看各个公司都是独立的法人,但是从经济意义上,集团化运作的目的是降低内部交易成本、优化各个公司的资源配置、合理减轻税务负担、专业化运营。即便有着正当的经济事由,但是控股股东必然存在滥用股东权利,不当损害公司利益,使公司丧失法人意志和法人独立财产的违背信义义务行为。而集团公司陷入经营困境,不能清偿到期债务或者明显缺乏清偿能力,对于整个集团公司享有控制权的控股股东自然难辞其咎。

通过结合《公司法》现有规范,明确控股股东的责任形态和责任范围,解决我国个人破产制度缺失的问题,以公平保障各类债权人,防止实质合并破产程序成为既得利益者的免责程序。通过追究控股股东等控制权人,在实质合并破产类案件中,滥用控制权违背信义义务责任,以追求自然人责任,能够逻辑自洽,也有着较高的实践价值。在实质合并破产程序中,经由《公司法》股东滥用权利禁止条款,在现有制度体系下打通向自然人的责任扩张路径,要求滥用控制权的股东对实质合并破产程序中的债务人承担连带责任,虽然名义上仍然严守《企业破产

---

① 参见叶金强:《董事违反勤勉义务判断标准的具体化》,载《比较法研究》2018 年第 6 期。

② 参见王保树、杨继:《论股份公司控制股东的义务与责任》,载《法学》2002 年第 2 期。

③ 参见曾洋:《公司控制权私人利益的法经济学解释》,载《江海学刊》2013 年第 5 期。

法》的破产能力规定,但是在实质效果上,达到《企业破产法》实质公平的价值目标。而在我国的自然人破产制度立法后,自然人控股股东的责任承担则可以进入实质合并破产程序内,即成为债务人主体。

(三)实质合并破产中董事信义义务与责任

董事在破产阶段承担的义务,美国斯托里法官早在1824年审理Wood v. Dummer案中就曾提出,当公司陷入经营困境,缺乏偿债能力时,董事所支配的公司资产即为债权人的信托基金,此即为信托基金理论。美国联邦法院第二巡回上诉法院在审理Clarkson Company Limited v. Shaheen案时,认为只要公司丧失偿债能力,公司董事就应该对公司债权人承担信用义务,并判决董事对相关贷款给债权人造成的巨大损失承担连带赔偿责任。① 该案初步确立了在公司丧失清偿能力的经营困境下,董事违背信用义务需要对债务人承担损害赔偿责任的裁判规则。

在我国的制度框架下,对于实质合并破产中的董事责任,应当严格地从忠实义务和勤勉义务两个角度进行判断,一为正常经营中实施的违法行为,导致企业陷入了经营困境,给债权人带来损害,所有董事违背信义义务致使企业破产的行为均可归入此类;二为濒临破产时实施了违反特定法律义务的行为,导致破产财产不当减损而承担责任。对于第一类责任,在进行责任判断时,可以先对是否存在利益冲突进行判断,若存在,则使用实质公平原则,对于董事之责任进行判断,一旦进入实质判断,则董事居于不利地位,法院将综合采用多种方式对于董事的判断和行为进行评价;若不存在利益冲突,则未违背忠实义务,此时仅是对董事的勤勉进行判断,一般情况下可使用商业判断规则(business judgement rule),尽可能地相信董事作为内部人员,在当时的信息条件下,通过自身职业经验作出的判断。对于以董事为代表的管理层不应过分扩张其责任范围,即便确认其有过错,也仅在过错范围内承担责任。而第二类责任,具体可区分为怠于申请破产的责任、违反协助义务的责任、破产欺诈的责任等,此时的责任形态为过错责任,即对于其损害债权人利益的行为,在其造成的损失范围内承担赔偿责任。

---

① 参见任自力:《破产公司董事对债权人信用义务的终结——Nacepf v. Cheewalla案评述》,载赵旭东、宋晓明主编:《公司法评述》第11辑,人民法院出版社2007年版,第93页。

涉众型经济犯罪与破产案件交叉程序的处理困境与突破

王松山[*]　姜　铄[**]

随着社会经济的不断发展,破产案件亦越发复杂,致使很多案件在处理过程中出现了“民刑交叉”现象,其中以涉众型经济犯罪破产案件为典型。一般而言,“民刑交叉”类案件指的是,案件中完整的案件事实所涉及的当事人的合法权益需要分别通过提起民事司法程序与刑事司法程序两种途径才能得以完全救济的特殊案件,鉴于我国采取“民商合一”的立法模式,破产案件属于民事案件,因此本文所探讨的涉众型经济犯罪破产案件中的“民刑交叉”问题具体是指,债务人企业既存在因资不抵债进入破产程序,又存在涉嫌刑事犯罪时,在破产案件中出现民事破产程序与刑事案件并存的情形。

值得注意的是,自《中华人民共和国企业破产法》(以下简称《企业破产法》)颁行以来,虽然最高人民法院陆续出台了一系列司法解释和相关类司法解释法律文件,但却始终并未对破产程序中的“民刑交叉”问题予以明确规定,而一旦破产程序出现“民刑交叉”问题,将不仅影响对破产的程序处理,通常也会对相关的清偿顺序、

---

* 青岛地铁集团有限公司副总经济师兼法律事务部部长。

** 青岛大学法学院2020级法律硕士研究生。

债权审核、认定破产财产范围等实体处理产生影响。因此,如何衔接破产程序与刑事程序、妥善认定并处理破产财产与涉刑财产、协调"刑事受害人"与"民事债权人"关系、协调职能机关联动配合,达至法律效果和社会效果相统一,越发成为现今"民刑交叉"破产案件中的棘手问题。

一、涉众型经济犯罪与破产案件交叉程序之实证分析

目前在涉众型经济犯罪的破产案件中主要存在"集资诈骗罪"与"非法吸收公众存款罪"两项罪名,其中又以"非法吸收公众存款罪"占绝大部分。截至2022年3月,笔者在中国裁判文书网数据库中以"破产""经济犯罪""涉众"为关键字,共检索到相关案例159篇,①但大多数案件内容均不涉及对破产程序和刑事程序交叉的处理,所以在剔除重复案件、系列案件、无关判决、一审与二审一致案件后,最终得到35条有效记录。

(一)破产程序劣后于刑事程序——"先刑后民"处理模式

"先刑后民"模式基于"公权优先"理念,侧重保护国家利益和公共利益,长期以来被我国法院作为主要的处理方式审理"民刑交叉"案件。在笔者查阅到的有效案例中,②近70%的法院采取了"先刑后民"的模式来审理"民刑交叉"的破产案件,其中又存在以下两种做法:一是法院在启动债务人涉嫌非法集资类犯罪的刑事程序后,再面临债务人企业申请破产时,裁定不予受理或驳回其破产申请;③二是法院虽然已经受理债务人企业的破产申请,但随后发现债务人企业涉

---

① 访问网址:https://wenshu.court.gov.cn/website/wenshu/181217BMTKHNT2W0/index.html?pageId=faef0c3c638fa651916114b2f4c41ea8&s21=%E7%A0%B4%E4%BA%A7,2022年3月25日最后访问。

② 在笔者检索到的35起有效案件中,有17起案件的法官在面临破产程序与非法集资犯罪刑事程序的顺序选择时,采取了刑事程序优先于破产程序的做法,即先处理非法集资类犯罪案件,后处理破产案件。

③ 在笔者检索到的35起有效案例中,法院采取此种做法的有13起,理由多依据2014年《最高人民法院、最高人民检察院、公安部关于办理非法集资刑事案件适用法律若干问题的意见》第7条的规定,也有部分法院以"债务人企业涉及非法集资犯罪行为势必涉及债权人的利益,影响债权债务的申报与认定"为理由而裁定不予受理企业的破产申请。

嫌非法集资类犯罪,随即裁定驳回其破产申请。①

(二)破产程序与刑事程序共同开展——"民刑并行"处理模式

"民刑并行"模式立足于公私权利平等的理念,主张对国家利益和个人权益予以平等保护。但在笔者查阅到的有效案例中,当债务人企业涉嫌非法集资类犯罪又同时具备破产原因时,仅有6起案例法院采取了"民刑并行"的处理模式,即在债务人企业涉嫌非法集资犯罪且刑事程序已经启动后,法院针对债务人企业的破产申请,仍然选择受理。在此种处理模式下,有法院是基于对债务人企业涉及的非法集资犯罪对破产申请的影响加以分析之后选择受理;也有法院并未提及债务人企业涉及刑事犯罪,仅以债务人企业具备破产原因为由裁定受理其破产申请。其中有一起案例,②吉林省高级人民法院在采取"民刑并行"处理模式时认为,"虽然涉案债务人企业已因涉嫌非法集资犯罪被启动刑事程序,但以其刑事涉案财产与其他财产无法明确区分为由不受理破产申请,缺乏法律依据",所以坚持共同推进该两种程序。

二、涉众型经济犯罪与破产案件交叉程序处理模式的现实问题

(一)"先刑后民"处理模式有待优化

实践中,破产程序与刑事程序发生冲突的情况一般有两种:一是启动破产程序前已经有涉债务人企业的刑事程序正在进行;二是先受理债务人企业的破产程序而后才发生涉债务人企业的刑事程序。值得注意的是,无论在哪种情形下,我国对处理顺位均缺乏法律文件的明确规定,导致各地法院在处理过程中做法不一,但绝大多数法院都采取了将刑事案件和查控财产交刑事侦查机关,同时不受理破产案件或受理后采用中止破产案件的处理方法,即"先刑后民"的处理态

---

① 在笔者检索到的35起有效案例中,法院采取此种做法的有4起。例如,法院认为"债务人公司犯罪案件的追赃退赔尚未结束,继续审理债务人公司破产案件会对刑事案件后续执行造成影响,债务人公司财产范围也无法确定",因此裁定驳回企业破产申请。

② 参见东丰县洪利木业有限责任公司、王某东、王某萍集资诈骗案,(2016)吉刑终264号二审刑事裁定书。

度。但破产程序毕竟不同于一般的民事程序,其具有民事诉讼、执行程序、非讼事件等法律制度所没有的特点,特别是在涉众型经济犯罪的破产案件中,往往又波及范围广泛、受害人数众多、涉案数额巨大,案件程序更为烦琐复杂。因此,若法院僵化地将"先刑后民"模式作为一项基本原则处理有关破产案件,难免会导致正常的破产程序无法推进,既难以保障涉案权利人的合法权益,又会严重有违《企业破产法》兼顾公平和效率的立法宗旨。

(二)破产财产和破产债权的确定存在争议

破产的直接功能在于维护债权债务关系,保护债务清偿制度。然而,由于缺乏明确规定,当债务人企业既涉嫌经济犯罪,又申请破产,存在企业破产财产与涉刑财产交织问题时,实践中法院在确定企业破产财产与破产债权时做法却不尽相同。

第一,罚金能否被主张属于涉众型经济犯罪破产案件中破产债权的申报范围。审核认定债权是破产程序中最重要的步骤之一,管理人在审查债权时首先要根据具体的情况制定审查规则,那么刑事程序对债务人企业判处的罚金是否应属于企业破产债权申报的范围存在争议。有支持观点认为"债务人进入破产程序后,无论刑事程序是否终结,被害人均可以损失额为限申报债权,有关国家机关亦可以罚金额为限申报债权"①。

第二,存在"受害人"和"债权人"两种身份的交织。在一般的企业破产案件中,往往不存在"受害人",但近年来,尤其是近5年来,在国家经济政策的调整下,涉众型经济犯罪的破产案件不断发生,合法借贷逐渐出现与非法吸收公众存款、集资诈骗等非法借贷混合交织的现象,在债务企业或其股东、管理人员涉嫌经济犯罪又面临破产时,开始出现"刑事受害人"与"民事债权人"的交织。当赃款赃物与债务企业的破产财产认定相交叉,受害人、债权人相重叠,在债务人财产相对有限的情况下,对二者身份地位该如何认定、利益关系应如何平衡,是一个不得不考量的关键性问题。

第三,如何审查及确认涉众型经济犯罪破产案件中的非法集资类债权债务。

---

① 唐旭超:《论破产程序下"先刑后民"之否定》,载《中国律师》2013年第9期。

我国法律对民事债权和刑事被害人损失数额的认定存在较大差异。[①] 在刑事程序中，对“受害人”财产的救济往往通过追赃追缴退赔等刑事程序进行，是一种公权力直接且强制的救济方式。因而，刑事程序中对被害人的损失以未偿还本金为限，如果存在已经支付的利息、分红或因赃款赃物而获得的收益的，应当在未付本金范围内扣除相应数额，其差额为损失范围。[②] 而民事程序体现的是“私权自治”的理念，对债权人的债权认定以合法的民事债权为限，具体而言包括未付本金、未付期内利息和逾期利息。[③] 法律中两种截然不同的认定标准，使实务中出现了不同确认债权数额的裁判。

（三）涉众型经济犯罪破产案件中破产清偿顺位不明

在涉众型经济犯罪的破产案件中，由于存在“涉众”，则不免涉及领域广泛、涉案人员众多，往往会出现“狼多肉少”的情况，因此，如何确定清偿顺序并对债务人企业相对有限的破产财产作出公平、合理的分配，处理好涉刑破产程序破产债务人企业的相关财产，是法院在审理过程中无法回避的问题。同时，依据我国《刑法》第 64 条的规定，[④]刑事程序以追缴或退赔的方式保护被害人的合法财产，从而将企业违法财产排除在破产企业的财产之外。但依我国《企业破产法》第 16 条的规定，[⑤]在破产程序中，破产债务人作出的任何个别清偿均属于无效法律行为。所以，假如在刑事程序中债务人企业对有关受害人加以清偿，必然使刑事程序与破产程序相冲突，有违破产法基本理念。

---

① 参见张泽华、崔军委：《涉众型经济犯罪刑事追缴、退赔与破产程序衔接路径研究——以破产程序统一受偿为视角》，载胡云腾主编：《司法体制综合配套改革与刑事审判问题研究——全国法院第 30 届学术讨论会获奖论文集》（下），人民法院出版社 2019 年版。

② 参见《最高人民法院关于刑事裁判涉财产部分执行的若干规定》第 10 条；《最高人民法院关于适用刑法第六十四条有关问题的批复》（法〔2013〕229 号）；《最高人民法院、最高人民检察院、公安部关于办理非法集资刑事案件适用法律若干问题的意见》第 5 条。

③ 参见《最高人民法院关于审理民间借贷案件适用法律若干问题的规定》。

④ 《刑法》第 64 条规定，犯罪分子违法所得的一切财物，应当予以追缴或者责令退赔；对被害人的合法财产，应当及时返还。

⑤ 《企业破产法》第 16 条规定，人民法院受理破产申请后，债务人对个别债权人的债务清偿无效。

(四)相关主体配合有待协调

在一般的破产案件中,往往采取法院主导、管理人实际操作的审理管理模式,通常仅主要涉及两类主体;但涉众型经济类犯罪的破产案件作为一种涉及“民刑交叉”案件事实的特殊类破产案件,其中除涉及法院之外,往往还会涉及公安机关等侦查机关、检察机关等公权力机关。同时,在涉众型经济犯罪的破产案件中,审理破产程序的法院与审理刑事案件的法院也往往不相一致,因此在此类案件中,有关主体相互之间如何进行协调配合从而及时审理案件、共同推进案件处理进程也是现实审判中无法回避的问题。

三、涉众型经济犯罪与破产案件交叉程序处理模式有待改进

“民刑交叉”类案件本身就比单纯的民事或者刑事案件复杂烦琐,破产程序中出现的“民刑交叉”问题则更为典型复杂,稍有不慎将引发严重的群体性事件,不利于社会稳定与经济发展。如前所述,我国法院在处理涉众型经济犯罪的破产案件时,由于缺乏法律的明确规定,导致在审理过程中面临诸多困境,亟待突破。鉴于此,笔者基于上述分析与探讨,提出相关建议。

(一)分类分情况处理涉众型经济犯罪的破产案件

世界上很多国家在处理“民刑交叉”案件时,一般均坚持“民刑独立”的处理模式,并不存在民事审判必须中止等待刑事判决结果的做法,刑事程序的结果对民事程序也并无直接的约束力。如前所述,在涉众型经济犯罪的破产案件中,大多数法院在处理时不约而同地采取了刑事程序优先于破产程序的做法。但值得注意的是,在我国任何法律中均并未明确规定法院在审理涉及刑民交叉的案件时,要将“先刑后民”作为一种原则处理有关案件,如果法院僵化地适用“先刑后民”的处理模式,不仅会使破产财产因刑事程序所采取的查封、扣押、冻结等强制措施长期被占有,可分配的破产财产减少,更会严重阻碍管理人对破产财产的合理处置,进一步损害涉案各方主体的合法权益。

破产程序与刑事程序虽然是两种不同的程序,但其在适用上不是非此即彼、

绝对选择的问题,而是可以并行不悖、协同推进。① 因此,笔者认为,对于涉众型经济犯罪与破产案件交叉程序的"先刑后民"抑或"刑民并行"处理模式都不是最佳方案,应根据具体案情具体分析,采用"民刑协同"的处理模式。质言之,在破产程序中,当破产企业涉及的民事关系与刑事事实高度一致且依赖于刑事裁判结果时,则适用"先刑后民"模式;②而对于其他破产企业的民事关系只有部分与刑事事实具有关联或一致,则采取"民刑协同"的处理方式,破产程序与刑事程序并行不悖,也就是说,只有当刑事法律关系实质影响对民事法律关系的处理时,才将刑事程序予以优先。近年来,实务中也越来越认可此种处理模式,例如,浙江省绍兴市中级人民法院在处理纵横集团等6家公司合并重整案③时,法院面对债务人企业在刑事程序启动之后的破产申请时,就仍然选择了受理;浙江中汉卓信控股集团有限公司"1+13"合并重整案中,法院也对破产管理人提出的民刑协同推进程序的理念与方案表示认可,完美解决案件。

(二)从公平和正义角度出发确定涉刑企业破产财产与破产债权

在涉众型经济犯罪的破产案件中,核心的争议焦点是破产企业的财产问题。但由于我国目前尚缺乏明文规定,导致实践中公检法3机关职能有待进一步清晰,使涉案财物处置成为涉众型经济犯罪破产案件中推诿扯皮最严重、信访矛盾最突出的环节。现有条件下,笔者认为,虽然我国法律文件中并无具体规定,但实践中法院和法官可以依据法律原则和正义理念对有关争议焦点进行审理并作出裁判。

第一,罚金不属于破产债权。罚金是国家机关对当事人的违法行为作出的刑事处罚,具有不可替代的性质。因此,当债务人企业已经进入了破产程序,那

---

① 参见2017年11月24日最高人民检察院、公安部联合发布的《最高人民检察院、公安部关于公安机关办理经济犯罪案件的若干规定》第20条、第22条。

② 例如,对无正常生产经营活动、单纯以从事非法吸收公众存款等涉众型经济犯罪为目的而设立企业的破产案件,破产程序与刑事裁决的执行或行政清盘所涉及的事实完全相同,坚持刑事优先则能更好地查清事实,处理有关问题。

③ 在该案中,浙江省绍兴市中级人民法院于2009年6月12日裁定受理纵横控股集团有限公司等6家公司的破产申请。2009年9月23日,第二次债权人会议通过了上述6家公司合并重整的决议。2009年11月30日,受理法院裁定确认大部分债权人的债权。2010年年初开始,重整投资人开始陆续清偿债权人的债权。而纵横集团等涉嫌非法吸收公众存款罪的一审刑事判决则在2011年3月才由一审法院依法作出。

么就意味着其资产已经无法偿还全部债务,这时若再将罚金作为破产债权追缴,直接导致的结果就是债务人本就不多的破产财产进一步减损,使全体债权人能够分得的财产进一步减少,也就相当于刑事处罚实际处罚的是全体合法债权人,而非债务人,这也就失去了刑罚的目的。同时,依据《最高人民法院关于适用〈中华人民共和国企业破产法〉若干问题的规定(三)》第 3 条的规定,破产申请受理后,债务人欠缴款项产生的滞纳金,包括债务人未履行生效法律文书应当加倍支付的迟延利息和劳动保险金的滞纳金,债权人作为破产债权申报的,人民法院不予确认,我们也可以进一步得出结论,即刑事罚金也不应属于破产债权。

第二,将无法剥离的涉刑财产纳入企业破产财产由受害人统一向管理人申报。如前分析,在涉众型经济犯罪的破产案件中,存在“刑事受害人”和“民事债权人”两类主体,笔者认为,二者虽属不同性质,但在涉刑破产案件中,和企业具有正常交易关系的债权人很大程度上也会因为企业或其相关人员的不法行为受有损失,因此从某种程度上看,广义的“刑事受害人”也可以涵盖“民事债权人”。所以,对于涉刑债权,笔者认为可以参照 2009 年《最高人民法院关于依法审理和执行被风险处置证券公司相关案件的通知》第 5 条的有关规定,[①]其传达的价值理念可以为涉众型经济犯罪的破产案件提供重要参考。质言之,在处理涉众型经济犯罪企业破产案件的破产财产时,如果涉案赃款赃物能够特定化,则应借鉴破产立法中关于取回权的规定,将其从破产财产中剥离,由受害人通过刑事判决发还的形式直接受偿;反之,如果难以特定化,则刑事受害人应和其他民事债权人一样,通过向管理人统一申报债权的方式受偿。此外,如涉刑企业财产与其股东、高级管理人员等财产高度混同的情况下,也应将债务人企业与其股东、高管等涉嫌犯罪的人员的财产合并处置,共同纳入破产财产范围内。

第三,参照民间借贷标准认定涉刑债权数额。对于涉刑破产企业债权的认定,目前存在 3 种做法:一是双重标准,即刑事和民事各自按照自己的规则来处理;二是破产程序服从刑事程序,统一按照刑事法律的裁判标准认定,待刑事判决生效后直接以刑事判决书认定的结果确认债权;三是按民间借贷规则对受害

---

① 参见 2009 年《最高人民法院关于依法审理和执行被风险处置证券公司相关案件的通知》第 5 条规定:“证券公司进入破产程序后,人民法院作出的刑事附带民事赔偿或者涉及追缴赃款赃物的判决应当中止执行,由相关权利人在破产程序中以申报债权等方式行使权利;刑事判决中罚金、没收财产等处罚,应当在破产程序债权人获得全额清偿后的剩余财产中执行。”

人进行一定幅度的调整。笔者认为，关于涉刑债权的审核，可以由管理人在和法院、政府机关充分沟通后，参照民间借贷利息标准，统一调整相关债权金额，做到同等权利同等受偿，尽可能地协调好所有债权人利益冲突问题，此种处理模式在我国司法实践中也有所体现。①

（三）确立刑事退赔不优于民事债务受偿的清偿顺序

虽然依据最高人民法院涉刑财产执行的有关规定，“退赔被害人的损失”优先于“其他民事债务”，但《企业破产法》上并无“退赔被害人损失”优先于其他民事债务受偿的依据。并且从利益正当性角度，退赔优先也不具备正当性，如果一律将退赔受害人损失优先于普通债权清偿，将会使合法债权人因劣后受偿而无法分到本就微乎其微的任何破产财产，这显然有失公平。所以笔者认为，既然在法理上“刑事受害人”可以归属于“民事债权人”，那对于其债权的清偿顺位，一个基本的原则应取决于涉案的赃款赃物能否特定化或与破产财产相分离，刑事退赔并不优先于民事债务获得受偿。此外，假如涉众型经济犯罪破产案件的刑事受害人是破产企业的职工，其债权是否可以依据《企业破产法》中职工劳动债权优先的规定进行受偿。笔者认为，当企业强行向其职工筹集资金，违背职工真实意愿，即企业职工并非出于投资或者理财目的而自愿将财物处分给破产企业时，那职工的集资款应具有优先受偿的地位，以降低职工因企业破产受到的伤害，这样有利于保障民生，维护社会稳定。但如果职工自愿将其资金借给破产企业以获得高息利息，此种情形下，职工债权与其他普通的民事债权毫无区别，因而也就不能纳入优先受偿的范围内，应按债权比例统一受偿。

（四）各方主体协调配合共同推进案件处理程序

在涉众型经济犯罪案件中如何让有关机关协调配合对于破产程序推进具有

---

① 如2013年浙江省高级人民法院民事审判第二庭印发的《关于在审理企业破产案件中处理涉集资类犯罪刑民交叉若干问题的讨论纪要》对审理该问题作出了明确规定：“在申报债权时，应综合民间借贷与集资的本金、利息支付等情况，综合平衡破产程序中民间借贷债权与涉集资类犯罪被害人申报债权的数额，由管理人拟定申报方案，并经债权人会议表决通过。前款情形，在拟定债务人企业民间借贷（涉集资类犯罪被害人）本息清偿标准时，可以征询政府有关部门的意见。”虽然上述规定仅属于不具备法律效力的会议纪要，但面对大量涉众型经济犯罪与企业破产审判相交织的现实难题，对于审核认定涉刑债权具有重要的实务价值。

重要意义。在上述笔者查阅到的有效案例中,就有 7 起案件的破产程序因为刑事程序对企业财产的查封、扣押而无法进行。因此,笔者认为,未来在各部门协同推进该类案件时可采取如下做法:首先,法院在破产程序中审查判断企业是否具备破产原因时,可以要求侦查机关予以配合,以进一步提高效率。其次,在认定破产企业财产时,需要侦查机关与法院、管理人高度配合,共同对破产财产与犯罪所得是否高度混同进行判断,对于能够加以区分的财产及时解除强制措施,交由破产程序予以统一分配。最后,恰当选择办案时机与办案方式,有效保障破产程序依法有序推进也是刑事程序必须关注的重点。侦查机关可以采取暂时对企业股东、高级管理人员等不予采取强制措施或者变更强制措施等方式,以使其能够配合破产程序的开展,这样既有利于打击犯罪,也能维护社会经济秩序。

四、结　语

在涉众型经济犯罪的破产案件中,既要坚决打击犯罪,又要考虑经济秩序和金融市场的发展;既要稳定受害人情绪,又要考虑债权人权益,尽可能最大化处置破产财产。因此,如何妥善处理日益增长的此类案件,成为目前我国破产审判中的难点。但对于处理企业破产程序中的“刑民交叉”问题,仅在学理上探讨、实务中摸索并不足以满足司法审判中的切实需要,解决其面临的显著困境。鉴于此,笔者期待立法机关能够尽快出台具有可操作性的司法解释或其他规范性文件,在法律层面对其有关问题加以明确规定。此外,在此类案件中,法院、侦查机关、检察机关等公权力机关也应与破产管理人相互配合协作,从充分保护合法的债权角度出发,兼顾公权与私权厘清案件法律性质和逻辑关系,平衡协调各方利益,共同推动破产程序与刑事程序齐头并进、高效进行,在实现资源优化配置的基础上维护社会的公平正义。

公司破产与涉众型经济犯罪交叉时的审理风险及规避路径

马雷光*

破产程序是由人民法院主导进行的一种实现公平清偿的法律制度,①公司在财产不足以抵债,无法清偿债务而启动破产程序的同时,亦可能会因进行非法集资等行为涉嫌经济犯罪。启动破产程序后企业部分财产会进入刑事案件的审判流程中,同时涉嫌涉众型经济犯罪中的赃款、赃物也会同破产公司的财产发生混同。故在涉众型经济犯罪与破产程序相交叉时,衔接好破产程序与涉众型经济犯罪的审判程序,界定破产公司财产范围,进行风险防控的重要性跃然纸上。

一、实践模式:两种程序选择模式并存

司法审判中,涉众型经济犯罪适用《中华人民共和国刑事诉讼法》,依刑事程序启动,破产程序是为解决民商事纠纷而设计的制度,依民事程序启动,在前者与后者交叉时,案件审理程序上出现两种模式:第一种是先刑事后

* 湖南省宁乡市人民法院法官助理。

① 参见王欣新:《破产法》(第4版),中国人民大学出版社2019年版,第9页。

破产模式,第二种是破产与刑事并行模式。

(一)先刑事后破产的模式

该模式的主导思维逻辑有3种:第一,重刑事轻民事思维。国家利益与个人利益是一个历久弥新的话题,从我国古代法制史的漫漫长河中观之,一直强调以国家本位主义为先,而随着时代发展,逐渐认识两种利益具有统一性,同时又强调二者发生冲突时,优先保障国家利益。这种思维观念深深地刻烙在立法者的灵魂深处,呈现在立法中。第二,公权力至上思维。法院在破产流程中处于主导地位,从案件受理、财产管理人选定到最终分配等流程,均由其引导进行,而涉众型经济犯罪案件中,为了查明案件事实,国家需要投入大量资源,在还原案件事实方面,刑事程序较之民事程序具有天然优势。第三,法律工具思维。受传统刑法理念影响,司法机关较关注刑法打击犯罪分子的效果,而忽略了如何弥补受害群众损失的问题。[①] 基于上述思维逻辑,学术界对第一种模式存在以下方面的解读[②](见表1):

表1 具体解读

层次展现	具体解读
法律关系层次	刑事与民事发生竞合或牵连,则在案件审理程序启动上刑事优先于民事
技术层次	破产程序中发现了涉众型的经济犯罪,则应先进行刑事程序,开展立案、起诉审理等事项,民事程序被刑事程序吸收,成为其组成部分即附带民事诉讼
诉讼进度层次	倘若发现民事案件当事人因其他案件已启动刑事程序,则中止民事审理,优先进行刑事审理
司法发展层次	从统治阶级立法及司法的历史长河观察,均为刑事程序优先于民事程序

① 参见郑平:《经济犯罪案件"先刑后民"处理模式的反思与重构》,华侨大学2015年硕士学位论文,第11页。

② 参见万毅:《"先刑后民"原则的实践困境及其理论破解》,载《上海交通大学学报(哲学社会科学版)》2007年第2期;刘英全:《"先刑后民"原则的再思考》,载《人民法院报》2005年11月29日,B03版;江伟、范跃如:《刑民交叉案件处理机制研究》,载《法商研究》2005年第4期;游伟:《刑民关系与我国的刑事法实践》,载《华东刑事司法评论》2006年。

上述各种观点虽解读的角度不同,但殊途同归,均认可当破产案件与涉众型经济犯罪刑事审判程序冲突时,在诉讼程序的启动及运行上,后者优先于前者。

(二)破产与刑事并行审理的模式

第二种模式与第一种模式在思维逻辑层次上存在明显不同,主要有两个方面:第一,价值位阶并重思维。在法律位阶范畴,两种程序并不存在高低之分,现行规范亦无明确规定具体的适用顺位,二者程序并行适用具有正当性。[①] 第二,保障受害者正当诉权思维。在具体操作流程及实体规则方面,两种程序存在较大差异,破产程序是法院裁定公司进入破产,之后选定财产管理人,再进行债权申报,而是否申报则由债权人自由选择,其可以选择申报债权,亦可选择进入刑事审判程序中确定所遭受的具体损害。此种模式下的审判程序选择可细分为以下两种情形:一是公司因涉及非法集资等犯罪被立案侦查至审判过程中,受害群众自行向法院提起民事诉讼,启动破产程序;二是公司正在法院主导下清算,此时又发现其涉及涉众型经济犯罪,需启动刑事程序。[②] 以上两种情形,刑事程序和破产程序二者并不干涉,独立启动运行。

二、风险梳理:机械化涵摄模式适用风险与涉案财物处理风险

(一)程序风险:机械化选择审理的模式

在司法实践中,存在未考量案件事实、法律关系等因素,机械择一适用上文两种模式的情况,呈现机械化涵摄适用现象,存在较多风险。机械适用第一种模式下的风险:第一,私权利未能有效救济。刑事审判程序侧重保护公权力,其保护范围并不与受害者利益相一致,受害者私权利无法有效维护。[③] 如公司非法集

---

① 参见陈瑞华:《刑事附带民事诉讼的三种模式》,载《法学研究》2009 年第 1 期。

② 参见杨春平、郝成院:《在破产审判中如何看待和处理“刑民交叉”关系问题》,载微信公众号“陕西省法学会破产法研究会”2018 年 1 月 19 日,https://mp.weixin.qq.com/s/I0VcM1StrgLxraNJzigOwQ。

③ 参见黄冬阳:《试论我国犯罪被害人损害救济诉讼模式的完善》,载《东南司法评论》2008 年第 0 期。

资案件中,需先审理非法集资案件,受害群众也即破产程序中的债权人很难在公司被追究刑事责任之外拿回自己的血汗钱。至此单纯涵摄化适用第一种模式,易忽略受害群众民事诉求,无法及时挽回受害群众损失。第二,国家权力被滥用。在工业强市(县)的背景下,地方政府在城市各角落宣传招商政策,一些公司则利用官方宣传背景吸收公众的资金,之后公司因纠纷而进入破产,法律层面此类纠纷实为典型民商事案件,而政府部门为遮掩引资宣传失察之丑,以该公司涉嫌犯罪为由,将该案全部移送侦查,即单纯适用此模式可能导致公权力被滥用,出现以公权干涉民事经济纠纷的局面。[①] 机械选择适用第二种模式亦存在较大风险:第一,司法资源未能优化配置。实务中,两种程序因审理部门、适用规范不同,将不可避免浪费部分司法资源。若二者认定事实不同,则已查明的事实将因启动司法监督等程序需再次查明,而此类涉众案件本就容易引起社会矛盾,如此反复认定案情,不仅使法院内部审判职能部门之间产生混乱,亦将严重损害已经建立的司法公信力,有损法院裁判权威,不利于守护社会公平正义。第三,债务人财产核查处置的风险。倘若破产程序先行启动,破产财产管理人历经数年时间统计财产并开始向债权人清偿时,债务人因涉及涉众型经济犯罪启动了刑事审判,其违法犯罪的行为被依法确认后,必然涉及违法所得追回等问题。

(二)裁判风险:司法裁判标准的不统一

近些年,司法体制改革力度不断加强,越发重视司法公信力建设。司法公信力主要源于裁判程序和结果的公开,裁判结果一旦作出后需文书上网,此时整个社会公众都能看到裁判文书,并进行阅读、传播、评析,司法的公信力便是在这个漫长的过程中一点一滴积累起来。由于在审理该类型案件时存在两种不同模式,且无明确的法律规范可依据,法官拥有较大的裁量权,未形成统一的裁判标准,实务中存在裁定继续审理、裁定驳回起诉和裁定中止诉讼这三种处理方式(见图1)。

---

① 参见徐艳阳:《刑民交叉问题研究》,中国政法大学2009年博士学位论文,第86页。

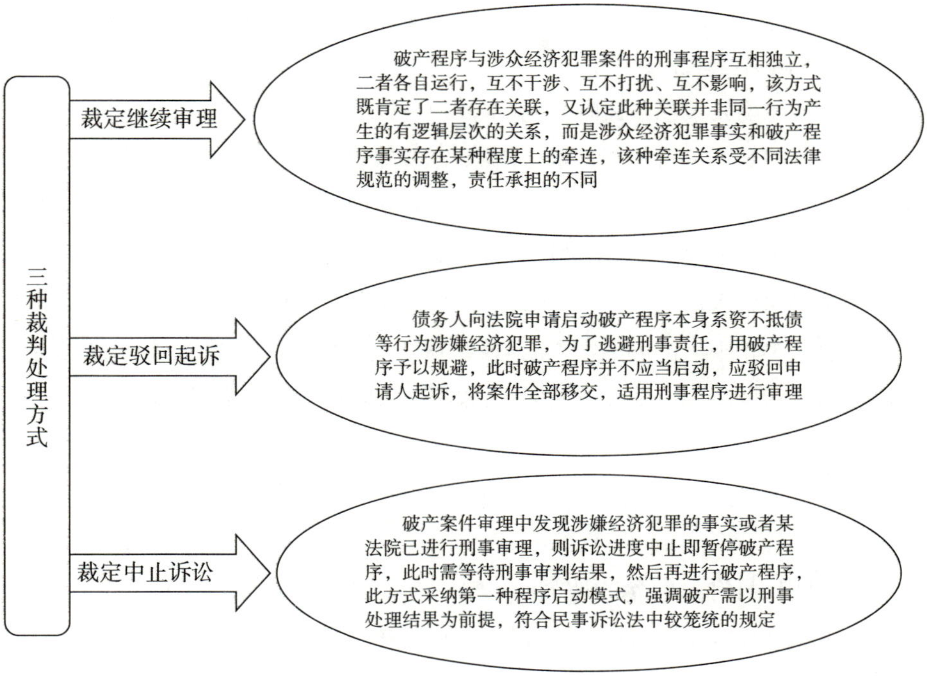

图 1　三种裁判处理方式

（三）实体风险：财物处置模糊

1. 债权审核的风险：认定标准不统一

涉众型经济犯罪尤其是非法集资类案件，受害群众所遭受的损失即为破产程序中债务人非法取得的财产，依照刑事规则处理，该类案件认定损失为本金，退赔部分计算公式为：退赔 = 损失总额 − 受害群众已经取得财产；而依据民商事裁判规则，债权人所能申报债权的计算公式为：债权人所付本金 + 利息部分 − 已返还的部分。若采用第一种程序适用模式，破产债权的审核依据为刑事案件的判决结果，则破产程序自身债权审核功能无法有效发挥，破产案件审理周期将因此而延长。若采用第二种程序适用模式，财产管理人依据上述计算公式运算后所得到的数额差距非常大。① 受害群众与普通商事纠纷的债权人具有相同主体

① 参见夏正芳：《企业破产涉刑民交叉问题研究——以涉非法吸收公众存款罪为例》，载豆丁网 2021 年 12 月 19 日，https://www.docin.com/p-2908167065.html。

资格,而依照不同标准计算,导致两种类型债权待分配的数额产生差距,受害群众无疑得到了不公正的结果。

2. 债权种类及清偿的风险:种类不清和顺位不明

在种类认定及处置的顺位上,存在如下风险隐患:(1)被告人即公司实施违法犯罪需要一定成本,此类所用成本处理上存在两种作法:一是债务人原本所有的财物归入破产程序,即划入破产这个“大蛋糕”,同其余债权人统一切分;二是该部分财物不归入破产程序中,而直接适用刑事程序,据此直接由被害人返还给受害人。(2)如何确定申报债权主体及财物处置的顺位,即普通民事债权与刑事退赔权清偿的顺位问题解决方式不一,权利维护方面存在较大风险。

三、风险成因:内部因素和外部因素

(一)内因:价值理念的冲突

1. 涉众型经济犯罪的刑事追诉权与破产案件的私权救济

刑事追诉权和私权救济虽是权利救济的两种不同方式,但究其本质,二者均是为了解决国家与公民之间、公民相互之间以及社会与公民之间等的内在矛盾冲突,[①]此种冲突外化为刑事审理程序纠纷与破产程序纠纷。二者虽在外化层次的表现形式不同,但在问题解决上都尝试通过司法这一权利救济平台去化解矛盾。刑事追诉由检察部门行使,该权力具有公法属性,破产案件要保护当事人合法的民事权利,该权利归属于私法领域。[②] 传统的司法理念认为公法权力的位阶高于私法权利,崇尚先公权后私权,而现代法治理念则强调由公向私转化,注重保护私法中的权利。故两种有着不同价值理念的案件产生交叉时,因理念冲突导致案件审理差异。

2. 效率与公平之间顾此失彼

效率和公平是法的重要价值理念,若随意选择适用两种审理程序的一种,在实体裁决方面亦不区分刑事中赃款、赃物与破产财产之间的关系,在属于自己的“一亩三分地”中运作,互不干涉,那么在案件事实认定、规范具体适用等方面可

---

① 参见徐艳阳:《刑民交叉问题研究》,中国政法大学2009年博士学位论文,第71页。

② 参见李飞鸣:《破产程序中破产企业之债务人权利救济研究》,载《四川农业大学学报》2007年第2期。

节约大量时间和精力,以实现司法的效率。然而,公平理念不仅包含实体权利配置的公平更包含程序适用的公平,在某种程度上无程序适用的公平,任何形式的权利分配无论多高效都是不公正的。① 机械性地选择上述两种审理模式,则会出现效率与公平左支右绌的局面,既不利于保障国家公权力权威性,挽回受害群众损失,又不利于保护破产债权人民事权利。

(二)外因:法律规范的不统一

由于价值理念存在冲突,规范的制定者因此产生分歧,致使制定的相关法规存在差异,规范的缺失亦导致司法实务产生混乱的局面,现将法律规范梳理如下:

1.实体处理的具体规范

在实体处理上,破产程序刑民交叉的财物处置问题上主要表现为一个“难”字,难在财物本身如何定性分配,管窥最高人民法院颁布的法律规范(见表2),发现其对此并未形成明确意见,致使实体处理上呈现不同解决方式。

表2 实体处理的规范要义

时间	主体	文件名称	规范要义
2009年	最高人民法院	《最高人民法院关于依法审理和执行被风险处置证券公司相关案件的通知》	公司因民商事纠纷进入破产程序后,刑事程序所作的附带民事赔偿及追赃款、赃物的判决中止执行,受害群众所遭受的损失以申报债权的方式在破产程序中行使,且刑事程序中没收财产及罚金等均在破产程序中待分配的破产财产全部清偿全部债权人后的剩余财产进行执行
2014年	最高人民法院	《最高人民法院关于刑事裁判涉财产部分执行的若干规定》	犯罪分子的违法所得等应当依法进行追缴、退赔,受害群众所因违法犯罪行为所遭受的具体损失以刑事裁判的认定予以返还或赔偿

① 参见关峰、曹熙、戴书晖:《破产程序中刑民交叉的选择》,载《贸大法律评论》2016年第1辑。

2. 程序适用方面的规范

不同主体颁布的法律规范不统一及同一主体制定的规范不一致的情形(见表3),致使司法实践中出现两种适用模式。

表3 案件审理选择的法律规范

颁布时间	颁布主体	文件名称	规范要义
1979年	最高人民法院、最高人民检察院、公安部	《关于执行刑事诉讼法规定的案件管辖范围的通知》	人民法院在审理民事经济类纠纷案件时,应注意审查,及时移送有关涉嫌经济犯罪的材料
1979年	最高人民法院	《审判民事案件程序制度的规定(试行)》(已失效)	案件审理涉及刑事审判时,需将涉嫌刑事犯罪的事实进行刑事审理后再处理民事纠纷,或在刑事审理过程中附带审理民事
1985年	最高人民法院	《关于在审理经济纠纷案件中发现经济犯罪必须及时移送的通知》(已失效)	若民事纠纷案件中发现存在经济犯罪情况,则将有关经济犯罪的材料移送到公安或检察机关
1987年	最高人民法院	《审理经济纠纷发现经济犯罪移送通知》(已失效)	民事审理中,发现涉及经济犯罪时,原则上则应全案移送至刑事审判程序,特殊情况下,仅移送涉及经济犯罪的部分材料
1998年	最高人民法院	《关于在审理经济纠纷案件中涉及经济犯罪嫌疑若干问题的规定》	当刑事案件与民事案件在审理程序上产生冲突时,两种审理模式可以进行适用
2015年	最高人民法院	《关于审理民间借贷案件适用法律若干问题的规定》	当不同的民事主体因实施了同一的行为产生了不同的法律事实,即存在竞合或牵连关系时分别适用不同的审理程序

四、防控构建:程序转化的弹性权衡与实体处理的层次调整

(一)程序转化、衔接之间的弹性权衡

1. 风险控制的前提:原则上程序之间互不冲突

破产程序属于民事诉讼程序的一种,它本身兼具民事诉讼程序的一般特性与自身的独特价值,具有其他程序所无法比拟的优势,刑事审判程序与破产程序归属于不同的法律制度,调整的法律关系不同,各自具有不同的法律功能,原则上二者并不冲突。[①] 在程序选择适用方面,不能将目光盯在一处,机械化适用。要根据具体案情、法律关系等因素进行判断,在两种程序之间弹性化进行权衡,以期达到程序间协调转换,有效处理相互牵连的法律问题。

2. 风险控制的具体操作:依据法律关系选择后再衔接

依破产法律规范和刑事法律规范分别调整的事实形成了破产法律关系和刑事法律关系,二者产生交叉审理情况下,应重点审查法律事实与法律关系,然后据此进行第一步的程序选择:(1)当破产程序与涉众经济犯罪的刑事程序为同一法律事实或关系时,选择暂时中止破产程序进程,进行涉众经济犯罪的审理;(2)倘若破产企业所涉及事实与涉众经济犯罪案件事实具有牵连关系,但二者并非同一事实时,两种程序各自进行,互不干扰。简言之,上述程序选择可概括为案件交叉时存在竞合关系与牵连关系两种情形:(1)当为竞合关系时,若企业破产案件已受理,后进行刑事审理,则此时涉刑的破产案件应裁定中止诉讼,待刑事案件审理结束后,再恢复破产案件审理。[②] 若法院尚未受理破产案件,且已进行刑事审理,则法院应径直裁定不予受理或驳回破产申请,待刑事案件审结后,再审核破产申请。(2)当为牵连关系时,若破产程序启动后,进行刑事审判程序,抑或破产程序尚未申请启动,涉众型经济犯罪案件已经受理,此时两种程序分别进行,但二者并行不意味着无任何交集,破产程序中发现债务人的涉众经济犯罪

① 参见杨春平、郝成院:《在破产审判中如何看待和处理"刑民交叉"关系问题》,载微信公众号"陕西省法学会破产法研究会"2018年1月19日,https://mp.weixin.qq.com/s/I0VcM1StrgLxraNJzigOwQ。

② 参见聂慧苹:《涉众型经济犯罪司法疑难问题探析》,载《上海政法学院学报(法治论丛)》2013年第4期。

线索时,应将相关线索及时移送至公安、检察机关。

在进行第一次的程序选择后,要注重已选择程序之间的衔接和转化,在涉刑破产程序为竞合关系时,经法律关系判断选择了刑事程序优先于破产程序,之后仍根据案件情况,尤其是公司已有财产的经营使用情况,进行再次转换,主要有以下两种情况:(1)倘若涉众型经济犯罪中犯罪嫌疑人的财产并不是全部用于犯罪活动,存在正常生产经营,此类案件频发于非法吸收公众存款等,此时若继续适用原程序,则容易造成债务人即公司陷入一种长期没有秩序的混乱状态,公司无形财产信用值遭受贬值,拉长了申报债权的时间。此时选择同时启动破产程序,便于采取财产查封、扣押等措施,实现公司现存财产的保值。(2)假如破产公司财产全部或大部分均用于实施犯罪行为。此时,公司财产与犯罪所得等产生了高度混同,[①]刑事案件审理对破产案件审理已然构成了实质影响,则无须转换程序,依照首次选择的程序进行案件审理并无不当之处。

(二)实体处理的层次化调整

破产程序最显著的特征在于概括性和公平性地偿还债务,破产程序依法启动后,有两个核心问题需要解决:一是如何确定债务人尚存财产的种类及数量,即一个“量”的问题;二是建立一个公平且高效率的分配机制,保障债权人的合法利益,即一个“分”的问题。这在某种程度上与国民财产的收入分配“不谋而合”:首先广开渠道提高收入的量,然后再公平分配。上述两个核心问题贯穿于破产程序的始终:破产财产管理人通过债权人的数次债权申报,审核、确认公司财产的归总,而后通过折价、变卖等方式使现存公司财产在最大限度内对所有债权人进行公平清偿。

1. 债权总额的确定:依民事规范,多方协作审查债权申报

计算方式的选择要实现法律效果和社会效果的统一,使更多不同类型债权人在有限的财产中得到公平受偿,这需要法院、破产管理人、政府机关三方协作,在统计公司财产及申报债权人数的基础之上,计算公式的设定既不能刑事依据刑事、民事依据民事,也不能统一采用刑事或者民事的计算规则。破产程序本身为民事程序,从主体角度观察,债权人主要分为受害人(指进入刑事审理程序的

---

① 参见关峰、曹熙、戴书晖:《破产程序中刑民交叉的选择》,载《贸大法律评论》2016年第1辑。

债权人)、普通债权人(指未进入刑事审理程序的受害人)和其他债权人(与债务人刑事犯罪活动无关的民商事债权人)。

破产程序刑民交叉时,债务人往往触犯的是刑法某种具体类型的犯罪。如在民事领域中,非法集资案件中的受害群众可囊括进入民间借贷案件中,那么基于民间借贷同一事实而形成的法律关系可按统一标准进行计算,该债权为同一类型的债权,管理人在审查受害人与普通债权人的债权申报时,应依据民事规范进行,在民事规则的基础上进行适当调整,统一债权审核计算公式的标准。[①] 同时,要统一不同类型债权人可申报数额的计算方式,例如在非法集资以外形成的债权则视为其他债权,依据具体规范进行计算做到"同债同标",协调不同类型债权人的利益(见图2)。

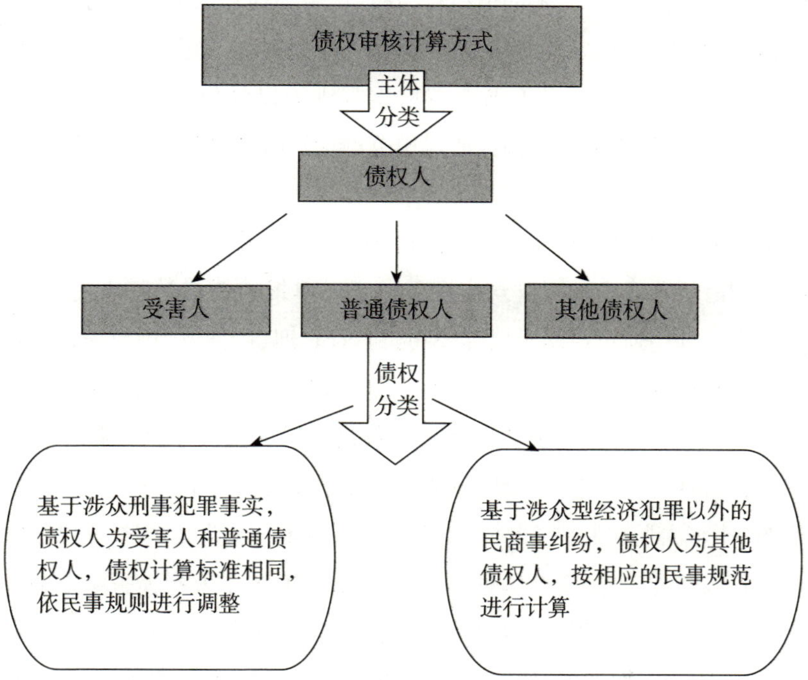

图2 审核操作流程示范

---

① 参见夏正芳:《企业破产涉刑民交叉问题研究——以涉非法吸收公众存款罪为例》,载豆丁网 2021 年 12 月 19 日,https://www.docin.com/p-2908167065.html。

2. 债权类型的认定:依据民事规则判断所有权转移情况

破产程序刑民交叉案件中,破产债权类型特指涉众型经济犯罪中受害群众的损失如何进行认定。债权种类固定之后,管理人方能行使破产财产取回权,而“取回的财产”决定了受害群众与民事纠纷债权人能够分配财产的“资金池”有多大。破产程序中取回权所关注的焦点在于财产的所有权,无所有权则不予分配,物的归属由民法规范进行调整,那么解决财产认定问题的逻辑起点应是所有权的变动情况。① 根据所有权种类不同,可做类型化处理:(1)涉众型经济犯罪案件所涉财产为金钱时,因金钱本身为一般等价物、特殊种类物,所有与占用相统一,很难从破产财产中剥离,原则上货币应认定为债务人公司的财产,而非被害群众的财产;(2)涉案财物为动产的,依据动产所有权变动的一般规则进行处理,所有权变动基于合法有效的债权行为时,认定为债务人公司的财产,盗取、非法侵占而来的动产则认定为被害群众的财产;(3)涉案财物系不动产的情况较少,在认定处理上,依据不动产所有权取得规则予以处理。上述类型化处理方式,严格限制了管理人财产取回权的适用范围,能够较好保障债权人得到公平的受偿。

3. 债权清偿的顺位:普通民事债权和刑事退赔二者并存

涉众型经济犯罪中被害群众依照破产程序申报的债权为其遭受的损失,该损失在刑事审理中通过退赔予以弥补,究其本质,刑事退赔权仍为被害群众就损失享有的求偿权,属于民事债权的一种。刑事退赔权含有国家公权力予以保障的因素,彰显了法律的人文关怀,且依据《最高人民法院关于刑事裁判涉财产部分执行的若干规定》②之规定,刑事退赔权应当优先于其他民事债务即普通债权。该规则与《中华人民共和国企业破产法》(以下简称《企业破产法》)规定的清偿顺序存在较大差异:一是破产法是民商事规范,没有关于人身损害赔偿的具体规定;二是根据原《中华人民共和国民法总则》的立法精神,③《企业破产法》确定了民事责任优先进行清偿的原则,且未明确刑事退赔债权在清偿时的具体顺位。

刑事退赔权为一项具有公权力色彩的民事债权,在受害者财产认定阶段,能

---

① 参见夏正芳:《企业破产涉刑民交叉问题研究——以涉非法吸收公众存款罪为例》,载中国破产法论坛,http://www.bbls.org.cn,2020年6月15日最后访问。

② 参见《最高人民法院关于刑事裁判涉财产部分执行的若干规定》第13条。

③ 参见《民法总则》第187条。

从破产财产中剥离的涉案财物已直接返还受害群众，无法通过特定性或者所有权确定标准从刑事审理程序中获偿的涉案财物将纳入破产的“资金池”中，此时若过度强调刑事退赔的公权性，忽视债权的同一性，将不利于发挥破产程序功能及维持社会稳定。刑事退赔优先于普通民事债权并不具有正当性，[①]在破产债权清偿时，二者均不赋予优先权，处于相同清偿顺位。

五、结　　语

“法之发现的根本问题在于此时此事之间何谓适法？”[②]破产案件与涉众型经济犯罪案件的交叉形成了一个新的领域，在这个领域内形成的一切事实，都需要纳入法律中进行评价。本文从风险防控的角度，以现状—风险隐患—成因—预防路径进行了论述，为这个新的领域注入了一点点“能量”，无论是否有助于这个领域的发展，致力于“它”更好成长的初心不会发生改变。希望有更多的目光、更多的思考汇入这个交叉领域，要坚信，现在未能防控的风险终会解决，一切只是时间长短问题，法律规范会更加健全。

① 参见关峰、曹熙、戴书晖：《破产程序中刑民交叉的选择》，载《贸大法律评论》2016 年第 1 辑。

② 汤文平：《论预约在法教义学体系中的地位——以类型序列之建构为基础》，载《中外法学》2014 年第 4 期。

破产程序中涉税问题的实践分析

朱华军[*]　范志勇[**]　张奕君[***]

税法与破产法在一定意义上都具有促进社会公平分配和优化社会资源配置的功能，然而现代破产法立足于社会公共利益，税法侧重国家利益，二者所追求的价值目标存在抵牾的可能。法理念的不同引发了税收与破产在法律规范适用层面的冲突，具体呈现为破产程序中存在的诸多类型的涉税问题。破产法在应对税法规范所带来的冲击中应具有一定的优先适用效力，与此同时，破产法应当尽最大可能维护税法原本规范在破产程序中的法律效力，税法的调整仅发生在二者规范失去一切并存可能的情形中。这是解决破产程序中税收问题的核心原则，以此探索、建构税收在破产程序中适用的特殊规范。本文将秉持破产法与税法的调适理念，结合破产涉税实践，对破产企业的纳税申报、发票的领用和开具、破产期间税费的处理等问题予以探讨，以期在揭示实践突出问题的同时，提供有效应对方案与规范完善路径。

---

* 浙江中兴会计师事务所所长助理。

** 北京交通大学法学院讲师。

*** 浙江中兴会计师事务所项目经理。

一、债务人的纳税申报义务及其履行

除《中华人民共和国税收征收管理法》（以下简称《税收征管法》）等相关法律规定纳税人或者税务部门必须依照确定的申报期限、申报内容如实办理纳税申报外，国家税务总局发布的《国家税务总局关于税收征管若干事项的公告》（国家税务总局公告 2019 年第 48 号，以下简称《税收征管公告》）第 4 条明确规定企业债务人应按规定申报纳税，管理人应代为履行纳税申报义务。但《税收征管公告》毕竟并非有效力的法律法规文本，债务人企业的纳税申报义务仍有待从法理层面予以论证。

（一）债务人负有纳税申报义务

由于《中华人民共和国企业破产法》（以下简称《企业破产法》）并未赋予企业债务人免除纳税申报的特权，因此，对于进入破产程序的企业而言，由于其法律主体资格尚未消灭，也就仍是税法意义上的纳税人，将继续适用一般的税收征管规范。因此自破产受理日至税务登记注销前，破产企业仍负有纳税申报义务。当以辩证法思维来看，进入破产程序中的企业向税务机关进行纳税申报，表面上展现为义务主体的行为负担，但通过纳税申报行为，在税务机关及时掌握企业纳税人动态的税务信息的同时，也为税务机关实时了解企业破产程序的进程与企业的市场信用状况的变动提供了极大的便利条件，有利于税务机关积极参与企业纳税人的破产程序，依照破产法律规则分配税收债权，减少了《企业破产法》与税法的摩擦。

（二）管理人应代为申报纳税

我国《企业破产法》第 25 条明确规定了破产管理人的职责范围，在列举事项中，并未明确涉及破产管理人的纳税申报义务。纳税申报作为破产管理人管理破产财产与特殊情形下经营债务人企业所必然产生的义务负担，可以从破产管理人管理、处分破产财产与经营债务人企业的职责范围内推理出来，我国《企业破产法》第 25 条规定的“决定债务人的日常开支和其他必要开支”“管理和处分债务人的财产”中内含了纳税申报的义务内容，且通过“人民法院认为管理人应当履行的其他职责”的兜底条款,可以法院授权的方式确立个案中破产管理人的纳税申报义务。美国《破产法》第 704 条就托管人的职权作出了列举性规定,其中“保管破产财产”“经营债务人企业”等法定职责中可以衍生出破产管理人的纳税申报义务。① 因此,破产管理人承担为破产财产主体依法履行纳税申报的义务。

(三)纳税申报的实践问题

1. 非正常户转正常户的阻碍

《税收征管公告》第 3 条优化了关于非正常户的认定与解除流程,解除方式为已被认定为非正常户的纳税人,就其逾期未申报行为接受处罚、缴纳罚款,并补办纳税申报的,税收征管系统自动解除非正常状态,无须纳税人专门申请解除。然而对于进入破产程序的企业在解除非正常户时还是存在一定的现实难度。

第一,该涉税违法事项发生于破产受理前,该罚款并不属于破产费用或共益债务,属于破产惩罚性债权,将被列入劣后债权的顺位予以清偿,不能在解除非正常户时缴纳。《税收征管公告》规定要求接受处罚并缴纳罚款,两相矛盾。

第二,不少破产企业已经数年未申报纳税且已无相关熟悉涉税事项的财务人员,因此,补办纳税申报不仅是一项庞大的工程,而且管理人短时间甚至可能无法查清破产企业在进入破产程序之前的税务情况,操作不当容易造成税务风险。

2. 纳税申报期限问题

现有纳税申报期限除了对企业所得税清算有特殊的规定,对其他税种并未作特殊规定,管理人在代为履行纳税申报义务时,对于房产税、土地使用税、企业所得税的申报存在一定的障碍。

房产税、土地使用税按年计算,每半年征收一次,对于有一定不动产的破产企业,破产期间的房产税和土地使用税税额通常巨大,且一旦数据录入申报成功,则需在一定期限内缴纳税款(期限往往为 15 天),这与破产企业在资产变现或偿债资金到位前无力支付相矛盾,若无法按时缴纳税款,则会产生相关滞

① 参见《美国破产法》第 704 条。

纳金。

根据《企业所得税汇算清缴管理办法》(国税发〔2009〕79号)第4条规定,纳税人在年度中间发生解散、破产、撤销等终止生产经营情形,需进行企业所得税清算的,应在清算前报告主管税务部门,并自实际经营终止之日起60日内进行汇算清缴,结清应缴应退企业所得税款;《财政部、国家税务总局关于企业清算业务企业所得税处理若干问题的通知》(财税〔2009〕60号)第2条、第4条规定,按《中华人民共和国公司法》《企业破产法》等规定需要进行清算的企业,应将整个清算期作为一个独立的纳税年度计算清算所得。两个文件的本意很清晰,正常经营转破产时,企业所得税清算一次,破产程序结束后,企业所得税再清算一次。但在实践中,对于前项文件,由于进入破产程序后不可能在经营终止之日起60日内进行汇算清缴,因此,税务部门要求破产企业像正常企业一样仍按季度预缴、按年度汇算清缴的形式进行纳税申报。这样处理一方面与政策不符,存在税务风险;另一方面,按季纳税申报,在资产处置的季度中,往往会产生处置收益,正常纳税申报需要预缴企业所得税,即使可在年度汇算清缴办理退税,又与后项文件相矛盾,并且实践中由于系统存在受理前的欠税记录,往往是无法办理退税的。

二、企业债务人的发票领用与开具问题

破产程序中,破产企业处置实物资产、无形资产、继续履行合同等,均应给买受方开具发票。而且从近期国家税务总局和地方税务局发文来看,也明确破产企业可以按规定申领开具发票,如《税收征管公告》第4条第2款的规定。但在实践中,当企业进入破产程序后,税务部门仍然有把《税收征管法》第72条规定的处罚运用到破产企业中的现象,具体表现为:一是税务部门提出税款缴纳的要求,税务部门往往把预缴本次交易相关的所有税款作为破产企业领用发票的前置条件,有些税务部门甚至要求预先分配税务局申报的破产受理前产生的债权,这显然与《企业破产法》规定的清偿顺序和清偿时间是矛盾的。二是开票耗时过长,破产企业进行发票的购买,需要破产管理人提起购买发票的申请,说明购买发票的原因、需要发票的数量和涉及的金额;涉及大金额处置的,为了开票便利还需要升级单张发票的限额,该申请往往需要税务部门各级进行审批,如果需要

预缴不动产处置相关的税款后才能购买发票的,还需要先进行土地增值税清算。按照以上操作流程,往往从成交到管理人可以开具发票需要很长时间。虽然实践中,管理人可通过向主管税务机关申请代开普通发票来解决部分问题,但按照现行税法规定,一般纳税人不能申请代开增值税专用发票,只能申请代开普通发票。全面“营改增”之后,仅申请代开增值税普通发票远远不能满足购买方的进项税额抵扣需求。①

三、破产程序中新生税款的清偿

企业债务人进入破产程序后,随着资产的处置、房地产的持有、债务的豁免,会产生一系列的新生税款,而我国《企业破产法》没有明确界定债务人破产期间产生税款的法律性质,也没有规定其破产清偿顺位,在实践中引起了法律适用方面的争议。

(一)资产处置环节的新生税款种类众多,且税负严重

以笔者参与的一起案件的新生税款情况为例,该破产企业的所有资产,处置成交总价为1.20亿元,缴纳增值税550.08万元,城建税27.75万元,教育费附加16.65万元,地方教育费附加11.10万元,印花税5.82万元,土地增值税1997.07万元,税费合计2613.48万元,占成交总价的21.75%。从中可以看出,在资产处置环节,税费负担很重,土地增值税在金额和占比上尤为突出,然而对于破产企业资产处置并没有相关的税收优惠政策。

(二)破产期间持有不动产而新生的税款

企业持有不动产产生的房产税和城镇土地使用税不与企业效益挂钩。企业进入破产程序,通常已停止经营,但是在资产处置或重整、和解前,持有不动产的破产企业由于持有不动产仍负有纳税义务。

对于城镇土地使用税和房产税,虽《中华人民共和国房产税暂行条例》(以下

① 参见董振班:《破产财产处置的发票开具问题亟待解决》,载《人民政协报》2019年2月19日,第12版。

简称《房产税暂行条例》)和《中华人民共和国城镇土地使用税暂行条例》(以下简称《城镇土地使用税暂行条例》)分别规定,纳税人确有困难的,可以减免,但国家税务总局将困难减免税审批权限下放到地方税务机关。对于破产企业是否属于"确有困难",各地税务局的理解不同,有些地区明确不予认可,有些地区虽有减免政策,但难以落地。

如国家税务总局浙江省税务局已发布《国家税务总局浙江省税务局关于支持破产便利化行动有关措施的通知》(浙税发〔2019〕87号)第3条规定依法进入破产程序的纳税人纳税确有困难的,税务部门可以应管理人的申请,按照《房产税暂行条例》第6条和《城镇土地使用税暂行条例》第7条的规定,酌情减免其房产税和城镇土地使用税,对于从事国家限制或不鼓励发展的产业的纳税人,不予办理房产税和城镇土地使用税的困难减免。但是目前在实务中,这条政策由于税务部门的不同理解,还是难以运用到实践中。一是税务部门对时间存在不同的理解,是政策文件发布(2019年9月30日)后新产生的房产税和城镇土地使用税才可申请减免,还是文件发布时仍在破产程序中的所有破产企业都可申请减免(包括2019年9月30日前产生的房产税和城镇土地使用税);二是税务部门对可以申请减免的破产企业进行了限制,而不少破产企业本身属于淘汰落后产业,属于国家限制或不鼓励发展的产业,无法享受减免政策。

(三)新生税款的定性和清偿顺位

破产程序中的新生税款是在法院受理破产申请后发生的,与破产程序启动前产生的税款存在本质不同,从法律性质上而言,将其列为破产费用或共益债务符合法理规定。

破产程序中新生的应缴税款是债务人进入破产程序后产生的税收债权,是为全体债权人的利益而发生的,往往以破产财产的保值、增值与保障债务人企业的持续经营能力为目的,与破产程序前产生的税收债权的性质有着根本不同。就法理分析,应保障新生应缴税款的"超级优先"受偿顺位,同时,针对我国破产立法分设破产费用与共益债务的现实,需要区分因破产财产管理、变价和分配而在破产程序中新产生的应缴税款,与在企业破产程序中因继续履行合同或继续经营而新产生的应缴税款两种情形,来讨论相应新生税收债权的破产清偿顺位问题。具体来说,关于破产财产管理、变价和分配而产生的应缴税款应属于《企业破产法》第41条第1款第2项规定的破产费用类型;继续履行合同或继续经营而产生的应缴税款,应纳入《企业破产法》第42条规定的共益债务顺位清偿。①

四、重整企业豁免债务的所得税课税问题

在破产重整下,一般企业往往将继续作为纳税主体存在,在重整计划被执行完毕后,债务人未清偿的债务得以被实质豁免,但我国破产立法并未规定企业因重整豁免债务是否产生税负。我国税务机关根据相关企业重组适用的税法规范,认为重整债务人的债务豁免属于企业"所得",应当按照法定税率被课以企业所得税。如果破产企业债务豁免数额较大,且自身可弥补的以前年度亏损数和资产损失税前扣除数较小的情况下,就会产生较大的应纳税所得额,进而严重影响投资人的积极性及阻碍债务人营业的重生。

对于破产重整或和解企业因债务减免收益而产生巨额所得税问题,目前主要有3种途径来筹划税收:

第一,积极寻求政府和税务机关的支持,争取获得"个案批复式"税收优惠政策。早期,当破产案件中涉及重大税收问题时,我国财政部和国家税务总局主要采取个案解决的方法,通过临时性、针对性、一案一发的方式解决问题。近年来,在财政部和国家税务总局这个层面已很少出具类似的批复。不过,地方政府对一些地区影响较大的破产重整案仍会给予一定的政策支持,帮助企业成功重整。

第二,充分利用以前年度亏损抵减和资产损失税前扣除,降低应纳税所得税额。根据现有税法规定,企业每一纳税年度的利润总额可以弥补前5个连续纳税年的亏损额。企业重整或和解后,及时对报表上的一些无法收回的应收款项和其实不存在的实物资产进行核销,损失部分通过专项申报的方式向税务机关申请税前扣除。

第三,争取特殊性税务处理,达到递延纳税义务。根据《财政部国家税务总局关于企业重组业务企业所得税处理若干问题的通知》(财税〔2009〕59号)的相关规定,当重组企业符合相关条件时,允许适用特殊性税务处理,即企业债务重

---

① 参见范志勇、叶俊丽:《破产程序中新生应缴税款的清偿顺位》,载熊伟主编:《税法解释与判例评注》(第11卷),法律出版社2019年版。

组确认的应纳税所得额占该企业当年应纳税所得额50%以上,可以在5个纳税年度的期间内,均匀计入各年度的应纳税所得额。如果适用此特殊性税务处理,则可极大缓解企业纳税压力。

五、关于破产涉税问题的规范完善建议

为系统解决税法与《企业破产法》的冲突,从法理念层面分析,破产程序宜界定为课税特区,征税权力应谨慎介入并作必要调适,实现《企业破产法》与税法规则的互认。课税特区具体表现在实体税法与程序税法两个层面:实体税法在原有的普遍使用的税收减免等优惠制度的基础上,应该进一步关注特殊领域的所得界定与权益平衡问题,在不征税收入、递延纳税、税收优先权等方面做出针对性规定;程序税法应该针对特殊领域,在税收征管权力、税收程序规则等方面进行必要的调整和限缩。① 但现行税收方面的法律法规缺少对破产企业的特殊规定,《企业破产法》也未对一些涉税事项进行明确,使两法之间存在诸多空白和模糊。针对破产中的涉税问题,笔者提出以下规范层面的完善建议。

(一)完善破产企业非正常户转正常户流程

对于破产裁定受理前,破产企业的涉税违法事项,税务部门可以进行处罚,但相关罚款应按照《全国法院破产审判工作会议纪要》(法〔2018〕53号)第28条之规定原则进行清偿。建议综合《企业破产法》的立法原则和司法解释,对《税务登记管理办法》增加以下内容:被列入非正常户的纳税人进入破产程序的,其管理人可持人民法院作出的破产重整裁定、破产和解裁定、破产宣告裁定等资料申请解除非正常户。同时,税务机关应做好债务人企业破产税收债权的申报工作,将欠税、滞纳金、罚款逐一详细申报,做好与管理人、法院的沟通,按照《企业破产法》规定的清偿顺序予以受偿。② 对于要求管理人补充申报破产受理前的未进行的纳税申报,建议改为由管理人向税务部门说明所了解的情况,在税务部门申报该期间的税收债权需要提供资料时给予积极配合。

---

① 参见徐阳光:《破产程序中的税法问题研究》,载《中国法学》2018年第2期。

② 参见罗显峰:《破产程序中的非正常户如何处理》,载《中国税务报》2019年6月19日,B3版。

(二)特殊定义破产企业的申报期限

辽宁省大连市中级人民法院、国家税务总局大连市税务局发布的《关于优化企业破产处置过程中涉税事项办理的意见》(大中法发〔2020〕7号)规定,因继续营业或者因破产财产的使用、拍卖、变现所产生的应当由企业缴纳的税(费),原按月申报增值税的可改为按季申报。人民法院裁定受理破产申请后,企业终止经营活动的,应进行企业所得税的清算,以整个清算期间作为一个独立的纳税年度,计算清算所得并进行清算所得税申报。管理人应对清算事项按规定报主管税务机关备案。国家税务总局北京市税务局发布的《关于进一步推进破产便利化优化营商环境的公告》(2020年第4号)就此规定,管理人未接管债务人账簿资料、不掌握债务人在破产申请受理前的非正常户期间的实际情况、未发现债务人有应税行为的,可暂按零申报补办纳税申报。

参照地方探索的经验,建议梳理破产企业的纳税申报期限,特殊定义申报期限,对于房产税、城镇土地使用税建议以整个清算期为一个申报周期,或者延续原来的申报期限,但是可以延迟缴纳税款;对于企业所得税,建议对政策执行到位,以整个清算期为一个申报周期。

(三)简化发票领用和开具流程

建议简化破产企业申请和购买发票的流程,减少相应的审批手续,制定切实可行又适合破产企业的发票供应制度,在确保新生税收的前提下高效快速完成发票的领用和开具手续。辽宁省大连市中级人民法院、国家税务总局大连市税务局发布的《关于优化企业破产处置过程中涉税事项办理的意见》关于发票领用的规定可资借鉴,按照其规定,企业在破产程序中需使用发票的,管理人可以企业名义按规定申领、开具发票,或向主管税务机关申请代开发票,并按规定缴纳税款。苏州市中级人民法院、苏州市税务局发布的《破产涉税问题会议纪要》就此细化规定,由于破产案件中资产处置等需要,为临时提高增值税发票开具限额,人民法院向税务机关出具《破产清算发票使用协作函》,提出临时提高增值税发票开具限额的需求,税务机关据此进行提高增值税发票开具限额的操作。

（四）明确破产程序中的新生税款性质和清偿顺序

企业进入破产程序后，《企业破产法》并未对新产生的税款进行定性，也未规定其清偿顺序，这在实践中容易引起不同的观点，新生税款的清偿顺序也有分歧。我们建议在未来《企业破产法》的修订中，增设破产费用和共益债务的具体项目，将针对企业破产程序里不同交易方式中所产生的新生税款类型列入其中，明确其法律性质，进而对其破产清偿顺位作出具体安排。统一理解和处理的方式，使法律法规更加完善，更具有操作性，也有助于减少破产企业申请和购买发票的障碍。

（五）完善破产企业的税收优惠政策

现行税法的税收优惠政策少有针对破产企业的，而且该税收优惠政策也比较零散，破产企业的税收负担较重。如果能够制定针对破产企业相应的税收减免政策，既能减轻破产企业的税负，也能避免"国与民争"，真正体现公平清偿原则。据此，国家税务总局深圳市税务局《企业破产涉税事项办理指南》中也对企业破产程序中所涉多税种的税收优惠措施予以规定："依法进入破产程序的企业，确有困难的，可以按照规定向主管税务机关申请房产税和城镇土地使用税困难减免。企业在破产过程中，实施资产重组，通过合并、分立、出售、置换等方式，将全部或者部分实物资产以及与其相关联的债权、负债和劳动力一并转让给其他单位和个人，其中涉及的货物、不动产、土地使用权转让符合规定条件的，不征收增值税。企业在破产过程中，发生重组业务，符合规定条件的，可以适用企业所得税特殊性税务处理。企业在破产过程中，符合规定条件的，可以享受改制重组有关契税、土地增值税、印花税优惠政策。"

六、结　　语

企业破产涉税是我国司法实践中的难题，以常态经营企业为模板设置的我国税法规范在破产程序中的适用，可能会造成破坏破产制度核心价值目标的后果。我国税法规范欠缺"破产课税特区"的理念，导致我国企业破产程序中的涉税问题凸显。《企业破产法》与税法规范之间的调适须秉持《企业破产法》治价值优先的原则,全面修改、增设破产涉税规则。针对纳税申报事宜,企业债务人仍负有申报义务,在破产程序中由管理人代为履行。为破产债务人企业维持必要经营的需要,税务部门应“特事特办”,及时解除企业非正常户与发票管理方面的限制。破产期间的新生税款不同于破产程序启动前形成的税款,应区分不同类型相应列入破产费用或共益债务中受偿。而针对重整企业豁免债务的所得税课征,以及税务机关对处于破产程序中的企业债务人所主张的各税种的税收债权,应尽可能地给予债务人税收优惠待遇,以促进债务人事业的重生。

破产衍生诉讼集中管辖与建设工程专属管辖冲突的法律适用

董振班[*]　王　炜[**]

一、案例分析样本

2013年,A公司将其坐落于乙地的办公楼建造工程发包给B公司。B公司将工程转包给张某。张某组织人员进行了施工。2018年,甲地法院受理了B公司破产清算一案。因B公司未支付张某工程款,张某于2019年起诉至甲地法院,请求B公司支付工程款,A公司在欠付工程款范围内承担连带责任。A公司在提交答辩状期间,提出管辖权异议称,本案应由乙地法院管辖。

本案核心争议是破产集中管辖与建设工程案件专属管辖冲突时的法律适用。《中华人民共和国民事诉讼法》(以下简称《民事诉讼法》)及其司法解释规定了建设工程案件专属管辖规则。《中华人民共和国企业破产法》(以下简称《企业破产法》)规定了破产集中管

---

* 中国民主促进会江苏省宿迁市委员会副主委、宿迁市破产管理人协会名誉会长。

** 江苏省宿迁市宿城区人民法院民一庭副庭长。

辖规则。[①] 当建设工程案件当事人之一是破产企业[②]时,应由受理破产案件的法院管辖,还是工程所在地法院管辖,实务中往往存在争议。本文通过论证民事诉讼法司法解释的从属性,讨论《企业破产法》与《民事诉讼法》关于管辖冲突的法律适用选择问题,同时就重整对破产企业涉建设工程案件管辖的影响进行了分析,以期对司法实务中相关案件的处理有所裨益。

二、破产企业涉建设工程案件管辖问题的法律问题

当两个以上的法律规范同时适用于某一抽象的或者具体的法律事实,法律规范就发生竞合。法律规范的竞合分为法律规范的重合与法律规范的冲突。前者是指法律效果相同的情形,后者是指法律效果不同的情形。[③] 当建设工程案件中的当事人之一是破产企业时,管辖问题就面临法律规范的冲突。

我国《民事诉讼法》第34条、《最高人民法院关于适用〈中华人民共和国民事诉讼法〉的解释》第28条规定,建设工程施工合同纠纷由工程所在地法院管辖。《企业破产法》第21条规定,人民法院受理破产申请后,有关债务人的民事诉讼,只能向受理破产申请的人民法院提起。二者发生了法律规范冲突,适用不同的法律会产生不同的法律效果,必然有某一规定被排除适用。[④]

三、管辖冲突的法律规范适用选择规则

《中华人民共和国立法法》(以下简称《立法法》)第5章规定了不同法律规范的效力位阶并确认了法律规范冲突时的适用规则:一是按照法律位阶,上位法优于下位法;二是按照专门性标准,特别法优于普通法;三是按照法律制定时间

① 参见建设工程案件中一方当事人是破产企业时涉及两类案件,一类是审理过程中企业破产,称为既有诉讼,根据《企业破产法》第20条的规定,管辖法院不变;另一类是企业破产以后提起诉讼或被诉,称为后发诉讼。本文讨论的仅限于第二类案件。

② 参见此处的破产企业,包括被法院宣告破产之前的债务人和宣告破产之后的破产人。

③ 参见孔祥俊:《法律规范冲突的选择适用与漏洞填补》,人民法院出版社2004年版,第152~153页。

④ 参见孔祥俊:《法律规范冲突的选择适用与漏洞填补》,人民法院出版社2004年版,第153页。

先后，新法优于旧法。具体到本案中而言，涉破产企业案件集中管辖的法律规范是《企业破产法》，建设工程施工合同专属管辖的直接法律规范是民事诉讼法司法解释。而我国《立法法》规定的法律规范冲突的解决方法中并未提到司法解释。司法解释与法律冲突时，是否可以认为法律的效力位阶高于司法解释而直接适用法律？这需要对司法解释的性质进行分析。

（一）民事诉讼法司法解释的法律位阶从属于民事诉讼法

根据1979年《中华人民共和国人民法院组织法》（已被修改）和全国人民代表大会常务委员会于1981年6月10日通过的《关于加强法律解释工作的决议》，授权最高人民法院对审判工作中具体应用法律的问题进行解释。2015年，第十二届全国人民代表大会第三次会议修订的《立法法》进一步明确，最高人民法院可以在审判工作中，对具体应用法律的条文在符合立法目的、原则和原意的基础上进行解释。因此，“司法解释是根据法律授权，由最高司法机关在司法工作中就如何具体应用法律问题所作出的具有普遍法律效力的阐释和说明”[①]。司法解释属于广义的法律解释范畴，其目标是解释者通过对法律条文、立法文献及其附随情况进行解释，探究和阐明法律规范的法律意旨。[②] 因此，司法解释与法律的关系是一种服从和被服从、描述和被描述的关系，其必须服从解释对象的权威。[③] 司法解释“受解释对象的制约，负有忠实于解释对象的责任”。[④]《最高人民法院关于司法解释工作的规定》（已被修改）第27条第2款规定，人民法院同时引用法律和司法解释的，应当先援引法律，后援引司法解释。这说明了司法解释与法律之间从属与被从属的关系。因此，司法解释的法律位阶从属于其所解释的法律。《最高人民法院关于适用〈中华人民共和国民事诉讼法〉的解释》第28条关于建设工程案件专属管辖的规定从属于《民事诉讼法》第34条。

---

① 胡伟新、吴光侠、冯文生、袁春湘：《中国司法解释制度的发展与完善》，载《法律适用》2014年第12期。

② 参见梁慧星：《民法解释学》（第4版），法律出版社2015年版，第208页。

③ 参见陈春龙：《中国司法解释的地位与功能》，载《中国法学》2003年第1期。

④ 张志铭：《法律解释》，载《法理学》，经济科学出版社2000年版，第553页。转引自陈春龙：《中国司法解释的地位与功能》，载《中国法学》2003年第1期。

(二)《民事诉讼法》第 34 条与《企业破产法》第 21 条的关系

根据上述分析,建设工程案件专属管辖与涉破产企业案件集中管辖的规定分别是依据《民事诉讼法》和《企业破产法》。那么二者发生冲突时,如何确定应适用的法律?

首先,二者不存在上位法与下位法关系,无法适用依据法律位阶确定的规则。相当一部分学者根据《中华人民共和国宪法》(以下简称《宪法》)第 62 条第 1 款第 3 项、第 67 条第 1 款第 2 项和《立法法》第 7 条认为,全国人民代表大会制定的基本法律的效力位阶高于全国人大常委会制定的法律。① 现行《民事诉讼法》是 1991 年 4 月 9 日第七届全国人民代表大会第四次会议通过,而《企业破产法》是 2006 年 8 月 27 日第十届全国人民代表大会常务委员会第 23 次会议通过。由此得出,《民事诉讼法》的法律位阶高于《企业破产法》,因此当二者冲突时,应当优先适用《民事诉讼法》。

实际上,基本法律和非基本法律的区分是《宪法》对全国人大和全国人大常委会立法权限的基本分工,不宜作为二者法律位阶判断的依据。② 第一,无论全国人大制定的基本法律还是全国人大常委会制定的非基本法律,形式上都叫"法律"。二者都是由国家主席以主席令的形式公布。第二,"全国人大和其常委会应当视为同一机关,制定的法律之间不存在上位法和下位法的区分"③。

---

① 参见王伟:《全国人大常委会立法的法律位阶探析——以〈涉外民事关系法律适用法〉为例》,载《东北大学学报(社会科学版)》2014 年第 2 期;韩大元:《全国人大常委会新法能否优于全国人大旧法》,载《法学》2008 年第 10 期;顾建亚:《法律位阶划分标准探新》,载《浙江大学学报(人文社会科学版)》2006 年第 6 期;汪全胜:《"上位法优于下位法"适用规则刍议》,载《行政法学研究》2005 年第 4 期;薛佐文:《论"基本法律"和"法律"的性质和地位——质疑〈立法法〉第 7 条、第 8 条》,载《西南政法大学学报》2003 年第 2 期。

② 参见马英娟:《再论全国人大法律与全国人大常委会法律的位阶判断——从刘家海诉交警部门行政处罚案切入》,载《华东政法大学学报》2013 年第 4 期;周雷、郑二为:《再论律师法与刑诉法的冲突及全国人大常委会的裁决》,载《长春理工大学学报(社会科学版)》2017 年第 4 期。

③ 沈岿等:《"横向法律规范冲突及其解决"大家谈》,载《行政管理改革》2012 年第 10 期。其中时任最高人民法院行政庭副庭长李广宇认为,基本法律和法律的效力是一样的;时任全国人大常委会法工委行政法室一处副处长黄海华提出,全国人大和其常委会应当视为同一机关,基本法律与非基本法律制定仅是立法工作的一种分工。也有学者认为全国人大与全国人大常委会不属于同一机关,但认为缺乏明确规定的情况下,不能认为两者有没有同位法和上下位法的区别,参见梁三利:《全国人大和全国人大常委会制定法冲突的问题与出路——刘家海诉交警部门行政处罚案引发的思考》,载《上海政法学院学报(法治论丛)》2008 年第 5 期。

第三,《立法法》第 94 条第 1 款规定,法律之间对同一事项的新的一般规定与旧的特别规定不一致,不能确定如何适用时,由全国人民代表大会常务委员会裁决。此处并未区分基本法律与法律。第四,此种以立法主体作为判断法律效力位阶的标准存在逻辑无法自洽的矛盾。根据《立法法》第 50 条,全国人大常委会对基本法律的解释与基本法律有同等效力。而且,全国人大常委会可以对宪法进行解释,宪法解释的效力不仅高于非基本法律,还高于全国人大制定的基本法律。① 第五,全国人大常委会法制工作委员会于 2008 年 8 月作出的对政协十一届全国委员会第一次会议第 1524 号(政治法律类 137 号)提案的答复②表明,全国人大常委会制定的法律可以修改全国人大制定的基本法律,其隐含的意思是二者具有相同的效力位阶。该答复虽然针对的是《中华人民共和国律师法》与《中华人民共和国刑事诉讼法》关于律师在刑事诉讼中执业权利冲突问题,但同样适用于《企业破产法》与《民事诉讼法》关于管辖问题的冲突。

其次,因《民事诉讼法》与《企业破产法》属于同一法律位阶,故应采用专门性标准确定的规则,特别法优于普通法。就管辖问题而言,《民事诉讼法》主要调整民事诉讼领域,其对管辖问题的规定为一般规定;《企业破产法》主要调整企业破产中的相关事务,其对于管辖问题的规定属于特别规定。当二者冲突时,应当优先适用《企业破产法》的规定。对此,《企业破产法》第 4 条规定,破产案件审理程序,本法没有规定的,适用《民事诉讼法》的有关规定。该条规定说明了,在破产案件审理程序中,《企业破产法》优先于《民事诉讼法》适用。涉破产企业的普通民事案件虽然不是破产案件本身,但也是由破产案件衍生出来的民事案件。依照该条确定的精神,《企业破产法》第 21 条作为程序性规定,所确定的破产法院对涉破产企业案件集中管辖规则,将优先于《民事诉讼法》规定的专门管辖规则,当然也包括建设工程案件专门管辖。

---

① 参见马英娟:《再论全国人大法律与全国人大常委会法律的位阶判断——从刘家海诉交警部门行政处罚案切入》,载《华东政法大学学报》2013 年第 4 期。

② 2008 年"两会"期间,全国政协委员、天津大学法学院教授何悦提交了一份《关于尽快将刑诉法与律师法内容相统一的建议》的提案。其主要针对 2007 年修订的《律师法》关于律师执行权利与《刑事诉讼法》不一致的情况。

四、适用《企业破产法》第21条需要注意的问题

(一)破产企业的诉讼地位对管辖的影响

《企业破产法》第21条规定,人民法院受理破产申请后,有关债务人的民事诉讼,只能向受理破产申请的人民法院提起。该条规定的"与债务人有关"的描述较为模糊,未指出破产企业在诉讼中的地位。对此应结合最高人民法院关于执行《最高人民法院关于〈中华人民共和国企业破产法〉施行时尚未审结的企业破产案件适用法律若干问题的规定》的通知(法〔2007〕81号)加以理解。该通知第2条明确规定,《企业破产法》第21条适用范围是"所有有关债务人的民事诉讼"。因此,破产企业为原告或者被告的所有民事诉讼都由破产法院管辖。实践中,破产企业系无独立请求权第三人时,是否适用涉破产企业案件集中管辖规则存在争议。笔者认为,根据前述通知破产企业作为当事人参与民事诉讼时,不管其是何种身份,均应当适用《企业破产法》第21条由破产法院集中管辖,当然也包括破产企业是无独立请求权第三人的情形。[①]《最高人民法院关于适用〈中华人民共和国民事诉讼法〉的解释》第82条规定,无独立请求权的第三人无权提出管辖异议。另外,破产企业在案件中系无独立请求权第三人,管理人是否有权提出管辖权异议。笔者认为,如前文所述,《企业破产法》第21条关于管辖的规定属于特别规定,排除了《最高人民法院关于适用〈中华人民共和国民事诉讼法〉的解释》第82条的规定,因此管理人有权提出管辖权异议。

(二)建设工程案件中两家企业均破产对管辖的影响

承发包双方被不同法院受理破产案件时,双方之间的建设工程施工合同案件应该由哪一家法院管辖?在不涉及破产企业的民事诉讼中,两家以上法院对争议案件均享有管辖权的情况广泛存在。对此,《民事诉讼法》第36条规定,两个以上法院都有管辖权的诉讼,原告可以向其任何一个法院起诉;原告向两个以上有管辖权的法院起诉的,由最先立案的法院管辖。笔者认为,涉破产企业的建设工程案件也可以参照上述规则处理。《企业破产法》之所以对有关债务人民事

---

① 参见李春:《与破产企业有关的实体争议管辖问题探析》,载《法律适用》2009年第3期。

诉讼的管辖问题作出不同于一般民事案件的规定，主要是为了提高破产程序的效率，便利破产案件的审理。[①] 当争议双方都进入破产程序时，应依照《企业破产法》第4条规定所确立的精神，依照《民事诉讼法》第36条由最先立案的人民法院管辖。[②]

五、重整对建设工程案件管辖的影响

重整对建设工程案件管辖的影响分为两个阶段，分别是重整期间和重整计划执行期间。重整期间指重整程序进行期间。在此期间，债权人、债务人、管理人对如何挽救债务人企业进行协商，讨论制作挽救方案，挽救方案即重整计划草案。重整期间始于法院裁定受理破产申请之时，包括《企业破产法》第7条规定的直接申请破产重整，也包括该法第70条第2款规定的转化重整。重整期间的终点分为三种情况：一是重整计划草案经债权人会议表决通过且被人民法院裁定批准；二是重整计划草案未经债权人表决通过也未获人民法院批准之时；三是重整计划草案经债权人表决通过，但未获人民法院批准之时。无论是理论还是实务中都认为，债务人企业在重整期间涉及的诉讼均适用破产集中管辖规则。

当法院批准重整计划、终止重整程序后，债务人企业进入重整计划执行期间。在重整计划执行期间，债务人涉及的诉讼是否适用破产集中管辖，实践中产生分歧。重整计划执行期间，债务人企业会涉及两类诉讼：一类是为了执行重整计划债务人企业与相对人新发生的法律事实或事件产生纠纷形成诉讼，简称新生纠纷诉讼；另一类是人民法院裁定重整程序终止前，债务人企业与相对人已经发生交易或者纠纷，在重整计划执行期间一方才诉至法院形成的诉讼，简称既存纠纷诉讼。

重整计划执行期间，管理人向债务人企业移交了财产和营业事务，由企业自身按照重整计划设定的目标开展经营活动。企业重新启用了公司公章和财务印章，法定代表人重新取得代表公司的法律地位并有权处理内外事务，债务人企业处于受重整计划约束并存在特殊目的的常态公司状态。管理人不再行使企业管

① 参见《〈中华人民共和国企业破产法〉释义及实用指南》编写组编著：《〈中华人民共和国企业破产法〉释义及实用指南》，中国民主法制出版社2012年版，第73页。

② 参见李春：《与破产企业有关的实体争议管辖问题探析》，载《法律适用》2009年第3期。

理权,仅对债务人企业执行重整计划进行监督。最高人民法院发布的《全国法院民商事审判工作会议纪要》(法〔2019〕254号)第113条第2款规定,重整计划执行期间,因重整程序终止后新发生的事实或者事件引发的有关债务人的民事诉讼,不适用《企业破产法》第21条集中管辖的规定。

关于既存纠纷诉讼,有观点认为,由于重整计划执行期间面临更多的是企业经营问题,而非典型的破产程序问题。故执行重整计划期间不属于破产期间。因此,该类诉讼不适用《企业破产法》规定的集中管辖。江苏省高级人民法院在审理连云港市赣榆区农业委员会与泰建集团建设工程施工合同纠纷管辖权异议一案时认为,人民法院批准重整计划、终止重整程序后,即不属于破产程序,不应适用破产案件专属管辖的规定。一审法院于2015年9月29日立案受理本案时,二建公司的重整程序已经终止,公司名称已变更为泰建集团,泰建集团并未处于破产程序中,故本案不适用《企业破产法》第21条,应由工程所在地法院管辖。①

重整计划执行期间的既存纠纷诉讼是否适用破产集中管辖规则,其核心问题是对重整计划执行期间是否属于破产期间产生分歧,对此应从重整计划执行的后果分析。债务人企业执行重整计划会产生两种后果:一种后果是,因债务人不能执行或者不执行重整计划,法院根据管理人或者利害关系人的申请,裁定终止重整计划的执行,并宣告债务人破产。另一种后果是,重整计划执行完毕,债务人在管理人的监督下全面按照重整计划实施落实到位,经营方案实施成功,债务清偿方案全面落实。② 此时意味着重整成功,管理人应根据案件实际情况向法院提交监督报告并书面申请终结破产重整程序。法院审查后认为符合《企业破产法》规定的,自收到申请之日起15日内作出终结破产重整程序的裁定,并予以公告。③ 笔者认为,只有后一种后果的发生才意味着破产程序终结。前一种情况应转化为清算路径,直至破产清算程序完成,破产程序才终结。

实践中发生分歧的原因是,对破产重整程序终结和破产重整程序终止发生混淆。破产程序中包含破产清算、破产重整、破产和解三条路径,重整与和解属于破产清算预防路径,重整程序终止的对象应当是重整或者和解这样的预防路

---

① 参见江苏省高级人民法院民事裁定书,(2015)苏民辖终字第00133号。

② 参见徐根才:《破产法实践指南》,法律出版社2016年版,第199页。

③ 参见马晓瑞、邹吉东、张余、李美鸥编著:《破产案件审理指南》,人民法院出版社2018年版,第90页。

径,其适用前提是重整失败或和解失败,包括重整(和解)期间的失败和重整(和解)计划执行的失败。而重整程序终结的对象破产程序,其适用前提是3种路径中任何一种路径走完,包括重整(和解)成功和清算完毕。《全国法院民商事审判工作会议纪要》第114条第3款规定,重整计划执行完毕后,人民法院可以根据管理人等利害关系人申请,作出重整程序终结的裁定。如果预防路径失败即重整失败或者和解失败,破产预防路径转化为清算路径,只有清算程序完成才意味着破产程序(破产清算程序)终结。[①] 因此,重整计划执行期间,涉及债务人企业的既存纠纷诉讼应当适用破产集中管辖规则。

① 参见齐明:《破产法学:基本原理与立法规范》,华中科技大学出版社2013年版,第208页。

破产程序中仲裁的功能厘清与规范反思

范文杰[*]　魏柴惟一[**]

随着我国破产案件的逐年增加，其与仲裁之间的问题逐渐凸显。《中华人民共和国企业破产法》（以下简称《企业破产法》）第 20 条[①]中对诉讼或仲裁的中止进行了规定，《最高人民法院关于适用〈中华人民共和国企业破产法〉若干问题的规定（三）》（以下简称《企业破产法司法解释三》）第 8 条[②]后半段中对破产受理申请前订立的仲裁协议或仲裁条款的适用进行了规定，而《中华人民共和国仲裁法》（以下简称《仲裁法》）与相关仲裁规则中并未对破产与仲裁程序的衔接细节有所规定，这就使仲裁与破产的衔接适用出现困难，并且在很多未被明确的问题上产生争议，例如《企业破产法》明确了破产申请受理

---

* 湖北山河律师事务所合伙人。

** 浙江和义观达律师事务所律师助理。

① 参见《企业破产法》第 20 条规定：人民法院受理破产申请后，已经开始而尚未终结的有关债务人的民事诉讼或者仲裁应当中止；在管理人接管债务人财产后，该诉讼或者仲裁继续进行。

② 参见《最高人民法院关于适用〈中华人民共和国企业破产法〉若干问题的规定（三）》第 8 条规定：债务人、债权人对债权表记载的债权有异议的，应当说明理由和法律依据。经管理人解释或调整后，异议人仍然不服的，或者管理人不予解释或调整的，异议人应当在债权人会议核查结束后 15 日内向人民法院提起债权确认的诉讼。当事人之间在破产申请受理前订立有仲裁条款或仲裁协议的，应当向选定的仲裁机构申请确认债权债务关系。

后诉讼的集中管辖,但对于仲裁却未有规定;《企业破产法司法解释三》第8条进一步弥补空白,对破产受理前订立的仲裁协议予以肯定,但对于破产申请受理后,管理人能否将仲裁作为争议解决方式与对方订立仲裁协议仍处于规范空白;另外还有很多关于破产管理人在仲裁中的地位如何等程序上更为细碎的问题需要完善。

一、破产程序与仲裁程序的衔接问题

破产程序与仲裁程序之间的衔接问题逐步进入理论界与实务界的视野,这也确实是一个亟待解释的问题。无论是法规范本身的模糊,或是《企业破产法》与《仲裁法》两者更深层次的价值冲突问题,无疑都加剧了该问题的复杂程度。

(一)《企业破产法》与《仲裁法》衔接的规范有待完善

针对破产申请受理之前已经进入仲裁的案件,《企业破产法》第20条中规定了尚未终结的有关债务人的诉讼或者仲裁在人民法院受理破产申请后中止,将诉讼与仲裁并列规定。

针对破产申请受理之后的仲裁案件,在《企业破产法》第21条①中,仅规定了受理破产申请后有关债务人的民事诉讼集中管辖,对仲裁程序的处理只字未提,这引发文义解释上的分歧。有观点认为,该法第21条并未明确仲裁的处理,是破产程序中法院集中管辖排除了仲裁的适用。另有观点认为,该法第21条仅针对诉讼,并不涉及仲裁,因此当事人可以自由选择是否选择仲裁解决纠纷。《企业破产法司法解释三》第8条便对这一问题的部分进行了回应,肯定了当事人之间在破产受理申请前订立有仲裁协议或者仲裁条款的,可以仲裁。但这里却对破产申请受理后能否适用仲裁程序,即管理人能否订立仲裁协议的问题留下了解释余地。法律规范的不完善导致两项程序衔接不畅,还须从破产法与仲裁法的价值出发寻找解释适用的出路。

---

① 参见《企业破产法》第21条规定,人民法院受理破产申请后,有关债务人的民事诉讼,只能向受理破产申请的人民法院提起。

(二)《企业破产法》与《仲裁法》之间的价值冲突

从两法的制度功能出发,《企业破产法》是企业清算之法、企业拯救之法,兼具解决处于危困境地的企业问题的程序法与实体法功能;而《仲裁法》是以当事人意思自治为基石的纠纷解决机制,①是纠纷解决的程序法。两者似乎在一定程度上实现了功能重叠,但从立法目的上看,两者的价值冲突格外突出。仲裁追求意思自治与个人本位,而破产为法定并追求社会本位,与仲裁存在价值上的冲突。②《企业破产法》第1条概括了企业破产法的立法目的在于保护债权人和债务人的合法权益,维护社会主义市场经济秩序,现行立法将社会利益与债权人债务人共同利益并重。③ 在破产程序中债权的清偿不再是一对一的形式,而是依据规定的程序公平清偿。而《仲裁法》第4条与第6条的规定则显示仲裁是充分尊重双方当事人的意思自治,允许当事人对债权一对一清偿。而对债权的清偿是争议解决的重要环节,《企业破产法》与《仲裁法》适用的冲突,需要从根源上协调解决。

二、仲裁程序在破产中的功能厘清

为实现法律规范外在逻辑与内在价值体系一致,需要探寻仲裁与破产内在价值协调之道,并在此基础上明确仲裁在破产程序中的价值所在,进一步准确定位仲裁在破产程序中的制度功能。

(一)法价值冲突下的价值选择

《企业破产法》的核心要旨在于公平对待全体债权人并兼顾对债务人的拯救,体现的是整体利益,《仲裁法》致力于单个债权债务关系的纠纷解决,体现的是个体利益。面对整体利益与个体利益的冲突,在财产分配这方面,《企业破产法》这一法定程序其实在立法上已经做出了价值选择,《企业破产法》第16条规定,受理破产申请后债务人的个别清偿无效。因此可知,在受理破产申请之后,

---

① 参见杜焕芳、李贤森:《国际商事仲裁当事人程序自治边界冲突与平衡》,载《法学评论》2020年第2期。

② 参见刘冰:《论仲裁程序与破产程序之冲突与协调》,载《法学杂志》2018年第3期。

③ 参见韩长印:《破产理念的立法演变与破产程序的驱动机制》,载《法律科学》2002年第4期。

即便债务人依据生效仲裁裁决作出对个别债权人的清偿,该清偿行为也属无效。《企业破产法》并未支持生效仲裁裁决希望的对个别债权人实现清偿的结果,整体利益已经高于对个体利益的保障。事实上,当两者利益冲突时,应优先适用《企业破产法》保护整体利益,而当个体利益的实现有助于整体利益的实现时,对仲裁程序理应予以适用。①

(二)准确定位破产中仲裁程序的功能

在破产程序之外观察仲裁程序,《仲裁法》第 2 条与第 3 条从正面和反面规定了可仲裁的情形,可仲裁事项限于财产属性的纠纷。仲裁与诉讼有一致的制度目标,即解决当事人之间的纠纷。在效力上,仲裁裁决书与诉讼判决书具有相同的法律效力。在程序上,仲裁相对于诉讼更简便、灵活。在形式上,仲裁更为温和,避免了双方产生较大冲突,又能在权威的介入下解决纠纷。②

在破产程序中观察仲裁,需要分为双方当事人为债务人与债权人、破产管理人与债权人两种情形。由于我国法律规范中尚未明确管理人是否可以订立仲裁协议,其涉及的问题十分复杂,将在下文进行分析讨论,这里仅针对当事人为债务人与债权人之间的仲裁进行讨论。第一,在破产程序中,又可分为破产申请受理之前已经开始的仲裁与破产受理之后开始的仲裁。仲裁事项是具有财产属性的纠纷,类比民事诉讼程序中的给付之诉、确认之诉、变更之诉。其中值得注意的是,《北京市高级人民法院企业破产案件审理规程》第 58 条关于"尚未终结的给付之诉的处理问题"规定:"人民法院受理破产申请后,已经开始而尚未终结的请求债务人为给付的民事诉讼或者仲裁,受理法院或者仲裁庭应当将债务人已进入破产程序的事实告知该案的债权人,并直接作出是否确认当事人之间债权债务的裁判,而不应作出以给付为内容的裁判。"这一条款直接限制了法院或仲裁庭所作判决或裁决的内容,其旨在对接《企业破产法》第 16 条禁止个别清偿的规定。笔者认为禁止个别清偿的规定对于判决与裁决均适用,即便债务人做出了个别清偿,仍然可以通过执行回转来保护整体利益,但与其后续进行程序上的救济,不如在判决或裁决内容上就限制给付。第二,仲裁裁决不能当然地实现,

---

① 参见刘冰:《论仲裁程序与破产程序之冲突与协调》,载《法学杂志》2018 年第 3 期。

② 参见郑布英:《仲裁制度的价值与价值的实现》,载《江西社会科学》2005 年第 7 期。

需要债务人的清偿,但是《企业破产法》已禁止个别清偿,债权人只能通过向管理人申报债权与其他债权人公平受偿,而仲裁裁决书所确认的债权额则为债权人的债权提供了充分的证明力。根据《企业破产法司法解释三》第7条第1款的规定:“已经生效法律文书确定的债权,管理人应当予以确认。”综上,在破产程序中的仲裁受到了限制,裁决书所确认的债权不能得到个别的清偿,但债权人按裁决书申报的债权管理人应当予以确认,破产中的仲裁实际上起着债权确认的作用。

三、仲裁程序在破产中的规范反思

正因两种程序衔接适用上的问题,从《企业破产法》第20条到《企业破产法司法解释三》第8条,对破产中仲裁程序的适用尝试进行回答,虽然规范内容并不细致,也未将大多数重要的问题明确,但从法律规范的真意解读入手,并结合实践经验,可以对仲裁程序在破产中适用的重要问题予以明确。

(一)破产申请受理前仲裁已经开启

仲裁在破产申请受理之前已经开始尚未终结的,根据《企业破产法》第20条的规定,等待管理人接管债务人财产之后,该诉讼或者仲裁继续进行。这是基于对诉讼安定性的考量,以及对于争议解决双方意思自治的尊重,对破产受理前已经开始的诉讼或者仲裁最大可能继续利用。[①] 我国基于对延续性与尊重当事人意思自治的考虑,对已经开始尚未终结的仲裁予以承认,有其合理性。

当然,这里还存在对仲裁事项的细致讨论。对仲裁事项的分类需要从管理人在仲裁中扮演的角色入手,根据《企业破产法》第25条关于管理人的职责的规定,第7项“代表债务人参加诉讼、仲裁或者其他法律程序”,在这里,本文不纠结“代表”一词是否准确,与《中华人民共和国民事诉讼法》中的“诉讼代表人”是否一致。仅从后果来看,“代表”一词表明在破产申请受理之后,债务人就丧失了独立参与诉讼或者仲裁的身份,由管理人代为参与诉讼或者仲裁。《北京市高级人民法院企业破产案件审理规程》第60条第1款“有关债务人诉讼的当事人问题”规定:“人民法院受理破产申请后,有关债务人的民事诉讼(包括破产申请受理时

---

① 参见金春:《破产法视角下的仲裁:实体与程序》,载《当代法学》2018年第5期。

已经开始而尚未终结的民事诉讼，以及破产申请受理后新提起的民事诉讼），由债务人作为诉讼主体，管理人负责人作为诉讼代表人代表债务人参加诉讼；管理人为个人的，由该人员作为债务人的诉讼代表人。”在仲裁中可以参考诉讼中关于管理人诉讼地位的规定，破产管理人作为仲裁代表人参与仲裁。但是值得注意的是，一般事项管理人可以“代表”诉讼当事人参与仲裁，但对于《企业破产法》第31～33条规定的破产撤销权和无效行为，第34～38条规定的管理人取回权，第40条规定的管理人抵销权，这部分涉及专属于管理人权利的行使，在仲裁中将管理人定位为债务人的仲裁代表人则不符合法律规定。

综上，基于对已进行程序的利用，以及对双方当事人意思自治的尊重，我国对破产受理前已进行的仲裁予以承认，但是要将仲裁事项分为一般事项与特别事项，不同事项管理人的地位不同，在仲裁涉及一般事项时，管理人作为仲裁代表人；涉及特别事项时，管理人直接作为申请人或被申请人。对于仲裁请求事项，人民法院受理破产申请后，对于债权人的给付请求，仲裁庭应直接作出是否确认债权债务的裁决。

（二）破产申请受理后仲裁开启并且仲裁协议在破产受理之前成立

就破产程序对仲裁协议的影响这一问题，有集中管辖说、管理人承继说、管理人选择说的观点。我国无论是从规范解释上还是从实务操作中，均不承认集中管辖排除仲裁协议的效力。在破产申请受理后，存在受理之前就已经成立的仲裁协议但尚未进入仲裁的情形时，没有了对已进行程序延续性的考虑，单纯讨论破产程序对仲裁协议的影响。《企业破产法司法解释三》第8条已经承认了破产申请受理前订立有仲裁条款或者仲裁协议的效力。我国似乎更接近“管理人承继说”，同时印证了我国《企业破产法》对于仲裁在破产中用于确认债权债务关系的观点，但这一条仅仅是对一般仲裁事项的规定，并未就仲裁涉及特别事项予以规定。金春在其文中的观点支持了管理人选择说，认为仲裁协议需要根据其仲裁的事项的类别考察，在一定情形下认可管理人选择解除或履行仲裁协议。①《企业破产法》第18条的规定的核心目的是赋予管理人对双方均未履行完毕合同的选择权。笔者认为，通过将仲裁协议作为待履行合同看待，进而赋予管理人

① 参见金春：《破产法视角下的仲裁：实体与程序》，载《当代法学》2018年第5期。

以选择权是不太合理的。从仲裁条款或者仲裁协议的独立性出发,管理人选择权应当仅局限于具有商事目的待履行合同,而不涉及其中的争议解决条款或者仲裁协议。争议解决条款一般并不构成合同的主要条款,即便主合同被撤销、解除,争议解决条款仍旧可独立存在,并不因为主合同无效或者不生效而当然无效或不生效。[①]《企业破产法》赋予管理人对待履行合同的选择权是从全体债权人利益出发而做的合同安排,不应适用于仲裁条款或仲裁协议。从待履行合同选择权的路径解释并不合理。而从管理人的专属职能出发,涉及特别事项的仲裁条款或仲裁协议并非基于管理人的选择而适用,更准确地说,进入破产程序后,原来的仲裁条款或仲裁协议因涉及特殊事项限制了意思自治的表达,处于一种无法履行的状态。而事实上仲裁的适用是基于管理人的"决定",在理论上无法跳出对选择权的讨论,这在于我国并未对破产申请受理后管理人是否可自主与债权人达成仲裁协议这一问题予以确定,本文的基本观点是肯定管理人在破产申请受理后订立仲裁协议,这样在涉及特殊事项时,管理人通过利益衡量之后可以与债权人协商一致决定通过仲裁解决争议。

综上,在破产申请受理之前已经开启的仲裁,破产申请受理后基于程序延续性的考量,应当完全尊重当事人意思自治。而破产申请受理后,依据破产申请受理前已经订立的仲裁协议,没有了对程序延续性的考虑,应对当事人的意思自治进行一定的限制。对仲裁协议涉及一般事项的情形,依据《企业破产法司法解释三》第 8 条尊重当事人意思自治,向选定的仲裁机构申请确认债权债务,而对仲裁协议涉及特殊事项的情形,由于涉及管理人专属权利而处于不能履行的境地,即不能当然地通过仲裁解决争议。

(三)破产申请受理后仲裁开启并且仲裁协议在破产受理之后成立

仲裁协议在破产申请受理之后订立,即管理人与债权人协商一致通过仲裁解决争议,这在我国立法上还未予以明确。从仲裁高效解决纠纷的功能出发,管理人与债权人均有动力协商通过仲裁解决争议,从尊重意思自治的理念出发,也不应限制仲裁的适用,当然这里的争议事项是包含一般事项与特殊事项的,因为管理人接管债务人之后,应从全体债权人利益出发,决定所有争议事项应当以何

---

① 参见唐仲春、李建伟:《解决争议条款的独立性刍议》,载《现代法学》1998 年第 3 期。

种方式协调。尊重当事人意思自治的同时，仲裁高昂的费用等劣势也理应考虑，因此对于管理人订立仲裁协议这一事项需要在法院与债权人会议的监督之下进行，监督应是管理人订立仲裁协议的重要一环，我国应考虑规定在管理人订立仲裁协议前，需提交债权人会议、债权人委员会或法院批准。[①] 管理人与债权人意思自治理应得到尊重，但是从全体债权人利益出发更需要对管理人的决定予以监督，从而实现个体利益与整体利益的平衡与协调。

四、结　　语

《企业破产法》第 20 条到《企业破产法司法解释三》第 8 条，对仲裁在破产程序中的适用进行了初步的探索，但现行的法律规范仍然有待完善。协调破产与仲裁的适用时，结合仲裁协议订立的时间点，应在当事人意思自治保护与全体债权人利益保护两者之间反复考量。基于对程序延续性与当事人意思自治的尊重，认可《企业破产法》第 20 条中对破产申请受理后仲裁中止，等待管理人接管债务人财产后继续仲裁的规定。对于《企业破产法司法解释三》第 8 条中未考虑的仲裁协议涉及特殊事项的情况与管理人经过利益平衡的考量订立仲裁协议的问题进行了理论层面的解释。伴随仲裁在商事活动中应用愈加频繁，应重视仲裁发挥效率性的重要作用，在《企业破产法》中对仲裁进行细化规定，同样《仲裁法》理应对破产程序进行回应，以应对破产实践出现的相关问题。笔者建议：《企业破产法》在修法时，应充分考虑管理人在仲裁程序中的地位、权利义务，以及破产程序与仲裁程序相互配合、协调等相关问题；《仲裁法》、各仲裁委员会的仲裁规则，就破产衍生案件在仲裁程序中相关程序问题进行同步修订。在商事活动中，效率等于金钱。笔者期望，破产与仲裁有机结合，充分发挥效率性，提升破产案件回收率。

---

① 参见刘冰：《论仲裁程序与破产程序之冲突与协调》，载《法学杂志》2018 年第 3 期。

论我国破产程序与仲裁程序的冲突与协调

丁　燕[*]　张朋敏[**]

自《中华人民共和国企业破产法》(以下简称《企业破产法》)颁布实施以来,大量企业或者通过破产程序快速出清市场,或者通过破产重整制度涅槃重生,深化了我国供给侧结构性改革,有效促进了国内市场要素流通。破产法律制度在推动市场经济有序竞争、进一步优化社会资源分配、营造公平透明的营商环境等方面日益发挥重要功效。仲裁制度同样作为解决社会纠纷的程序规范,在解决商事纠纷方面发挥了不可替代的作用。《中华人民共和国仲裁法》(以下简称《仲裁法》)在1995年9月1日起正式施行,这也是继我国3部诉讼法颁布之后又一部解决社会纠纷的程序法,仲裁所具备的保密度高、效率高、成本低的优势,被市场主体所青睐。破产与仲裁本属于不同的程序,但由于立法上的缺漏以及司法实践的复杂多样性,导致实践中破产程序与仲裁时常发生冲突,尤其随着我国法院受理破产案件的数量逐年增长,破产案件中破产与仲裁程序的冲突愈加频繁。

破产程序与仲裁之间的冲突,主要表现在仲裁协议

*　青岛大学法学院教授,青岛市法学会破产法研究会会长。

**　青岛大学法学院2019级法律硕士研究生。

与仲裁裁决在破产过程中的效力认定。具体而言,仲裁协议方面的争议主要体现在破产程序开始前仲裁协议的效力认定、债务人或破产管理人在破产程序进行中新签订的仲裁协议效力认定以及债务人在破产重整程序终止后重整计划执行阶段签订的仲裁协议效力认定。其中,破产程序开始前仲裁协议的效力又包括仲裁程序已经启动和已经签订仲裁协议但仲裁程序未启动两种情形。在实务中,应如何认定各个阶段仲裁协议效力,各方对此饱有争议,也困扰着受理破产案件的法院及破产管理人。仲裁裁决方面的争议主要体现在三个方面:第一,偏颇性清偿制度中,仲裁裁决的效力应当如何认定?第二,当债权人以仲裁裁决为依据申报债权时,应当如何认定仲裁裁决的效力?第三,依据仲裁裁决在债权申报环节能否获得与生效判决相同的效力?上述问题亟待梳理并寻求解决方案。

一、对我国破产程序中仲裁相关规则的展开与评价

(一)仲裁协议效力的分析与认定

1. 破产受理前签订的仲裁协议之效力

当事人在破产受理尚未开始时签订仲裁协议是双方合意将商事纠纷诉诸仲裁程序解决的方式,体现的是当事人的意思自治。就破产前签订的仲裁条款和仲裁协议的效力问题,我国《仲裁法》《企业破产法》及其司法解释对该问题的规定存在空白,以致在司法实践中往往不知所措。《最高人民法院关于适用〈中华人民共和国企业破产法〉若干问题的规定(三)》(以下简称《企业破产法司法解释三》)第 8 条明确规定,破产申请受理前订立仲裁条款或仲裁协议的,应当向仲裁机构申请确认债权债务关系。此条文在一定程度上肯定了破产受理前签订的仲裁协议具有法律效力,也为解决司法实务难题提供了重要途径,如在深圳市建艺装饰集团股份有限公司与苏州乐颐养老产业服务集团有限公司普通破产债权确认纠纷一案中,①法院以当事人之间在破产申请受理前存在有效的仲裁协议为由,驳回原告的诉讼请求。

在破产程序开始前,已经启动的仲裁程序的效力由《企业破产法》第 20 条、

① 参见深圳市建艺装饰集团股份有限公司与苏州乐颐养老产业服务集团有限公司普通破产债权确认纠纷案,苏州市姑苏区人民法院(2019)苏 0508 民初 5904 号民事裁定书。

第25条第1款第7项予以明确规定,即已经开始而尚未终结的仲裁应当中止,在管理人接管债务企业的财产后,继续进行相关的仲裁程序。而对于破产程序开始前,已经签订仲裁协议但未启动的仲裁程序,我国《企业破产法》及《仲裁法》对其效力认定问题都未作出明确解释。该问题涉及管辖权争议,我国《企业破产法》第21条规定了破产衍生诉讼由破产法院集中管辖,但该条与《仲裁法》第5条之管辖权规定存在冲突,对此问题的解释也会影响仲裁程序是否继续。

2. 在破产程序中新签订的仲裁协议之效力

仲裁程序与破产程序的关系错综复杂,在破产程序中管理人管理破产企业的业务和财务后,签订新的仲裁协议无外乎出于两个目的,或者是处置破产财产,使破产财产价值最大化,或者是维持企业生产经营状态而与债权人签订仲裁协议,此时仲裁协议效力的认定关乎整个破产程序的安定性,也影响破产程序中仲裁程序的继续与中止。针对在破产程序中新签订的仲裁协议的效力认定,笔者作如下分析。

从法理层面来看,破产与仲裁发生冲突是由于这两个制度的价值取向不同,破产制度致力于公平清偿债权、维护社会公共利益等,而仲裁程序则倾向于保护当事人意思自治,更强调程序效率。在破产程序中拒绝承认新签订仲裁协议的效力,是为了保障破产程序解决争议所具有的公平性,防止管理人与债权人通过仲裁方式虚构债权债务,恶意申报破产债权。但如果在破产程序中一味排斥仲裁协议的效力,那么仲裁程序化解纠纷所具有的灵活性、高效性以及保障当事人的自由意志的作用就无法得到充分体现,还可能会增加法院的工作量,不利于破产程序的有序推进。此外,在破产程序中启动仲裁程序,双重纠纷解决机制同时运行,难以避免地给债务人增加相应的成本,致使破产企业财产在一定程度上会减少,这与破产程序追求全体债权人利益最大化的价值目标相悖。鉴于此,为了公平维护全体债权人的利益,我国《企业破产法》也有必要对破产管理人在破产程序中新签订的仲裁协议的权利进行适当限制与监督。

3. 重整程序终止后重整计划执行期间债务人签订的仲裁协议之效力

重整计划草案经人民法院批准后进入重整计划执行阶段,由债务人执行重整计划,《企业破产法》第90条规定了管理人在债务人执行重整计划的过程中具有监督的义务,那么债务人与其他商事主体在重整计划执行期间签订的仲裁协议效力应当如何认定呢？对此，我们应当结合《全国法院民商事审判工作会议纪要》第113条第2款的规定予以分析，债务人执行重整计划期间，因重整程序终止后新发生的民事诉讼，排斥集中管辖的规定。人民法院裁定批准重整计划、重整程序终止之后，进入重整计划执行阶段，经人民法院裁定批准的重整计划具备法律约束力。在破产企业的债权债务关系厘清后，企业逐渐恢复到正常经营状态，有关破产企业的民事诉讼也可以按照《中华人民共和国民事诉讼法》（以下简称《民事诉讼法》）的相关规则确定管辖权。同理，债务人在重整计划执行阶段签订的仲裁协议也不应受破产集中管辖的约束，而应有效，若发生相关争议，应按照仲裁协议的约定提交仲裁机构仲裁。

（二）仲裁裁决的效力分析及认定

《最高人民法院关于适用〈中华人民共和国企业破产法〉若干问题的规定二》（以下简称《企业破产法司法解释二》）第15条前半段规定债务人经仲裁程序对债权人进行的个别清偿，管理人依据《企业破产法》第32条的规定请求撤销的，人民法院不予支持。该条司法解释说明在偏颇性清偿制度中，仲裁裁决的效力仍得以确认。深入探究《企业破产法司法解释二》第15条的立法缘由可知，当债务人具备破产原因时，债务人的财产在法律上已处于特殊状态，为了实现破产债权平等清偿原则，我国法律规定禁止个别受偿及个别受偿需撤销等，但若破产程序中个别清偿行为均予以撤销，将不利于商事交易活动的稳定性。我国《企业破产法》为规避此问题采取两种应对手段：一是对个别清偿规定了法定期间，如《企业破产法》第32条，采用立法手段在全体债权人获得公平清偿与商事交易的稳定之间实现平衡；二是对通过诉讼、仲裁、执行程序等进行个别清偿的债权赋予公信力。《企业破产法司法解释二》第15条也体现了对善意债权人的保护，如果已经通过仲裁程序进行清偿再撤销，不仅会对善意债权人颇有不公，也将会大大提升司法成本，而该成本最终是由整个社会承担。

《企业破产法司法解释三》第7条则明确规定，管理人认为或者有证据证明债权人与债务人通过采用仲裁等途径恶意虚报债权债务，损害其他债权人利益的，应当向受理法院申请撤销或者不予执行仲裁裁决，并需要再次确认债权。《企业破产法司法解释三》第7条赋予管理人审核仲裁裁决所确认债权的有效性,这也强调了已经作出的仲裁裁决在破产债权审查与确认中的既判力,①此观点在司法实践中也得到了应用,如陈某显诉佛山市禅城区石湾高级装饰砖厂、佛山市华承企业清算服务有限公司、佛山市禅城区盈顺资产经营有限公司破产债权确认纠纷一案。② 但为公平保护所有债权人利益,该条款同时赋予管理人对生效仲裁裁决所确认债权的审查权与向法院申请撤销和不予执行仲裁裁决的权利。

二、破产程序与仲裁程序之协调路径

(一)以法经济学视角剖析破产程序与仲裁的价值本质

要想从源头上解决仲裁程序与破产程序之间的冲突,必须要明确二者的价值本质,从法经济学的视角对破产与仲裁进行价值本质分析,以经济合理性和理性选择的方法来寻求协调二者冲突的最佳路径。破产程序与仲裁程序同是重要的争端解决机制,但破产制度的设计凸显社会公共利益的优先保护,社会本位的品格尤为突出,其价值目标是保障全体债权人公平受偿。仲裁程序则追求高效性、专业性和意思自治。破产程序对平衡多方当事人利益关系、维护社会公共利益起到不可替代的作用,为充分实现破产程序的价值,有必要对仲裁程序从多方面入手进行合理的限制和协调。但是,将仲裁程序排除在破产程序之外可能会导致经济生活效率低下。

国家在积极挽救困境企业时,无疑会考虑《企业破产法》成本的投入产出比,在司法实践中,当破产程序与仲裁程序应进一步协调,二者在重复博弈中尽可能地考虑各种影响因素,对协调路径进行总体的、边际的、替代的甄选之后,再构建出破产与仲裁协调的最优格局。当二者在具体运行中发生冲突时,应当以公共利益为主,使仲裁程序作出一定让步,适用破产集中管辖原则,充分发挥《企业破产法》的价值,这有利于促进司法资源合理配置,能够有效节约我国立法机关制定法律的机会成本。③ 同时,当仲裁程序有利于社会公益的维护时或者有利于破

---

① 参见丁燕、孟燕:《仲裁裁决既判力视角下管理人对破产债权的认定》,载《河南财经政法大学学报》2020 年第 4 期。

② 参见陈某显与佛山市禅城区石湾高级装饰砖厂、佛山市华承企业清算服务有限公司破产债权确认纠纷案,佛山市中级人民法院(2015)佛中法民二初字第 63 号一审民事判决书。

③ 参见陶绪翔:《论我国自然人破产制度的建立——从法经济学的角度分析》,载《行政与法》2005 年第 9 期。

产程序进行时,破产程序应当保持谦抑性,以便发挥仲裁程序的特有优势。

虽然破产程序与仲裁程序存在不协调问题,但妥善处理二者关系也可以实现共生共赢,寻求二者在程序协调与利益平衡上的帕累托最优,不仅有利于降低法律成本,还能产生巨大的经济效益。破产程序在必要时允许仲裁程序的进行,权衡效率与公正,在适当时由当事人意思自治,既能够达到实体结果客观真实,也能够为当事人内心承认和接受,有效解决纠纷,更加有助于"扩大内需"政策的实施和资源的优化配置等。

(二)仲裁协议效力的认定规则

放眼国际,对于仲裁协议效力认定有不同的审视视角和理论学说,主要包括集中管辖说、①管理人承继说和管理人选择说。对于破产程序中仲裁协议的效力认定应当对不同阶段的仲裁协议采取不同的认定方式。具体来说,破产程序启动前已经启动的仲裁程序的效力认定,应当采纳管理人承继说;对于破产程序前未启动的仲裁程序的效力认定更妥当的方式是采纳管理人选择说;对于破产程序中债务人或者管理人新签订的仲裁协议应当按照《企业破产法司法解释三》第8条及《全国法院民商事审判工作会议纪要》的相关规定认定其效力。

破产程序启动前已经启动的仲裁程序的效力认定,应当采纳管理人承继说。管理人承继说有着明确的法律依据与法理基础。我国《企业破产法》第20条的立法考量为:当法院受理企业破产申请后,债务企业被依法剥夺了管理和处分财产的权利,为了保护债务人财产的价值与债权人的程序利益,有关债务人的民事诉讼和仲裁程序应当中止。当破产管理人以破产企业的"诉讼代理人"角色就位后,仲裁程序因重新拥有适格当事人得以继续进行。根据《企业破产法》第25条第1款第7项规定可知,管理人在破产受理后,具有为维护债务人利益而参加仲裁程序以及缔结新的仲裁协议的职责。可见,破产申请受理后,管理人接管破产企业财产时,直接继受仲裁协议的效力,继续进行仲裁程序;但是若该仲裁申请是债权人提出的,仲裁程序应当中止,待向破产受理法院申报债权后,仲裁程序才可以继续进行,从而保护其他债权人的合法利益。从破产集中管辖的角度来看,管理人是

① 集中管辖说认为,当仲裁法的管辖权规则与破产法的管辖权规定发生竞合时,法院可以破产法上的集中管辖为由否定仲裁协议的效力。

否应当承继仲裁协议是深度探讨仲裁协议在破产程序中的效力问题的关键。

对于破产程序前未启动的仲裁程序的效力认定更妥当的方式是采纳管理人选择说,管理人选择说在认定仲裁协议效力这一问题上更加强调全体债权人利益受偿的公平性。我国《企业破产法》也采取了相同的立法趣旨,第18条第1款规定,人民法院受理破产申请后,管理人对破产前签订且双方当事人均未履行完毕的合同有权决定履行与否。该条规定的意义在于赋予破产管理人对双方均未履行完毕的合同选择权,以发挥管理人依法处置破产企业财产,保护各方当事人利益最大化的职能。根据该条规定,管理人具备承继仲裁协议的法理,应当按照待履行合同的处理规则做出解除或者继续履行的决定。管理人应当做出怎样的选择?关键在于管理人权衡仲裁协议对破产企业的后续经营是否有利。若仲裁协议约定内容有利于破产财产价值最大化以及维护全体债权人利益,管理人应当选择履行仲裁协议。反之,若仲裁协议约定事项对于企业来讲程序烦琐,还需支出额外费用,管理人应出于对破产企业利益的考量,在必要时选择解除仲裁协议并把纠纷付诸诉讼。我国《企业破产法》应对管理人在破产程序中新签订的仲裁协议之效力予以适当限制。从实务角度分析解决此种问题的有效路径为债权人会议表决通过并经法院裁定。

我国现行法律承认破产受理前签订的仲裁协议具有法律效力,先前订立的仲裁协议在破产程序中是否受到限制,取决于仲裁协议中规定的事项是否违反《企业破产法》的强制性规定。对于涉及破产撤销权、禁止抵销等破产核心事项的仲裁协议因违背《企业破产法》强制性规定而无效。[①] 综上,对于破产程序中仲裁协议的效力认定应当区分不同阶段适用管理人承继说或管理人选择说,并考虑仲裁协议规定具体事项是否违背《企业破产法》的强制性规定,这将会充分发挥管理人的作用,避免恶意申报债权及累讼的出现,维护社会主义市场经济的信用,从而为我国建立有序的营商环境。

(三)仲裁裁决效力的认定规则

在破产程序中,仲裁裁决的效力认定关乎整个破产程序的安定性。在偏颇性清偿制度中,仲裁裁决的效力在我国《企业破产法司法解释二》第15条中得以

---

① 参见金春:《破产法视角下的仲裁:实体与程序》,载《当代法学》2018年第5期。

确认。如前所述,国内仲裁裁决具有既判力,管理人审查债权时首先应予以确认,在认为存在错误或者有证据证明相关当事人虚构债权时,应向受理破产申请的法院提起撤销裁决或不予执行的诉讼。但是,由于我国没有专门的破产法院,受理破产申请的法院可能是基层法院,而《仲裁法》规定对仲裁裁决撤销或不予执行的法院级别是中级人民法院,此时就容易出现级别管辖冲突问题。学界与实务界之所以对《企业破产法》第21条争论不休,究其缘由是破产法院集中管辖权的边界模糊,不利于公共政策的落实。对破产程序中关乎众多债权人的利益与社会公共利益的核心事项,不得由当事人意思自治,这就需要通过专业的破产审判机构给破产程序与仲裁程序划出一道明确的界限,但遗憾的是,我国尚未建立专门的破产法院。现行法律框架下,对破产衍生诉讼集中管辖原则与仲裁存在的管辖权问题主要通过协调管辖和指定管辖的方式予以解决,如尚未规定申请方式、指定程序、程序审查等内容,此种解决管辖权冲突的方式仅为权宜之计。[①] 设置专门破产法院能够把解决破产所需要的专业知识和必备设施尽可能地集中于一个审判体内,使破产审判工作更具专业性。在专门破产法院发展较成熟的基础上,辅以划分"核心"与"非核心"事项标准来认定仲裁协议的效力不失为有效工具。因此,笔者建议我国设立专门破产法院,并辅以合理区分"核心"与"非核心"事项解决破产程序上管辖权协调的问题。

---

① 参见丁燕、孟燕:《仲裁裁决既判力视角下管理人对破产债权的认定》,载《河南财经政法大学学报》2020年第4期。

第十一届中国破产法论坛会议文字实录

2020年10月24～25日，由中国人民大学法学院、中国人民大学破产法研究中心、中国国际贸易促进委员会法律事务部、北京破产法庭、北京市破产法学会共同主办的“第十一届中国破产法论坛”在北京友谊宾馆成功举办，最高人民法院民二庭庭长林文学应邀出席开幕式并发表主旨演讲。中国破产法论坛组委会主任王欣新教授，中国人民大学法学院副院长程雷教授，中国国际贸易促进委员会法律事务部副部长郑伟，北京市第一中级人民法院党组成员、副院长单国钧，北京市高级人民法院党组成员、副院长靳学军，北京市法学会党组书记、专职副会长萧有茂等领导出席开幕式并先后致辞。来自全国各地约500位嘉宾，围绕“营商环境优化建设中的破产法律制度改革与完善”背景下的“破产审判府院联动与营商环境”“管理人制度与信息化建设”“债务人财产与债权保障”“重整程序与困境拯救”“个人破产立法问题”“合并破产与跨境破产”这六个具体议题进行了为期一天半的深入研讨。

本届论坛的议程总共包括开幕式、主旨演讲、大会主题演讲一、大会主题演讲二、6个分论坛研讨（“主题演讲＋对话交流”）、大会主题演讲三、青年论坛、开放式交流、闭幕式等九个环节。以下为论坛全程文字实录（精要），由中国人民大学破产法研究中心秘书处范志勇博士负责整理，特此说明并致谢。

开幕式 + 主旨演讲

时间:2020 年 10 月 24 日上午

主持人:徐阳光(中国人民大学法学院教授,中国人民大学破产法研究中心副主任,时任北京市破产法学会副会长兼秘书长)

开幕致辞

王欣新(中国破产法论坛组委会主任,中国人民大学法学院教授、破产法研究中心主任,时任北京市破产法学会会长)

欢迎大家光临第十一届中国破产法论坛! 2020 年注定是不平凡的一年,我们在疫情期间可以感受到祖国的进步与强大,看到社会上以各种方式呈现的人性光辉。因为新冠肺炎疫情原因,在本次论坛的筹备过程中,组委会不得不压缩会议规模,降低风险,参会人数控制在 500 人以内,以论文投稿为基础,采用定向邀请的方式,确定参会嘉宾名单,尽量平衡各单位的参会需求。在这里,我代表中国破产法论坛组委会,感谢各位嘉宾的理解和支持!

本次论坛共收到参会论文 500 余篇,收入论文集的文章共有 417 篇,这反映了理论界、实务界对破产法制度的研究并没有因为疫情而停滞,各位同仁一如既往地怀揣着热情投入破产法制度的研究中,一贯地支持中国破产法论坛。中国破产法论坛在各位嘉宾和全国破产同仁的参与之下,将继续前行,努力做到理论研究与司法实务并举,致力于我国破产制度的完善与《企业破产法》的市场化实施,帮助推动完善社会主义市场经济体制。

本届中国破产法论坛在大会主题演讲之外,设置了若干分论坛,包括营商环境优化、管理人制度、债务人财产、重整制度、个人破产、跨境破产等。希望各位嘉宾畅所欲言,汇聚行业精英智慧,推动思想碰撞火花,共同为中国破产法的立法完善与顺利实施贡献力量。

本届破产法论坛对嘉宾提交的参会论文进行汇编整理,通过第三方专家评选优秀论文,在会议闭幕阶段予以颁奖。会后,我们还将对提交会议的论文择优编入《破产法文库》公开出版的“破产法论坛”系列文集。

2020 年的不平凡不仅仅体现在疫情对我们经济发展、日常生活的影响,还体现在我国首部《民法典》的颁布,以及个人破产立法在深圳经济特区“破冰”。

《民法典》的出台对于《企业破产法》的立法与实施产生了较大影响,如《民法典》中债权人无偿行为撤销权、保证合同规定对《企业破产法》适用的影响。因此,如何促进破产法制度与民法典规定进行有效衔接,是未来破产法制度发展的重要命题。

在个人破产立法方面,《深圳经济特区个人破产条例》已于8月31日发布,中共中央办公厅、国务院办公厅也于近日公开发布了《深圳建设中国特色社会主义先行示范区综合改革试点实施方案》。其中,在营商环境方面提出开展破产制度改革的试点,明确“率先试行自然人破产制度,支持制定深圳经济特区个人破产相关规定”。这一试点积极推动了我国个人破产立法的发展,在一定程度上弥补了我国破产制度“三缺二”的缺憾。在此,希望《深圳经济特区个人破产条例》可以顺利地推行下去,并早日在全国范围内建立“个人破产法”,真正地填补我国破产法制度在自然人破产方面的空白。

最后,感谢各位领导和嘉宾的光临与支持,感谢北京市破产法学会全体会员对论坛各方面工作的大力支持,感谢以论坛徐阳光秘书长为首的论坛会务组与以郑伟华庭长为首的北京破产法庭的辛勤工作,祝论坛圆满成功。

程雷(中国人民大学法学院副院长、教授)

受中国人民大学王轶副校长兼法学院院长的委托,代表论坛的组委会单位中国人民大学法学院向与会的各位专家、同仁表示热烈的欢迎,并对第十一届破产法论坛的顺利召开表示热烈祝贺。

中国破产法论坛组委会设在中国人民大学法学院,最初由中国人民大学破产法研究中心、最高人民法院民二庭、北京市高级人民法院和北京市破产法学会等单位创办,旨在贯彻落实党中央完善社会主义市场经济体制的决策部署,服务国家破产法律制度的实施,推动破产法学科的发展。经过10多年的发展,在最高人民法院、北京市高级人民法院、北京市第一中级人民法院、中国国际贸易促进委员会法律事务部的大力支持之下,在中国人民大学法学院、中国人民大学破产法研究中心的精心组织之下,中国破产法论坛已经成为国内最具规模和影响力的学术品牌,成为国内破产法理论界与实务界交流思想、推广经验和普及破产文化理念的平台。

根据我的观察,破产法论坛呈现两个鲜明特色:一是理论与实践的深度融合,论坛上邀请到全国各级人民法院的领导、审判业务专家的人数在国内各学科的会议中规模最大，充分体现了这一论坛将破产法的实践与理论深度融合的效果；二是将司法实务完善与学术研究深度融合，本次论坛的会议文件袋十分厚重，论坛产出的学术成果在国内各学科的学术会议中实属罕见。

本次会议贯彻党中央提出的"六稳"工作目标和"六保"工作任务，聚焦破产法律制度改革与营商环境优化建设。来自全国各地的400余位专家学者，将围绕"破产审判、府院联动机制与营商环境优化""管理人制度与履职保障""债务人财产与债权人利益最大化""重整与企业挽救""跨境破产制度构建""执转破与个人破产立法"等具体议题进行一天半的深入研讨。论坛的召开恰逢其时，破产法律制度的完善对于实现经济复苏具有直接的推动作用。预祝本届论坛圆满成功、产出丰硕的研讨成果。

郑伟（中国国际贸易促进委员会法律事务部副部长）

非常高兴与中国人民大学法学院、中国人民大学破产法研究中心、北京破产法庭、北京市破产法学会等联合举办第十一届中国破产法论坛，与广大破产界的专家、学者、实务工作者共聚一堂，交流经验、凝聚共识，共同探讨中国破产制度的改革和完善。我谨代表中国国际贸易促进委员会法律事务部，向各位嘉宾的到来表示诚挚欢迎，对论坛举办致以热烈祝贺。

当前，我国已跃升为世界第一货物贸易大国、世界第二大对外投资国，企业走出去步伐加快。随着"一带一路"倡议的深入推进，我国吸引国外高质量投资能力不断增强，外商投资总额不断攀升。在此背景下，改革与完善破产法律制度，解决跨境破产中的法律冲突与矛盾，促进各国在跨境破产领域的合作，对营造稳定、公平、透明和可预期的营商环境具有重要意义。妥善处理跨境破产案件，对维护国际经济秩序和促进国际贸易、国际投资开展发挥着重要作用。

中国国际贸易促进委员会作为境内外工商界开展经贸交流合作的重要桥梁，致力于促进对外贸易、双向投资和经济技术交流，推进与境外对口机构机制化合作，形成贸易投资促进、商事法律服务、参与全球治理三大工作主线。在商事法律服务方面，目前已形成了仲裁、调解、知识产权、经贸摩擦应对、商事法律咨询、企业权益保护等多项成熟业务板块。

在破产法专业领域，中国国际贸易促进委员会法律部也开展了大量工作。自2015年起，我部开始参与联合国贸法会破产法工作组相关工作。2019年，我会成为联合国贸法会以及所属6个工作组观察员。其中第5工作组为破产法工作组,我会代表中国工商界积极参加工作组会议,表达中国工商界对国际破产规则的诉求和有益实践。为进一步夯实观察员履职基础,今年5月,我部启动贸法会观察员专家团遴选工作,组织专业化、国际性、复合型高端人才机制化参与我在联合国贸法会工作,充分发挥我观察员角色功能作用。此外,我部还与国际破产协会,日本、韩国、新加坡、泰国等国的破产重整机构和司法机构保持着经常性往来和沟通,持续推动我国跨境破产规则发展完善。在课题研究方面,开展“中国跨境破产法律制度构建”“我国破产管理人行业发展与自治制度研究”等项目,指导企业参与海外跨境破产案件维权工作,弥补我国在跨境破产企业服务和规则制定的空白和短板。在此基础上,我会开始探索为破产企业提供调解、重组和庭内外混合程序衔接等快速、低成本、便捷的权益维护服务,为企业破产提供新思路、新选项。

当前,全球经济面临的不确定性增多,迫切需要完善全球治理,加强协调合作,破产领域也不例外。经过三年多的努力,中国国际贸易促进委员会、中国国际商会联合来自国内外45家商协会、法律服务机构、高校智库等共同发起设立的国际商事争端预防与解决组织正式成立,李克强总理向争端解决组织成立大会致贺信。作为第二届“一带一路”国际合作高峰论坛成果清单项目,争端解决组织是一家非政府间、非营利性国际组织,将本着“共商共建共享”的理念,为国际商事主体提供从争端预防到争端解决的多元化、“一站式”、全链条商事法律服务。在破产方面,争端解决组织将加强跨境破产案件大数据信息服务,发挥跨境法律研究和交流沟通的平台优势,帮助企业识别跨境破产法律风险点,推动跨境破产法律制度构建,维护企业在跨境破产中的合法权益。

中国国际贸易促进委员会将继续搭建中外破产法国际交流平台,整合调解、仲裁、企业权益保护、争端预防等商事法律服务资源,为企业提供破产法律服务;继续与国内外各相关部门、机构、法律法学界广大专家学者加强交流合作,携手努力,在国际舞台贡献中国方案和中国智慧,推动构建公平合理的破产法律制度,为推动全球经济治理机制变革,推动建设开放型世界经济做出贡献。

单国钧(北京市第一中级人民法院副院长)

金秋时节,在全国疫情防控常态化背景下,各位破产学界和实务界人士齐聚首都,共同探讨《企业破产法》实施和修改中的重点、难点问题,具有十分重要的意义。可以说这次盛会来之不易,相信此次会议将给《企业破产法》的修改提供有益的意见和建议。作为主办方之一，受马强院长委托，我谨代表北京破产法庭对此次前来参会的各位领导、专家、同仁表示热烈的欢迎！对长期以来各位对北京破产法庭的关心和支持，表示衷心的感谢！

当前，《企业破产法》的有效实施关系市场主体的法治化退出路径，关乎优胜劣汰市场竞争机制的完善，关乎稳定公平透明、可预期的营商环境建设。随着世界银行和国内营商环境评估工作的开展，在最高人民法院指导和北京市高级人民法院领导下，北京破产法庭围绕营商环境评价标准体系，坚持问题导向、目标导向，针对影响办理破产质效的时间、成本、结果要素制定任务分解方案，逐项推进各项任务落实，有效发挥破产审判助力优化营商环境的职能作用。与此同时，北京破产法庭坚持以评促改，以评促优，对标先进地区破产实践，不断加强破产审判能力和审判体系的提升。下面，结合营商环境评估工作，我简要介绍一下北京破产法庭的相关工作情况：

一是加强北京破产法庭组织建设，健全符合破产审判规律的专门化审判体系。北京破产法庭自 2019 年 1 月 30 日正式挂牌成立后，于当年 11 月 1 日集中管辖全市破产案件。在北京市高级人民法院的大力支持下，北京破产法庭从全市法院借调法官和法官助理，并开展五场专业培训，确保破产审判经验的传承与发展。目前，北京破产法庭按照不同案件和案件的不同阶段实行单独考核，初步建立符合破产审判规律的绩效考评制度，进一步激发破产审判的生产力。自北京破产法庭集中管辖全市破产案件以来，截至 9 月 30 日，共计收案 1300 余件，审结案件 863 件，其中，破产案件收案数增长 20 倍、结案数增长 14 倍，实现审理质效的显著提升。

二是出台系列指引，推动健全破产审判规则体系。围绕世界银行营商环境评估关注的企业营运价值、担保债权人利益保护等关键问题，研究建立预重整制度，出台破产重整案件审理规则，提高重整程序的可预期性和可操作性。在此基础上，今年 4 月出台《破产案件管理人工作指引》，明确了管理人在破产程序中各个环节的职责内容，努力构建全流程、全覆盖的管理人履职规范体系。为降低疫情影响，第一时间出台《关于加强疫情防控期间破产管理人工作的指导意见》，指导监督管理人稳妥推进疫情防控期间的破产案件进程。

三是重视重整和解工作，不断提升破产拯救审判能力。有效助力国务院国有资产监督管理委员会特困企业专项治理工作，积极适用预重整程序，仅用 43

天审结中航世新两公司合并重整案,该案也是北京法院审结的首例实质合并重整案。新冠肺炎疫情防控期间,及时化解受新冠肺炎疫情影响企业的债务危机,北京慧浤之兴投资管理公司和解案,创法庭和解案件最短用时。积极推进万瑞飞鸿、京中兴等公司重整计划的执行,全国首例"两网"公司京中兴案重整计划顺利执行完毕,确保企业真正实现重生。

四是大力开展调研工作,推动解决当前《企业破产法》实施难题。今年以来,北京破产法庭针对帮扶受疫情影响的困境企业、董事申请破产义务及责任、《民法典》出台对破产审判的影响、设立破产行政管理机构等六项专题开展调研,已推出4篇调研文章、两篇决策参考,下一步还将推出"常态化疫情防控下的拯救困境企业"及"关联企业合并重整"两项审判工作指引,切实通过调研提升破产审判水平和优化营商环境重点工作。

五是开展全流程线上审理,提升疫情期间参与破产便利度。今年以来,北京破产法庭进行线上审查、召开债权人会议共计800余次,线上申报债权2300亿元,900余家债权人参加了线上债权人会议,有效缩短了破产程序时间,降低了债权人参与破产成本。依托北京破产法庭成立的一站式诉讼服务中心,疫情期间通过"12368"热线电话、法庭公示电话及邮箱等方式,接受立案、审理等各类法律咨询上千起,切实提升特殊时期当事人参与破产的便利度。

六是多措并举,有效推进破产制度及审判理念的宣传工作。北京破产法庭成立以来先后举办4场新闻发布会,"管理人工作指引"线上新闻发布会微博观看浏览量57万人次,其中20万人次观看了视频。今年2月,北京破产法庭推出首家破产法庭微信公众号,截至目前共刊62篇原创文章,全方位宣传介绍破产制度价值理念和审判工作成效,收到良好宣传效果。

北京破产法庭工作取得的进步,离不开最高人民法院、北京市高级人民法院的统筹部署和悉心指导,离不开理论界和实务界的建言献策和大力支持。借此机会,再次向支持、帮助北京破产法庭的各位领导、专家、同仁及管理人表示感谢! 下一步,北京破产法庭将继续围绕提升"办理破产"指标要求,着力发挥破产制度对稳就业、保基本民生、保市场主体的独特功能作用,重点开展以下几个方面的工作:一是进一步加强破产审判规范化建设,围绕《企业破产法》的核心制度和配套制度建设,积极为《企业破产法》的修改提供来自审判一线的实践反馈。二是进一步提升破产审判信息化建设水平,推动建设体现破产审判规律,实现数据互联互通,有效服务决策参考的专门破产审判平台。三是积极挽救受新冠肺炎疫情影响的困境企业,通过开展预重整、合并重整实践,帮助各类企业,尤其是民营企业早日走出经营困境。四是构建企业全生命周期风险防控法律体系,结合企业内部治理机制,针对首都企业类型研究债务危机化解路径,切实为首都经济高质量发展提供司法服务保障。

靳学军(时任北京市高级人民法院副院长)

今年,是全面建成小康社会的决胜之年,是"十三五"规划的收官之年。今天,第十一届中国破产法论坛在此举办,大家为完善破产法治体系、打造一流营商环境建言献策,非常有意义。

办理破产是世界银行和国内营商环境评价的重要内容。北京市是世界银行评价"办理破产"指标的样本城市,北京法院始终高度重视破产审判工作,从落实党中央、中国共产党北京市委员会和最高人民法院的决策部署、促进我国经济高质量发展的高度,全面改革办理破产,开创破产审判工作的新局面。去年,我国"办理破产"指标在世界银行营商环境评估中提升了10个位次,北京"办理破产"指标在国内评估中位列第二。

一是坚持制度创新,为优化营商环境提供更全面的法治保障。破产审判涉及市场主体退出环节的各个方面,事关营造市场竞争机制,事关市场资源优化配置,事关产业结构调整升级。北京法院紧扣专业化建设,以规范化、制度化的思路和举措,构建科学的破产审判体系。去年,北京破产法庭正式成立,并对全市破产案件集中管辖,同时配齐配强审判队伍,设立全国首家破产审判事务中心,优化破产审判体系空间布局,最大化发挥破产法官的专业能力和优势。北京法院积极应对案件量快速增长、难度不断增加的挑战,全面深化改革,持续建章立制。北京市高级人民法院围绕优化时间、成本、效果等各项指数,出台《北京市高级人民法院关于加快破产案件审理的意见》等五项规范性文件,北京破产法庭推出三类破产案件审理周期表,明确破产程序环节节点,在全市范围内实现案件快速审理、破产网拍、全流程线上审理、审执协调联动等各项制度一体推进、效果明显。相关经验被纳入国务院编制的《深化"放管服"改革优化营商环境典型经验100例》。

二是加强司法帮扶,为激发市场主体活力释放更多的政策红利。习近平总书记2020年7月21日在企业家座谈会上指出:"市场主体是经济的力量载体,保市场主体就是保社会生产力。”“要千方百计把市场主体保护好,为经济发展积蓄基本力量。”在最高人民法院发布的《关于依法妥善审理涉新冠肺炎疫情民事案件若干问题的指导意见(二)》中,也强调了破产保护的理念。在现阶段,充分发挥重整在救治濒危企业方面的制度作用,是缓解新冠肺炎疫情给企业带来的影响,贯彻落实党中央关于“保市场主体”工作要求的重要途径。北京法院回应市场主体需求,在重整制度理念、机制、方式等方面寻求突破、迭代升级,前移企业救治关口,创新拓展途径,提供多样化挽救举措。自去年以来,北京法院对 18 家企业进行重整、预重整、执行重整计划,接管各类资产 871.7 亿元,为企业引入投资 34.1 亿元。尤其是新冠肺炎疫情暴发后,北京法院统筹推进新冠肺炎疫情防控和经济社会发展,利用精准定位的司法政策,服务企业复工复产达产。包括树立包容审慎办理涉新冠肺炎疫情破产案件的司法理念;积极引导债务人与债权人进行协商、消除破产申请原因、卸下企业债务包袱;围绕涉新冠肺炎疫情案件审理、加强新冠肺炎疫情期间管理人工作指引等方面出台多个指导意见;切实推进信息化手段的深度应用,实现案件审理不停摆、重整程序不止步、企业破产不停产,新冠肺炎疫情期间共计对 6 家企业进行司法挽救。

三是强化协调联动,为助力市场主体救治和退出提供更高水平的制度环境。办理破产是一项系统性工程,需要政府、法院和社会的共同努力。府院联动是统筹解决办理破产的外部性问题、协同化解企业困境的关键途径,是提升破产制度实施市场化、法治化水平的有力保障,也是推进国家治理体系和治理能力现代化的重要举措。在北京市委市政府的支持下,北京市持续加强破产审判配套制度保障,打造多环节、全方位、系统化的府院协调联动机制。今年,北京市人大常委会发布《北京市优化营商环境条例》,总共 83 条,其中有 9 条规定了破产法治保障;北京市高级人民法院与 12 家政府部门建立企业破产府院联动统一协调机制,今年上半年,北京市 13 家政府部门及金融监管机构出台 16 项制度、25 项便利措施,设立管理人查询权保障、银行账户快速开立、税务便捷办理、破产财产协同处置、企业信用记录修复、破产费用资金援助等多个机制,持续优化管理人履职环境;北京市高级人民法院推动设立市破产管理人协会,建立管理人履职信息公开机制,搭建管理人信息查询“绿色通道”,北京破产法庭出台《破产案件管理人工作指引》,同步加强管理人履职保障和监督指导,为依法服务市场主体的救治退出,凝聚起更强大的工作合力。

北京破产审判工作开展，离不开最高人民法院一直以来给予的有力指导，离不开理论界和实务界同仁的关心和帮助。今天在座的许多领导、学者专家以及管理人、律师代表都参加过北京法院破产审判工作的论证会、座谈会，提出了大量宝贵意见。今天还有很多来自法院系统的同仁，大家也为我们提供了很多非常值得学习的经验。借此机会，我代表北京市高级人民法院，对大家表示衷心的感谢！

萧有茂（北京市法学会党组书记、专职副会长）

在这个美好的金秋十月，来自全国各地的400余位专家齐聚京城，研讨营商环境优化建设中的破产法律制度改革与完善问题，这是中国破产法学界的一次学术盛会。我谨代表北京市法学会，对第十一届中国破产法论坛的召开表示热烈的祝贺，对各位专家长期以来支持北京市法学会的工作表示衷心的感谢。

破产制度事关国家市场经济体制建设，事关党中央供给侧结构性改革和营商环境优化建设的大政方针。习近平总书记和党中央高度重视《企业破产法》的改革和市场主体退出制度的完善，做出了一系列的重要部署。去年11月，国家发展和改革委员会和最高人民法院等13家单位联合发布《加快完善市场主体退出制度改革方案》。今年5月11日，中共中央、国务院下发《关于新时代加快完善社会主义市场经济体制的意见》，明确提出“健全破产制度，改革完善企业破产法律，推动个人破产立法，建立健全金融机构市场化退出法规，实现市场主体有序退出”。最高人民法院自2019年以来，先后批准成立了深圳、北京、上海等12家破产法庭，推动破产审判的专业化建设。

近日，党中央就深圳实施综合改革，推出“一揽子”27条改革举措和40条首批授权事项。其中就包括要试行破产预重整制度，探索建立泛亚太地区重整中心；允许探索跨境破产协作机制，完善财产处置配套制度；探索政府有关部门与法院联动机制，完善信用修复机制；率先试行自然人破产制度，支持制定深圳经济特区个人破产相关制度；完善商事主体退出机制，创新企业注销制度等重大举措。

党中央的决策部署，为各地区、各单位、各部门在市场主体退出制度改革中指明了方向，明确了任务。北京作为与上海一起接受世界银行评估的样本城市，在加速推进破产司法制度、建立健全府院联动机制等方面取得了较好的改革成果，但在持续深入推动《企业破产法》及其配套制度修改完善方面任重道远。

北京市破产法学会自2010年成立以来，在会长王欣新教授的带领下，立足北京，面向全国，坚持理论与实践的紧密结合，坚持学术公益和开放包容的理念，扎实推进各项研究工作。一方面,北京市破产法学会派出专家担任北京法院系统的专家顾问,参与各项破产制度机制建设和规范性文集的起草论证工作,以独立第三方的身份参与北京管理人名册制定、破产案件审理效果评估的工作,在首都破产审判和营商环境优化建设中发挥了重要的作用。另一方面,北京市破产法学会联合中国人民大学法学院、中国人民大学破产法研究中心,持续举办十一届中国破产法论坛和13场专题研讨会,策划出版40余部破产法文库著作,向国家立法机关、司法机关和政府部门提交多项研究报告,有力地促进了国家破产立法和司法工作的进步。我谨代表北京市法学会,对北京市破产法学会取得的成就表示诚挚的祝贺,对王欣新会长、徐阳光副会长兼秘书长以及学会全体成员的精心组织和辛勤付出表示衷心的感谢。

借此机会,我也代表北京市法学会,对北京市破产法学会的工作提几点希望:第一,坚持党的领导。坚持服务党和国家工作大局。希望北京市破产法学会努力实现党的组织和工作全覆盖,在学术研究和学术活动中坚持正确的政治方向,围绕党和国家的大政方针开展各项活动。第二,坚持改革创新。继续引领和繁荣破产法学术研究,推进法学理论创新、法律制度创新和法治文化创新,促进法学研究成果推广和应用,为社会主义民主法治建设提供理论支持和智力服务。第三,注重人才培养。积极参与法学教育改革,创新人才培训机制,关注和推动破产法人才培养工作,积极开展破产法治宣传。

主旨演讲

林文学(最高人民法院民二庭庭长)

中国破产法论坛已经成功举办了十届,传播破产法治思维,推动破产理论研究,促进破产实务发展,很好地支持了人民法院破产审判工作,我们深表感谢。本次破产法论坛针对营商环境优化建设中的破产法律制度修改与完善问题进行研讨,很有意义。借此机会,我向大家汇报一下我们在世界银行营商环境评估中有关办理破产指标方面所做的工作。

世界银行营商环境评估共有10个指标,开办企业、施工许可、获得电力、获得信贷、登记财产、保护中小投资者、办理纳税、跨境贸易、执行合同、办理破产,这10个指标涉及企业全生命周期,基本反映出一个国家企业经营的难易程度。去年我国在190个经济体中排名第31位。

直接与法院相关的两个指标是“执行合同”和“办理破产”。在《2020全球营商环境报告》中,“执行合同”指标位列全球第5名,其中的“司法程序质量”二级指标全球排名第一,成为全球最佳实践者。“办理破产”有包括时间、成本和结果的“回收率”和“破产框架力度指数”两个二级指标。我国去年位列全球第51名,排名较前一年提升10位。

近几年来,在完善破产审判制度,提升破产案件办理质量和效率方面,最高人民法院采取了一系列的措施。

一是制定司法解释,直接提升破产框架力度指数。2019年3月制定《最高人民法院关于适用〈中华人民共和国企业破产法〉若干问题的规定(三)》(已失效),针对债务人资产管理指数中的“破产程序启动后融资的债权人是否具有优先权”、重整程序指数中的“是否只有权利被重整计划影响的债权人才可以行使表决权”、债权人参与指数中的“债权人是否有权批准对债务人重大财产的出售”、“单个债权人是否有权获得有关债务人财务的信息”四个方面,该司法解释第2条、第10条、第11条、第15条分别予以明确规定。最终,破产程序启动后融资债权人优先权、单个债权人知情权两项内容获得世界银行认可,“破产框架力度”指数从11.5分提升至13.5分,处于世界领先位置。其他两项内容还需要系统性地解读和理解,需要实践效果和典型案例,期望下一次能够获得认可。

二是构建快速审理机制,缩短办理破产案件的时间。《全国法院破产审判工作会议纪要》《全国法院民商事审判工作会议纪要》均明确提出要简化审理程序,降低破产程序运行的时间和成本。2020年4月,最高人民法院发布《关于推进破产案件依法高效审理的意见》,从优化案件公告和受理等程序流程、完善债务人财产接管和调查方式、提升债权人会议召开和表决效率、构建简单案件快速审理机制、强化强制措施和打击逃废债力度五个方面,对法院和管理人提高破产审判效率、降低破产程序成本予以全面指导。

三是完善重整法律制度,维护企业营运价值。《全国法院破产审判工作会议纪要》《全国法院民商事审判工作会议纪要》等司法文件中,就重整企业的识别、债务人自行管理、重整计划的制定、重整计划执行的变更、庭外重组与庭内重整的衔接等问题作出规定。针对中小微企业经营困难的情况,还分别于2020年3月、5月发布第二批全国法院服务保障疫情防控期间复工复产典型案例和《关于依法妥善审理涉新冠肺炎疫情民事案件若干问题的指导意见(二)》,持续聚焦破产重整、和解挽救危困企业的功能。

四是完善配套机制建设,保障破产案件协调顺利推进。最高人民法院在多个文件中均要求各地法院在地方党委领导下,积极与政府建立企业破产工作统一协调机制,统筹企业破产重整和清算相关工作,妥善解决企业破产过程中出现的各种问题。全国各地法院也纷纷联合或推动当地政府出台相关实施意见,破产审判配套机制工作取得长足进展。今年,最高人民法院、国家发展和改革委员会会同有关部门研究起草了《关于完善企业破产配套制度保障管理人依法履职进一步优化营商环境的意见》,目前已完成向社会公开征求意见的工作,有望尽快出台。

五是加强破产审判组织和队伍建设,提升破产审判专业能力。继2016年6月印发《关于在中级人民法院设立清算与破产审判庭的工作方案》后,省会城市、副省级城市中级人民法院普遍设立了破产审判专门机构。自2019年1月至今年9月,最高人民法院已经批准设立14家破产法庭。一批专业化的机构和一支专业化的队伍已经初具规模。我们积极支持各地成立破产管理人协会。

六是充分利用信息化手段,提升破产审判质效。2016年8月1日,最高人民法院正式开通全国企业破产重整案件信息网。自该网站上线运行以来,较好地服务了破产审判工作。接下来,将在进一步听取相关意见和建议的基础上,对信息平台进行优化升级。持续推进破产财产网络拍卖,降低拍卖成本,提升财产变价率和资产配置效率。

尽管人民法院在建立快速审理机制、强化破产重整、加强信息化建设、提升审判组织和队伍专业化方面下了很多功夫,但办理破产指标中反映时间、成本和结果的回收率指标多年来没有变化,处于低位徘徊状态。

营商环境“办理破产”指标,反映了一国破产法律制度的完善程度,破产审判水平的高低,人们对破产观念的接受程度,是破产理论研究、破产立法、破产司法、破产理念等各方面的综合反映。

人民法院将以习近平新时代中国特色社会主义思想为指导,认真落实党中央关于优化营商环境的决策部署,抓住当前发展的有利契机,发挥职能作用,持续推进破产审判工作,为扎实做好“六稳”工作、全面落实“六保”任务,打造市场化、法治化、国际化营商环境作出努力。

衷心希望我们共同努力,推动修改《企业破产法》,建立个人破产、简易程序、预重整制度等破产法律基本制度,完善跨境破产、合并破产以及其他各项破产具体法律制度。呼吁破产法学界共同努力,为《深圳个人破产条例》的实施,为浙江温州、台州、丽水等法院个人破产试点工作提供理论支持、营造良好舆论氛围。

最后,再次感谢大家对人民法院破产审判工作的支持。预祝本次论坛圆满成功!

大会主题演讲一

时间:2020 年 10 月 24 日上午

主持人:李永军(中国政法大学民商经济法学院教授,北京市破产法学会副会长)

郁琳(最高人民法院民二庭主审法官)

王欣新(中国人民大学破产法研究中心主任):预重整规则与实务辨析

预重整是在庭外重组和破产重整两种制度的基础上融合创新产生的一种企业挽救辅助性模式,其设置目的是要通过两种制度进行先后的有机衔接、补强组合,发挥各自优势,规避劣势,市场化、法治化地解决债务与经营困境企业的挽救再生。之所以称为“预”重整,是因为它实施于破产程序启动前,是在法庭外为法庭内重整程序的简化做预先准备工作。之所以称为辅助模式,是因为预重整的协商成果要通过启动重整程序的司法效力才能体现。预重整对企业的挽救分为预重整规则下的庭外重组和预重整转入重整程序后的审查批准前后两个阶段。如果在预重整完成时就可直接解决企业的困境挽救,不需进入重整程序,就定位于单纯的庭外重组。只有当预重整继续转入重整程序时,前面庭外重组阶段方构成预重整程序。其一,预重整是法庭外的程序,不能蜕变为法院主导、干预下的实际上的法庭内程序。其二,预重整是各方利害关系人在自愿基础上自行进行的商业谈判和重组活动,不应受其他权力机构的干预、限制。其三,预重整与重整程序之间是时间上与工作上前后衔接融合的关系,而不是两种不同性质制度在实施规定的相互混同。①

徐建新(浙江省高级人民法院副院长):破产法律修改与浙江法院实践

首先对第十一届中国破产法论坛的胜利召开表示热烈祝贺。9 月 27 日,浙

① 更多详细分析,参见王欣新:《建立市场化法治化的预重整制度》,载《政法论丛》2021 年第 6 期。

江省法学会破产法学研究会成立之际,浙江省高级人民法院积极推动召开了第一届长三角破产法治论坛。在论坛上,我作了“破产法的修改完善与浙江法院的实践”的主题发言。这次破产法论坛主题同样聚焦于破产法律制度的修改完善,因此在上次发言的基础上,我对一些问题作了进一步思考,借此机会,把这些想法提出来与大家进行分享交流。

第一,一个基本理念。《企业破产法》的修改和完善必须坚持市场化、法治化的理念。从审判实践看,目前的《企业破产法》已经提供了一个很好的市场化破产的法律制度框架,修改和完善的重点在于如何细化、深化。浙江是中小企业民营经济大省,浙江法院在破产审判工作中,始终坚持市场化、法治化方向,注重把市场理念贯穿到破产审判的各个程序和各个环节。我理解,破产审判工作中,有几个重要的市场:(1)破产财产处置市场。破产财产处置要尽可能保持债务人企业持续经营或整体出售资产,追求企业资产处置价值最大化。通过推进和规范破产财产网络司法拍卖等方式构建统一、开放、竞争、有序的破产财产处置市场。清算程序中破产财产的管理、变价和分配,其法律制度运行的效率很大程度上取决于商品市场运行的效率。在当下大力推进破产财产网络拍卖的背景下,在清算程序中可以考虑适当强化法律规定的强制性和法定性,降低债权人的意思自治程度,进而提升清算程序的效率。(2)重整市场,就是重整程序中投资人的引进。要推动重整资源通过市场机制实现与投资人的对接,充分发挥市场机制对重整资源的价值发现功能、对重整资源的优化配置功能,构建重整可能性的市场识别机制。重整程序中出资人权益能否调整、如何调整以及出资人的表决权、原出资人股权冻结的解除等法律问题,从根本上来说,是重整企业的市场估值问题。企业的清算价值、营运价值如何评估,等等,这些表面上看是法律适用问题,其实质是经济问题、市场问题。(3)破产管理人市场。要积极培育、规范和推动破产管理人市场,通过市场机制优化管理人资源与破产案件的对接,逐步完善管理人报酬的市场确定机制,强化管理人行业自律。

第二,两个基本判断。关于破产法律制度的修改完善,有两个基本判断,第一个是破产法律制度的实施比修改完善更加重要、更加迫切,至少是同样重要和迫切;第二个是破产相关配套制度的修改完善比破产法修改完善更加重要、更加迫切,至少同样重要和迫切。以浙江为例,2018 年全省法院受理破产案件突破 2000 件,2019 年达 2373 件,这个数据在全国来讲是最多的。但人民法院受理的破产案件数量与经济生活中需要通过破产程序实现规范化市场退出的主体数量来讲,是冰山一角。所以,(1)针对破产案件受理,浙江省高级人民法院统一部署,着力推进《企业破产法》的实施,打开法院受理的大门。重点工作是两项,一项是抓破产案件的严格依法受理,对于一审不依法受理的,通过二审的监督依法改判,在每年的全省法院工作部署中都将破产案件的依法受理作为一项重点工作来抓;另一项是大力推进执行案件移送破产审查工作,浙江省高级人民法院已经连续4年专门下发专题工作通知,每一年给全省11个地区下指标、定任务、通报考核,加大破产案件的依法受理力度。2019年,全省法院执行移送破产审查件2266件,审查后正式立案受理1895件,占全部破产案件的79.9%,共化解执行结案22,502件。(2)针对破产配套法律制度的修改完善问题,早在2016年,浙江省高级人民法院就积极推动省政府出台《关于处置"僵尸企业"的指导意见》《推进企业破产审判重点工作及任务分工方案》等文件,率先在全国建立起省级层面实质运作的破产审判府院联动机制。去年,浙江省高级人民法院向省委省政府提交《关于优化省级破产审判府院联动机制推动浙江破产企业处置工作继续走在全国前列的报告》,提出优化省级破产审判府院联席会议制度等建议并得到有效回应,联合相关部门印发《浙江省优化营商环境办理破产便利化行动方案》。该方案从加强部门合作、创新工作机制、推进破产案件简易审等多方面明确工作任务、牵头单位、时间节点等。温州、湖州等地先后出台具体的行动方案和实施办法,杭州等地专门就金融支持政策等制定细则。目前,浙江省这项工作在省发展和改革委员会牵头、各相关部门配合下正在继续有力推进,已经召开了3次各部门的联络员会议,争取在常态化建设和细化监督落实方面进一步完善。

第三,三项重点内容。从破产审判实践的角度观察,当前《企业破产法》修改完善需要增加的重点内容是三项:合并破产、破产简易程序和个人破产。(1)合并破产问题,去年浙江全省法院受理的2373件破产案件,不完全统计,30%左右涉及关联企业合并破产问题,这个与浙江作为中小民营企业大省以及存在大量家族企业的实际是相符合的。合并破产的实体标准如何把握,管辖、债权人会议等程序如何推进,债权审查认定、财产分配等事项的具体法律依据等问题,在《企业破产法》尚未涉及的情况下,浙江法院、管理人等充分发挥司法实践的智慧,就这些问题在传统民商法和诉讼法的框架内开展了大量的探索工作,浙江省高级人民法院连续十年发布的破产审判报告几乎都涉及合并破产的内容。被列入最高人民法院“推进供给侧结构性改革十大典型破产案例”的浙江玻璃股份有限公司及其关联公司合并破产案、去年列入“全国法院十大商事案件”的浙江金盾系破产重整案都是我省法院审理的典型合并破产案件。浙江法院的探索和实践为《企业破产法》修改中增设合并破产法律条文提供了丰富的实践素材。(2)简易程序。目前《企业破产法》规定的是对所有企业一体适用的程序,并没有破产简易程序,今年初最高人民法院出台了《关于推进破产案件依法高效审理的意见》。审判实践对于破产案件简易审理的制度需求日益强烈,为推进这项工作,浙江省高级人民法院先后制定《关于企业破产案件简易审若干问题的纪要》《关于深化执行与破产程序衔接推进破产清算案件简易审理若干问题的会议纪要(二)》,我们特别强调在破产清算案件审理中,需要强化破产清算程序的法定性和强制性,适当弱化债权人意思自治;需要强化债权人等利害关系人的知情权和监督权,适当弱化债权人的表决权。我们也关注到,美国《破产法》在第7章清算程序中规定,管理人有义务代表无担保债权人整体的利益,监督破产财团的变现和分配过程,但需要债权人亲自参与或介入的工作并不多。在极少数财产数额巨大、极端复杂或争议较大的案件中,债权人仍可以选择成立债权人委员会。日本破产实务中几乎不存在需要决议的事项。过去,破产管理人的解雇、营业的停止和继续、对管理人行为的许可等,都是债权人会议的决议事项。但现行法规定该权限都归属于法院的许可事项。废除这些必要决议事项后,向债权人提供信息的任务则主要靠破产管理人主持的债权人说明会和会议记录的披露等来实现。总体观察,破产清算案件的简易程序需要对《企业破产法》第61条规定的债权人会议职权作出改造。(3)个人破产,国家层面,这项工作已在紧锣密鼓开展,最高人民法院、国家发展和改革委员会先后出台《加快完善市场主体退出制度改革方案》等文件。目前,深圳出台《深圳经济特区个人破产条例》。浙江法院的做法是实践先行。自2018年底以来,以温州、台州、丽水遂昌为代表的浙江法院在现行法律框架内的个人破产制度探索逐渐开展。到2020年8月底,温州、台州共受理个人债务集中清理案件151件,办结44件。丽水市遂昌县人民法院完成第一阶段6个债务重整典型样本的测试工作,共化解31件执行案件和2件诉讼案件。浙江省高级人民法院将“关于深化破产审判及个人债务集中清理体制机制改革的调研”列为今年的重点调研课题,作为预期的调研成果,我们的设想是两个:一是充分发挥和挖掘现行法律制度尤其是执行制度中的个人破产制度的因素,出台一个个人债务集中清理工作的业务文件。二是推动浙江省人大进行个人破产的立法。这项工作任重道远,但意义重大,有赖于社会各界尤其是破产业界有识之士的共同努力!

孙海龙(重庆市高级人民法院副院长):《企业破产法》修改中的中国元素

非常荣幸能够在中国破产法论坛这样一个高端平台与大家进行交流。大家知道,《企业破产法》修改已经纳入第十三届全国人大常委会立法规划二类立法项目,即条件成熟时可以提请常委会审议,全国人大财经委牵头组织起草《企业破产法》修订草案。2020 年 7 月,重庆市人大财经委接受全国人大财经委任务,并委托重庆市高级人民法院牵头起草“企业破产法修改建议稿”。起草工作小组成立后认真落实全国人大财经委有关修法精神和工作要求,经过调研论证,初步拟定了工作方案和修改提纲,时任重庆市高级人民法院杨临萍院长还专门就起草工作带队前往最高人民法院进行汇报,听取相关意见建议。按照初步拟定提纲,该建议稿中拟新增 7 项制度,分别是个人破产、预重整、破产简易程序、关联企业合并破产、跨境破产、金融机构破产、上市公司破产等,并对部分条文进行修改完善。从 1986 年的《企业破产法(试行)》算起,破产制度已在我国走过了 34 载春秋,破产制度不但在中国社会经济发展的关键节点留下了烙印,也将破产法治理念引入了我们的社会和生活。《企业破产法》的修改不仅仅表现为规则的演变和制度的进化,还应反映出社会制度的优化、社会观念的嬗变和社会传统的承继和改良。《企业破产法》的修改也不应仅是外来制度的简单嫁接、杂糅和拼装,而应是对中国实践具有解释力的法律体系和制度体系。换言之,《企业破产法》的修改应符合我国的社会经济发展水平和国情现实,立足中国司法实践、回应中国现实需求、契合中国社会文化、展现中国时代风貌,具有浓厚中国元素。

一是立足中国司法实践。实践是最深厚的法律沃土。在《企业破产法》的实施中,人民法院不仅审理了大批有影响力的破产典型案件,还进一步发掘探索解决制约企业破产案件受理审理的制度性、机制性问题,积极推动建立有力的企业法制保障体系。这些司法的丰富实践,恰似源头活水,为《企业破产法》修改奠定了实践基础。(1)立足破产案件审理的实践经验。以重庆市高级人民法院为例,仅 2016 年以来就先后出台《关于审理破产案件相关法律适用问题的解答》《破产重整申请审查工作指引(暂行)》等21份涉及办理破产的规范性文件,提高了破产审判质量和效率。对于各地法院探索的共性和原则性问题,在《企业破产法》的修改建议稿中要合理吸收。(2)立足管理人队伍建设方面取得的成效。各地法院在管理人分级管理、管理人协会建设等方面取得了一定的经验和成效,《企业破产法》的修改建议稿中拟增加关于建立全国统一的管理人协会的相关规定,并明确该协会的法律地位、职责、管理等。(3)立足府院协调机制所取得的成果。府院协调机制对破产工作的顺利推进具有重要作用。实践中,各地也通过府院协调机制建立了相应的破产配套制度,企业破产法条文建议稿拟从立法层面上作出相应的规定,进一步厘清政府与法院的职能定位,完善破产保障基金等破产配套制度。

二是回应中国现实需求。法律的生命在于实施。《企业破产法》修改中需要坚持问题导向,回应社会、经济发展和司法实践的迫切需求,针对特定问题寻求针对性的制度化解之道。(1)回应经济发展的现实需求。《企业破产法》的修改要明确价值取向,深入贯彻落实党中央经济发展战略,以中央经济工作会议、中央财经委会议的精神为指导,适应当前国际国内经济形势,助力供给侧结构性改革,服务双循环新发展格局,不断激发市场主体活力。(2)回应营商环境评估优化的迫切需求。对于营商环境评估优化的要求,在《优化营商环境条例》基础上,进一步及时、有效地予以回应,特别是有效消除《企业破产法》对标世界银行营商环境办理破产指标的差距。企业破产法修改建议稿中拟新增债权人对管理人选任的相关规定。同时企业破产法修改建议稿中还将回应世界银行针对中国办理破产指标的中长期建议,新增预重整制度,建立新的破产前程序。(3)回应解决执行难的制度需求。从“基本解决执行难”到“切实解决执行难”,都有赖于从源头上建立长效机制。企业破产法修改建议稿中拟新增“执转破”启动、程序衔接等相关规定,并设立专章规定个人破产制度,从制度上、根本上畅通“执行不能”案件的依法退出路径。

三是契合中国社会文化。法律是文化的重要载体。破产制度之于我国,无论是制度本身还是文化内涵,严格来说均属于舶来品。诸多制度和规则对社会大众而言难以达到得心应手、运用自如的程度。要想让破产制度真正在社会大众中生根发芽,不仅有赖于破产理念的宣传,也有赖于从制度上消除对欺诈、逃废债等问题的担忧,使破产制度能够融入、契合中国文化。(1)转变破产耻辱观念。破产耻辱既表现为债务人害怕诉诸破产制度，不提交或迟延提交破产申请，还表现为社会对破产的债务人给予区别对待，如不向有破产经历的债务人借款。企业破产法修改建议稿在理念上突出公平清偿、破产拯救的同时，还拟增加在必要条件下合理设置依职权启动破产程序，以及破产后的信用修复等相关配套制度。(2)加强对破产欺诈的打击。在我国，社会诚信状况不甚理想，利用破产制度进行逃废债的情况也时有发生。企业破产法修改建议稿在个人破产一章中拟通过严格适用余债免责制度、提高破产欺诈违法成本等保障个人破产制度顺利实施，真正保护“诚实而不幸的债务人”。

四是展现中国时代风貌。科技是时代最好的注解。随着互联网的飞速发展，网络债权人会议、网络拍卖等大量信息化手段被运用到破产审判中，信息技术手段促进破产程序更加高效便捷。在营商环境评估中，世界银行也对中国的信息化发展表现出浓厚的兴趣。(1)通过信息化提高破产效率。电子送达、网络债权人会议等信息化手段能够提升破产案件审理效率。企业破产法修改建议稿拟在破产简易程序、债权人会议等条文中增加信息化的相关规定，进一步提高破产审理效率。(2)通过信息化提升破产财产价值。通过破产财产网络拍卖平台，能够提高破产财产处置的公开性和及时性，最大限度提升破产财产价值。企业破产法修改建议稿中拟在财产处置等条文中增加网络拍卖的相关规定。

“道无定体，学贵实用”，法律作为一门实践之学，应当根植于中国实践，也应当具有中国元素。只有具有中国元素的破产法才是具有生命力的破产法，只有具有时代性的破产法才是有活力的破产法。同时，《企业破产法》的修改更离不开破产法研究的最新理论成果，按照工作方案安排，下一步我们还将召开研讨会并向专家学者征求意见，也希望各位能够不吝赐教，共同加快推进《企业破产法》的修改完善。

杨悦（辽宁省高级人民法院审判委员会专职委员）：司法重整制度中的府院联动问题思考

感谢论坛组委会给我这次机会，我想谈谈我对府院联动问题的一些思考。府院联动工作对于司法破产工作的重要意义毋庸置疑，虽然并未诉诸法律规范，但每一位从事破产司法审判工作的法官都清楚，破产行政保障是否充分有力高效，直接决定了司法案件的最终裁判结果和效果。本届论坛也将破产审判府院联动与营商环境作为分论坛主题,可见这已达成业内共识。

事实上这是自一个多月前的长白破产法论坛之后,我便一直在思考的一个问题。在这个论坛上听到了很多专家学者和法官同行们的发言,虽然我也针对自己所提交论文做了主题发言,但我却觉得这个问题需要更加深入的思考。首先,就是何为府院联动,我们谈了很多,也讲了很多经验做法,可是究竟府院联动应该包括哪些内容,是不是会签文件,联席会议,个案协调。其次,如何将这一制度变为常态化,可持续,可执行,有效果,而不是流于形式。还有,各地有很多好的经验做法,个别案件也积累了有效的联动模式,如何将这些经验模式制度化,形成可复制可推广可借鉴的规范,甚至提升为顶层制度设计内容,而不是仍然停留在工作经验交流的层面。这些都是需要进一步思考的问题。

辽宁省当前破产审判工作简要介绍:大家知道近年来东北地区面临经济结构性调整的艰难时期,国企改革,清理"僵尸企业"作为实现"去产能,调结构"工作目标的一项重要任务,正日益凸显其重要意义。在新冠肺炎疫情时期,市场环境变化导致产品结构不合理,严重不符合市场需要,或长期经营管理不善,陷入债务违约风险的企业主体日益增多。所以近六七年来,我们相继出现了东北特钢、大连机床、沈阳机床、北方重工、丹东港、辉山乳业、兴隆大家庭等大型企业破产案件。这些破产企业涵盖了上市公司,重点国企,龙头民企,证券公司,从重型矿产加工企业到港口运输企业,从商业、地产、酒店服务业到食品生产、农产品加工企业。在我们还没有充分思想准备,组织准备,人才准备的情况下,就面对了一次全方位多角度高难度的"遭遇战"。近年来,要感谢最高人民法院、专家学者、法院同行、机构管理人对辽宁省破产审判工作的支持。

为什么选择司法重整中的府院联动问题来作为发言题目,并非说府院联动只能用在司法重整程序中,而是单就司法重整制度来讲,好的府院联动具有特别的实际需要,牵导作用与更具结果导向的制度价值。如在重整程序中的战投招募、谈判、方案制定,离不开良好的府院联动工作机制。包括大家在热议和实践探索中的预重整工作,事实上更主要的还是行政牵导作用发挥的主战场。也是后续司法重整工作得以更快捷推进的重要前奏与热身,所以从大方向上来说预重整也是府院联动作用的一项重要体现。自己的审判工作体会,司法重整工作较之其他更需要得到行政支持与保障功能的充分发挥,实现促进企业重整再生的司法价值。

司法重整工作中的府院联动可以从微观的个案联动与宏观的制度设计两个维度去思考。而后者又可以区分为各地区试行探索中的以加强审判管理和审判工作推进为目标的工作制度和更高层次的规范化制度建设与立法完善。由于发言时间限制,无法一一赘述。做个简单阐述,抛砖引玉,以供同仁批评指正。

在微观层面上,现实的考量是:作为一名司法裁判者,我们在个案审理中都需要哪些行政方面的支持与保障,在哪些事情上需要沟通协调,行政层面又需要哪些问题与我们进行互动与联系呢?首先,行政部门对于司法重整工作早已不再“谈破色变”,相反持续多年的司法重整工作推进,让地方行政决策者看到了现代破产制度的绝对优势与作用(倒是应当注意将经济领域正常问题与社会矛盾过度导入司法的问题)。其次,重大案件审理前的行政准备不足问题。例如,企业“僵尸化”进程的监管、风险的时点管控、导入程序的时机选择等(举例:东特钢与丹东港的诉前重组失败、兴隆案的债务违约风险管控不及时)。再次,程序中的全程支持与保障,沟通互动的及时性,工作协作平台的组建与有效性(大机床、沈机床,北方重工的地方政府主导推进模式,丹东港的省市一体化分工模式,东特钢的省工作组主控模式)。最后,如何解决府院联动的不确定性问题。(1)在个案中的区分对待问题(多数民企重整缺乏联动与协助。即便有,行政支持充满戒心,力度有限)。(2)联动工作的短视与功利(个别重点案件的一过性联动)。(3)当行政利益出现地方化倾向的问题(大机床案涉及省域利益争议,兴隆案件出现市域利益对立),法院当如何自处,案件当如何推进。

宏观制度层面,只有规范化建设,顶层设计完善才是解决破产审判诸多问题的根本。先进地区先行先试,大胆探索,其他地区“摸着石头过河”,亦步亦趋。很多时候也并不理想。文件不少,规定不缺,但真正落实无力,受人的因素(主要领导重视,执行人员配合)影响有,受各地条件限制的客观因素也有。例如,破产行政保障资金的设立问题,东北地区司法工作涉及明显的历史遗留劳动安置与社会稳定问题,破产程序中涉及的税费优惠制度问题,破产公共法律服务的补足问题,破产管理人资质评价、培训从业与行业管理问题。至于资产清查、战投招募与谈判协助,案件审理中的舆情管控等具体问题,虽然重要,个案几乎都需要,重点案件审理也是我们跟行政机关必提的,但考虑这些问题难以通过制度设计来完善,也大概仍只能放置于个案协商中。

大会主题演讲二

时间:2020 年 10 月 24 日上午

主持人:刘兰芳(时任北京市破产法学会副会长)

戴景月(时任邯郸市中级人民法院院长)

吴翔(广州市中级人民法院副院长):我的演讲主题是“以‘五个全面’推动破产审判,提质增效换挡增速”。广州市中级人民法院自 2019 年成立破产法庭以来,紧盯优化营商环境总目标,对标世界银行营商环境评价办理破产指标体系和国内最高水平最佳实践,在专业化、信息化、制度规范、运行机制等方面大胆探索先行先试,推出了系列改革举措。主要有以下几个方面:一是全面加强专业化建设;二是全面强化智慧支撑,深化全国首个 5G 智慧法院成果应用,升级智慧破产系统,整合形成案件管理、资金监管、债券保护、监督评价四大核心功能;三是全面优化流程设计,深化破产案件,通过出台快审指引,压缩周期,简化审理流程;四是全面优化办理结果,破产救治功能日益突出。

陈斌(温州市中级人民法院党执行局局长):我的演讲主题是“个人债务集中清理制度及温州实践——以温州市个人债务集中清理制度为视角”。第一,平衡好个人债务集中清理工作的合法性和创新性,要坚持其合法性,就要把握好个人债务集中清理的执行性;要做好其创新性,就要把握好个人债务集中清理制度的破产性。第二,温州市个人债务集中清理特色制度的适用对象主要限于商自然人,应坚持意思自治和诚信原则,并提出了第三人代偿机制和探索建立公职管理人制度的观点。第三,在深化个人债务集中清理工作方面,应自上而下加大授权,拓宽改革范围、深化改革领域,建议多渠道争取金融债权人的支持,不断地坚持诚实信用原则。

王玲芳(北京破产法庭法官):我的演讲主题是“《民法典》背景下统一清算责任的构建”。统一清算责任不是把解散清算和破产清算置于一部法律中,而是在基本概念、理论和论证层面的一致性,虽然解散清算和破产清算有很多不同,但其也有一定的共性。解散清算和破产清算的同质性主要体现在义务主体、义务来源、义务类型、责任性质和举证责任分配等五个方面。王玲芳法官在对企业财产账册人员等下落不明时的清算责任进行具体分析的基础上,针对统一清算责任下的立法和解释路径选择提出了具体建议。

黄贤华(上海破产法庭法官):我的演讲题目是《内地与香港破产合作的回顾、发展与启示》。①

石静霞(中国人民大学法学院教授,北京市破产法学会副会长):我的演讲主题是"美国纽约南区法院对洛娃重整程序的承认与协助问题研究"。我国已经成为世界第二大经济体,对全球价值链的参与、分工越来越深。可以预见,跨境破产的案件数量将会越来越多。从美国法院承认外国法院破产裁判的情况来看,美国法院承认我国两起破产案件裁判都是基层法院审理的,可见跨境破产离我们并不遥远。希望各位同仁能够更多地借助这个平台去关注跨境破产的问题。

文建秀(中信银行法律保全部副总经理):在银行不良资产处置中,通过企业破产程序实现债权已经成为商业银行处置不良资产的重要方式。银行近年通过破产程序实现不良资产现金清收金额占全部现金清收金额的比例逐年攀升,实践中以银行为代表的金融债权也日渐成为破产债权中最重要的组成部分。

一是破产法院、管理人及金融机构债权人存在的信任隔阂。破产实践中,破产法院、管理人及银行业金融机构,基于各自对破产程序的不同理解及不同价值追求,往往对破产程序的推进过程及结果会存有较大分歧,甚至相互质疑。法院及管理人认为金融机构债权人"谈破色变",排斥启动破产程序、债权人盲目投反对票且决策效率低等,金融机构债权人则认为在破产中,其参与度低,权利表达不充分,权利对待不平等。彼此的不信任不仅严重损害了破产程序的进程,更是损害破产程序中法律效果与社会效果的统一。通过实践分析,上述隔阂之所以产生,其关键原因在于破产程序中债权人特别是单个债权人知情权制度的缺失,这造成了破产法院、管理人及债权人之间信息的不对称,进而造成了彼此的隔阂甚至对立。因此,债权人知情权保护是构建法院、管理人及金融机构债权人互信、顺利推进破产程序的关键。

二是债权人知情权保护的现行规则。知情权,是指债权人依法知悉破产债务人与破产进程相关的财务和经营信息的权利,是债权人在破产程序中行使表决权、监督权及其他权利的前提和基础。但现阶段无论是制度构建还是实践认

① 更多内容,参见本辑《破产法论坛》收录的论文《内地与香港跨界破产承认与协助机制之构建——以上海华信案为视角》。

知,对于债权人的知情权保护均存在一定不足,主要体现在关于债权人知情权保护的制度缺失。关于债权人知情权,《企业破产法》第23条从管理人履职要求的角度进行了规定,规定管理人列席债权人会议,向债权人会议报告职务执行情况,并回答询问;《企业破产法》第68条规定债权人委员会有权要求管理人对其职权范围内的事务做出说明或者提供文件,上述规定对管理人报告职务执行情况及从债权人集体知情权利保护的角度进行了原则性规定,主要为管理人被动性信息披露,且对于信息披露的具体要求、具体程序也未能详细规定。《最高人民法院关于适用〈中华人民共和国企业破产法〉若干问题的规定(三)》则对单个债权人知情权作出了规定:单个债权人有权查阅债务人财务和经营信息等资料,包括但不限于债务人财产状况报告、债权人会议决议、债权人委员会决议、管理人监督报告。该规定是为响应世界银行营商环境评估而制定,赋予了单个债权人信息查询的权利,但也存在查询范围较窄及查询机制不健全等不足。

三是破产实践中债权人知情权行使现状。(1)管理人披露破产案件信息主动性不足。因破产(清算)要解决的是以破产企业现有全部财产公平清偿债务的问题,和投资人基于上市公司信息披露进行独立投资判断从而自担风险的证券披露制度相比,无论是破产立法还是破产审判实践,对主动披露破产案件信息的重视程度均有不足。破产法院及管理人往往为了追求破产案件推进效率,而忽视信息的主动披露、报告,从而造成债权人对债务人破产信息掌握不足,关键信息缺失。以我行近期作为债权人参与的一起破产案件审理为例,在第一次债权人会议召开之前,破产法院及管理人均拒绝透露财产评估方案、财产评估结果、财产变价方案等关键信息,在此情况下,直接要求债权人在债权人会议上现场进行表决。我行对财产变价方案存有异议,无法进行现场表决,并拟投反对票,但破产法院及管理人最终通过多种方式与我行进行沟通,并通过了该财产变价方案。(2)债权人破产程序参与度低,信息获取难度大。在破产实践中,目前债权人基于权利认知模糊、与管理人信息不对称、异地参与破产成本高等原因,在破产程序中的知情权行使及对破产程序的主动参与度不高,而只关注债权申报审核、财产分配等结果,且债权人也仅在债权申报、参加债权人会议(且一般是第一次债权人会议,后续债权人会议参与度不高)、参与债权清偿时出现,对过程性事项缺乏参与,往往遗漏对一些关键性问题处理发表意见的机会,从而影响债权的实现。另外,在破产实践中,债权人对财产变价方案、分配方案或财产方案提起异议之时，通常无法获得破产法院及管理人的正面理解，对其视为“洪水猛兽”，破产法院及管理人的负面态度，也一定程度影响了债权人参与破产程序及了解破产程序中相关信息的积极性。

四是以知情权保护为核心，构建法院、管理人及债权人的互信机制。实践中，债权人深度参与破产程序并通过意思自治实现对权利的处分是其对破产制度建立信任的基础。而深度参与破产程序的前提则是其知情权的保证。在信息透明、债权人权利表达充分的破产机制中，债权人和破产法院、管理人实现良性互动，减少沟通误解，从而构建破产法院、管理人及债权人之间的互信是完全可能的。基于此，对于破产中的金融债权人知情权保护，建议如下：(1)确立对金融债权平等保护的理念。公平清理债权债务、保护债权人及债务人的合法权益，是《企业破产法》的立法宗旨。但实践中，因破产程序涉及债权人的利益、债务人利益、投资人利益及职工、税收等多方利益的平衡，破产法院及地方政府基于经济发展、社会秩序稳定等一系列的特殊价值取向将会弱化金融债权实现。特别是部分企业在破产制度的保护下，以破产之名行逃废债之实，更是严重影响了银行对破产程序参与的积极性及对破产程序公正的认知。“公正司法是维护社会公平正义的最后一道防线”(《习近平关于全面依法治国论述摘编》)，在破产已经成为企业退出市场的常规化机制的情况下，司法实践中，无论债权人其债权性质、规模大小及企业性质，均对其坚持平等保护，特别是对于金融机构债权人，应摒弃对金融机构“拒绝破产程序、决策效率低”等传统认知，理解金融机构的决策机制，真正坚持市场化、法治化原则推进破产程序。(2)进一步完善破产信息披露制度。如前文所述，目前关于破产中的信息披露要求散见于《企业破产法》的各个章节，并没有进行统一的规定，且缺乏信息披露平台、程序等基本制度要求，导致实践中对信息披露无法有效贯彻落实，因此，建议将信息披露上升为破产程序中的基础性制度安排，专章规定信息披露，强化破产中的信息披露义务，完善信息披露的操作安排。其中应明确信息披露义务主体，信息披露的程序要求，关键程序、事项及时间节点的信息披露义务及违反信息披露义务的主体责任等事项，以确保信息披露义务在破产审判实践中能够得以具体落实。(3)单个债权人的知情权保护。建议在强化破产信息披露的基础上，进一步完善对单个债权人知情权的保护，第一，应保证单个债权人知情权贯穿破产程序的全过程，其中包括债务人破产原因的知情权，债权申报阶段的知情权，债权审核阶段的知情权，对债权人会议的知情权,重大财产评估方案、变价方案、分配方案制作基础的知情权和其他对债权人的权益可能产生重大影响的相关事项等范围的知情权。第二,明确单个债权人知情权行权方式及权利保障机制,将破产法院及管理人的信息主动披露与债权人行使知情权充分相结合,实现破产程序的公开、透明,构建相互信任的制度基础。

2015 年中央经济工作会议将推动企业破产上升为供给侧结构性改革战略任务之一,世界银行的全球营商环境评估价体系亦将破产制度列入十大指标之一,这都显示破产作为企业退出市场的常规机制,已经成为一种不可逆转的潮流。因此作为银行,自身应转变固有思维,面对与适应破产程序实现债权常态化的现实,积极参与到破产程序中来;并在充分了解案件信息的基础上,化被动为主动,提前做好与破产法院、管理人及相应政府部门之间的有效沟通,并通过完善、明确内部管理流程,积极高效行使表决权,以配合司法机关共同推动破产程序进展,实现破产法律效果与社会效果的统一。

黄小坚(中国拍卖行业协会会长)

金秋十月是收获的季节。今天第十一届中国破产法论坛在北京友谊宾馆隆重召开,在此,我代表中国拍卖行业协会对本次论坛的召开表示热烈祝贺！同时,感谢组委会对我的邀请,感谢组委会的辛勤工作！借此机会,谈谈拍卖行业与《企业破产法》的关系。

一是拍卖行业与《企业破产法》有历史的因缘。随着 1986 年《企业破产法(试行)》的实施,在改革开放中刚刚恢复的中国拍卖行业就最早参与到破产资产的处置当中,在当时处置手段和交易方式比较单一的市场情况下,拍卖行业为破产资产处置作出了我们应有的贡献。自 2007 年 6 月 1 日起施行《企业破产法》以来,特别是 2015 年中央经济工作会议中,中央提出“要依法为实施市场化破产程序创造条件,加快破产清理案件审理”,破产案件激增。2019 年 6 月,国家发展和改革委员会、最高人民法院等 13 部委联合印发《加快完善市场主体退出制度改革方案》,明确要求“完善市场主体退出资产资源优化利用制度”,进一步明确了坚持市场化、法治化的改革方向。拍卖行业受到鼓舞,更加积极努力地参与到各地破产案件处置之中。很多破产案件都有拍卖企业的参与和付出。2020 年上半年,即使受疫情影响,拍卖企业接受破产管理人委托的破产资产拍卖成交额增长也达 21.6% 。作为最市场化的拍卖行业是破产资产处置的天然合作方。

二是拍卖是破产资产处置的最佳渠道之一。现在破产资产处置有产交所挂牌、委托拍卖机构拍卖和网络公司交易等多种处置渠道，而拍卖应该是较好的方式，更能发现价值和实现价值。正如2020年诺贝尔基金会在决定将诺贝尔经济学奖颁给两位研究拍卖理论的经济学家时所说，拍卖交易同时增进了竞拍人、拍卖者和整体社会的利益。我们有理由相信，拍卖的参与，也能够极大提高破产资产处置的效率。中国拍卖行业有30多年的破产资产的处置经验，有遍布全国8000多家拍卖企业形成的全国性处置渠道，同时还正在融合新技术形成新的服务优势。目前，破产资产处置也有网络化的趋势，北京市高级人民法院2019年4月25日起施行的《关于破产程序中财产网络拍卖的实施办法（试行）》第4条明确要求，"网络拍卖平台应从最高人民法院确定的司法拍卖网络服务提供者名单库中选择"。中国拍卖行业平台（中拍平台）也是最高人民法院最早的司法拍卖网络服务提供者名单库的入库五家平台之一。既有线上中拍平台技术支撑又有线下拍卖企业专业服务的拍卖行业是破产资产处置的最佳渠道之一。

三是拍卖行业有能力为破产处置工作提供专业服务。第一，拍卖行业有标准化体系的专业服务。拍卖行业很早就推行标准化体系建设，通过了《拍卖企业的等级评估与等级划分》《网络拍卖规程》等9部国家标准或行业标准，形成拍卖行业服务的标准化体系。第二，拍卖行业提供全产业链的服务。拍卖行业提供以拍卖为基础的包括法律、评估、金融等全产业链的服务。第三，拍卖行业拥有覆盖全国的线下服务体系。中国拍卖行业依托中拍平台网络，已经构建了覆盖全国每一个地市的线下网络服务体系。所有的这些，保证了拍卖行业有能力为破产资产处置工作提供更专业的服务。

第一分论坛：破产审判府院联动与营商环境

时间：2020年10月24日下午

第一单元：主题演讲

主持人：李洛云（北京市高级人民法院民二庭庭长）

杜丹（重庆市高级人民法院民二庭庭长）

主题发言

吴洪（重庆破产法庭庭长）：我的发言题目是"管理人制度改革及创新——重

庆破产法庭的实践探索”。第一,完善管理人制度。包括:建立多样化的管理人选择方式;缩短管理人指定时间;优化管理人竞争选任机制。第二,强化管理人监管与保障。一是提升管理人执业水平;二是加强管理人业务监管;三是重视管理人履职保障。第三,优化管理人队伍结构。一是引进外地优秀管理人团队;二是增加管理人机构类型;三是统一管理、分区执业。重庆破产法庭在今后的工作中,将立足健全管理人工作机制,强化对管理人的履职监督与保障,畅通管理人升降级和进退渠道,促进管理人职业素养和执业能力提升,不断推动重庆破产审判工作向前发展,为优化法治营商环境提供有力的司法保障。

冯俊海(时任东营市中级人民法院党常务副院长):我的发言题目是“‘破’解‘担保圈’——东营法院发挥破产审判职能化解担保圈风险的司法实践”。东营企业担保圈风险主要呈现六个特点:一是担保圈风险加剧;二是担保圈覆盖面广、重叠担保严重,形成关系紧密的担保网络;三是部分重点行业和区域担保圈问题棘手;四是担保规模与担保能力不符情况突出;五是担保圈企业中优质企业与劣质企业并存;六是大型集团公司及关联企业风险化解问题突出。关于企业担保圈风险形成的原因,主要有宏观经济政策、银行、企业 3 个层面。东营企业担保圈风险化解的司法实践的主要做法包括:一是充分发挥《企业破产法》功能作用,对担保圈核心企业和重点风险企业进行司法挽救;二是构建党委领导下政府、法院、企业、银行协同处置机制;三是强化政府职能担当,统筹推进企业重整与担保圈风险化解工作;四是建立风险企业甄别和分类处置机制,提高企业债务风险破产处置实效。从法律规定层面讲,破解担保圈是个伪命题,但基于担保圈之于经济发展和金融秩序的巨大危害而言,破解担保圈是不得不为的现实命题。

齐晓丹(北京市朝阳区人民法院副院长):我的发言题目是“朝阳法院加强破产审判工作推动营商环境优化的工作举措和若干思考”。朝阳区人民法院自 2017 年以来就成立了破产审判团队,通过专案专办、建章立制、延伸职能,在推动法治化营商环境建设中积累了一些经验,主要有以下三个方面:第一,以专业化审判加速案件运转,保障破产制度功能落地。第二,以工作机制创新解决症结问题,全面提升破产审判工作质效。一是深化破产程序适用甄别机制,解决“退”与“救”的问题;二是完善沟通工作机制,解决“执”与“破”的衔接问题;三是完善管理人履职保障机制,解决“管”与“服”的问题。第三,以审判职能延伸推进府院工作联动,形成优化营商环境的合力。破产审判工作的协同性、系统性很强,不仅需要《企业破产法》的修订和完善，更重要的是配套措施的制定和落实。这些工作还需要大家积极调研、统筹推进，共同推动我国破产制度更加成熟完善，共同打造更优化的法治营商环境，推动经济社会持续稳步发展。

孙翔（柳州市中级人民法院民四庭副庭长）：我的发言题目是“破产审判府院联动机制的柳州探索”。个人认为，难以推动破产府院联动有以下几点原因：一是政府主要领导对破产的理解和认识存在偏差；二是政府部门担当、作为的意识不强；三是法院的主动作为力度不够。其实破产府院联动机制只是一种手段，主要目的还是要解决破产衍生社会问题。关于建立高效、便捷的破产府院联动机制的途径问题。我认为，需要积极宣传《企业破产法》的企业救济和规范退出的功能，破除对破产的错误认识，和政府联动，共同解决破产衍生社会问题。要让政府切实认识到破产制度可以为当地经济发展和社会稳定所带来的价值，较好的方法就是通过鲜活的破产案例，特别是破产重整案例作为支撑例证。

于淼（鞍山市中级人民法院民四庭法官）：我的发言题目是“东北破产法实施的困局与新局”。结合我在鞍山法院从事破产审判工作的所见所感，东北《企业破产法》实施中存在的主要问题及原因包括：第一，市场经济发育不完善；第二，破产法律文化尚未全面普及；第三，常态化、规范化的府院联动机制尚未建立；第四，破产专业化力量不足。以问题为导向，对如何推动《企业破产法》有效实施，我提 3 点建议：第一，全方位多角度加强破产文化宣传；第二，深化府院联动机制，使之实体化常态化运行；第三，加强破产专业人员的培养，为《企业破产法》的有效实施提供人才保障。

程顺增（衢州市中级人民法院民一庭庭长）：我的发言题目是“关于运用破产重整救治危困企业的调研报告”。（*更多内容，详见本辑《破产法论坛》收录的同名论文*）

李忠鲜（中国人民大学法学院博士后）：我的发言题目是“破产立案与受理的改革思路——兼论《九民纪要》的新规则”。破产案件的申请率低和受理难的问题成了当前破产审判业务的瓶颈，这主要出于以下 3 个原因：第一，立法上面的不足；第二，我国破产文化的培育不足；第三，来自法院内部和外部的测评压力。近年来的破产审判经验所凝聚的共识是，对立案申请材料作筛查的程序应当限制在合理的时间范围内，既要保障当事人的时间利益，又要有足够时间确定债务人确实存在不能支付或资不抵债的客观情况，防止恶意的破产申请。另外，也应当认识到上述关于立案受理概念的根本分歧并不在于是否审查,而是在于确定在哪个阶段需要对破产原因作实质意义上的判断,因为保障诉权的关键是确定在什么阶段的审查才是符合程序正义的。就此而论,《九民纪要》中强调的“立—审—破”工作流程一体化地解决了上述争议,以独立的审查受理机制代替之前单一的立案机制,既为及时接受申请材料提供了窗口,又为法院对破产原因的审查提供了程序上的正当性。

嘉宾评议

刘兴树(湖南师范大学法学院教授,湖南省法学会企业破产与重组研究会会长):重庆的破产探索经验很丰富,主要体现在管理人制度方面。选择管理人一定要慎重,须有针对性,不能一味地以摇号方式产生,对于重大疑难案件是应考虑采用竞争选任方式的。在法院选任管理人之后,债权人大会或者债权人委员会的建议更换权需要得到法院的切实保障,法院应加强与债权人的沟通。关于管理人的主体范围,除了律师事务所、会计师事务所、清算事务所之外,建议可以吸纳一些有丰富的企业管理经验的公务退休人员,包括退休的法官。重庆破产法院在保障管理人履职、给予管理人培训和指导、管理人报酬的保障以及落实管理人责任等方面都做得不错。对于担保圈危机的解决,可以期待担保立法中将其纳入,对此问题的解决关键在于防止危机蔓延,采取类似《证券法》上的熔断机制的措施。柳州破产府院联动机制做得很好,充分发挥了党委的作用,契合中国国情,体现出破产审判的办案与办事相结合的特点。

张如果(安徽省高级人民法院民二庭法官):《企业破产法》实施的区域性特点还是比较明显的,早期的广东、江苏、浙江在破产方面确实因为市场经济的原因,比较领先,有很多制度性的创新。这两年因为营商环境的评估,上海和北京破产也有很多制度性的建设。作为中部地区省份,我们也做了很多的努力,比如前两年我们蒋庭长在广西,将破产审判搞得有声有色。市场化本身的发展不平衡也决定了我们破产审判的区域性。破产审判中还存在诸多难点,府院联动机制是重要的解决方案。在府院联动中,一案一议也有其优点,通过个案的协调,事实上法院与不同的职能部门建立了协调沟通的关系,这样对于以后整个机制的建立,事实上也是很好的准备工作。关于破产启动难的问题,需要在案件受理与破产法官队伍建设之间形成互相促进的良性循环,破产法官的考核需要建立特别办法。

第二单元:对话交流

主持人:蒋太仁(广西壮族自治区高级人民法院环境资源审判庭庭长)

交流嘉宾:种林(山东政法学院副教授);罗宁(贵州省高级人民法院民二庭法官);宋自学(开封市中级人民法院民一庭庭长);齐国安(衡阳市中级人民法院清算与破产审判庭庭长);曹彦(长沙市中级人民法院清算与破产审判庭副庭长);张生[北京市中伦(深圳)律师事务所合伙人];张涌(中豪律师事务所主任);周光(浙江光正大律师事务所主任,温州市律师协会会长)。

主持人:请各位嘉宾谈谈对于破产审判府院联动与营商环境的看法。

种林:法院在营商环境以及府院联动中的定位存在区别。虽然营商环境和府院联动是我们经常提到的两个概念,而且至今有密切的联系,但是二者毕竟有根本区别。我们讲的府院联动,主要是指在党委领导下司法机关和工商、税务、人事、金融、国土等机关协同办理破产案件,共同挽救有存续价值的困境企业。在这个机制中,法院应该是起主导作用的,其他机关具有协助的职责,首先是协助的义务。我不赞成有的地方提出来的府院联动机制是政府主导、法院主办。办理破产只是营商环境的指标之一,营商环境的相关工作不由法院主导,挺占用法院时间的。

罗宁:关于府院联动机制,实践中的可行措施包括联席会议制度、个案协调方式,或者由法院通过书面函告的形式来协调。此外,我们还可以通过一种考评倒逼机制来推动政府建立破产府院联动机制。我国近年来各地纷纷建立府院联动机制的一个重要原因在于营商环境的评估,这就构成了我们提到的考评倒逼机制的可行性。要提高营商环境评估得分,就要将破产指标得分搞上去,也就需要强化政府的支持力度。

宋自学:破产具有社会本位性,承担着诸多社会职能,延伸出很多社会问题,这单靠法院是解决不了的,尤其在相关配套性制度不完善的情况下,只能借助府院联动机制来处理,而各地府院联动机制的发展也是不平衡的,要看各地政府的重视程度,东南沿海等市场经济发达的地区的府院联动机制普遍建设得较好。

齐国安:国务院制定的《优化营商环境条例》,规定了营商环境的定义,从营商环境的意义看,在破产案件的处理中建立党委领导、政府协调、法院指导、各方参与的府院联动协调机制,是优化营商环境的要义之一。也正因为府院联动机制对于优化营商环境如此重要,国务院才会在《优化营商环境条例》第33条第2款中明确规定,县级以上地方人民政府应当根据需要建立企业破产工作协调机制,协助解决企业破产过程中涉及的有关问题。由于破产企业所属行业的不同,历史遗留问题的不同,在破产过程中需要协调解决的问题也呈现不同的特点。府院联动机制是营商环境评估中,办理破产一级指标里面考证的一个重要指标,考核的内容相当丰富,可以说府院联动机制是破产审判的基础设施,府院联动机制是否建立以及是否有效发挥作用,直接影响破产案件的办理质效,进而影响营商环境评价和持续优化。

曹彦:破产管理人在履职过程中遇到的一系列障碍,涉及法院的司法强制力的问题,这些问题直接影响了破产案件的办理效率。当前,我们有一个非常好的契机,那就是我们今天讲的这个主题,营商环境的优化以及我们府院联动机制的建立。其实营商环境的优化也就是我们破产案件的办理以及府院联动机制建立起来的一个终极目标,我们就是要实现营商环境的优化。当前其实营商环境优化也是促进我们破产事业发展的一个契机。近几年世界银行的营商报告应该是越来越受到我们国家政府层面的关注与重视,这一套评估体系在建构上是非常科学的,填报的内容不仅是制度的建构,还涉及如何落实的问题。此外,破产府院联动机制的重要功能在于解决破产案件中的社会维稳问题,尤其对于债权人群体规模大、矛盾尖锐的破产企业而言,更具有意义。

张生:破产府院联动机制在中国的实践,经历了从个案化推动,逐步到制度化的过程。后续府院联动机制的发展方向应当是制度化的而非是个案化的。在一事一议、一案一议的过程中,府院联动对个案问题的解决确实是很有帮助,但同时这也是一把“双刃剑”,因为行政权力是一把“双刃剑”,会产生这样那样的问题。府院联动机制的发展,应当将政府的还给政府,法院的归给法院,只有制度化的府院联动机制才与市场化和法治化的破产工作的方向一致。关于优化营商环境,我想谈谈债权人的知情权问题,这个问题比较重要,债权人知情权保障是世界银行认可的两项工作指标之一。同时,我们也经常提到债权人参与破产程序不够充分的问题,这些问题的核心是债权人知情权能够得到保障。现在对这个问题作出了进一步的明确,但是落地的状况不太好,实际上对于管理人来讲,他对债权人知情权有一种天然的抵触,不管债权人基于一种什么样的考虑去要求调阅资料,对管理人来讲他始终认为这是对他的监督,或者存在监督的风险,但管理人还是应当充分保障债权人的知情权的。

张涌:我认为府院联动机制是虚假的繁荣,是应对世界银行指标是急功近利的表现,提升营商环境是政府的职责而不是法院的职责。第一,府院联动机制虚假繁荣。府院联动机制有正面作用也有负面的影响,正面作用大家都在宣传,负面影响好像没人说。(1)现在的破产案件为什么受理难,这里面有没有政府干预的因素,我相信在座的法官可能心里面是很清楚的,管理人心里面也很清楚,这里的府院联动表现何在呢。(2)破产府院联动过程当中,政府也会提出自己的诉求,这些都要通过联动机制灌输到管理人的工作职责中。第二,应对世界银行营商环境指标是急功近利的。因为世界银行的指标基本上是不变的,他的指标就在那里,我们为了指标而做一些针对性的工作,是急功近利的表现。第三,提升营商环境是政府的职责不是法院的职责。破产涉及很多社会的问题,破产中的营商环境严格说起来涉及职工安置,涉及税务,涉及工商等方面,所有这些都是政府的事情,为什么要法院来做呢?我也想请法院的同志做一个思考,在办理破产案件还是在审理破产案件中,你的角度是不同的,所以,应该严肃思考在营商环境里法院的角色。

周光:我把温州的情况给大家介绍一下,我们温州市的府院联动在全国做得是最好的。为什么是最好的呢?大家都知道温州市是民营经济的发起地,敢为天下先,正因为敢为天下先,所以温州问题的暴露也是最早的。我们温州民营经济和民间借贷的风波和以后金融借款的风波都是从 2011 年开始的。在这种情况下,我们政府采取什么措施呢?采取了通常的做法,因为各地都可能有企业风险处置的领导小组。实际上,在我们温州 2011 年的金融风波发生之后,我们温州也有府院联动这个机制,这个机制在那个时候显示的是负面的作用。实际上这个机制在那种经济下行的时期是不能解决问题的。因此,到 2012 年以后情况变得更加不乐观。我们法院按照市委的要求,办理了几件标志性的重整案子。在做的过程中就发现需要建立一个府院联动机制,因此温州才有了强有力的府院联动机制。温州的府院联动机制和外地的府院联动机制的差别,我觉得可以得出这么 3 个结论。第一,府院联动要做到好的话,需要有合适的时机。第二,政府知道办理破产案子,对化解当地的经济危机或者促进经济的发展有好处。第三,如果政府不支持法院做这项工作的话,作用会大为减弱。

第二分论坛:管理人制度与信息化建设

时间:2020 年 10 月 24 日下午

第一单元　主题演讲

主持人:杨春华(暨南大学法学院教授,广东省法学会破产法学研究会会长)
周剑敏(绍兴市中级人民法院常务副院长)

主题发言

刘霞(江西凌科安时律师事务所律师):我的发言题目是"法经济学与破产选任和薪酬制度的完善"。①

胡守鑫(中国人民大学法学院博士研究生):我的发言题目是"公职管理人选任制度研究"。公职管理人与私人管理人存在明显的区别。最大的区别在于公职管理人具有公职性。我国地方法院如温州对公职管理人制度展开了探索,学界也对此进行研究,我国有必要建立公职管理人制度。第一,选任公职管理人须把握其三大特性:公职性、公益性、补充性。第二,对于企业主和企业债务人合并破产的问题,原则上不应指定公职管理人。在法院审查受理破产程序中可以指定公职管理人,此时其负责的是财产保全的问题。

董烨[北京大成(南京)律师事务所高级合伙人]:我的发言题目是"浅析管理人制度的刑事责任"。为什么管理人承担刑事责任?一是管理人的权利来源,法理上有很多说法,从形式上来讲,管理人是法院指定的,这跟一般的委托人的委托,甚至跟自行清算中的委托都是不一样的,权利来源有点不一样,实际上是承担了带有公权性质的意味在里面。二是基于管理人的法定义务。三是如果破产管理人实施的行为符合犯罪构成的时候也应该成立。管理人涉及的罪名可能有妨碍清算罪,隐匿、故意销毁会计凭证、会计账簿、财务会计报告罪,非国家工作人员受贿罪,对非国家工作人员行贿罪,职务侵占罪,挪用资金罪等。

徐敏(四川瀛络律师事务所破产事务部负责人):我的发言题目是"管理人在破产程序中'解除非正常户'的探索之路"。关于非正常户的认定,2019 年 48 号国家税务总局公告,只要在连续 3 个月没有进行正常纳税的情况下,系统就直接

---

① 更多内容,参见本辑《破产法论坛》收录的同名论文。

把你认定非正常户。在该公告中,无前置程序,系统自动认定为非正常户。非正常户的认定影响企业的正常经营活动,并且管理人在处置资产的进程中,破产企业的纳税信用被认定为D级,无法正常申报新生税费。解除非正常户的建议如下:第一,期待统一税法规则与《企业破产法》规定;第二,避免因管理人的失职,导致企业被税务机关认定为非正常户;第三,与法院和税务机关确定"解非"的程序;第四,管理人发挥主观能动性降低管理人的履职风险。

邵晖(安徽深蓝律师事务所主任):我的发言题目是"疫情期间管理人工作若干问题思考"。对于从事破产业务的管理人而言,管理人工作在疫情中面临以下风险:第一,管理人在疫情期间无法正常履职导致的风险;第二,《企业破产法》对破产程序中各种权利行使的期限和时效都作了具体规定;第三,疫情导致继续经营的风险增大;第四,管理人因疫情防控措施不到位的风险。对此,管理人须认真学习与疫情相关的法律知识和专业知识,注重利用互联网系统、平台开展工作。管理人应当通过完善管理人责任险等保险制度化解或合理降低管理人履职风险。同时,仔细梳理与管理人工作相关的各种时效、期限,并及时依法处理好时效延长、中止等法律问题。

陈万敏(浙江省瑞安市人民法院审判委员会专职委员):我的发言题目是"破产程序适用于P2P平台市场退出机制的实践思考——以全国首例P2P破产清算案为视角"。P2P平台的退出缺乏有序机制,政府对处在困境中的平台往往束手无策。在处理P2P平台的过程中存在一些问题,包括:处置无配套法律制度的支撑,无相应监督程序;手段有限、易受质疑;投资人或平台难以自行协商沟通处置;涉刑案件中P2P平台的财产处置,追赃存在局限性、滞后性。我们采取多种方式追债,效率比较高。加快涉案财产先行处置,解决刑事处置滞后痛点。实行破产财产预分配、最大程度稳定人心。实行3次预分配,最终分配等刑事判决确定以后再进行分配。破产案件进程信息公开,多方联动共维稳。

莫然(东莞市第一人民法院民五庭副庭长):我的发言题目是"从'三维'至'一体':破产审判'科技树'信息体系之构建——以诺兰六阶段模型为分析视角"。①

① 更多内容,参见莫然:《从"三维"至"一体":破产审判"科技树"信息体系之构建——以诺兰六阶段模型为分析视角》,载东莞市第一人民法院网2021年2月27日,http://dyfy.dg.gov.cn/fywh/spdy-detail-177875.html。

嘉宾评议

张思明(河北大学法学院副教授):刘霞律师从法经济学角度,从提升效率、降低破产成本方面来分析,这与市场化、法治化、专业化、信息化的破产审判目标一致,就此谈谈破产管理人的建设问题。破产管理人须贯彻破产立法的经济法理念,要具有社会本位的思维,善于平衡协调各方的利益,破产管理人须具备多样化的知识体系,除法律专业知识之外,还应熟悉经济、财务、会计方面的专业知识。我们一定要将法院审判目标与管理人团队的专业建设结合起来,对管理人采取多维度、立体化的发展模式,对接相关的资本方、投资人团队。管理人团队很多都是要注重对债务人前期的介入服务,能够有效衔接庭外预重整和庭内重整程序。破产管理人精于专业是发展之本,忠于职业是立足之根。我们对债务人财产的处置也要学会整体处置,注重营运价值,不仅有经济效益、社会效益也要优先考虑,降低破产成本。关于公职管理人的选任,基于国家公职人员身份的特殊性,其需要承担何种角色,是需要考虑的一个问题。面向管理人建设问题,是否考虑设立统一考试制度,值得我们思考。管理人工作中的风控需要引起重视。

邹玉玲(北京市海淀区人民法院民三庭副庭长):在参与营商环境评估的工作中我有一项深刻的感受,破产事业真的是在供给侧结构性改革背景和营商环境优化的推动下获得长远发展的,破产的工作也引起人们的关注。管理人履职主要涉及自身履职能力提升的问题,包括行业自律组织建设、管理人自身不断学习、管理人的勤勉尽责、风险防控、刑事责任承担等。管理人的刑事责任的问题有一定的前瞻性,也是个不可回避的问题。实际上,更为普遍的问题是民事责任问题。各地在营商环境的推动下,都在纷纷出台各项措施,这对管理人履职而言是好事,这个问题的出现还主要是因为《企业破产法》的配套制度不够完善。所以,我们才探索出府院联动机制来解决破产衍生问题,但也面临诸多风险,一是地方出台各项措施之后标准不统一,适用起来因为区域不一样会冲突。二是如何法律化的问题,这些将来都是问题。关于管理人履职的便利化措施,徐敏律师提到解除非正常户的问题,主要还是从税务的角度来讲,此问题还涉及企业信用修复的问题,包括纳税信用、银行信用、工商信用、司法信用等的连带修复,根本问题还是没有出台实际规则和标准规范。同时,我们在呼吁设立统一的破产行政监管机构,公职管理人按照国际通行规则是可以置于其下管理的,它能解决一系列的问题。关于疫情期间管理人工作和信息化的问题,主要还是通过线上工作的方式，包括日常沟通的信息化、债权人会议的信息化、财产处置、公告、通知、投资人招募等通过信息化的方式处理，这是一件好事情，便利了管理人的工作。需要注意的是，信息只有互联互通能相互交流才有价值，各地建立很多系统反而会形成新的信息壁垒，它的合理性和必要性何在，值得思考。

第二单元：对话交流

主持人：陈兵（时任成都市中级人民法院民三庭庭长）

交流嘉宾：任延光（大连市中级人民法院清算与破产审判庭庭长）；林有坤（南宁市中级人民法院民五庭庭长）；周薇（江苏省常熟市人民法院副院长）；方新平（杭州市富阳区人民法院民四庭庭长）；尹秀超（北京大成律师事务所高级合伙人）；孙才华［北京市中伦（武汉）律师事务所合伙人］；蔡斌（泰和泰律师事务所高级合伙人）；张容（湖南人和人永州律师事务所主任）。

主持人：请各位嘉宾围绕破产管理人的主体范围、选任机制等方面谈谈自己的看法。

方新平：我介绍一下浙江的管理人选任方式，我们主要采取了竞争、推荐与随机摇号的方式，主要以破产财产的金额作为标准，以破产财产2亿元、5000万元作为划分界线，由中级人民法院指定管理人，基层人民法院对破产财产在5000万元以下的案件具有管理人选任的建议权。

周薇：我介绍一下常熟法院选任管理人的方式。2016年9月江苏省高级人民法院指定我们常熟法院作为管理人制度改革试点单位，可以突破管理人名册与区域的限制，面向全国所有的中介机构和个人选任管理人。我们在操作过程中，面临的难点首先是需要对案件难易度进行打分。针对普通案件和疑难复杂案件遴选管理人，我们设计了遴选表格，综合考量管理人的经营范围、派驻现场的负责人的级别、破产工作的经验等事项。我们在办案过程中，有评估公司和审计公司询问是否可以参与管理人遴选，我们的回复是可以参加，但实际上这两个机构最终没有参加，因为他们的工作在整个破产案件中占比非常小，不需要参选管理人。

任延光：各地的破产工作的情况差别很大，我们辽宁的破产案件数量不多，但个案的体量很大，不少破产案件涉及的都是“巨无霸”类的大企业。在我们大连的管理人名册中均为机构管理人，尚无个人管理人，大连市中级人民法院一直在努力培养本地的管理人队伍,截至目前,大连的管理人名册制度施行3年,总共收录了20家管理人,其中,4家管理人是一级,其余机构是二级管理人。我们对大型破产案件,也面向全国的管理人通过招标的方式选任。

林有坤:广西设定的管理人类型包括律师事务所、会计师事务所、清算公司,大部分是律师事务所,律师事务所的工作能力还是比较强的,其对法律程序、法律规定都较了解,不仅是破产法,包括相关的公司法、税法等都很熟悉,与法院的配合度比较高。破产清算公司也主要由律师团队组成,或者清算公司采取与某家律师合作的方式,其与法院的配合度也不错。但会计师事务所的履职就有些逊色,例如,其不熟悉相关的法律程序,为了减少自身成本的支出,往往聘请一两名律师甚至不聘请,给法院增加了很多工作负担。由此,本人建议管理人还是以律师事务所和清算公司为主,会计师事务所做自身专长的事情就好了,这样破产工作效率更高。

尹秀超:现在的破产管理人机构的组成类型包括律师事务所、会计师事务所、破产清算事务所和特殊案件清算,应该在此基础上做减法,而不是做加法。根据我们的国情特点,大型的国有企业或者对当地产生重大影响的民营企业,这类案件债权人众多,案情复杂,协调角色多,这类案件的确应当由清算组才能完成,单纯依靠某一家律师事务所、会计师事务所包括我们大成律师事务所,恐怕也难以单独胜任这种大型的案件的破产工作。最近国家的大型企业破产案件比较多,我们国家面临宏观经济结构性调整,导致大型企业被动或主动退出市场,在特殊的历史时期,还可以保留清算组作为管理人的方式,但它可能不符合国际发展的趋势,所以应该逐渐将其做减法。在此基础上,现有的律师事务所、会计师事务所和清算事务所已经足以承载管理人的功能。虽然清算事务所在处理"僵尸企业"过程中积累了大量的经验,但他们对市场动向把握不足,法律掌握不够、人员组织调配不足,它难以适应市场的需求,随着市场的逐渐发展,清算事务所也应逐渐被淘汰,这是我的个人观点。律师事务所是破产管理人的主流,在我国,律师事务所有自己的优势,如与法院沟通效率高,律师事务所做管理人具有组织、协调能力,对于法律关系比较复杂、需要沟通协调的破产管理人工作,还是适合交由律师事务所,而非会计师事务所。当前我国实践中,也有地方探索出联合管理人的举措,非常适合我国国情,律师事务所与会计师事务所担任联合管理人,可以有效降低工作成本,应该贯彻下去。此外,还可以考虑由北京的律师事务所和本地的律师事务所组成联合管理人,也有利于本地管理人队伍的培育。

张容:从我们律所团队的组成和工作经验来看,尽量多聘请一些非律师的专业人员对破产案件的开展很有帮助。我的看法是,管理人选任方案应该根据案件的复杂程度以分级或者是联合组建管理团队的方式来选任。特别建议要加大对清算事务所与会计师事务所参与破产案件的力度。在实践中,律师事务所的人员流动性很大,可能某家律所因为破产工作骨干人员的流失,即便其在法院的破产管理人名册中的级别很高,但也不再有处理破产案件的实际能力,这是很现实的问题。

蔡斌:管理人的履职能力可以分为两种类型:一是履职能力不足,二是履职能力欠缺。《企业破产法》规定的3类管理人机构各有特点,律师事务所的综合执业能力在当前的社会环境下,相较而言还是要全面一些。"稳定"就是要求这家机构有长期稳定的能力;"专门"要求这个团队基本上是专门从事本行业,不从事其他行业;"责任"指的是责任心。如果具备这六个字,任何一家机构都能够解决履职能力不足的问题。关于是否需要增加管理人机构的范围的问题,对于某些特别的破产案件,可能需要其他类型的机构参与,但大部分破产案件还是更适合目前的3类机构担任管理人,所以,无须考虑增加破产管理人的类型。对于3类机构担任具体案件的管理人而存在能力不足的问题,可以根据本案件的特点,去聘请相应的管理咨询公司、资产管理公司等机构来解决。

孙才华:我的建议是收取管理人报酬的机构类型越少越好,具有公益性不收报酬的机构多几个也无妨。现在有3类机构具有担任管理人的资格,律师事务所、会计师事务所和清算公司。我们武汉市法院每年受理的破产案件不到100件,现在武汉市有64家管理人,也就是每家机构平均承担不到两件破产案件。不论增加什么样的机构类型,都解决不了问题,这种竞争关系至少在中国某些地区完全是没有讨论必要的。对于无产可破、"执转破"等案件,可以由公职管理人去做。

第三分论坛:债务人财产与债权保障

时间:2020年10月24日下午

第一单元:主题演讲

主持人:闫海(辽宁大学法学院院长,辽宁省法学会破产法学研究会会长)

主题发言

项红(合肥市高新技术产业开发区人民法院副院长):我的发言题目是"《民

法典》语境下我国破产制度的革新与完善”。①

高美丽(北京大成律师事务所高级合伙人):我的发言题目是“论破产程序中撤销权的行使——以破产撤销权纠纷的案例为视角”。虽然《企业破产法》对于可撤销情形作了列举,没有概括性规定。但就其所列举的情形,应该从实质角度去理解和判断。目前,随着破产企业的增加,破产规则的适用越来越广泛,应该受到重视,因为破产规则有时会对民商事行为产生实质性影响。就撤销权而言,基于破产,法律规定可撤销破产企业的特定交易,则对于相关交易的稳定性产生了实质性的影响。而裁判规则的不统一,使交易主体对于相关交易后果无法进行准确预判,有时也会产生新的不公平。因此,建议尽量统一裁判规则,维护各方权益。

游佳(重庆汇融拍卖有限公司总经理):我的发言题目是“破产资产处置最大化的路径:线上与线下服务相结合”。生老病死是一个人,一个企业正常历程在不同时期的正常状态,企业退出市场是企业对社会作出的最后的贡献。企业除了资产之外,还有人力资源、经验资源、商业模式资源、社会网络资源等,所以,我们非常注重和破产企业的团队进行交流,甚至要做一些心理建设,要尊重企业和历史、人文和曾经的辉煌,让他们配合我们完成企业最后的历史使命。甚至帮助他们和新接盘人在后续工作中建立联系,进行合作让企业的生命以另一种形式得以延续,我们在线下的温度还有一点,要有破产法的情怀。归结起来,就是线上与线下结合,线上有速度,线下有温度。

王乃哲(北京市康达律师事务所律师):我的发言题目是“破产程序中债权人申报债权之撤回”。破产债权申报之后的撤回它只产生一个后果,那么就是在一定条件下的债权申报的撤回,即发生未申报债权的效果。撤回破产债权申报的主体应当满足在受理破产申请时享有对债务人的债权,且已经按照《企业破产法》的规定完成债权申报的债权人。破产债权申报通常采取书面的方式进行,因此,撤回债权申报的方式也应当以书面形式作出。结合破产债权申报—审查的一般环节来看,债权申报的撤回至少应当在债权申报期届满之间;但同时考虑到,债权审核工作的进展,撤回债权申报的最晚时间限制应为法院作出认可无异议债权表之前。对于撤回债权申报的行为,应由管理人作出相应的处理,包括:

① 更多内容,参见本辑《破产法论坛》收录的同名论文。

第一，管理人须对撤回行为的合法性进行审核；第二，管理人须就撤回行为的结果告知债权人。

朱华军（浙江中兴会计师事务所所长助理、注册会计师）：我的发言题目是“破产程序中涉税问题的实践分析”。①

李乐敏（浙江振邦律师事务所主任）：我的发言题目是“房企破产后在建工程续建费用承担问题探析”。关于续建费用的范围，如在建工程产生的机械、材料、人工等一些费用，包括资金引进之后产生的利息，以及后续销售过程当中产生的税费等等。在破产程序中，一类债权人的受偿权利显著高于清算下的受偿价值，但其他债权人并没有受益或受偿利益减少的，对于其他债权人而言，是显著的不公平。参照添附制度，续建行为可视为将动产附合于在建工程之上，故在先购房者最终取得房产并对建成房产享有物权的，系在建工程所有权的延伸，但其取得所有权的前提在于对动产的价值进行补偿，最终取得房产的购房者应当对在建工程续建费用进行分担。

罗苑（重庆丽达律师事务所律师）：我的发言题目是“管理人财产处分权对有财产担保债权的限制”。担保债权易因管理人的不当处分遭受损害的原因包括以下两点：其一，实体层面上我国《企业破产法》并未明确规定限制管理人使用和处置担保财产。其二，程序层面上，《企业破产法》也未就管理人不当处置担保财产侵害有财产担保债权给予债权人的救济途径。对此的完善建议包括：第一，管理人在处置担保财产前，应当充分考虑该项处置行为是否为破产程序所必需；第二，针对担保物取回权制度，替代担保作为取回担保财产的条件，不应只是主观地满足“为债权人接受”，还应从客观上衡量替代担保物的价值是否与原有担保物当时的市场价值对等；第三，规定有财产担保债权人实际可行的救济途径。

嘉宾评议

吴长波（西南政法大学民商法学院副教授）：关于一般破产主义的建构需要谨慎对待，以农民为例，他是与土地相互绑定的，倘若允许其破产，那破产财产无非就是农村的房屋，如果该房屋也拿来供全体债权人分配的话，农民的基本生存权利无法保障，所以，我国的个人破产法律制度需要逐步放开。还涉及我国的个

---

① 更多内容，参见本辑《破产法论坛》收录的同名论文。

人征信体制、信用修复机制等配套制度,虽然近年来整体建设取得了很大成果,但如果纯粹以现金的方式交易,那个人信用修复就成为一个大问题。关于实质合并破产制度的实施,也需要秉持慎重的态度,实质合并破产无非是拿A公司的财产来补偿B公司的债权人,这就会遇到合理性的问题。而且,实质合并破产还会牵涉对于法人制度与公司有限责任制度不利影响的问题。关于破产撤销权的行使,牵涉管理人履职风险与法律责任,管理人应当认真对待。关于债权人撤回债权申报的问题,债权人实质上是想以此方式,待重整计划通过以后,在执行重整计划的时候再申报,凭借自己与债务人的隐秘关系,来获得更高的不公允的债权受偿比例,其本质上是违法的。

梁琳琳(时任长春市中级人民法院法官):在法律上,债务人的财产,是指破产申请受理时属于债务人的全部财产及财产性权利,以及破产申请受理后至破产程序终结前,债务人取得的财产及财产性权利。债务人财产就是为了破产程序的进行和完成而存在,这一财产事实上的权利主体不再是原企业的所有者而是债权人,破产立法的宗旨是要平等地保护债权人权益,并在保障债务人权益的基础上最大限度地实现债权人合法权益。那么在破产案件中,为保障债务人及全体债权人利益,维护债务人财产的公平清偿,管理人在接管破产企业后务必厘清债务人财产状态,并行使各项权力,撤销不正当清偿,取回流落在外的财产,决定未履行完毕合同的继续履行,同意债权人的抵销申请等,避免损害全体债权人利益及自身身陷责任旋涡。企业破产是市场主体重要的退出途径,“税”参与了企业从新设到注销的全过程,同样在企业破产中“税”也是其中一个重要角色,如何处理好破产过程中的税务事项是企业破产程序实施过程中需要积极面对的问题。税收罚款在破产程序中属于破产惩罚性债权,将被列入劣后债权的顺位予以清偿,不能在解除非正常户时缴纳,与国家税务总局公告要求接受处罚并缴纳罚款矛盾。在非正常户转正常户时,管理人对前期补报操作不当,容易造成税务风险。关于房地产企业破产后在建工程续建费用承担问题,一般而言,房地产企业破产重整的核心在于房地产项目的转让和项目的复工、续建与销售,实务中由谁承担及如何承担续建费用是需要探讨的。李主任在发言中提出的利用民法添附理论来解决实务中房地产企业破产较突出的疑难问题,该观点很新颖,也很有价值,干货满满,但是值得我们从理论及实践方面进一步研讨。

第二单元:对话交流

主持人:徐扬(时任沈阳市中级人民法院破产审判庭庭长)

交流嘉宾:许德风(北京大学法学院教授,北京市破产法学会副会长);樊涛(河南大学法学院副教授);徐玉蓉(内蒙古呼和浩特铁路运输中级法院副院长);张继军(北京市中闻律师事务所企业重整与清算业务部主任);彭伟(北京市康达律师事务所高级合伙人);姚明(北京海润天睿律师事务所高级合伙人);袁公章(广西智迪尔破产清算有限公司董事长)。

主持人:请各位嘉宾围绕"债务人财产价值最大化"的主题进行发言。

许德风:如果破产撤销权可以涵盖生效判决和执行行为的话,一是便于操作,二是有利于社会稳定。执行行为是法院实施的强制行为,而非债务人的自愿行为,绝大多数的债务人对执行行为是秉持抗拒或不配合的态度的。

樊涛:处于不同阶段的公司应适用不同的法律来调整。正常经营的公司应适用《公司法》,重点保障公司与股东利益,但公司具备了破产原因后,法律此时应重点保护公司债权人的利益,而非公司利益,并应当适用《企业破产法》,不应再适用《公司法》规范,如公司申请破产就不用再经过股东会决议,因为《企业破产法》关于破产申请要件的要求中并未提及股东会决议。又如公司股权的限制,像公司破产程序中股东的知情权也是应当受限的。再如股权质押在破产程序中也需要解除,否则重整投资人进不来。

徐玉蓉:法院在破产财产处置中应该承担何种职责,发挥何种作用,才能使破产财产价值最大化?大家都知道《企业破产法》规定由管理人来负责管理和处分债务人财产,可见破产处置的主体应当是管理人,而不是法院,实际法院在此过程中应该只是发挥了程序性的指挥作用和监督指导作用,当各方利益发生冲突的时候法官还需要发挥一些协调和衡平的作用。首先,关于程序指挥的作用。从程序上来保证破产程序的顺利进行,而不是从实体上对破产程序中各个主体进行过多的干预。所以法院的角色应该是中立裁判者和正当程序的保护者。而破产财产的处置,通常情况下是由管理人自行选择拍卖行,通过司法拍卖平台来进行处置。但是我们也注意到,近几年,从2017年开始由深圳市中级人民法院最早开始尝试管理人独立发拍这一模式,所以法院不再就管理人公示的拍卖信息进行事先审查,这不仅有利于督促管理人勤勉尽责,督促债权人充分行使监督权,还有利于合理划分财产变价与法院监督之间的界限,使各自的权责一致,角色定位回归到符合破产立法本意的合理范围。其次,法院应当履行一些监督和指导职责。虽然管理人在履行职责过程中具有一定自主性,但作为法院指定的专门机构,管理人要向法院报告工作,所以法院的监督必不可少。最后,法院还要履行一些协调和衡平作用。因为破产案件涉及多方主体的利益,协调处理好这些利益至关重要。所以有一些协调工作,仅仅依靠管理人的力量是远远不够的。无论是破产程序的内部关系还是外部关系的协调上,法官都显得尤为重要。

张继军:长期股权投资有全资、控股、参股的不同形式,管理人能否对于债务人企业的长期股权投资享有控制权,需要结合股权投资的不同形式进行判断。在债务人作为其投资公司的股东的情况下,管理人纯粹行使股东的权利,但对于债务人能够完全控制的全资子公司或者控股子公司,若没有相应管理层,管理人还须承担公司管理的职能。关于房地产破产企业的续建问题,在实践中管理人往往通过公开招标的方式来选择续建单位,续建单位又包括施工单位、监理单位、续建辅助的单位以及销售团队。在管理人去选聘这些机构的过程中,经常受到债权人、股东的质疑,管理人在选聘续建机构的时候还是要做到清廉尽责的要求。在实践中,审计机构对于应收账款、预付款等做计提坏账的安排,在相关标准上管理人与审计机构存在分歧,如管理人要不要处置计提为零的应收账款的问题。计提坏账只是从会计准则上的一个安排,计提完坏账以后有些可能是有价值的,一概不予处置或一概均进行处置,可能都存在问题,这涉及债务人财产价值最大化的目标。在实践中专利、商标等无形资产的变价也是很困难的,如定价难。关于车辆拍卖的问题,在北京管理人可以申请法院通过执行程序进行带牌带指标的车辆拍卖,这样可以增加破产财产的价值。关于重整程序中债务人质押股权处置的问题。我们往往在重整计划中会对这些质押的股权做零对价的安排,但会受到股权质权人的质疑,因为质权人享有质权的质物是债务人股东持有的债务人的股权,这些股东是非破产主体,所以在重整计划中对此类股权的调整可能面临与质权冲突的问题。

彭伟:管理人在破产受理后应该依法、合理、便利地处置财产,《企业破产法》规定财产处置方案要经过债权人会议的讨论、审议,我们认为该规定应该区分处置财产的重要性和金额大小,区分债权人会议和管理人的不同职责和权限,这样才更务实。我一直强调管理人相当于肩负着公司总经理和董事会的职责,债权人会议好比取代股东会议、股东的职责。所以,对于一些金额较小、难以保管的,或者易于变质、腐烂或者容易丢失的破产财产的处置,非要经过评估程序,会极大降低财产处置效率,甚至影响财产价值。推动破产程序的进展,提高程序效率的同时,也会促进破产财产价值最大化。

姚明:对于金融债权,在银行对企业进行贷款展期的情况下,会存在与借新还旧的关系认定问题,最高人民法院对于借新还旧是否就是变相的贷款展期的态度也在变化中。如果认为借新还旧不是贷款展期,那可能就构成了对旧债的清偿,其是否会落入破产撤销权对于个别清偿行为的调整范围,需要立法或司法解释予以明确。需要辨析的是,破产管理人行使破产撤销权,不属于促进债务人财产最大化的问题,因为债务人财产的范围与价值本来就应当如此。真正的债务人财产价值最大化,应当主要体现在财产变价的时点与方式,以及分配方式上。

袁公章:破产财产价值最大化没有固定的标准。管理人能够将难以处置的破产财产顺利卖出去,其实就是一种财产价值的最大化。在实践中,有些特殊的债务人财产,即使经过广泛的宣传也难以处置,如股权资产。对此,就需要管理人充分发挥撮合交易的功能,不要忽视债权人的购买与投资能力,而且债权人对于债务人财产的具体情况往往非常熟悉,如果债权人对债务人财产感兴趣,管理人可以努力协助其解决一些如融资等难题。如果管理人要处置的债务人财产是一些土地资产、实业投资,则可以考虑周边园区的商户,管理人可以通过向其发送邀请函的方式,进一步挖掘、促生其交易的兴趣。

第四分论坛:重整程序与困境拯救

时间:2020年10月24日下午

第一单元:主题演讲

主持人:杨静(时任安徽省高级人民法院民二庭副庭长)

王倩(河北省高级人民法院民二庭法官)

主题发言

何旺翔(南京财经大学法学院副教授):我的发言题目是“破产重整制度的

进化与现代化”。到目前为止,各国的重整制度模式主要有3种,第一种,以美国为代表的以债务人拯救、债务人利益优先的美国模式;第二种,以德国为代表的以债权人利益最大化的模式;第三种,以法国为代表的促进就业模式。重整法律制度的进化是传统延续、法律移植、实践继受与竞争改革的结果,进化的外在动力为重整制度的移植与竞争,内在动力在于商业实践的发展与创新。另外,现代各国法律制度的发展已从传统的封闭的自然生长期进入了相互学习的阶段。

王静(南京破产法庭庭长):我的发言题目是“我国预重整模式的实证分析——以各地预重整指引为样本”。①

尤文静(北京市昌平区人民法院民二庭副庭长):我的发言题目是“预重整程序中司法干预的适度边界考量”。预重整的优势在于司法干预,但是过度的司法干预又会挤压企业自救的一个空间,不干预又不足以发挥预重整的这种制度优势。问题的关键就在于如何确定司法干预的适度性,如何把握司法权的边界。预重整的司法干预具有必要性:第一,预重整程序需要法院进行信用“加持”;第二,预重整程序需要法院介入来打破僵局;第三,预重整程序需要法院的指导和监督。预重整的司法干预应尊重当事人自治,干预要具有适度性。

徐鹏宇(长沙市中级人民法院清算与破产审判庭法官助理):我的发言题目是“论重整识别的程序规则之构建”。②

陈宇(湖南天地人律师事务所律师):我的发言题目是“关于破产程序中《民法典》溯及力的思考”。③

王春生(四川发现律师事务所主任):我的发言题目是“破产重整中处置未申报债权的三种模式”。④

高文忠(北京中企华资产评估有限责任公司执行总裁):我的发言题目是“破产重整中的无形资产估值问题”。无形资产自身的特点:一是具有一定流动性并

---

① 更多内容,参见本辑《破产法论坛》收录的同名论文。

② 更多内容,参见本辑《破产法论坛》收录的同名论文。

③ 更多内容,参见本辑《破产法论坛》收录的同名论文。

④ 更多内容,参见王春生、李林硕:《破产重整中处置未按期申报债权的三种模式》,载微信公众号“发现律师事务所”2020年6月5日,http://mp. weixin. qq. com/s/XYwyhU4OmEb-ViuA5QxbZw。

且有效性较长，但有效性又具有不确定性；二是没有物质实体，但是未来收益非常大；三是无形资产不能单独获得收益，有形资产和无形资产两者结合起来才能发挥价值；四是无形资产的价值与历史的取得成本弱相关性。破产重整无形资产的影响因素包括：一是企业状态；二是其先进性和使用(转让)价值；三是无形资产剩余经济寿命以及无形资产被替代的风险。资产评估主要是3种基本的方法：成本法、市场法、收益法。

嘉宾评议

王斐民(北方工业大学文法学院教授)：预重整制度在美国以及其他不少国家得到广泛适用，依据《美国破产法典》第11章规范的重整案件，一般都运用了预重整程序。预重整制度价值的发挥，需要加强当事人的意思自治，减少法律的干预，因为在重整程序中，法院就只承担着"配角"的角色，而预重整作为法庭外重组和法庭内重整之间的衔接程序，法院在其中的地位更为靠后，以为当事人意思自治留有空间。美国的预重整实际上是预申请程序，包括预协商，以达成一些说明性的条款或重组支持协议为目标。美国的预重整还包括了预谈判制度，其实质上是债权人的谈判，也会形成一项债权人协议，基本上可对重整计划的主要内容达成比较一致的意见，在后续重整程序中的重整计划草案的表决环节，预重整中达成协议的债权人是不能对表决的重整计划草案投反对票的，预谈判具有这样一种约束力。关于无形资产估值的问题，需要区分清算程序与重整程序来评估，因为债务人企业是否维持运营，对于无形资产价值的影响巨大。倘若知识产权开发出来而尚未被运用，可能会使用成本法评估价值，如果知识产权已被投入运营，并有一定的收益，可以考虑使用收益法评估。

陆诚(江苏百年东吴律师事务所主任)：关于预重整制度，在顶层设计尚未出台前，各地进行探索是很有意义的，包括深圳模式、温州模式、南京模式，其预重整体系与规则的设计有所不同，分别体现出法院主导、政府主导与中和的特点。预重整制度对于管理人而言是很利好的，管理人通过预重整制度提前进入债务人挽救程序之中，能够有机会尝试更多的方式与可能来帮助企业恢复经营活力。

第二单元:对话交流

主持人:康阳(北京市企业清算事务所有限公司总经理)

交流嘉宾:李帅(华东师范大学法学院副教授);李强[北京市中伦(南京)律师事务所合伙人];蒋瑜(江苏新天伦律师事务所合伙人);左北平(北京中恕重整顾问有限公司执行董事);裴洁(上海市汇业律师事务所律师);李琴声(福建义全律师事务所主任)。

左北平:当下营商环境考评推动政府作出有利于管理人履职的一些举措,例如,北京是世界银行营商环境考核的样本城市,北京破产法庭出台了一系列制度,协调自然资源、住房公积金、人力资源、市场监管以及车辆管理等部门,解决管理人在查询资料、开立账户等方面遇到的困难,为管理人履职设立专门窗口,极大提升了管理人履职的便利性。我们一直是依靠加强破产府院联动机制来支持管理人履职,但有必要在此基础上建立常态化的工作机制,以在全国层面解决管理人履职中遇到的各项难题。

裴洁:我们在2013~2014年做管理人工作是非常困难的,在核查债务人企业资产、核查相关债权债务关系等事项时,遇到诸多阻碍,首先需要我们管理人向政府相关部门进行《企业破产法》的宣传、解释工作才可能得到处理。但近年来,在营商环境评估工作的影响下,上海出台了一系列举措,使管理人履职获得了极大的便利。以管理人办理房地产破产案件为例,上海市自然资源确权中心为管理人设立了专门窗口,只要管理人持法院的裁定文书等相关材料,就可以查询、调取相关房产信息。再如银行方面,目前管理人开设账户,银行方面不再有阻碍,甚至愿意提供上门服务,包括网上银行app上都会推出破产业务管理板块。另外如社保、税务、公积金等事项的办理,都便利了许多。当然,管理人履职问题的根本解决方式,还是需要建立制度。

李琴声:泉州从2015年开始做破产案件,2016年在全国聘请了15位专家予以指导,并通过“结对子”的方式来培养、提升本地管理人的专业能力,全国一些比较知名律所的律师都有在泉州执业。我们5年多来共计处理逾百件的破产案件,但目前破产案件的结案率不是很理想,对此我们需要反思两个问题。第一,泉州是中小企业的聚集地,商事主体达到100万家,泉州GDP在福建连续20年排名第一,它的民营经济体量很大,但外地的管理人大多试图重整泉州的破产企业,所以重整的效果都比较差。第二,我们处理破产案件的效率不高,相关的办理破产指标数值难看。

李强:多年的管理人工作让我对办理破产案件有不少感触。关于管理人的履职,政府中的有权部门较权小部门,对于管理人履职的支持程度要低一些,窗口部门比非窗口部门对管理人更友好。管理人履职问题的处理,需要推动破产府院联动机制向纵深发展。

蒋瑜:江苏省的两家破产法庭,分别位于南京、苏州。苏州的民营企业众多,所以破产案件的数量也比较多,苏州的基层法院的破产案件做得也很好。在苏州,管理人的查询、调查等工作,一般还是凭借法院出具的调查令。虽然苏州不是世界银行营商环境评估的样本城市,但还是会受其一定的影响,苏州本地政府部门也启动了破产府院联动工作,由法院联合政府相关部门,以府院联动的方式出台规范性文件,客观上便利了管理人的履职。

李帅:我来自高校,在读博之前有过3年执行法官的工作经历,所以很关注执行转破产案件,从"执转破"开始慢慢参与《企业破产法》的相关研究。在做兼职律师的过程中接触过一些山东的破产案件,感觉除北京、上海、江苏等沿海地区之外,其他地区的管理人履职的问题还是比较突出的,包括我们办案中遇到的管理人开设账户效率低、查询不动产查封信息遇阻等问题。关于破产集中管辖、设立破产法庭的问题,需要考虑当地的破产案件的数量,否则可以考虑突破属地管辖的限制。

第五分论坛:个人破产立法问题

时间:2020年10月24日下午

第一单元:主题演讲

主持人:马红梅(西藏自治区高级人民法院民二庭庭长)

鞠海亭(时任浙江省高级人民法院民五庭负责人)

主题发言

黄燕(江苏省海门市人民法院副院长):我的发言题目是"个人破产免责制度对执行难的纾解"。从宏观的角度来看,免责是设立个人破产制度的一个逻辑起点,破产免责制度是个人破产制度的主要组成部分,它指个人破产终结以后,破产债务人尚未能清偿的债务,根据法律规定,在符合一定条件下或者一定范围内给予免除。该制度的目的就是减轻破产后债务人的负担,使他能够重新上阵。因此在各类破产的政策中处于核心地位。我认为,我国未来的立法比较适合采用选择以申请人免责为原则,以多种免责为例外的多种混合模式,其原因在于:第一,我国个人信用体系尚待完善;第二,保护债权人的利益更符合民众的认知。

李桐光(山东省高青县人民法院民庭庭长):我的发言题目是"个人债务集中清理试点工作的探索与思考"。我们法院出台了一项侧重程序方面的个人债务清理的意见,强调合法性、诚实信用以及私人意思自治。个人债务清理不能照搬企业破产的法定规则,需要债权人全体投票通过作出的决议,才会对全体债权人产生效力,相当于债权人对于自身权利的一种出让。根据该意见,我们受理了个人债务清理案件,限于为企业债务承担连带责任的法定代表人、股东或高管人员,以及公司法人人格否定之后的股东这两类个人债务人。个人债务清理的难点在于没有法律依据。

张靓(绍兴市中级人民法院金融庭庭长):我的发言题目是"从'独擅其美'到'美美与共'——债务清偿语境下的参与分配程序与个人破产制度研究"。①

居丽卿(贵阳市中级人民法院法官助理):我的发言题目为"论我国自由财产确定的程序及豁免规则"。②

冯坚(浙江大公律师事务所主任):我的发言题目是"论我国个人破产债务免责制度的完善"。个人债务清理制度的真正落地,需要个人破产免责制度理论的先行,制度的推行还需要考察债权人、债务人以及社会公众的需求与响应,尤其需要个人信用配套制度的支持。在未来的个人破产立法中,有必要建立个人破产欺诈制度,相关的行政、刑事方面的规范也应一并完善,因为我国破产立法仅仅针对企业破产欺诈方面有相关的规定。

王兆同(北京市炜衡律师事务所破产专业委员会副主任):我的发言题目是"个人破产程序中管理人调查工作规则初探"。③

---

① 更多内容,参见本辑《破产法论坛》收录的同名论文。

② 更多内容,参见居丽卿:《论我国自由财产的确定程序及豁免规则》,载微信公众号"筑城审判"2021年12月7日,https://mp.weixin.qq.com/s/v4afRdj5wgfdm7Leq3hHoA。

③ 更多内容,参见王兆同:《个人破产程序中管理人调查工作规则初探》,载微信公众号"破产圆桌汇"2020年11月18日,http://mp.weixin.qq.com/s/BcRbJyLTq9H8opSUgxAKgQ。

姜天萃(阿里巴巴拍卖事业部高级业务专家):我的发言题目是“建立以个人信用数据为基础的中国个人破产制度”。个人破产制度对公民而言是对创业、金融和事故风险的对抗方式。经过个人破产而涅槃重生的机会对于公民而言是一种法律权利。应当确立允许个人破产为原则,查明滥用后不确认破产免责为例外的个人破产立法原则。个人破产法对于健全破产制度具有重要意义,它为那些“诚实而不幸的债务人”(honest but unfortuate debtor)提供了一套完善严格的法规保护自身的权益,在合理豁免债务人的同时补偿债权人;为债务人提供了重整旗鼓的决心和东山再起的机会,鼓励创业和创新,其设立实际上有利于市场和经济的健康发展。在“DT时代”即大数据时代,个人信用数据体系正逐步建立并完善,信用正日渐成为一种新的财富。在这样的时代背景下,与其设定一个类似企业破产的复杂的程序(实际上对个人破产来讲,这种程序也是无效的、浪费的),不如将注意力放在个人信用数据体系的建立和完善,并对各部门、各企业现有个人信用数据进行打通并规定如何合理利用,同时划分公共利益与个人隐私的边界,以个人信用数据为基础重构中国个人破产制度。

嘉宾评议

梁小惠(河北经贸大学法学院教授):深圳经济特区个人破产条例的出台,将我国的个人破产制度的建构问题推到了风口浪尖。个人破产制度的建构遇到的主要难题就是个人债务人的诚信问题,这是一个事实判断问题,还是一个法律判断的问题呢?在很多情况下,恐怕还是要凭借一些事实情况去衡量债务人是否是诚实的人,相对而言个人破产配套制度的建设,问题没那么突出。个人破产制度的另一个难点是,在未来立法出台后,可能会遭遇个人债务人财产调查难的问题,因为企业债务人一般都有账目可查,而个人债务人往往是无账可查的,即便有个人账目,也很难查明具体的债权债务关系的内容以及资金流向,在个人财产调查的过程中,还须注重对于个人隐私权的保障,这些问题都对管理人的履职带来了不小的挑战。

周家开(广西壮族自治区高级人民法院执行裁判庭副庭长):管理人与法官在办理破产案件方面的激励不同,管理人在办理成功破产案件之后,会有成就感,更有经济层面的激励,而法官办理好破产案件,更多的是精神奖励,所以,破产法官更需要工作的激情与担当。关于建立与推行个人债务清理机制遇到的种种困难,主要原因在于没有法律依据,而且目前个人债务清理制度为什么强调试点,是因为我国个人信用制度尚不健全,试点个人债务清理机制,也有利于普及个人诚信的理念,推动我国个人财产登记制度的完善,为将来出台个人破产立法做准备,一是思想准备,二是规则准备。

第二单元:对话交流

主持人:刘静(北京外国语大学个人破产法研究中心主任)

交流嘉宾:张善斌(武汉大学法学院教授);贺丹(北京师范大学法学院副教授);郝振(苏州市吴江区人民法院清算与破产审判庭庭长);朱志亮(江苏省启东市人民法院清算与破产审判庭庭长);孔维璜(江苏省常熟市人民法院梅李法庭副庭长);朱建军(绍兴市柯桥区人民法院民四庭庭长);陈联书(广东金轮律师事务所合伙人)。

张善斌:我国要实行个人破产法律制度,需要做很多准备工作,包括理论研究的支撑,社会实践的先行探索,在广泛宣传基础上的社会公众的认可,以及党中央的同意等。目前,在温州、台州等地进行的个人债务清理试点工作很有意义,尽管个人债务清理机制不完全等同于个人破产制度,但其推行有利于使社会公众逐步接受个人破产制度。

贺丹:在我国地方探索个人债务清理机制的过程中,经常有个人债务人联系法官,询问是否可以通过个人债务清理程序解决个人债务困境,结合我国个人债务较高的杠杆率,可以看出我国的个人破产制度还是有实践需求的。在深圳筛选试点个人破产条例之后,还是需要全国性的个人破产法律制度的,否则试点也很难展开。关于诚信债务人的问题,我认为其应当是一种推定诚信,即个人债务人在破产程序中全面、真实地披露其所有的财务信息,没有隐瞒信息以及逃脱债务的情况,并能够配合整个破产程序的进行,就可以认定其是一名诚信的个人债务人。同时,诚信的认定应主要依据当时进行的破产程序中的情况,而非以其过去不诚信的经历为判断标准。个人破产制度不同于企业破产制度之处还在于,在个人破产程序中,强调行政权力介入的功能,公职管理人也可以从中发挥很好的作用。

朱志亮:个人诚信体系与个人破产制度之间并不存在必然的联系,而且诚信既是历史的问题,也是世界性问题,具有一定的普遍性。学术界与实践中往往将个人破产与企业破产制度分别进行研究与探索,其实二者之间存在不少交集,如企业破产与个人债务人之间发生关联破产的问题,这是我国实践中比较突出的问题。

郝振:提升个人破产制度的适用效果之前提在于,该制度应针对诚实信用的个人债务人展开,而且诚信的个人债务人也容易得到债权人的信任,个人破产程序的进行会比较顺畅。在我国,个人债务人的诚信度如何,其债权人通常还是比较清楚的,尤其是我国实践中常见的因为为企业提供连带保证而陷入债务危机的个人债务人,其平时接触的基本都是熟人社会中的债权人,债权人对个人债务人的整体情况还是比较熟悉的。当执行程序没办法彻底解决个人债务人的对外债权债务关系时,个人债务人与其债权人其实都有经由合法程序豁免债务人一定债务的意愿。地方法院在实践中探索的个人债务清理机制,能在一定意义上发挥社会启蒙与导向的作用。

朱建军:关于所谓的“个人债务的清理”,应当指的是自然人债务的清理,这与我国《民法典》关于民事主体的分类会比较契合。我国目前亟待解决的个人债务问题集中表现在为企业提供连带保证的企业家之处,而浙江是中小企业与民营企业大省,不少企业家就陷入了企业的连带担保链中,而且所承担的连带债务的金额比较大,其对应的债权人往往是金融机构,按照目前的金融债的规则,企业家的个人连带债务在金融机构处难以化解掉。

孔维璜:我们在办理企业破产案件的过程中,经常会遇到企业家向法院申请解除信用惩戒的各种限制措施,但这些限制措施大多是由银行设置的,因为企业家为担保企业融资,自己以及家庭成员都承担了连带保证责任,信用受限并非因为破产程序的启动而发生,这些诚实而不幸的个人债务人确实需要得到救济。个人破产制度本身蕴含着尊重企业家文化的理念,能够起到鼓励民众创新、创业的作用,解除潜在创业者对失败风险的恐慌与顾虑。个人破产制度对债权人其实也是一种保护,倘若没有个人破产立法,个人债务人为了个人与家庭成员的生存需要,只能转移财产来逃债,而个人破产制度能够在保障个人债务人基本生存权利的基础上,使债权人的债权受偿利益最大化。

陈联书:关于管理人清查个人债务人的财产问题,假设债务人就是一名诚实而不幸的人,此时管理人清查个人债务人的财产是不难的,目前我国有车辆登记制度、不动产登记制度等,这些主要的个人财产的信息还是比较清晰的,有据可循,并且在数字经济下,社会治理中广泛运用大数据技术,个人财产也是很难隐匿的。为便利管理人履职,法院的财产查控系统有必要向管理人开放,当然,管理人也需要因此作出相应的承诺或法院为之设置一定的查询条件,这样可以更有效地解决管理人清查债务人财产的问题。如果个人债务人不诚信甚至发生隐瞒、欺诈的行为,破产法应规定在余债豁免待遇方面是要撤销的,严重的情形还可以考虑刑事处罚,《刑法》中的虚假破产罪的犯罪主体应当由企业扩展到个人。

第六分论坛:合并破产与跨境破产

时间:2020年10月24日下午

第一单元:主题演讲

主持人:李荐(时任江苏省高级人民法院民二庭副庭长)

岳燕妮(深圳破产法庭副庭长)

主题发言

窦新萌(辽宁省高级人民法院民二庭法官助理):我的发言题目是"大型集团企业实质性合并破产重整实务问题研究"。首先是受理实质合并的原因条件需要立法、司法部门顶层设计进入程序的方式。避免各地法院突破公司独立的原则,过分追求效率,滥用实质合并方式,损害部分债权人的利益。其次是债权人的救济问题,破产会议纪要仅规定了向上级法院申请复议的权利,并没有赋予听证程序和诉讼权利。应当赋予债权人更多权利救济的方式。最后一点偏实务,即面临多个市或各个省因分别破产,各地指定了不同的管理人时,采取实质合并后,面对各地不同的管理人如何工作的问题,在我的论文里我总结了二十字方针,即"司法主导、府院联动、规程统一、管理勤勉、利益平衡"。

刘涛(南阳市中级人民法院法官):我发言的题目是"关联企业合并破产问题的实务应用分析"。关联企业的定义在不同的场景下是不同的,证券、税收及会计、法律法规定义的关联企业适用于相应的具体应用场景,虽然对企业破产司法实践存在参考价值,但并不完全适用于《企业破产法》这一特定场景。对于合并破产的适用标准还需要相关的配套解释,才能在实务中更好地解决问题。在关联企业合并破产这方面,目前就我们遇到的案件而言,我们在实践中适用的裁判标准主要就是公司人格高度混同。当然,这个标准并不是唯一的标准,其他太复杂的关联情况我们在司法实践中还尚未遇到。

王超(广东胜伦律师事务所高级顾问):我的发言题目是"关联企业实质性合

并破产程序中债权人权益保护的思考”。选择对关联企业进行实质性合并破产，打破各关联企业的人格独立性，将多个存在人格混同的关联企业视为一个单一企业，在统一财产分配与债务清偿的基础上进行破产程序，各关联企业的法人人格在破产程序中不再独立，这种模式，理论上既可以实现实质公平，又可以节约司法成本，提升效率。要想兼顾当事人权利保护、程序效率、上一级法院监督三者的平衡，第一，要从实质性合并破产审查程序的定性上进行一定的厘清。第二，在进行实质合并申请后，应当及时通知权益实质受损或权益可能受损的相关利害关系人进入程序，组织听证，引入对抗，我觉得需要重点审查两类主体的意见，一是各关联企业的意见，二是可能提出异议的主要债权人的意见。

黄中梓（安徽省律协破产与重组专业委员会主任）：我的发言题目是“关联企业实质合并破产语境下控股股东、董事民事责任探究”。[①]

李闯（河北三和时代律师事务所合伙人）：我的发言题目是“关联企业实质合并重整实操过程中的几点思考——以英利中国公司六公司合并重整案为例”。区分法人人格混同的标准不一定是实质合并的非常必要的条件。关于关联企业实质合并破产的三项标准，不能单独看一点，而是要作为一个整体去考虑。对于是否合并重整，最高院设置了听证的程序，我想这也是经过慎重论证的，但是这个程序是否合理，在实践中是否起到了它应有的实质性作用，需要我们去思考。管理人应作为申请启动听证程序的适格主体，实质利益受损的债权人可成为利害关系人。

嘉宾评议

覃开艳（湖南省高级人民法院法官）：关联企业实质合并破产制度是对公司法人独立人格的否定与突破，所以实质合并破产制度应被作为例外情形来适用，而以企业单独破产为原则。不可否认，我国不少公司的内部治理机制是不完善的，容易让法官产生关联企业之间人格混同的印象。在最高人民法院出台的《全国法院破产审判工作会议纪要》以及《全国法院民商事审判工作会议纪要》中，都强调审慎适用实质合并破产制度。在办理关联企业实质合并破产案件的过程中，应关注债权人合法权益的保障，譬如强化听证程序以维护债权人的程序权利。在关联企业实质合并重整的案件中，我们还遇到过企业财产与个人财产混

---

① 更多内容，参见本辑《破产法论坛》收录的同名论文。

同的情况,此时就要更为慎重,更加注意相关权利的保护问题。

徐根才(浙江省江山市人民法院法官):虽然破产立法未规定关联企业实质合并破产,但在司法实践中已经有不少的合并破产案件。关于实质合并破产的条件,实践中主要指的是关联企业之间人、财、物的高度混同,将其区分开来的难度大、时间长、成本高。关于实质合并破产的管辖法院,如果均涉及本省的管辖事宜,比较好协调,但涉及跨省事宜的,可能需要最高人民法院来协调,这存在效率的问题。关于实质合并的程序,只能由债务人或管理人提出合并申请,实践中管理人提出申请的更多一些。实质合并破产将产生合并破产财产、统一分配的法律效果。合并破产的法院受理时间以其中第一件裁定受理破产的时间为准。

第二单元:对话交流

主持人:叶炳坤(厦门破产法庭庭长)

交流嘉宾:石静霞(中国人民大学法学院教授,北京市破产法学会副会长);苏洁澈(中国政法大学民商经济法学院副教授);孙宏友(北师大珠海分校普通法研究中心主任);黄贤华(上海破产法庭法官);王芳(深圳破产法庭法官);张雷(信永中和会计师事务所合伙人)。

石静霞:目前,我国《企业破产法》涉及跨境破产事项的第 5 条当初是我起草的,破产立法之时只允许就跨境破产事项确定一个条文,并且不能明显违背《民事诉讼法》的基本原则与核心规范。

王芳:对于我国《企业破产法》第 5 条的规定应给予客观评价,尽管基于历史局限存在一些问题,但其在我国破产立法上具有开拓性意义,正因为该条的立法,才有了我们今天讨论的跨境破产事项。《企业破产法》第 5 条在当时的社会环境下是非常先进的,它至少向世界宣示了我国开展跨境破产工作的态度。在我国破产工作蓬勃发展的今天,该条也确实具有修改的必要,不仅涉及互惠原则,其他的诸多细节问题也须一并考虑,如债权人的充分参与、跨境破产的程序规则、要不要公开听证以及公开的范围如何界定等。

苏洁澈:在开展跨境破产工作的过程中,遇到的最大问题其实是思想障碍。我国除深圳中院之外的诸多法院,还是秉持着保护我国债权人利益以及国家利益的思想,将债务人财产留在国门之内,拒绝位于国内的债务人财产用来清偿全部债权人的债权。

黄贤华:法官的重要价值在于解释法律,在大环境支持的情况下,专业能力高的法官可以通过解释让看起来不太完美的法条得到很好的适用。例如,我国《企业破产法》第5条中规定的“不损害境内债权人的利益”,如何理解其内涵?是否要通过听证程序来判断?我们在办案中,境外的申请人反对启动听证程序,担心境内债权人知悉境外启动破产程序,会在境内紧急提起单独的诉讼与执行程序,进而导致跨境破产合作的目的落空。关于跨境破产制度的完善,有自上而下与自下而上的不同路径,需要形成合力。

孙宏友:关于上海华信破产案例,它从开始就确定了要承认内地破产程序的结论,然后进行一系列的分析与说理。法官首先分析了境外破产程序的承认与协助的主要趋势,并找寻先例进行比较。上海华信案实际上成为跨境破产领域的一个标识,根据该案例的解释,今后内地类似的破产案件,香港特别行政区法院都会承认与协助。

张雷:一直有这样的说法,破产法是商事领域中的宪法,因为在企业破产的过程中,其分解的是全要素资源,包括企业的各项经营要素、人力要素、政府管理要素、金融要素等。我国在与国际规则接轨的过程中,一项主要的矛盾是商事习惯与规则。我国当前已经由资本输入国成为资本输出国,面对的跨境破产案件会越来越多,我们应该保持更加开放的心态,融入世界大范围之中。

大会主题演讲三

时间:2020年10月25日上午

主持人:胡利玲(中国政法大学民商经济法学院教授)

孙英(枣庄市中级人民法院院长)

张世君(首都经济贸易大学法学院院长,北京市破产法学会副会长)

我的演讲题目是“破产重整企业信用修复的观念障碍及理论澄清”。《企业破产法》在实施过程当中,可能碰到一些障碍,有顶层设计的原因、观念认识误区,这些误区亟待对《企业破产法》进行重新解读。我就以企业信用修复为例谈一点自己的看法。破产重整是以企业重生为目的,很多企业在破产重整之前陷入财务困境,信用状况堪忧,以纳税信用等级评价为例。根据我国的纳税信用管理暂行规定,如果一个企业被评为C级就是严格监管,D级就是采取限制性措施,导致企业在市场中无立足之地。在法律上,一个企业重整完成之后,正常情况下应当完成信用修复。在实践中,很多征信管理机构基于某些观念认识的误区,不愿意对这些重整企业进行信用修复,一个很重要的理由是:企业在重整前后的主体资格是统一的,因此是同一家企业,很自然地就会将它在重整之前的历史污点、不良的信用记录带入到重整之后。这是很多实务界人士、征信管理机构惯常持有的观点。我个人认为这种观点在常态化经营中也许是合理的,但破产状态下应当予以信用修复,要从重整目标以及如何理解企业的主体资格的角度进行重新解读。

企业的本意是企图冒险从事某项事业,指的是一些人和一些资金集合在一起共同实现营利性的目的。企业如何实现营利性的目的呢?是通过一系列事实要素、生产要素,通过一定的股权结构的安排,实现投资者营利的目的。企业的本质是一系列事实关系和法律关系的连结点,这是企业的本质。至于企业的主体资格,主要指的是公司的法人人格,在我看来更多是属于立法技术的操作,为了方便企业在市场经营中自由地按照自己的意愿来从事相应的活动,给它拟制出来的一个人格,也就是"公司的面纱"。这些投资者披上"面纱"以后就可以放心操纵企业,基于"面纱"可以切断投资者和企业之间的责任连带关系。这样一来,将这个"面纱"揭开之后,如果要素发生变化,变化前后的企业应当被视为不同的企业。我们的重整就是这样,在事实过程中,除了清算型重整之外,大量的重整是存续型重整,可以进行合并、租售,引入新的战略投资者、发行新的股票等等,在这过程当中主要体现为一系列新要素的组合和配置。只不过主体资格没有发生变化而已,主体资格恰恰是法律所拟制的,是为了实践的需要而披上的"面纱"。基于这个视角反过来解读,重整之后的企业应当被视为新设企业,如果我们对破产重整企业有这样的认识,我想信用修复可能就不是比较为难的问题,因为重整企业已经是新设企业,自然应当按照新设企业进行评级。

陆晓燕(时任无锡市中级人民法院金融庭庭长)

我的演讲题目是"债权人会议自治规则"。为何强调债权人会议自治?因为正常经营企业的所有者是股东团体,而破产企业的所有者是债权人团体。正常企业的股东团体以股东(大)会为议事机构;破产企业的债权人团体以债权人会议为议事机构。

债权人会议的自治内容包括:一是就破产体资源的共益管理,成员向团体行使表决权,以形成团体的多数决议;在此角度上,债权人会议是债权人团体的最高权力机关也即意思决定机关。如债务人财产管理方案、破产财产变价方案、破产财产分配方案。二是就破产体资源的自益分配,成员向团体行使请求权,以获取团体及其他成员确认或抗辩;在此层面上,债权人会议又是债权人团体及其成员彼此之间的诉辩对抗平台。如债权确认之四步骤及循此形成的分配结果。

债权人团体较之股东团体的治理能力弱化:天然分散性、信息弱势、专业知识欠缺、"搭便车"倾向,故需补充组织力和专业力。管理人是债权人会议自治的顾问和执行(代表)机构。司法是动力和救济系统,对共益管理的多数决议,司法可以强裁和矫正;对自益分配的诉辩主张,在管理人代表债权人团体作初步审查后,司法对讼争事项作终局裁判(破产债权确认之衍生诉讼)。

债权人会议自治规则包括:他益事项他人决定、自益事项个体决策、共益事项团体决议。自治主体:对共益事项之团体决议,利益相关者才有表决权,利益同质者才有同等效力的表决权。有必要完善自治平台与自治救济机制。

许胜锋(北京市中伦律师事务所合伙人,北京市破产法学会副会长)

我的演讲题目是"上市公司重整前沿探索"。上市公司重整是重整领域的风向标,由于其衔接了资本市场和破产制度两大重要领域,且由于上市公司具有公众性、公开性、稀缺性的特点,上市公司重整受到了广泛的关注。分析上市公司重整,对我国健全资本市场退出与拯救制度和完善企业重整制度具有重要意义。自《企业破产法》实施以来至今,共计 70 家上市公司实施了重整或正在实施重整。《企业破产法》实施之初,上市公司重整较活跃,而 2014 年至 2018 年则处于低谷期,基本维持在每年 2 宗的水平。2019 年上升至 7 宗,2020 年到目前已有 9 宗,呈现明显上升态势,与《企业破产法》实施之初以保壳借壳为特征的阶段相比,上市公司重整可以说进入了"2.0 时代"。就近几年的实践来看,上市公司重整呈现出如下主要特点:

一是预重整制度的积极应用和探索。上市公司预重整实践探索较晚,2019 年进入程序的 * ST 德奥是第一家启动预重整并获成功的上市公司。目前 * ST 飞马、* ST 安通等实施了预重整的上市公司已进入重整程序,尚有几家公司正在实施预重整。在重整审查难度增大的背景下,预重整能够缩短重整程序的时间,增加重整和保壳的成功率。如 * ST 德奥在预重整期间开展了债权清理、资产评估和重整预案协商等工作,为重整计划快速表决通过奠定了坚实基础,重整程序历时仅为 36 天。当然,目前上市公司预重整尚未形成制度性的规则,预重整的功能也未能充分发挥,仍有待实务探索的不断完善。

二是资本公积转增成为出资人权益调整的主流方式。自 2014 年以来,重整的上市公司无一例外都采用了资本公积转增并让渡的方式,且近两年来,大多数案件把资本公积转增并让渡作为唯一的出资人权益调整方式。该方式的优点为无须调整存量股份,易获得出资人组表决通过,方案的执行不受存量股份质押查封的影响。但是,单纯的资本公积转增,对大股东和其他股东的调整比例相同,难以反映出大股东应承担的经营责任。同时,值得关注的是,资本公积转增将导致上市公司股本的扩增,对上市公司每股的净资产、盈利水平以及未来股票的价格均产生较大影响。因此,资本公积的转增并不适合于所有上市公司重整案件,对于股本过大的上市公司相反可能需要进行缩股,而这需要监管政策的进一步支持。

三是以股抵债成为债权受偿的主要方式。整体而言,重整程序中债权的清偿方式主要包括现金一次性清偿、留债和以股抵债等。由于上市公司股票具有的良好流动性,与非上市公司相比,上市公司重整中,以股抵债被更为广泛地使用。在此过程中需要关注的问题是,抵债股票的价格如何确定。近年来上市公司重整中,股票抵债价格脱离其市场价格的现象较普遍。在 2018 年、2019 年重整的 9 家上市公司中,其中 7 家采用了以股抵债的方式,而其中 6 家公司的抵债价格,明显高于其可对比的市场价格。抵债价格的确定,不仅影响债权人清偿利益,亦影响债权人对其他连带债务人和担保人的追偿权,如何合理规制有待进一步研究。

四是保壳与企业营运价值拯救并重。在上市公司重整前期阶段,大多上市公司主营业务缺失或严重缺乏竞争力,重整的核心目的在于保壳,在重整的同时往往需要实施重大资产重组,注入新的资产以变更或重构主营业务。中国证券监督管理委员会为此曾出台了与重整相衔接的重大资产重组的股价协商定价机制,并与最高人民法院建立了会商机制。近年来,把重大资产重组纳入重整计划的案例明显减少,自 2018 年至今,除*ST 德奥简要披露在重整后有重大资产重组的安排外,其余的公司重整计划中均未涉及。由此可见,虽然现在上市公司重整仍有保壳的需求,但是保壳并非唯一目的,改善资产负债结构、挽救主营业务也是重整的主要目标,在上市公司领域,重整正在恢复其应有的功能。近年来,虽然趋于严格的退市制度和注册制的逐步推行削弱了上市公司的壳价值,但由于经济大环境的影响,上市公司对重整的需求明显增多,而且在以恢复主营业务为核心重整目标的背景下,此种需求更加凸显了重整的价值和意义。但同时应当看到,现阶段上市公司重整的突出问题仍然体现在受理难。根据相关政策及实践,上市公司重整需要经过地方政府、证券监督管理委员会、最高人民法院的审查,整体而言,尚存在债务人、政府、法院、监管部门沟通协调机制不健全、审查标准不清晰、审查期限不确定等问题。上市公司被申请破产的数量远比受理的多,而且受理的案件审查历时长,例如,在 2018 年、2019 年重整的 9 家上市公司中,从提出重整申请到受理时间平均 138 天,最长达 292 天。国务院于今年 10 月 9 日发布了《关于进一步提高上市公司质量的意见》,提出要"完善并购重组和破产重整等制度,优化流程、提高效率,畅通主动退市、并购重组、破产重整等上市公司多元化退出渠道。有关地区和部门要综合施策,支持上市公司通过并购重组、破产重整等方式出清风险"。这个意见表明决策层已经意识到了目前上市公司重整领域的主要矛盾,并确定了有针对性的工作方向。

资本市场在金融运行中具有牵一发而动全身的作用,上市公司是资本市场的基石,而重整是上市公司运行机制的重要组成部分,对于困境上市公司的拯救具有重要作用。在我国上市公司重整步入"2.0 时代"的背景下,新的问题也应运而生,特别是破产审判与行政监管交叉的问题,给重整理论和实践均带来新的挑战,而对破产受理审查程序进行优化以及对相关制度、规则进行改革和完善,不仅是我国《企业破产法》修改的有机组成部分,也是健全上市公司运行机制的必然要求。

赵坤成(北京市金杜律师事务所合伙人)

我的演讲题目是"重整案件债权清偿方式之演进"。自《企业破产法》于 2007 年实施至今,随着重整实践的深入,应用于重整案件的债权清偿方式不断演进,日趋多样化。除现金一次性清偿、留债延期或分期清偿、以物抵债等传统的债权清偿方式外,市场化债转股、信托受益权分配等新型债权清偿方式也开始得到运用,债权清偿方式持续丰富,渐成体系。以此为基础,兼顾债务人所处行业的实际情况,将短期清偿与长期清偿相结合,债权清偿方式运用更加综合化与个性化,债权人获得了更大的主动选择空间,债权人账务处理与清偿率认定的灵活性进一步增强。

1. 重整案件债权清偿方式的演进趋势。(1)债权清偿方式的多样化与市场化。随着重整实践经验的不断积累,债权清偿方式呈现多样化的特征。目前,重整案件已经形成了由现金一次性清偿、留债延期或分期清偿、以物抵债、债转股等债权清偿方式构成的债权清偿体系。在此基础上,渤钢集团重整案引入的信托受益权分配这一新方式,对重整案件债权清偿方式的种类进行了丰富与拓展。信托等金融工具被引入到债权清偿体系中,使重整案件的债权清偿在一定程度上与投资、理财实现了有机结合,体现了债权清偿市场化的发展趋势。在中国经济持续发展与民商事法律进一步完善的背景下,债权清偿方式的多样化与市场化是其演进的必然趋势。(2)短期清偿与长期清偿相结合。为平衡各方利益,短期清偿与长期清偿相结合逐渐成为债权清偿方案的发展方向。通常情况下,重整案件的债权清偿中,债权清偿效率与债权清偿率负相关,如债权人获得清偿的时间缩短则意味着其清偿率将相应降低,如债权人放弃一定期限利益,则可相应获得较高清偿率。因此,为实现债权人利益与债务人利益的平衡,权衡债权清偿效率与债权清偿率,在重整案件的清偿方案中,债权清偿呈现短期清偿方式与长期清偿方式组合适用的趋势。渤钢集团重整案就采取了现金一次性清偿、留债延期或分期清偿与存续期限较长的信托受益权分配相结合的债权清偿方案。(3)债权清偿方式与债务人所处行业的匹配性增强。近年来,随着债权清偿方式的丰富与发展,重整案件的债权清偿方式与债务人所处行业的匹配性进一步增强,逐渐呈现依照债务人所处行业"定制"债权清偿方式的趋势。这种趋势在大型企业集团的重整案件中表现得尤为明显。具体而言,通常选取重整企业集团中的经营实体或优质企业由债权人实施债转股;而针对具有一定价值的非经营性资产所在企业,则由债权人通过直接持股或将其股权作为信托财产设立信托等方式予以管理、处置;至于"僵尸企业",则直接予以出清,将低效资产处置变现。例如,渤钢集团重整案将重整企业划分为钢铁资产平台与非钢资产平台,分别由债权人进行债转股与设立信托计划。(4)债权清偿方式的运用更加综合化与个性化。在债权清偿方式多样化的基础上,重整程序中各种债权清偿方式得到了综合运用。在同一重整案件中,可能会出现多种债权清偿方式的组合。一方面,针对不同类型的债权采取不同清偿方式;另一方面,针对拥有同种债权的不同类型债权人适用不同的清偿方式。概言之,根据重整案件的实际情况,债权清偿方式的运用逐渐综合化。实践中,越来越多的重整案件在清偿方式方面进行了灵活的处理。具体表现为根据不同重整企业的资产、负债情况,债权人构成,偿债资源来源等多种因素,因势利导,针对不同类型的债权和债权人制定个性化的债权清偿方案,最大限度保障债权人的权益。(5)债权人的主动选择空间增大。得益于债权清偿方式的种类多样性和运用综合性,重整案件中的债权清偿方案变得更为细致且具有针对性,债权人由此获得了主动选择的空间。例如,在四川泸天化、青海盐湖股份等公司重整案中,非金融性普通债权人可以针对其部分普通债权选择以股抵债、按照一定比例一次性现金打折清偿或留债分期清偿;抚顺特钢重整案则给予经营性普通债权人留债不计息、以股抵债、一次性现金打折清偿等多种可供选择的债权清偿方式。债权人针对债权清偿方式获得更大的主动选择空间意味着债权人的权益得到了更充分的保障。

2. 重整案件债权清偿方式的梳理。(1)传统债权清偿方式。一是现金一次性清偿。现金一次性清偿是最常见的清偿方式之一,即在重整计划被批准后的较短时间内对特定债权以一次性现金支付的方式进行清偿。通常适用于清偿职工债权、税款债权,以及一定限度范围内的普通债权。对于债权人而言,因债权无须延期受偿,偿债资源无须变现,现金一次性清偿是最优的清偿方式。而对于债务人企业而言,现金清偿则意味着资金筹措压力,并可能挤占其自身运营资金,不利于改善资金状况。因此,现金清偿的对象和范围始终是重整案件中各方的关注焦点与谈判争点。一般而言,现金清偿的重点在于权衡可利用的现金偿债资源、需要清偿的债务情况及未来的经营现金流等因素,进而划定合适的一次性现金清偿对象和范围,而其难点则在于现金资源的筹措与引入。二是留债延期或分期清偿。留债延期或分期清偿,是指延长还款期限,或允许企业对留存部分的债务分期清偿。留债延期或分期清偿本质上仍为现金清偿,是一种折中债权清偿方式,通常适用于有财产担保债权,部分重整案件对普通债权也采取了留债分期清偿的债权清偿方式,这种方式可以给予债务人企业恢复和发展的时间。对债权人而言,留债分期清偿的优势在于能够保障一定的清偿率,但受偿期限延长,债权到期能否获得清偿存在一定不确定性。而对债务人企业而言,留债分期清偿能够减轻企业重整后面临的偿债压力,避免了运营资金被集中、大额占用。实践中,此种清偿方式的难点在于确定合适的留债期限与条件,以求在清偿率与清偿不确定性中达成折中,并在债权人利益保护与债务人企业可以承受的资金压力等因素之间实现平衡。三是以物抵债。以物抵债是以资产抵偿债务。通常认为,抵债资产不限于实物资产,也包括财产性权益。以实物资产抵债的常见形式是将担保物直接抵偿给担保权人,以财产性权益抵债主要适用于易于分割的财产性权益,体现为以应收账款抵债及目前兴起的以股抵债。对债务人企业而言,以物抵债在降低企业资产负债率的同时无须投入新的资金,没有即时资金压力,有利于企业运营。对债权人而言,其清偿率可以得到一定保障,但可能使其面临变现压力。以物抵债的核心关注点在于抵债资产的权属是否清晰。最典型的以应收账款抵债为例,用于抵债的应收账款应具备真实的交易基础与追偿依据,抵债应收账款的质量将影响回收率及回收效率,接受以应收账款抵债的债权人仍面对清偿的不确定性。(2)新型债权清偿方式。一是市场化债转股。债转股,是指债权人以其所持有的债权对债务人增资取得后者的股权。重整实践中,债转股可以达到以时间换空间的效果,有助于提高债权清偿率,缓解债权人处置债权的压力,优化债务人企业的资产负债结构,提高引入战略投资人的成功率,同时对金融机构债权人不良贷款的核销有着不可替代的作用。一般而言,在资产价值高、债权规模大、产业前景良好的企业重整案件中,债转股能发挥出最大的效用。同时,如果重整企业自身拥有上市平台或未来有上市计划,将更加有利于参与债转股的债权人。目前,我国对于重整实践中债转股的实施和规制仍处于探索阶段,实施债转股时需要关注的主要问题有三:其一,应根据重整企业的净资产及后续预计收益率,参考同类股权的交易价格,综合确定债权人的转股价格,转股价格应尽量符合客观情况。其二,部分金融机构、行政机关由于相关规定的限制无法直接持股,只能通过股权代持或债权转让的方式获得清偿。其三,债权人获得重整企业股权之后,可以视企业实际情况,通过股权转让、公司回购、上市退出等方式将重整企业股权变现,但在实际操作中,债权人退出存在一定的不确定性。二是信托受益权分配。依据《信托法》的规定,信托是委托人基于对受托人的信任,将其财产权委托给受托人,由受托人以自己的名义为受益人的利益或特定目的进行管理和处分的行为。通过信托受益权分配清偿债权的基本路径为重整企业以其全部或部分财产设立自益型财产权信托计划,并将由此取得的信托受益权向债权人分配,以抵偿债务。由此可见,信托受益权分配的本质仍为以物抵债。但相较于传统的债权清偿方式,信托作为一种成熟的金融工具,其严格的监管要求使其更加规范化、流程化、体系化,能够简化债权清偿程序,提高清偿效率。自渤钢集团重整案首次将信托这一金融工具引入债权清偿体系之中以来,利用信托计划搭建债务清偿通道已成为重整实践中备受关注的重点探索领域。信托受益权分配完成后,债权人获得信托受益权。作为一种理财工具,信托受益权所带来的收益取决于信托财产的管理与处置情况。信托财产一般由专业机构根据资产的实际情况选择最佳方式进行管理与处置,从而有利于实现破产财产的价值最大化。在债权清偿体系中引入信托作为工具时需要关注的核心要点包括信托财产的选择与剥离以及底层资产的处置变现。就信托财产的选择与剥离而言,一方面,通常选择具有一定价值但属于重整企业非主营业务板块的资产作为信托财产,以实现资产处置、债权清偿、债务人企业经营维持与债权人利益保障的平衡;另一方面,在信托计划框架下,信托财产需要转让给信托机构,因此需提前考虑财产实际剥离的可行性与可操作性。就底层资产的处置变现而言,由受益人大会,即全体通过获得信托受益权受偿的债权人掌握最终决定权的同时,由信托公司等专业机构具体判断处置变现的时机与方式。

3. 债权清偿方式演进趋势对重整案件执行的影响。(1)债权人账务处理与清偿率认定灵活性增强。相较于传统的债权清偿方式,债转股及信托受益权分配等新型债权清偿方式中涉及的非上市公司股权、信托受益权等财产性权益通常没有公开的市场报价,公允价值难以统一计量,清偿率的测算存在一定难度。因此,实践中,已经有越来越多的重整案件不再在重整计划中注明清偿率,而是由债权人按照其通常采取的价值标准或者聘请专业评估机构对其所获取的偿债资产进行价值认定,账务处理与清偿率认定的灵活性增强。(2)对重整执行阶段提出了较高的专业性要求。在传统债权清偿方式下,仅聘请中介机构实施重整专项审计、评估即可满足需求。但随着信托受益权分配等高度专业化的清偿方式兴起,在重整计划制定、执行过程中聘请信托公司、资管公司等专业机构逐渐成为必选项。同时,在重整程序中需缴纳的税费一直都是债务人企业及债权人重点考虑的成本因素,并可能对重整计划的制定产生实质影响。以物抵债、债转股、信托受益权分配等非现金清偿方式涉及对重整企业资产的剥离与处置,债务清偿方式的多样化和运用综合化产生了极为复杂的税务问题,税务筹划的重要性越发凸显,聘请税务机构参与重整方案制定、执行成为新趋势。(3)重整执行中债权清偿灵活性与不确定性增强。重整案件债权清偿方式的演进使重整执行过程中的债权清偿更加灵活,但也导致了一定程度的不确定性。一方面,债权清偿体系引入金融工具,债权清偿呈现投资性质,以信托受益权分配为例,信托财产的管理与处置以市场化方式开展,有利于提高债权清偿的灵活性。但与此同时,信托财产管理与处置的方式、时机、对价等事项无法在重整计划批准时确定。另一方面,随着债权清偿方式的运用更加综合化与个性化,债权人获得了更大的主动选择空间,债权人可以在重整执行程序中选择债权清偿方式,给重整计划的执行造成了一定的不确定性。

任一民(浙江京衡律师事务所管理合伙人,浙江省法学会破产法学研究会常务副会长)

我的演讲题目是"股权让与担保在破产程序中的认定"。关于对股权让与担保的审查和认定。股权让与担保不同于股权转让。股权转让在涉及低价、无偿转让的场合要被纳入可撤销行为的范围。而股权让与担保的真实意思表示为设定担保权,并非终局性的股权转让,一般是不属于《企业破产法》第 31 条规定的可撤销行为的。那股权让与担保合同是否属于双方均未履行完毕的合同?可以被管理人选择解除吗?从形式上看,在股权让与担保法律关系中,主债务尚未履行完毕,股权让与合同尚未清算、履行完成,表面上符合双方均未履行完毕的合同的特征。但从实质上看,股权让与合同具有从属性,担保合同属于单务合同,不属于管理人"挑拣履行权"的适用范围。

关于认可担保权人优先受偿权的前提问题。我们承认它的优先权最基本的条件是股权实质已经发生变动,并且对外进行了公示,股权变更登记后产生对抗效力。在股权让与担保中,"让与"是形式,"担保"是实质,故股权仍归担保人所有,应归入担保人财产范围。据此产生一个衍生问题,担保人破产时,认缴出资是否提前到期呢?如果可以提前到期,相当于债务人的子公司可以来申报债权。担保人破产前特别是在临近期内对缴付出资进行补足,这样的行为是否构成追加物保?是否一概而论,均认定为追加物保,还是区别善意、恶意,或者其他的信用条件?大家可以思考这些问题。子公司在母公司破产时取得的出资分配款如何评价?是归子公司的债权人享有,还是归让于担保的担保权人享有?这也是我们需要分析的问题,如果说让与担保的股权本身存在出资未到位、预期缴付未到位等情况,由此引发担保标的物的处分或者在破产程序中处置之后,受让人是否会承担连带责任的问题。此外,还存在一系列疑问,例如,担保人、管理人是否可以收回股权还是归担保权人处置股权?如果是前者,则其他股东是否有优先购买权?如果是后者,交易税费如何处理?股权的社员权是否可以收回,依据何在?担保权人为消除股权瑕疵垫付的款项是否属于股权让与担保的范围?大家可以深入思考这些问题。

关于担保权人风险对股权让与担保的影响。如果担保权人持有的股权被查封,管理人能否取回已经让与出去的股权?这需要分为四种情况区别对待:第一,区别担保权人查封和买受人查封;第二,考虑质押权的善意取得;第三,考虑第三人的善意取得;第四,在破产程序中,担保人是否对股权价值超出担保债权数额的部分享有取回权。倘若交易形态变为多重让与担保,包括设置了SPV,将担保权人所取得的股权做另外的交易结构设计,这样的交易结构设计是否能够隔离担保人破产的风险,也值得大家进一步思考。

曹春烨(时任毕马威华振会计师事务所并购重整合伙人)

我的研究题目是"从财务角度看合并重整制度的适用和判断标准"。关于庭内司法程序对于"合并重整"的判定,最高人民法院出台的《全国法院破产审判工作会议纪要》规定的实质合并破产标准包括:(1)丧失法人人格;(2)资产和负债难以区分或者区分成本过高;(3)侵害债权人整体利益。辅助判断标准包括:(1)审慎使用的例外原则;(2)重整时间和资源效率及重整结果;(3)持续性、频繁性和重要性;(4)整体性。在司法实践中,有直接进入司法重整程序的合并重整案例,如采取"以一带多"方式,以北大方正案为代表;还有分别进入破产程序,在司法程序内合并的方式,以辽宁兴隆系企业为代表。也有庭外程序转庭内重整程序的合并破产案例,如英利太阳能、青海盐湖股份、辽宁辉山乳业等。关于庭外债务风险的合并化解,主要由债委会主导,在监管部门协调下采取债权人自愿加入的原则,合并认定流程遵循自愿协商原则。财务合并重整不同于司法合并重整。财务合并报表采取"控制"的认定标准,实质重于形式。而司法合并重整的前提是《公司法》框架下法律尊重个体的"法人人格独立"。关联企业合并重整的综合分析判断标准包括:第一,判断"侵害"以及"侵害的严重性";第二,个体公平和整体公平的权衡;第三,商业上是否具备独立生存能力和商业价值;第四,净资产为正或者为负的深层次分析;第五,是对第三方融资的占用者还是受益者;第六,关联方交易是否具有商业实质,是否基于公平市场条件,如果为商业性交易,是否为连续性的长期行为。

提瑞婷(山东华信清算重组集团有限公司董事长、山东省法学会企业破产与重组研究会副会长兼秘书长)

我的演讲题目是“构建破产法治文化,推进法治文化与法治实践的深入融合”。一是凝聚破产是拯救的共识,形成“破旧立新、破立有为”法治文化的构建基础。破产文化是破产法治建设的灵魂。从“谈破色变”到“良法善用”,破产是拯救的共识正在形成——切除病灶重整是拯救,和解走出矛盾困境是拯救,死亡重组再生也是拯救。通过破产制度,拯救企业的机制、企业的信用,拯救企业的资产、企业的经营,直至拯救企业的人。因此,凝聚破产是拯救,是保护的共识与理念,是破产法治文化宝贵的构建基础。二是形成破产法治文化核心的价值观,培育可复制、可继承、可发扬的基因。“信”:诚信竞争,诚实不幸;“恕”:宽容失败,妥协退步;“和”:友好协商与宽容和解;“义”:公平公正与道义维护。三是树立破产法治观念、法治信仰,投身建设“五位一体”联动模式的破产法治文化工程:创建府院联动的救治环境;建立管理人的救治能力;尝试债权人让渡、和解的救助方式;大力发展投资人的资源整合救助;提高债务人的重振自救意愿能力。四是建设破产法治文化的宣传阵地,推动破产法治文化传播,育化全民破产法治理念、法治信仰。破产法治文化建设的重点是以有效传播使破产法治文化深入人心。当前,除通过各地破产法论坛、研讨会、法治“体检”,普法网站、微信、微博等途径,开展形式多样的网上破产法治宣传活动,打造覆盖广泛的法治文化传播平台,还应进一步拓展破产法治文化实体阵地,通过破产典型案例等,推动破产法治文化传播,建立破产法宣传的阵地。目前,各级各地法学会及法学院校,各级法院与法律工作者应承担起破产普法的重要任务。国家应建立健全各级政府学用破产法制度,同时完善企业经营法律风险及破产法治教育工作机制。鼓励创作以破产法治文化建设为主题的文学作品,利用重大纪念日开展破产法治文化活动,进一步增强破产法治宣传教育的感染力,育化全民破产法治观念、法治信仰。五是搭建破产法治服务平台,推进法治文化与法治实践的深入融合。搭建“七大中心”:破产法治文化中心;困境企业法治体检中心;破产与重组调解中心;破产与重组仲裁中心;破产与重组招商中心;破产与重组公共法律服务中心;破产债权保护研究中心。

青年论坛

时间:2020年10月25日上午

主持人:尹小立(湖南省高级人民法院民二庭庭长)

主题发言

张玉海(上海师范大学哲学与法政学院讲师):我的演讲题目是"论破产法上待履行合同之继续履行"。待履行合同的继续履行主要呈现以下3个问题:一是相对人(非破产方)保护问题;二是相对人基于合同享有的履行抗辩权能否继续主张的问题;三是合同转让问题,具体是指管理人进行选择之后能否由管理人进行转让。现行立法框架下,对相对人的保护主要有两个层面:一个是相对人要求管理人提供担保的,管理人如不提供则视为解除合同;二是因管理人或债务人取得相应债权人的债务。在同时履行抗辩的问题上,应着重讨论拒绝履行的效力以及对相对方抵销权的限制问题。

石佳(广州破产法庭法官):我的演讲题目是"执行转重整程序的整合与构建"。①

胡其芬(杭州市余杭区人民法院民三庭庭长):我的演讲题目是"信息化背景下债权人会议之功能透视及规则构建"。②

徐雅婷(浙江京衡律师事务合伙人):我的演讲题目是"上市公司重整中的大股东业绩补偿和违规占款问题"。上市公司大股东特别是控股股东业绩补偿无法履行以及非经营性占用资金的问题日益突出,以上问题出现的主要背景是,随着3年业绩承诺期的到期,当初的高估值引发的业绩无法补偿问题便随之产生。而存在上述两种现象的上市公司将面临较高的退市风险,现实中,一般采用单纯的控股股东破产的方式解决问题,即"小手术",但有时也需要通过上市公司重整的"大手术"以及二者相结合的方式来化解退市危机,同时,我们也应当注意业绩补偿与违规占款的相似性和各自差异。

钱宁(武汉大学法学院博士研究生):我的演讲题目是"个人破产热点的冷思

---

① 更多内容,参见本辑《破产法论坛》收录的同名论文。

② 更多内容,参见本辑《破产法论坛》收录的同名论文。

考——以立法条件的考量为中心”。①

开放式交流

时间:2020 年 10 月 25 日上午

主持人:郑志斌(北京市破产法学会副会长,北京大成律师事务所高级合伙人)

答问嘉宾:王欣新(中国人民大学破产法研究中心主任);尹正友(北京市炜衡律师事务所高级合伙人);方飞潮(温州破产法庭庭长);朱淼蛟(浙江省新昌县人民法院院长);张婷(北京大成律师事务所高级合伙人);韩传华(北京市中咨律师事务所合伙人);张坚键(北京市海问律师事务所资深顾问)。

问:《全国法院民商事审判工作会议纪要》规定了破产劣后债权,其在破产程序中是否享有表决权?

王欣新:在破产债权人的表决权方面,我国已经逐步向世界标准靠近,就是利益受到表决事项影响者有表决权,否则没有表决权。遵循这项原则,如果在破产程序中劣后债权人根本不可能得到清偿就不应享有表决权。如果劣后债权人可能得到清偿,这就牵涉自身利益,同时还要看债权人会议具体的表决事项,会不会对劣后债权人的利益造成影响,如有影响,就应当享有表决权。

问:关于一人公司情况下的责任追究问题,如何处理?

王欣新:要想追究一人公司的责任可以考察是否存在人格混同的情形。如果母子公司之间发生过若干不当转移资源的交易,如无偿赠与财产、不合理价格交易等不公平的资源划拨行为,只要能够通过会计方法将数额计算出来,通常是可以在破产程序中以管理人行使破产撤销权的方式解决的,如果涉及物权,那就可以行使取回权。接下来,如果母公司没有什么财产,或者仅依赖管理人行使破产撤销权,还不足以保障子公司债权人在破产中的权益,就可能再进一步考虑采取关联企业实质合并破产。综合而言,如果母公司有足够的财产去承担相应的民事责任,就不必启动关联企业实质合并破产程序,通过纠正交易的方式去解决

---

① 更多内容,参见张善斌、钱宁:《个人破产热点的冷思考——以立法条件的考量为中心》,载《法学家》2021 年第 6 期。

问题。

问:如果破产程序终结后,债权人又发现破产财产应如何处理? 管理人能否在破产程序中就对当时没发现、将来可能发现的破产财产预先作出概括性处置,如将其设置为一个资产包,以拍卖的方式提前处置?

尹正友:在破产程序终结后,不论是债权人发现财产还是其他利益相关方发现财产,需要本着实事求是的原则处理。不论管理人在履职过程中是否因此存有过失,也应本着有错必纠的态度,应该想办法向法院报告,此时管理人应恢复履行职务。确实找不到程序方面的法律规定,法官要本着务实的态度处理,管理人应向法院申请恢复职务,落实分配工作。

问:我们要建立个人破产制度,将会使民众中人与人之间,甚至父母与子女之间的财产分配清晰,这对我们民族文化、家族文化是否会带来冲击?

朱淼蛟:立足我国当下的传统文化,是鼓励个人债务清偿的,有一些典型事例还被作为社会典型案例宣传。个人破产立法虽然是必然趋势,但要慎重为之,要经过充分的调研、论证,统一思想,等条件成熟了,再开展立法工作。当前各地探索的个人债务清理机制,严格意义上不是个人破产制度,而是介于个人破产与执行和解之间的一种制度形态与过渡阶段。关于个人破产制度,深圳走在了先行先试的前沿,浙江也在积极探索,期待浙江的个人破产机制有更多的实践经验。

问:在重整计划的执行阶段,因为客观原因导致重整计划难以执行下去,在取得大部分债权人同意的情况下,能否将重整程序变更为和解程序?

尹正友:在重整计划执行遇阻的情况下,首先可以选择通过重整计划执行变更程序来解决。既然能够得到大部分债权人的同意,变更和解程序的申请也能通过,但可能会因此涉及债务人经营过程中新产生的债务与老债务并存的情况,各方主体的博弈会比较激烈和混乱。当然,程序的变更还应有一个前提,对于法院原来裁定批准的重整计划中规定的,债权人根据重整计划本可以获得的清偿利益是不能因为程序的变更受到任何形式的损害的,否则,就不应变更程序。

张婷:程序的转换还是要基于现有法律规定进行。依据现在的《企业破产法》规定,重整执行期间如果执行不能可能面临转破产清算的问题。如果不想转破产清算,还有一个途径可以尝试,就是召开债权人会议,重新修改重整计划,考虑执行遇阻的原因是实际障碍,还是一段时间内可以解决的问题,要综合考虑方方面面的情况。关于程序的转换还是要慎重,尽量在本程序中解决相关的问题。

王欣新:想重整执行转和解要看转什么性质的和解程序,如果要转破产和解程序肯定不行,因为法律没有规定,要转全体债权人一致同意的民事和解程序没有障碍。而且,如果2/3以上的债权人等利害关系人都能同意和解计划,那为什么不将和解计划直接变更为另一项重整计划草案呢,如果能够通过的话也可以继续通过重整程序解决问题,不要轻易打破既有的程序。不仅重整计划执行转破产和解程序没有法律依据,而且破产重整与破产和解程序的效力有诸多区别,如破产和解程序不能约定物权担保债权人的随时行权的主张,这对要挽救的债务人事业而言可能是不能承受的打击,所以,还是要对程序效力进行整体、全面的分析。

问:依照我国《最高人民法院关于适用〈中华人民共和国企业破产法〉若干问题的规定(三)》第3条的规定,债务人进入破产程序中,其欠缴款项产生的滞纳金将不予清偿,在实践中,对于拖欠破产程序中新生税款所产生的滞纳金,是否还应予以清偿?

韩传华:破产程序中新发生的税款,如果产生滞纳金的话,管理人应当缴纳,当然,纳税主体是破产企业,管理人是代为缴纳,并且该项滞纳金应作为破产费用缴纳。

问:如何处理进入破产程序的债务人企业之前发放的储值卡?

王欣新:对这一类权益是作为债权保护还是物权性债权要考虑以下因素:第一,储值卡的金额和债务人的财产有没有混同。第二,债权人相互之间有没有混同。如果这两项都不存在混同的情况,可以认可储值卡权利人行使破产取回权,但如果发生了混同,就要看混同的具体情况。我在东亚破产会议上了解到,日本有一家比特币交易所破产,但比特币的所有持有人的钱是特定化的,其与交易所之间是建立有"防火墙"的,但比特币的购买人之间涉及的金钱相互之间是混同的。因此,这项权利就是一个集体性的取回权,将价款取回之后再根据投资比例,来分配相应的财产份额。

张坚键:个人认为,还是要回归到货币是债权抑或物权的问题。如果预付款形成的是债权,只涉及债权清偿的问题;如果是物权则是可以取回。优先权必定是一个法定的顺位,就此而言,预付款不存在优先顺位的问题。

问:对于破产程序中的社保债权里的个人缴纳部分,如何定性?

张婷:在破产程序中申报的社保债权,是同时包括个人缴纳与单位缴纳的部分的,在实践中,管理人要与社保机构核对清楚哪些是职工个人应当支付的部分,企业去补交社保的同时,个人也要去补交,否则对职工债权就要做相应的调整和处理。

问:如何看待实践中,企业在进入破产程序之前,与个人债权人达成的较长时间的以租抵债协议的效力?还有另外一种情况是债务人将其向第三人收取租金的债权,质押给债权人,并办理了质押登记,如何看待这种质押的效力?

王欣新:那就是以使用权抵债。这种情况首先要看是不是存在不当利益的转移,或者是否在法定的个别清偿的危险期内。如果符合管理人行使破产撤销权的条件,那就应当撤销。再者,债务人拿来抵债的是使用权,可以由管理人依据《企业破产法》第18条来判断转移使用权合同是否合理,可以考虑从解除合同的角度处理,合同解除后,对方权利人可以主张破产债权,对其权益没有本质的影响。

闭 幕 式

时间:2020年10月25日上午

主持人:郑伟华(时任北京破产法庭庭长)

闭幕总结

徐阳光(中国破产法论坛组委会秘书长)

在400余位专家学者的支持下,我们举办了一次成功的学术论坛,各位嘉宾以问题为中心进行了一天半的交流,注重思想观点的交锋,为我们贡献了宝贵的思想和智慧。在本届论坛筹备和举办的过程中,组委会严格遵守北京市疫情防控政策要求,婉拒了数百位同仁的参会申请,对此深表歉意。中国破产法论坛一贯秉承开放、公益、共享的态度和理念,以学术研究固本,以理论与实务的结合见长,立足中国,面向世界。在后疫情时代,加强对破产法律问题的研究,对于实现党中央提出的"六稳"工作目标和"六保"工作任务和优化营商环境具有十分重要的意义。由衷感谢中国人民大学法学院、中国人民大学破产法研究中心、中国国际贸易促进委员会法律事务部、北京破产法庭、北京市破产法学会五家主办单位在疫情防控期间坚持举办中国破产法论坛,体现出新时代的情怀与担当。感谢最高人民法院、北京市高级人民法院、北京市第一中级人民法院等单位对本届论坛工作的关心、支持和指导;感谢会务组小伙伴以及友谊宾馆工作人员的辛苦付出;感谢北京市金杜律师事务所、北京大成律师事务所、北京市中伦律师事务所、北京市康达律师事务所、浙江京衡律师事务所、江苏新天伦律师事务所、山东华信清算重组集团有限公司对本届论坛的协办支持。

破产重整是一种生产力,破产清算也是一种生产力,我们应当将这种破产观念传递给政府部门以及社会各界人士,破产法律制度实施的最大"瓶颈"来自观念上的落后和保守,地区之间破产审判工作的差距更多体现为观念上的差距,而更新观念需要法院和政府各部门的情怀与担当,我们也希望借助论坛的举办来普及破产法律问题,让社会各界尤其是各地政府部门能够更加主动地支持和推动破产法的实施。在供给侧结构性改革和营商环境优化建设的新时代,中国人民大学破产法研究中心、北京市破产法学会愿与各位同仁一道,为破产法实施的市场化、法治化、信息化、常态化目标的实现,为新时代下破产法"美丽新世界"的早日到来,风雨兼程,齐心协力,贡献我们的智慧和力量。

已公开发表的会议论文清单

1. 尹正友:《破产法治完善问题探究》(上),载微信公众号"企业破产与重组研究会"2020 年 8 月 20 日,https://mp.weixin.qq.com/s/p_eHgDICCxLg3a7t5c3KQ。

2. 尹正友:《破产法完善问题探究》(下),载微信公众号"企业破产与重组研究会"2020 年 8 月 20 日,https://mp.weixin.qq.com/s/ldcjIGdQgJ5h21gfubvcYA。

3. 宋自学、郝勇晓:《夯实破产法治基石,营造良好营商环境》,载微信公众号"中国破产法论坛"2020 年 6 月 28 日,https://mp.weixin.qq.com/s/plsnRAxK/IQhgvdecFQBmg。

4. 杨悦:《十载破产法助力经济体制改革深化发展》,载《人民法院报》2017 年 6 月 21 日,第 7 版。

5. 吴解元、何新:《破产管理人视角看我国营商环境的优化》,载微信公众号"剑桥颐华律师事务所"2019 年 11 月 8 日,https://mp.weixin.qq.com/s/ZEBvmT_n3yu-liTU-11-1w。

6. 范志勇:《从单向走向互动的破产府院联动机制——以我国法院的破产能动司法为中心》,载《中国政法大学学报》2021 年第 1 期。

7. 邱韬:《充分落实"协调联动机制"实现房企破产中的权益衡平》,载清算网 2021 年 5 月 6 日,http://m.chinaqingsuan.com/news/detail/84661。

8. 李琛、徐艳:《我国破产法体例的重构探索》,载

《中国审判》2021 年第 3 期。

9. 鲁尚君、余关宝:《确立债务人申请破产自动受理的原则》,载微信公众号“广东东方昆仑律师事务所”2020 年 11 月 9 日,https://mp. weixin. qq. com/s/KMdS36HhYyQV5XZAkOgcAA。

10. 莫然:《从“三维”至“一体”:破产审判“科技树”信息体系之构建——以诺兰六阶段模型为分析视角》,载“东莞市第一人民法院”网 2021 年 3 月 17 日,http://dyfy. dg. gov. cn/fywh/spdy-detail - 177875. html。

11. 柳长浩:《我国破产信息化制度研究》,载《山东社会科学》2021 年第 7 期。

12. 杨悦:《破产管理人制度的完善》,载《人民司法(应用)》2016 年第 16 期。

13. 季中旭:《信托棱镜下的破产管理人法律地位初探》,载《鄂州大学学报》2020 年第 4 期。

14. 谷景生、李刚:《浅析担任破产案件管理人履职风险及防范》,载微信公众号“国浩律师事务所”2019 年 10 月 16 日,https://mp. weixin. qq. com/s/UNQZ7N7yCARixbwKhQvzDw。

15. 温岭法院课题组、陈文通:《关于破产撤销权制度实施情况的调研》,载《上海法学研究》集刊 2021 年第 9 卷。

16. 周杰:《破产程序中海关监管货物处置问题刍议》,载微信公众号“德恒律师事务所”2018 年 8 月 6 日,https://mp. weixin. qq. com/s/QF1PSIZKKDqJALv9Q8v。

17. 乃菲莎・尼合买提、王荐芹、鄢文琪:《探析破产重整中担保物权的处理》,载微信公众号“不良资产研究院”2020 年 12 月 24 日,https://mp. weixin. qq. com/s/ZPHV_bST8d1CI_Wfqtm57A。

18. 范丰盛、曾露翔:《论破产程序中以房抵债的合同与行为效力的区分——以债务人中房集团瑞安房地产开发有限公司三则案例为视角》,载微信公众号“破产重整那些事”2020 年 8 月 24 日,https://mp. weixin. qq. com/s/W73mG3rlMkW74qMpG1i1bQ。

19. 常显慧:《房地产企业破产中以房抵债协议效力问题探析》,载“中国清算网”2019 年 12 月 9 日,http://www. yunqingsuan. com/news/detail/56877?WebShieldSession Verify = dvmWIDPRPWXqMGYzbr8E。

20. 姚彬、陈亮:《破产企业对外投资涉及的若干法律问题研究》,载微信公众号"破产重整那些事"2020 年 3 月 25 日，https://mp. weixin. qq. com/s/FoLjymxPwBT_AabxYyJCfw。

21. 谭日兴、梁思敏：《浅析破产程序中追究出资瑕疵股东责任的问题》，载微信公众号"金轮律师事务所清产团队"2020 年 11 月 18 日，https://mp. weixin. qq. com/s/L3YBLipUbEhRZ6FGxgQhyA。

22. 陈科林、郭若涵：《破产企业档案处置的困境与对策》，载《档案学研究》2021 年第 5 期。

23. 张华欣：《浅析破产程序在集资类案件中的适用》，载微信公众号"重整并购"2020 年 5 月 18 日，https://mp. weixin. qq. com/s/U1kg30OsPwNBuST_9mA_XA。

24. 张嘉彦：《大数据时代数据资产进入破产财产的思考——可能性、利益衡量与制度构想》，载《上海法学研究》集刊 2021 年第 9 卷。

25. 何宝灿、李丹：《破产资产网络拍卖的规范化建设研究》，载微信公众号"佛山市金德企业破产清算有限公司"2020 年 5 月 9 日，https://mp. weixin. qq. com/s/UFALZseHPANRmw_gLlwfLA。

26. 谷景生、李刚：《破产案件中金融债权保护若干问题》，载微信公众号"国浩律师事务所"2019 年 9 月 24 日，https://mp. weixin. qq. com/s/IONIBPXIWQ8ugVQfLgIijw。

27. 冯浩、杨磊、廖谦：《破产程序中利息之债的保证责任研究——基于 200 篇裁判文书的分析》，载微信公众号"徐州审判"2020 年 11 月 29 日，https://mp. weixin. qq. com/s/HQuJFxV_ssnksOaz9Sj7OQ。

28. 胡利玲、柴都韵：《破产程序中金融衍生交易特殊保护的正当性及其具体规则》，载《河南财经政法大学学报》2020 年第 4 期。

29. 马惠敏：《浅析破产企业职工经济补偿金的截止计算时间》，载微信公众号"破产法维律"2020 年 7 月 24 日，https://mp. weixin. qq. com/s/Kwiboafr1rDGu3Rf1yGnyg。

30. 金鹏、傅伟芬：《破产法视野下的留置权疑难问题研究》，载《上海法学研究》2019 年第 22 卷。

31. 李乐敏、傅梦露：《挂靠实际施工人在建筑施工企业破产情境下的权利主张路径》，载微信公众号"浙江振邦律师事务所"2018 年 11 月 6 日。

32. 梁勇、刘卉灵：《破产清算程序中抵押权人优先受偿权的行使》，载微信公众号“中豪之苑”2019 年 7 月 8 日,https://mp. weixin. qq. com/s/SzF30FYXt_lPee9CaQgqlQ。

33. 宋涛:《论管理人对破产程序中以房抵债合同的处理》,载微信公众号“中豪之苑”2021 年 3 月 22 日,https://mp. weixin. qq. com/s/69 – XADzR3eNCtljUQze-FQ。

34. 简琨益:《从债权风险看房地产破产的利益平衡》,载微信公众号“律动律享”2020 年 10 月 29 日,https://mp. weixin. qq. com/s/bfv7sn9MWuqVup – gjjB0bg。

35. 罗敏:《破产程序新生税费之性质省思及其税务处理调适》,载《财会月刊》2021 年第 6 期。

36. 毛雪华:《破产程序中的担保物权问题再思考》,载《中国审判》2021 年第 5 期。

37. 陈刚、祝丹萍:《破产程序中可转股债权的分析》,载《中国注册会计师》2020 年第 10 期。

38. 赵以敏、曹乘宾:《浅析破产程序中惩罚性赔偿金的认定及清偿顺序》,载微信公众号“金轮律师事务所清产团队”2020 年 11 月 10 日,https://mp. weixin. qq. com/s/_aBGPKWkpDudorcLvG78KQ。

39. 杜文国、邹晓妍:《破产清算程序中清偿顺位的研究分析》,载微信公众号“志和智律师”2020 年 12 月 22 日,https://mp. weixin. qq. com/s/HxnjgDVwCc7ZPbA02jowbA。

40. 胡彬:《如何使用破产武器打击逃废债——面对“破产法是逃债法”的谣言如何辟谣》,载微信公众号“学法无止境”2020 年 12 月 30 日,https://mp. weixin. qq. com/s/daDrBzOq59ephkDxTeAXIA。

41. 胡克和、张一帆:《债权人妨害破产程序的法律责任之初探》,载微信公众号“光正大律师”2020 年 10 月 29 日,https://mp. weixin. qq. com/s/O – RWwfrRxFWodUwOgpVHCQ。

42. 陈炯然:《论无法清算破产案件的责任承担及权利实现》,载微信公众号“光正大律师”2020 年 10 月 28 日,https://mp. weixin. qq. com/s/5CgW8JcLYrbAx7Ququ – wtw。

43. 邓涛:《破产程序中债务人债权审核的难点及方案探索》,载微信公众号“破产法实务”2020 年 11 月 3 日，https://mp. weixin. qq. com/s/iG_htwQqKjrGS - DkXGuxug。

44. 石广利等：《对异议债权人应赋予必要的救济渠道——以破产法第 87 条第二款强裁程序为研究对象》，载微信公众号“破产重整那些事”2020 年 8 月 26 日，https://mp. weixin. qq. com/s/o5RfvMDWchJ4h9PoeLyLzg。

45. 杜丽诗：《我国破产债权确认诉讼制度存在的问题及完善建议》，载微信公众号“志和智律师”2021 年 1 月 25 日，https://mp. weixin. qq. com/s/J8wj33DA8dgE83piSes5mQ。

46. 张国华、沈浩、陶国鸿：《企业破产清算中申报出“大批量”民间借贷债权如何处理?》，载微信公众号“破产重整那些事”2020 年 11 月 16 日，https://mp. weixin. qq. com/s/GQgqNyBOpFb2Up9gHnzWXw。

47. 马俊勇：《破产衍生诉讼界定及管辖问题初探》，载《法制与社会》2020 年第 28 期。

48. 冯明强、方俊、张晓军：《破产重整立法的核心制度完善——重整投资人遴选规则以及出资人组表决制度的完善》，载微信公众号“上海市破产管理人协会”2021 年 8 月 31 日，https://mp. weixin. qq. com/s/60Zrb2 - i0dcvMd6i2qAPPg。

49. 梁小惠、姚思妤：《法治化营商环境下中国民营企业之重整纾困——以浙江金盾系破产重整案为例》，载《河北学刊》2020 年第 6 期。

50. 张冰冰、侯杰：《用破产重整方式挽救困境城中村改造项目(上)》，载微信公众号“国浩律师事务所”2019 年 8 月 15 日，https://mp. weixin. qq. com/s/FH94uDMcTLuU3kpDJazyOg。

51. 裴红娜：《疫情下企业通过破产制度渡过困境的法律初探》，载中国清算网 2020 年 4 月 29 日，http://www. yunqingsuan. com/news/detail/60872。

52. 吴世瑶：《重整融资债权的地位与清偿顺位研究》，载微信公众号“河北勤有功律师事务所”2020 年 11 月 6 日，https://mp. weixin. qq. com/s/9E29Pp4vuXZ7jSO8lqNj5A。

53. 高传法：《浅谈“预重整”制度的功能归位》，载微信公众号“破产法实务”2020 年 8 月 18 日，https://mp. weixin. qq. com/s/nPNIvJNYA - MqojHR9wGGoA。

54. 余莉：《“预重整”：破产困境企业突围的契机——浅析企业破产配套制度的改进与完善》，载微信公众号“破产法实务” 2021 年 1 月 14 日，https://mp.

weixin. qq. com/s/UR－FfO0e_7H_Wfavaf1CAA。

55. 王德辉:《对破产重整理论与实践的思考》,载微信公众号“破产重整那些事”2020 年 5 月 1 日,https://mp. weixin. qq. com/s/EzifpNU73MMxdlEytdc0kA。

56. 林枫:《浅析庭外重组协议在重整程序中的性质与效力——兼论〈九民纪要〉第 115 条的理解与运用》,载微信公众号“锦天城福州律师事务所”2020 年 10 月 30 日, https://mp. weixin. qq. com/s/X_ccYaYgWKkRQT8ZXvWbpA。

57. 张连:《我国预重整的实践及建议》,载微信公众号“破产法维律”2020 年 12 月 29 日, https://mp. weixin. qq. com/s/4IjSLSWTm6b9EWqFtvjrVg。

58. 张登贵:《论重整程序中债务人自行管理制度之完善和适用》,载微信公众号“破产法维律”2021 年 4 月 28 日, https://mp. weixin. qq. com/s/_I2yclX2WmEHPXeGhLmGwA。

59. 肖薇:《反向出售式重整或有债务的风险隔离及相关配套制度的思考》,载微信公众号“盈科成都律所”2020 年 9 月 3 日, https://mp. weixin. qq. com/s/e0A3sqGyfQ_zMuO9WFG7zg。

60. 赵骏林:《我国破产重整管理模式评析及完善建议》,载微信公众号“志和智律师”2021 年 4 月 6 日, https://mp. weixin. qq. com/s/5IPeIzqhHxGEd－ZhA4BDxg。

61. 刘艳萍、王兆同:《股权质押权在企业重整程序中的实现问题》,载微信公众号“炜衡律师事务所”2020 年 11 月 27 日, https://mp. weixin. qq. com/s/rJOy7kBecuMl_vFaU3wuYw。

62. 王春生、李林硕:《破产重整中处置未按期申报债权的三种模式》,载微信公众号“发现律师事务所”2020 年 6 月 5 日, https://mp. weixin. qq. com/s/XYwyhU4OmEb－ViuA5QxbZw。

63. 陆登鸿、余泽维:《认真对待重整企业的出资人权益调整》,载微信公众号“国浩律师事务所”2020 年 5 月 14 日, https://mp. weixin. qq. com/s/raeMAyF3ccNIQxPl－W8fWg。

64. 邢通:《破产重整中裁员产生的经济补偿金性质的认定》,载《盛京法律评论》2020 年第 2 期。

65. 桎亚巍:《重整程序中担保债权以及担保物评估价值的确认》,载微信公众号“破产法实务”2020 年 11 月 11 日,https://mp. weixin. qq. com/s/_cDkOAhU

PwM1L2DMM7_0oA。

66. 乔博娟:《论破产重整中担保权暂停与恢复行使的适用规则》,载《法律适用》2020 年第 20 期。

67. 曹明哲:《刍议破产重整中债券类债权的争议问题》,载《福建金融干部学院学报》2020 年第 3 期。

68. 元武、翁启标:《破产重整中债务豁免的所得税筹划》,载微信公众号“税政参谋 Tax Law”2020 年 7 月 24 日,https://mp. weixin. qq. com/s/0M85ASRoy3xqyyd-stIgKA。

69. 秦锋、潘瑞翔:《重整计划执行中股权让渡与负担的冲突问题》,载微信公众号“浙江震瓯律师事务所”2020 年 8 月 11 日,https://mp. weixin. qq. com/s/2Cv08jwl7f7Y4Q4x78MeSQ。

70. 申林平、刘成军:《债券受托管理人在上市公司重整中的履职及风险防范》,载微信公众号“中国破产法论坛”2020 年 10 月 30 日,https://mp. weixin. qq. com/s/4lSR6pPud4cy_ezfqEmg6A。

71. 黄飞:《试论企业破产法中重整计划执行制度的不足与完善》,载“搜狐网”2020 年 11 月 5 日,https://www. sohu. com/a/430003586_100015913。

72. 薛恒:《论重整计划监督期管理人监督职权设置》,载《上海法学研究》集刊 2021 年第 9 卷。

73. 贾丽丽、夏蕊:《破产语境下预和解制度的探索与实践》,载微信公众号“锦天城律师事务所”2021 年 7 月 27 日,https://mp. weixin. qq. com/s/A4sw9CQ8Gy - sgRwqjg6Rdg。

74. 胡峻豪:《和解程序中担保债权人权益保护规则的细化——从某和解案中担保权人的行权困境展开》,载微信公众号“破产法实务”2020 年 12 月 12 日,https://mp. weixin. qq. com/s/vb7QdP6Nu1LR1Au7gDPBvA。

75. 郝振、章伟:《破产程序中自行和解制度的适用　以纺中纺公司案为例》,载《中国审判》2021 年第 17 期。

76. 刘缘:《实质合并规则在关联企业破产重整中的运用》,载微信公众号“破产法维律”2020 年 8 月 14 日,https://mp. weixin. qq. com/s/v1EoJDxkJA8rDFRZrphbPA。

77. 陈江刚、张明良:《关联企业合并破产重整操作模式之实务问题探究》,载微信公众号“破产法维律”2020 年 9 月 14 日。

78. 汤维建:《制定我国〈个人破产法〉的利弊分析及立法对策》,载《甘肃政法大学学报》2021 年第 6 期。

79. 陈联书:《构建个人破产制度的中国思路》,载微信公众号“金轮律师事务所清产团队”2020 年 11 月 9 日,https://mp. weixin. qq. com/s/ovTpLMSu-74hBnWRPMg7TA。

80. 魏龙、李江超:《我国个人破产制度的立法证成研究》,载微信公众号“国是律师”2021 年 4 月 1 日,https://mp. weixin. qq. com/s/8TNAzSZb8YIl2_9ztZtRaQ。

81. 张善斌、钱宁:《个人破产热点的冷思考——以立法条件的考量为中心》,载《法学家》2021 年第 6 期。

82. 钱力、叶继林:《个人破产制度:对市场经济退出机制的探索》,载《湖南大学学报(社会科学版)》2021 年第 3 期。

83. 潘慧斌、郑丛华:《重获新生:自然人执行不能案件的出路与利益衡平——以构建个人破产制度为思路》,载《上海法学研究》集刊 2021 年第 9 卷。

84. 王康:《我国个人破产制度发展前景探究》,载微信公众号“山东环周律师事务所”2020 年 4 月 10 日,https://mp. weixin. qq. com/s/ADmo2SZzCXFAohhmONxAyA。

85. 郑飞虎:《论我国个人破产制度的规范建构》,载微信公众号“金轮律师事务所清产团队”2020 年 11 月 19 日,https://mp. weixin. qq. com/s/8f9AwqXuLdLSrWDL_NtQ。

86. 王兆同:《个人破产程序中管理人调查工作规则初探》,载微信公众号“破产圆桌汇”2020 年 11 月 20 日,https://mp. weixin. qq. com/s/BcRbJylTq9H80pSugxAKgQ。

87. 居丽卿:《论我国自由财产的确定程序及豁免规则》,载微信公众号“筑城审判”2021 年 12 月 7 日,https://mp. weixin. qq. com/s/V4afRdj5Wgfdm7Leq3hHoA。

88. 王巧如:《个人破产中的夫妻共同财产清偿问题》,载《法制博览》2021 年第 26 期。

89. 郝勇晓:《以管理人视角初探个人破产制度构建及管理人履职相关问题》,载微信公众号“破产法实务”2020 年 11 月 4 日,https://mp. weixin. qq. com/s/PPo-Dorca_56CBRjvdr_uA。

90. 徐蓬勇等:《执行与破产程序衔接的路径优化研究》,载《人民法院报》2020 年 11 月 4 日,第 7 版。

91. 吴振宁:《执行与“执转破”制度衔接的反思与重构》,载微信公众号“徐州审判”2020 年 3 月 30 日,https://mp. weixin. qq. com/s/LpmSvzNNzKNRfBFbFohAmA。

92. 陈龙:《论境外破产程序的域内效力》,载《上海法学研究》集刊 2021 年第 9 卷。

93. 羿苏测、朱小静、王玮:《海事破产案件的管辖权冲突研究》,载《法制与社会》2020 年第 22 期。